DUMONT *Kunst-Reiseführer*

Zur schnellen Orientierung – die wichtigsten Orte Siziliens auf einen Blick:
(Auszug aus dem ausführlichen Ortsregister S. 499)

Agrigent (E 3)	262	Mòdica (H 1)	206
Aidone (G 3)	241	Monreale (D 5)	384
Ätna (I 4)	140	Monte Pellegrino (D 6)	393
Bagherìa (E 5)	397	Morgantina (G 3)	243
Caltabellotta (D 4)	284	Mozia (B 5)	319
Casalvecchio Siculo (J 5)	430	Naxos (J 5)	436
Castelvetrano (C 4)	316	Noto (I 2)	200
Catania (I 4)	130	Palermo (D 6)	330
Cefalù (F 5)	402	Pantàlica (I 2)	198
Enna (G 4)	257	Patti (I 6)	408
Erice (B 5)	325	Piazza Armerina (G 3)	248
Ferla (I 2)	199	Ragusa (H 2)	208
Gela (G 2)	262	S. Àngelo Muxaro (E 3)	283
Heraklea Minoa (D 3)	282	Segesta (C 5)	326
Himera (F 5)	400	Selinunt (C 4)	287
Liparische Inseln (G–I 7/8)	410	Solus (E 6)	395
Marsala (B 5)	317	Syrakus (J 2)	143
Mazara del Vallo (B 4)	317	Taormina (J 5)	431
Megara Hyblaea (I 3)	141	Tindari (I 6)	408
Messina (J 6)	422	Trapani (B 5)	323

In der vorderen Umschlagklappe: Karte von Sizilien

In der hinteren Umschlagklappe: Stadtplan von Palermo

Brigit Carnabuci

Sizilien

Insel zwischen Orient und Okzident

mit Beiträgen von Christoph Höcker und
Helga Lehmkuhl

DUMONT

Umschlagvorderseite: Tempel E in Selinunt
Umschlaginnenklappe: Apsismosaiken im Dom von Monreale
Umschlagrückseite: Canneloriprozession in Catania
Frontispiz: Im Botanischen Garten von Palermo, Foto von der Jahrhundertwende
Vignette: Löwen aus dem ›Zimmer des Roger‹ im Normannenpalast zu Palermo

© DuMont Buchverlag, Köln
3. Auflage 1996
Alle Rechte vorbehalten
Satz und Druck: Rasch, Bramsche
Buchbinderische Verarbeitung: Bramscher Buchbinder Betriebe

Printed in Germany   ISBN 3-7701-2522-3

Inhalt

Kulturgeschichtlicher Überblick

Das antike Sizilien ... 14
von Christoph Höcker

Vor- und Frühgeschichte ... 15
   Zeittafel ... 15
Die phönizische Kolonisation ... 20
Die Griechen in Sizilien ... 23
   Zeittafel ... 24
Die griechische Kolonisation ... 23
Die griechischen Koloniestädte in archaischer Zeit ... 33
Die Klassik ... 43
Spätklassik und Hellenismus ... 51
Sizilien und das Römische Reich ... 53
   Zeittafel ... 54

Das mittelalterliche Sizilien ... 59
von Helga Lehmkuhl

Byzantiner und Araber ... 59
   Zeittafel ... 61
Monarchia Sicula – Das Normannenreich auf Sizilien ... 62
   Zeittafel ... 81
Hohenstaufer, Anjous und Aragonesen ... 92
   Zeittafel ... 94

Sizilien im Zeitalter des Barock ... 102
von Helga Lehmkuhl

   Zeittafel: Vom spanischen Weltreich bis heute ... 104

Heiligenfeste und Traditionen ... 116

Die Pflanzenwelt Siziliens ... 121

INHALT

Rundreise durch Sizilien

Die wichtigsten Sehenswürdigkeiten im Überblick 128

Die Ostküste: Erster Abschnitt 130

Catania 130
Geschichte 131
   Domplatz und Dom 133
   Piazza Mazzini 135
   Castello Ursino 136
   Römisches Theater 136
   Piazza Università und La Collegiata 138
   Via Crociferi 138
   Römisches Amphitheater 138
   Benediktinerkloster S. Nicolò l'Arena 138
Der Ätna 140
Megara Hyblaea 141
Syrakus 143
Geschichte 143
Fort Euryalos 165
Ortygia 167
   Arethusaquelle 167
   Domplatz und Dom 169
   Regionalgalerie 176
   Castello Maniace 176
   Apollon- oder Artemistempel 177
   S. Pietro 178
Auf dem Festland 178
   Archäologischer Park 178
   Archäologisches Museum 184
   Katakomben des hl. Johannes des Evangelisten 191
   S. Lucia 194
   Demeter- und Koreheiligtum 195
   Römisches Gymnasium 196
   Tempel des Olympischen Zeus 197

Im Landesinnern 198

Pantàlica 198
Ferla 199

Noto 200
Mòdica 206
Ragusa und Ragusa Ibla 208
Aidone 241
Morgantina 243
Piazza Armerina und die Villa del Casale 248
Enna 257
   Exkurs: Mythos und Kult der Demeter und Kore 259

Die Südküste 262

Gela 262
Agrigent 262
  Geschichte 263
    ›Tal der Tempel‹ 266
    S. Biagio und Felsheiligtum der Demeter 272
    Archäologisches Museum und Umgebung 273
    Stadt 280
Heraklea Minoa 282
S. Àngelo Muxaro 283
Caltabellotta 284
Selinunt 287
  Geschichte 287
    Die Tempel des Osthügels 305
    Akropolis 309
    Befestigungsanlagen 313
    Demeter Malophoros-Heiligtum 313
    Steinbrüche (Cave di Cusa) 315

Rund um die Westküste 316

Castelvetrano 316
Mazara del Vallo 317
Marsala 317
Mozia (Motye) 319
   Exkurs: Die Zerstörung von Motye durch Dionysios I. 322
Trapani 323
Erice 325
Segesta 326

INHALT

Die Nordküste 330

Palermo 330
Geschichte 330
Innenstadt 332
   Quattro Canti und Umgebung 332
   La Martorana (Admiralskirche, S. Maria dell'Ammiraglio) 334
   S. Cataldo 337
   S. Giovanni dei Lebbrosi 338
   Dom 339
   Palazzo Sclàfani 343
   Normannenpalast 343
   Cappella Palatina 345
   S. Giovanni degli Eremiti 351
   S. Spirito 352
   Cuba und Cubula 369
   Zisa 370
   Palazzo Gangi-Valguarnera 372
   La Magione (SS. Trinità) 373
   Sizilianische Regionalgalerie (Palazzo Abatellis) 373
   Palazzo Chiaramonte (Palazzo Steri) 374
   S. Francesco d'Assisi und Oratorio di S. Lorenzo 374
   S. Domenico und Oratorio del Rosario 375
   S. Zita und Oratorio del Rosario 376
   S. Giorgio dei Genovesi 376
   Nationalmuseum 376
   S. Agostino 383
   Teatro Massimo 383
   Teatro Politeama 383
   Fondazione Mormino 383
Monreale 384
   Dom 384
   Kreuzgang 392
Monte Pellegrino 393
Solus (Solunto) 395
Bagherìa 397
   Exkurs: Goethe in der Villa Palagonia 399
Himera 400
Cefalù 402
Patti 408
Tìndari 408

Lìparische oder Äolische Inseln	410
Geschichte	410
Strómboli	412
Panarea	412
Vulcano	413
Alicudi und Filicudi	413
Salina	414
Lìpari	414
Exkurs: Die liparische Sammlung von Theatermasken	421

Die Ostküste: Zweiter Abschnitt … 422

Messina	422
Geschichte	422
Dom	425
SS. Annunziata dei Catalani	427
S. Maria degli Alemanni	428
Regionalmuseum	429
Von Messina nach Taormina: Itàla und Casalvecchio Siculo	430
Taormina	431
Naxos	436

INHALT

Alphabetisches Städteverzeichnis

Aci Castello . . . 439
Acireale . . . 439
Aci Trezza . . . 439
Adrano . . . 439
Ägadische Inseln . . . 440
Àlcamo . . . 440
Alcántara . . . 440
Aragona . . . 441
Augusta . . . 441
Àvola . . . 441
Baida . . . 441
Bronte . . . 441
Buccheri . . . 442
Burgio . . . 442
Butera . . . 442
Càccamo . . . 442
Calascibetta . . . 443
Caltagirone . . . 443
Caltanissetta . . . 444
Castelbuono . . . 444
Cefalà Diana . . . 445
Centùripe . . . 445
Còmiso . . . 445
Donnafugata . . . 446
Eloro . . . 446
Forza d' Agrò . . . 447
Frazzanò . . . 447
Gangi . . . 447
Geraci . . . 447
Gibellina . . . 447
Grammichele . . . 448
Halaesa . . . 448
Ispica . . . 448
Kamarina . . . 448
Lèntini . . . 448
Licata . . . 449
Mazzarino . . . 449
Milazzo . . . 449
Mussomeli . . . 450

Naro	450
Nicosìa	451
Palazzolo Acrèide	451
Paternò	452
Piana degli Albanesi	452
Randazzo	452
Sambuca	453
S. Biagio	453
S. Giuseppe Jato	453
S. Marco d' Alùnzio	453
S. Maria di Mili	453
S. Stefano di Camastra	454
Sciacca	454
Scicli	455
Sperlinga	455
Thapsos	455
Troina	456
Vittoria	456
Erläuterung der Fachbegriffe (Glossar)	457

INHALT

Praktische Reiseinformationen

Vor Reiseantritt 474
Informationsstellen 474
Reise- und Kraftfahrzeugpapiere 474
Gesundheitsvorsorge 475
Reisezeit 475

Anreise 476
. . . mit Auto und Fähre 476
. . . mit der Bahn 476
. . . mit dem Bus 476
. . . mit dem Flugzeug 476

Routen durch Sizilien 477

Kurzinformationen von A bis Z 479
Apotheken 479
Auskünfte 479
Autofahren 479
Autovermietung 479
Behinderte 479
Camping 479
Einkäufe und Souvenirs 479
Elektrizität 480
Entfernungen 480
Essen und Trinken 480
Feiertage und Feste 482
Fotografieren 482
Geld und Geldwechsel 482
Gesundheit 482
Kinder 483
Kleidung 483
Konsulate 483
Kriminalität 483
Kunsthandwerk 483
Kur- und Heilbäder 484
Kurioses 484

Lesetips 484
Maße und Gewichte 485
Naturschutzgebiete 485
Notfälle 485
Öffnungszeiten 485
Post 485
Preisniveau 485
Sprache 485
Taxi 485
Telefonieren 486
Trinkgeld 486
Unterkunft 486
Verkehrsmittel 486

Ausgewählte Literatur 487

Abbildungsnachweis 492

Register 494

Kulturgeschichtlicher Überblick

Das antike Sizilien
von Christoph Höcker

»Italien ohne Sizilien macht gar kein Bild in der Seele: hier ist erst der Schlüssel zu allem.«
(Johann Wolfgang von Goethe, Italienische Reise)

Wer Süditalien oder Sizilien bereist, wird vielleicht überrascht bemerken, daß vieles von dem, was ihm hier aus der Antike begegnet, nicht Hinterlassenschaft des sonst in Italien so allgegenwärtigen römischen Weltreiches ist, sondern Zeugnis der griechischen Kultur. Nirgendwo außerhalb des griechisch-kleinasiatischen Kernlandes hat sich die altgriechische Kultur mit ihren zahlreichen Stadtanlagen, mit ihren Heiligtümern, Tempeln und Theatern so prägend über die Landschaft gelegt wie auf Sizilien. Fast könnte man die Insel *Trinakria*, ›die Dreieckige‹, wie die antiken Griechen Sizilien nannten, für einen genuinen Bestandteil von Alt-Hellas halten, wie dies auch die griechische Mythologie glauben machen will: Hier starb, so sagt die Legende, der sagenhafte König Minos bei seiner Verfolgung des entflohenen Daidalos. Hier überlistete der Held Odysseus bei der Durchquerung der Meerenge von Messina die Ungeheuer Skylla und Charybdis. Hier raubte der Halbgott Herakles – als zehnte seiner legendären zwölf Taten – die Herde des Geryoneus und tötete dabei die furchterregende Skylla. In Enna soll Demeter gelebt haben, soll Kore von Hades geraubt worden sein. Und im Ätna betrieb der hinkende Gott Hephaistos seine Schmiedewerkstatt.

Auf den zweiten Blick stellen sich die Dinge jedoch komplizierter dar. Auch im Altertum war Sizilien nicht einfach ein Stück Griechenland. Viele Einwanderungs- und Kolonisationswellen machten Sizilien auch zu Zeiten der griechischen Antike zu einem ethnisch außerordentlich heterogenen Gebiet mit diversen miteinander rivalisierenden Kultur- und Siedlergruppen. Bereits im Neolithikum und in den Metallzeiten eingewanderte, also seit langem dort heimische Stämme, aber auch Phönizier und schließlich – auf der Suche nach neuen Siedlungsgebieten – Griechen lebten hier nebeneinander, ein Umstand, der immer wieder zu Konflikten und Kriegen führte. Ein entsprechend heterogenes Bild bietet denn auch die archäologisch faßbare Hinterlassenschaft all dieser Gruppen: Gräberfelder und Siedlungsreste bodenständig gewordener Kulturen, Siedlungen, Friedhöfe, Stützpunkte und Hafenanlagen der Phönizier und schließlich die an Menge und Größe schier alles andere überlagernden Ruinen der griechischen Kultur.

Vor- und Frühgeschichte

Die ersten Spuren menschlichen Lebens auf Sizilien stammen aus vergleichsweise später Zeit, dem Ende des Paläolithikums (Altsteinzeit). Die bislang ältesten Überreste fand man in den Grotten bei S. Teodoro an der Nordküste; sie entstammen der Zeit des späten Neandertalers (ca. 35 000 v. Chr.). Die weiteren Funde aus dem Paläolithikum konzentrieren sich meist auf zwei Regionen der Insel: den Nordwesten zwischen Trapani und Palermo sowie den Südosten bei Syrakus und Ragusa. Der weitaus größte Teil Siziliens dagegen scheint damals noch unbesiedelt gewesen zu sein. Die Menschen dieser Zeit waren Jäger und Sammler, die in Sippenverbänden lebten und jeden Tag aufs neue einen harten Kampf um das eigene Überleben gegen andere Sippen und gegen die Unbilden der Natur zu führen hatten. Zu den beeindruckendsten Zeugnissen aus dem Paläolithikum zählen die Höhlenmalereien in den Grotten der kleinen Insel Lévanzo vor Trapani und am Monte Pellegrino bei Palermo (s. S. 440 und 393).

Den Anfang der Jungsteinzeit (Neolithikum) kennzeichnet eine Entwicklung, die heute zu Recht als die ›Neolithische Revolution‹ bezeichnet wird. Die aneignenden Wirtschaftsformen der Jäger- und Sammlerkulturen machten einer – zuerst im mesopotamisch-anatolischen Raum nachweisbaren – produzierenden Wirtschaftsform Platz. Ackerbau und Viehzucht führten zu einer Seßhaftwerdung der umherziehenden Sippenverbände. Siedlungen wurden angelegt, meist aus heute kaum mehr nachweisbaren Holz-, Lehm- und Laubhütten. Die Erfindung von Ackerbaugeräten und auch der Keramik, die zunächst luftgetrocknet und erst später im eigentlichen Sinne gebrannt wurde, sowie die Herstellung von fein gearbeiteten, hochspezialisierten Steinwerkzeugen sind Kennzeichen dieser Kulturstufe.

Die neolithischen Kulturen Siziliens beschränkten sich weitgehend auf die Ostküste und die Liparischen Inseln. Am weitesten ausgedehnt war die sog. Stentinello-Kultur, benannt

Zeittafel: Vor- und Frühgeschichte

35 000–5000 v. Chr.	spätes Paläolithikum (Altsteinzeit): nichtseßhafte Sammler- und Jägerkulturen; Felsmalereien und Graffiti in den Grotten am Monte Pellegrino und auf Lévanzo
5000–3000 v. Chr.	Neolithikum (Jungsteinzeit): Seßhaftigkeit, Ackerbau und Viehzucht; Stentinello-Kultur, erste bemalte ungebrannte Keramik
3000–2000 v. Chr.	Kupferzeit: erste Metallverarbeitung; u. a. ›Conca d'Oro‹-Kultur, Kulturen von Malpasso und Serraferlicchio
2000–1000 v. Chr.	Bronzezeit: dörfliche Ansiedlungen, Arbeitsteilung; u. a. Castelluccio-, Capo Graziano-, Thapsos-, Milazzese-, Pantàlica-Kultur
1000–750 v. Chr.	Phönizische Handelsstützpunkte, Gründung von Motye und Panormos

ANTIKE/VOR- UND FRÜHGESCHICHTE

Altsteinzeitliche Ritzzeichnungen menschlicher Figuren in den Addàurahöhlen am Monte Pellegrino

nach dem Hauptfundort nördlich von Syrakus. Mit dieser Kultur beginnt zugleich die bis in historische Zeiten nicht mehr abreißende Kette von Einwanderungen. Vermutlich aus Süditalien stammend, ist diese Kultur gekennzeichnet durch bemalte oder durch Ritzmuster dekorierte, zunächst noch ungebrannte Keramik und grazil gefertigte Steingeräte, oft aus schwer zu bearbeitendem Obsidian. Ihre Siedlungen waren häufig durch Wälle und Gräben befestigt – ein deutliches Zeichen dafür, daß hier wie überall im Neolithikum Verteidigungsanlagen notwendig wurden, da die Seßhaftwerdung zwangsläufig zu Besitzungleichheit und damit zu ersten kriegerischen Konflikten zwischen wohlhabenden und armen Siedlungsgemeinschaften führte.

Die Keramik der neolithischen Kulturen auf den Lìparischen Inseln unterscheidet sich von derjenigen der Stentinello-Kultur erheblich: Die sehr dünnwandigen Gefäße des Serra d'Alto-Stils waren mit mehrfarbigen Spiral-, Mäander- und Zickzackmustern bemalt; die zeitlich anschließende Keramik des Diana-Stils ist überwiegend monochrom und nur selten mit komplizierteren Mustern dekoriert. Diese Keramik fand auch auf dem süditalienischen Festland weite Verbreitung.

Am Beginn der Metallzeitalter (Kupfer-, Bronze- und Eisenzeit) kam es zu neuen Einwanderungswellen nach Sizilien. Die im Orient schon lange vorher nachgewiesene Fähigkeit, Metall zu verarbeiten, brachte im Zuge dieser Einwanderungen nicht nur technischen Fortschritt, sondern führte auch zu einer zunehmenden Spezialisierung der Tätigkeiten innerhalb der Dorf- und Siedlungsgemeinschaften und damit zu erheblichen gesellschaftlichen Veränderungen. Wer mit der Metallverhüttung beschäftigt war, hatte kaum noch Zeit, sich um die eigene Nahrungsmittelversorgung, sprich Ackerbau und Viehzucht, zu kümmern. Arbeitsteilung wurde notwendig, und so entstanden in dieser Zeit erstmals regelrechte Berufe und ›Industrien‹, aber zugleich auch ein zunehmend differenziertes Geflecht wirtschaftlich-sozialer Hierarchien und Abhängigkeiten.

Zahlreiche kupferzeitliche Kulturen überzogen nunmehr ganz Sizilien. Im Nordwesten Siziliens war die sog. Conca d'Oro-Kultur weit verbreitet, deren Zentrum das Gebiet um Palermo bildete und von der zahlreiche Gräber mit Beigaben bekannt sind. Aber auch die Siedlungen von Malpasso (bei Enna) und Serraferlicchio (bei Agrigent) waren Mittelpunkte kupferzeitlicher Kulturen. Die Keramik des Malpasso-Stils ist monochrom, dünnwandig und weist stark geschwungene Gefäßhenkel auf. Die Gefäße aus Serraferlicchio sind demgegenüber häufig mit schwarzem Dekor bemalt. Auf den Lìparischen Inseln ist die Kupferzeit durch die Piano Conte- und die Piano Quartara-Kultur repräsentiert, zwei eher ärmliche Kulturen, die dem Vergleich mit dem einstigen Wohlstand der Region im Neolithikum nicht standhalten. Die braungefärbte, grobe und fast immer undekorierte Keramik läßt darauf schließen, daß es auch hier zu Beginn der Metallzeitalter zu einem nahezu vollständigen Bevölkerungsaustausch gekommen sein muß. Weitere bedeutende kupferzeitliche Reste finden sich auf Sizilien bei S. Cono nördlich von Ragusa, in der Grotte von Conzo südlich von Syrakus und bei Sant' Ippolito nahe Caltagirone.

Ebenfalls hauptsächlich durch Gräberfunde sind die bronzezeitlichen Kulturen Siziliens aus dem 2. Jt. v. Chr. bekannt. In dieser Zeit scheint die Insel schon recht dicht besiedelt gewesen zu sein. Die Herstellung der harten Bronzegeräte aus einer Mischung von Zinn und Kupfer setzte erhebliche technische Fähigkeiten bei der Metallverhüttung voraus. Bronzewerkzeuge machten bald die Verwendung von Steingeräten gänzlich überflüssig. Nun trat der Handel – auch über weite Entfernungen hinweg – als ein prägendes Merkmal in Erscheinung. Insbesondere die Beschaffung der für die Bronzeherstellung notwendigen Rohstoffe sorgte dafür, daß ein ganzes Geflecht von Handelsbeziehungen zwischen den z. T. weit

---

Sizilische Keramik *Neolithikum:* 1. Die Formen der *Kultur von Stentinello*, der ersten auf Sizilien gefundenen Keramik, erinnern mehrfach noch an vegetabile Formen (Kürbisse); der Dekor ist eingeritzt und wird nach dem Brennen oft mit einer weißen Masse ausgefüllt; typisch sind die Augen, die sich auf den Gefäßen befinden (5.–4. Jt. v. Chr.). 2. Gefäße der sog. schwarzen Keramik, einer Phase der *Kultur von Capri* (5.–4. Jt. v. Chr.). 3. Die Keramik der *Kultur von Serra d'Alto* zeichnet sich zum einen durch eine feine, beinahe miniaturenhafte Malerei aus, zum anderen durch die sorgfältig gefalteten Henkel, die im Profil ein Spiralmuster bilden; diese Art Henkel ist im ganzen Mittelmeerraum nur auf Sizilien gefunden worden; die Gefäße scheinen lediglich zum Aufbewahren trockener Waren gedient zu haben (4. Jt. v. Chr.). 4. Die *Kultur von Diana* zeichnet sich nicht nur durch ihre matt-glänzende rote Farbe aus, sondern auch durch die sog. Makkaronihenkel (4.–3. Jt. v. Chr.). *Bronzezeit:* 5. Die *Kultur von Piano Quartara* kennt runde, einfache Formen; die Henkel sind oft nur zwei Ösen, einziger Dekor aufgesetzte, halbkugelförmige Gebilde (3. Jt. v. Chr.). 6. Schwungvolle Henkel geben der *Malpasso-Kultur* eine bemerkenswerte Dynamik, oft wird diese noch durch hohe Laschen verstärkt. 7. Die *Conca d'Oro-Kultur* beschränkt sich auf den Nordwesten der Insel; der Dekor besteht nur aus einfachen Linien und Aneinanderreihungen von Punkten (3. Jt. v. Chr.). 8. Die *Capo Graziano-Kultur* überschneidet sich zeitlich mit der Kultur von Castelluccio und reicht von 1600–1400 v. Chr.; der Dekor ist eingeritzt und oft mit einer weißen, gipsartigen Masse aufgefüllt; in den Zickzacklinien besteht eine Verbindung zur mykenischen Kultur, worauf auch die jetzt auftauchenden Firmenzeichen hinweisen. 9. Die Vasenformen der *Kultur von Thapsos* (1400–1200 v. Chr.) haben viel Ähnlichkeit mit in Mykene aufgefundenen Keramiken, allerdings fehlen dort die hohen, zungenförmigen Henkel; der hohe Sockel ist ein weiteres Kennzeichen dieser Kulturepoche; er findet sich auch in der gleichzeitigen Kultur des Milazzese auf den Lìparischen Inseln.

ANTIKE/VOR- UND FRÜHGESCHICHTE

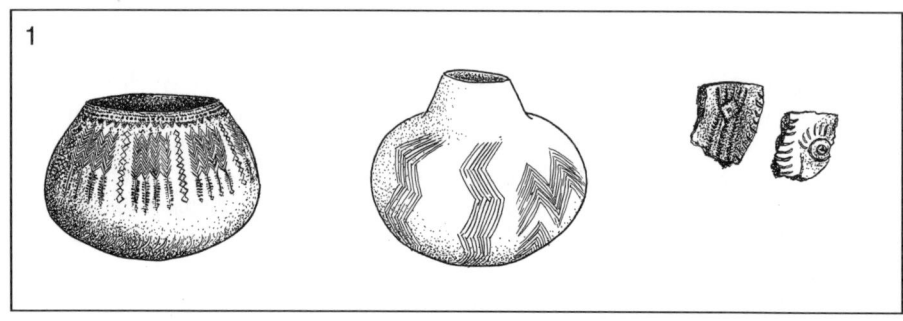

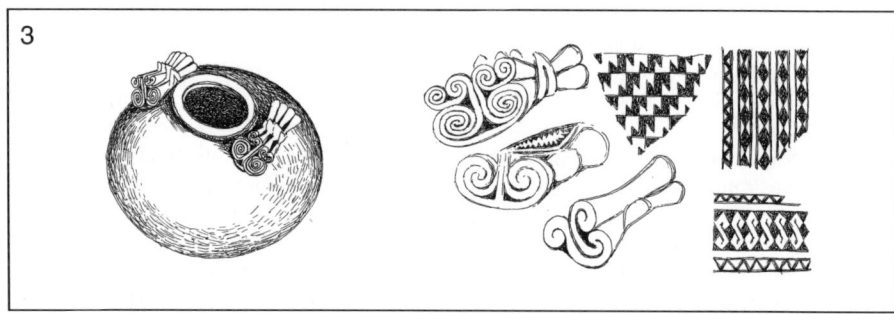

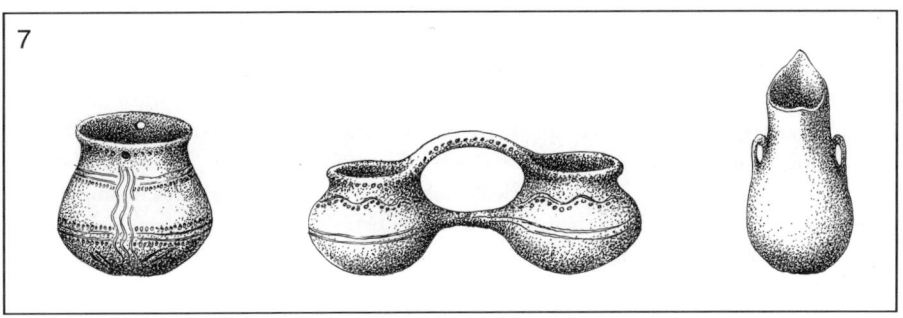

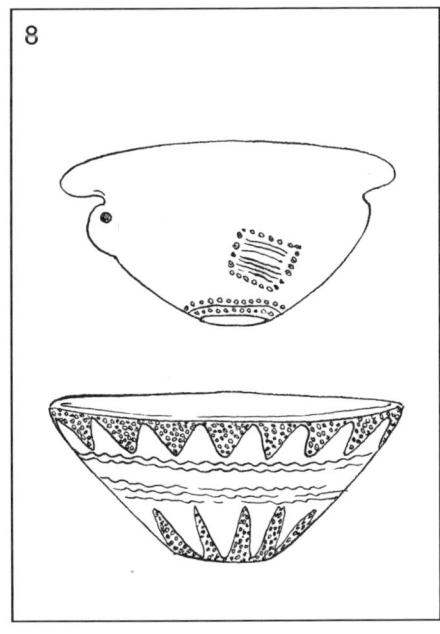

auseinanderliegenden bronzezeitlichen Kulturen entstand. So hatten die sizilischen Bronzezeitkulturen Kontakte bis nach Mesopotamien und Südengland.

Neben der bereits erwähnten kupferzeitlichen Conca d'Oro-Kultur, die auch in der frühen Bronzezeit noch weiter bestand, waren hauptsächlich die Castelluccio-Kultur (benannt nach dem Hauptfundort bei Noto) und die Capo Graziano-Kultur auf den Lìparischen Inseln sowie die etwas spätere Thapsos-Kultur in der Bronzezeit auf Sizilien verbreitet. Diese Kulturen sind nun weitgehend auf Sizilien und die Lìparischen Inseln beschränkt und zeichnen sich durch ein hohes Maß an Eigenständigkeit aus, das sie von zeitgleichen Kulturen Süditaliens, Sardiniens, Griechenlands und des westlichen Mittelmeerraumes unterscheidet; erstmals kann man zu Recht von wirklich ›einheimischen‹ Kulturen auf Sizilien sprechen.

An vielen Orten der Capo Graziano-Kultur wurde Keramik aus der mykenischen Welt Griechenlands gefunden, die die engen Handelskontakte dieser Zeit belegen. Die zahlreichen Felskammergräber der Castelluccio-Kultur bargen eine markante hellrote, mit dunklen Linien verzierte Keramik. Die Thapsos-Kultur, benannt nach der Nekropole von Thapsos bei Syrakus, scheint hingegen auf eine weitere Einwanderungswelle zurückzugehen. In deren großen und kunstvoll konstruierten Grabbauten fanden sich zahlreiche importierte Gegenstände aus dem mykenischen, aber auch dem ostägäischen Kulturkreis. Neben zahlreichen Importgegenständen existierte in allen Bronzezeitkulturen eine einheimische, in Form und Dekor sehr variantenreiche Keramik. Besonders markant sind die mit hohen Gefäßfüßen versehenen Becken der Thapsos-Kultur und die mit zierlichen geometrischen Ornamenten dekorierten Schalen und Becher der Capo Graziano-Kultur.

Die genauen zeitlichen Abfolgen wie auch die geographischen Abgrenzungen der zahlreichen sizilischen Metallzeitkulturen mit ihren unterschiedlichsten Keramikstilen sind auch heute noch recht unsicher und erlauben kein abschließendes Bild; erst in jüngster Zeit ist beispielsweise mehrfach angenommen worden, daß etwa die Thapsos-Kultur bereits einen ersten Vorläufer der phönizischen Kolonisation darstellt. Um 1000 v. Chr. waren jedenfalls im wesentlichen vier Stämme auf Sizilien beheimatet, die im folgenden – im Gegensatz zu den nun allmählich einwandernden Phöniziern und Griechen – als ›einheimische Bevölkerung‹ bezeichnet werden: Die Sikaner, vermutlich nordafrikanischen oder iberischen Ursprungs, die wohl aus Kleinasien stammenden Elymer sowie die Sikuler und Morgeten, beide einst auf dem italienischen Festland seßhaft.

Die phönizische Kolonisation

Die Phönizier, ursprünglich an der Levanteküste ansässig, waren die ersten, die sich in historischer Zeit auf Sizilien niederließen. Als ein Volk von Seefahrern und Händlern haben sie maßgeblich zu dem Netz von Kontakten und Beziehungen zwischen den Mittelmeerkulturen beigetragen, das zu Beginn des 1. Jt. v. Chr. Gestalt annahm. Die Phönizier waren kühne Pioniere des Schiffbaus und der Seefahrt, und so entstanden seit etwa 900 v. Chr. an allen Küsten des Mittelmeers zwischen Gibraltar und Kleinasien ihre Handelsniederlassungen. Diese Seefahrer waren nicht auf der Suche nach neuen Siedlungsräumen, sondern einzig darauf erpicht, an fremden Gestaden Häfen und Handelskontore zu gründen, um die Waren der Region mit denjenigen aus fremden Ländern zu tauschen. Insofern gestaltete sich ihr Leben mit der jeweils einheimischen Bevölkerung überwiegend friedfertig: Beide Teile hatten Interesse an einer Koexistenz, da diese von gegenseitigem Nutzen war. Auch stellten die Phönizier keine großen räumlichen Ansprüche. Ihnen genügten ein wettersicherer Küstenplatz für Hafen und Werften sowie einige Häuser zum Leben und Schuppen für die Lagerung der Waren.

Die phönizischen Handelsniederlassungen wurden rasch zu Zentren des Reichtums und weckten dadurch die Begehrlichkeit von Piraten und von weniger wohlhabenden einheimischen Siedlern. So kam es zuweilen zu Überfällen, gegen die sich die Phönizier durch die Wahl strategisch gut zu verteidigender Orte wie Halbinseln und kleinen, den Küsten vorgelagerten Inseln schützten. Der bekannte athenische Geschichtsschreiber Thukydides hat dies im 5. Jh. v. Chr. eindrucksvoll beschrieben:

»Alle Städte aber, die in jüngerer Zeit (als Mykene) gegründet wurden, und die bei schon entwickelter Seefahrt ... eher Überschuß hatten, wurden unten am Strand angelegt und riegelten mit Mauern die Landzungen ab – um des Handels willen und der Sicherung gegen die jeweiligen Nachbarn, während die alten Städte wegen der noch lange vorherrschenden Seeräuberei vom Meer weit entfernt gebaut wurden ...« (Thuk. I 7).

Und daß die Seeräuberei ein anerkanntes Gewerbe dieser Zeit war, bemerkt der gleiche Thukydides wenige Kapitel zuvor:

»... denn die (Menschen) ... an den Küsten ... (und Inseln) ... hatten kaum begonnen, mit Schiffen häufiger zueinander hinüberzufahren, als sie sich auch schon auf den Seeraub verlegten, wobei gerade die tüchtigsten Männer sie anführten, zu eigenem Gewinn und um Nahrung für die Schwachen ...« (Thuk. I 5).

Phönizische Bauweise, hier in Mozia; das Trockenmauerwerk war ursprünglich verputzt

ANTIKE/PHÖNIZISCHE KOLONISATION

Aber dennoch bestand zwischen den phönizischen Niederlassungen und der sie umgebenden Urbevölkerung kein ständiges Konfliktpotential: ein Verhältnis, das sich bei der späteren griechischen Kolonisation völlig anders darstellen sollte.

Die Phönizier waren jedoch nicht nur Händler, sondern auch Produzenten kunstgewerblicher Gegenstände, die fast im gesamten Mittelmeerraum Verbreitung fanden. Als Hauptstütze der phönizischen Wirtschaft fungierte der Metallhandel. Metall wurde nicht nur in Barrenform als Rohstoff getauscht, sondern auch als Fertigprodukt. Wahrscheinlich in den phönizischen Niederlassungen auf Zypern entstanden große, oft reich verzierte und teilweise gar vergoldete Metallschalen. Phönizischer Schmuck aus Bronze und Gold war als Handelsware sehr begehrt. Großer Beliebtheit erfreuten sich auch die kunstvollen Elfenbeinschnitzereien und die phönizischen Gemmen: verzierte Edelsteine, die oft Bilder aus der orientalischen Götterwelt trugen. Kleine, reichdekorierte Salbgefäße aus Alabaster, Glas und Fayence stammten ebenfalls aus phönizischen Werkstätten. Neben dieser kunstgewerblichen Produktion fertigten die Phönizier Keramik als Massenware, die zum Transport von Ölen und anderen Gütern diente. Die zahlreichen figürlichen Terrakotten waren hingegen in erster Linie nicht für den Export, sondern für den eigenen Gebrauch bestimmt.

Eine der bedeutendsten phönizischen Niederlassungen war Karthago. So war es kein Zufall, daß der nahegelegene Westteil Siziliens, direkt gegenüber diesem an der tunesischen Küste gelegenen Ort, für die Gründung von Kontoren bestens geeignet erschien. Von hier aus ließ sich der Handel zwischen den südlichen Mittelmeerküsten und den Kulturen auf dem italienischen Festland, aber auch mit den Metallzentren auf der Iberischen Halbinsel und auf Sardinien hervorragend bewerkstelligen. So wurde Sizilien schnell zu einem Knotenpunkt des weitgespannten phönizischen Mittelmeerhandels.

In rascher Folge entstanden im 8. Jh. v. Chr. auf Sizilien eine Reihe von Handelsniederlassungen, die beiden bekanntesten Panormos, das heutige Palermo, und Motye (Mozia). Während man in Palermo kaum noch Überreste aus der phönizischen Zeit vorfindet, sind die Ausgrabungen von Motye um so beeindruckender (s. S. 319–323). Der Ort liegt auf der nur 1 qkm großen Insel S. Pantaleo zwischen Marsala und Trapani: ein perfekter Platz für die Gründung eines Handelskontors. Im Schutze anderer Inseln in einer Lagune gelegen, war der Stützpunkt nur wenige hundert Meter von der Küste entfernt. Sehr schnell entstand hier eine regelrechte Stadt – die einzige größere phönizische Stadtanlage auf Sizilien. Sie wurde 397 v. Chr. zerstört und nie wieder aufgebaut. Da die Insel auch in den folgenden Zeiten nicht mehr besiedelt wurde, bieten sich heute für die Archäologen optimale Arbeitsmöglichkeiten.

Die Insel unterteilt sich in einen Wirtschafts- und einen Siedlungsbereich, das Sakralgebiet und die Nekropolen. Im Süden befanden sich die Schiffswerften, Dockanlagen, Ankerplätze, die Lagerhäuser und Wirtschaftsbetriebe, z. B. ausgedehnte Färbereien. Bemerkenswert ist ein künstliches Hafenbecken (Kothon), das durch einen Kanal mit dem Meer in Verbindung stand. Im Norden erstreckte sich eine große Nekropole mit Hunderten von Gräbern, aus der Vasen und andere Grabbeigaben, vor allem aber zahllose reliefierte Grabsteine stammen; eine zweite Nekropole liegt der Insel gegenüber auf dem Festland. Die eigentliche Stadtanlage befand sich im Zentrum der Insel und war dicht bebaut; Reste von Häusern und Straßen sind erhalten, und auch ein Heiligtum wurde gefunden.

Die mächtigen Mauern, die Motye umgaben, stammen nicht aus der Zeit der Gründung des Ortes. Erst als die griechische Kolonisation sich immer weiter nach Westen ausdehnte, kam es zu Konflikten und Kriegen, da der Lebens- und Wirtschaftsraum der Phönizier auf Sizilien rapide kleiner wurde. So gründeten die Phönizier im 7. Jh. v. Chr. etwa 20 km östlich von Palermo die Ortschaft Solus (Solunto) als einen Vorposten für das von den immer näherrückenden griechischen Siedlern bedrohte Panormos, das nun ebenfalls mit einer Mauer umgeben wurde.

Die Griechen in Sizilien

Die griechische Kolonisation

»Töricht der Mann, der begehrt, sich Stärk'ren entgegenzustellen;
Geht häufig verlustig des Sieges und hat zur Schande noch Schmerzen.
So der windschnelle Habicht, der flügelspreizende Vogel.
Du, mein Perses, höre aufs Recht, mehr' nicht die Gewalttat ...

Adlige Herren, ach wolltet auch ihr von euch aus bedenken
Solches Gericht. Denn nahe, inmitten der Menschen verweilend,
Geben Unsterbliche acht, wenn Männer mit krummen Bescheiden
Einer den anderen peinigt, der Götter Auge nicht scheuend.
Nämlich dreimal zehntausend sind da auf der nährenden Erde,
Todfreie, Wächter des Zeus für die todverfallenen Menschen ...«
(Hesiod, Erga 210ff. und 248ff.)

In diesen und ähnlich bittern Versen beschrieb der griechische Lyriker Hesiod im 7. Jh. v. Chr. die tiefgreifende Krise, in der sich die griechische Gesellschaft damals befand. Besitzungleichheit, Rechtlosigkeit und Verarmung durch zunehmende Verkleinerung des Landbesitzes als Folge der Erbteilung; in Abhängigkeit, gar in Schuldknechtschaft geratene einstmals freie Bürger; Mißernten, Unruhen, Überbevölkerung und Hungersnöte – all dies hatte das Leben der Landbevölkerung im griechischen Kernland hoffnungslos, ja oft unerträglich werden lassen. Vor dem Hintergrund dieser sozialen Mißstände beginnt im 8. Jh. v. Chr. eine große Auswanderungswelle aus Griechenland – die griechische Kolonisation.

Es wäre ein Irrtum zu glauben, diese Kolonisation sei ein zentral geplantes und gesteuertes Unternehmen gewesen. Im Gegenteil: Unabhängig voneinander machten sich zahllose Siedlergruppen aus allen Teilen Griechenlands auf die Suche nach neuen Ländereien fernab der Heimat. Sizilien und Süditalien wurden ebenso besiedelt wie die nordafrikanische Küste und die Küsten des Schwarzen Meeres bis zur Krim im Norden. Bei der Wahl der neuen Sied-

ANTIKE / GRIECHISCHE KOLONISATION

Zeittafel: Griechen

ab 750 v. Chr.	griechische Kolonisation, Städtegründungen (genaue Daten sind unsicher): 735 v. Chr.: Naxos 734 v. Chr.: Syrakus 730 v. Chr.: Leontinoi 729 v. Chr.: Katane 728 v. Chr.: Megara Hyblaea 690 v. Chr.: Gela 650 v. Chr.: Selinunt 648 v. Chr.: Himera 582 v. Chr.: Akragas
570–550 v. Chr.	erste kriegerische Konflikte zwischen Phöniziern und Griechen; in der Folge nachbarschaftliche Kontakte von Selinunt und Himera mit den Phöniziern
ab 550 v. Chr.	die phönizischen Siedlungen und Niederlassungen gerieten unter karthagischen Einfluß
570–470 v. Chr.	archaische Epoche: Aufblühen der griechischen Städte, erste große Tempelbauten in Selinunt und Syrakus; Tyrannenzeit: ca. 570–550 v. Chr.: Phalaris von Akragas 498–491 v. Chr.: Hippokrates von Gela 491–478 v. Chr.: Gelon von Gela und Syrakus 489–472 v. Chr.: Theron von Akragas 485–467 v. Chr.: Hieron I. von Gela und Syrakus
480 v. Chr.	Erster großer Karthagerkrieg: Sieg der Griechen über die karthagisch-phönizischen Truppen in der Schlacht bei Himera
470–405 v. Chr.	klassische Epoche: Vertreibung der Tyrannen und Entstehung von Demokratien in den meisten Städten; Blütezeit der griechischen Kunst und Kultur 471/70 v. Chr.: Demokratie in Akragas 466 v. Chr.: Demokratie in Syrakus

lungsplätze spielte das Orakel in Delphi eine wichtige Rolle: Gegen ein prachtvolles Weihgeschenk oder auch einen Barren Gold oder Bronze gab es hier immerhin nützliche Hinweise auf noch nicht in Besitz genommene Landstriche.

Es wäre ebenfalls ein Irrtum anzunehmen, zwischen diesen Kolonisten und ihren Mutterstädten hätten in der Folge enge Beziehungen bestanden. Nach griechischem Recht wurden Bürger, die aus ihrer Heimat fortzogen, um eine neue Stadt zu gründen, zu Fremden, über die die Mutterstadt keine Autorität mehr ausüben konnte. In den Mutterstädten war man oft sogar froh, wenn eine Siedlergruppe sich auf die Reise machte, linderte dies doch die Not der

466–446 v. Chr.	Aufstand des Duketios und der Sikuler gegen die Griechen
ca. 445–440 v. Chr.	in dem Krieg zwischen Akragas und Syrakus bleibt letzteres siegreich
431–421 v. Chr.	erste Phase des Peloponnesischen Krieges in Griechenland zwischen Athen und Sparta
424 v. Chr.	auf der Konferenz von Gela wird der Versuch gemacht, auf ganz Sizilien einen allgemeinen Frieden zu erreichen
415–413 v. Chr.	›Sizilische Expedition‹ Athens, Vernichtung des athenischen Heeres und der Flotte vor Syrakus
414–404 v. Chr.	zweite Phase des Peloponnesischen Krieges in Griechenland; Niederlage Athens 404 v. Chr.
409–405 v. Chr.	Zweiter großer Karthagerkrieg: Zerstörung von Selinunt und Himera (409/8 v. Chr.), Belagerung und Plünderung von Akragas (406 v. Chr.), Belagerung von Syrakus (405 v. Chr.)
405–367 v. Chr.	Dionysios I. Tyrann in Syrakus: Zurückdrängung der Karthager auf den Westteil Siziliens; blutige Militärherrschaft
397 v. Chr.	Motye von Dionysios I. erobert und zerstört; die vertriebene Bevölkerung gründet Lilybaeum
367–344 v. Chr.	Revolten, Bürgerkriege und Gewaltherrschaft; weite Landstriche Siziliens werden entvölkert
344–337 v. Chr.	Korinth sendet Timoleon an der Spitze einer Flotte nach Sizilien, um die Ordnung wiederherzustellen; Vertreibung der Tyrannen, Frieden mit Karthago, Demokratie in Syrakus
337–316 v. Chr.	erneut Bürgerkriege und Anarchie; Entstehung des Alexanderreiches in Griechenland, Asien und Ägypten (Tod Alexanders des Großen 329 v. Chr.)
323–281 v. Chr.	das Alexanderreich zerfällt in die Diadochenreiche der Makedonen, Ptolemäer, Seleukiden und Pergamener; Sizilien bleibt außerhalb der hellenistischen Staatenwelt
316–289 v. Chr.	Despotie des Agathokles in Syrakus
312–306 v. Chr.	Krieg zwischen Karthago und Syrakus
289 v. Chr.	Tod des Agathokles, Anarchie auf Sizilien

Zurückgebliebenen. Das Ziel der Auswanderer war immer die Gründung einer neuen Existenz, nicht etwa die Ausdehnung der wirtschaftlichen Potenz der eigenen Mutterstadt.

In der Umbruchphase der griechischen Gesellschaft im 8. und 7. Jh. v. Chr. entwickelte sich nicht nur in Griechenland selbst, sondern auch in den neu gegründeten Kolonien das Polissystem. Dies war ein loser Verbund von kleinen Stadtstaaten, die zwar untereinander mannigfache Beziehungen pflegten, prinzipiell jedoch voneinander unabhängig und oft auch verfeindet waren. Regiert wurden solche Stadtstaaten zunächst von der einfluß- und besitzreichen Aristokratie. Ihre wirtschaftliche Basis bildete die Landwirtschaft, und so bestand

ANTIKE / GRIECHISCHE KOLONISATION

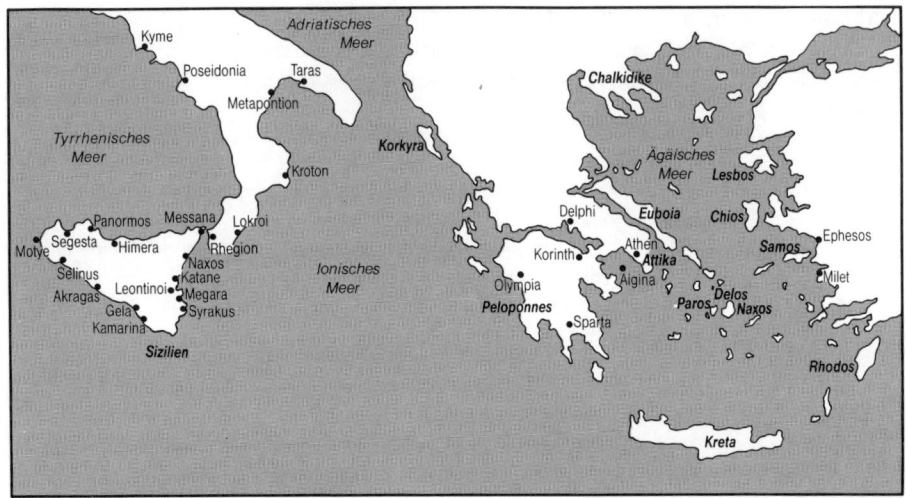

Die griechische Kolonisation im Mittelmeer

eine Polis zum einen aus einer städtischen Siedlung, zum anderen aus der dazugehörigen *Chora*, der die Stadt umgebenden Ackerfläche. Zwar gab es schon in dieser Frühzeit des griechischen Polissystems einen regen Tauschhandel zwischen den einzelnen Stadtstaaten, das angestrebte Prinzip dieser Polis war jedoch nicht wirtschaftliche Verflechtung, sondern jeweilige Autarkie, also die vollständige politische und ökonomische Selbständigkeit.

Dieses Autarkieprinzip war es, was die einzelnen Siedlergruppen in der Fremde anstrebten. Hierzu brauchte man ein möglichst großes und fruchtbares, zudem gesichertes Stück Ackerland. Besonders Sizilien und Unteritalien erschienen den Gründern dabei im Vergleich zu Griechenland wie ein Paradies. Schon in Homers Odyssee hieß es über diese Gegend:

»Und wir erreichten das Land der ruchlos wilden Kyklopen (= Sizilien),
Die, voll Übermut und auf die Götter vertrauend,
Nie die Hände rührten zum Pflanzen oder zum Pflügen.
Alles gedeiht bei ihnen auch ohne Pflügen und Säen,
Weizen und Gerste und Reben, ... Wein in üppigen Trauben ...«
(Od. IX 106–110)

Angesichts solch wundersamer Kunde war es verständlich, daß sich die Griechen gerade auch nach Sizilien aufmachten, um der Armut, Beschränktheit und Mühsal des Lebens in der alten Heimat zu entfliehen und zu neuem Wohlstand zu gelangen.

Die Gründung einer Kolonie vollzog sich überall in ähnlicher Weise. Eine Siedlergruppe bestieg – ausgestattet mit einem Wink aus Delphi und guten Wünschen der in der Heimat

Verbleibenden – unter der Führung eines Adligen (dem *Oikisten*, dem später in der neuen Heimat oft ein Heroenkult geweiht wurde) eine kleine Flotte und begab sich unter größter Vorsicht vor Seeräubern und Unwettern, nur mit dem Nötigsten im Gepäck, zum angestrebten Ort. Oft waren es auch nicht nur eine, sondern zwei Siedlergruppen unterschiedlicher Herkunft, die sich – dann mit zwei *Oikisten* an der Spitze – zur Gründung einer neuen Polis zusammentaten. Auf Sizilien und in Unteritalien gab es nach Auffassung der Siedler zwei verschiedene Arten von Kolonien: Zum einen ›echte‹, von auswandernden Griechen aufgebaute Kolonien, zum anderen sog. Pflanzstädte, die von Siedlergruppen gegründet wurden, die wiederum aus einer der neugegründeten Städte ausgewandert waren.

Bei der Anlage der neuen Städte bevorzugten die Siedler Areale in Küstennähe, entweder auf sicheren Halbinseln (wie etwa im Falle von Syrakus), oder etwas landeinwärts gelegenes Gelände mit bereits vorhandenen natürlichen Gegebenheiten, die zur Verteidigung geeignet waren (wie im Falle von Akragas). Gerade auf Sizilien waren die Küstenregionen – im Gegensatz zum unwirtlichen Inselinneren – außerordentlich fruchtbar und hervorragend geeignet für eine intensive landwirtschaftliche Nutzung. Doch die strategischen Überlegun-

Die griechischen Koloniestädte auf Sizilien

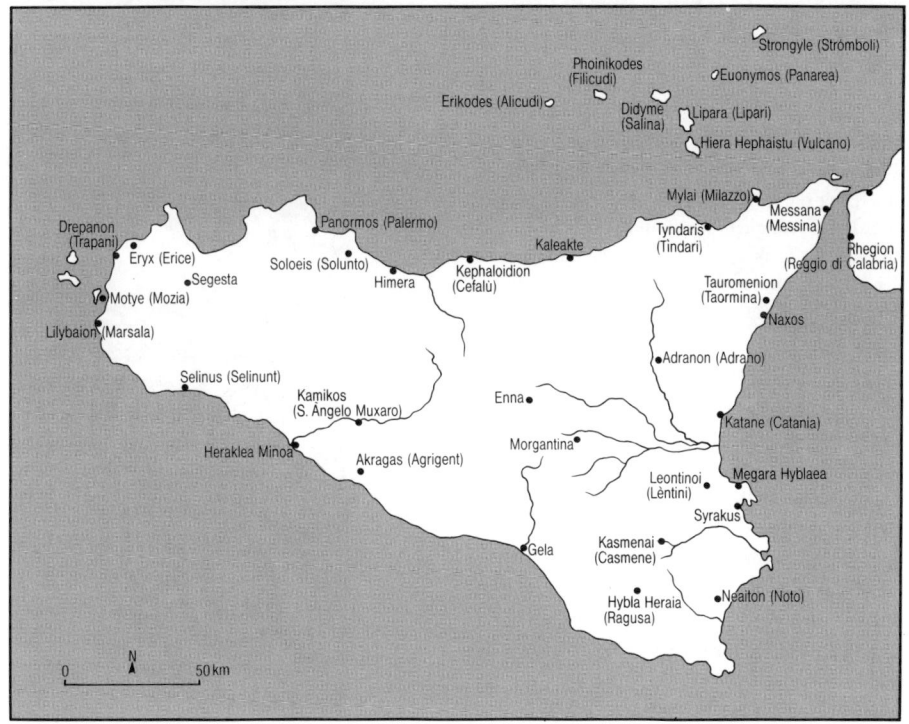

gen bei der Auswahl der Siedlungsplätze bezeugen noch ein anderes Interesse. Im Gegensatz zu den phönizischen Händlern wollten die griechischen Siedlertrupps größere Landstriche in Besitz nehmen. Und natürlich waren die zur Koloniegründung ausgewählten Gebiete nicht menschenleeres Ödland, sondern von der einheimischen Bevölkerung besiedelt und bewirtschaftet.

So entbrannte jedesmal, wenn eine neue Siedlergruppe irgendwo an Land ging, ein ungleicher, oft blutiger Kampf zwischen den gut gerüsteten Griechen und den meist völlig unvorbereiteten Einheimischen. Die einst an der Küste ansässige Urbevölkerung wurde von ihren Siedlungsgebieten vertrieben und ins Inselinnere zurückgedrängt, zunächst nur von einzelnen Orten, später, als immer mehr Kolonisten eintrafen, von der gesamten Küste. Daß den Griechen das begehrte Land keineswegs freiwillig überlassen wurde, geht aus den Worten des Thukydides deutlich hervor:

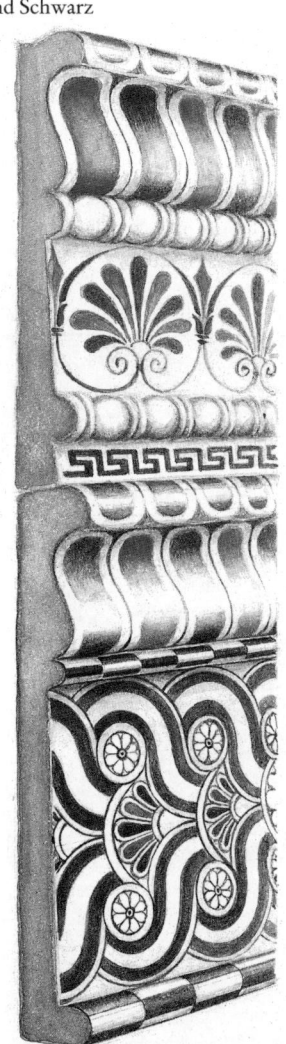

Ausschnitt aus einem archaisch-frühklassischen Tempeldekor; der Fries zeigt die Farben Rot, Weiß und Schwarz

»Syrakus gründete ... Archias, ein Heraklide aus Korinth – er verjagte zuerst die Sikeler von der Insel ... Thukles und die Chalkidier legten von Naxos aus ... die Stadt Leontinoi an, nachdem sie im Krieg die Sikeler verjagt (hatten). ... Zankle wurde ursprünglich gegründet von Kyme ... Es hieß zuerst Zankle, welchen Namen ihm die Sikeler gaben nach der sichelartigen Form des Ortes, später wurden sie vertrieben ...« (Thuk. VI 3–5).

Der einheimischen Bevölkerung blieb oft nichts anderes übrig, als entweder vor den Griechen zu fliehen oder aber sich ihnen anzupassen.

In den neuangelegten Koloniestädten wuchsen nun Ableger der griechischen Kultur heran, einer Kultur, die sich anfangs nicht in Bauten und Stadtanlagen manifestierte und verfestigte, sondern in einer Art ›ideologischem Überbau‹. Dabei waren die eigenen religiösen Vorstellungen und das traditionelle Gesellschaftssystem die wesentlichen Faktoren, die es den Griechen ermöglichten, sich auch in der Fremde bald heimisch zu fühlen.

Die griechische Götterwelt wurde nicht nur in allgemeiner Weise nach Sizilien übertragen. Ganz konkret legte man in den einzelnen Koloniestädten Kulte an und pflegte Bräuche, die unmittelbar aus der jeweiligen Mutterstadt mitgebracht worden waren. Auch wenn sich später Kolonie und Mutterstadt in politischer und wirtschaftlicher Hinsicht schnell auseinanderlebten und z. T. sogar miteinander konkurrierten, so blieben die religiösen Bande über die Jahrhunderte hinweg sehr eng. Die Tempelchronik des Athenaheiligtums von Lindos auf Rhodos verzeichnete beispielsweise zahlreiche Stiftungen aus Akragas, einer sizilischen Kolonie, die u. a. von Rhodiern gegründet worden war. Das Gesamtgefüge der olympischen Götterwelt bildete, wie in Griechenland auch, gewissermaßen ein ordnendes Netz, in das sich die zahlreichen, durchaus unterschiedlichen Lokalkulte der griechischen Koloniestädte eingliedern und miteinander in Beziehung setzen ließen – eine wesentliche Voraussetzung für das Entstehen kultureller Identität.

Die griechische Gesellschaft war im Laufe der Zeit durchaus Änderungen unterworfen: Die zunächst sehr starr und hierarchisch gegliederte Adelswelt wurde von Tyrannen in Frage gestellt und später von demokratischen Tendenzen im Kern überwunden. Zwei Faktoren blieben jedoch über die Jahrhunderte hinweg konstant: die Sklaverei und das Patriarchat.

Ein Merkmal nicht nur der antiken griechischen Kultur ist die Sklaverei. Ihr verfielen in der Regel Kriegsgefangene, nicht nur ›Barbaren‹, sondern durchaus auch Griechen, die dann entweder an wohlhabendere Privatleute verkauft oder aber zu kommunalem Besitz des siegreichen Stadtstaates wurden. Während das Los der Staatssklaven hart war – sie arbeiteten unter oft menschenunwürdigen Bedingungen in Bergwerken oder Steinbrüchen –, wird das Geschick der ›privaten‹ Sklaven in der zeitgenössischen Literatur als meist erträglich geschildert. Private Sklaven waren zwar unfrei, von niedrigstem gesellschaftlichem Stand, von allen politischen Entscheidungen ausgeschlossen und konnten nach Belieben weiterverkauft werden, doch hatten sie durchaus gewisse Ehe-, Vermögens- und Zeugnisrechte.

Sie wurden nicht selten zu einem umhegten, weil recht teuren Bestandteil des *Oikos*, des griechischen Haushalts, und ihr Leben als Hausangestellte und Arbeiter im Betrieb oder der Landwirtschaft des Hausherrn gestaltete sich oft leichter als das von freien Tagelöhnern, die sich jeden Tag aufs neue um ihren Lebensunterhalt bemühen mußten. Oft arbeiteten Freie zusammen mit Sklaven in Steinbrüchen, in der Landwirtschaft oder an größeren städtischen Bauprojekten, und meist zahlten die ›Arbeitgeber‹ den Tagelöhnern nicht mehr, als für die Arbeit der Sklaven an deren Besitzer gezahlt wurde. Anders als in der Römischen Republik und der frühen Kaiserzeit war die Sklaverei in der griechischen Kultur jedoch kein wesentlicher ökonomischer Faktor.

Ein zweiter prägender Zug der griechischen Kultur ist das Patriarchat. Die griechische Gesellschaft war eine reine Männerwelt: Männer bestimmten das öffentliche Leben, debattierten auf dem Marktplatz und kamen den bürgerlichen oder gesellschaftlichen Verpflichtungen nach. Die Frau, zumindest diejenige aus besserer Familie, war an das Haus gebunden, herrschte dort zwar unumschränkt, hatte allerdings innerhalb der Gesellschaft keinerlei

ANTIKE / GRIECHISCHE KOLONISATION

politische oder juristische Rechte. Nur wenige Ereignisse wie bestimmte kultische Feste und Prozessionen erlaubten ihr, das Haus zu verlassen. Wenn die Frau bei solchen Gelegenheiten in der Öffentlichkeit auftrat, tat sie dies weniger als eigenständige Persönlichkeit, sondern repräsentierte Wohlstand und Status eines Mannes, d. h. ihr Verhalten, ihr Auftreten und ihre Ausstattung wurden in Relation zu ihrem Mann, Bruder oder Vater beurteilt. Die Aufgaben der Frau beschrieb Aristoteles (Über die Haushaltung, III,1) eindringlich:

»Ein gutes Weib soll im Inneren des Hauses walten und über alles dort Vollmacht haben. Sie soll ... sich besonders in acht nehmen vor dem Weibergeklatsch, das die Seele verdirbt. Als Herrin ... soll sie in Anschaffungen, Kleidung und Ausstattung noch hinter dem zurückbleiben, was die Gesetze ... festlegen, und immer bedenken, daß nicht die Sucht nach auffallendem Schnitt ihrer Kleider ... des Weibes Wert ausmacht, sondern Mäßigung und das Streben nach einem geregelten Leben.«

Und für Xenophon (Oikonomikos 7,23 ff.) sind die Unterschiede zwischen Mann und Frau sogar gottgewollt:

Archaisch-attische, korinthische und attische Motive, wie sie auf Vasen zu finden sind, hier zusammengestellt

»Da beide Arten von Arbeit nötig sind, die draußen und drinnen, schuf Gott die Natur des Weibes für die Arbeiten im Haus, die des Mannes aber für die Arbeiten außerhalb des Hauses ... Der Körper der Frau ist weniger widerstandsfähig, deshalb ist sie besser für die Arbeiten im Haus geeignet.«

Während sich die Männer ungeniert (fast) allen Ausschweifungen hingeben konnten, galt für die Frau ein strenger Moralkodex. Ausgenommen von dieser Verhaltensnorm waren allein die Hetären, die an Symposien und Gelagen teilnahmen und sich unbeaufsichtigt in der Stadt bewegen konnten, aber immer darauf achten mußten, nicht auf das Niveau gewöhnlicher Prostituierter herabzusinken. Allerdings konnten nur Frauen aus den wohlhabenderen Schichten diesen Idealvorstellungen vom richtigen Verhalten genügen. In ärmeren Kreisen war es üblich und auch notwendig, daß sich die Frauen auch außerhalb der festlichen Anlässe in der Öffentlichkeit zeigten, z. B. als Arbeiterinnen in Landwirtschaften oder handwerklichen Familienbetrieben.

Ein weiterer wichtiger identitätsstiftender Faktor der griechischen Kultur war schließlich ein rigoroser, bisweilen offen aggressiver Ausschließlichkeitsanspruch. Bei allen Konflikten und Streitereien untereinander fühlten sich die Griechen insgesamt als eine überlegene Elite, die in allen Nachbarvölkern unterschiedslos minderwertige Barbaren sah. Diese von keinerlei Zweifeln getrübte Selbstsicht, die sich wie ein roter Faden durch fast die gesamte antike griechische Literatur zieht, war letztlich dafür verantwortlich, daß sich auch auf Sizilien kein friedliches Nebeneinander unterschiedlicher Kulturen entfalten konnte. Das griechische Streben nach Dominanz auf allen

Ebenen ließ schließlich ein Konfliktpotential entstehen, das sich in zahlreichen Kriegen gegen die Nachbarkulturen entladen sollte.

Über die exakten Jahreszahlen der griechischen Koloniegründungen auf Sizilien besteht zwischen verschiedenen antiken Quellen ein kaum auflösbarer Widerspruch. Sicher bezeugt ist jedoch, daß die ersten Kolonien im Osten der Insel entstanden, also auf der Griechenland zugewandten Seite. Naxos (um 735 v. Chr.), Syrakus (um 734 v. Chr.), Leontinoi (um 730 v. Chr.), Katane (um 729 v. Chr.) und Megara Hyblaea (um 728 v. Chr.) sind die Orte, die in einer ersten Kolonisationswelle im Abstand von nur wenigen Jahren gegründet wurden. Da sich all dies weit entfernt von den phönizischen Niederlassungen im Westteil der Insel abspielte, kam es zu dieser Zeit noch nicht zu Konflikten zwischen Phöniziern und Griechen.

Eine Generation später sollte sich dies jedoch ändern. Eine neue Welle von Koloniegründungen führte zu einer zunehmenden Expansion der Griechenstädte nach Westen. Die Gründung von Gela (um 690 v. Chr.) machte den Anfang, besonders aber die Anlage von Selinunt (um 650 v. Chr.) und Himera (um 648 v. Chr.) reduzierte die phönizische Einflußsphäre auf der Insel erheblich. Nachdem mit der Gründung von Akragas (582 v. Chr.) die vorerst letzte große griechische Kolonie auf Sizilien Gestalt angenommen hatte und sich die Griechen immer spürbarer als die eigentlichen Herren der Insel aufführten, begann mit dem Karthagerkrieg von 570 bis 550 v. Chr. eine Kette von bewaffneten Auseinandersetzungen. Dabei blieben die Karthager zunächst siegreich, konnten ihre Einflußsphäre behaupten und Kompromisse von seiten der Griechen erzwingen. So sahen sich die Griechen insbesondere in Himera und Selinunt – beide Städte grenzten unmittelbar an den karthagischen Einflußbereich im Westen – gezwungen, auf die Bedürfnisse dieser ›Barbaren‹ Rücksicht zu nehmen und sich mit ihnen zu arrangieren.

Zu Beginn des 5. Jh. v. Chr. eskalierte der Konflikt jedoch. Schon seit längerem gab es nicht nur Händel zwischen Karthagern und Griechen, sondern auch zwischen einzelnen Griechenstädten und Sizilien. Ein Krieg zwischen Akragas und Himera führte dazu, daß das unterlegene Himera – es hatte aus Einsicht in die Notwendigkeit seit längerem gute Beziehungen zu den Kathagern gepflegt – diese Nachbarn um Hilfe bat. Auf der Gegenseite verbündete Akragas sich mit Gela und Syrakus. So kam es zu einem ersten großen, ganz Sizilien umfassenden Krieg, der mit der Schlacht bei Himera (480 v. Chr.) seine Entscheidung fand. Das karthagisch-phönizische Heer wurde vernichtend geschlagen. Zehntausende gerieten in die Sklaverei, riesige Geldmittel wurden erbeutet (s. a. S. 161), und die punisch-karthagische Bevölkerung wurde für die nächsten Jahrzehnte auf ein schmales Terrain im äußersten Westen Siziliens zurückgedrängt.

Das Problem, sich ständig behaupten und gegen bereits Vorhandenes durchsetzen zu müssen, prägte die griechischen Koloniestädte von Anfang an. Eine fast übersteigerte Pflege griechischer Bräuche, Kulte und Sitten, griechischer Baukunst und Bildhauerei war ein probates Mittel für die neuen Siedlergemeinschaften, nicht nur die eigene Identität in der Fremde zu bewahren, sondern auch nach außen hin machtvolle Überlegenheit zu demonstrieren.

Bereits bei den ersten Tätigkeiten, die während der Phase der Neugründung einer Stadt notwendig wurden, war ›Größe‹ das erklärte Programm. Aufgrund der Konflikte mit der Urbevölkerung gehörte der Bau einer Stadtmauer zu den ersten Schritten bei der Stadtgründung. Zuweilen wurde – wie etwa in Syrakus oder Akragas – ein Mauerring von derart riesigen Ausmaßen angelegt, daß das umschlossene Siedlungsareal niemals auch nur annähernd vollständig bewohnt war. Auch die Gier nach Ackerland kannte kaum Grenzen, und so sicherten sich die Koloniestädte *Chorai* um ihre Polis herum, die oft so groß waren, daß sie von den Einwohnern der Stadt kaum vernünftig bewirtschaftet werden konnten.

Die griechischen Koloniestädte in archaischer Zeit

In der Gründungsphase einer Koloniestadt waren die einzelnen Siedler auf gemeinschaftliches Vorgehen angewiesen. Mauerbau, Landverteilung, die Anlage des charakteristischen rechteckigen Straßennetzes in den Städten (wohl ein Resultat des Bestrebens, für alle Neuangekommenen gleichgroße Wohnquartiere zu schaffen), aber auch der Bau von ersten Tempeln und Heiligtümern waren Gemeinschaftsleistungen, bei denen sich die Interessen des einzelnen dem Ganzen unterordnen mußten. Die entscheidende Rolle bei diesen Tätigkeiten spielte in der Regel zunächst der *Oikist*.

Häufig kam es jedoch innerhalb der Siedlergemeinschaften zu Streit und Zwistigkeiten, besonders in denjenigen Neugründungen, wo zwei Siedlergruppen unterschiedlicher Herkunft mit zwei *Oikisten* gemeinsam ans Werk gingen. Ein Resultat solcher Konflikte ist das Entstehen der Tyrannis, eine Regierungsform, die nicht nur in fast allen griechischen Kolonien in der archaischen Zeit, sondern auch in Griechenland selbst – dort jedoch aus anderen Gründen – die Regel werden sollte.

Ein Tyrann in dieser Zeit war kein blutrünstiger Despot oder Diktator, wie es das Wort heute impliziert. Immer ein Angehöriger der Aristokratie, trat er gewissermaßen als ›Schiedsrichter‹, als konsensfähige Person in einer Situation auf, in der die inneren Streitigkeiten einer Gemeinschaft ein solches Ausmaß erreicht hatten, das eine gewaltfreie Lösung zwischen den zerstrittenen Parteien kaum mehr zuließ. In der Regel war eine solche Tyran-

Terrakottatiere aus einem Kindergrab in Megara Hyblaea, 6. Jh. v. Chr., Archäologisches Museum von Syrakus

nis eine Regierungsform von beschränkter Dauer, eng an die jeweilige Situation gebunden und nach Lösung der Probleme überflüssig. Besonders die alte und wohlhabende Adelsschicht trat naturgemäß als Gegner der Tyrannis in Erscheinung, denn um die entstandenen Konflikte zu beheben, war es oft unabdingbar, daß der Tyrann ihre Privilegien einschränkte. Anders als in Griechenland kam es auf Sizilien jedoch häufig auch zu einer Vererbung der Tyrannis, also zu einer Art Königtum mit regelrechter Hofhaltung.

Symptomatisch für das Entstehen einer Tyrannis in einer sizilischen Kolonie sind die Ereignisse in Akragas kurz nach der Stadtgründung (582 v. Chr.). Akragas wurde von zwei verschiedenen Siedlergruppen aus Rhodos und Gela gegründet. Der römische Historiker Polyainos, der aus verläßlichen älteren Quellen schöpfte, berichtet, daß es kurz nach der Landnahme, während des Baus des Akropolistempels (von dem heute keine Überreste bekannt sind), häufig zu Betrügereien und zu Unterschlagungen von Baumaterial kam. Der Konflikt um diese Vorfälle spitzte sich immer weiter zu, bis dann der Aristokrat Phalaris sich zum Tyrannen erklärte und den Streit schlichtete. Die später erfolgte Dämonisierung des Phalaris – er soll seine Gegner in einem Bronzestier geröstet haben – ist dagegen wohl pure Legende. Phalaris widmete sich, wie jeder Tyrann, hauptsächlich Maßnahmen zur Verbesserung der Infrastruktur und der Lebensbedingungen in der Stadt (u. a. vergrößerte und sicherte er die *Chora* der Stadt durch eine Kette von Forts) und milderte die sozialen Spannungen zwischen einfachen Siedlern und Handwerkern sowie der Aristokratie zumindest soweit, daß ein friedfertiges Miteinanderleben für eine gewisse Zeit möglich wurde.

Zu Beginn des 6. Jh. v. Chr. hatten sich die meisten griechischen Koloniegründungen etabliert. Die Städte waren befestigt, die Wohnquartiere eingerichtet, das Ackerland abgesteckt und gegen Überfälle gesichert. Die Menschen hatten erheblichen Wohlstand angesammelt, und so begann man, die neuen Städte prunkvoll auszuschmücken. Öffentliche Bauten, Tempel und Heiligtümer schossen nun wie Pilze aus dem Boden.

Vor allem der dorische Ringhallentempel, später in Gestalt des Zeustempels von Olympia und des Parthenon auf der Athener Akropolis ein Inbegriff griechischer Kultur schlechthin, verdankt der außerordentlichen Bautätigkeit in den sizilischen Koloniestädten wesentliche Impulse seiner Entwicklung. Der dorische Ringhallentempel stellt sich im Prinzip als ein sehr einfaches Gebilde dar: Auf einem abgestuften Podest (Krepis) erhebt sich ein Kernbau (Cella), der von einem Kranz aus kannelierten und mit Kapitellen versehenen Säulen (Peristasis) umstanden ist. Auf den Kapitellen, bestehend aus einem Polster (Echinus) und einer Deckplatte (Abakus), lagert ein Gebälk aus Architrav, dem Fries mit Metopen und Triglyphen und darüber dem Geison. Ein Giebeldach überspannt mittels einer Holzkonstruktion sowohl den Säulenkranz als auch die Cella und verleiht dem ganzen Bau ein homogenes, hausartiges Aussehen. Eine Treppe, meist an der östlichen Schmalseite gelegen, führt zum Eingang des Gebäudes.

Wann und wo diese Form des dorischen Tempels entstand, ist unklar. Fest steht jedoch, daß die ersten Bauten dieser Art aus Holz bestanden und erst später in Stein umgesetzt wurden. Deutlich sichtbar ist der Übergang von einer Holz- zur Steinkonstruktion am ältesten erhaltenen dorischen Tempel, dem Heratempel in Olympia: Hier wurden die alten Holzsäulen nach und nach durch Steinsäulen ersetzt, was dem Bau ein sehr unregelmäßiges, heterogenes Aussehen verlieh. An vielen Stellen der Steinbauten erkennt man noch die Herkunft vom Holzbau: Metopen als ›Leerräume‹ und Triglyphen als ›Querbalkenlager‹, vor allem aber die ›Nägel‹ und ›Dübel‹ (Guttae) am Geison und der Regula unterhalb der Triglyphen sind im Steinbau ein Anachronismus, ein funktionsloser, nur noch zitathafter Verweis auf die alten Holzkonstruktionen.

Alle Tempel Siziliens, sowohl die archaischen wie auch diejenigen aus klassischer Zeit, sind aus grobem Muschelkalk gebaut, der jeweils in unmittelbarer Nähe der Koloniestädte gebrochen wurde. Antike Steinbrüche kann der Reisende noch heute in der Nähe von Selinunt oder bei Syrakus besuchen (s. S. 315 und Abb. 11). Dieser Muschelkalk wurde später mit einer Stuckschicht versehen, die Teilen des Baus ein marmorartiges Aussehen verlieh. Bestimmte Bauglieder wie z. B. Kapitelle und Triglyphen wurden farbig gefaßt, so daß die Tempel nicht nur weiß im Licht der Sonne glänzten, sondern ein für das heutige Auge ungewohntes Bild greller Buntheit boten. Oft hat man, besonders in archaischer Zeit, diese Farbigkeit durch bemalte Terrakottaverkleidungen in der Gebälk- und Giebelzone noch gesteigert.

Die über 30 großen dorischen Ringhallentempel, die auf Sizilien im 6. und 5. Jh. v. Chr. entstanden, ermöglichen einen Nachvollzug der Form- und Proportionsentwicklung dieses Bautyps, wie dies selbst in Griechenland so nicht möglich ist. Zentren des archaischen Tempelbaus des 6. Jh. v. Chr. auf Sizilien waren in erster Linie Selinunt und Syrakus. Als um 570 v. Chr. in Syrakus mit dem Bau des Apollontempels (s. S. 177f. und Abb. 22) begonnen wurde, gehörte man zu den Pionieren des dorischen Tempelbaus; vergleichbare Projekte entstanden zu dieser Zeit lediglich auf Korfu, in Olympia und Athen. Die tastende Suche nach Form und Proportion durchzieht den ganzen Bau.

Der dreiteilige Kernbau (mit Vorhalle, Hauptraum und dem typisch sizilischen, nach hinten abgeschlossenen Adyton anstelle eines rückwärtig offenen Opisthodoms) verschwindet fast in der engen, wuchtigen Ringhalle, die aus 42 monolithischen Säulen gebildet wird. Auf diesen niedrigen und breiten Säulen erhob sich ein gewaltiges, noch sehr ungegliedertes Gebälk und der Giebel, dessen Rand mit buntbemalten Terrakotten verziert war. Im Vergleich zu einem klassischen Tempel wirkt dieser Bau unförmig, klobig und mißproportioniert. Doch ist es einer der ersten Tempel überhaupt, der das Prinzip der dorischen Ordnung in monumentaler Steinbauweise sichtbar werden läßt. Eine fragmentarisch erhaltene Inschrift auf der Krepis des Tempels kündet vom Stolz der Erbauer: »Kleomenes hat den Tempel dem Apollon gemacht..., und Epikles die Säulen, schöne Werke.«

Etwa zehn Jahre später bauten die Syrakusaner einen zweiten Tempel, diesmal für den Olympischen Zeus (s. S. 197). In vielem ähnelt der Bau dem Apollontempel, zeigt jedoch insofern eine formale Weiterentwicklung, als hier – anders als noch beim Apollontempel – die sechs Frontsäulen annähernd gleiche Abstände wahren und der Triglyphen- und Metopenfries so gestaltet wurde, daß im Prinzip die Achsen jeder zweiten Triglyphe über den Säulenmitten liegen. Beiden syrakusanischen Tempeln gemeinsam ist ihre monumentale

ANTIKE / ARCHAISCHE ZEIT

Rekonstruktion eines griechischen Tempels; er war über und über in kräftigen Farben bemalt

Größe: Mit beinahe 60 m Länge übertrafen sie alles bisher im dorischen Tempelbau Bekannte und legten so den Grundstein für eine immer weiter fortschreitende Megalomanie im archaischen Tempelbau Siziliens.

Auch die archaischen Tempel von Selinunt zeigen die sich in Syrakus schon früh abzeichnende Tendenz, die dorische Ordnung in Gliederung und Proportionen zu systematisieren. Auf der Akropolis entstand um 550 v. Chr. der Tempel C, der erste große Ringhallentempel der Stadt (s. S. 310 und Abb. 55). Wie die beiden syrakusanischen Tempel mit 6 × 17 Säulen sehr langgestreckt, greift dieser Bau das Gliederungsprinzip des Frieses vom Olympieion in Syrakus auf, ist im Aufriß allerdings entscheidend anders proportioniert: Die höheren und schlankeren Säulen – jetzt fast durchgehend, wie in der Folgezeit üblich, nicht mehr monolithisch, sondern aus mehreren aufeinandergeschichteten Trommeln gebildet – tragen ein weniger massiges Gebälk, so daß dieser Bau insgesamt leichter wirkte als die beiden Tempel von Syrakus. Der Tempel C war reich verziert. Reliefs mit mythologischen Szenen schmückten die Metopenfelder über der Eingangsseite. Die Giebel waren mit bunten Terrakotten gerahmt und das Giebelfeld (Tympanon) mit einem riesigen Gorgonenhaupt – ebenfalls aus Terrakotta – versehen.

Zwei weitere Tempel waren um 530 v. Chr. in Selinunt errichtet worden – der Tempel D neben dem Tempel C auf der Akropolis und der Tempel F im Osten vor der Stadt –, als man zwischen 530 und 520 v. Chr. in unmittelbarer Nähe des Tempels F den Grundstein für den größten dorischen Ringhallentempel überhaupt legte (s. S. 307 ff.). Mit 50 × 110 m kam der Tempel G den riesenhaften Ausmaßen der ionischen Monumentaltempel von Samos, Ephesos und Didyma nahe. Fast 100 Jahre baute man an diesem Tempel, bis er unvollendet liegengelassen wurde: Das Problem der gewaltigen Spannweiten erwies sich als statisch unlösbar. Gerade die lange Bauzeit macht jedoch einige interessante formale Veränderungen und Entwicklungen in Details des Tempelbaus auch für den heutigen Betrachter noch sichtbar: Die Säulen der Ost-, Nord- und der halben Südseite mit ihren schlanken, sich stark verjüngenden Schäften und Kapitellen mit flachem, ›gequetschtem‹ Echinus standen deutlich in der Tradition der archaischen Formensprache. Die Säulen der West- und der anderen Hälfte der Südseite – um 470 v. Chr. entstanden – mit ihrem vergrößerten Durchmesser, geringerer Verjüngung und ihren straffen, steilen Kapitellen wiesen dagegen ein ausgesprochen modernes, klassisches Design auf.

Reglementierung und Systematisierung der dorischen Bauordnung war das Bestreben der Architekten dieser Zeit, wobei die Entwicklung in Unteritalien und Sizilien der im griechischen Mutterland sogar voranging. Beim ›idealen‹ dorischen Tempel haben alle Säulen ringsum den gleichen Abstand voneinander. Gleichzeitig wird jedes Säulenjoch (also der Abstand zwischen zwei Säulenachsen) von zwei Metopen und zwei Triglyphen im Fries überspannt, wobei jede zweite Triglyphe axial über der Säulenmitte ruht (und somit jedes Säulenjoch im Fries aus zwei Metopen, einer ganzen und zwei halben Triglyphen besteht). Die Metopen sollten dabei breiter als die Triglyphen, beide Bauteile allerdings in sich an allen vier Seiten des Bauwerks gleich bemessen sein. Dieses Ideal ließ sich im konstruktiv unproblematischen Holzbau relativ einfach bewerkstelligen, nicht jedoch im Steinbau: Aus statischen Gründen konnte die Achse der Triglyphe an den Ecken nicht mittig über der Säule lagern, sondern mußte nach außen verschoben werden. Eine regelmäßige Säulenstellung, kombiniert mit einem regelmäßigen Friesablauf, wurde somit unmöglich.

An Bauten des 6. Jh. v. Chr. wurde dieser ›dorische Eckkonflikt‹ als Problem verdrängt, indem man einfach die Eckmetopen entsprechend verbreiterte und auch ansonsten auf derartige Feinheiten weniger Wert legte. Um 500 v. Chr. begann man jedoch, an diesen Unregelmäßigkeiten Anstoß zu nehmen und verschiedene Lösungs- oder besser Kaschierungsmöglichkeiten zu erproben, denn das Problem als solches ließ sich nicht aus der Welt schaffen. Gerade die westgriechisch-sizilischen Baumeister erwiesen sich hier als außerordentlich experimentierfreudig und innovativ. Drei spätarchaische Tempel Siziliens – der Heraklestempel in Akragas sowie der Athenatempel im Dom von Syrakus und der Niketempel bei Himera, die beiden letzteren Denkmäler für den Sieg der Griechen über die Karthager in der Schlacht bei Himera – wurden zwischen 500 und 480 v. Chr. errichtet und deuten die Wege an, die in dieser Hinsicht nun beschritten wurden (s. S. 268 f., 169 und 400 f.).

Zunächst einmal wurden die Abstände der Ringhallensäulen, die an archaischen Bauten des 6. Jh. v. Chr. noch stark schwankten, ringsum auf ein annähernd gleiches Maß gebracht.

ANTIKE / ARCHAISCHE ZEIT

An den Tempelecken gab es nun mehrere Gestaltungsmöglichkeiten. Entweder wurden die Eckjoche in der Säulenstellung soweit reduziert, daß Metopen und Triglyphen untereinander gleich groß bleiben konnten (die sog. einfache Eckkontraktion, die später noch optimiert wurde, indem man die Eckjoche nur um einen Bruchteil des notwendigen Betrages kontrahierte und den ›Überschuß‹ durch minimal verbreiterte Eckmetopen und -triglyphen kompensierte), oder aber man reduzierte nicht nur das Eckjoch, sondern auch noch das davorliegende Joch (sog. doppelte Eckkontraktion; auch hier ließ sich der notwendige Kontraktionsbetrag auf Säulenstellung und Gebälk noch verteilen, das Prinzip also optimieren).

Beide ›Lösungsmöglichkeiten‹ bewirkten, daß die ordnungsimmanente Unregelmäßigkeit in Gebälk und Säulenstellung zwar nach wie vor bestand, optisch jedoch kaum mehr in Erscheinung trat. Während auf Sizilien der Heraklestempel von Akragas an seinen Schmalseiten zum ersten Mal die einfache Eckkontraktion andeutet, weisen die Tempel von Syrakus und Himera erstmals die doppelte Eckkontraktion auf, eine westgriechisch-sizilische Spezialität, die im griechischen Mutterland keine Anwendung fand.

Neben den wenigen hier erwähnten dorischen Tempeln entstanden in archaischer Zeit auf Sizilien viele weitere: in Megara Hyblaea, Kasmenai und Eloro ebenso wie in Akrai, Gela und an anderen Orten. Neben den Ringhallentempeln wurden auch Tempel ohne Säulenkranz, sog. Antentempel, errichtet. Auch baute man nicht nur im dorischen Typus: Ein kleines Tempelchen bei Naxos sowie ein großer Tempel in Syrakus (unter dem Rathaus) waren in ionischer Ordnung gestaltet, ein in Westgriechenland seltener, aber nicht einzigartiger Fall, wie dies etwa auch die monumentalen ionischen Tempel von Metapont und Locri in Süditalien zeigen.

Die archaische Zeit der sizilischen Koloniestädte war geprägt von einer reichen Adelsgesellschaft, die nach Kräften ihren Wohlstand nach außen hin zeigte, sowie den Tyrannenhöfen, die zu Mittelpunkten von Kunst und Kultur wurden. Ihren Höhepunkt erreichte diese Entwicklung am Ende des 6. und zu Beginn des 5. Jh. v. Chr. an den Höfen des Theron von Akragas und des Gelon und Hieron von Syrakus. Nicht nur innerhalb Siziliens, auch in den großen Heiligtümern Griechenlands, allen voran Olympia und Delphi, demonstrierten diese Tyrannen die Macht und den Reichtum ihrer Städte durch großartige, prunkvolle Weihgeschenke. Die Geloer errichteten in Olympia ein großes, mit prachtvollen Dachverkleidungen aus Terrakotta versehenes Schatzhaus, ein Gebäude, das für die Magazinierung weiterer Weihgeschenke gedacht war; der Tyrann Polyzalos aus Gela stiftete das Standbild eines Wagenlenkers nebst Wagen und Viergespann aus Bronze nach Delphi, und die Akragantiner weihten eine bronzene Statuengruppe in Olympia.

Doch war mit solchen Gesten der Selbstdarstellungsdrang der Tyrannen noch keineswegs befriedigt. Zum Wohle ihrer Städte traten sie auch höchstpersönlich bei den großen panhellenischen Wettkämpfen in Olympia, Delphi, Nemea und Isthmia an. Ihre auf griechischem Boden errungenen Siege in diesen Sportwettbewerben ließen sie überall verkünden und besonders in der Heimat gebührend feiern. Der für seine komplizierte und erhabene Wortkunst berühmte Dichter Pindar wurde an die Höfe von Akragas und Syrakus berufen und verfaßte als anpassungsfähiger Hymnenspezialist gegen hervorragendes Honorar Siegeslieder auf die Tyrannen, allein auf Hieron von Syrakus vier lange Oden. Immer wieder wird in diesen Lobpreisungen der Wohlstand dieser Städte betont und die Basis, auf der er beruhte: Ackerbau und große Viehherden.

Nicht nur große Tempel, die der Machtdemonstration einzelner Tyrannen und Städte dienten, entstanden im 6. Jh. v. Chr. auf Sizilien, sondern auch eine Reihe architektonisch unscheinbarer Heiligtümer, die breiten Schichten als Stätten der Kultausübung und als Orte zum Aufstellen von Devotionalien zur Verfügung standen. Ein Heiligtum war zunächst nichts weiter als eine Fläche, die aus dem Siedlungsgebiet herausgelöst wurde und der Kultpraxis diente. In der Regel markierte eine kleine Mauer die Grenze zwischen profanem Leben und dem Temenos, dem Kultareal. Zentrum des religiösen Geschehens war oft irgendein naturbelassener ›heiliger‹ Gegenstand wie ein Baum, ein Stein oder eine Quelle, manchmal auch ein ›uraltes‹ Kultbild oder ein Altar. Hierauf bezogen sich die Riten, also Gebete, Prozessionen oder Opfer.

Ein Tempel dagegen war kein notwendiger Bestandteil für die Kultausübung in einem Heiligtum, und so mancher Tempel besaß überhaupt keinen Kult, war demzufolge auch kein Kultbau, sondern eher ein überdimensioniertes Weihgeschenk oder schlicht ein dekorativer Prunkbau (wie auf Sizilien etwa der Concordiatempel in Akragas; s. S. 267 f.).

Zwei sizilische Heiligtümer, die im 6. Jh. v. Chr. angelegt wurden, können dies verdeutlichen. Westlich der Stadt Selinunt entstand um 550 v. Chr. ein wohl Demeter und Persephone geweihtes Heiligtum (das sog. Demeter Malophoros-Heiligtum, s. S. 313 ff.). Es besaß zunächst eine eher schlichte Gestalt: Eine niedrige Quadermauer umfaßte das Kultgelände, das mit 50 × 60 m relativ klein bemessen war. Im Innern des Areals befanden sich lediglich ein Altar für die Opferzeremonien und ein bescheidenes Gebäude, das wohl die Kultbilder beherbergte. Zahlreiche Fragmente von Weihgeschenken und Opfergaben wurden hier gefunden und zeigen, daß in diesem Heiligtum von so unscheinbarem Äußeren ein reger Kultbetrieb geherrscht haben muß. Erst im 5. Jh. v. Chr. wurde dieses Heiligtum mit einer dorischen Toranlage und einem größeren Bauwerk für die Kultbilder repräsentativer ausgestaltet.

Im Südosten innerhalb der Stadtmauern von Akragas entstand in der ersten Hälfte des 6. Jh. v. Chr. ein ebenfalls von Mauern umgrenztes Heiligtum, von dem unbekannt ist, welchen Gottheiten es gewidmet war (sog. Heiligtum der chthonischen Gottheiten, s. S. 271). Hier fanden sich neben einem großen Rundaltar zwei separate ummauerte Hofanlagen, die ebenfalls mit kleinen Altären versehen waren. Die zwei dorischen Tempel, deren Reste heute das Bild des Platzes prägen, entstanden erst 100 Jahre später in der zweiten Hälfte des 5. Jh. v. Chr.

Neben solchen Heiligtümern versah man die meisten Städte mit einem ›Haupttheiligtum‹, gewöhnlich auf der Akropolis. In Selinunt umfaßte die auf einem Plateau gelegene und von rechtwinklig angelegten Straßen durchzogene Akropolis fast ein Drittel der Stadtfläche. Das Areal war ummauert und an seiner Eingangsseite im Norden mit einer massiven Befestigung versehen. Hier erhoben sich die Haupttempel der Stadt. Die Altäre für den Kultbetrieb sind jedoch oft älter als die Tempel und stehen mit diesen Bauten nicht immer in unmittelbarer

Beziehung. Die Akropolis von Akragas, ebenfalls ummauert und auf einer Anhöhe gelegen, ist heute kaum bekannt, da sie von dem modernen Ort überbaut wurde.

Vergleicht man diese sizilischen Heiligtümer mit den großen Anlagen des griechischen Mutterlandes, so fallen deutliche Unterschiede auf. Die Heiligtümer von Delphi, Olympia, Isthmia und Nemea besaßen mit ihren Wettspielen und Orakeln überregionale Bedeutung. Sie waren Zentren der ganzen griechischen Welt. Hier wurden Kontakte zwischen den Stadtstaaten und nach auswärts geknüpft, hier trafen sich diplomatische Gesandtschaften, dies waren die Orte, wo Adelssippen, Tyrannen und ganze Bürgerschaften mit aufwendigen Weihgeschenken repräsentieren und dabei sicher sein konnten, daß dieses Tun von der Welt auch gebührend zur Kenntnis genommen wurde. Die sizilischen Heiligtümer hatten dagegen allenfalls lokale Bedeutung, und wenn ein Aristokrat oder Tyrann aus Selinunt oder Syrakus in der griechischen Welt von sich reden machen wollte, so mußte er das in Griechenland selbst erreichen.

Noch ein zweiter Unterschied ist von Bedeutung. Nicht nur die großen griechischen Heiligtümer, sondern auch kleinere Lokalheiligtümer in Griechenland wie etwa die Athener Akropolis wiesen eine lange Tradition auf, waren über lange Ketten von Legenden bruchlos mit der griechischen Mythologie verzahnt worden. Heilige Kultmale, oft als Relikte des Wirkens der Götter gedeutet, uralte ›vom Himmel gefallene‹ Kultbilder, aber auch die Überreste eines jahrhundertelangen Kultbetriebs bezeugten diese Tradition, die den Heiligtümern überhaupt erst Bedeutung verlieh.

Die sizilischen Anlagen waren demgegenüber traditionslose Neuschöpfungen, die schon deshalb niemals eine Gleichwertigkeit mit den mutterländischen Heiligtümern erreichen konnten. So fehlt den Bauten in diesen neuen Heiligtümern denn auch durchweg die Bezugnahme auf alte kultische Zentren. Sie wirkten vielmehr wie eine Ansammlung von architektonischen Versatzstücken, manchmal fast wie Konstrukte zur Kaschierung dieser Traditionslosigkeit. Die Tempel und Altäre waren weniger vom ›Geist alter Religion‹ durchzogen als vielmehr demonstrative, oft übersteigerte Zeichen für die Präsenz der griechischen Kultur in den neuerschlossenen Gebieten.

Wenn auch in bescheidenerem Maße, so waren die sizilischen Heiligtümer doch ebenfalls Orte der Repräsentation. Zahlreiche Weihgeschenke wurden von den wohlhabenden Adligen und auch von weniger begüterten Bürgern hier aufgestellt. Die allermeisten dieser Weihgeschenke, besonders aber die Statuen, die sich einst in großer Zahl in den Heiligtümern befunden haben müssen, sind heute verschollen: Sie wurden schon kurz nach der römischen Eroberung Siziliens im 3. Jh. v. Chr. geraubt und nach Italien verbracht, wo sie fortan öffentliche Plätze und die Landvillen der römischen Oberschicht schmückten.

In größerer Zahl fanden sich bei Ausgrabungen in den Heiligtümern Keramikgefäße und fein gearbeitetes Bronzegerät, meist Gefäße, Statuetten und Spiegel. Gegenstände dieser Art dienten nicht nur als Weihgeschenke, sondern auch als Grabbeigaben. Als Grabstatuen wie auch als Weihgeschenke wurden die beiden Statuentypen verwendet, die im 6. Jh. v. Chr. die Prototypen der aristokratischen Selbstdarstellung bildeten: der Kouros als nacktes Abbild des ›idealen‹ jungen Mannes, der tatkräftig zu Sport, Jagd und Krieg bereit ist, und die Kore

 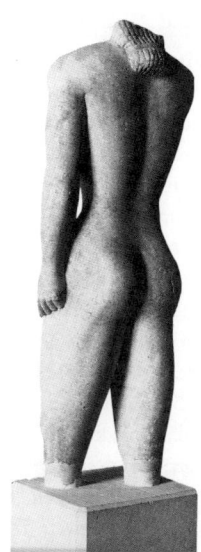

»Frontal ausgebildet und statisch in sich ruhend...« – Kourosstatue des Arztes Sombrotidas

als Sinnbild der reich gekleideten jungen Aristokratin, die Prunkstück und Augenstern der Männerwelt war.

Aus Megara Hyblaea stammt der Torso eines um die Mitte des 6. Jh. v. Chr. entstandenen Kouros (Archäologisches Museum von Syrakus; s. S. 189). Frontal ausgebildet und statisch in sich ruhend, beide Arme eng an den Körper gelegt, zeigt diese Statue aus griechischem Marmor den Kourostypus, wie er in ähnlicher Form hundertfach aus Heiligtümern Griechenlands bekannt ist. Eine Inschrift auf dem rechten Bein verleiht dem chiffrenhaften, typengebundenen Bildnis den Bezug auf ein Individuum: Der Arzt Sombrotidas, Sohn des Mandrokles, hat sich mit diesem Weihgeschenk ein Denkmal gesetzt. Ebenfalls den Kourostypus stellt der berühmte ›Torso von Grammichele‹ (Archäologisches Museum von Syrakus; s. S. 191) dar, möglicherweise ein Importstück von den Ägäischen Inseln.

Erst im 5. Jh. v. Chr. weicht die frontale Statik der Kouroi einer zunehmenden Bewegung der Körper, wie dies etwa der Torso in Agrigent und die Bronzestatue aus Selinunt (Nationalmuseum von Palermo; s. S. 189 und 380). zeigen. Hierin ist nicht allein eine formale Weiterentwicklung der Bildhauerei zu sehen. Der Zusammenbruch der überkommenen Adelswelt und das Entstehen neuer gesellschaftlicher Strukturen, nämlich der Demokratie, machte neue, andersartige Darstellungsformen notwendig. Fragmentarischer als der Kouros- ist der Korentypus, sein weibliches Gegenstück, auf Sizilien überliefert. Ein Terrakottakopf aus Agrigent (Museum), an dem noch Spuren der Bemalung erhalten sind, stammt von solch einer stehenden, reich gewandeten Frauenfigur.

Von erheblicher Bedeutung war nicht nur in der archaischen Zeit, sondern auch in späteren Jahrhunderten die sizilische Terrakottakunst. Große Mengen von Tonstatuetten wurden

ANTIKE / ARCHAISCHE ZEIT

auf Sizilien regelrecht industriell hergestellt. Dafür produzierte man mehrfach wiederverwendbare Matrizen, die dann mit Tonmasse gefüllt wurden; die so entstandenen Figuren wurden anschließend gebrannt. Eine ›Fabrik‹ für solche Erzeugnisse wurde in Agrigent gefunden, und zahlreiche weitere Fertigungsstätten müssen auf Sizilien existiert haben.

Eine Vielzahl solcher Tonfiguren wurden in den sizilischen Heiligtümern als Weihgeschenke aufgestellt und dort gefunden. Allein im Demeter Malophoros-Heiligtum bei Selinunt barg man über 10 000 Exemplare. Motivisch waren die Terrakotten nicht sehr variantenreich gestaltet; es überwiegen sitzende oder stehende Frauenfiguren, während Männer- oder Götterbilder seltener vorkamen. Die häufig sehr flüchtig gearbeitete Massenware diente in der Regel den breiteren Bevölkerungsschichten als Weihegaben und wurde bei Festen und Zeremonien in den Heiligtümern von zahlreichen Händlern feilgeboten (s. Abb. S. 259). (Auch heute noch werden dem Touristen in Süditalien Fälschungen solcher Figuren in großer Zahl angeboten.) Im marmorarmen Süditalien diente Ton als Ersatzstoff; was sich hier als Terrakottafiguren findet, ähnelt den vielen kleinen, flüchtig gearbeiteten Steinstatuetten in den Heiligtümern des griechischen Mutterlands.

Neben der billigen, in Serien hergestellten Massenware finden sich aber auch größere, kunstvoll gearbeitete Tonskulpturen wie beispielsweise die thronende Göttin aus Grammichele (um 500 v. Chr., Archäologisches Museum von Syrakus; s. S. 191 und Abb. 29). Besonders aufwendig und damals weltberühmt waren die bunt bemalten sizilischen Architekturterrakotten und die tönernen Dachelemente; eindrucksvolle Beispiele sind die Tongebälke des Schatzhauses, das die Stadt Gela zu Beginn des 6. Jh. v. Chr. nach Olympia stiftete (Olympia, Museum), sowie das Gorgorelief aus Syrakus (um 560 v. Chr., Archäologisches Museum von Syrakus).

Terrakotta vom archaischen Athenatempel aus Syrakus: Unter ihrem Arm hält die Gorgone das Pegasuspferdchen, das aus ihrem Blut entsprang, nachdem der Held Perseus sie getötet hatte, heute im Archäologischen Museum von Syrakus

Die Klassik

Nach dem Sieg über die Karthager bei Himera 480 v. Chr. wuchs der Reichtum der Städte durch die gewaltige Kriegsbeute beinahe ins Unermeßliche und wurde nun bald im ganzen griechischen Kulturraum sprichwörtlich. Luxusgüter aller Herren Länder waren hier gegenwärtig und ermöglichten einen Lebensstandard, auf den selbst die Athener – in der Ära des Perikles Bewohner der mächtigsten griechischen Polis – mit einigem Neid blickten.
Das Glück dauerte jedoch nur kurze Zeit. Streitigkeiten zwischen den sizilischen Städten waren im 5. Jh. v. Chr. an der Tagesordnung, doch als im Zuge eines solchen Konfliktes die Segestaner sich an die ›Supermacht‹ Athen mit der Bitte um Hilfe wandten, geriet die Situation außer Kontrolle. Athen, das von 431–421 v. Chr. in der ersten Phase des Peloponnesischen Krieges gegen Sparta trotz größter Anstrengungen sieglos geblieben war, nutzte diesen Hilferuf, um militärische Stärke zu demonstrieren. Der Historiker Thukydides wies jedoch noch auf einen anderen Grund für Athens Engagement hin: »Der wahrste Grund war gewiß (Athens) Wunsch, das ganze Sizilien zu unterwerfen« (Thuk. VI 6).
Der Hauptgegner Athens auf Sizilien war Syrakus, das im Peloponnesischen Krieg bislang seine Mutterstadt Korinth massiv unterstützt hatte. Korinth wiederum war der mächtigste Verbündete Spartas, und so sahen die Athener nun eine Möglichkeit, den Krieg wieder aufzunehmen und das verhaßte Sparta gewissermaßen durch eine Art Flankenangriff empfindlich zu schwächen. 415 v. Chr. sandte Athen ein großes Flottenkontingent unter Führung des Alkibiades nach Sizilien. Doch diese Sizilische Expedition endete im vollständigen Desaster. Nach fast zweijähriger Belagerung von Syrakus wurden die Athener, die seit 414 v. Chr. auch in Griechenland wieder Krieg gegen Sparta führten, vernichtend geschlagen; kaum ein Soldat gelangte zurück nach Athen.
Der Krieg gegen Athen hatte die sizilischen Stadtstaaten trotz des glanzvollen Sieges über Athen jedoch nicht nur militärisch geschwächt, sondern auch politisch tief gespalten in Anhänger Athens, Anhänger von Syrakus und neutrale Städte. In dieser instabilen Situation führten nun die Karthager einen Großangriff, dem die sizilischen Stadtstaaten unvorbereitet und machtlos gegenüberstanden. Selinunt und Himera wurden dem Erdboden gleichgemacht (409 v. Chr.), Akragas belagert, eingenommen und geplündert (406 v. Chr.). Auch Syrakus wurde belagert. Als es 404 v. Chr. zu einem Frieden zwischen Syrakus und den Karthagern kam, hatte sich die Lage auf Sizilien grundlegend verändert. Viele Städte waren zerstört, andere von ihren Bewohnern verlassen. Der Glanz und der Reichtum vieler Koloniestädte war mit einem Schlag vergangen, allein Syrakus war in den Kriegswirren halbwegs unbeschadet geblieben.
Ein weiterer Unruhefaktor auf Sizilien war auch der sog. Aufstand des Duketios, der die Städte zwischen 466 und 446 v. Chr. erschütterte. Die historischen Fakten sind von antiken Schriftstellern zwar fast bis zur Unkenntlichkeit verklärt worden, dennoch aber steht fest, daß dies ein breit angelegter Aufstand der einheimischen Urbevölkerung gegen die Griechen war, nachdem diese begonnen hatten, auch das gesamte Inselinnere in Beschlag zu nehmen. Ziel des Aufstands war offenbar die Gründung eines eigenen Staates, in dem Sikuler und

Sikaner gefahrlos und unbelästigt von den Griechen ihren eigenen Interessen nachgehen konnten. In mühevollen und für die Griechen verlustreichen Kriegen konnte dieser Aufstand schließlich nach 20 Jahren niedergeworfen werden.

Trotz der geschilderten Ereignisse war das 5. Jh. v. Chr. die größte Blütezeit der sizilischen Stadtstaaten, eine Zeit, die aber auch durch tiefgreifende Veränderungen in den Städten selbst geprägt war. Fast überall wurden die Tyrannen, die bis ins frühe 5. Jh. v. Chr. hinein die Städte regierten, vertrieben und Demokratien ins Leben gerufen. Ähnlich wie in Athen, der ›Mutterstadt‹ der griechischen Demokratie, lenkten nun nicht mehr einzelne Personen, sondern die Gruppe der Vollbürger die Geschicke der Polis. Zwar bildete diese Gruppe nur eine kleine Minderheit in den Städten, denn Sklaven, Frauen und Metöken, die zahlreichen freien Fremden ohne Bürgerrecht, waren von der Volksversammlung, dem obersten Beschlußorgan in der Demokratie, ausgeschlossen (und insofern hat dies auch wenig zu tun mit unserem heutigen Demokratiebegriff). Dennoch bewirkten diese Demokratien einen vorher nicht gekannten Pluralismus in der Meinungs- und Beschlußfassung und zwangen die Bürgerschaften immer wieder von neuem zu Konsens und Übereinkunft im Konflikt widerstreitender Interessen.

Die reichen sizilischen Städte wurden im 5. Jh. v. Chr. zu Zentren von Baukunst, Literatur, Philosophie und Wissenschaft. Schon im 6. Jh. v. Chr. wirkte in Westgriechenland, zunächst in Kroton und dann in Metapont in Süditalien, der aus Samos ausgewanderte Pythagoras, der nicht nur als Mathematiker, sondern ebenso als Philosoph und Religionsstifter bekannt wurde. Mit ähnlich großer Wirkung trat in Akragas um die Mitte des 5. Jh. v. Chr. Empedokles in Erscheinung, von dem die Aussage überliefert ist, »die Akragantiner bauten, als ob sie ewig leben würden, und schwelgten, als ob sie morgen sterben müßten«. Empedokles war ein für diese Zeit typischer *Technit*, ein Mann, der Kunstfertigkeiten in vielen Bereichen beherrschte, die zur damaligen Zeit als allgemein mustergültige und erstrebenswerte ›Handwerke‹ betrachtet wurden: zugleich Staatsmann und Philosoph, aber auch Arzt und Ingenieur, der etwa bei Selinunt ein Flußregulierungsprojekt durchführte.

Die Rhetorik, das Überzeugen eines Menschen durch logische Argumentation, wurde zum ersten Mal auf Sizilien als eigene Kunstfertigkeit betrachtet, und theoretische Abhandlungen wurden darüber zu Papier gebracht: Korax und sein Schüler Teisios lebten (letzterer als Lehrer des berühmten Redners und Alexandergegners Isokrates) in Syrakus, und Gorgias von Leontinoi war nicht nur Rhetoriker, der über dieses Metier eine Unzahl von Schriften verfaßte, sondern auch der Begründer des spitzfindigen Sophismus. Antiochos von Syrakus schließlich war einer der berühmtesten Historiker des 5. Jh. v. Chr.; seine ›Geschichte Italiens‹ – einst gleichbedeutend mit den Werken des Herodot, Thukydides und Xenophon – ist allerdings heute bis auf wenige Fragmente verschollen.

Das Leben in einem demokratisch ausgerichteten Stadtstaat spielte sich weitgehend in der Öffentlichkeit ab. Zentrum der Stadt war die Agora, der zumeist von Säulenhallen gerahmte Marktplatz. Hier trafen sich die Männer in Gruppen zu Gespräch und politischer Debatte und erledigten zudem die täglichen Einkäufe, denn auf der Agora betrieben die Händler ihre Marktstände. Zugleich bildete die Agora den politischen Mittelpunkt jeder Stadt. Hier standen die wichtigsten öffentlichen Gebäude, hier residierten die Verwaltungs- und Aufsichtsbehörden der Polis. Besonders in der Phase der Demokratie im 5. Jh. v. Chr. war die Agora der zentrale Ort für die öffentlichen Belange und wurde dementsprechend mit zahlreichen neuen Bauten ausgestaltet. Solche Platzanlagen sind auf Sizilien heute noch besonders gut sichtbar in Megara Hyblaea, Eloro, Morgantina (s. S. 246 f.) und Syrakus.

Neben den Tempeln und Platzanlagen blieben vor allem die Theater auf Sizilien in großer Zahl als eindrucksvolle Ruinen erhalten. Ob in Syrakus (s. Abb. 19), Morgantina und Heraklea Minoa oder in Eloro, Catania, Akrai, Segesta und Solus – in fast jeder Stadt finden sich mehr oder weniger gut erhaltene Reste griechischer Theater, die aus einem halbrunden, abgestuften, in einen Hang hineingebauten Zuschauerraum, einer Bühne und einem dahinterliegenden Bühnengebäude bestehen. Die meisten dieser Bauten stammen in ihrer heutigen Form aus dem 4. und 3. Jh. v. Chr., gehen jedoch oft auf Anlagen aus dem 5. Jh. v. Chr. zurück, die zunächst als unspektakuläre Holz- oder Erdkonstruktionen ausgeführt waren und erst später in aufwendiger Steinbauweise renoviert wurden.

Ursprünglicher Zweck dieser Bauwerke waren erst in zweiter Linie die Aufführungen von Tragödien und Komödien. Ihre Hauptfunktion bestand vielmehr darin, daß in ihnen die Volksversammlung tagte. Die Versammlung der stimmberechtigten Vollbürger, das oberste Beschlußgremium der demokratischen Polis, trat regelmäßig zusammen, debattierte und entschied über alle anstehenden politischen Probleme, beschloß neue Bauvorhaben der Stadt und wählte Beamte und Ausschüsse.

Wie alle öffentlichen Bauprojekte sind auch die dorischen Ringhallentempel, die auf Sizilien im 5. Jh. v. Chr. entstanden, vor Baubeginn Gegenstand der Debatte in den jeweiligen Volksversammlungen gewesen. Nicht mehr die Tyrannen, sondern eben die Bürgerschaften der Polis mit ihren durchaus nicht einheitlichen Interessen gaben diese Bauten nunmehr in Auftrag. Aus Athen weiß man, daß neue Bauprojekte wie etwa der Parthenon auf der Akropolis heiß umstritten waren, daß sie bis in Details hinein von der Volksversammlung diskutiert und verändert wurden, und daß dabei die Architekten keineswegs freie Hand hatten, so zu bauen, wie sie es für richtig hielten, sondern einer strengen Kontrolle durch die Gremien unterlagen.

In Olympia war um 460 v. Chr. mit dem Zeustempel der bis dahin modernste dorische Tempel entstanden, ein Bauwerk, das auch später noch als beispielhaftes Vorbild des klassischen Tempels schlechthin gelten sollte. Sowohl im Grund- als auch im Aufriß war dieser Bau homogen und ausgewogen proportioniert. Die 6 × 13 Säulen wahrten ringsum den gleichen Abstand, nur an den Ecken waren die Joche, um einen regelmäßigen Friesablauf zu gewährleisten, kräftig kontrahiert (einfache Eckkontraktion). Im Innern der Cella erhob sich das gewaltige, aus Gold und Elfenbein bestehende Zeusbildnis, eines der sieben Weltwunder. Über Pronaos und Opisthodom waren je sechs Reliefmetopen angebracht, die die zwölf Taten des Herakles zeigten.

Etwa zur gleichen Zeit begannen die Selinuntiner mit dem Bau ihres Tempels E, des dritten und letzten Bauwerks der ›östlichen Tempelgruppe‹ (s. S. 305 f., Farbabb. Umschlagvorderseite, 9 und Abb. 56). Der stark zerstörte Bau – er wurde in den späten

ANTIKE / KLASSIK

Concordiatempel in Agrigent, Stich von 1785

fünfziger Jahren unseres Jahrhunderts teilweise wiederaufgerichtet – kopiert sehr weitgehend den Zeustempel von Olympia und zeigt, wie man nun begann, sich an mutterländischen Bauformen zu orientieren. So entspricht die kräftige, einfache Eckkontraktion dem Zeustempel ebenso wie der Säulenaufriß, die straffen Kapitelle und die Cella mit Pronaos und Opisthodom (an Stelle des im 6. Jh. v. Chr. auf Sizilien üblichen Adytons). Und wie in Olympia, so befanden sich auch am Tempel E je sechs mit Szenen aus der Götterwelt skulptierte Metopen über Pronaos und Opisthodom. Der wesentliche Unterschied zum Zeustempel in Olympia besteht allein in der Länge des Selinuntiner Baus: Mit 6 × 15 Säulen ist dieser Tempel im Grundriß markant altertümlicher proportioniert. Obwohl der Tempel E mit 25,30 × 67,70 m den Maßen des für griechische Verhältnisse riesengroßen Zeustempels von Olympia nahekommt, muß er neben dem noch gigantischeren, unfertigen Tempel G eher bescheiden gewirkt haben.

Einen bemerkenswerten Sonderfall in der Geschichte des klassischen dorischen Tempelbaus auf Sizilien bilden die sechs Ringhallentempel, die zwischen 470 und 406 v. Chr. in Akragas entstanden. Allesamt in bescheidener Größe konzipiert, weisen der Tempel E (unter der Kirche S. Maria dei Greci gelegen), der Juno Lacinia-Tempel (s. Abb. 46), der Concordiatempel, der Tempel L, der Dioskurentempel (s. Abb. 45) und der Vulcantempel als gemeinsames Merkmal eine Ringhalle mit 6 × 13 Säulen auf. Dieses Säulenverhältnis, das in Griechenland an klassischen Tempeln die Regel ist, findet sich – von ganz wenigen Ausnahmen abgesehen – in Westgriechenland allein an diesen sechs Bauten, während sonst ein Säulenverhältnis von 6 × 14 oder 6 × 15 in dieser Region üblich ist.

Die sechs Tempel von Agrigent bilden als Gruppe gewissermaßen einen Katalog zeitgenössischer ›Designmöglichkeiten‹ im Tempelbau (s. S. 266–272). Obwohl in Auf- und Grundrißproportionen einander sehr ähnlich, unterscheiden sich ihre Baukonzepte doch deutlich voneinander: Die einfache Eckkontraktion (Tempel E, Vulcantempel und Dioskurentempel) begegnet hier ebenso wie die doppelte Eckkontraktion (Concordiatempel), sogar eine Kombination aus doppelter Eckkontraktion an den Langseiten und einfacher Eckkontraktion an den Frontseiten wurde hier erprobt (Tempel L), und schließlich findet sich ein altertümliches Baukonzept, bei dem beide Frontseiten unterschiedlich gestaltet wurden (Juno Lacinia-Tempel).

Zahlreiche Variationen in Details der Grund- und Aufrisse erhärten die Vermutung, daß die selbstbewußten Agrigenter Bürger mit diesen Tempeln ihre Fähigkeit demonstriert haben, alle Finessen des dorischen Tempelbaus zu beherrschen. Wie auf einer Perlenkette aufgereiht standen die Tempel, deutlich auf Fernwirkung ausgerichtet, unmittelbar neben der Stadtmauer auf hochgelegenem Gelände. Der Concordiatempel ist einer der besterhaltenen griechischen Tempel überhaupt (s. Abb. 47). Er verdankt dies dem Umstand, daß er sehr früh, vermutlich schon im 6. Jh., in eine christliche Kirche umgewandelt wurde und so der Zerstörung durch Steinräuber entging.

Der letzte dorische Ringhallentempel Siziliens entstand um 425 v. Chr. im elymischen Segesta (s. S. 327f. und Farbabb. 8). Was heute noch aufrecht steht, ist allein eine offene Ringhalle ohne Dach mit 6 × 14 Säulen und doppelter Eckkontraktion, dem über den Säulen liegenden Gebälk (Architrav, Fries und Geison) sowie zwei fertigen Giebeln an den Frontseiten. Zahlreiche Details wie etwa die nicht abgearbeiteten Hebebossen an den Stylobatquadern und die nur ganz unten im Ansatz bearbeiteten, ansonsten unkannelierten Säulenschäfte zeigen, daß dieser Bau unfertig blieb. Seit Goethes Beschreibung des Bauwerks hat diese Unfertigkeit immer wieder zu Spekulationen über die fremdartigen Bräuche der Elymer Anlaß gegeben, war man doch lange Zeit der Meinung, dieses so fragmentarisch erscheinende Gebäude sei in dieser Form vollendet und seine ungewöhnliche Gestalt ein Resultat eines besonderen, nichtgriechischen Kultverständnisses. Dies ist jedoch ein Irrtum, erwachsen nicht nur aus dem Grad der Unfertigkeit des Bauwerks, sondern zudem bestärkt durch

Juno Lacinia-Tempel in Agrigent, Stich von 1785

den lange Zeit unbemerkt gebliebenen Sachverhalt, daß der Bau zu späteren Zeiten beraubt wurde: Fast jeder Stein, den man entfernen konnte, ohne die Statik des Ganzen zu beeinträchtigen, wurde herausgebrochen und für neue Bauten verwendet.

Der Tempel von Segesta sollte allem Anschein nach ein völlig normaler dorischer Tempel werden, mußte jedoch, vielleicht in Folge der kriegerischen Ereignisse auf Sizilien am Ende des 5. Jh. v. Chr., unfertig liegengelassen werden. Der Bau sollte wohl nicht nur ein Dach, sondern auch eine Cella erhalten. Fundamentreste dieses Kernbaus, dessen Mauern ebenso wie zahlreiche Stylobatquader später entfernt wurden, haben sich bei Ausgrabungen im Tempelinnern gefunden. Bemerkenswert ist, daß man offenbar zunächst die Ringhalle und erst danach die Cella errichtet hat, ein eigentlich eher unpraktisches Verfahren, da alle Bauglieder für die Cella durch den Säulenkranz hindurch transportiert werden mußten.

Die Unfertigkeiten am Tempel von Segesta machen einige Details des antiken Bauvorgangs heute noch gut nachvollziehbar. Den Ausgangspunkt für ein solches Bauprojekt bildete ein Entwurf des Architekten, der in der Volksversammlung gebilligt wurde. Diese Pläne waren nicht, wie heute üblich, maßstabsgerechte Zeichnungen mit allen Details, sondern eher grobe Skizzen und eine in Worte gefaßte genaue Beschreibung des Bauwerks. Alle wesentlichen Maße und Bauteile des Tempels wurden in ihrer Größe festgelegt, und da ein dorischer Tempel aus einer relativ begrenzten Anzahl unterschiedlicher Bauteile besteht, hat man diese Teile – etwa die Stylobatquader, Architravblöcke oder Säulentrommeln – bereits im Steinbruch serienweise vorgefertigt. Mit Ochsenkarren und anderen Transportmitteln wurde das Material vom Steinbruch zur Baustelle gebracht und dort gemäß den Planungen des Architekten versetzt. Dazu dienten die Hebebossen, die an den Stylobatquadern des Tempels von Segesta noch sichtbar sind: Um diese vorspringenden Haltepunkte

Bau eines griechischen Tempels: Transport und Versatz der Architekturglieder ...

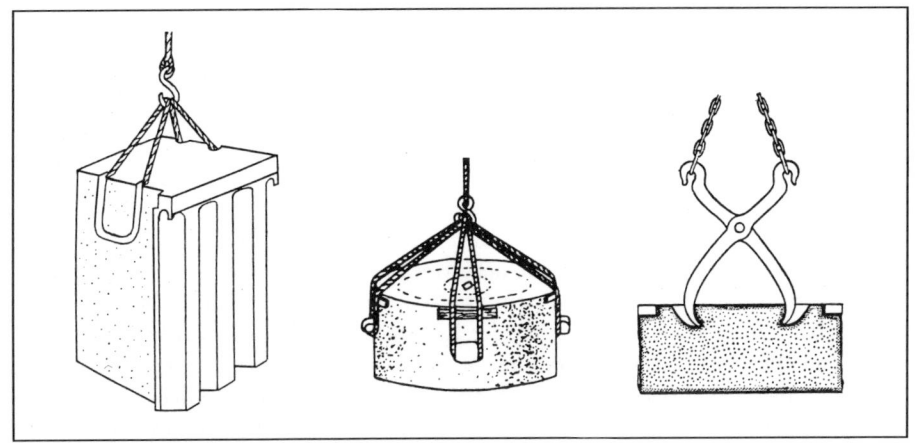

... und das Heben von Architekturteilen

wurden Seile geschlungen, die so den Transport und den Versatz mit Kränen auf der Baustelle ermöglichten.

Die Säulentrommeln wurden grob behauen und unkanneliert, jedoch schon sorgfältig gerundet angeliefert und aufeinandergeschichtet. Nur die jeweils unterste und manchmal auch die oberste Trommel einer Säule hatte einen vor dem Versatz bereits ausgearbeiteten Kanneluransatz, der später als Ausgangspunkt für die Kannelierung der ganzen Säule diente. Die Kapitelle wurden nach einem vorab angefertigten Prototyp kopiert, alle Bauteile beim Versatz mit Bleiklammern und -dübeln verbunden; die Bauteile trugen meist bis zuletzt einen ›Kantenschutz‹, eine stehengelassene Steinschicht, die eine Beschädigung der Teile verhindern sollte und die man zusammen mit den Hebebossen erst nach Vollendung des Rohbaus abmeißelte. Ganz zum Schluß wurde der Bau mit einer dünnen Stuckschicht überzogen und bemalt.

Besonders die klassischen Tempel in Griechenland zeigen häufig sog. Verfeinerungen in ihrer Baustruktur. Ein Meisterwerk in dieser Hinsicht stellt der Parthenon auf der Athener Akropolis dar. Die Säulen verjüngen sich nicht linear gleichmäßig von unten nach oben, sondern sind im Umriß leicht flaschenhalsförmig geschwungen (Entasis); Säulen und Cellawände stehen nicht exakt lotrecht, sondern leicht zum Mittelpunkt des Gebäudes hin geneigt (Inklination); der Stylobat ist keine ebene, waagerechte Fläche, sondern wie ein riesiger Ausschnitt aus einer Kugel gewölbt (Kurvatur). Die sizilischen Tempel weisen, abgesehen von der Entasis, solche Verfeinerungen nicht auf.

Eine Ausnahme bildet hier allein der Tempel von Segesta, der einen kurvierten Stylobat besitzt und aufgrund seiner Unfertigkeit zeigt, wie diese Kurvatur einst angefertigt wurde: Zunächst verlegte man den Stylobat waagerecht, dann wurden an Lang- und Schmalseiten leicht nach unten durchhängende Schnüre gespannt und die so entstandene ›negative‹ Kurve

ANTIKE / KLASSIK

nach obenhin mit Meßpunkten übertragen. Schließlich meißelte man den Stylobat entsprechend der übertragenen Kurve zurecht. Im Ergebnis ist der Stylobat des Tempels von Segesta am Mittelpunkt der Langseiten um 8,5 cm, am Mittelpunkt der Schmalseiten um 4,5 cm höher als an den Ecken. Diese Kurvatur läßt sich heute noch mit bloßem Auge gut erkennen.

Prunk, Luxus und Reichtum der sizilischen Koloniestädte wurden im 5. Jh. v. Chr. besonders auch durch die Münzprägung aller Welt demonstriert. Diese Münzen fanden im gesamten griechischen Kulturraum und auch darüber hinaus Verbreitung und konnten selbst Händlern in entlegenen Gebieten noch einen nachhaltigen Eindruck vom Wohlergehen dieser Städte vermitteln. Die Münzen aus massivem Silber schmückten auf beiden Seiten überaus fein gearbeitete wappenartige Bilder. Regelrechte Markenzeichen waren das Viergespann und der von Fischen umschwommene Arethusakopf auf den Münzen von Syrakus (s. Abb. S. 168), der stierköpfige Flußgott auf denen von Gela, Krabbe und Adler auf den Münzen von Akragas sowie der opfernde Gott auf den Seluntiner Geldstücken. Zusätzlich machte eine Inschrift dem Unkundigen klar, aus welcher Stadt das Geld stammte. Oft wurden die Münzen auch mit der Signatur des Stempelschneiders versehen.

Griechische Münzen: Gela, stierköpfiger Flußgott, um 490 v. Chr.; Selinunt, opfernder Gott, 460/450 v. Chr.; Akragas, Adler und Krabbe (Vor- und Rückseite), um 450 v. Chr.

Spätklassik und Hellenismus

In den knapp 150 Jahren zwischen dem Zusammenbruch vieler Griechenstädte nach dem großen Karthagerkrieg am Ende des 5. Jh. v. Chr. und dem ersten Eingreifen der Römer bestimmte Syrakus im wesentlichen die Ereignisse auf Sizilien. Während rings um Syrakus herum Zeichen des Verfalls und des Niedergangs das Bild prägten – viele sizilische Städte waren zerstört oder von ihren Bewohnern verlassen worden –, erlebte die Stadt in dieser Zeit ihre höchste Blüte. In Syrakus entstand erneut eine Tyrannis, diesmal nun tatsächlich in Form einer auf das Militär gestützten Despotie. Dionysios I., nicht erst seit Schillers ›Bürgschaft‹ der Inbegriff des finsteren, arglistigen Wüterichs, regierte seit einem Umsturz 405 v. Chr. die Stadt mit harter Hand. Er schloß zunächst mit den Karthagern Frieden, um sie dann jedoch in einer Serie von Kriegen wieder auf den Westteil der Insel zurückzudrängen. Fortan war Syrakus die Hegemonialmacht auf Sizilien.

Nach dem Tod des Dionysios kam es auf ganz Sizilien, besonders aber in Syrakus zu verheerenden Bürgerkriegen, die das Land verwüsteten und ganze Städte entvölkerten. Auf einen Hilferuf aus Syrakus hin sandte Korinth 344 v. Chr. eine Armee unter Führung des Timoleon nach Sizilien, um dort ein geregeltes Leben wiederherzustellen. Welch desolate Zustände Timoleon bei seiner Ankunft in Syrakus und anderen Städten vorfand, schildert der Schriftsteller Plutarch, der in der römischen Kaiserzeit lebte, in seiner Biographie des Timoleon:

»Nachdem Timoleon so die Stadt genommen hatte, waren keine Städter da, sie zu bewohnen, sondern sie waren teils in den Kriegen und den inneren Wirren zu Tode gekommen, teils vor den Tyrannen geflohen; auf der Agora von Syrakus war wegen der Verödung so viel dichtes Gras aufgewachsen, daß die Pferde auf ihr weideten, während ihre Hüter im Grünen lagen, und die anderen Städte bis auf ganz wenige waren von Wildschweinen und Hirschen bevölkert. In den Vorstädten und um die Mauern gingen Leute, die nichts zu tun hatten, oft auf die Jagd...« (Plut. Timoleon 22).

Timoleon fungierte so als eine Art Neugründer der sizilischen Städte, sorgte schnell für ein politisches und wirtschaftliches Wiedererstarken und beendete die Despotie. Plutarch schreibt weiter:

»Auf diese Weise beseitigte Timoleon die Gewaltherrschaften und machte den Kriegen ein Ende, und die ganze Insel, die er durch ihr Unglück verwildert und ihren Bewohnern verleidet vorgefunden hatte, führte er so zur Gesittung zurück und machte sie (wieder) anziehend...« (Plut. Timoleon 35).

Die Ruhe war jedoch nicht von Dauer. Nach Timoleons Tod 337 v. Chr. kam es erneut zu Bürgerkriegen und Revolten, bis Agathokles, der sich schon unter Timoleon als Feldherr einen Namen gemacht hatte, 316 v. Chr. nach langen Kämpfen einen blutigen Staatsstreich durchführte und ein brutales Militärregime in Syrakus errichtete. Seine Versuche, sich zum Herrscher über die gesamten griechisch beeinflußten Gebiete auf Sizilien und Süditalien zu machen, blieben allerdings erfolglos, und so versank die Region nach seinem Tod 289 v. Chr. erneut in Anarchie.

Im Gegensatz zu den übrigen Städten Siziliens blieb Syrakus in all diesen Wirren eine reiche, mächtige Stadt, in der eine rege Bautätigkeit herrschte. Neue Stadtteile wurden

ANTIKE/SPÄTKLASSIK UND HELLENISMUS

angelegt und mit großzügig geschnittenen Wohnhäusern bebaut, die Häfen instandgesetzt und erweitert, Stadtmauern repariert und vergrößert, die Wasserversorgung verbessert. Doch das ganze übrige Sizilien und damit letztlich auch Syrakus gerieten zusehends ins weltgeschichtliche Abseits.

Mit der Gründung des Alexanderreichs am Ende des 4. Jh. v. Chr., erst recht aber nach dessen Zerfall in mehrere große Flächenstaaten, hatte nicht nur die griechische Polisgesellschaft ihre Bedeutung eingebüßt, sondern war auch der Mittelpunkt der griechischen Welt weiter nach Osten gerückt, Griechenland selbst zur Peripherie geworden. Zentren dieser hellenistischen Königreiche waren große Metropolen wie Alexandria, Antiochia oder Pergamon. Solche Großstädte mit ihren Königshöfen, ihrem zunehmend orientalisch geprägten Prunk und Luxus stellten nun die Brennpunkte einer immer kosmopolitischer werdenden griechischen Kultur dar.

Sizilien lag außerhalb dieser Entwicklung, war nicht Bestandteil der hellenistischen Staatenwelt. Mochte Syrakus auch eine reiche und bedeutende Großstadt sein, mit den Metropolen des makedonischen, ptolemäischen oder seleukidischen Reichs konnte man nicht konkurrieren. Waren bis um die Mitte des 4. Jh. v. Chr. die einheimischen Kulturen auf Sizilien und in Süditalien fast bis zur Unselbständigkeit griechisch ›beeinflußt‹ worden, so kehrte sich dieses Verhältnis nun langsam um. Besonders in Süditalien kam es zu einer Renaissance der einheimischen Kulturen. Ein markantes Beispiel für diese Entwicklung bietet die sog. unteritalische Vasenmalerei mit ihren Zentren in Campanien, Lucanien, Apulien und auf Sizilien. Chronologisch in der Nachfolge der vielgerühmten attischen Vasenmalerei stehend, wurden hier vorzugsweise aufwendige Prunkgefäße hergestellt, deren Formen, Farbgebungen und Dekorationsmotive eine erhebliche Eigenständigkeit und immer weniger Verbindungen zur ›reinen‹ griechischen Kunst dieser Zeit aufwiesen, allerdings viele Parallelen in den einheimischen Kulturkreisen haben.

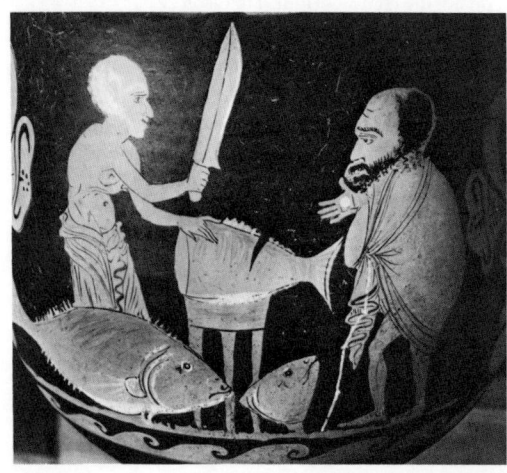

Thunfischverkauf, ein seit der Antike auf Sizilien heimischer Erwerbszweig, hier in satirischer, vielleicht von einer Komödie beeinflußter Darstellung; sikeliotische Vasenmalerei, 4. Jh. v. Chr., Museo Comunale Mandralisca in Cefalù

Sizilien und das Römische Reich

Die andauernden Kriege und kleineren Konflikte zwischen den hellenistischen Staaten machten es Rom – das sich zunächst auf dem italienischen Festland etabliert hatte, aber bald schon eine ausgeprägte Expansionspolitik betrieb – leicht, im östlichen Mittelmeerraum Fuß zu fassen. Als der letzte pergamenische Herrscher 133 v. Chr. sein Reich den Römern vererbte, war ein wichtiger Grundstein für das entstehende Imperium Romanum gelegt. Sizilien, gewissermaßen vor der Haustür gelegen, hatte allerdings schon über 100 Jahre zuvor Bekanntschaft mit den Römern gemacht.

Träger des römischen Imperialismus war die Kriegsflotte, die allein in der karthagischen Flotte einen gleichwertigen Gegner im Mittelmeer fürchten mußte. Wichtige Stützpunkte der Karthager lagen auf Sizilien, und so rückte die Insel während des Ersten Punischen Krieges (264–241 v. Chr.) in den Mittelpunkt des Geschehens. Nach heftigen, verlustreichen Kämpfen zu Wasser und zu Lande kam es zu einem Friedensschluß zwischen Römern und Karthagern, dessen wichtigstes Ergebnis der Rückzug der Karthager aus Sizilien war.

In der Folge dieser Ereignisse wurde Sizilien zur ersten Provinz des Römischen Reiches. Die römische Macht erstreckte sich jedoch nicht über ganz Sizilien. Den Ostteil der Insel beanspruchte das Königreich Hierons II., dessen Zentrum Syrakus war. Hieron, im Ersten Punischen Krieg ursprünglich mit Karthago verbündet, wechselte gerade noch rechtzeitig die Fronten, unterstützte die Römer und wurde von diesen nach Kriegsende als Verbündeter auf der Insel toleriert. Syrakus erlebte in dieser Zeit eine neue wirtschaftliche und kulturelle Blüte. Hieron selbst ließ sich durch den Bau eines riesigen, fast 200 m langen Opferaltars auf der Agora von Syrakus verewigen (s. S. 180f.).

Nach dem Tod Hierons (215 v. Chr.) kam es in Syrakus zu einem politischen Kurswechsel; die Stadt unterstützte nun wieder Karthago, das seit 218 v. Chr. erneut mit Rom Krieg führte. Dieser Wechsel der Fronten sollte sich bitter rächen, denn Rom erwies sich als gnädig zu seinen Freunden, unerbittlich jedoch mit seinen Feinden. Die Belagerung, Eroberung und Zerstörung von Syrakus (213–212 v. Chr.) war nicht nur eines der Ereignisse, das den Römern den Ruf absoluter Kompromißlosigkeit in der Kriegsführung einbrachte, sondern auch eines der großen Themen der zeitgenössischen und späteren antiken Geschichtsschreibung. Diodor, Livius, Polybios und Plutarch haben in epischer Breite alle grausigen Details der Vorgänge notiert: Wie die Stadt, durch zahlreiche Erfindungen des Archimedes zunächst gut gerüstet, der Belagerung widerstand, wie die Römer dann jedoch die Mauern durchbrachen und die Soldateska mordend, vergewaltigend und plündernd über die Stadt herfiel, bis nur noch rauchende Trümmer blieben. Die ergreifenden, historisch allerdings nicht belegten Anekdoten über die Ermordung des Archimedes inmitten des Infernos – versonnen saß er vor einem mathematischen Problem, als ihn der tödliche Schwerthieb traf – wirken angesichts des tatsächlichen Blutbades fast wie ein melancholisches Rührstück.

Seit 212 v. Chr. war nunmehr ganz Sizilien römische Provinz. Rom errichtete im Laufe der Zeit einen gut funktionierenden Verwaltungsapparat. An der Spitze der Provinz stand ein aus Rom gesandter Prätor, dem auf Sizilien ausnahmsweise zwei Quästoren als Helfer

ANTIKE/RÖMER

Zeittafel: Römer

274–215 v. Chr.	Königreich Hierons II. in Syrakus und Ostsizilien; ab 263 v. Chr.: Hieron II. mit Rom verbündet
264–241 v. Chr.	Erster Punischer Krieg zwischen Karthago und Rom, heftige Kriegshandlungen auf Sizilien; die Karthager verlassen Sizilien. 241 v. Chr. wird Sizilien zur ersten Provinz des Römischen Reiches; das Königreich Hierons II. im Ostteil Siziliens bleibt zunächst bestehen
ab 227 v. Chr.	Einrichtung einer römischen Provinzialverwaltung; Sizilien wird von einem Prätor und zwei Quästoren regiert
218–201 v. Chr.	Zweiter Punischer Krieg; 218 v. Chr.: Zug des Hannibal über die Alpen
215 v. Chr.	Tod Hierons II.; politischer Umschwung in Syrakus, Bündnis zwischen Syrakus und Karthago gegen Rom
214 v. Chr.	erste Kriegshandlungen Roms auf Sizilien
213–212 v. Chr.	Belagerung und Erstürmung von Syrakus durch ein römisches Heer unter Führung des Marcellus; Plünderung der Stadt; seit 212 v. Chr. ist ganz Sizilien römische Provinz
149–146 v. Chr.	Dritter Punischer Krieg: Karthago wird nach dreijähriger Belagerung zerstört
135–101 v. Chr.	Revolten und Aufstände gegen Rom (sog. Erster und Zweiter Sklavenkrieg)
73–71 v. Chr.	Verres Statthalter von Sizilien; Kunstraub und Unterschlagungen von Millionenbeträgen; Prozeß des Cicero gegen Verres in Rom (70 v. Chr.)
44–33 v. Chr.	innere Wirren im Römischen Reich nach der Ermordung Caesars; Sextus Pompeius beherrscht mit einem Teil der Flotte Korsika, Sardinen und Sizilien
36 v. Chr.	Niederlage des Sextus Pompeius gegen Oktavian (Augustus) in den Seeschlachten von Mylae und Naulochos bei Messina
31 v. Chr.	Niederlage des Marcus Antonius in der Seeschlacht von Actium gegen Oktavian (Augustus); Ende der Bürgerkriege
27 v. Chr.	Beginn der Regentschaft des Augustus; Ende der römischen Republik und Beginn der Kaiserzeit; unter Augustus erfolgt eine Neuordnung der Provinzen; Sizilien wird zu einer senatorischen Provinz und einem Proconsul unterstellt
27 v. Chr. 200 n. Chr.	Blütezeit des Imperium Romanum; zahlreiche Neu- und Umbauten in den sizilischen Städten (Theater, Odeia und Amphitheater)
222–283	innere Wirren im Römischen Reich, permanente Kriege an allen Reichsgrenzen; Zeit der ›Soldatenkaiser‹; Sizilien ist in dieser Zeit eine der ruhigsten Provinzen des Reiches; starker Einfluß des Christentums
um 260	Sklavenaufstand auf Sizilien

und ›Kontrolleure‹ unterstellt waren (in allen anderen Provinzen gab es nur einen Quästor). Die Städte und Gemeinden Siziliens wurden, von wenigen Ausnahmen abgesehen, verpflichtet, Abgaben an Rom zu leisten. Gerade Sizilien war wegen seiner Fruchtbarkeit für die Versorgung der immer größer werdenden Metropole Rom von herausragender Bedeutung. Der Historiker und Geograph Strabon, ein Zeitgenosse des Augustus, schreibt:

»Wozu brauche ich die von allen gepriesene Trefflichkeit (Siziliens) zu erwähnen, die (die Römer) der (Trefflichkeit) von Italien in nichts nachsetzen? Hinsichtlich des Getreides, des Honigs, des Safrans und einiger anderer Erzeugnisse aber kann man es wohl für noch vorzüglicher erklären. Dazu kommt noch die Nähe, denn die Insel ist gewissermaßen ein Teil Italiens und liefert Rom ... alles leicht und ohne Mühe. Darum nennt man Sizilien denn auch die Vorratskammer Roms« (Strabon VI 2,7).

Wenn ein begüterter Römer als Prätor oder Statthalter in eine Provinz geschickt wurde, so war dies durchaus als Belohnung für vorhergehende politische oder militärische Verdienste gedacht, denn in einem gewissen Rahmen konnte und durfte sich der Gesandte Roms an dem ihm für eine begrenzte Zeit unterstellten Territorium bereichern. Das Ausplündern eroberter Gebiete hatte bei den Römern Tradition. Schon Marcellus, unter dessen Kommando Syrakus erstürmt worden war, hatte gewaltige Mengen an Kunstschätzen aus der Stadt fortgeschleppt und nach Rom verbracht, wo die Beutestücke hinfort die Stadt zierten.

Zu einem Skandal kam es jedoch, als Verres 73 v. Chr. Statthalter auf Sizilien wurde. Natürlich durfte auch er sich hier bereichern – doch Verres übertrieb. Hemmungslos plünderte er die Provinz aus, unterschlug Millionenbeträge und raubte alle Kunstwerke, derer er habhaft werden konnte. Cicero, selbst nicht ohne politische Ambitionen, strengte aus recht eigennützigen Motiven einen spektakulären Prozeß gegen Verres an. Bezeichnend ist die Vorhaltung des Cicero, Verres habe die Kunstschatze für seine Privatvilla, gewissermaßen auf eigene Rechnung also und für sich selbst, geraubt. Hätte er sie in irgendeiner Form der Öffentlichkeit zur Verfügung gestellt, so wäre daraus nach römischem Verständnis keinerlei Vorwurf abzuleiten gewesen. Die Folgen solchen Kunstraubs sind heute noch auf Sizilien erkennbar: Statuen und andere kleinere, transportable Denkmäler aus der griechischen Epoche haben sich hier in nur sehr geringer Zahl gefunden.

Zu Zeiten des Imperium Romanum ging es im Vergleich zu anderen Provinzen auf Sizilien, wennschon nicht ohne Zwang der Obrigkeit, doch relativ ruhig zu, mit zwei großen Ausnahmen jedoch. Gegen Ende des 2. Jh. v. Chr. kam es infolge elementarer sozialer Mißstände zu Aufruhr und Revolte. Sklaven und freie Bürger erhoben sich gegen die immer drückender werdenden Arbeitsbedingungen und Abgabelasten. In zwei ›Befriedungsaktionen‹ (135–131 und 104–101 v. Chr.) konnte Rom die Aufstände nur mit Mühe niederschlagen und am Ende mit einem neuen Agrargesetz die Ruhe wiederherstellen.

Zum letzten Mal für lange Zeit wurde Sizilien in den Auseinandersetzungen, die der Ermordung Caesars folgten, von Kriegshandlungen heimgesucht. In den inneren Wirren hatte sich Sextus Pompeius mit einem Teil der römischen Kriegsflotte der Inseln Korsika, Sardinien und Sizilien bemächtigt. Vor Mylae und Naulochos an der Nordostspitze Siziliens wurde seine Flotte 36 v. Chr. von Oktavian, der später unter dem Namen Augustus weltgeschichtliche Bedeutung erlangte, vernichtend geschlagen.

ANTIKE / RÖMER

Anders als das italienische Festland ist Sizilien relativ arm an römischen Kunstwerken, Tempeln oder prachtvollen öffentlichen Gebäuden. Die griechischen Stadtanlagen bestanden in ihrer Substanz weiter, wurden jedoch in römischer Zeit vielfach erneuert und ergänzt, so daß heute die römischen Bauphasen oft mit Griechischem vermengt und in ihrer Gestalt von älteren griechischen Strukturen geprägt sind. Allerdings entstanden in römischer Zeit auch Neubauten, beispielsweise zahlreiche Theater und Odeia. Im Gegensatz zu den griechischen Theatern, die in einen natürlichen Hang hineingebaut waren, sind die römischen Theater komplette Architekturen mit einer den Zuschauerraum von außen umgebenden, gegliederten Fassade.

Eine Ausnahme stellt das berühmte Theater von Taormina dar: Dieser in seiner heutigen Form rein römische Bau wurde in einen steilen Hang integriert (s. S. 433 ff., Farbabb. 7 und 12). Nicht nur vom Typus, sondern auch von seiner Zeitstellung her ist dieses Theater jedoch griechischer Natur. Der römische Neubau erhebt sich auf den Ruinen einer hellenistischen Anlage. Römische Odeia, kleine, theaterähnliche, aber überdachte Gebäude, die meist für musikalische Veranstaltungen und Lesungen genutzt wurden, finden sich auf Sizilien unter anderem in Catania, Taormina (s. S. 435) und Akrai.

Ein markanter Bautyp der römischen Kultur ist das Amphitheater. Solche elliptischen Bauten mit ihren mehrstöckigen Außenfassaden und hochaufsteigenden Zuschauerrängen im Innern dienten für Fechterspiele und Tierhetzen. Die meisten dieser Anlagen entstanden erst in den nachchristlichen Jahrhunderten der römischen Kaiserzeit, als die oft mehrtägigen Spiele in den Arenen zu einer festen Institution geworden waren. Das berühmteste und größte Amphitheater war das Kolosseum in Rom, das im späten 1. Jh. n. Chr. entstand. Zwar gab es auch schon zuvor solche Arenen, doch waren diese ebenso wie die frühen

Die Ruinen des römischen Amphitheaters von Syrakus gegen Ende des vergangenen Jahrhunderts

Rekonstruktionszeichnung eines luxuriösen römischen Hauses von innen

römischen Theaterbauten meist Holzkonstruktionen, die nach Beendigung der Spiele wieder abgerissen wurden. Dem Staat und den Stadtverwaltungen galten die gewalttätigen Veranstaltungen in den Arenen lange Zeit als suspekt, da es dabei immer wieder zu Ausschreitungen und Aufruhr kam. Die steinernen Amphitheater wurden deshalb meist abseits der Zentren in den Außenbezirken der Städte errichtet.

Drei Amphitheater entstanden in der römischen Kaiserzeit auf Sizilien. Die Arena von Termini Imerese (Himera) ist heute fast ganz verschwunden. Ihr einstiger Grundriß zeichnet sich jedoch noch deutlich im Stadtbild ab, da die Bebauung dem Umriß der antiken Anlage über Jahrhunderte hinweg folgte (Via Anfiteatro und Via S. Marco). Besser erhalten sind dagegen die Amphitheater von Catania und Syrakus (s. S. 138 und 184). Das Amphitheater von Syrakus, im 3. Jh. entstanden, war mit 140 × 120 m eines der größten in den Provinzen des Römischen Reiches, ließ sich jedoch nicht mit dem Kolosseum in Rom (190 × 155 m) vergleichen.

Über den prunkvollen und luxuriösen Lebensstil der römischen Oberschicht in der späten Kaiserzeit (3. und 4. Jh.) geben die großen, palastartigen Villenanlagen Aufschluß, die außerhalb der Städte überall im Reich in dieser Zeit erbaut wurden. Auch auf Sizilien trifft man auf die Überreste solcher Villen. Die am besten erhaltene ist zweifellos die Villa bei Piazza Armerina (s. S. 249–257). Um einen Peristylhof herum erstreckt sich der verschachtelte Gebäudekomplex mit Wohn- und Schlafräumen, Nymphäen, Bädern, Latrinen, Wirtschaftsgebäuden, weiteren säulenumstandenen Höfen und den Repräsentationsräumen. Die Fußböden in den Wohn- und Repräsentationsbereichen waren reich mit Mosaiken geschmückt, die Jagd- und Tierfangszenen, aber auch Szenen der Mythologie und des täglichen Lebens zeigen. Die gesamte Welt der großen Latifundien, die Ideale und Hierarchien, aber auch die Arbeiten und Vergnügungen in einer solchen Domäne finden sich in derartigen Mosaiken visualisiert (s. Abb. 39–41, 43).

Lange Zeit hat man aufgrund der prachtvollen Ausstattung der Villa bei Piazza Armerina angenommen, daß es sich hier um den Privatbesitz eines römischen Kaisers gehandelt haben müsse. Jedoch wurden in den letzten Jahren allein auf Sizilien drei weitere Villenanlagen aus dieser Zeit entdeckt (bei Eloro, bei Castroreale Terme und bei Patti Marina), die zwar allesamt weniger gut erhalten und bisher auch nur zu Teilen ausgegraben sind, der Anlage bei Piazza Armerina jedoch in Größe und Ausstattungsluxus einst in nichts nachstanden, ja sie z. T. sogar übertrafen. Und wenn man alle diese sizilischen Villen mit den riesigen kaiserlichen Palastvillen – etwa mit den Galeriusresidenzen in Thessaloniki und Gamzigrad (Jugoslawien) – vergleicht, so wird deutlich, daß die sizilischen Anlagen bei allem Aufwand demgegenüber doch eher kleine und bescheidene Bauten waren, die vermutlich höheren Staatsbeamten, nicht aber den Kaisern selbst gehört haben.

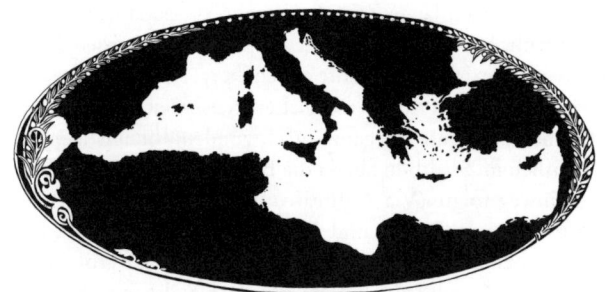

Das mittelalterliche Sizilien
von Helga Lehmkuhl

Byzantiner und Araber

Erste christliche Begräbnisse können bereits um das Jahr 200 datiert werden, und auch die Verehrung der hl. Agatha und des hl. Euplus in Catania sowie des hl. Marcian und der hl. Lucia in Syrakus, Märtyrern von der Mitte des 3. bis zum Anfang des 4. Jh., ist schon früh bezeugt. In den Katakomben, von denen die ausgedehntesten in Syrakus entstanden (s. S. 191–195), besitzen wir die frühesten baulichen Zeugnisse dieser Zeit. Ebenso ›im Untergrund‹ verborgen, der politischen Situation der *Religio illicita*, der verbotenen Religion, angemessen, liegen die kleine Taufgrotte unter der Kirche S. Giovanni in Marsala oder die Krypta des hl. Marcian in Syrakus (s. S. 318 f. und 193 f.).

Den endgültigen Durchbruch erfuhr die neue Religion, wie auch im übrigen Römischen Reich, nachdem das Toleranzedikt von Mailand (313) dem Christentum völlige Gleichberechtigung und Religionsfreiheit gebracht hatte. Aus dieser Zeit bewahrt das Archäologische Museum von Syrakus den Marmorsarkophag der Adelfia auf (Mitte 4. Jh.), dessen spätantiker, skulpturaler Schmuck Szenen aus dem Alten und Neuen Testament darstellt (s. Abb. S. 60). Die Christianisierung ging in den Städten schneller als auf dem Lande, am langsamsten im Landesinnern vonstatten. Zur Zeit Papst Gregors I. (590–604) bestanden jedenfalls schon mindestens zwölf Bistümer auf der Insel.

Daß sowohl aus dieser frühen als auch aus den beiden darauffolgenden Epochen keinerlei monumentale Architektur erhalten blieb, läßt sich aus den vandalischen, ostgotischen, byzantinischen, arabischen und normannischen Eroberungen und den daraus resultierenden Zerstörungswellen erklären. Auch die geringe Bevölkerungsdichte – Schätzungen reichen von 200000 bis 800000 gegenüber ca. 5 Mio. Menschen in den Blütezeiten der Antike – dürfte ein Grund sein. Heidnische Tempel wurden jedoch häufig in christliche Kirchen umgewandelt, so z. B. der Concordiatempel in Agrigent und, wohl das berühmteste Beispiel, der Athenatempel in Syrakus (s. S. 267 f., 169–174 und Abb. 17, 18). Die bislang ausgegrabenen Kirchen und Kapellen aus der Zeit bis zur arabischen Eroberung besitzen überaus bescheidene Maße und weisen im Grundriß entweder die westliche basilikale oder die byzantinische Kreuzform auf oder sind, wie die Höhlenkirchen im syrakusanischen Raum, schlichte rechteckige Räume.

Eindeutig byzantinischer Provenienz sind die Reste der in den Katakomben der hl. Lucia in Syrakus erhaltenen Fresken (s. S. 195) und der meist auf figürliche Darstellungen verzichtende Bauschmuck: Ein Wrack, das man 1960 im Golf von Noto fand, enthielt solche in

MITTELALTER/BYZANTINER UND ARABER

Marmorsarkophag der Adelfia aus den Katakomben des hl. Johannes des Evangelisten in Syrakus

Byzanz vorgefertigte Säulen und Kapitelle für eine komplette Basilika, die auf sizilischem Boden errichtet werden sollte. Die Felswohnungen und in den Stein gehauenen Kapellen von Pantàlica zeugen von der Flucht der Bevölkerung aus den von sarazenischen Überfällen gefährdeten Städten ins Landesinnere (s. S. 198).

Die muslimischen Eroberer und Siedler trafen also auf eine Griechisch sprechende, zur byzantinischen Kirche gehörende Bevölkerung. Die neuen Herren selbst stellten keine ethnisch geschlossene Gruppe dar, sondern repräsentierten als Ägypter, Araber, Berber aus Tunesien, Perser und Sudanesen die zahlreichen Völker des muslimischen Kulturkreises. Zwischen den Arabern und Berbern, von denen die ersteren vermutlich hauptsächlich um Palermo und die letzteren im Südwesten um Agrigent siedelten, brachen denn auch immer wieder Kämpfe aus.

Ihre christlichen und jüdischen Vasallen (*Dhimmis*, d. h. geschützte Minderheiten) mußten zwar höhere Steuern (*Jizya* oder *Kharaj*) als Muslime zahlen, doch scheinen diese immer noch unter denen der Byzantiner gelegen zu haben. Und obwohl zahlreiche Kirchen in Moscheen umgewandelt und den Nicht-Muslimen recht demütigende Auflagen gemacht wurden – so mußten Juden und Christen auf Kleidung und Häusern Erkennungszeichen anbringen, durften keine Waffen tragen oder zu Pferde reiten, mußten Muslimen den Vortritt auf der Straße lassen etc. –, gestand man ihnen doch weitgehende Selbständigkeit zu, das Leben nach den jeweiligen eigenen Gesetzen zu führen, sowie einen nahezu gleichberechtigten juristischen Status. Im Val di Mazara allerdings, wo zum Großteil christliche Sklaven ohne die Rechte der *Dhimmis* lebten, erfolgten die meisten Übertritte zum Islam.

Vor allem die Landwirtschaft erfreute sich wirksamer Förderung. Bewässerungssysteme überzogen bald das ganze Land, die hinderliche byzantinische Steuer auf Zugtiere wurde

Zeittafel: Byzantiner und Araber

468–476	Sizilien unter vandalischer Herrschaft
476–535	Sizilien unter ostgotischer Herrschaft
535	Belisar, der Feldherr des oströmischen Kaisers Justinian, erobert Sizilien zurück
zwischen 687 und 695	Kaiser Justinian II. macht die Insel zu einem *Thema*, einem militärisch organisierten Verwaltungsbezirk
751	die sizilianische Kirche wird dem Patriarchen in Konstantinopel unterstellt, der jedoch vorerst noch die Oberhoheit des Papstes in Rom anerkennt
827	der rebellierende byzantinische General Euphemius ruft die Aghlabiden ins Land; 10 000 Mann unter Asad Ibn al-Furat landen in Mazara und beginnen mit der systematischen Eroberung und Besiedlung, die sich von Westen nach Osten vollzieht
878	mit der Eroberung und Zerstörung von Syrakus ist Sizilien fest in muslimischer Hand (die letzte Festung, Rometta, hält sich bis 965); Palermo (erobert 831) wird Hauptstadt
948	Sizilien wird zum Emirat und erlangt dadurch weitgehende Unabhängigkeit
ab ca. 960	die Kalbiten in Palermo sind die mächtigsten Emire der Insel (erster Kalbitengouverneur 947 Hasan Ibn Ali al-Kalbi); die Verlegung des Kalifats nach Kairo durch die Fatimiden (972) erhöht Siziliens Selbständigkeit
1038–1040	bei der vorübergehenden byzantinischen Rückeroberung unter Georg Maniakes betreten die drei ältesten Söhne des normannischen Adelsgeschlechts der Hautevilles erstmals sizilischen Boden; unter den arabischen Emiren herrscht Anarchie

abgeschafft, die Steuergebung begünstigte die Bewirtschaftung bislang brachliegender Felder. Die Einführung neuer Kulturpflanzen wie Zuckerrohr, Zitrusfrüchte, Maulbeerbaum, Reis, Baumwolle, Papyrus (s. Abb. 10), Melone und Dattelpalme, verbunden mit der Kenntnis ihrer Nutzung, verdanken die Sizilianer den Arabern. Die Fischerei wurde intensiviert – vermutlich brachten die Araber auch eine hochentwickelte neue Form des Thunfischfangs nach Sizilien –, um den Ätna wurde Bergbau be-

Arabische Holzschnitzarbeit von einem Türpfosten, Sizilianische Regionalgalerie in Palermo

trieben, andernorts Salz gewonnen. Die Sizilianer lernten die Seidenherstellung und -weberei, und ganze Schiffsladungen von Holz aus den damals noch existierenden großen Wäldern der Insel wanderten ins holzarme Nordafrika. Die Weizenlatifundien aus spätantiker und byzantinischer Zeit verschwanden weitgehend; eine wachsende Zahl kleinerer landwirtschaftlicher Betriebe ersetzte sie – ein Prozeß, der durch die arabische Vorliebe für intensive Garten- und Obstkulturen sowie durch die muslimische Realerbteilung begünstigt wurde.

Gegen Ende der fast zwei Jahrhunderte währenden muslimischen Herrschaft wird die arabische Bevölkerung, am dichtesten im Westen, im Val di Mazara siedelnd, auf ca. eine halbe Million geschätzt. Die zentrale Lage der Insel inmitten des arabischen Kulturkreises, der einen Großteil des Mittelmeers umfaßte, sorgte denn auch für eine Blüte von Handel und Kultur. Dennoch ist von der arabischen Kunst neben geringen Resten (allein die Moscheegrundmauern bei S. Giovanni degli Eremiti, s. S. 351 f.) nur erhalten geblieben, was später unter den Normannen entstand, obwohl uns die Quellen von einer Fülle von älteren Moscheen, Festungen und Schlössern berichten. »Eine ungeheuer große Zahl von Burgen, Dörfern und sarazenischen Palästen liegt in Schutt und Asche...«, heißt es in einem kirchlichen Dokument aus der Zeit nach der normannischen Eroberung.

Zurück blieben lediglich sprachliche Spuren wie die Silben *Gibel* (›Berg‹) oder *Calta* (›Burg‹) in sizilianischen Ortsnamen, einige Hundert Lehnwörter aus dem Bereich des Handels, der Wasser- und Landwirtschaft, der Kleidung und des Gesetz- und Verwaltungswesens, nicht zuletzt aber auch die bis ins 19. Jh. bestehende Verwaltungsgliederung in drei Provinzen: Val di Mazara im Westen und Val di Noto im Südosten sowie das hauptsächlich von Griechen bewohnte Val di Dèmone im Nordosten.

Monarchia Sicula – Das Normannenreich auf Sizilien

Die Normannen, die ab dem Jahre 1060 von ihren Besitzungen in Unteritalien aus die Eroberung Siziliens in Angriff nahmen, waren lateinische Christen mit einem Auftrag des Papstes, die Insel den heidnischen Sarazenen zu entreißen – und die Oberhoheit Roms in dieser Region griechisch-byzantinischen Christentums wiederherzustellen. Die Invasoren kamen zunächst nicht besonders zahlreich, stellten nur die Oberschicht der Ritter und Lehnsträger sowie der hohen kirchlichen Würdenträger. (Erst später wurden dann vermehrt französische sowie lombardische und ligurische Siedler ins Land geholt, so daß man erst am Ende der staufischen Epoche von einem weitgehend latinisierten Sizilien ausgehen kann.)

In den ersten Jahren der Eroberung jedoch waren die neuen Herren auf die muslimischen und griechischen Bauern, Handwerker, Verwaltungsbeamten und Soldaten dringend angewiesen. Die historische Leistung der Normannenherrscher bestand darin, daß sie eine den politischen Notwendigkeiten gehorchende kluge Toleranzpolitik gegenüber den vielfältigen religiösen und ethnischen Gruppierungen ihres jungen Reiches an den Tag legten. Dazu gehörte auch, daß sie die vorgefundenen, ihnen in bestimmten Bereichen eindeutig überlegenen Kulturen nicht zerstörten, sondern sich aus derem ›Kulturvorrat‹ gleichsam bedienten, Nützliches in ihren neuentstehenden Vielvölkerstaat integrierten und so eine im europäi-

Normannische Krieger in ihrer typischen Bewaffnung mit Kettenhemd, Spitzhelm, Langschwert und Langschild, als Ritter im Lanzenangriff gegen einen ungerüsteten Gegner; Darstellungen auf den Kapitellen im Kreuzgang von Monreale

schen Mittelalter einzigartige – wenn auch vorübergehende – kulturell-politische Synthese schufen.

Araber und Juden mußten zwar, wie zuvor Juden und Christen unter muslimischer Herrschaft, eine Sondersteuer *(Jizya)* zahlen, doch durften sie ihre Religion frei ausüben und nach ihrer jeweiligen Rechtsprechung leben; vielen Muslimen beließen die Normannen ihr Land, häufig auch ihre Burgen und ihren Posten als Provinzemire. Die verfeinerte Eleganz der arabischen Kultur wirkte offenbar sehr anziehend auf die neuen Herren und Damen, denn letztere kleideten, parfümierten und verschleierten sich bald nach muslimischer Sitte und färbten ihre Hände mit Henna.

Die Sprachen des Hofs waren neben dem normannischen Französisch und Latein Griechisch und Arabisch sowie auch Hebräisch, und auch die Hofämter und -titel (wie die Männer, die diese Ämter innehatten) zeigten die für den Normannenstaat so charakteristische dreiteilige Kultursymbiose: In der *Curia regis*, dem hauptsächlichen Regierungsorgan der Normannenkönige, saß ein französischer Seneschall (Hausmeier, Truchseß) neben einem byzantinischen Protonotarius (Erster Notar) und Logotheten (hoher Beamter, Kanzler), und ihnen allen stand der ›Emir der Emire‹, latinisiert *Ammiratus,* vor, der mächtigste Mann nach dem König (erst im Laufe der Entwicklung wurde er auch Flottenkommandant, also nach unserem heutigen Verständnis ›Admiral‹). Am nachhaltigsten hatte sich der muslimische Einfluß in der aus arabischer Zeit stammenden, von den Normannen dann beinahe

MITTELALTER/NORMANNEN

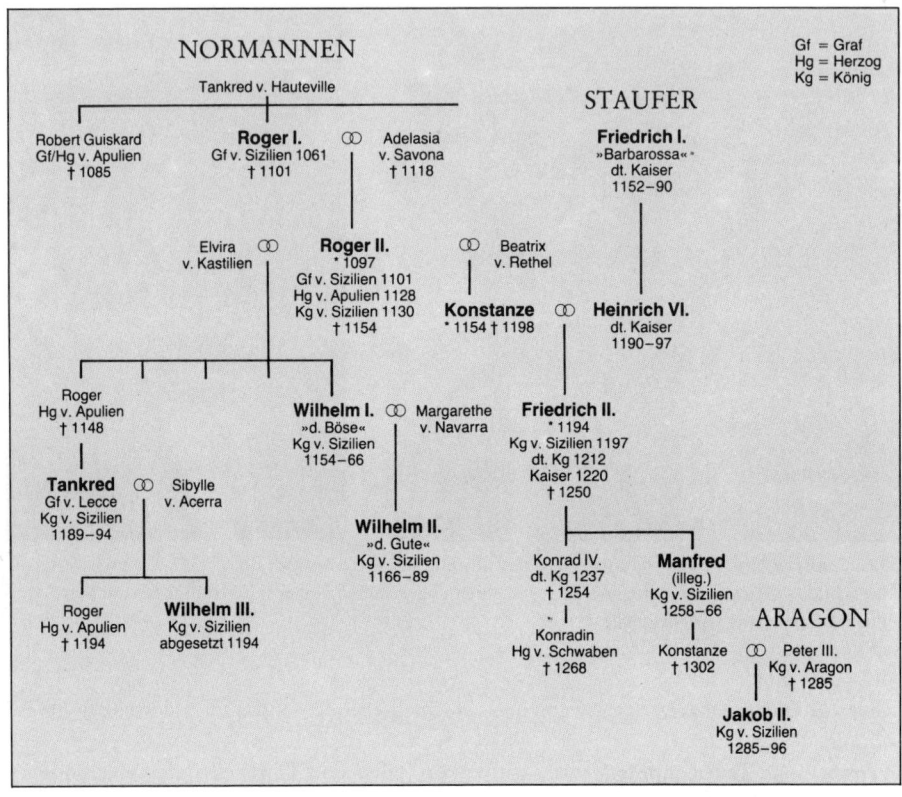

vollständig übernommenen Finanzverwaltung, dem *Diwan,* erhalten: Während der gesamten normannischen Epoche wurden beispielsweise Münzen mit kufischen Schriftzeichen geprägt: *Nasir an-nasraniyya,* Verteidiger des Christentums, ließ sich Roger II. auf seinen Münzen, ganz im Stile der fatimidischen Kalifen, nennen.

Diese kulturübergreifende Toleranz war in jener Zeit des Schismas, in der die Kluft zwischen lateinischen und griechischen Christen immer breiter wurde, gerade auch im Hinblick auf die beiden christlichen Konfessionen vonnöten. So wurden die griechischen Christen Siziliens zwar der schnell geschaffenen römisch-katholischen Verwaltungshierarchie – Erzbistum Palermo, französische Bischöfe in Troina, Mazara, Agrigent, Syrakus, Catania – unterstellt, doch taten sich die beiden Roger als Förderer und Stifter der orthodo-

1   Der Elefantenbrunnen auf dem Domplatz von Catania ▷

2 Catania, Dom

3 Catania, Badia di S. Agata

4 Catania, S. Benedetto und Jesuitenkolleg in der Via Crociferi

5 Catania, S. Placido

6 Catania, La Collegiata

7 Catania, Piazza Mazzini

9 Der Ätna von Taormina aus
8 Südflanke des Ätna unterhalb des Gipfels

10 Syrakus, Kyanequelle mit Papyrusstauden

11 Syrakus, Seilergrotte in der Latomia del Paradiso

12 Syrakus, Bootsfahrt vor der Halbinsel Ortygia

13 Syrakus, die Arethusaquelle in Ortygia

14 Syrakus, Ortygia, Innenhof des Palazzo Beneventano del Bosco

15   Syrakus, Ortygia, S. Lucia alla Badia

16   Syrakus, Ortygia, barocke Domfassade des Andrea Palma

17   Inneres des Doms

18   Seitenschiff des Doms mit griechischen Säulen

20 S. Giovanni über den gleichnamigen Katakomben
◁ 19 Syrakus, Blick auf das griechische Theater
21 Syrakus, Krypta des hl. Marcian

22 Syrakus, Apollon- oder Artemistempel ▷

23-30 Syrakus, Archäologisches Museum: Hydria des 5. Jh. v. Chr. mit einer Kampfszene (23); Krater des 5. Jh. v. Chr., Theseus tötet den Minotaurus (24); Kourotrophos des 6. Jh. v. Chr. (25); sog. Venus Landolina, römische Kopie eines hellenistischen Originals, 2. Jh. v. Chr. (26); Hydria des 4. Jh.

v. Chr., Badeszene (27); Krater des 4. Jh. v. Chr., Amazonenkampf (28); sitzende Göttin, um 500 v. Chr. (29); Kouros aus Leontinoi, 5. Jh. v. Chr. (30)

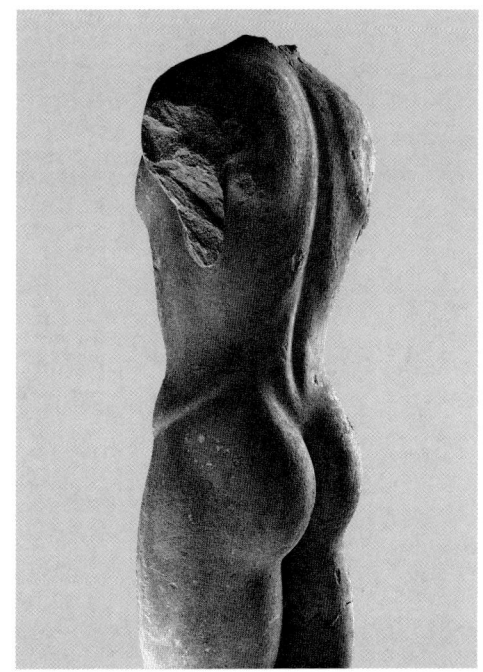

31 und 32   Die Nekropole von Pantàlica

Zeittafel: Monarchia Sicula – Das Normannenreich auf Sizilien

1030	der Normanne Rainulf erhält Aversa zu Lehen, das erste normannische Territorium in Unteritalien; von den zwölf Söhnen des kleinen Provinzbarons Tankred aus Hauteville-la-Guichard in der Normandie werden vor allem zwei wichtig: Robert Guiscard und der jüngste Sohn, Roger (geb. 1016), der Ahnherr des sizilianischen Königsgeschlechts der Hautevilles (beide kommen gegen 1046 nach Unteritalien)
1053	Sieg der Normannen in der Schlacht bei Civitate gegen die Truppen des Papstes, Leos IX., der gefangengenommen wird
1059	Synode von Melfi: Papst Nikolaus II. belehnt die Normannen Richard von Aversa mit dem Fürstentum Capua, Robert Guiscard mit den Herzogtümern Apulien und Kalabrien sowie – dem de facto sarazenischen, theoretisch noch byzantinischen – Sizilien; seinen äußerst schwachen Rechtsanspruch scheint er u. a. auf die sog. Konstantinische Schenkung, eine Fälschung der päpstlichen Kurie, gestützt zu haben, in der Konstantin dem Papst Italien und den gesamten Westen des Römischen Reiches übertragen haben soll
1061	die normannische Eroberung Siziliens beginnt mit der Einnahme von Messina; die arabischen Emire Ibn ath-Thumna im Südosten und Ibn Hawwas im Inselinnern bekämpfen sich gegenseitig; in dieser Situation bittet Ibn ath-Thumna Roger um Hilfe und bietet ihm dafür die Herrschaft über Sizilien an; Nachschubprobleme und ständige Rebellionen auf dem süditalienischen Festland zögern den Erfolg der Invasion heraus; ihre tatsächliche Führung fällt Roger zu
1063 und 1068	Siege Rogers in den Schlachten von Cerami und Misilmeri brechen den sarazenischen Widerstand
1071	Robert Guiscard erobert Bari; Ende der byzantinischen Herrschaft in Unteritalien
1072	Palermo fällt an Robert Guiscard und Roger
1085	Syrakus von Roger erobert
1091	mit Noto ergibt sich die letzte sarazenische Bastion in Sizilien
1101–1112	nach dem Tode Rogers führt seine Witwe Adelaide die Regentschaft, ab 1105 für Roger II. (geb. 1095)
1112	Volljährigkeit Graf Rogers II.; sein Admiral ist der griechisch-katholische Christodulos
1127	mit dem Tode seines Vetters Wilhelm wird Roger II. auch Herzog von Apulien
1128	Papst Honorius II. belehnt Roger mit Apulien, Kalabrien und Sizilien
1130	der Gegenpapst Anaklet II. macht Roger zum König von Sizilien; er schwört dem Papst im Gegenzug den Lehnseid
1132–1152	Georg von Antiochia dient Roger als Großadmiral (s. Abb. S. 336)

MITTELALTER / NORMANNEN

1137	der Italienfeldzug Kaiser Lothars III., der die Wiedereingliederung Unteritaliens in das Deutsche Reich bezweckt hatte, scheitert
1139	nach der Schlacht bei Galluccio fällt Papst Innozenz II. in Rogers Hände und muß dessen Königswürde im Vertrag von Mignano anerkennen
1140	Gesetzgebungswerk der Assisen von Ariano
1146	mit der Eroberung von Tripolis in Nordafrika wird Roger zum Herrn des zentralen Mittelmeers
1151	nach dem Tod dreier älterer Söhne Rogers wird Wilhelm zum Mitregenten gesalbt
1154–1166	Wilhelm I., ›der Böse‹ (geb. 1120)

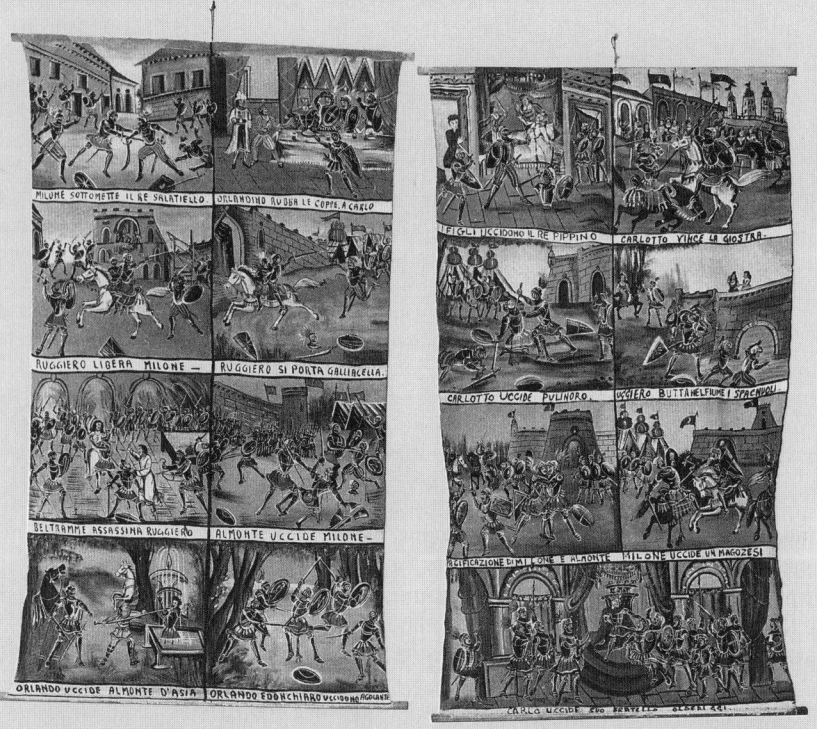

Die heldenhaften Kämpfe der Paladine Karls des Großen gegen die Sarazenen stellen ein beliebtes Thema sizilianischer Geschichtenerzähler dar, die bei ihrem Bänkelgesang auf die jeweiligen Szenen dieser Rollbilder zu zeigen pflegten; angeblich gibt es 365 Geschichten – für jeden Tag eine; diese beginnt damit, daß ›Milone den König Salatiello unterwirft‹

1154–1160	Maio von Bari dient Wilhelm als Großadmiral
1160	mit Mahdia verliert Wilhelm den letzten nordafrikanischen Stützpunkt; bei einem Aufstand der Barone wird Maio von Bari ermordet und der König gefangengenommen; Staatsbeamte und Muslime werden verfolgt
1166–1171	Regentschaft der Margarethe von Navarra; eine kirchliche Partei bildet sich unter Richard Palmer, Bischof von Syrakus, und Walter of the Mill, dem Erzbischof von Palermo (1169); Matthäus von Ajello ist Protonotarius
1166–1168	Margarethes Vetter Stephan du Perche regiert als Kanzler; er greift gegen Barone und korrupte Verwaltungsbeamte durch und muß schließlich fliehen
1171–1189	Wilhelm II., ›der Gute‹ (geb. 1153; s. Abb. S. 91 und 392)
1185	die Flottenexpedition gegen das byzantinische Griechenland (Admiral Tankred von Lecce) scheitert bei Thessalonike
1186	Heirat von Konstanze, einer nachgeborenen Tochter Rogers II., mit dem späteren deutschen Kaiser Heinrich VI.
1189	antimuslimische Verfolgungen anläßlich der Thronwirren nach Wilhelms II. Tod führen zu einer weiteren arabischen Auswanderungswelle
1190–1194	Tankred von Lecce, der Neffe Wilhelms I., wird von einer ›sizilianischen Partei‹ in Palermo zum König gewählt; Walter of the Mill und die Barone befürworten die offizielle Erbin, Konstanze (bzw. deren Mann Heinrich VI.)
1194–1197	Heinrich VI.; er schickt Königin Sibylla und ihre Töchter gefangen nach Deutschland und läßt ihren Sohn, den minderjährigen Wilhelm III., töten (s. Abb. S. 285); Heinrich betrachtet Sizilien nur als eine Provinz seines Kaiserreiches, beutet deren finanzielle Ressourcen aus und geht mit äußerster Brutalität gegen den lokalen Adel vor

xen Kirche und zahlreicher Basilianerklöster (ein byzantinischer Mönchsorden), vor allem im überwiegend griechischen Val di Dèmone, hervor; die schönsten dieser normannischen Neustiftungen stehen heute in Itàla und im Tal des Agrò (s. S. 430f.).

Während im übrigen Europa der Investiturstreit tobte, übten die Hautevilles eine effektive Kontrolle über die lateinische Kirche ihres Reiches aus. Bei einer Zusammenkunft mit Papst Urban II. 1088 in Troina gelangte man zu einer Übereinkunft, die Roger I. weitgehende Machtbefugnisse in seiner Landeskirche und Urban die Anerkennung seines Suprematieanspruchs durch den Normannen einbrachte. Die Könige setzten nicht nur Bischöfe ein (die so heftig umstrittene Laieninvestitur), sondern errichteten auch Bistümer und Klöster nach Gutdünken. Für die neu zu leistende monastische Durchdringung der Insel bedienten sich die Normannen hauptsächlich benediktinischer Mönche der cluniazensischen Reformrichtung. Zehn Jahre später erhielt Roger sogar das Recht, anstelle eines Legaten *(legati vice)*, eines päpstlichen Gesandten mit beschränktem Auftrag, zu handeln.

MITTELALTER / NORMANNEN

In den Kanzleien der Normannenherrscher wurden die Urkunden in Griechisch, Sarazenisch und Latein aufgesetzt – nach der Handschrift des Petrus de Ebulo

Die Normannenherrscher waren nicht, wie andere Herrscher des Mittelalters, von dem oft unzuverlässigen und zudem nur für 40 – in Sizilien 90 – Tage pro Jahr einberufenen Lehnsaufgebot abhängig, sondern verfügten von Anfang an über eine starke stehende Armee und über eine schlagkräftige Flotte, die ihnen die Vorherrschaft im Mittelmeer sicherte. So wurden Malta, Gozo und Teile der nordafrikanischen Küste erobert und überfallartige Expeditionen ins byzantinische Griechenland unternommen. Muslimische Soldaten, denen der Übertritt zum Christentum ausdrücklich verboten war, bildeten ein Kernkontingent des normannischen Heers, das die Herrscher nicht selten gegen aufständische griechische Christen und Barone einsetzten.

Im Gegensatz zum süditalienischen Herrschaftsbereich der Normannen, in dem die Barone weiterhin eine bedeutende Kraft blieben und nicht selten rebellierten, gelang es den beiden Roger, die Macht der Feudalherren auf Sizilien erheblich einzuschränken. Hier entstanden keine der Zentralgewalt gefährlichen großen Lehen, das Königtum hielt sich immer selbst im Besitz der großen Städte und strategisch wichtigen Regionen. Die für militärische Hilfe bei der Eroberung verliehenen Lehen waren zudem oft nicht erblich, und der Herrscher behielt sich immer die Regalien vor, königliche Hoheitsrechte wie Münzprägung, Burgenbau, Steuererhebung, oberste Gerichtsbarkeit etc.

Die für ein mittelalterliches Reich ungewöhnlich straffe Zentralisierung aller Herrschaftsbereiche in der Person des Königs erforderte einen zeremoniell-mystischen ›Überbau‹: Ihn fand Roger II. in der byzantinischen Herrschafts- und Kaiseridee. Der Fürst, der seine Macht hiernach von Gott selbst erhält, ist so nicht nur weltlicher Herr, sondern auch Priester, steht hoch und abgesondert über seinen Untertanen. Das strenge byzantinische Hofzeremoniell mit der Proskynese (Niederwerfen vor dem Herrscher oder religiösen Weihegegenstand) verstärkte diese ›Entrückung‹ des Königs in eine quasireligiöse Sphäre. (Daneben liebte Roger II. es, bei offiziellen Auftritten unter einem seidenen Baldachin zu erscheinen – ein von den fatimidischen Kalifen übernommener Brauch.)

Neben dieser Prunkentfaltung, die zur Verherrlichung und allen sichtbaren Demonstration seiner Idee vom Königtum diente, legte Roger II. in seinem großen Gesetzgebungswerk, den Assisen von Ariano, diesen monarchischen, religiös überhöhten Absolutismus sozusagen ›verfassungsrechtlich‹ nieder. Die Beschlüsse, in denen wir auch die Grundsätze von Gleichberechtigung und Toleranz seinen Untertanen gegenüber finden, stützen sich weitgehend auf einen berühmten byzantinischen Vorgänger, das Corpus Iuris Civilis Kaiser Justinians I. (533/34).

Wie schon unter arabischer Herrschaft blühte in der *Monarchia Sicula* der Handel: Palermo, Messina, Catania und Syrakus profitierten am meisten von der zentralen Lage an den wichtigen Handelsrouten nach Konstantinopel, zum arabischen Nordafrika und zu den christlichen Kreuzfahrerstaaten. Die Hauptquelle des sizilianischen Wohlstands war der Weizenanbau (und sollte es bis zum Ende der spanischen Herrschaft bleiben). Die ausgedehnten Weizenlatifundien des Adels und der Klöster begannen auf dem Land bald, die kleineren arabischen Intensivbetriebe zu verdrängen. Palermo jedoch soll Berichten zeitgenössischer Chronisten zufolge immer noch wie in arabischer Zeit von einem grünen Kranz aus Obstgärten umgeben gewesen sein. Die sizilianischen Könige verfügten so über einen ›märchenhaften‹ Reichtum, der die solide Grundlage ihrer selbstsicheren Politik abgab.

Am Hof Rogers II., wohl dem glänzendsten in Europa, versammelten sich die führenden Mathematiker, Geographen, Astronomen, Astrologen und Philosophen ihrer Zeit, hauptsächlich Araber und Griechen. Der König, von arabischen und griechischen Lehrern sozusagen kosmopolitisch erzogen, legte großes persönliches Interesse für ihre Forschungen an den Tag und förderte sie nach Kräften. Lateinische Übersetzungen griechischer Philosophen wurden angefertigt, die Ärzteausbildung systematisiert. Die herausragende Gelehrtenpersönlichkeit dieser palermitanischen Geisteselite war der arabische Geograph Al-Idrisi, dessen jahrelang im Auftrag des Königs unternommenen Expeditionen kurz vor Rogers Tod (1154) ihren krönenden Abschluß fanden: In dem sog. Buch König Rogers, dem bedeutendsten geographischen Werk des Mittelalters, steht zu lesen: »Die Erde ist rund wie eine Kugel, und die Wasser hängen ihr an und werden festgehalten an ihr durch das natürliche Gleichgewicht...«.

Christus krönt Roger II., Mosaik in der Martorana in Palermo; die Inschrift »Rhogerius Rex« ist lateinisch, jedoch mit griechischen Buchstaben geschrieben; man beachte auch die kostbaren Gewänder und die Krone mit den byzantinisch beeinflußten Pendilien, den Seitengehängen

MITTELALTER / NORMANNISCHE KUNST

Den bedeutendsten und offenkundigsten Ausdruck fand die normannische Herrschaftsidee jedoch in der Kunst und hier vor allem in der Cappella Palatina, die man auf dem Hintergrund des politisch-religiösen Macht- und Prestigeanspruchs Rogers begreifen muß (s. Abb. 78, 79). Die Worte des Bischofs Theophanes Kerameus anläßlich der Weihung der Kapelle zeigen jedenfalls, daß auch die Zeitgenossen diesen Anspruch begriffen: »In diesem Gotteshaus hat ein wahrhaft großer und königlicher Sinn ein ewiges Denkmal errichtet, gleichsam einen festen Grundstein seines Palastes, groß und glanzvoll...«.

Schon in der Wahl der Handwerker und Baumeister zeigt sich wiederum der bewußte Eklektizismus der Normannenherrscher: Ein »Gerhard der Franke« ist durch eine Inschrift der Kirche bei Casalvecchio Siculo als vermutlich aus der Normandie stammender Baumeister ausgewiesen, für die Mosaiken der großen Dome und der Palastkapelle wurden byzantinische Mosaizisten herangezogen, und für die Kapitelle des Kreuzgangs von Cefalù darf man wohl provenzalischen Einfluß veranschlagen. Das auffälligste Beispiel dieser organisierten Nachahmung ist die Verschleppung byzantinischer Seidenweber nach Palermo im Jahre 1147, wo sie für den Bedarf des Hofes produzieren mußten.

Den augenfälligsten Einfluß übten jedoch arabische Handwerker und Meister aus, denn aus dem muslimischen Kulturkreis stammen diejenigen Elemente, die der normannischen Kunst des 12. Jh. ihr unverwechselbares Gepräge verleihen, sie von den zeitgenössischen romanischen Denkmälern des übrigen Europa unterscheiden. (Tatsächlich tendieren jüngere Forschungen dazu, den arabisch-fatimidischen Aspekt immer stärker zu betonen.) Auf dem Sektor der Baukunst spiegelt sich dieser arabische Einfluß am reinsten in der Profanarchitektur wieder, wo die europäische Bautradition nichts aufzuweisen hatte, was auch nur annähernd den eleganten Baukonzepten und dem Luxus muslimischer Paläste gleichkam.

Die in der Phase der Eroberung um 1070/1080 errichteten militärischen Zweckbauten, z. B. die zum Schutz Catanias entstandenen Kastelle von Adrano und Paternò um den Ätna herum, lassen noch keinen arabischen Einfluß erkennen. Sie vertreten den Typus des rechteckigen, mehrstöckigen Donjons – ein aus der normannischen Heimat stammendes Baukonzept, dessen nüchterne und wenig luxuriöse Funktionalität einen sprechenden Gegensatz zu den späteren Lustschlössern arabischer Provenienz darstellt (s. S. 439 und 452). Das Vorbild

Löwe vom Mosaikschmuck des sog. Zimmer des Roger; die Darstellungsform mit der erhobenen Tatze deutet auf persisch-sassanidische Einflüsse

La Cubula

fatimidischer Wüstenschlösser, gekennzeichnet durch das harmonische Zusammenspiel von Gartenlandschaft, Wasserspielen – in der arabischen Wüste doppelt kostbar – und Architektur, sollte indes für die später entstandenen Paläste bestimmend werden. Nicht massive, zusammenhängende Gebäudekomplexe entstanden, sondern kleine, im Park verstreute Hallen und Pavillons wie die noch erhaltene Cubula (s. S. 370).

Der Chronist Romuald von Salerno gibt eine anschauliche Beschreibung zweier Landvillen Rogers II. um Palermo: »Damit ihm kein Vergnügen zu Wasser oder zu Lande entging, ließ er ein großes Gehege für vierfüßige und geflügelte Tiere an einem Ort namens Favara errichten, ... die Gewässer dort besetzte er mit Fischen jeglicher Art und Herkunft und baute in der Nähe ein schönes Schloß. Gewisse Hügel und Gehölze in der Umgebung Palermos schloß er in gleicher Weise mit Mauern ein und machte daraus den ›Parco‹ – einen angenehmen, reizenden Aufenthaltsort, wo die verschiedensten Bäume Schatten geben und es von Hirschen, Ziegen und Wildschweinen wimmelte. Auch hier baute er einen Palast, der süßes und klares Quellwasser aus unterirdischen Rohren erhielt. So fand der König, ein kluger und vorausblickender Mann, an diesen Plätzen zu jeder Jahreszeit sein Vergnügen.«

Von vergleichbaren Bauten sind heute nur noch Zisa und Cuba, beide in Palermo unter Wilhelm I. bzw. II. entstanden, in Teilen erhalten (s. S. 369–372). Das sog. Zimmer des Roger im Normannenpalast ebendort vermittelt ebenfalls einen Eindruck von jenem verfeinerten Lebensgenuß, jener im übrigen Europa nicht bekannten diesseitsfreudigen Wohnkultur, die am Hofe der Könige von Sizilien herrschte (s. S. 344). An den persisch-sassanidischen Tier- und mythologischen Motiven aus Samarra, die Eingang in die musivische Raumausschmückung gefunden haben, zeigt sich, daß auch die von den Normannen adaptierte arabische Kultur bereits ein Sammelbecken vieler Traditionen darstellte (s. Abb. 77).

Auch in der Sakralarchitektur macht sich der arabische Einfluß bemerkbar, doch hatte er sich hier gegen zwei mächtige christliche Bautraditionen zu behaupten: die dreischiffige Basilika mit Querhaus lateinisch-westlicher und die Kreuzkuppelkirche byzantinisch-östlicher Provenienz, wie sie sich ja bereits vor der muslimischen Eroberung auf der Insel fanden. Die Normannenherrscher hatten die hohen kirchlichen Posten und die Domkapitel mit überwiegend französischen Klerikern besetzt sowie Benediktiner und Augustiner-Chorherren aus dem nördlichen Europa mit der Gründung lateinischer und Basilianer mit der Gründung griechischer Klöster beauftragt – und diese kirchliche Elite brachte naturgemäß ihre jeweiligen Bautraditionen mit.

Für die großen Dome in Catania, Cefalù, Messina, Palermo und Monreale wurde, schon wegen ihrer Funktion als Bischofskirchen, die eine Masse von Gläubigen aufnehmen mußten, der Grundriß der dreischiffigen Basilika gewählt. Doch auch kleinere Gotteshäuser wie S. Giovanni degli Eremiti und S. Cataldo (s. S. 351f., 337f., Farbabb. 1 und Abb. 69, 72, 80) erhielten einen basilikalen Grundriß. Der Dom von Cefalù spiegelt mit seiner Zweiturmfassade, dem kreuzgewölbten Chor und dem Querschiff, der Außengliederung durch Rundbogenfriese und Lisenen und der Tierornamentik seiner Kapitelle diesen normannisch-romanischen Einfluß wohl am reinsten wider (s. Farbabb. 14 und Abb. 103–105).

Daß Georg von Antiochia für seine Kirche, die Martorana oder S. Maria dell'Ammiraglio (s. S. 334–337, Farbabb. 34 und Abb. 68, 70, 71), das byzantinische Vorbild der Kreuzkuppelkirche bevorzugte, läßt sich aus der Herkunft des berühmten Großadmirals Rogers II. ableiten. Und auf dem Holzrand der Zentralkuppel ließ dieser Grieche aus Syrien in kufischer Schrift, aber griechischer Sprache, einen christlichen Hymnus anbringen – ein eindrucksvolles Symbol der kulturellen Synthese im Normannenreich des 12. Jh. Diese Synthese drückt sich in bezug auf den Kirchengrundriß wohl am augenfälligsten in der Cappella Palatina aus, die eine gelungene Kombination des westlichen Longitudinal- mit dem östlichen Zentralbau darstellt (s. S. 345–351).

Die Handwerker jedoch, die diese Bauten errichteten, waren Muslime. Ihrer guten Organisation in den einzelnen Bauhütten war es u. a. zu verdanken, daß die normannischen Kirchen jeweils in einer überraschend kurzen Bauzeit errichtet wurden: der Dom von Catania 1088–1093, die Cappella Palatina 1131/32, die Martorana 1142/43 und der Dom von Palermo 1184 – man vergleiche diese Zahlen mit den sich über Jahrhunderte hinziehenden Bauzeiten nordeuropäischer Kathedralen!

Hauptsächlich im Val di Mazara und natürlich in Palermo, den am dichtesten muslimisch besiedelten Regionen, fand die Durchdringung abendländischer und arabischer Bauweisen statt. So lassen die frühen normannischen Kirchen in Castelvetrano und Mazara del Vallo oder auch S. Giovanni degli Eremiti, obwohl dem Typus der Kreuzkuppelkirche bzw. der Basilika verpflichtet, doch deutlich das Raumgefühl des fatimidischen Kubusbaus erkennen, der, gleichsam steingewordene Geometrie, aus Würfeln und Quadern zusammengesetzt ist (s. S. 316f., 351f. und Abb. 63, 65).

Arabische Zierformen an der Apsis des Doms von Palermo und an den sich überschneidenden Blendbogen des Doms zu Monreale; typisch die zweifarbigen Einlegearbeiten

Arabisch sind an den Bauten des sog. normannisch-arabischen Stils auch die handwerklich perfekte, glatte Fugung der Mauerquadern, die elegante, rhythmische Wandgliederung, die Spitzbogen, die verschränkten Blendbogenfriese und die aus der persischen Architektur stammenden Trompen für die Eckenlösungen der Kuppeln, des weiteren die an Mauerkanten ein- und übereinandergestellten Säulen, Schmuckformen wie geometrische Vieleckornamente oder bekrönende Bänder mit kufischen Inschriften, die sog. Polsterquader sowie die Brunnenhäuser in den Kreuzgängen. Deutlich als islamisches Architekturelement sind auch die Muqarnas (Stalaktiten) zu erkennen, die die Innenräume der Cuba, der Zisa wie auch die Decke der Cappella Palatina schmücken. Was jedoch jedem Sizilienreisenden spontan als ›morgenländisch‹ erscheinen wird, sind die nackten, gestelzten Kuppeln, jene so fremdartig wirkenden (erst heute rötlich getönten), meist hintereinandergereihten und auf einem kubischen Unterbau aufsitzenden steinernen Halbkugeln (s. Abb. 80).

In der Cappella Palatina, der Martorana und den Domen von Cefalù und Monreale befinden sich jene kompletten Mosaikausstattungen auf strahlend goldenem Grund, die zu den beeindruckendsten Erlebnissen einer sizilianischen Kunstreise gehören (s. S. 345–349,

MITTELALTER / NORMANNISCHE KUNST

335 ff., 406 f., 387–391 und Farbabb. Umschlaginnenseite). Die Forschung ist sich darüber einig, daß erfahrene byzantinische Mosaizisten diese Meisterwerke geschaffen haben (mit Ausnahme der musivischen Ausstattung der Profanbauten und einiger ornamentaler Motive wie z. B. der Palmen oder der ineinander verschlungenen Arabesken in Cefalù). So kann beispielsweise nur eine vortrefflich organisierte Werkstatt in wenigen Jahren (ca. 1185–1190/91) das Mammutwerk der Mosaiken von Monreale vollendet haben.

Die musivische Ikonographie zeigt im allgemeinen Christus, Maria und die himmlische Hierarchie im Presbyterium, Szenen aus dem Alten Testament im Langschiff (Beginn immer auf der rechten, südlichen Mittelschiffwand, fortlaufend über die Westwand, von Westen nach Osten auf der linken, nördlichen Mittelschiffwand, dann dieselbe Kreisbewegung noch einmal im darunterliegenden Register), den Engelschor in der Vierungskuppel sowie Szenen aus Christi Leben oder aus der Petrus- und Pauluslegende in den Seitenschiffen.

Man unterscheidet drei den jeweiligen Herrschern zugeordnete Phasen der normannisch-byzantinischen Mosaikkunst. Unter Roger II. entstanden im wesentlichen die Mosaiken der Apsis von Cefalù, der östlichen Partien der Cappella Palatina sowie der gesamten Martorana. In dieser eklektizistischen ersten Phase versuchte man, ikonographische Programme für längsgerichtete Bauten (mit dem Endpunkt der Bewegung in der Apsis), die aus Unteritalien stammten, mit byzantinischen Programmen für Zentralbauten (mit dem Zentrum in der Kuppel) zu kombinieren und so den hybriden Baustrukturen anzupassen.

Die Hauptwerke der zweiten Phase unter Wilhelm I. sind die Schiffe der Cappella Palatina, das Presbyterium von Cefalù sowie die erhaltenen musivischen Ausstattungen der Profanbauten. Nun wurden muslimische Elemente (s. o.) in die Mosaikkunst einbezogen – einer eigenständigen sizilianischen, von Byzanz unabhängigen Mosaikkunst kommt dieser Stil am nächsten.

In der dritten Phase unter Wilhelm II. machte sich in dem Jahrzehnt um 1160 zunächst ein archaisierender Stil bemerkbar, der auf eine ebensolche Entwicklung in Byzanz zurückging. In diesem strengen, hierarchischen Stil, der die Figuren immer frontal wiedergibt, entstanden die Kirchenväter in der Prothesis der Cappella Palatina und die untere Reihe der Kirchenväter in Cefalù. In den Mosaiken von Monreale jedoch ist dieser ›Rückfall‹ wieder überwunden, knüpfte man wieder an den ›sizilianischen‹ Stil unter Wilhelm I. an.

Der Dom von Cefalù, von Roger II. zur Grablege der Hautevilles bestimmt, und die Cappella Palatina, das *Summum Opus* des normannisch-arabischen Stils, entstanden etwa zeitgleich (ab 1131) auf dem Höhepunkt der *Monarchia Sicula*. Doch was sich schon in den letzten, vermutlich geistig umnachteten Lebensjahren Rogers II. angekündigt hatte, als er den Admiral Philipp von Mahdia unter dem Vorwurf, sich zum Islam bekehrt zu haben, lebendig verbrennen ließ (1153), setzte sich unter seinen schwächeren und politisch nicht so glücklichen Nachfolgern dann endgültig durch: Adel, Palastcliquen und ehrgeizige, aus dem normannischen England stammende Prälaten wie Walter of the Mill und Richard Palmer gewannen an Macht, die Zentralgewalt wurde schwächer – und der religiöse Konsens, das Fundament des Normannenstaats, zerbrach.

Der letzte Sakralbau des reinen normannisch-arabischen Stils, S. Cataldo, wurde vom Admiral Maio von Bari gestiftet, der das prominenteste Opfer jener zu einem antimuslimischen Pogrom ausufernden Adelsrevolte von 1160 werden sollte – eine Konstellation von hohem Symbolwert. Die normannisch-arabische Kunst, die ja in so einzigartiger Weise Ausdruck des sizilianischen Staates des 12. Jh. war, wurde neben dem Haupt dieses Staates, dem König, von seiner griechischen und arabischen Verwaltungs- und Regierungselite getragen. Mit der nach der Ermordung des höchsten Staatsdieners, des Großadmirals, einsetzenden Emigration der arabischen Intelligenz (der dann auch immer mehr muslimische Handwerker und Bauern folgen sollten) wurden die Monarchie und mit ihr auch die Kunst nach und nach ihrer Fundamente beraubt. »Ich liebte Sizilien in meiner frühen Jugend; die Insel schien mir ein Paradiesgarten zu sein. Doch ach, kaum gelangte ich in die reiferen Jahre, als das einstmals blühende Land sich in eine brennende Hölle verwandelte«, klagt der muslimische Dichter Abd-al-Halim.

Dieser Prozeß ging jedoch langsam vonstatten: Wilhelm II. soll zeitgenössischen Berichten zufolge noch, wie auch seine Vorgänger, ein Leben wie ein orientalischer Fürst geführt, einen Harem aus muslimischen Frauen und eine Leibgarde aus sudanesischen Schwarzen besessen haben. Im Dom von Monreale versuchte Wilhelm II., noch einmal an die arabisch-normannischen Traditionen seiner Vorgänger anzuknüpfen (s. S. 384–393 und Abb. 94–101), so daß man dieses Projekt zu Recht ein Vermächtnis der sizilisch-normannischen Dynastie genannt hat. Doch auch die Zeichen der neuen Zeit kündigten sich hier an: Der benediktinische Abt von Monreale sollte, auf Kosten der muslimischen Bauern und Grundbesitzer, die sämtlich ihren Ackerboden verloren, bald zum größten Landbesitzer Siziliens nach dem König aufsteigen – ein Indiz für den wachsenden Einfluß westlich-lateinischer

Konstantin und Helena (oft für Porträts Wilhelms II. und seiner Frau gehalten), Kapitell im Kreuzgang von Monreale – vor einigen Jahren wurde der Kaiser durch ein leichtes Beben zu einem ›Mann ohne Unterleib‹

Orden und des Feudalwesens, für die Trennung der Insel vom muslimisch-nordafrikanischen Kulturkreis und ihren Anschluß an das christliche Europa.

Trotz all der Pracht der normannisch-arabischen Kultur kann man sich des Eindrucks einer gewissen zerbrechlichen Künstlichkeit, die all diesen hybriden Schöpfungen anhängt, nicht erwehren. Diese ausschließlich dynastisch bestimmte und ganz bewußt ins Leben gerufene kulturelle Synthese hatte wohl auch zu wenig Zeit, um populär zu werden, sich nachhaltig im Bewußtsein des Volkes zu verankern. Wahrhaft zu einer neuen Einheit verschmolzen sind normannische, byzantinische und arabische Elemente in einigen wenigen Meisterwerken der Epoche, doch wuchsen die einzelnen ethnischen und religiösen Gruppen nie zu einem ›Staatsvolk‹ zusammen, gewannen nie das Bewußtsein einer sizilianischen Identität. Und wahrscheinlich war eine solche auf Toleranz beruhende Synthese auch auf Dauer nicht haltbar in einer Zeit, in der die zentrifugalen Kräfte von Investiturstreit, feudaler Zersplitterung, Schisma und Kreuzzügen den mittelmeerischen und europäischen Raum zerrissen.

Hohenstaufer, Anjous und Aragonesen

Stupor mundi, ›das Staunen der Welt‹, nannten die Zeitgenossen Friedrich II. von Hohenstaufen. Als tyrannischen ›Hammer der Welt‹, als neuen Antichristen beschimpften ihn seine Gegner (allen voran der Papst und seine Anhänger, mit dem Friedrich um die Herrschaft in Italien in permanenter Auseinandersetzung stand), als heilsbringenden Friedensfürsten und messianischen Kaiser – ganz im Sinne der normannischen Herrschaftsauffassung – vergötterten ihn seine Anhänger. Als der Kaiser 1235 ein zweites und letztes Mal nach Deutschland kam (um seinen aufständischen Sohn Heinrich zu bestrafen), wirkte er mit seinem prachtvoll-fremdländischen Gefolge, den Arabern und Äthiopiern, den vielen exotischen Tieren, auf die Deutschen wie ein morgenländischer Potentat. Und noch heute ist das Bild dieser schillernden Persönlichkeit auch in der historischen Forschung umstritten, werden Beurteilungen, die ihn als Vorläufer der Renaissance oder als großen Freigeist und Atheisten (kein Geringerer als Friedrich Nietzsche) sehen, in ihrer Abhängigkeit von der zeitgenössischen klerikalen Propaganda erkannt. Sich selbst jedoch hat Friedrich immer als rechtgläubigen Christen bezeichnet, hat beispielsweise auch gegen Ketzer jederzeit effektiv und grausam durchgegriffen – bei dem oben erwähnten Streit mit seinem Sohn ging es u. a. um Ketzerverfolgung in Deutschland.

Seine Jugend hatte Friedrich elternlos in dem von wechselnden Adelsfraktionen kontrollierten Palermo verbracht, war an dieser Nahtstelle arabischer, byzantinischer und abendländisch-lateinischer Einflüsse vielsprachig und, wie man vermuten darf, von den verschiedenen Kulturen, die einst das Reich seiner normannischen Vorfahren ausgemacht hatten, geprägt aufgewachsen. *Vir inquisitor et sapientiae amator,* ›einen wissensdurstigen Mann und Freund der Weisheit‹, sollte sein Sohn Manfred ihn später nennen. Diesen bohrenden Wissensdrang suchte Friedrich in den berühmten Fragenkatalogen, die er mit Vorliebe muslimischen und jüdischen Gelehrten vorlegte, zu befriedigen. Obwohl seine zeitgenössischen Gegner Friedrichs Umgang mit ›heidnischen‹ Gelehrten als Beweis für seine unchristliche Geisteshaltung anführten, hätten doch christliche Gelehrte die überwiegend naturkundlichen Fragen gar nicht beantworten können: Die muslimische und jüdische ›Wissenschaft‹ ihrer Zeit besaß einen gewaltigen Wissensvorsprung auf den Gebieten der Mathematik, Astronomie, Optik, Kosmologie und Tierkunde. Friedrich selbst verfaßte auf dem letzteren Gebiet ein berühmtes Werk über die Falkenjagd (s. Abb. S. 94).

Nachdem er die deutsche Königskrone errungen und seine Herrschaft dort etabliert hatte, schritt Friedrich energisch an die Wiederherstellung der Zentralmacht in seinem Erbkönigreich Sizilien, immer unter Berufung auf die Gesetze und die Staatsform seiner normannischen Vorfahren. In den Assisen (Hoftagsbeschlüsse) von Capua aus dem Jahre 1220 widerrief er alle seit 1189, dem Todesjahr Wilhelms II., erteilten Privilegien, forderte die königlichen Rechte (Regalien, s. S. 84) zurück, die Barone und Städte mittlerweile usurpiert hatten, ließ alle unautorisiert errichteten Burgen schleifen. Der Aufbau eines straffen Verwaltungsapparats, dessen Beamten an der eigens zu diesem Zweck gegründeten Universität von Neapel ihre Ausbildung erhielten, ermöglichte Friedrich die wirkungsvolle Kontrolle und die hohe Besteuerung des Landes.

In den Konstitutionen von Melfi (1231), die ebenfalls nicht ohne ihren normannischen Vorläufer denkbar sind (s. S. 84 f.), ließ er das öffentliche, d. h. das Verwaltungs- und Beamtenrecht, das Straf-, Prozeß- und Lehnsrecht für alle Bevölkerungsgruppen einheitlich niederlegen, ersetzte so das Personalitäts- durch das Territorialitätsprinzip und begründete damit seinen zentralisierten Einheitsstaat säkular – für seine Zeit erschreckend ›modern‹. (Diese Rechtskodifikation sollte im Königreich Sizilien bis zum Jahre 1819 in Kraft bleiben.)

Vor ihrer Reise nach Sizilien übergibt Kaiserin Konstanze ihren Sohn, den späteren Friedrich II. (das Wickelkind mit der kleinen Krone), der Herzogin von Spoleto, Zeichnung aus Petrus de Ebulos ›Liber ad honorem Augusti‹ (1195/96)

MITTELALTER/HOHENSTAUFER, ANJOUS, ARAGONESEN

Zeittafel: Hohenstaufer, Anjous und Aragonesen

1197	das süditalienische Reich Heinrichs VI. bricht mit dessen Tod zusammen; erneute Verfolgung der Muslime
1198	die Regentin Konstanze bestimmt vor ihrem Tod Papst Innozenz III. zum Regenten des Königreichs Sizilien und zum Vormund ihres minderjährigen Sohnes Friedrich (geb. 1194, ab 1198 als Friedrich I. König Siziliens, regiert selbst ab 1208, 1212 deutscher König als Friedrich II., 1220 Kaiser, gest. 1250); im Lande herrscht Anarchie, im Landesinnern hat sich unter dem Muslim Mirabetto ein fast eigenständiger Herrschaftsbereich gebildet
1220	Assisen von Capua; Friedrich etabliert im folgenden wieder die Königsgewalt und schafft einen straff organisierten, zentralisierten Beamten- und Fiskalstaat unter Rückgriff auf die Gesetze seiner normannischen Vorfahren

Friedrich II. von Hohenstaufen mit einem Falken, aus einer Handschrift von Friedrichs Buch über die Falkenjagd

1231	Konstitutionen von Melfi (Liber Augustalis), eine der frühesten europäischen Rechtskodifikationen
1250	nach Friedrichs Tod folgen Anarchie und Bürgerkrieg; Landwirtschaft und Handel liegen zeitweise darnieder, die Bevölkerungszahl verringert sich drastisch; Manfred, ein illegitimer Sohn Friedrichs, 1250 von seinem Vater zum Statthalter von Sizilien ernannt, nimmt den staufischen Kampf gegen

1258	den Papst in Italien auf (Ghibellinen = staufische, kaiserliche, später adlige Partei; Guelfen = päpstliche, antikaiserliche, später Volkspartei) Manfred läßt sich in Palermo zum König krönen und macht den Königshof wieder zu einem kulturellen und gesellschaftlichen Zentrum
1266	in der Schlacht von Benevent verliert er Thron und Leben an Karl von Anjou, den Bruder des französischen Königs, den der (französische) Papst Clemens IV. 1265 mit Sizilien belehnt hatte, um Manfred zu besiegen

Karl von Anjou wird von Papst Clemens IV. mit dem Königreich Sizilien belehnt, Nachzeichnung von Fresken in Pernes-les-Fontaines in der Provence

1268	Karl von Anjou läßt den letzten Staufer, Konradin, der versucht hatte, das Königreich des Südens für sein Haus zurückzugewinnen, in Neapel hinrichten; er verlegt die Hauptstadt nach Neapel – Sizilien gerät immer mehr an die Peripherie; seine Regierungszeit mit ihrem drückenden Fiskalismus wird von den Sizilianern als grausame Fremdherrschaft empfunden
1282	die sog. Sizilianische Vesper macht der Anjou-Herrschaft auf Sizilien ein Ende; die blutige Revolte, wenngleich vom aragonesischen Hof organisiert, ist doch von großen Teilen des Volks und von der Erinnerung an die Normannenzeit getragen und zeigt Frühformen eines nationalen Bewußtseins; die Aufständischen rufen König Peter III. von Aragon ins Land, der Manfreds Tochter Konstanze, die letzte staufische Erbin, geheiratet hatte; Peter verspricht, Sizilien als von Aragon unabhängiges Königreich zu führen; auf dem unteritalienischen Festland herrschen weiter die Anjous

MITTELALTER / HOHENSTAUFER, ANJOUS, ARAGONESEN

1296	Peters jüngerer Bruder, in Sizilien erzogen, usurpiert den Thron als Friedrich II.; der jahrzehntelange Krieg gegen die Anjous in Unteritalien führt zu einem Machtzuwachs für die großen Adelsfamilien, deren mächtigste die Familie Chiaramonte ist; die Latifundienstruktur verstärkt sich
1347	die Pest und permanente Kriegszüge führen zum weiteren Niedergang von Landwirtschaft und Handel; Schätzungen zufolge sinkt die Bevölkerungszahl in den zwei Jahrhunderten nach der Herrschaft Friedrichs II. von Hohenstaufen auf die Hälfte ab
1372	Friedensschluß mit den Anjous von Neapel und dem Papsttum
1409	mit dem Aussterben der aragonesischen Seitenlinie in Sizilien verstärkt sich die Bindung der Insel an das spanische Aragon
1458	Sizilien wird in Personalunion mit Aragon vereinigt
1469	die Heirat von Ferdinand II. von Aragon und Isabella von Kastilien (›die katholischen Könige‹) legt den Grundstein für die Herausbildung des spanischen Staates
ab ca. 1480	nordafrikanische Piraten verheeren auf ihren Beutezügen (Sklavenhandel) die Küsten; die Bevölkerung zieht sich ins Landesinnere zurück; organisierte Banden verunsichern die Insel
1487	Einführung der Inquisition (1481 in Spanien) durch die Spanier, die im folgenden dafür sorgt, daß Sizilien religiös wie kulturell ›orthodox‹ bleibt; Verfolgung von konvertierten Juden und Muslimen sowie von Homosexuellen
1492	die Vertreibung der Juden bedeutet einen enormen Verlust von Handwerkern und Kapital, der u. a. für die permanente Schwäche der sizilianischen Wirtschaft verantwortlich ist

Juden und Muslime standen unter Königsschutz, erstere mußten sich durch eine bestimmte Kleidung kenntlich machen – hier wird deutlich, daß Bevölkerungsgruppen, die unter den Normannen noch gleichberechtigt, die Muslime in gewisser Weise sogar staatstragend gewesen waren, nunmehr auf den Status geschützter Minderheiten abgesunken waren.

Das Reglementierungsbemühen Friedrichs erstreckte sich, über dasjenige seiner normannischen Vorfahren hinausgehend, bis in private Bereiche seiner Untertanen; so wurden z. B. Fluchen, häufiger Tavernenbesuch und Ehebruch staatlicherseits geahndet. Auch der ökonomische Sektor erfuhr eine durchgreifende Reglementierung nach ›staatsmonopolistischen‹ und merkantilistischen Grundsätzen – so waren die Salzproduktion und der Bergbau königliche Monopole, und Seidenherstellung und -handel wurden mit drückenden Steuern belegt –, was sich für die freie Entwicklung der Wirtschaft als nicht eben zuträglich erweisen sollte. Friedrich selbst sah sich gern als Nachfahre der antiken Kaiser, und tatsächlich verweist ihn sein straffer, reglementierender Regierungsstil in die Nähe der – spätantiken – Caesaren. Ganze Bevölkerungsgruppen siedelte Friedrich um: Lombarden und Griechen wurden nach Sizilien ›importiert‹, an die 16 000 Muslime dafür ausgesiedelt und in einer Militärkolonie im unteritalienischen Lucera ›heimisch‹ gemacht. Der sizilianischen Wirtschaft versetzte er damit einen schweren Schlag, denn durch die Abwanderung der Muslime wurden Handel und Handwerk Kapital und Arbeitskräfte entzogen.

Dieser »erste moderne Mensch auf dem Thron« (Jacob Burckhardt) hat denn auch in Sizilien keine Kirchen- oder Klosterbauten initiiert. Seine architektonische Hinterlassenschaft besteht bezeichnenderweise aus militärischen Zweckbauten – Festungen, von denen aus er unbotmäßige Städte kontrollierte. Nach der Rebellion von Centùripe z. B. ließ Friedrich die Stadt zerstören, ihre Bewohner in den bedeutungsvoll ›Augusta‹ genannten Ort transferieren und dort ein Kastell bauen (s. S. 441).

Von französischen Baumeistern und Handwerkern errichtet, verraten diese Festungen wie das Castello Maniace in Syrakus (s. S. 176 f.), das Castello di Lombardia in Enna (s. S. 257 f. und Abb. 44) oder das Castello Ursino in Catania (s. S. 136) den Einfluß der Kreuzfahrerburgen sowie islamischer Festungsbauten, die Friedrich während seines Kreuzzuges von 1228/29 kennengelernt hatte. (Der Kreuzzug, den Friedrich als vom Papst Gebannter durchführte, hatte ihm durch einen Vertrag mit dem Sultan von Ägypten den Besitz der heiligen Stätten eingebracht; 1229 wurde er in der Grabeskirche zum König von Jerusalem gekrönt.) Auch sollen zu jener Zeit noch arabische Festungen auf Sizilien selbst gestanden haben, und auch das Vorbild des Normannenpalastes, in dem Friedrich ja aufgewachsen war, dürfte von Bedeutung gewesen sein.

Die Kastelle in Sizilien bestehen aus einem klotzartigen Rechteck mit vier Türmen an den Ecken und manchmal Halbtürmen in der Mitte der Mauerseite und lassen ein Höchstmaß an mathematischer Regelmäßigkeit und geradliniger Übersichtlichkeit erkennen. Architektonischen Schmuck erhielten nur die Portale; im Innern macht sich mit den Kreuzrippengewölben ein steigender Einfluß aus Nordeuropa bemerkbar. Die sorgfältige Fugung des Quadermauerwerks läßt zwar noch einmal an Vorbilder der normannisch-arabischen Kunst Siziliens denken, im allgemeinen jedoch zeigt die staufische Kunst vermehrt jene schon unter den letzten Normannenherrschern erkennbare Hinwendung zum abendländischen Kulturkreis (s. S. 90 ff.).

Obwohl Friedrich Sizilien vor allen seinen anderen Ländern geliebt haben soll, weilte er zu Lebzeiten (er wurde auf seine Anweisung hin im Dom von Palermo bestattet) lieber in Apulien: Sizilien war nicht mehr ein unabhängiges Königreich, sondern Teil eines umfassenderen Herrschaftsgebiets. (Es sollte im folgenden erst recht an die Peripherie der europäischen ›Bühne‹ geraten.) Sein ›moderner‹, Züge absolutistischer Herrschaftsausübung vorwegnehmender Beamten- und Fiskalstaat, der das Land denn auch hoffnungslos überforderte, ließ sich unter seinen Nachfolgern nicht durchhalten.

Die Aragonesen, von ihrem nicht enden wollenden Kampf gegen die Anjous in Unteritalien in Anspruch genommen, gaben dem Adel seine Rechte in breitestem Umfang zurück – die gegenläufige Entwicklung zur einstigen Zentralisierung der Macht in der Hand der normannischen und staufischen Könige setzte ein. Diese feudalen Herrschaftsstrukturen sollten auch in der Folgezeit – bis ins 19., ja 20. Jh. hinein – für Sizilien bestimmend bleiben; ihre

MITTELALTER / ARAGONESEN

ökonomische Basis bildete die auf riesigen Latifundien bis zur Erschöpfung der Böden betriebene Landwirtschaft, die durch Abholzung der Wälder zur Gewinnung immer neuer Ackerflächen für den monokulturellen Hartweizenanbau das Gesicht der Insel radikal veränderte, ihr ökologisches Gleichgewicht zerstörte – die Folgen dieses Raubbaus wie Erosion und Trockenheit prägen die Insel noch heute. Schon unter Karl von Anjou kann man also den Beginn jener Entwicklung ansetzen, die die auch heute noch wirksame Trennung Italiens in einen wirtschaftlich prosperierenden nördlichen und einen unterentwickelten, agrarisch strukturierten südlichen Teil einleitete.

Angesichts dieser Entwicklung ist es nur zu verständlich, daß im 14. Jh. nun auch die Bautätigkeit auf die großen Feudalherren überging. Der nach der führenden Familie Chiaramonte benannte Stil läßt sich am schönsten am gleichnamigen Palazzo, der ersten ›Stadtburg‹ in Palermo, verfolgen (s. S. 374): Von diesen Festungen aus mit ihren fensterlosen, ganz den Geboten der Verteidigung gehorchenden Untergeschossen kontrollierten die Adelsgeschlechter die Geschicke der Stadt. In diesen spätgotischen Palastkuben wirkt der normannisch-arabische Stil spürbar nach, so auch in den verschränkten Blendbogenarkaden des Palazzo Sclàfani (s. S. 343). Kennzeichnend ist hier die Betonung der Portale und Fenster durch exquisiten Bauschmuck, z. B. durch breite Bänder mit Zickzackornamenten – auch dies ein Erbe, das sich über die staufische bis zur normannischen Kunst zurückverfolgen läßt.

Nach der spanischen Herrschaftsübernahme zu Beginn des 15. Jh. sollte Sizilien für die nächsten vier Jahrhunderte von insgesamt 78 Vizekönigen regiert werden – dieser Posten galt als einer der einträglichsten im spanischen Verwaltungsdienst. Die Vizekönige stützten sich, wie schon ihre aragonesischen Vorgänger, bei der Verwaltung der Insel größtenteils auf den Adel *(Titulados)* und beließen das Land ansonsten in seiner strukturellen Rückständigkeit. Die spezifisch spanische Form des Absolutismus, die sich keiner Form von Neuerung oder Verbesserung aufgeschlossen zeigte (›Immobilismus‹), führte dazu, daß Sizilien im folgenden von allen sozialen und wirtschaftlichen Entwicklungen, die ins moderne Europa führten, ausgeschlossen blieb. Spaniens Interesse an Sizilien beruhte im großen und ganzen auf zwei Faktoren: der Einnahme von Steuern und dem strategischen Nutzen der Insel als mediterranes Bollwerk gegen die Türken.

Das aus drei Häusern bestehende Parlament der Insel (Prälaten, *Titulados,* Städte der königlichen Domäne) sollte nicht mit einem Volksvertreterhaus moderner Prägung verwechselt werden; es handelte sich vielmehr um eine Interessenvertretung der herrschenden Stände, die dem Vizekönig Steuern bewilligten, um dafür im Gegenzug Privilegien oder sonstige persönliche Vorteile zu erlangen. So wurden z. B. ganze Städte wie Syrakus, Sciacca oder Cefalù von der Krone an die Barone verkauft – unabhängige oder selbstbewußte städtische Gemeinwesen, wie sie sich vor geraumer Zeit in Oberitalien gebildet hatten, konnten so auf Sizilien nicht entstehen. Der profitable Handel geriet in die Hände von Ausländern, ob Katalanen oder Genuesen. Ohnehin hatte das Vordringen der Türken und die Verlagerung der Handelsrouten in den Atlantik dem Mittelmeerhandel seine beherr-

Der Südportikus am Dom zu Palermo, das Hauptwerk der katalanischen Spätgotik in Palermo

schende Bedeutung genommen, und Sizilien kam nun auch handelsgeographisch immer mehr ins Abseits zu liegen.

In der Kunst Siziliens bürgerte sich als Folge der spanischen Herrschaft zunächst die katalanische Spätgotik ein, ein floraler, aufs äußerste verfeinerter Stil, an dem die himmelwärts strebenden gotischen Bogen, Fenster und Portale wie in die Breite heruntergedrückt erscheinen – es kündigt sich hier bereits das Formgefühl der Renaissance mit ihren vorwiegend kubischen, rechteckigen Strukturen an. Als Hauptwerk dieses Übergangsstils gilt der Südportikus am Dom von Palermo (um 1465; s. S. 340f.). Am Portal des Palazzo Abatellis (1495; s. S. 373f.) zeigen die sich rechtwinklig schneidenden Stäbe der Torrahmung, daß hier im Vergleich zum oben genannten Portikus noch ein Schritt weiter in Richtung Renaissance erfolgt ist – eine Formentwicklung, die in etwa derjenigen der englischen Kunst vom Perpendicular zum Tudorstil vergleichbar erscheint.

Von Pest und Krieg und existentieller Verunsicherung spricht eindringlich das Fresko ›Triumph des Todes‹, ein wertvolles zeitgenössisches Dokument (Mitte 15. Jh.; s. S. 374): Der Knochenmann reitet Damen und Herren, Bauern, Bürger, kirchliche und weltliche Potentaten, die sich in ihren prunkvollen spätmittelalterlichen Gewändern probeweise dem neuen Lebensgenuß hinzugeben scheinen, gleichmacherisch in den Grund. Auch die mißlungene perspektivische Darstellung der Brunnen verweist darauf, daß dieses Fresko – wie

MITTELALTER / ARAGONESEN

»Gleichmacherisch reitet der Knochenmann Damen und Herren, Bauern und Bürger, kirchliche und weltliche Potentaten in den Grund...« – Fresko ›Triumph des Todes‹, heute Sizilianische Regionalgalerie in Palermo

die gesamte sizilianische Kunst jener Jahrzehnte – gleichsam an der Schwelle zur Renaissance steht. Eine weitere Eigenart der sizilianischen Kunstentwicklung, die ihr seit der Eingliederung in das spanische Reich eigen ist, tritt hier ebenfalls zutage: Alle Stile, die die Insel nun ergreifen werden, kommen von außerhalb, sind nicht mehr Ausdruck einer sizilianischen Identität wie zur Zeit der Normannen – und treffen in dieser Randzone Europas, die Sizilien nun darstellt, auch mit der entsprechenden Verspätung ein.

So brachten fremde Meister unter einem fremden Herrscher (Alfons V. von Aragon) die italienische Renaissance nach Sizilien. 1434 gründete Alfons, der sich als Renaissancefürst, als Mäzen und Förderer des Humanismus sah, die erste sizilianische Universität in Catania. Die bedeutendsten Künstler der Renaissance in Sizilien, die Bildhauer Francesco Laurana (ca. 1440–1500) und die Mitglieder der Gagini-Künstlerfamilie, allen voran Antonello Gagini (1478–1536), waren oberitalienische ›Importe‹, und Antonello da Messina stammte zwar, wie sein Name zeigt, von der Insel, verbrachte jedoch den Großteil seines künstlerischen Lebens in Neapel, dem kulturellen und politischen Zentrum des aragonesischen Süditalien.

Die Anregungen, die der geniale Maler schließlich zu einem ganz eigenen, plastische Wirkungen erzielenden Stil verarbeitete, kamen denn auch nicht aus seiner südlichen Heimat, sondern aus der niederländischen Malschule eines Rogier van der Weyden oder Jan van Eyck (s. S. 429 und 374): Von ihnen lernte er in technischer Hinsicht die Versetzung der Farben mit Öl und ihren Auftrag in mehreren durchsichtigen Schichten, wodurch er eine große Leuchtkraft erzielte, von ihnen übernahm er die natürliche Wiedergabe des Stofflichen und die Vorliebe für stillebenhafte Details sowie für das Portrait.

Das Hauptwerk Antonello Gaginis, von seinen Söhnen vollendet, war ein ehrgeiziger Auftrag des Erzbischofs von Palermo: die vollplastische Ausschmückung des Domchorraums durch ein Retabel (s. S. 341) – das größte von ganz Italien –, die wegweisend für die folgenden barocken sizilianischen Kirchenausstattungen werden sollte. Der hier erstmalig konsequent verwendete, relativ leicht formbare Stuck gab der sizilianischen Dekorationsfreude nun endlich das passende Material an die Hand.

Der Manierismus indes fand nur wenig Verbreitung in Sizilien. Hauptwerke sind der Brunnen des florentinischen Bildhauers Francesco Camilliani (um 1540–1586) auf der Piazza Pretoria in Palermo (s. S. 333 und Farbabb. 3) sowie Neptun- und Orionbrunnen Giovanni Montorsolis (1507–1563) in Messina (s. S. 427 und Abb. 111). Dieser ›Brunnenwettstreit‹ zwischen den beiden Städten, die Anspruch auf die Stellung als Hauptstadt, als *Caput regni*, erhoben, fand ihr Medium wohl nicht zufällig in jenem aufwendigen, auf Repräsentation und Machtdemonstration hin angelegten Stil. Montorsoli, ein Schüler Michelangelos, entwarf auch den sog. Apostolato im Messiner Dom, eine Komposition monumentaler Altäre mit den Statuen der Apostel, deren Originale jedoch im Bombenhagel von 1943 bis auf die Johannesfigur vernichtet wurden.

Die Maria der ›Verkündigung‹ Antonello da Messinas, Sizilianische Regionalgalerie in Palermo

Einlegearbeiten im normannisch-arabischen Stil an der Apsis des Doms von Palermo

Sizilien im Zeitalter des Barock
von Helga Lehmkuhl

Eine kulturelle Blütezeit stellte in Sizilien nach den Höhepunkten der normannischen Zeit jedoch erst wieder der Barock dar, zu dem alle Bauten zu zählen sind, die vom ersten Viertel des 17. bis in das späte 18. Jh. hinein entstanden. Die Epoche war in wirtschaftlicher Hinsicht ganz durch die zuvor skizzierten Phänomene von Feudalismus und Immobilismus bestimmt. Das als Grundlage des ›Baubooms‹ benötigte Kapital konzentrierte sich in der Hand der landbesitzenden Aristokratie, der religiösen Orden und auch der lokalen Brüderschaften (die durch die Bauaufträge des Adels reich wurden), auf alle Fälle jedoch in den Städten.

Das von den abhängigen Bauern auf den Latifundien des Adels erwirtschaftete Geld wanderte in den Bau von Palästen und Kirchen und in die prunkvolle aristokratische Hofhaltung, nicht – etwa zur Verbesserung der ländlichen Infrastruktur oder Modernisierung der Betriebe – zurück aufs Land: Die Beschäftigung mit der Landwirtschaft, wie auch mit allen anderen Formen von Handel oder Gewerbe, widersprach der Selbstauffassung des süditalienischen Adels. Dieser überließ seine Güter Verwaltern, die das Letzte aus den Bauern herauspreßten; ein katastrophaler Niedergang auf dem Agrarsektor und eine völlige Verarmung des Bauernstandes waren die Folgen.

In der Verfilzung von Regierung, Adel, Grundherrschaft und hohem Klerus ist auch der Grund für jene spezifisch sizilianische, von Partikularinteressen geprägte Einstellung zum Staat zu suchen, die, von Gleichgültigkeit, Mißtrauen und Abwehr gekennzeichnet, ihr Heil in ›privaten‹ Machtstrukturen zu verwirklichen sucht. Die Familie als Versorgungsinstitut, die Brigantenbanden, der örtliche Patron waren allemal näher als der anonyme Staat mit seinem schwerfälligen und nicht handlungsbereiten Bürokratieapparat. Lokale Selbsthilfeaktionen, Klientelismus, Vetternwirtschaft und Korruption kennzeichneten – und kennzeichnen auch heute noch in weiten Teilen – die politische Mentalität in Sizilien.

Der Adel jedoch, der noch zu Beginn der spanischen Herrschaft auf seinen Gütern gelebt hatte, zog nun in Scharen an den palermitanischen Hof der Vizekönige, ins Zentrum der Macht (›Absentismus‹). Prestigedenken, zähes Kleben an den Privilegien, eine ablehnende Haltung jeglichem Reformdenken gegenüber und eine selbst Zeitgenossen auffällige Prunksucht kennzeichnen die oberste gesellschaftliche Schicht jener Zeit. Die Vizekönige wußten aus der sprichwörtlichen Titelsucht des sizilianischen Adels klingende Münze zu schlagen: 1 Mio. Sizilianer ernährten gegen Ende des 18. Jh. 142 Prinzen, 1500 Herzöge und Barone und 788 Marchesi.

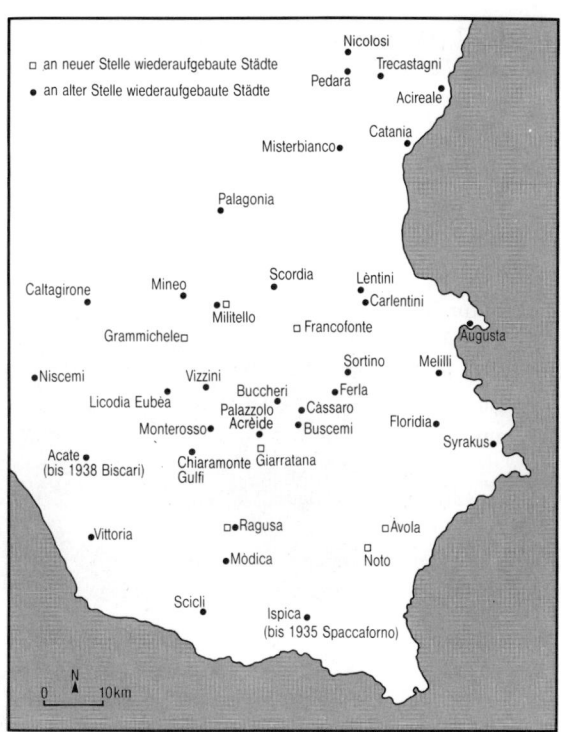

Barocke Neugründungen von
Städten im Südosten Siziliens

Stadtpaläste, Landvillen und ganze Städtegründungen, mit denen die einzelnen Adelsfamilien ihren Machtbereich erweitern und an Ansehen gewinnen konnten, gingen auf das Baukonto des sizilianischen Adels. 200 000 *Scudi* vermochte allein der Prinz von Palagonia für seine Villa in Bagherìa aufzuwenden – 1754 hatte das Parlament eine gesamtsizilianische Abgabe von 80 000 *Scudi* an die Krone als zu hoch abgelehnt! Das Ende der Epoche um die Wende zum 19. Jh., bedingt durch die Auswirkungen der Französischen Revolution, sah auch den Niedergang dieser Schicht, die ihre kostspielige Lebensführung mit völliger Verschuldung bezahlen mußte.

Der Barock in Sizilien war anfangs stark vom römischen Stil geprägt, empfing seine ersten Anregungen von dort: So ist beispielsweise der spätmanieristische Bau von S. Caterina vom Ende des 16. Jh. klar auf solche Vorbilder zurückzuführen (s. S. 333). Als Bauherren traten hier vor allem die gegenreformatorischen Orden auf, u. a. die Jesuiten (deren Ankunft und Vertreibung von der Insel gleichsam die ›Eckdaten‹ des sizilianischen Spätmanierismus/ Barock markieren: 1542 bzw. 1767), daneben Theatiner und Kapuziner. Aber auch ältere Orden wie die Dominikaner und Franziskaner bereicherten die barocke Kirchenlandschaft

Zeittafel: Vom spanischen Weltreich bis heute

1516	Spanien – und damit Sizilien – fällt an Karl V. und wird Bestandteil seines Weltreichs
1571	Don Giovanni d'Austria besiegt in der Seeschlacht von Lepanto die Türken; dieser für das Selbstbewußtsein der habsburgischen Monarchie so wichtige Sieg leitet den Niedergang der türkischen Vorherrschaft im Mittelmeer ein

Kaiser Karl V. mit der Ordenskette vom Goldenen Vlies

1575	eine schwere Epidemie von Beulenpest sucht Sizilien heim
ab ca. 1600	der Adel gründet Hunderte von neuen Dörfern und Städten (z. B. Piana dei Greci, Pantelleria, Piana degli Albanesi etc.); viele Albaner und Griechen wandern auf der Flucht vor den Türken ein; die Landwirtschaft bleibt in ihrer Struktur jedoch rückständig
1647	in Palermo wird ein Volksaufstand gegen die hohen Brotpreise von der spanischen Regierung niedergeschlagen
1669	ein ›Jahrhundertausbruch‹ des Ätna vernichtet Catania
1674–1678	die Notablen von Messina rufen Ludwig XIV. von Frankreich ins Land; die Rebellion wird jedoch von den Spaniern niedergeschlagen
1693	ein großes Erdbeben vernichtet zahlreiche Städte im Südosten der Insel: ca. 5 % der Bevölkerung kommen um

1713	der Frieden von Utrecht beendet den Spanischen Erbfolgekrieg und die Vorherrschaft Spaniens in Europa; Sizilien, Spielball der kontinentaleuropäischen Dynastien, fällt an Viktor Amadeus II. von Savoyen
1720	Österreich bekommt Sizilien im Austausch gegen Sardinien zugesprochen
1735	eine Sekundogenitur der spanischen Bourbonen erhält das Königreich Neapel-Sizilien; dieser erste selbständige Staat der Neuzeit in Unteritalien zeigt, vor allem unter Vizekönig Domenico Caracciolo (1781–1786), positive Ansätze zur Modernisierung im Sinne des aufgeklärten Absolutismus; so werden 1767 die Jesuiten ausgewiesen
1782	wird die Inquisition abgeschafft
1783	ein großes Erdbeben zerstört Messina
1806–1815	während der napoleonischen Herrschaft in Unteritalien (Murat ist seit 1808 König von Neapel) bleibt die Insel mit Hilfe britischer Besatzungstruppen unter General Bentinck bourbonisch; König Ferdinand III. residiert derweil in Palermo
1812	eine auf britischen Druck erlassene Verfassung schafft den Feudalismus ab; da die Lehen jedoch in Volleigentum umgewandelt werden und keine Landreform stattfindet, bleiben die politischen und ökonomischen Machtstrukturen unangetastet
1815	auf dem Wiener Kongreß wird die Bourbonenherrschaft restauriert: das ›Königreich beider Sizilien‹ wird von Neapel aus regiert, sizilianische Flagge, Pressefreiheit und Verfassung werden abgeschafft; Neapel macht sich im folgenden bei den Sizilianern verhaßter, als es die Spanier jemals gewesen waren; die Insel verpaßt den Anschluß an die im übrigen Europa voranschreitende Industrialisierung; eine Dauerkrise in der Landwirtschaft und die nur unzureichend betriebene Bodenreform führen zur Verarmung und Radikalisierung der Bauern gegen die bourbonische Herrschaft; in den Freiräumen staatlicher Kontrolle und Verwicklungen gelingt es Briganten und lokalen *Dons,* ihre Macht auszubauen
1837	eine verheerende Choleraepidemie fordert allein in Palermo 70000 Todesopfer
1848	die Revolution wird von den bourbonischen Truppen niedergeschlagen; den gemäßigt-liberalen und bürgerlichen Kräften war die Kontrolle des radikalisierten Volkes im Verlaufe des Aufstands entglitten; Messina wird dabei zu 90% zerstört
1860	Garibaldi landet mit Freiwilligen (›Zug der Tausend‹) in Marsala und vertreibt die Bourbonen (s. Abb. S. 318); er nutzt die Unzufriedenheit der Bauern geschickt für seinen Guerillakrieg gegen die Bourbonen; Sizilien fällt so eine Hebelwirkung bei der anschließenden Einigung Italiens zu
1861	Sizilien wird Teil des neugegründeten Königreichs Italien unter Viktor Emanuel II. von Piemont
1866	da auch die neue Regierung Sizilien vernachlässigt und keine Maßnahmen für einen wirtschaftlichen Aufschwung einleitet, kommt es zu einer

BAROCK/19. UND 20. JH.

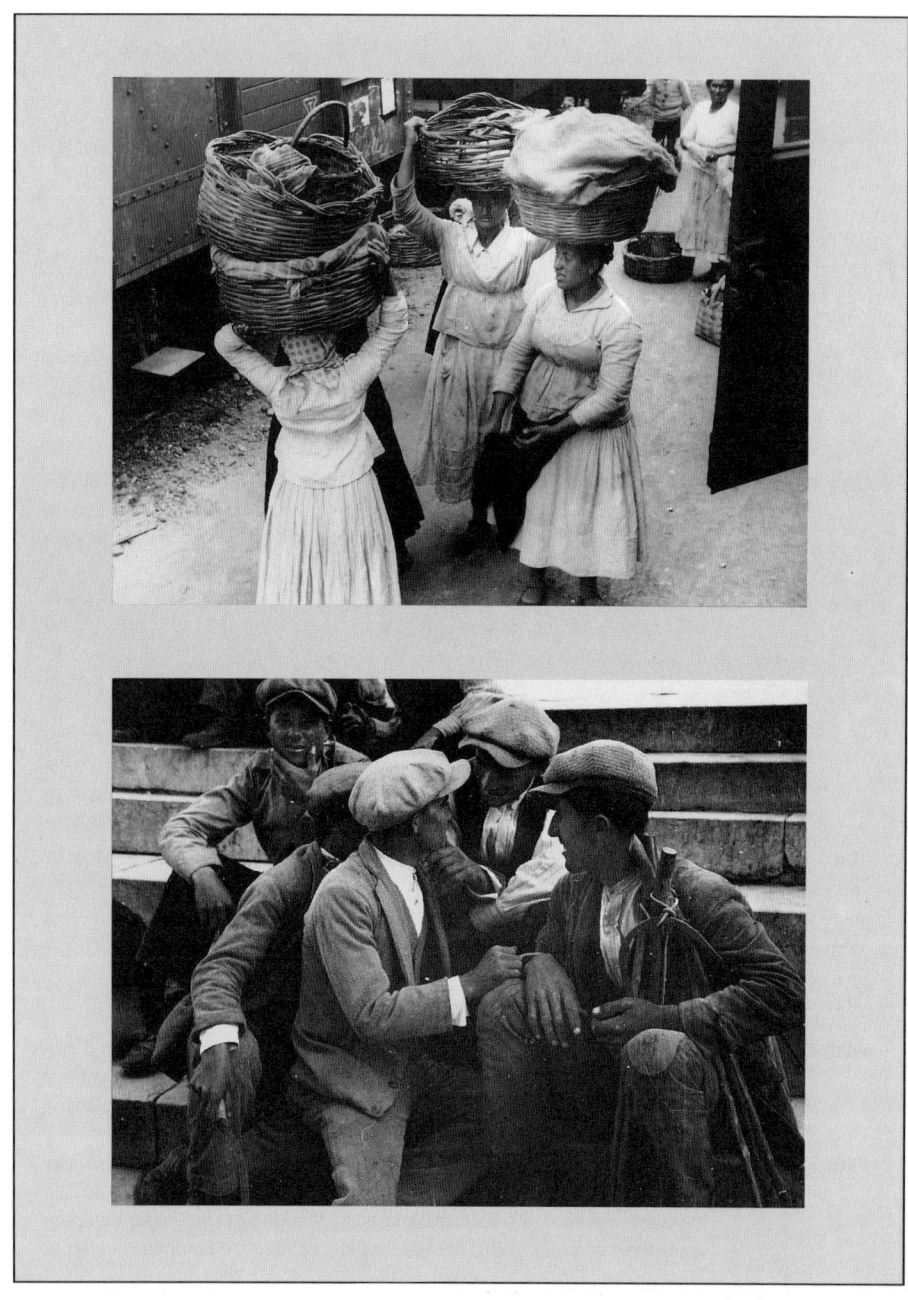

1880	erneuten Erhebung, die mit Waffengewalt unterdrückt werden muß; aufgrund der anarchischen Zustände bildet sich das Mafiasystem heraus eine umfassende Agrarkrise führt zum Zusammenbruch der Landwirtschaft
1893	die Landarbeiterunruhen können nur mit Mühe und Gewalt niedergeschlagen werden; die Flucht ins Ausland erscheint nun als einzige Rettungsmöglichkeit, und 1,5 Mio. Sizilianer wandern in die USA, nach Südamerika, Nordafrika und Australien aus
1908	ein Erdbeben macht Messina dem Erdboden gleich (s. Abb. S. 423)
1922	Sizilien gehört zu den am wenigsten faschistisch durchsetzten Regionen Italiens; nach Mussolinis Machtergreifung jedoch bemühen sich vor allem die landbesitzenden Schichten, mit den Faschisten zusammenzuarbeiten; Maßnahmen wie die Trockenlegung der versumpften Ebene von Catania, die Einführung der widerstandsfähigen amerikanischen Rebe zum Aufstocken einheimischer Sorten, die Gründung der ersten landwirtschaftlichen Fakultät Italiens an der Universität von Catania, die Ausrottung der Malaria und Landverteilungen an Kleinbauern leiten einen Aufschwung in der Landwirtschaft ein, dessen Realisierung allerdings durch den Ausbruch des Zweiten Weltkriegs unterbrochen wird
1943	nach schweren Bombardements begegnet den Alliierten, als sie in Sizilien landen, kein Widerstand in der Bevölkerung
1946	Sizilien erhält innerhalb der italienischen Republik den Status einer Region mit autonomer Verwaltung, um eine Loslösung der Insel von Italien, wie sie eine starke autonomistische Bewegung forderte, zu verhindern
1950	die Einrichtung der *Cassa del Mezzogiorno* soll Industrie und Landwirtschaft in Sizilien (und im gesamten *Mezzogiorno*) fördern und das Nord-Süd-Gefälle abbauen helfen – mit nur geringem Erfolg; viele verlassen ihre Heimat, um als Gastarbeiter in anderen europäischen Ländern zu leben
1950–1956	landwirtschaftliche Reform und endgültige Aufhebung der Latifundien
1953	Entdeckung des ersten Erdöls auf Sizilien; Bau der chemischen Fabriken und Raffinerien von Augusta-Priolo, Gela und Milazzo
1959–1964	eine unkontrollierte Bauwelle setzt ein, die allenthalben riesige Miethausblocks entstehen läßt
1968	sucht ein weiteres schweres Erdbeben Westsizilien heim; schwächere Erdbeben betreffen den Osten und Südosten der Insel 1980 und 1990
seit 1970	nimmt die Wirtschaft der Insel einen entscheidenden Aufschwung, die Gastarbeiter kehren zurück; die Infrastruktur Siziliens wird deutlich verbessert durch den forcierten Bau von Straßen, Autobahnen und Bewässerungsanlagen
1983	macht die Verhaftung des Mafiabosses Tommaso Buscetta Schlagzeilen in der Weltpresse; der folgende Mammutprozeß beweist die Macht der mafiosen Kräfte – er endet beinahe ausschließlich mit Freisprüchen; parteipolitisch ist Sizilien – bis heute – fest in christdemokratischen Händen

Siziliens. Vor allem die Benediktiner wurden durch Beitritte der jüngeren Söhne der Adelsgeschlechter, die man, um eine Zersplitterung des Familienerbes zu verhindern, einer kirchlichen oder klösterlichen Laufbahn zuführte, reich und mächtig (die Abteien verlangten für die Aufnahme von Novizen einen hohen Betrag). Dasselbe gilt respektive auch für unverheiratete adlige Damen sowie die weiblichen Orden und Stifte.

Auf städtischer oder parochialer Ebene erwuchs zwischen den mannigfaltigen Bruderschaften religiöser und/oder berufsständischer Art ein regelrechter Wettstreit, der sich ebenfalls im Bau von Oratorien und Gotteshäusern niederschlug. Und schließlich ließen auch die Gemeinden selbst Kirchen aufführen, meist dem Schutzpatron der Stadt geweiht und im Zentrum des Wohngebiets liegend.

Drei Stil- und Entwicklungsstufen des sizilianischen Barock hat die – im übrigen erst sehr spät einsetzende und noch nicht abgeschlossene – kunstgeschichtliche Forschung herausgestellt. Die erste, der sog. ›lokale Stil‹, zeichnet sich durch überschäumende Phantasie, große Detailfreude und eine sehr freie Gestaltung aus und wirkt oft unverhüllt provinziell, naiv, ja teilweise sogar etwas wild und barbarisch. Die ersten Gebäude in diesem Stil, dem am weitesten verbreiteten von den drei angesprochenen, waren gleichzeitig auch die ersten barocken Schöpfungen in Sizilien überhaupt (etwa erstes Viertel 17. Jh.).

Gegen Ende des 17. Jh. traten dann sizilianische Baumeister auf den Plan, die ihre Ausbildung in Rom erhalten oder den römischen Barock durch Kupferstiche kennengelernt hatten. Vor allem Giacomo Amato (1643–1732) tat sich hier als Kulturvermittler hervor und brachte die Baukonzepte Carlo Fontanas, der für Sizilien besonders wichtig wurde, auf die Insel. Der Hauptvertreter des ›römischen Stils‹ wurde aber erst Giovanni Battista Vaccarini (1702–1768), dessen Elefantenbrunnen mit dem Obelisken in Catania Berninis Elefanten vor S. Maria sopra Minerva in Rom imitiert (s. S. 134 und Abb. 1). Vaccarinis recht akademisch-trockene Bauten in Catania lassen indes viel von jenem phantasievollen, für den sizilianischen Barock so eigentümlichen Schwung des ›lokalen Stils‹ vermissen (in letzterem entstanden denn auch während dieser und der nächsten Phase weiterhin zahlreiche, wenn auch kunstgeschichtlich weniger bedeutende Bauten).

Die Architekten der dritten Stilstufe nun brachten die beiden ersten Phasen der sizilianischen Barockentwicklung zur Synthese, vereinten lokale Traditionen, volkstümliche Phantasie und dekorative Fülle und trugen kenntnisreich zur Weiterentwicklung der großen Vorbilder bei. In der geschickten Ausnutzung des jeweiligen Geländes, in Detailreichtum und gestalterischer Präzision schufen sie einen spezifisch sizilianischen, die Bautraditionen des Landes aufgreifenden Stil. Die Höhepunkte dieser Entwicklung setzten Andrea Palma (1644–1730) mit der Fassade des Doms von Syrakus, Rosario Gagliardi (ca. 1700 – ca. 1770) mit seinen Kirchen in Noto, Ragusa und Mòdica sowie Tommaso Napoli (17./18. Jh.) mit seinen Villen in Bagherìa.

Im allgemeinen läßt sich trotz der politischen Bindung an Spanien bis zum Jahr 1713 nur ein recht geringer künstlerischer Einfluß von der Iberischen Halbinsel konstatieren, etwa in den der Fassade ›aufgesetzten‹, floralen Dekormotiven, die vom portugiesischen Platereskenstil beeinflußt sein dürften und die sich schön an der syrakusanischen Kirche S. Lucia alla

Badia beobachten lassen (s. S. 175 f. und Abb. 15). Das weitgehende Fehlen eines spezifisch spanischen Elementes erklärt sich größtenteils aus der Tatsache, daß Rom Ausgangspunkt und Zentrum des gesamten Barock, also auch des spanischen, war. Die sizilianischen Künstler sahen immer mehr auf das italienische Festland, eben auf Rom, aber auch auf die Toskana und auf Neapel als der Stadt, mit der Sizilien ja unter der spanischen Krone in Personalunion verbunden war (ab 1735 unter einer Sekundogenitur der spanischen Bourbonen).

Den für Sizilien vielleicht typischsten Ausdruck fand der Barock in den zahlreichen Stadtneugründungen und -erweiterungen, durch die in großangelegten Planungskonzepten ein neuer, nach utilitaristischen Gesichtspunkten gestalteter Lebensraum geschaffen wurde. Dies erstaunt zunächst angesichts des zuvor geschilderten ›Immobilismus‹, doch sollte nicht unterschlagen werden, daß zumindest Teile des Adels mit rationalistisch-aufklärerischem Gedankengut aus Nordeuropa vertraut waren und dies zur Steigerung ihrer Macht und ihres Ansehens einzusetzen wußten. Die neuen Zentren entstanden in Ebenen oder flachem Hügelland, da die ›moderne‹ Zeit nach leichteren Verbindungs- und Transportmöglichkeiten und nach mehr Raum verlangte. Die mittelalterlichen Städte mit ihrer einst für die Verteidigung günstigen Lage auf Berg- oder Felshöhen boten diese Entfaltungsmöglichkeit nicht.

Schmuckformen des phantasiereichen, verspielten ›lokalen Stils‹, Palazzolo Acrèide

Die neugegründeten Ortschaften und Städte kennzeichnet ein nach mathematisch-geometrischen Prinzipien regelmäßig gestaltetes System sich rechtwinklig kreuzender Straßen, das einerseits zukünftiges Wachstum nicht behinderte, andererseits aber am Kreuzungspunkt der Straßen ein repräsentatives Stadtzentrum erhielt, bezeichnet durch die Gemeindekirche, das Rathaus und den – in den meisten Fällen nur selten bewohnten – Palast der lokalen Adelsfamilie. Die Nähe der Wohnhäuser zu diesem Mittelpunkt städtischen Lebens wies auf die soziale Stellung der Bewohner hin, die also gestaffelt zum Stadtrand hin abnahm.

Vor allem im Südosten Siziliens wurden zahlreiche neue Städte gegründet – in einer Region, wo das große Erdbeben von 1693 eine *Tabula rasa*, einen großen Baugrund, geschaffen hatte. Zudem brachte ein Dorf mit mindestens 80 Familien seinem ›Besitzer‹ einen Sitz oder eine weitere Stimme im Parlament ein. Die schönsten Beispiele für diese

BAROCK/BAUKUNST

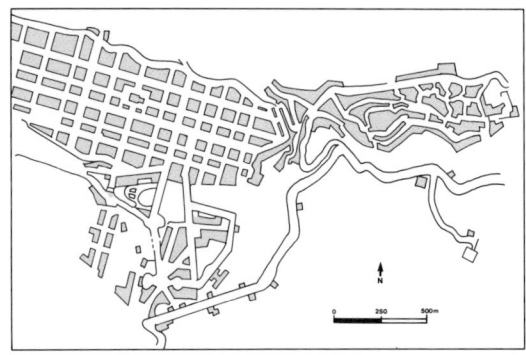

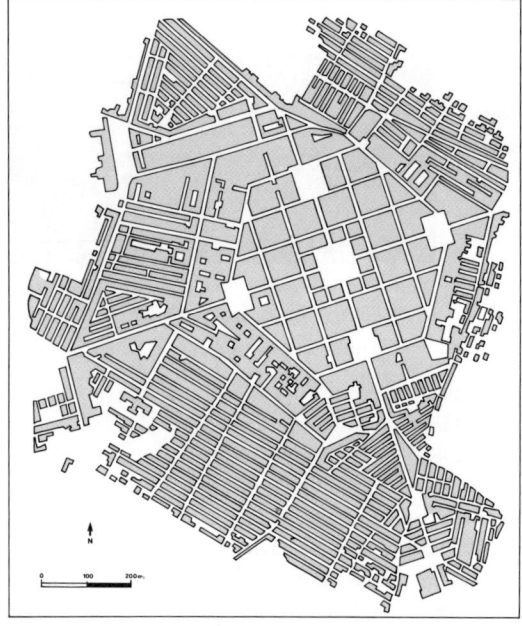

Planimetrie von Àvola (unten) und Ragusa (rechts das verwinkelte, mittelalterliche Straßensystem von Ragusa Ibla, links das geometrische von Ragusa aus dem 17. Jh.)

neugegründeten bzw. wiederaufgebauten Städte sind neben Catania wohl Augusta, Àvola, Palazzolo Acrèide, Mòdica, Ragusa, Ortygia und vor allem Noto.

Drei parallel zu dem sanft ansteigenden Hang verlaufende Hauptstraßen werden in Noto von mehreren kleineren, bergaufwärts verlaufenden Straßen gekreuzt. Drei Plätze (bei größeren Städten wurde die oben erwähnte Planimetrie erweiternd modifiziert) sind ausgespart, die sich jeweils von der Hauptstraße emporzogen und am oberen Ende von einer Kirche abgeschlossen wurden: eine auf den theatralischen Effekt zielende und insofern typisch barocke Szenerie, in der die Architektur die Bühne für das städtische Leben abgibt – bekrönt von der Kirche, die dem weltlichen Theater den transzendentalen Akzent verleiht und den Hoheitsanspruch der Kirche symbolisiert.

Das städtische Leben spielte sich größtenteils auf den eigens zu diesem Zweck konstruierten Plätzen ab: Hier fuhren die Adligen in ihren Kutschen auf und ab, hier versammelten sich die Bürger, hier wurde der Markt abgehalten, hier wickelten sich die Höhepunkte der Prozessionen und kirchlichen Feste ab. Der Domplatz in Catania (s. S. 133 ff.) und die nach dem römischen Vorbild der Quattro Fontane erfolgte Anlage der Quattro Canti in Palermo (s. S. 332 f.) dürfen als die großartigsten Beispiele dieses städtebaulichen Gestaltungswillens gelten. Einen weiteren kalkulierten Akzent setzten die zahlreichen Brunnen, die mit ihren sprudelnd-bewegten Wassern die stetige Veränderung und Vergänglichkeit des Lebens symbolisierten, ein im Barock – wie auch die Auffassung des Lebens als Bühne – weitverbreiteter Topos.

Ausdruck des adligen Repräsentationswillens, aber auch der Heranziehung der Adligen an den Hof waren die Stadtpaläste, am zahlreichsten natürlich in der Hauptstadt Palermo. Sie sind meist um einen von Arkaden gesäumten Innenhof herum angelegt. Das Untergeschoß wurde nicht bewohnt, es diente wirtschaftlichen Zwecken, das Mezzanin- oder Zwischengeschoß und kleinere Nebengebäude rund um den Hof waren für die Dienerschaft bestimmt, darüber lag dann der *Piano nobile,* das herrschaftliche Wohngeschoß.

Die mächtige Fassadenfront zur Straße hin, meist nur sparsam durch Pilaster gegliedert, erhielt ihre Hauptakzente durch die mit schmiedeeisernen Gittern, profilierten Giebeln und figürlichem Schmuck verzierten Fensterreihen sowie durch das besonders hervorgehobene Portal, über dem meist der typische ausladende, schmiedeeiserne Balkon entlanglief. Besonders in Palermo erfuhren die Treppenhäuser eine eingehende und prunkvolle Gestaltung, wofür der Palazzo Gangi-Valguarnera wohl das eleganteste Beispiel bietet (s. S. 372).

Überall auf der Insel fällt der phantasievolle Dekorationsreichtum der Balkonkonsolen auf, besonders schön zu beobachten an den überbordenden grotesken und mythologischen Figuren des Palazzo Villadorata in Noto (s. S. 203 f.). In dieser Kombination von monumentaler Architektur und volkstümlichen Schmuckformen darf man einen typisch sizilianischen Wesenszug erkennen.

Während der heißen Sommermonate zogen sich die palermitanischen Adligen – wie lange vor ihnen schon die normannischen Könige – aufs Land zurück, und so ließen sie rund um die Hauptstadt Villen errichten: an der Piana dei Colli, am Fuße des Monte Pellegrino, oder in Bagherìa, wo die schönsten Landsitze entstanden (s. S. 397 f.). Da die Bautätigkeit erst mit dem Beginn des 18. Jh. einsetzte, im Vergleich zum übrigen Italien also wieder mit echt sizilianischer ›Verspätung‹, weisen die Villen die für den späten Barock typischen kurvierten und komplizierten Grundrisse auf. Das architektonische Spiel mit Schein und Illusion, wie wir es vollendet in der von Tommaso Napoli entworfenen Villa Palagonia, der berühmtesten und meistbesuchten der Villen, vorfinden, ist ebenfalls ein für den Barock typisches Element (s. S. 398 ff.).

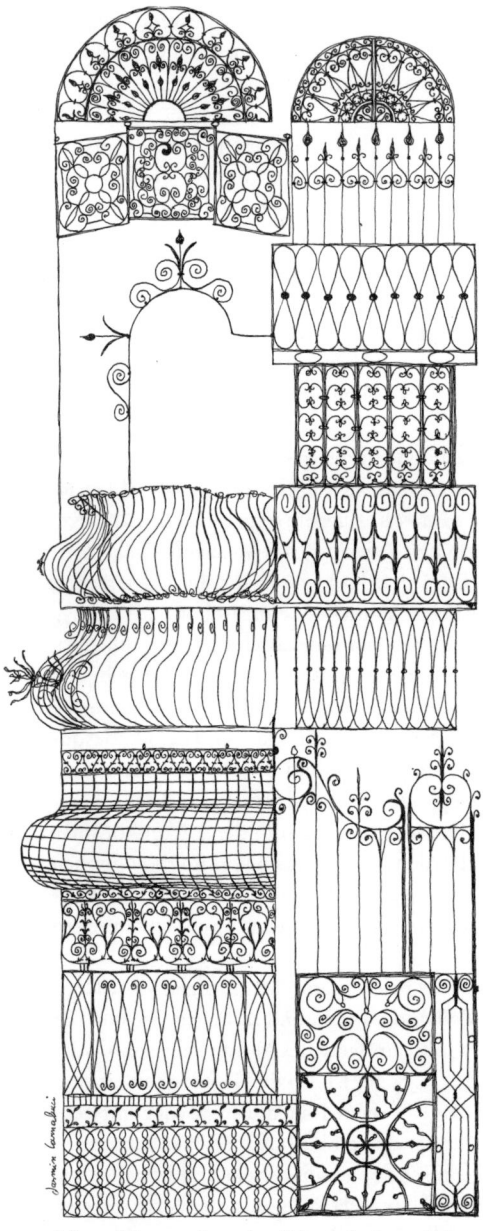

Schmuckformen barocker Schmiedeeisenarbeiten auf Sizilien

Immer wird das Herrenhaus von einer Fülle von Nebengebäuden umgeben, was der Anlage einen eigentümlich verschlossenen, von der umgebenden Landschaft getrennten Charakter verleiht. Die Dächer der Nebengebäude trugen oft Terrassen, die in der Abendkühle des Sommers zum Aufenthalt einluden. Der *Piano nobile* war nur durch eine breit angelegte Freitreppe vor der Fassade zu erreichen, die, immer symmetrisch, also doppelläufig, Zugang zum Garten bot und in ihrem phantasievollen Gestaltungsreichtum den eigentlichen Akzent dieser Sommerpaläste setzt – die Villa Palagonia schuf hier den Prototyp. Außentreppen an Villen waren im übrigen Italien nicht gerade verbreitet, und so darf man vor allem in dieser Hinsicht von einem spezifisch sizilianischen Beitrag zum europäischen Barock sprechen.

Was jedoch das Bild der sizilianischen Städte und Orte, für jeden Reisenden sofort sichtbar, prägt, sind die zahllosen barocken Kirchen, Klöster, Kapellen und Oratorien. Die geographische Umgebung, im hügeligen Südosten Siziliens z. B. die Hanglage der Städte, vermochte vor allem Rosario Gagliardi auf unnachahmliche Weise für seine sich steil über Freitreppen emportürmenden Kirchen zu nutzen (S. Giorgio in Ragusa und die gleichnamige Kirche in Mòdica; s. S. 206 ff. und Abb. 33, 36). Innerhalb der auf größtmögliche Wirkung bedachten städtebaulichen Konzeptionen erfuhren naturgemäß der Außenbau und hier besonders Fassade und Kuppel (deren Höhe im Stadtbild Prestigewert besaß) höchste Aufmerksamkeit.

Eine interessante Kombination der Doppelturmfassade mit übereinandergestellten

Säulenordnungen nach römischem Vorbild finden wir am Dom von Noto (s. S. 203 und Abb. 37). Doch erst im 18. Jh. wurden die davor eher flachen Fassaden aufgebrochen, wurden mit Hilfe stark vortretender Säulen sowie gesprengter und gekröpfter Giebel dramatische Helldunkeleffekte und plastische Tiefenstaffelungen gesucht, wie es Andrea Palmas Fassade des Doms von Syrakus vollendet vorführt (s. S. 172f. und Abb. 16). Auch konvexe und konkave Fassaden traten in der Nachfolge Francesco Borrominis (1599–1667) mit der schon zuvor beobachteten Verspätung an sizilianischen Kirchenfassaden des 18. Jh. auf; in kühner Verbindung mit vorspringenden Säulenordnungen und den für Gagliardi typischen Voluten zeigen dies die beiden oben erwähnten Kirchen dieses Architekten.

Die Kirche S. Sebastiano in Acireale, an deren Portal mit seiner reichen, aber flächigen Dekoration noch der Stil des 17. Jh. vor dem großen Erdbeben erkennbar ist, stellt in ihrer oberen Fassadenpartie das früheste Beispiel der Einturmfassade dar (s. S. 439). Die meist dreiteilige Fassade wird in ihrer Mittelpartie durch ein Glockengeschoß mit Bogenöffnungen für den Klangaustritt überhöht – eine Variante, die sich auf dem italienischen Festland nicht findet und als typisch sizilianisch gelten darf. Vor allem die Kirchen im Südosten der Insel, und hier insbesondere diejenigen Rosario Gagliardis, weisen diese Fassadengestaltung auf.

Der Grundriß der meisten größeren Kirchen blieb der einer dreischiffigen Basilika, wobei in Sizilien – wohl eine Erinnerung an das normannische Erbe – die Arkaden auf Säulen statt auf den im übrigen Italien üblichen Pfeilern aufsetzen (z. B. S. Giuseppe dei Teatini in Palermo, s. S. 333). Die kleineren Gotteshäuser sowie diejenigen der weiblichen Orden waren dagegen meist einschiffige Saalkirchen, bei letzteren immer mit einer Nonnenempore im Westen, von der aus die Ordensschwestern sowohl am Gottesdienst teilnehmen als auch das Geschehen draußen beobachten konnten, ohne selbst gesehen zu werden (z. B. S. Caterina in Palermo, s. S. 333). Daneben fand auch der Zentralbau mit seinen spezifisch barocken Varianten als ovaler, achteckiger, kreuzförmiger etc. Grundriß Verwendung (z. B. S. Antonio Abbate in Ferla und S. Chiara in Noto, s. S. 199 und 202 f.).

Die barocke Neigung zum ›Gesamtkunstwerk‹ wird, vor allem in den Jesuitenkirchen und den größeren Gotteshäusern, in manch üppigem, vom Fußboden bis zum Gewölbe keinen Fleck aussparenden Innendekor deutlich (s. Abb. 84). Besonders in Palermo wirken Architektur, Marmorinkrustationen, Stuck, Wand- und Deckenmalerei, Holzschnitzerei und Tafelbilder zusammen – möglicherweise auch dies ein Reflex der reichgeschmückten normannischen Kirchen. Andererseits fällt gerade in Sizilien, so z. B. in Noto, die Vielzahl schlichter, überaus sparsam dekorierter Innenräume auf – Ordenskirchen sind so meist in schlichtem Weiß gehalten, in dem nur die Intarsien an Altar und Fußboden farbliche Akzente setzen.

Die Technik der Marmorinkrustation kam zuerst in Messina zum Einsatz, wobei blaue, grünliche und gelbliche Farbharmonien vorherrschen, während die Palermitaner Farbpalette Rot und Gelb auf schwarzem oder dunkelgrauem Hintergrund zeigt. Die vielleicht schönste, vollständig erhaltene ganzheitliche Ausstattung mit Marmorinkrustationen erhielt im frühen 18. Jh. S. Caterina in Palermo (s. S. 333). Trotz der überwältigenden Farbigkeit

BAROCK / BAUKUNST

Kirchenfassaden im Barock *Einturmfassaden:* 1. Dreischiffige Kirche: Die Breite des Mittelschiffs wird durch den vortretenden zentralen Teil der Fassade angegeben, der wie ein Turm die ihn flankierenden Seitenschiffe überragt; die verbindenden Streben unterstreichen den Schwung nach oben (ab Mitte des 16. Jh.). 2. Einschiffige Kirche: praktisch der mittlere Teil einer dreischiffigen. 1. und 2.: Die Fassaden werden durch gerade Linien bestimmt. 3. und 4. Entwicklung aus Typ 1 (ab Ende 17./Anfang 18. Jh.): Die Fenster erhalten Bogenform, an den Türen über den Seitenschiffen werden meist Lichtquellen angebracht, die Streben nehmen die Form kraftvoller Voluten an, der zentrale Teil wölbt sich in einer Rundung konvex nach außen oder konkav nach innen (3 und 4); oft sind auch die seitlichen Partien schwungvoll abgeschrägt, was eine Steigerung der Scheinerweiterung bewirkt; der zentrale Turmbau bekommt einen Aufsatz mit Öffnungen zum Unterbringen der Glocken (4). 5. Der zentrale Teil wird weiterhin erhöht, seine oberen, vorher einfachen Streben werden zu Voluten: die voll entwickelte Form der sizilianischen Einturmfassade, wie sie ihren vollendeten Ausdruck in den Fassadenlösungen Rosario Gagliardis findet. *Doppelturmfassaden:* 6. Dreischiffige Kirche mit verstärkt sichtbaren Horizontallinien. 7. Einschiffige Kirche. 8. Die Seitenschiffe werden mit Streben oder Voluten mit dem mittleren Teil verbunden.

und des durch Stuckdekor erhöhten Schmuckreichtums bleiben die architektonischen Linien erhalten: Es entsteht ein harmonischer Gesamteindruck, ein charakteristisch sizilianisches Barockinterieur.

Die Oratorien der oft miteinander wetteifernden Brüderschaften in Palermo boten Giacomo Serpotta (1656–1732) aus der berühmten *Stuccatori*-Familie ein reiches Betätigungsfeld. Schwerelos wirkende plastische Vorhänge überziehen die Wände, gebildet von ornamentalem Rahmenwerk, illusionären Draperien, allegorischen Figuren und christlichen Heiligen, Putten sowie in diesen überbordenden Dekor eingelassenen Reliefs mit szenischen Darstellungen. Sein Meisterwerk stellt das zur Kirche S. Zita gehörende Oratorio del Rosario dar, an dessen Rückwand ein Relief mit der Darstellung des Seesiegs von Lepanto zu finden ist (s. S. 376).

In der auf die Jahrhunderte spanischer Herrschaft folgenden Zeit lassen sich auch Einflüsse aus dem west- und nordeuropäischen Barock ausmachen; so entstanden während der wenigen Jahre unter österreichischer Regierung Kirchen, die, wie die Chiesa di Montevergine in Noto (s. S. 204), Werke Fischer von Erlachs nachahmen. Im letzten Viertel des 18. Jh., als der Barock langsam ausklang, machten sich die Konzepte des französischen Klassizismus bemerkbar, als dessen wichtigster Repräsentant in Sizilien Giovanni Venanzio Marvuglia (1729–1814) gilt. Schon hier läßt sich jedoch feststellen, daß der von außen importierte Stil nicht mehr, wie der Barock, im Lande aufgegriffen und den lokalen Traditionen und Mentalitäten anverwandelt wird. Dies gilt ebenfalls für Historismus bzw. Jugendstil und ihre Hauptvertreter, die Architekten Giovanni Battista Basile (1825–1891; Teatro Massimo, s. S. 383) bzw. seinen Sohn Ernesto (1857–1932).

Teatro Massimo, Palermo

Heiligenfeste und Traditionen

Sizilien besitzt mit dem hl. Alphio, dem hl. Delphio und dem hl. Cirino gleich drei oberste Schutzpatrone, von denen jeder für eine der Inselspitzen ›zuständig‹ ist. Ihnen wird allerdings weder eine besondere Aufmerksamkeit gewidmet, noch sind sie allzu bekannt. Außer in den Ortschaften, wo sie gemeinsam oder getrennt als Schutzpatron fungieren, wird ihr Gedenktag einfach übergangen.

Jedes Dorf, jede Stadt, jeder Stadtteil und jedes Stadtviertel hat vielmehr ihren eigenen Beschützer, und abgesehen von der Muttergottes gebührt diesem dann die größte Verehrung. Als Gegenleistung für diese Verehrung haben die Heiligen den Menschen durch ihre Fürbitte bei Gott Schutz zu schaffen, d. h. Unbill abzuwenden. Erfüllen sie diese Aufgabe nicht, geben ihnen die Gläubigen ihr Mißfallen über diesen ›Vertragsbruch‹ deutlich zu verstehen: So ist z. B. überliefert, daß die Sizilianer anläßlich der großen Hungersnöte und Teuerungen, die in den Jahren 1647, 1773 und noch in den 80er Jahren des 19. Jh. von Unruhen und Aufständen gefolgt waren, den Heiligenbildern ihren Schmuck heruntergerissen und sie unter lautem Hohngelächter in Ketten legten – eine archaisch anmutende, auf dem Gesetz von gegenseitiger Vertragserfüllung basierende Form der Religion.

Die Würde und Bedeutung des jeweiligen Schutzheiligen beruht meist auf einer alten, mit dem jeweiligen Ort verbundenen Legende, oft älter als das Christentum selbst, die sich jedoch zu jeder Zeit der herrschenden Religion anzupassen wußte. So sind denn auch die Riten und Feste von Ort zu Ort völlig unterschiedlich, und selbst zu Ostern und Allerseelen, den einzigen auf der ganzen Insel respektierten und gefeierten Festtagen, spielt sich der Festverlauf nirgends auf die gleiche Art und Weise ab.

Nur eines haben alle Feierlichkeiten gemein: das Theatralische (s. Farbabb. 23). Wie zu einer Bühnenaufführung werden die Straßen als Festkulisse mit bunten Lichterbogen, Blumen und allerlei weiterem Schmuck vorbereitet. Nie fehlen die Musikkapelle und das Feuerwerk. Die ›Hauptdarsteller‹, die Figuren der Heiligen, erscheinen schließlich, umgeben von einem Blütenmeer, erhöht auf einem Podium, und genau wie bei einem Theaterbesuch kritisieren und loben die Anwesenden schließlich das mehr oder weniger gelungene Schauspiel.

An Kaufständen werden schmackhafte Leckereien, bunte Spielsachen, Flöten, Kassetten, Schallplatten und Andenken feilgeboten. Immer gibt es dabei die typischen *Semenze* (Samen), ein Gemisch aus im Sand gerösteten Erdnüssen, Haselnüssen, Kürbiskernen, Saubohnen und Kichererbsen. Lustige Wettkämpfe, an denen jeder teilnehmen kann, wie Sackhüpfen, Masten erklettern, Eierlaufen oder auch Malwettbewerbe bereichern das Programm.

Da die meisten Feste in das Frühjahr und den Frühsommer fallen, dient die Osterwoche gewissermaßen als Präludium zu den späteren Schauspielen. Zur Eröffnung der ›Saison‹ werden am Palmsonntag überall kunstvoll geflochtene Palmwedel und Olivenzweige zum Verkauf angeboten. Der weitere Verlauf der Woche baut auf einer 400jährigen Tradition auf, die einst von den Spaniern übernommen wurde. (Darein mischen sich antike Elemente, die spätestens seit der griechischen Frühzeit im Adonis-, Dionysos- oder Demeterkult bekannt sind, deren Ursprung jedoch vermutlich schon in der Vorgeschichte zu suchen ist.) Im Mittelalter entstanden, vermutlich zuerst in Frankreich, die Mysterienspiele, dramatisierte Darbietungen religiösen Inhalts. Von diesen ausgehend entwickelte sich in Spanien die Sitte, Szenen aus der Leidensgeschichte Jesu in Spielszenen und in Figuren oder Figurengruppen darzustellen und diese in der Karwoche durch die Straßen zu tragen. Im 16. Jh. bürgerte sich dieser Brauch in Sizilien ein.

Karfreitagsprozession in Trapani; die Figurengruppe stellt Jesus vor Kaiphas dar

Die Organisation der Umzüge fiel den Bruderschaften zu, Berufsinnungen, die im Mittelalter entstanden waren, im Laufe der Zeit gewisse soziale Pflichten (Armenunterstützung, Bau von Hospitälern etc.) übernommen und ebenso besondere Rechte erhalten hatten. (Die Bruderschaften wurden Mitte des 19. Jh. im Zuge der Säkularisation aufgelöst, bildeten sich aber in unserem Jahrhundert wieder, um sich nur noch sozialen Aufgaben zu widmen.) Sie spielten die Szenen oder stellten sie in dauerhaftem Material dar, versuchten – und versuchen –, sich gegenseitig zu übertrumpfen. Heute liegt die Organisation der Festlichkeiten in den Händen der Stadtverwaltungen, den Bruderschaften blieb nur die Aufgabe, für die Finanzierung aufzukommen. Ihre Mitglieder gehen Spenden sammelnd von Haus zu Haus, und jeder Bürger gibt seinen Anteil.

Die Osterprozessionen dauern die ganze Woche, und sie erfordern monatelange Vorbereitungen. Jeder Tag ist einer Episode aus den letzten Tagen Christi gewidmet, doch das eigentliche Hauptthema bildet das Leiden Marias, die Verzweiflung der Mutter über den Verlust des Sohnes. Die ›Erzählung‹ beginnt meist mit dem Abschied von der Mutter, setzt sich fort über das Letzte Abendmahl, die Fußwaschung, die Nacht am Ölberg, die Gefangennahme usw. Im Hintergrund bleibt Maria stets gegenwärtig, als ›Schmerzensreiche‹ in einen schwarzen Trauermantel gehüllt, das Herz von sieben Schwertern durchbohrt. Bei der Kreuzigung, Kreuzabnahme und Beerdigung wird sie wieder in die Handlung miteinbezogen, und am Ostersonntag bringt das glückliche Ende die Wiedervereinigung von Mutter und Sohn.

Je nach Stadt liegt der Schwerpunkt auf dem einen oder anderen Aspekt der Heilsgeschichte. Trapani und Enna rühmen sich, am Karfreitag die größten Prozessionen zu veranstalten. In Trapani verlassen alsdann die Brüderschaften, angeführt von der Gilde des hl. Michael, gegen 16.30 Uhr die Chiesa del Purgatorio. Alle Innungsmitglieder tragen lange Kutten und geschlossene, farbige Kapuzen, in denen nur Schlitze für die Augen freigelassen sind. Eine nach der anderen werden die Mysteriengruppen auf den Schultern der Männer aus der Kirche getragen. Im ganzen sind es 20 Figurengruppen, eine jede zwischen 500 und 900 kg schwer und im 16. und 17. Jh. angefertigt. Jeder Gruppe folgt die ihr zugehörige Bruderschaft mitsamt der Musikkapelle. Als letzte folgen der gläserne Sarg mit dem Leichnam Christi und die schmerzensreiche Maria.

Als einzige Beleuchtung auf den Straßen dienen Öllaternen. In ihrem flackernden Licht erscheinen in Trauerschleiern vermummte Musiker und künden mit Trommelwirbel und Trompetenstößen das Nahen des Zuges an. Begleitet vom Klang düsterer Trauermärsche, bewegt sich dieser langsam durch die Stadt, eine Schlange von tausend und abertausend verhüllten Gestalten. An manchen Stellen fallen sie in eine eigenartige Gangart: drei Schritte nach vorn, zwei zurück, drei nach vorn, zwei zurück. Der Effekt ist ein unheimlich wirkendes Wogen. 20 Stunden lang dauert der Umzug; keine Straße, keine Gasse wird ausgelassen.

In Enna findet ab Wochenbeginn in jeder Stunde der Umzug einer der Innungen statt, die deswegen *Ura* (Stunde) genannt werden. Die Männer tragen spanische Kostüme und weiße Kapuzen. Am Freitag um 17 Uhr verläßt als erste die Passionsbruderschaft ihre Kirche. Auf ihrem Weg zum Heiligtum der Schmerzensreichen schließen sich ihr nacheinander die weiteren Bruderschaften, insgesamt 16, an. Bei Trommel- und Trauermusik geleiten sie danach die Statue der ›Madonna der sieben Schmerzen‹ zum Dom, wo die Christusstatue aufgebahrt liegt; von dort bewegt sich der Zug in Richtung Friedhof. Einige der Männer tragen langstielige Fackeln, so daß lauter einzelne, kleine Flammen über der ungefähr 2 km langen Menschenmenge züngeln, wodurch eine düster-unheimliche Atmosphäre von Trauer und Tod, untermalt von der Trommelmusik, heraufbeschworen wird. Ungefähr sechs Stunden lang schiebt sich der Trauerzug durch die Stadt, um sich erst nach Mitternacht wieder beim Dom einzufinden.

In anderen Städten wird der Akzent mehr auf die Wiedervereinigung von Mutter und Sohn gelegt, so z. B. in Licata und Castelvetrano. Dort nehmen zwei getrennte Prozessionen unterschiedliche Wege: Die eine führt die noch trauernde Muttergottes in ihrem schwarzen Gewand mit sich, die andere den auferstandenen Christus. Dreimal macht ein Engel an einer speziell konstruierten Schwebevorrichtung seinen Auftritt, um der Mutter die Frohe Botschaft zu überbringen, doch in ihren Schmerz versunken schenkt sie ihm zunächst keine Aufmerksamkeit und setzt ihren Weg unbeirrt fort. Erst beim dritten Mal scheinen seine Worte an ihr Ohr zu dringen: Sie bleibt stehen – und in diesem Moment erscheint ihr Sohn an der anderen Seite des Platzes, das Trauergewand gleitet ihr von den Schultern, weiße Tauben flattern darunter hervor in den Himmel, und Maria steht nun in ihrem Festkleid dort. Freudig eilt sie dem Sohn entgegen, und gemeinsam halten sie Einzug in die Kirche.

In S. Fratello dagegen sind die ersten drei Tage der Osterwoche die bedeutendsten. Phantastische Figuren, bunt gekleidet, mit roten Kapuzenmasken und heraushängender Lederzunge kostümiert, laufen Eisenketten schwingend und auf alten Militärtrompeten blasend durch die Straßen. Nirgends wird ihnen der Zutritt verweigert, sie werden von jedem freigehalten, fassen alles und jeden an, spotten, hänseln und treiben auch sonst noch allerhand Schabernack – aber keiner wagt es, sich ihnen entgegenzustellen, nicht einmal die Polizei. Für drei Tage sind sie, die sog. *Giudei* (Judäer), die Herren der Stadt.

In Prizzi gehört das Terrain dagegen den Teufeln und dem Tod. Erstere tragen schwarze Handschuhe, rote Anzüge, ein Ziegenfell auf dem Rücken sowie furchterregende Masken und Hörner. Bedrohlich schwingen sie eiserne Ketten. Der Tod ist ebenfalls maskiert, ganz in Gelb mit einem farbigen Halstuch und mit Pfeil und Bogen bewaffnet. Er zielt auf die Passanten, schießt allerdings nicht, sondern begnügt sich mit einem Lösegeld. Sollte das Opfer nicht gewillt sein zu zahlen, wird es vom Tod und seinen Begleitern eingekreist und wenn nötig verfolgt – es gibt kein Entrinnen, denn mit dem Erlös wird das Fest finanziert! Am Ostersonntag, wenn der Auferstandene die Kirche verläßt, um seiner Mutter entgegenzugehen, sind Tod und Teufel nicht gewillt, das Feld freiwillig zu räumen. Mit allen Mitteln versuchen sie, das Treffen zu verhindern, doch nach mehreren Kämpfen gegen eine angreifende Engelschar unterliegen sie dieser schließlich, und der Vereinigung von Mutter und Sohn steht auch in Prizzi nichts mehr im Wege.

In S. Biagio Platani dient die Zusammenführung der Madonna mit Christus als Vorwand für einen Wettstreit zweier Gruppen, der *Madunnara* (Anhänger d. Madonna) und *Signurara* (Anhänger des Herrn), die Hauptstraße für das Ereignis am schönsten zu schmücken. Das zur Verfügung stehende Material sind die Früchte der Erde: Getreide, Obst, Blätter, Schilfrohr, Brot. Mit diesen einfachen Mitteln werden kunstvolle Bogengebilde, Kronleuchter, Türme, Kuppeln, Mosaiken, Teppiche u. ä. hergestellt, das gesamte Stadtzentrum verwandelt sich in eine Märchenkulisse.

In Salemi bilden phantasievolle Brotformen den Mittelpunkt mehrerer Feste (das erste fällt schon auf den 3. Februar). Am 19. März, dem Tag des hl. Josef, werden daraus wahre Meisterwerke geschaffen. Zu dieser Gelegenheit schmücken kunstvolle Altäre unter Bogenkonstruktionen die Straßen, aus Hunderten kleiner, verschieden modellierter Gebäckteilchen aufgebaut und mit Myrthen-, Lorbeer- und Orangengirlanden verziert. Nach einer Woche gipfelt das Fest in mehreren gewaltigen Festmählern, bei denen Gruppen von jeweils drei Kindern die heilige Familie darstellen und als Ehrengäste bewirtet werden. Dabei werden bis zu 150 Gänge aufgetischt. (Manchmal gibt es auch zwei heilige Familien; die zweite besteht aus der hl. Anna, dem hl. Joachim und Maria).

Doch die Patronatsfeste sind für jeden Ort das spektakulärste Fest des Jahres. Zudem sind die meisten außerhalb der Städte gelegenen Heiligtümer sowie der größte Teil der Wallfahrtskirchen der Muttergottes geweiht. An den jeweiligen Gedenktagen finden sich dort

HEILIGENFESTE UND TRADITIONEN

Die schmerzensreiche Maria auf der Karfreitagsprozession in Trapani

Pilger aus allen Gegenden der Insel ein, und bei den einsam gelegenen Heiligtümern schließt das Fest meist abends mit einem fröhlichen Mahl von Hammelfleisch, Brot und Landwein, begleitet von Musik und Tanz.

Der einzige Feiertag, an dem keine theatralischen Darbietungen stattfinden, der aber nichtsdestoweniger auf ganz Sizilien begangen wird, ist der Tag der Toten. Zu ihren Ehren werden die Friedhöfe derart mit Chrysanthemen und Lichtern geschmückt, daß sie von weit her festlich erstrahlen. In den Städten finden – ähnlich dem Christkindlmarkt – die Totenmärkte statt, denn es ist Sitte, daß in der Nacht vom 1. auf den 2. November die Verstorbenen den Kindern Geschenke vor die Tür legen. In manchen Gegenden wird beim Abendessen der Tisch für die liebsten Verschiedenen mitgedeckt, da man ihrer Anwesenheit an diesem Abend sicher ist.

Am 2. November (Allerseelen) liegen die Ortschaften vormittags still und leer, dagegen herrscht ein reges Leben in den Totenstädten – denn als solche sind die Friedhöfe konzipiert. Menschen gehen auf und ab, plaudern miteinander, Kinder laufen herum und spielen. Für diese Feiertage wird das Marzipan *(Pasta Reale)*, das ursprünglich nur zu diesem Zeitpunkt hergestellt wurde, in besonders kunstreichen Formen angefertigt. Im palermitanischen Raum gibt es außerdem noch Zuckerfiguren für die Kinder – Puppen, Reiter, Ritter und Tänzerinnen, aber auch den Fußballheld Schillace und andere Volksidole. Eine weitere typische Leckerei sind auch die ›Totenknochen‹, harte Plätzchen aus einem dunklen, würzigen Teig, dekoriert mit Totenschädeln, Gebeinen oder Engelsköpfen, die aus einer weißlichen, ebenfalls harten Masse geformt werden.

Weihnachten wird in Taormina mit großen Feuern zelebriert, ansonsten hingegen in den wenigsten Ortschaften festlich begangen, einmal abgesehen von den nach dem Krieg in Mode gekommenen, mit bunter elektrischer Beleuchtung versehenen Weihnachtsbäumen auf Straßen, Balkons, Gärten und im Haus. Auch die Sitte, sich gegenseitig Geschenke zu machen, ist relativ neu und hat sich noch längst nicht überall durchgesetzt. Der Aufbau von Krippen, einer der wenigen alten Weihnachtsbräuche, wird dagegen kaum noch gepflegt. Auch die Hirten, die ehemals von den Bergen in die Städte kamen und auf dem Dudelsack Wiegenlieder spielten, sind heute höchstens noch in Touristenorten anzutreffen und lassen sich für ihre Darbietungen teuer bezahlen. Eine althergebrachte Weihnachtstradition behauptet sich jedoch hartnäckig: das Kartenspiel. Zu Hause, in den Gasthäusern, in verbotenen Spielhöllen – überall wird mit Begeisterung diese Sitte gepflegt.

Die Pflanzenwelt Siziliens

75 % der Insel bestehen aus Hügel- und Bergland, wobei die Höhe der Gebirgszüge die Vegetation in höherem Maße bestimmt als der jeweilige Breitengrad. Die im Süden gelegenen Hybläischen (Monti Iblei) und Eräischen Berge (Monti Erei) erreichen beinahe 1000 m, die nördlichen Nebroden (Monti Nébrodi) und Peloritaner (Monti Peloritani) überschreiten diese sogar, die Gipfel der Madonien (Monti Madonìe) erheben sich mehr als 2000 m ü. d. M., und der majestätische Ätna überragt sie alle mit seinen 3354 m. Die Höhenunterschiede bedingen naturgemäß sehr verschiedene Temperaturen, und so gibt es in einigen Gegenden unerwartet ›nordische‹ Landschaften, während in anderen Regionen eine subtropische Flora vorherrscht.

An den Küsten erstrecken sich kilometerweit die Plantagen: im Osten und Norden bis zum Südwesten vorwiegend Orangen, Zitronen und Mandarinen, im Westen Olivenhaine und Weinberge.

Wälder sind heute eher selten auf Sizilien, obwohl die Insel in antiker und mittelalterlicher Zeit für ihren Holzreichtum berühmt war. Durch Rodungen wurden diese Wälder jedoch zerstört, so daß Sizilien im 17. Jh. kaum mehr genug Holz für den eigenen Bedarf aufbringen konnte. Heute finden sich in den Madonien und Nebroden überwiegend Mischwald und Korkeichenwälder, in

Winter: Mimose

... Anemone

PFLANZENWELT

Frühling: Zwergiris

...Orchidee

den Peloritanern haben sich einige größere Pinienwälder erhalten, und die Umgebung von Piazza Armerina ist reich an Eukalyptuswäldern; junge Pinienhaine beginnen langsam, Landstriche in den Hybläischen Bergen zu verändern. Jahrhunderte alte Buchen-, Eichen-, Tannen-, Fichten-, Kastanien-, Pinien- und Birkenwälder gedeihen an den Hängen des Ätna. Die Birkenwälder werden von einer eigenen endemischen Art gebildet, der *Betula etnensis*. Vereinzelt finden sich auf der ganzen Insel Zedern, häufig Eschen, seltener deren Unterart, die Mannaesche *(Fraxinus ornus)*.

Viele Berghänge sind von der ›Macchia‹ überwuchert, einem Gemisch immergrünen Strauchwerks, das sich oft zu einem beinahe undurchdringlichen Dickicht auswächst. Die Präsenz der Macchia deutet zum einen auf ehemalige Waldgebiete hin, die im Laufe der Geschichte radikalen Rodungen zum Opfer fielen, zum anderen aber auch auf eine beginnende Wiederbewaldung. Die für den Mittelmeerraum so charakteristische Macchia besteht aus Baumheide, Zistrosen, Ginster, Mastix, Lavendelarten, Rosmarin, Wolfsmilch und Erdbeerbäumen, dazwischen gedeihen oft wilde Ölbäume, Aleppokiefern, Stein- und Kermeseichen, Judasbäume, Johannisbrotbäume oder Korkeichen. Die meisten dieser Pflanzen haben ledrige Blätter, die in der Hitze ätherische Öle absondern und so die Luft mit dem typischen würzigen Macchiaduft erfüllen. Im Frühjahr, wenn die Macchia erblüht, entfaltet sie eine verschwenderische Farbenpracht, in der übrigen Jahreszeit bildet sie einen wirkungsvollen grau- bis dunkelgrünen Kontrast zu den Kalksteinfelsen.

Während des Sommers dorren Grasarten und einjährige Pflanzen (nur von Oktober bis Juni) vollkommen aus, Zwiebel- und ähnliche Knollengewächse leben nur in ihren Wurzeln weiter. Im Herbst, wenn die ersten Regenfälle einsetzen, gehen die Samen auf, und überall fängt es an zu grünen. Niederschläge beschränken sich durchschnittlich auf die Zeit zwischen Ende Ok-

...Orangenblüte

...Mandelblüte

tober und Mitte Mai, wobei der meiste Regen im Februar zu erwarten ist. Einige Pflanzenarten beginnen mit der Blüte im Spätherbst, andere sind den ganzen Winter über aktiv. Im zeitigen Frühjahr blühen die meisten mehrjährigen Pflanzenarten, und der Höhepunkt wird im April erreicht, wenn auch noch viele der einjährigen Sorten die Hänge und Ebenen bedecken.

Ende Mai reift der Weizen, und die einsetzende Trockenheit wird spürbar. Während der regenarmen Monate wetteifern nur an den Küsten Bougainvillea, Hibiskus, Bleiwurz und Oleander in überschwenglicher Blütenpracht miteinander – das Landesinnere dagegen erweckt den Eindruck einer Wüste. Das nackte Erdreich dominiert in seinen verschiedenen Farbschattierungen auf den Hängen der Berge und Hügel, und nur in der Nähe von Wohnorten bilden kleine Haine und Obstgärten grüne Oasen. Nichts läßt in dieser Zeit vermuten, daß die Inselflora in ihrer Vielfalt nur in wenigen Teilen der Welt ihresgleichen findet. Diese Vielfalt ist außer von den großen Höhenunterschieden und dem damit verbundenen abwechslungsreichen Klima auch entwicklungsgeschichtlich bedingt.

Das Mittelmeer füllte sich vor rund 1 Mio. Jahren mit Wasser, wodurch Inseln und Berggipfel isoliert wurden, deren Pflanzen sich unabhängig vom übrigen Europa zu eigenen Arten entwickelten. Außerdem zeitigte die letzte Eiszeit (Ende vor 10 000 Jahren) auf Sizilien und in anderen Mittelmeerländern längst nicht so verheerende Auswirkungen wie in den nördlichen Gebieten, wo ein Großteil der mitteleuropäischen Pflanzen ausstarben; im Süden konnten sie dagegen das Tertiär überdauern. Einige Arten finden sich heute noch, z. B. Johannisbrotbaum, Oleander, Marte, Rebe, Mastix, Judasbaum, Esche, Olive oder Platane, und z. T. besitzen sie heute keine Verwandten mehr.

Hinzu kommen die unterschiedlichsten Sorten, die im Laufe der Zeit auf natürliche Weise heimisch oder von den Menschen ein-

PFLANZENWELT

Sommer: Kapernblüte

geführt wurden – sei es zum Nutzen, sei es zur Zierde der Gärten. Der Ursprung von Oliven, Feigen und Granatäpfeln liegt wahrscheinlich im Orient, und nach Sizilien gelangten sie erst dank der Griechen und Phönizier. Letzteren wird auch die Einführung der Palme zugeschrieben. Die Araber brachten Zuckerrohr, Zitrusfrüchte, Maulbeerbaum, Baumwolle und Papyrus auf die Insel. Schnellwachsende Eukalyptusarten stammen aus Australien, und Tomate, Aubergine, Agave, Mais, Tabak und den Feigenkaktus führten die Spanier aus Südamerika ein. Zusammen mit den Nutzpflanzen kam automatisch auch ›Unkraut‹ ins Land, und diese Blumen und Kräuter bürgerten sich ohne weiteres unter den Feldblumen Siziliens ein.

Der Jahreszyklus der Pflanzen paßt sich naturgemäß dem Klima an: Im September ist die ›große Hitze‹ überstanden. Hibiskus, Oleander und Bleiwurz – ausgesprochene Sommerblütler – stehen noch blütenübersät neben Bougainvillea, Jasmin und dem niedrigen Gauchheil, Sorten, die beinahe während aller Monate blühen. Aber schon künden andere Pflanzen die neue Jahreszeit an: An sonnigen Plätzen bricht aus dem noch steinharten Boden die leuchtend blaue Alraune hervor, die sich genügsam von der ersten nächtlichen Luftfeuchtigkeit ernährt.

...Bleiwurz

...Oleander

Im Wald und an schattigen Plätzen schimmern die Kelche der blaßlila Herbstzeitlosen und die ersten Alpenveilchen. In den Gärten prangen Chrysanthemen, Gerbera, Dahlien, Zinnien und einige Rosen. Ende Oktober zeigen sich die zarten Safranblüten. Zu dieser Zeit trägt der Oleander nur noch seine lange Samenschoten, der Hibiskus nur noch vereinzelte Blüten.

Im November beginnen in den Mandarinenplantagen die Früchte farbig zu glänzen, die Kakipflaumen, eine Art der Dattelpflaume, hängen rot und prall an den Bäumen, und die ersten Mimosenbäume stehen in strahlendem Gelb *(Acacia dealbata)*. Der *Oxalis pes-caprae,* ein aus dem Kapland stammender Sauerklee, schickt sich an, einen dichten Teppich auf Feldern und unter den Bäumen der Plantagen zu bilden, wo er monatelang goldgelb leuchtet, bis er als Gründünger untergepflügt wird.

Im Dezember färben sich langsam die Orangen, und bis Ende März wirken die Plantagen eher wie große Ziergärten, in de-

Sommer: Hibiskus

nen, um mit Goethe zu sprechen, »im dunklen Laub die Goldorangen glüh'n«, einen Monat später kommen die weißen, sternförmigen, stark duftenden Orangenblüten hinzu. Hohe Weihnachtssterne, rot oder weiß blühend, fehlen in keinem Garten. Zur Monatsneige zeigen sich an einzelnen Zweigen

Herbst: Sternbergia sicula

...Alpenveilchen

PFLANZENWELT

...Alraune

Ganzjährig: Jasmin

der Mandelbäume die ersten Blüten, doch erst zwei bis drei Wochen später werden sie die Bäume mit einem weißen oder zartrosa Schleier völlig bedecken. Mimosen sind mit der Art *Acacia baileyana* vertreten. Die versteckt wachsenden Alpenveilchen vermehren sich mit zwei weiteren Arten: *Cyclamen persicum* und *orbiculatum*. *Crocus chrysanthus* und *Crocus flavius* ersetzen andere, inzwischen verblühte Krokusarten. An den Hängen erblüht der Dorneninster, die falsche Rauke, Nieswurz und Osterluceigewächse, auf den Feldern und unter den Bäumen der Plantagen leuchtet der gelbe Sauerklee.

Im Februar erscheinen die verschiedenen Anemonenarten. Affodill beginnt Lichtungen und Abhänge zu verschönern, der *Crocus versicolor* gesellt sich zu den anderen Vertretern seiner Familie, und unter den Alpenveilchen ersetzen die *Cyclamen repandum* ausgeblühte Arten. Mit der Blüte beginnen u. a. Bongardia, Brillenschötchen, Erdrauch, Hahnenfuß, der Hornklee *Lotus cytisoides* und andere Kleesorten, Malve, Ringelblumen sowie Stein- und Pfeilkresse. Weiterhin zeigen sich die Kronwicken und eine Anzahl kleiner Orchideen, an Feldrainen bilden Schwertlilien und Iris farbige Flecken. Euphorbiengewächse, Wacholder und Lorbeer beginnen zu blühen, Jasmin und Drillingsblume erneuern den Blütenstand, nachdem sie sich eine kurze Ruhepause gegönnt haben, und die letzten Weihnachtssterne verblassen.

Im März haben die Mandelbäume schon ihr zartgrünes, neues Laub. An ihrer Statt leuchten nun auf Hügelhängen und in Tälern die rosa blühenden Aprikosen und Pfirsichbäume, und kurze Zeit später die weißblühenden Kirschbäume. Freiwachsend oder in den Wohnorten gepflanzt steht der beliebte Judasbaum (*Cercis siliquastrum*) mit seinen dunkelrosa Blüten. Rosa, weiße und rote Kamelien im dunkelgrünen Laub zieren die Gärten. Narzissen, Fresien, Montbretien, Goldlack, Kapuzinerkresse und Pfingstrosen werden zwar in den Gär-

... Bougainvillea

ten gezogen, wachsen aber auch in wildem oder halbwildem Zustand. Die Strelitzien beginnen in diesem Monat ihre lange Blütezeit, die bis zum Spätherbst andauert. Neben vielen anderen treten Aloe, Borretsch, Felsennelke und Gauchheil hinzu.

Der Pfriemenginster *(Spartium junceum)* beginnt zu blühen, und in dieser Zeit verwandelt sich die Macchia in ein Farbenmeer: der Rosmarin erblüht in zartem Blau, dazwischen glänzt weiß der Schneeball, leuchten die Zistrosen mit ihren weißen, hell- und dunkelrosa bis roten Blüten. Ginster und Baumheide sorgen für weitere Farbtöne. Die Lichtungen füllt der Affodil aus, der auf allen kargen Böden triumphiert. Hoch überragt ihn das gelb blühende Steckenkraut, entlang der Küsten taucht überall die gelbe Strandkresse auf.

Der rote Hornmohn hält als erster der Gattung Mohn seinen Einzug, kurz danach folgt ihm der Klatschmohn, und beide verwandeln ganze Felder in rotleuchtende Flächen. Auch anderen Arten gelingt es oft, sich zu isolieren und mit einfarbigen Streifen das bunte Blütenmeer zu unterbrechen. Wolfsmilchgewächse erreichen den Höhepunkt ihrer Blüte im April, die Äste der Mimosensträucher an Autobahn- und Wegrändern hängen unter dem Gewicht ihrer Blüten bis zum Boden, in den Städten ziert der blaublühende Persische Flieder Plätze und Straßenränder.

Der Mai ähnelt dem April, nur weist die einsetzende Gelbfärbung der Gräser und das reifende Korn auf den kommenden Sommer hin. An Straßen, Wegen und Ausgrabungsstätten beginnen die Menschen, die bunte Pracht zu entfernen, oft leider unter Anwendung von Gift – oder aber mit der althergebrachten Methode, dem Feuer. (Diese Maßnahmen sollen die Feuergefahr im Sommer reduzieren helfen.) Der als Tierfutter angebaute rote Rosenklee wird abgemäht.

Die Wandelröschen, die ersten Hibiskus- und Oleanderblüten sind ein Signal für die heranrückende heiße Jahreszeit, die ungefähr Mitte Juni abrupt einsetzt. Die meisten Blüten sind nur noch im Endstadium erhalten, andere haben den Samen schon ausgeworfen und sind vergilbt. In höhergelegenen Gebieten halten sich die Blüten länger, und an den Hängen des Ätna gesellen sich zu ihnen die reizenden Veilchen und der duftende Ätnaginster, ein Baumginster, der bis zu 7 m hoch werden kann. Auch im Juni gibt es noch einige wenige Wildblumen, aber die Glanzpunkte der sommerlichen Flora bilden in der Zeit von Juni bis August doch die blühenden Sträucher. Die genannten Arten stellen nur einen Bruchteil der sizilianischen Flora dar, die mit etwa 3000 Pflanzenarten die mit Abstand reichste Vegetation aller Mittelmeerinseln aufweist.

Rundreise durch Sizilien

Die wichtigsten Sehenswürdigkeiten im Überblick

Vorgeschichte
- Die Gräberstadt von Pantàlica
- Die Lìparischen Inseln mit dem Museum von Lìpari

Antike
- Das griechische Syrakus: Dom, Archäologischer Park und Fort Euryalos
- Agrigent mit seinen griechischen Tempeln
- Selinunt: Akropolis und Tempel des Osthügels aus griechischer Zeit
- Griechischer Tempel und hellenistisches Theater von Segesta
- Die phönizischen Ausgrabungen auf der Insel Mozia
- Die römische Villa del Casale bei Piazza Armerina mit ihren Mosaiken
- Das römische Theater von Taormina

Normannenzeit
- Palermo: Palastkapelle, Zimmer des Roger, S. Giovanni degli Eremiti, S. Cataldo, S. Giovanni dei Lebbrosi, Dom, Zisa und Cuba
- Dom und Kreuzgang von Monreale
- Der Dom von Cefalù
- Die Kirche SS. Trinità di Delia in Castelvetrano
- Das staufische Castello Ursino in Catania

Die Salinen von Trapani

Barock
- Die Kirchen und Paläste in den Barockstädten Noto, Mòdica und Ragusa
- Die Domfassade auf der Halbinsel Ortygia in Syrakus
- Catania: Dom, Via Crociferi und Benediktinerkloster
- Palermo: Quattro Canti und Piazza Pretoria, die Stuckoratorien Serpottas, S. Domenico
- Die barocken Villen Bagherìas, insbesondere die Villa Palagonia

Museen
- Die Archäologischen Museen, vorrangig zur griechischen Antike, in Palermo, Agrigent und Syrakus
- Sizilianische Regionalgalerie in Palermo und Regionalmuseum in Messina mit den besten Gemälden und Skulpturen Siziliens aus Mittelalter und Renaissance

Landschaftliche Höhepunkte
- Taormina am Fuße des Ätna
- Eine Fahrt auf den Ätna und seine schwarzen Lavawüsten
- Die Lìparischen Inseln mit ihren Vulkanen und Schlammquellen
- Enna im bergigen Herzen der Insel
- Ein Blick auf das von Hügeln umgebene Segesta mit seinem Tempel und seinem Theater
- Das Felsennest Erice über dem betriebsamen Trapani
- Die sanft gerundete Bucht von Cefalù zu Füßen des Monte Kephalo

Die Ostküste: Erster Abschnitt

Unsere Reise durch Sizilien beginnt in Catania, an der Ostküste. Dies hat zum einen reisetechnische Gründe, denn die meisten Flugreisen von Deutschland führen nach Catania. Zum anderen ergibt sich aber so auch eine Routenführung, die der Chronologie der sizilianischen Geschichte in etwa entspricht, denn zunächst besichtigen wir Syrakus und die großen Denkmäler der griechischen Epoche (Agrigent, Selinunt, Segesta), um dann zu den Zentren der arabisch-normannischen Zeit, nach Palermo und Monreale, zu kommen.

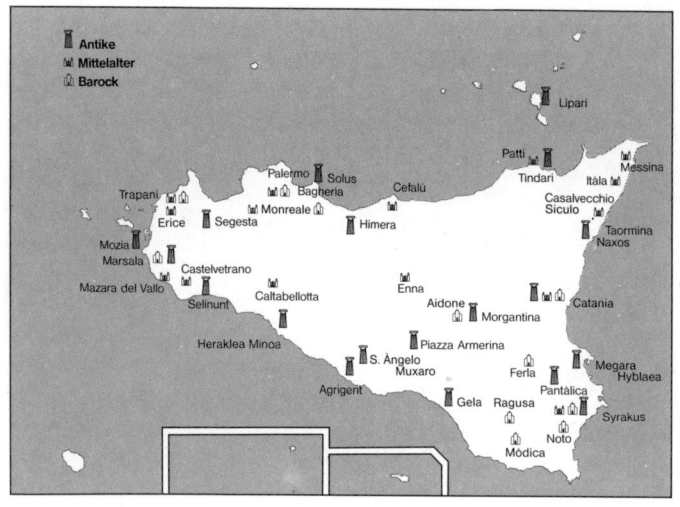

Die wichtigsten Sehenswürdigkeiten der drei großen Epochen Siziliens

Catania

Catania ist heute die zweitgrößte Stadt Siziliens (376 000 Einwohner) mit einer Tagesbevölkerung von rund 1 Mio. Menschen. Lebhaft, chaotisch, liebenswürdig, phantasievoll, gewalttätig, unregierbar – dies alles trifft auf Catania zu. In vielen Bereichen die führende Stadt der Insel und vorrangig an Industrie und Handel interessiert, behandelt sie ihre Denkmäler recht stiefmütterlich. Im Stadtzentrum herrscht ein eleganter italienischer Spätbarock vor. Die Gebäude, aus Lavagestein und Kalkstein erbaut, wirken dunkel und sind von der Patina des Ätnastaubs überzogen. Der ›Berg‹ *(la Montagna)*, wie der Vulkan in Catania genannt wird, ist überall präsent.

Catania vom Hafen gesehen, im Hintergrund der Ätna, Stich des 19. Jh.

Schon die erste vorgeschichtliche Ansiedlung, aus der sich dann später die griechische Stadt entwickeln sollte, lag auf einem aus elf verschiedenen Lavaschichten geformten Hügel. Im Laufe der historischen Zeit erreichten die Laven die Stadt noch viermal, dreimal wurde sie durch vulkanische Erdbeben zerstört. Das 17. Jh. war, was die Naturkatastrophen betrifft, das verheerendste: 1669 wurde die Stadt von einem 3 km breiten Lavastrom zwar mehr umflossen als begraben, da die Stadtmauern den Strom ableiteten, doch die Massen machten das umliegende Agrarland unbrauchbar und füllten die Hafenbucht auf, die bis dahin den Handel der Stadt gewährleistet hatte. 1693 widerstanden nur drei Gebäude, und auch diese nur partiell, dem großen Erdbeben: das Castello Ursino, die Apsiden des Doms und ein Teil des Rathauses. 16 000 Menschen verloren durch die Katastrophe ihr Leben, mehr als zwei Drittel der Bevölkerung. Die Überlebenden bauten die Stadt jedoch entschlossen wieder auf.

Geschichte

Die Geschichte Catanias beginnt mit dem 8. Jh. v. Chr., als Chalkidier eine sikulische Ansiedlung namens *Katane* (Hügel) gewaltsam einnahmen (729 v. Chr.). Bei den sozialen und politischen Aufständen des 7. Jh. v. Chr. rettete sich die Stadt durch eine schrift-

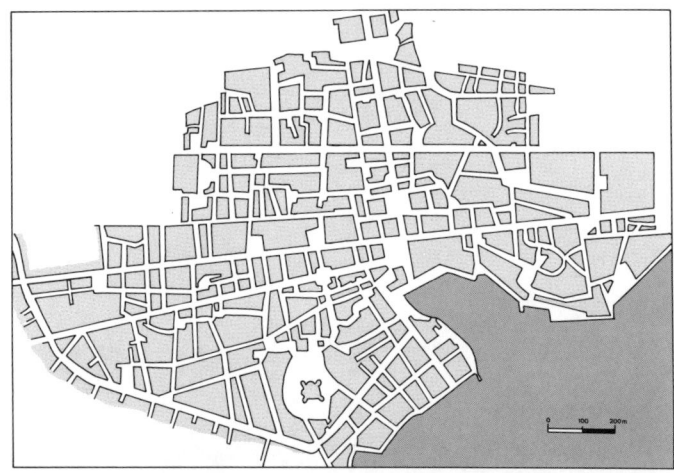

Planimetrie von Catania: die Bebauung Mitte des 18. Jh., unten in der Mitte erkennt man das Castello Ursino

lich niedergelegte Gesetzgebung vor einem Bürgerkrieg: der Kodex des Charondas, der in der Antike die gleiche Achtung genoß wie der des Solon oder des Lykurg und von Rhegion und anderen Städten übernommen wurde. Zu Beginn des 5. Jh. v. Chr. (476) konnten die Kataner den Angriff Hierons I. von Syrakus nicht abwehren: Sie wurden, gemeinsam mit den besiegten Naxiern, nach Leontinoi deportiert, Katane Syrakusanern und neuen Einwanderern aus der Peloponnes übergeben und unter dem Namen ›Ätna‹ ein zweites Mal gegründet.

461 v. Chr. gelang den alten Einwohnern die Rückeroberung dieser neuen Stadt, der sie ihren ursprünglichen Namen wiedergaben. Bei Ausbruch der Kampfhandlungen zwischen Athen und Syrakus im Verlauf der ›Sizilischen Expedition‹ verbündeten sich die Kataner mit Athen, was eine spätere Bestrafung durch Dionysios I. von Syrakus zur Folge hatte, der die Einwohner in die Sklaverei verkaufte und die Stadt seinen Söldnern überließ. Als eine der ersten Städte fiel Katane 263 v. Chr. in die Hände der Römer und wurde zur Kolonie erklärt. Ihr Status verschlechterte sich noch weiter, nachdem sie im Bürgerkrieg zwischen Caesar und Pompeius auf seiten des Verlierers Pompeius gekämpft hatte.

Im Mittelalter nahm Catania wie alle Städte der ionischen Küste eine zweitrangige Stellung ein. Unter Friedrich II. von Hohenstaufen kam es zu einem Volksaufstand, der, wenngleich niedergeschlagen, doch den Bau der Zwingburg Ursino nach sich zog, um die rebellische Stadt und den Hafen unter Kontrolle zu halten. Einen Aufschwung sollte Catania erst wieder unter den Aragonesen erfahren, die es zeitweise sogar zum Sitz des Hofes machten und es 1434 unter der Regierung Alfons V. von Aragon, ›des Gutmütigen‹, unter den Städten der Insel besonders hervorhoben, indem sie das ›Siculorum Gymnasium‹, die erste – und für Jahrhunderte einzige – Universität Siziliens dort gründeten. Im 19. Jh. begann die Stadt rapide zu wachsen; erst seit wenigen Jahren steigt die Einwohnerzahl nicht mehr, sondern scheint leicht zurückzugehen.

Domplatz und Dom

Der barocke Wiederaufbau Catanias erfolgte im großen und ganzen nach der mittelalterlichen Stadtanlage, nur wurden die Hauptstraßen breiter, die Nebenstraßen geradlinig angelegt, die freien Plätze erweitert und zu repräsentativen Zentren des städtischen Lebens gemacht. Zwei breite Straßenzüge, die sich auf dem Domplatz rechtwinklig schnitten, durchzogen die Stadt (heute Via Etnea und Via Vittorio Emanuele). Das Ziel, schnell wieder eine Stadt mit all ihren Funktionen erstehen zu lassen, gleichzeitig aber durch genügend freien Raum der Bevölkerung einen Fluchtweg bei einem neuen Erdbeben zu garantieren, wurde im wesentlichen in einem halben Jahrhundert erreicht.

Ausgeschlossen von der Konzeption der Neustadt und in krassem Gegensatz zu ihr entstanden außerhalb des einstigen Mauerrings die engen, planlos wuchernden Viertel für die Ärmeren. Im Zentrum dagegen reihten sich die zwei-, höchstens dreistöckigen Wohnhäuser der Begüterten, im harmonischen Höhenverhältnis zur Breite der Straßen (19 m). Sie lagen weit genug auseinander, um viel Sonnenlicht einfallen zu lassen, wodurch der Kontrast zwischen dem schwarzen Lavagestein und dem weißen Kalkstein besonders zur Geltung kommt.

Catania: 1 Dom 2 Badia di S. Agata 3 Piazza Mazzini 4 Castello Ursino/Städtisches Museum 5 Römisches Theater/Odeon 6 Piazza dell'Università 7 La Collegiata 8 Via Crociferi 9 Römisches Amphitheater 10 Benediktinerkloster S. Nicolò l'Arena

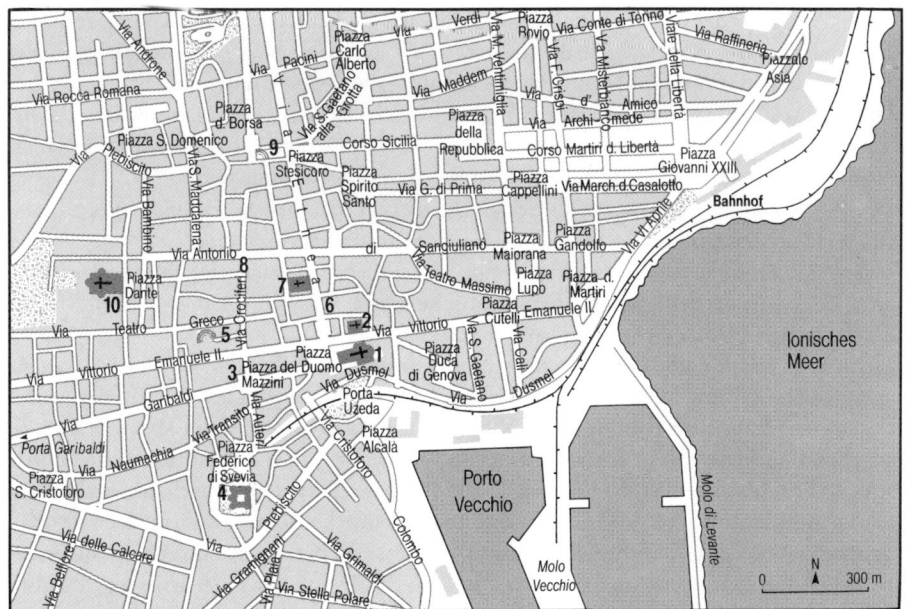

OSTKÜSTE / CATANIA

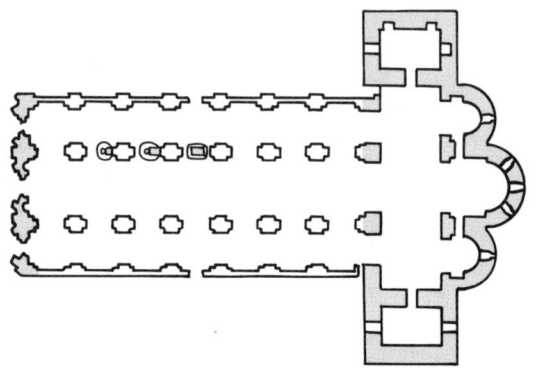

Grundriß des Doms von Catania; die grau wiedergegebenen Partien stammen noch aus der Normannenzeit

Auf der Mitte des Domplatzes, des traditionellen Zentrums Catanias, errichtete Giovanni Battista Vaccarini (1702–1768) nach römischem Vorbild einen Brunnen mit dem Wahrzeichen der Stadt, dem Elefanten. (Vaccarini, der Hauptvertreter des römisch-barocken Stils, war 1730 vom Senat zum Stadtbaumeister ernannt worden; s. a. S. 108). Die Skulptur aus schwarzem Lavagestein, wohl ehemals Zielstein des römischen Amphitheaters, hatte das Erdbeben freigelegt – nur die Hinterbeine waren gebrochen. Auf seinen Rücken plazierte Vaccarini den antiken ägyptischen Obelisken, der wohl in römischer Zeit nach Catania gelangt war (s. Abb. 1). Er trägt der Göttin Isis gewidmete Hieroglyphen-Inschriften.

Den Abschluß des Platzes nach Norden bildet das Rathaus, nach Westen zu führt die auf der Domachse liegende Via Garibaldi (früher Via S. Filippo) zu einer Art Triumphbogen, der Porta Ferdinandea von 1768 (heute Porta Garibaldi), die einst die Innenstadt begrenzte. Auf der Südseite des Domplatzes liegen das Erzbischöfliche Palais, das Seminar sowie ein Adelspalast. Sie spiegeln die erste, ›vorvaccarinische‹ Phase des Wiederaufbaus wieder, für die die Rustizierung der durchgehenden Fassadenpilaster als typisch gelten darf.

Der von der Formensprache des römischen Barock deutlich beeinflußten Fassade des Doms (1768 beendet) sind die Säulen in dezenter Schwingung vorgelagert (s. Abb. 2). An der leichten Unausgeglichenheit der Konzeption, die nicht gerade eines der gelungensten Projekte Vaccarinis darstellt, mögen die Säulen schuld sein, die z. T. aus dem antiken Theater stammen und sich hier nicht völlig harmonisch einfügen.

Der Dom wurde um 1097 als erster Normannendom Siziliens errichtet, eine *Ecclesia munita*, eine Wehrkirche also, die in ihrer langgestreckten Form mit den vier Türmen an den Ecken einer arabischen Festung glich. Nachdem Erdbeben in den Jahren 1140 und 1169 die Stadt und auch den Dom schwer beschädigt hatten, wurde ein teilweiser Wiederaufbau erforderlich. Nach dem großen Erdbeben von 1693 erhielt der Dom durch den Architekten Girolamo Palazzotto (ca. 1686–1754) seine heutige barocke Gestalt, wobei jedoch die Baustrukturen und der Grundriß einer dreischiffigen Basilika mit Querschiff sowie – unter den barocken Dekorationen – die gesamte Ostpartie des Doms mit Querschiff und den drei halbrunden Apsiden erhalten blieben.

Die Apsiden, einst wie das Dach mit Zinnen und Verteidigungsgängen versehen, wurden durch Restaurationsarbeiten in den fünfziger Jahren von ihrem barocken Stuckschmuck befreit. Dieser einzige vollkommen intakt erhaltene Teil des ersten Baus stellt eines der interessantesten Objekte der arabisch beeinflußten Baukunst des sizilianischen Mittelalters dar – am beeindruckendsten ist der Blick auf den Außenbau. Die mittlere Apsis erhielt ein modernes Glasfenster, die Fresken jedoch stammen noch aus dem 16. Jh. An den Wänden des Querschiffs öffnen sich schmale Fenster, durch die das Licht einst auf die im Mauerwerk angebrachten mittelalterlichen Treppenrampen fiel, einen Bestandteil des Verteidigungssystems. An den Mauerkanten sind die für arabische Bauwerke typischen eingestellten Säulen zu sehen.

In der Muttergotteskapelle, der südlichen Verlängerung des Querschiffs (ursprünglich der untere Raum eines der vier Verteidungstürme), enthält ein römischer Sarkophag des 3. Jh. aus Kleinasien die sterblichen Überreste einiger Angehöriger des aragonesischen Königshauses, u. a. Friedrichs II. (gestorben 1337) und Friedrichs III. (gestorben 1377). In der Kreuzkapelle auf der gegenüberliegenden Seite, ursprünglich dem unteren Raum eines weiteren Turms, blieb noch das originale normannische Gewölbe erhalten. Nebenan in der Sakristei zeigt ein von einem Augenzeugen des Ätnaausbruchs von 1669 gemaltes Fresko die Stadt vor dem großen Erdbeben. Deutlich ist die ehemalige Lage des Castello Ursino zu erkennen, das, von Laven umflossen, nun im Stadtinnern liegt.

Von der ersten Bauphase hat man im Mittelschiff, neben den ersten beiden Pfeilern links und dem zweiten Pfeiler rechts, die Basen der Säulen freigelegt, die ehemals die drei Schiffe trennten. In den Seitenschiffen stehen schöne Intarsienaltäre, vor den leeren Wänden etwas verloren wirkend. Die Gemälde darüber stammen vorwiegend aus dem 17. Jh. Am ersten Pfeiler rechts befindet sich das einfache Grab des Komponisten Vincenzo Bellini (1801–1835; sein als Museum eingerichtetes Geburtshaus steht an der Piazza S. Francesco in der Nähe des römischen Theaters).

Auf der Nordseite des Doms, an der sich noch ein beim barocken Wiederaufbau übernommenes Renaissanceportal befindet, liegt ein weit gelungeneres Werk des Architekten Vaccarini: die 1735 begonnene, erst 1767 vollendete **Badia di S. Agata (2; s. Abb. 3)**. Die unteren, konvex geschwungenen Formen des Bauwerks verkehren sich im oberen Teil in ihr Gegenteil, um die Baumassen auszugleichen. Die Kuppel harmonisiert optisch die umliegenden Gebäude; sie selbst ist mittels starker Rippen, die von der Laterne bis zur Trommel verlaufen, in die Architektur der Kirche eingebunden. In dem schneeweißen Innenraum, ein Zentralbau mit vier Kreuzarmen, bilden der schöne zweifarbige Fußboden und die etwas plumpen gelblichen Marmoraltäre die einzigen farblichen Nuancen. Wenige Meter weiter die Via Vittorio Emanuele in Richtung Meer treffen wir auf die Kirche **S. Placido,** ein Werk Stefano Ittars (1769; s. Abb. 5), mit ihrer schmalen, tief einwärts schwingenden Fassade.

Piazza Mazzini
Die (einst) elegante Piazza Mazzini (3; s. Abb. 7) mit ihren Bogengängen – die Säulen gehörten zu einer römischen Basilika – war in der Stadtplanung nach dem spanischen Modell

OSTKÜSTE / CATANIA

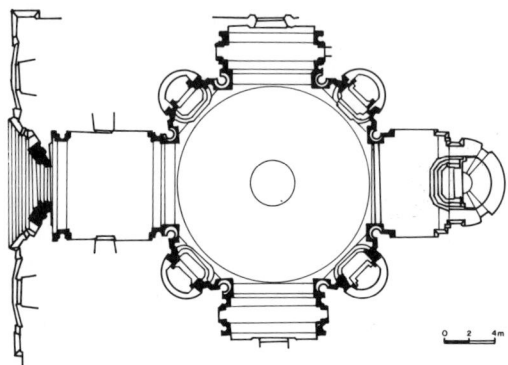

Grundriß der Badia di S. Agata, Catania

der Plaza Major als Marktplatz vorgesehen. Von den ursprünglich identischen vier Eckgebäuden wurde nur der Palast im Nordosten im Laufe der Zeit nicht umgestaltet.

Castello Ursino
Quadratisch, mit vier Rundtürmen an den Ecken, je einem halbrunden Turm (nur zwei erhalten) in der Mitte der Seitenmauern, einem einfachen Spitzbogenportal an der Frontseite und 2 m starken Mauern thronte das Kastell (4) als unzerstörbares Bollwerk auf einem 17 m aus dem Meer ragenden Felsen am Ende der Hafenbucht. Friedrich II. von Hohenstaufen hatte es ab 1239 als Zwingburg gegen das rebellische Catania errichten lassen, und wie die schönsten seiner Burgen war auch dieser Bau von der strengen, stereometrischen Bauweise der Araber (Ommayyaden) bestimmt.

Im 14. Jh. machten die aragonesischen Könige die Festung zeitweise zu ihrer Residenz, im 16. Jh. wurde sie unter der Herrschaft der spanischen Vizekönige mit weiteren Befestigungsanlagen versehen und verändert, so daß sie dem neuen Renaissancegeschmack entsprach. 1669 umflossen die Laven das Gebäude, füllten den Fallgraben auf und begruben beinahe alle später hinzugebauten Anlagen. Auch die Erdbeben von 1693 und 1818 fügten der Festung Schaden zu. Nach Ausbesserungsarbeiten im 19. Jh. fungierte sie als Gefängnis. 1934 begann die Restaurierung, bei der zwei Stilepochen herausgeschält wurden: Mittelalter und Renaissance. Das Kastell beherbergt heute das Städtische Museum, ist allerdings im Moment nur zum Teil zugänglich. Außer dem Waffensaal am Eingang und einigen Räumen ist auch die Sammlung Biscari zur Besichtigung wiedereröffnet, unter der sich einige sehr lohnenswerte Fundstücke befinden, sei es aus der Antike, sei es aus neueren Epochen.

Römisches Theater
Das Theater (5), in dem 7000 Zuschauer Platz fanden, liegt am Hang des Hügels, auf dem einst die Akropolis stand. Es ist nicht auszuschließen, daß es den Platz eines älteren griechischen Theaters einnimmt, doch sind die Baustrukturen im wesentlichen römisch. Auf einen letzten Umbau scheint das dritte, breitere Ambulacrum zurückzugehen, als der Bau, ähnlich

Das staufische Castello Ursino in Catania mit seinen mächtigen Ecktürmen und dem halbrunden Turm in der Mitte der Seitenmauern wie das Theater von Taormina, mit einem oberen Portikus umgeben wurde. In dem unteren Ambulacrum zeigt der wasserresistente Wandverputz, daß man die Orchestra einst für Wasserspiele überfluten konnte. Der Fußbodenbelag der Orchestra und die Verkleidung des Bühnengebäudes bestanden aus Marmor. Neben dem Theater liegt das kleinere Odeon, das 1300 Zuschauern Platz bot.

Piazza Università und La Collegiata

Der großzügig angelegte, quadratische Platz der Universität (6) gibt nach Norden zu den Blick auf den Ätna frei. Die Adelspaläste mit ihrer Betonung des zentralen Portals sind Werke Vaccarinis, desgleichen der Innenhof der Universität, der sich durch seine eleganten, rundumlaufenden und doppelgeschossigen Loggien sowie durch den schmuckreichen Fußboden auszeichnet. Auf der linken Seite der Via Etnea, unmittelbar hinter dem Universitätsplatz, erhebt sich die Kirche La Collegiata (7; s. Abb. 6). Ihre Fassade (1768) ist ein Werk Stefano Ittars, des bedeutendsten Architekten Catanias nach Vaccarini. Der konvex eingeschwungene Mittelteil der Fassade, der auf das Vorbild Borrominis zurückgehen dürfte (s. a. S. 113), wird von dem typisch sizilianischen Glockengeschoß überhöht.

Via Crociferi

Diese in etwa parallel zur Via Etnea verlaufende kleine Straße (8) wurde als einzige der Stadt seit ihrer Entstehungszeit im 18. Jh. keinerlei Veränderungen unterworfen. Ihren Namen verdankt sie dem Krankenpflegeorden der Crociferi. Die Konventsgebäude der religiösen Orden, die dazugehörigen Kirchen und die Paläste der Via Crociferi versuchen in ihren Fassaden, mit Hilfe von Treppen oder Vorhallen die beträchtlichen Höhenunterschiede auszugleichen. Von den Bauten verdienen besonders das Jesuitenkolleg mit der dazugehörigen Kirche S. Francesco Borgia, S. Giuliano (Architekt: Vaccarini) und S. Benedetto Beachtung (s. Abb. 4).

Römisches Amphitheater

Von dem römischen Amphitheater (9) ist heute – auf einer niedrigeren Ebene als der des jetzigen Straßenniveaus – nur ein Ausschnitt zu sehen. Diese wenigen Reste zeigen eine für die Bauzeit (wahrscheinlich 2. Jh.) einzigartige Kombination von Baumaterialien: Dunkler Basalt, weißer Kalkstein und rote Ziegel verleihen dem Mauerwerk eine ungewohnte Farbigkeit. Das Amphitheater war mit 71 × 51 m vergleichsweise großzügig bemessen; ca. 16000 Menschen fanden auf seinen Sitzbänken Platz.

Benediktinerkloster S. Nicolò l'Arena

1558 erhielten die Mönche des Benediktinerklosters von S. Nicolò l'Arena die Erlaubnis, den Ort an den Hängen des Ätna zu verlassen und ein neues Ordensgebäude in Catania zu errichten, wo die Gefahr der Vulkanausbrüche geringer und die klimatischen Voraussetzungen günstiger erschienen. Dieses neue Kloster, reich an Landbesitz, sollte bald das größte

Ausschnitt aus der Fassade des Benediktinerklosters; der schwarzweiße Farbkontrast, die diamantierte Rustizierung der Pilaster und die verspielten Schmuckformen sind typisch für den italienisch beeinflußten Spätbarock Catanias

und prächtigste Gebäude der Stadt werden, so daß es Reisende des 18. Jh. mit einem Königspalast verglichen.

Bei dem Ätna-Ausbruch von 1669 wurde seine Kirche z.T. zerstört und danach nach Zeichnungen von G. B. Contini neu errichtet, doch um 1693 fiel auch diese mitsamt dem Kloster dem Erdbeben zum Opfer. Daraufhin wurde 1703 mit einem noch größeren und reicheren Neubau begonnen (10). Als Architekten arbeiteten an dem Bau u. a. Antonio Amato, Francesco Battaglia und Giovanni Battista Vaccarini.

Nach der Verstaatlichung von 1866 wurde das Kloster seiner Schätze beraubt und z.T. zerstört. Zeitweise als Schule und Kaserne genutzt, wurde das Gebäude 1977 der Universität angegliedert (Philosophische Fakultät). Seitdem werden Rettungs- und Restaurationsarbeiten durchgeführt, bei denen bisher Reste eines vorgeschichtlichen Grabes, der archaischen griechischen Stadt, einer römischen Villa und eines nicht zu identifizierenden großen mittelalterlichen Gebäudes zum Vorschein kamen.

Das ursprüngliche barocke Hauptportal mit geschwungener Zangentreppe wurde Ende des 18. Jh. durch das heutige neoklassizistische ersetzt. Beeindruckend ist die überaus reich ausgestattete Bibliothek, ein Werk Vaccarinis. Eines ihrer Glanzstücke ist eine mit Miniaturen aus der Schule der Cavallini illustrierte Bibel vom Ende des 14. Jh.

Der Ätna

Aid-na (die Brennende) kommt aus dem Sanskrit und läßt auf die indogermanische Abstammung der Urbevölkerung Siziliens schließen. Der Ätna ist der jüngste Berg, der auf der Insel entstand (s. Abb. 8 und 9). Sizilien besteht aus Kalkstein, formte sich also in den Tiefen des Meeres, aus dem es sich dann vor Jahrmillionen emporhob. Ungefähr zwischen Taormina und Catania war eine weite Meeresbucht übriggeblieben, in der sich erst vor rund 1 Mio. Jahren vulkanische Tätigkeiten unter dem Meeresspiegel bemerkbar machten.

Vor rund 600000 Jahren bildete sich ein Vulkan, der im Laufe einiger hunderttausend Jahre zu einer Höhe von über 4000 m aufstieg; Erdbewegungen, die ihn regelrecht nach oben drückten, unterstützten sein ›Wachstum‹. Durch seine Tätigkeit höhlte sich sein Inneres mehr und mehr aus, was schließlich zum Einsturz der Kraterwände führte, so daß nur der untere Teil bis zu einer Höhe von rund 2000 m erhalten blieb. Der Krater selbst füllte sich mit dem eingestürzten Material. Durch dieses bahnte sich ein neuer Eruptionskanal seinen Weg an die Oberfläche, und so erwuchs aus der Hochebene ein kleinerer Kegel.

In diese Entwicklungsstufe fällt die älteste Beschreibung des Berges durch Plinius den Älteren. Dieser kleine Kegel entwickelte sich dann in den nicht ganz 2000 Jahren, die uns von Plinius Beschreibung trennen, zu dem derzeitigen Hauptkraterkegel. Heute ist der Ätna, der direkt vom Meeresspiegel bis zu 3354 m aufsteigt, der größte Vulkan Europas. Mit einer Oberfläche von 1750 qkm, einem Basisumfang von 212 km und einem Durchmesser von 42 km, seinen Tälern und Bergen stellt er eigentlich mehr einen Gebirgszug mit der höchsten Erhebung bei der mittleren Kratergruppe dar. Diese besteht aus den drei Öffnungen des Hauptkraters – Urkrater, Krater von 1964 und Bocca Nuova –, dem Nordost- (höchster Punkt des Berges) und dem Südostkrater.

Ein Ausbruch des Vulkans erfolgt immer dann, wenn der Druck, den die Ränder der Kontinente auf die glühende Masse des Erdinnern ausüben, ansteigt, und diese sich einen Ausweg suchen muß. Diesen Ausweg stellt der Vulkan dar, in dem die Masse, meist zunächst im Hauptkanal, in die Höhe gepreßt wird. Leichter als die übrigen Bestandteile, lösen sich die Gase von der Masse, steigen schneller empor und explodieren, sobald sie die Oberfläche erreicht haben. Dabei werden Lavafetzen Hunderte oder Tausende von Metern mit in die Luft geschleudert, je nach der Stärke der Explosionen. Diese Phase der Entgasung beginnt oft beim Hauptkrater oder einem seiner zwei tätigsten Nebenkrater, dem Nordostkrater von 1911 und dem Südostkrater von 1979.

Oft ist der Druck zu stark für die Weite des Kanals, und es kommt zu einer Art ›Rohrbruch‹, d. h. der Berg reißt auf, und aus dem Spalt dringen die Laven hervor. Diese Spalten können eine Länge von mehreren Kilometern erreichen. Dicht bei diesem sog. Lavamund findet durchschnittlich eine weitere Entgasung statt, und die durch die Explosionen herausgeschleuderten Lapilli (etwa nußgroße Lavabröckchen) häufen neue Kraterkegel auf. Diese Nebenkrater erlöschen nach einem einmaligen Ausbruch, da die letzte Lava in dem Kanal erstarrt und einen Pfropfen bildet, für dessen Entfernung der Berg mehr Energie aufwenden müßte als für die Bildung neuer Ausbruchsstellen.

Eine Fahrt auf den Ätna ist gleichzeitig eine solche durch die diversen Vegetationsgürtel Siziliens. Am Fuß des Berges bis zu einer Höhe von 500 m überwiegen die Pflanzen, die ein warmes Klima bevorzugen. Von 500–800 m ü. d. M. liegen Obstgärten mit Früchten, die auch in nördlichen Ländern gedeihen; über 800 m beginnt das sog. Waldgebiet, das sich, je nach der Seite des Berges und des Alters der Lavaströme, mehr oder weniger dicht bis zu 2000 m Höhe erstreckt; weiter oben gedeiht nur noch Gebüsch. Mit steigender Höhe erreichen die z. T. dornigen Pflanzen schließlich nur noch die Höhe von Mooskissen. Über 2500 m beginnt die schwarze Wüste des Ätna, ohne jeglichen Pflanzenwuchs mit Ausnahme einer Lichenenart, die an den Hängen des Hauptkraters wächst, aber kaum zu erkennen ist.

Der Ätna ist das wasserreichste Gebiet der Insel. Da der Berg alle anderen überragt, ist er ein ausgesprochener ›Wolkenfänger‹ (170 cm Niederschlag im Jahr, im Vergleich zu den 30–50 cm der Südküste). Das Wasser sickert durch das durchlässige vulkanische Gestein und kommt in Form von Quellen dort an die Oberfläche, wo es auf undurchdringliche Lehmschichten stößt. Das reichliche Wasser und die überaus fruchtbare Lavaerde machen den Ätna zu einem Paradies der Pflanzenwelt. Er wurde 1987 zum Naturpark erklärt, und ein Programm sieht auch das Wiederaussetzen von Wild in den Wäldern vor.

Die ›moderne‹ Tätigkeit des Berges währt seit ungefähr 8000 Jahren. Daß die vulkanischen Phänomene von den antiken Völkern mit der Götterwelt in Verbindung gebracht wurden, ist leicht verständlich. Der griechische Mythos versetzt das Ungeheuer Typhoeus auf den Ätna, den Letztgeborenen der Titanen, ein furchterregendes, geflügeltes Wesen mit glühenden Augen und giftigem Atem. Zeus begrub ihn dem Mythos zufolge nach hartem Kampf unter dem Ätna, und jedes Mal, wenn er in seinen Fesseln aufstöhnt und versucht, die Last des Berges von sich zu wälzen, erzittert die Erde – und der Ätna bricht aus. Eines Tages, so sagt man, soll es dem Typhoeus allerdings gelingen, sich zu befreien: Dann wird sich der Vulkan in zwei Teile spalten und die ganze Insel unter seinen Laven begraben.

Später verlegte der Mythos auch den Sitz des Feuer- und Schmiedegottes Hephaistos auf den Ätna: Dort schmiedete er die Blitze des Zeus, wobei ihm die Zyklopen halfen, Riesen mit einem einzigen Auge auf der Stirn, die Söhne des Meeresgottes Poseidon. Hephaistos, der häßlichste der Götter, war mit der schönsten Göttin verheiratet, mit Aphrodite. Jedes Mal, wenn der Gott einen Seitensprung seiner nicht allzu treuen Gattin vermutete, schürte er das Feuer zu heftig, und der Vulkan brach erneut aus!

(Aufstiegsmöglichkeiten: Südseite über Nicolosi oder Zafferana bis zu einer Höhe von ca. 2000 m Asphaltstraße, bis zum Südostkrater auf 2700 m Seilbahn oder Jeep im Dauerverkehr von 9–17 Uhr, wenn es das Wetter erlaubt; Nordseite über Linguaglossa Asphaltstraße bis ca. 1500 m, ab da bis zur Hauptkratergruppe über 3000 m mit dem Jeep.)

Megara Hyblaea

Die Ruinen der griechischen Koloniestadt Megara Hyblaea liegen etwa 20 km nördlich von Syrakus abseits der SS 114 von Catania nach Syrakus. Der flache und fruchtbare, aber recht

OSTKÜSTE/MEGARA HYBLAEA

enge Küstenstreifen an der Mündung des Flüßchens Càntera war schon in neolithischer Zeit besiedelt. Im 8. Jh. v. Chr. – entweder um 750 oder um 730 v. Chr. – gründeten griechische Auswanderer aus Megara, einer Stadt nahe Korinth, hier eine Kolonie, die zu den ältesten Gründungen auf Sizilien zählt und maßgeblich an der Entstehung von Selinunt in der Mitte des 7. Jh. v. Chr. beteiligt war.

Die Stadt wuchs schnell, geriet aber bald in Konkurrenz zu Syrakus und schließlich gänzlich in Abhängigkeit von diesem mächtigen Nachbarn. Als Gelon von Gela auch in Syrakus die Herrschaft übernahm, zerstörten die Syrakusaner Megara Hyblaea und siedelten die Bewohner nach Syrakus um (s. a. S. 144f.). Fast 150 Jahre blieb das Terrain unbewohnt, bis in der Zeit des Timoleon um 340 v. Chr. die Stadt neu gegründet und wieder aufgebaut wurde. 263 v. Chr. wurde Megara Hyblaea Bestandteil des syrakusanischen Königreiches unter Hieron II. und 214 v. Chr. vom römischen Heer des Marcellus, das kurz darauf auch Syrakus einnahm, zerstört.

Danach wurde der Ort, von einzelnen ländlichen Gehöften abgesehen, nicht mehr besiedelt, ein für archäologische Ausgrabungen außerordentlich günstiger Umstand. Seit 1948 finden in Megara Hyblaea großflächige Ausgrabungskampagnen unter französischer Leitung statt, die den Ort heute zu einer der am besten erforschten griechischen Siedlungen auf Sizilien machen. In fast einzigartiger Weise wurden hier weite Teile der antiken Stadtstruktur freigelegt.

Megara Hyblaea war von einem großen Mauerring umschlossen, der in der Zeit unmittelbar nach der Koloniegründung entstand. Ebenfalls in diese erste Siedlungsphase der Stadt gehört die großflächige Agora (80 x 60 m). An drei Seiten rahmten Bauten diese Platzanlage ein, die westliche Grenze markierte eine große, die Stadt von Süden nach Norden durchquerende Hauptstraße. Auf der archaischen Agora fanden sich u. a. die Reste eines kleinen Tempelbaus, ein Heroon und ein Prytaneion (Ratsgebäude). Die archaische Stadt besaß ein Netz regelmäßiger Straßen (5–3 m breit), die die ganze Stadt wie ein Gittermuster durchzogen. Die von den Straßen ausgegrenzten Areale *(Insulae)* waren mit mehrräumigen Wohnhäusern dicht bebaut. Megara Hyblaea bietet eines der ältesten bekannten Beispiele für einen solchen regelmäßigen Stadtplan.

Die hellenistische Stadtanlage orientierte sich weitgehend an diesen älteren Strukturen, war aber wesentlich kleiner dimensioniert. Ein Mauerring umschloß nunmehr nur noch den besiedelten Stadtkern, und die neue Agora erreichte kaum die halbe Größe der alten Anlage. Zahlreiche Architekturfragmente stammen von heute nicht mehr lokalisierbaren Tempeln und Heiligtümern. Vor den Stadtmauern erstreckten sich große Nekropolen (s. a. Abb. S. 33).

Ein kleines Museum etwas abseits des Ausgrabungsareals zeigt neben polychromer Keramik aus lokalen Werkstätten vornehmlich Architekturfragmente aus dem 6. Jh. v. Chr., darunter zahlreiche in ionischer Ordnung, die sich gut mit den Resten der großen ionischen Tempel von Syrakus, Locri und Metapont vergleichen lassen und zeigen, daß ionische Architektur in den dorischen Kolonien des griechischen Westens keine exzeptionelle Besonderheit darstellte.

Syrakus

Zur Zeit des Nymphodoros von Syrakus (3. Jh. v. Chr.), eines hellenistischen Reiseschriftstellers, muß Syrakus mit seinen gewaltigen, 27 km langen Mauern einen überwältigenden Eindruck geboten haben. Die Gesamteinwohnerzahl soll die Million überstiegen haben – heute ist Syrakus eine Stadt von nur mehr 120 000 Einwohnern. Das nahe Meer sorgt mit einer steten frischen Brise für ein angenehmes Klima; reizend ist die Insel Ortygia, die heutige Altstadt, mit ihren engen und doch lichten Gassen, den barocken Fassaden und dem Dom. Im krassen Gegensatz dazu steht die wahllos hochgezogene, charakterlose Neustadt. Trotz ihrer Geschichte, der bedeutenden Baudenkmäler und ihrer für Sizilien so günstigen Lage ist die Stadt hauptsächlich ein Ziel der Tagesbesucher, da ihr Hotelwesen den Ansprüchen eines modernen Touristenzentrums nicht gerecht wird.

Geschichte

»Sie sagen, daß Myskellos und Archias zusammen nach Delphi gingen, um das Orakel zu befragen; und der Gott fragte sie, ob sie Reichtum oder Gesundheit vorzögen. Archias gab dem Reichtum den Vorzug und Myskellos der Gesundheit; daraufhin befahl das Orakel dem einen, Syrakus zu gründen, und dem anderen gebot es die Gründung von Kroton...« (Strabon).

Um 735 v. Chr. legte eine Gruppe korinthischer Auswanderer unter der Führung

Der Domplatz von Syrakus, Stich des 19. Jh.

des Archias bei der kleinen Insel an, die den nördlichen Abschluß der großen Hafenbucht bildet und sie von der Bucht des kleinen Hafens trennt. Auf der Insel lag eine Ortschaft aus Rundhütten, deren Einwohner von den Griechen im Kampf besiegt und vertrieben wurden (der Ort war bereits seit dem 14. Jh. v. Chr. bewohnt). Die griechischen Siedler nannten die neue Siedlung Syrakus nach einem nahegelegenen Sumpf, der in der Sprache der Urbevölkerung *Syrakka* hieß. Dem Inselchen hingegen gaben sie den antiken Namen von Delos, dem Geburtsort der göttlichen Zwillinge Artemis und Apollon: *Ortygia* (Wachtelinsel).

Die Ansiedlung wuchs unglaublich schnell. Nach zwei Jahren dehnte sie sich schon auf das nahe Festland aus, und nach nur 70 Jahren war sie ökonomisch und politisch so weit aufgestiegen, daß sie eigene Pflanzstädte gründen konnte. Die erste war Akrai (664 v. Chr.), gleich darauf entstand Kasmenai (644 v. Chr.), 599 v. Chr. folgte Kamarina. Alle drei garantierten die Kontrolle der Südostküste und lagen an strategisch wichtigen Punkten für die Kämpfe mit der Urbevölkerung, mit der Syrakus in ständigem Unfrieden lebte. Die besiegten Sikuler stellten nicht nur für mindestens zwei Generationen die Frauen für die Einwanderer, sondern auch die nötigen Arbeitskräfte für den Stadtstaat, die *Kyllyrioi*.

Deren soziale Stellung dürfte in etwa der der Heloten in Sparta entsprochen haben, d. h. sie waren praktisch Sklaven, durften aber heiraten und nicht außer Landes verkauft werden. Zu dieser naturgemäß rebellischen Gruppe gesellten sich die ständig nachkommenden Zuwanderer aus dem griechischen Mutterland, die als Zugezogene, als *Metoiken*, keine politischen Rechte besaßen, aber lautstark danach verlangten. Zwischen diesen Schichten und den Aristokraten, den *Gamaroi* (wörtlich: ›die sich das Land verteilten‹), kam es zu häufigen inneren Streitigkeiten, die oft in Bürgerkriege ausarteten und eigentlich nur während der Regierungszeiten der Tyrannen mit Geschick oder Gewalt unterdrückt werden konnten.

Im Jahr 485 v. Chr. gelang es dem Volk, verbündet mit den *Kyllyrioi*, die *Gamaroi* zu vertreiben, und diese flüchteten nach Kasmenai. Unter der Führung des aus Gela zu Hilfe gerufenen Gelon gelang es ihnen, in die Stadt zurückzukehren. Gelon, der aus einem alten Priestergeschlecht der chthonischen Gottheiten stammt und Heerführer des Tyrannen Hippokrates von Gela gewesen war, hatte nach dessen Tod die Regierung übernommen und überließ sie nun, nach seinem Sieg über das syrakusanische Volk, seinem jüngeren Bruder Hieron.

Zur eigenen Basis erwählte er die neu eroberte Stadt. Um sie zur bevölkerungsreichsten und mächtigsten Stadt zu machen, stellte er eine mächtige Flotte und ein starkes Heer auf, ließ Festungen errichten und übersiedelte mehr als die Hälfte der Einwohner von Gela an seinen neuen Wohnsitz. Auch zerstörte er Kamarina, transferierte dessen Bevölkerung nach Syrakus und nutzte einen unklugen Angriff der Oligarchen von Megara Hyblaea dazu, sich das Territorium der Stadt einzuverleiben und auch deren Bürger nach Syrakus zu bringen.

Herodot gibt eine Vorstellung von diesen Umsiedlungen in seiner Beschreibung über das Ende von Megara Hyblaea (VII 156):

»... er führte die ›Reichen‹ nach Syrakus und machte sie zu Bürgern, eben genau die, die den Krieg gegen ihn begonnen hatten und also erwar-

34 Mòdica, S. Pietro

◁ 33 Blick auf Mòdica mit der Gagliardi-Kirche S. Giorgio

35 Mòdica, S. Giovanni Evangelista

36 Ragusa Ibla, Gagliardi-Kirche S. Giorgio

37 Noto, Dom

38 Blick über die Landschaft im Landesinnern bis Enna ▷

39–41 Piazza Armerina, Mosaiken der Villa del Casale: Große Jagd (39); Kleine Jagd (40); Meergottheit im Arionzimmer (41)

42 Inneres des Doms zu Enna

43 Peristyl der Villa del Casale

44 Enna, Normannenfestung Castello di Lombardia

45 Agrigent, Dioskurentempel
46 Agrigent, Juno Lacinia-Tempel

47 Agrigent, Concordiatempel

48 Agrigent, S. Biagio
49 Mozia, Museum: Marmorstatue eines jungen Mannes aus dem 5. Jh. v. Chr.

50 Agrigent, Atlantenfigur vor dem Tempel des Olympischen Zeus

51–54　Agrigent, Archäologisches Museum: Volutenkrater mit Kentauromachie, um 460 v. Chr. (51); Krater mit Kottabos-Szene, um 400 v. Chr. (52); marmorner Ephebe, um 480/470 v. Chr. (53); kniender Krieger, vermutlich vom Giebelschmuck des Olympieions, 5. Jh. v. Chr. (54)

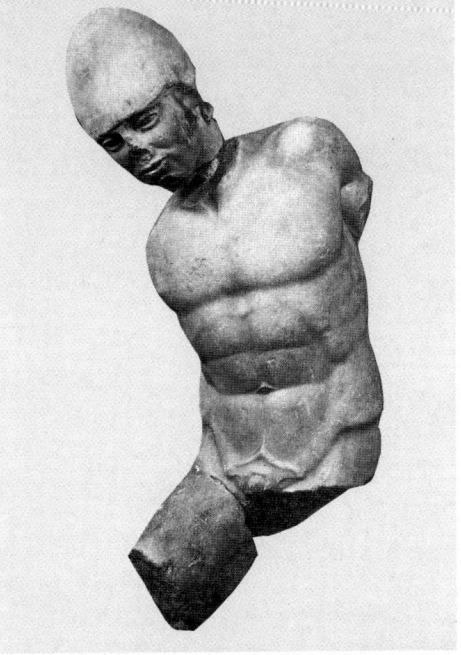

56 Selinunt, Tempel E
55 Selinunt, Blick vom Osthügel auf die ehemalige Akropolis mit Tempel C
57 Segesta, Theater

58

59

58–60 Aufnahmen vom Beginn des 20. Jh.: in Agrigent – die Ziegen wurden direkt auf der Straße gemolken, um die Frische der Milch zu garantieren (58); in Erice – Prozession zur Erstkommunion (59); Karfreitagsprozession – die Gewänder zeigen die für Erice typischen schweren Webarbeiten (60)

teten, in den Tod gesandt zu werden; die Plebejer dagegen, die für diesen Krieg nicht verantwortlich waren und nicht erwarteten, Böses leiden zu müssen, ließ er auch nach Syrakus führen; aber dort ließ er sie verkaufen, damit sie aus Sizilien herausgeführt würden. Er tat dieses, weil er dachte, daß das Zusammenleben mit dem Volk eine undankbare Sache sei.«

Nach Diodor gab Gelon auch ungefähr 10000 Söldnern das Bürgerrecht. Syrakus erreichte auf diese Weise eine Einwohnerzahl, die keine sizilianische Stadt bis zum heutigen Tag mehr erlangte.

Als die ostgriechische Welt sich von den Persern bedroht fühlte, wandte sie sich um Hilfe an Gelon, akzeptierte aber nicht dessen Konditionen, die Streitkräfte entweder zu Lande oder zu Wasser zu führen, worauf er seinen Beistand verweigerte. Die Griechen glaubten jedoch, daß Gelon in den Kampf eingegriffen haben würde, wenn er nicht zur gleichen Zeit »... 300000 Phönizier, Libyer, Iberer, Ligurer, Elysier, Sarden und Korsen und ihren Kommandanten Hamilkar, Sohn des Annon, der König der Karthager war...« (Herodot VI 165) hätte bekämpfen müssen, die an der Nordküste bei Himera landeten und die griechischen Städte in Sizilien bedrohten (480 v. Chr.).

Über den Ausgang der großen Entscheidungsschlachten berichtet wiederum Herodot (VII 166):

»...daß es am gleichen Tage passierte, daß Gelon und Theron in Sizilien den Karthager Hamilkar besiegten und die Griechen bei Salamis die Perser. Hamilkar, der von Seiten des Vaters Karthager, von Seiten der Mutter Syrakusaner war und dank seiner Verdienste König der Karthager, soll nach der Schlacht und der erlittenen Niederlage spurlos verschwunden sein, und er erscheine nie wieder, weder tot noch lebendig, an keinem Ort, obwohl Gelon ihn überall suchen ließ.«

Der Sieg brachte Syrakus und Akragas ungeheuren Reichtum: zum einen an Sklaven, zum anderen durch die Kriegsentschädigung, zu deren Zahlung Karthago verpflichtet wurde. Die politische Allianz, die Gelon schon zu seiner Regierungszeit in Gela mit dem zweitgrößten Stadtstaat Siziliens geschlossen und durch verzweigte Eheverbindungen zu einer dynastischen gemacht hatte, hatte sich bewährt. Mit der Beute ließ Gelon die Tempel der Demeter und Kore in dem neuen Viertel der Neapolis sowie den dorischen Athenatempel in Ortygia bauen, errichtete zusammen mit Theron, dem Tyrannen von Akragas, einen dorischen Tempel in Himera und sandte ein reiches Weihgeschenk nach Delphi.

Die Regierungszeit Gelons war die ›Goldene Zeit‹ von Syrakus. Als er 478 v. Chr. starb, gab ihm das ganze Volk das Grabgeleit. Die Stadt ging danach, gemäß seinem Willen, an seinen Bruder Hieron, Gela dagegen mit Demarete, der Frau Gelons und Tochter Therons, an den anderen Bruder Polyzalos. Hieron, kein weniger talentierter Feldherr als sein verstorbener Bruder, be-

Demareteion, im Namen Demaretes, der Frau Gelons, vom karthagischen ›Siegessilber‹ nach der Schlacht von Himera 480 v. Chr. geprägt

siegte 474 v. Chr. bei Kyme in Kampanien die Etrusker, die nach Süden vorzudringen versuchten. Er galt als Mäzen der sportlichen Wettkämpfe, versammelte an seinem Hof die bekanntesten Künstler und Dichter seiner Zeit und machte Syrakus zum kulturellen Mittelpunkt Westgriechenlands.

Nach seinem Tod (467 v. Chr.) ging die Regierung von Syrakus an den jüngsten der Deinomeniden-Dynastie, an Thrasybulos, über. Dieser zeigte sich jedoch seiner Aufgabe nicht gewachsen und wurde vom Volk vertrieben, das nun ein demokratisches Regierungssystem einführte, wie es zu jener Zeit in beinahe allen sizilischen Stadtstaaten – und auf dem griechischen Mutterland – existierte. Um eine neue Tyrannis zu verhüten, wurde von Athen das Gesetz des Ostrakismos übernommen, der in Syrakus ›Petalismos‹ genannt wurde, da die Stimmen nicht auf Tonscherben, sondern auf Olivenblätter geschrieben wurden (*Ostraka* — Tonscherben, *petala* — Blütenblätter).

Um 460/450 v. Chr. zeigte Athen erstmalig Interesse an Sizilien und schloß mit mehreren Städten Abkommen gegen Syrakus. Der Hilferuf der mit Athen verbündeten Stadt Segesta verschaffte Athen schließlich den Vorwand, Syrakus herauszufordern: 416 v. Chr. griff so der Peloponnesische Krieg auf Sizilien über. Im Sommer 415 v. Chr. verließ eine Flotte von 250 Schiffen und 25000 Mann unter der Führung des Alkibiades – der jedoch alsbald abberufen wurde – und des gemäßigteren Nikias den Hafen von Athen, umjubelt von der Bevölkerung.

In Sizilien fanden die Athener jedoch weit weniger Verbündete als erhofft. Als das schon ermüdete griechische Heer, das eine Verstärkung von 15000 Mann unter Demosthenes erhalten hatte, schließlich durch den Ausbruch einer Seuche noch weiter geschwächt und auch Nikias daran erkrankt war, entschlossen sich die Athener zum Rückzug, den die Syrakuser allerdings verhinderten. Es folgte ein grausames Gemetzel. Nur 7000 von den ehemals 40000 Mann fielen als Gefangene in die Hände der Syrakuser und wurden in die Steinbrüche (Latomien) der Stadt geworfen. Das unrühmliche Ende der ›Sizilischen Expedition‹ beschleunigte die Niederlage Athens im Peloponnesischen Krieg.

Im Jahre 406 v. Chr. trat der Kampf gegen die Karthager um die Vorherrschaft auf Sizilien in die entscheidende Phase ein: In beinahe aussichtsloser militärischer Lage vertraute sich Syrakus demjenigen Mann an, der später zum Symbol des Tyrannen schlechthin werden sollte: Dionysios.

Diese sog. spätere griechische Tyrannis, die nicht nur im griechischen Westen, sondern auch in Griechenland selbst zu Beginn des 4. Jh. v. Chr. nach bürgerkriegsartigen Unruhen in Erscheinung trat, hat nichts gemeinsam mit der Tyrannis des 6. Jh. v. Chr. Nicht soziale Konflikte innerhalb der Bürgerschaften und der allgemeine Wunsch nach einem politischen und ökonomischen Ausgleich waren die Triebkräfte für diese Herrschaftsform, sondern die pure Machtbesessenheit Einzelner. Gegner wurden schonungslos hingerichtet und ihre Besitztümer konfisziert. Eine gutbezahlte Soldateska unter der Führung eines Despoten und eines korrupten Familienclans beherrschte hier die Szene, einer modernen Militärjunta nicht unähnlich.

Der politische Erfolg schien Dionysios allerdings recht zu geben. Seinen Anstrengungen war es schließlich zu verdanken, daß Sizilien nicht karthagisch wurde, sondern dem griechischen, ›westlichen‹ Kulturkreis letztlich erhalten blieb. In der Antike scheint die Beurteilung des Tyrannen jedenfalls nicht einheitlich gewesen zu sein. So läßt der Geschichtsschreiber Polybios Scipio Africanus auf die Frage nach dem »fähigsten und vernünftig-mutigsten unter den Menschen« die Sizilianer Agathokles und Dionysios nennen (Polybios III 35).

Dionysios nun schloß zunächst Frieden mit den Karthagern und begann, die Stadt zu befestigen. Der Mauerring wurde verstärkt und an strategisch günstiger Stelle das Fort Euryalos erbaut (s. S. 165ff.). Die Halbinsel Ortygia wurde zur Privatresidenz des Tyrannen und seiner Söldner erklärt und für die Bevölkerung gesperrt.

398 v. Chr. begann Dionysios einen neuen, diesmal auf ganzer Linie siegreichen Krieg gegen die Karthager. In der Mutterstadt Korinth betrachtete man das Treiben des Dionysios, besonders aber seine zunehmenden Kontakte zum Rivalen Athen, wo der Tyrann 368 v. Chr. sogar Ehrenbürgerwürden erhalten sollte, zunehmend skeptisch. 388/87 v. Chr. weilte auf Einladung des Dion Platon in Syrakus, dem verkündet worden war, daß hier seine schriftlich dargelegte Utopie eines Idealstaates im Entstehen sei, doch die Besichtigung der Verhältnisse scheint selbst den einer Diktatur keineswegs abgeneigten ›Vater der Philosophie‹ nachdenklich gestimmt zu haben...

Nach dem Tod des Dionysios (367 v. Chr.) ging das Reich an dessen Sohn Dionysios II. über, der allerdings nichts von der Durchsetzungskraft seines Vaters geerbt hatte und sich hauptsächlich dem Luxus und Wohlleben hingab. Bald brach Streit zwischen ihm und Dion aus, so daß dieser schließlich nach Athen ins Exil ging, wo er zehn Jahre seines Lebens verbrachte und in den Kreisen der Platonischen Akademie verkehrte.

Als Dionysios jedoch Dions Besitztümer in Sizilien beschlagnahmte, zog letzterer gegen Syrakus. Er kam mit Söldnern und einer Gruppe von Freunden, die alle die Idee vertraten, daß nur ein weiser Souverän, ein Philosophenkönig, die griechischen Staaten auf den Weg der Tugend führen könne. Nach zehnjährigen Kämpfen gelang es Dion, Syrakus einzunehmen, doch wurde er kurz darauf ermordet, angeblich, weil er die platonischen Ideen verraten hatte.

Die Machtkämpfe setzten sich weiter fort, bis schließlich einer der Männer Dions, Hiketas, die Mutterstadt Korinth um Hilfe anrief. Und Korinth, das sich seit Jahrhunderten nie in die Politik der Tochterstadt eingemischt hatte, brach mit dieser Tradition und sandte im Jahre 344 v. Chr. Timoleon, einen überzeugten Demokraten, mit einer Einheit von 700 Söldnern – denen später 2000 Infanteristen folgten – und 200 Reitern nach Syrakus. Innerhalb von sechs Jahren gelang es ihm, die Insel von allen Tyrannen zu befreien, den zurückgekehrten Dionysios II. ins Exil nach Korinth zu schicken sowie die Karthager zu besiegen (341 v. Chr.) und zum Friedensschluß zu zwingen. Diese mußten die Unabhängigkeit der sizilischen Griechenstädte anerkennen, welche Timoleon 337 v. Chr. zu einem föderativen Bund zusammenschloß.

Um das durch die langwierigen Kriege verödete Land wieder zu bevölkern, holte Timoleon aus dem griechischen Osten und vom italischen Festland neue Siedler – Plutarch spricht von 60 000 – und nahm eine neue Landverteilung vor. Gela und Akragas, die verlassen lagen, wurden wieder zu Städten, sogar Megara Hyblaea, das seit der Zerstörung durch Gelon faktisch nicht mehr bestand, wurde neu gegründet. Segesta, Morgantina und Lìpari erwachten zu neuem Leben, Minoa entstand ein zweites Mal mit dem Beinamen Heraklea, und auch kleinere Orte wurden wieder besiedelt. 338 oder 337 v. Chr. zog Timoleon sich aus dem öffentlichen Leben zurück und starb schließlich hochverehrt als einfacher Bürger in Syrakus.

Agathokles, von dem ihm persönlich nicht freundlich gesonnenen Historiker Timaios abfällig ›der Töpfersohn‹ genannt, war im Alter von 18 Jahren nach Syrakus gekommen, hatte sich dort aktiv an den Kämpfen nach dem Tode Timoleons beteiligt und später, während der allgemeinen Volksunruhen in Sizilien und Süditalien, als Feldherr gekämpft, bis er schließlich 317 v. Chr. mit seinem Heer in Syrakus eindrang und in einem Staatsstreich die Regierung stürzte. Nach Diodor sollen in den zwei darauffolgenden Tagen über 4000 Adlige, »deren einzige Schuld darin bestand, besser geboren zu sein als die anderen«, von dem wütenden Volk niedergemetzelt und weitere 6000 ins Exil geschickt worden sein.

Daraufhin berief Agathokles die Volksversammlung ein und präsentierte sich geschickt in ziviler Aufmachung, um öffentlich sein Amt niederzulegen. Doch das Volk wies – wie zu erwarten – den Antrag zurück und ernannte ihn zum alleinigen Befehlshaber mit absoluter Gewalt. Die von ihm vorgenommene Landneuverteilung und der Erlaß der Schulden erhoben Agathokles zum Idol der Massen, steigerten aber auch die Wirtschaftskraft des Landes erheblich. Er war der erste Herrscher, der sich ohne Leibwache zu den Versammlungen begab, da »das Volk sein bester Wächter war« (Diodor).

Nach etlichen Kämpfen mit den Karthagern und den mit diesen verbündeten aufrührerischen sizilischen Städten war jedoch erst nach dem Friedensschluß von 306 v. Chr. seine Macht endgültig gesichert, und 304 v. Chr. konnte eine friedvolle Regierung beginnen, unter der Sizilien wieder zum Reichtum vergangener Zeiten zurückkehrte. Im Stil der hellenistischen Monarchien, die sich im östlichen Mittelmeerraum und in Ägypten gebildet hatten, nahm er den Titel ›König von Sizilien‹ an, vermählte sich in dritter Ehe mit der Tochter des hellenistischen Herrschers Ptolemaios und verheiratete seine einzige Tochter mit Pyrrhos von Epiros, dem einzig überlebenden Verwandten Alexanders des Großen. Agathokles starb 289 v. Chr. im Alter von 72 Jahren. In seinem Testament übergab er die Stadt Syrakus der Demokratie.

Nach einem Zwischenspiel des gegen die Karthager zu Hilfe gerufenen Pyrrhos reorganisierte Hieron II., ein ehemaliger Offizier des Pyrrhos, das Heer, stellte den Söldnern auch Bürger der Stadt an die Seite und verstärkte so die innere Sicherheit. Mit den Karthagern kam er auf friedliche Weise zu einem Ausgleich. Die Insel Ortygia wurde sein persönlicher Wohnsitz. Für seine Untertanen und zu Ehren der Götter ließ er im Stadtgebiet prächtige öffentliche Gebäude errichten. Sein Reich war in erster Linie ein Handelsreich, von dessen Wohlstand das gesamte Volk profitiert zu haben scheint.

Im Ersten Punischen Krieg war Hieron II. zunächst mit den Karthagern verbündet (264 v. Chr.), doch merkte er bald, daß er auf das falsche Roß gesetzt hatte, und unterzeichnete einen Vertrag mit den Römern (263 v. Chr.), denen er bis zu seinem Tod 48 Jahre lang treu blieb. Er lieferte dem römischen Heer Weizen, und aufgrund dieser Hilfe ersparte er seiner Stadt die Schrecken des ganzen Ersten und der ersten Jahre des Zweiten Punischen Krieges. Er starb im Alter von 92 Jahren nach 54jähriger Regierungszeit.

212 v. Chr. fiel das reiche Syrakus dann doch nach zweijähriger Belagerung dem Römer Marcellus in die Hände. Die darauffolgende Plünderung der Stadt und die ersten Abtransporte von Kunstwerken nach Rom erweckten bei den Römern erstmals das Interesse an griechischer Kunst und den Wunsch, diese zu besitzen. Unter Augustus wurde das inzwischen menschenleere Syrakus wieder besiedelt, erreichte aber nie mehr auch nur annähernd seine frühere Größe. Nach dem Toleranzedikt von Mailand im Jahre 313 wurde die Stadt zum Bischofssitz erhoben. 535 von Belisar erobert, gehörte sie hinfort zum Byzantinischen Reich, war für wenige Jahre unter Kaiser Konstans II. sogar dessen Hauptstadt (663–668).

827 wurde Syrakus das erste Mal unter Asad Ibn al-Furat von den Arabern belagert, 878 von ihnen erobert. Für zwei Jahrhunderte war Syrakus wieder ein blühendes Handelszentrum, auch wenn sein Rang als führende sizilische Stadt an Palermo übergegangen war. Im Jahre 1040 eroberte der byzantinische Feldherr Georg Maniakes die Stadt kurzfristig für das Ostreich zurück. Seit der Zeit der Normannen wurde sie immer mehr von anderen Zentren überflügelt. Das Wohngebiet beschränkte sich schließlich nur noch auf die Insel Ortygia. Das Schicksal von Syrakus gleicht in der Neuzeit dem der anderen sizilianischen Städte: Im 19 Jh. begann es wieder, sich etwas auszudehnen, und im 20. Jh. erfuhr es einen ökonomischen Aufstieg, der zwar noch andauert, der Stadt jedoch nichts von ihrem alten Glanz zurückzugeben vermochte.

Fort Euryalos
Innerhalb von sechs Jahren soll Fort Euryalos unter Dionysios errichtet worden sein. Diodor schreibt darüber ungefähr 350 Jahre später (XIV 18, 2–8):

»Da er (Dionysios) wußte, daß während des Krieges mit Athen die Stadt durch eine Mauer isoliert worden war, die von einem Meer zum anderen führte, hatte er Angst, daß ihm in einer ähnlichen Situation der Weg ins freie Land abgeschlossen werden könnte. Und da er sah, daß der Ort Epipolis sich in einer guten Position zu Syrakus befand, rief er die Architekten, und aufgrund ihres Rates entschied er, daß die Epipolis dort befestigt werden mußte, wo sich heute die Mauer in der Nähe des Hexapylon (Stadttor mit sechs Eingängen) befindet. Dieser Platz ist gen Norden gekehrt, steil abfallend und von außen her nicht zugänglich. Da er den Bau der Mauern beschleunigen wollte, versammelte er die Landbevölkerung und wählte aus ihr ungefähr 60 000 Leute mit den passenden Voraussetzungen und teilte unter ihnen die Zone auf, die mit der Mauer umgeben werden sollte. Danach bestimmte er einen Architekten für jedes Stadion, für jedes Plethron (der sechste Teil eines Stadion, ca. 30 m) einen Maurer und stellte in ihren Dienst jeweils 200 Arbeiter pro Plethron, die er unter dem Volk ausgewählt hatte.

OSTKÜSTE/SYRAKUS

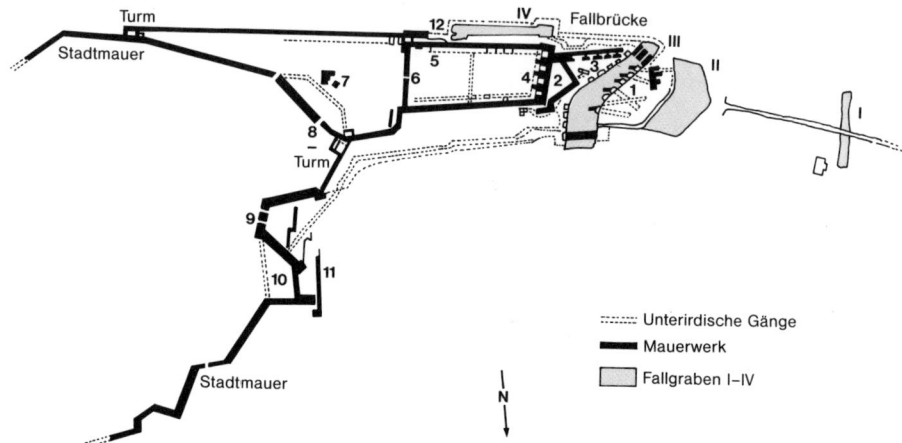

Syrakus, Fort Euryalos: 1 Vorfestung 2 ursprünglicher bugförmiger Vorbau 3 Verbindungsgang von der Brücke zu den Türmen (nach der Zerstörung des bugförmigen Vorbaus errichtet) 4 Türme, als Plattformen für Katapulte dienend 5 byzantinische Räume 6 Mauer mit Eingang aus byzantinischer Zeit 7 Zisternen 8 Originaleingang der Festung 9 doppelter Eingang zur Stadt, mit Türmen und zangenförmigem Mauerwerk befestigt (skäisches Tor) 10 Befestigungsanlagen 11 Sperrmauern vor dem Stadttor 12 ehemals überdachter Gang, zum IV. und von dort zum III. Fallgraben führend, von dem aus eine Treppe zur Vorfestung besteht

Außer diesen schlugen unzählige Personen den rohen Stein, und 6000 Paar Ochsen brachten das Material an seinen Bestimmungsort. Es war sehr beeindruckend, diese zahlreiche Arbeiterschar zu sehen, denn alle mühten sich, die ihnen zugewiesene Aufgabe zu bewältigen. Um den Enthusiasmus der Arbeitenden zu schüren, hatte Dionysios jedem, der als erster sein Werk beendete, reiche und unterschiedliche Prämien versprochen, je nachdem, ob es sich um einen Architekten, Maurer oder Arbeiter handelte. Und jeden Tag überwachte er zusammen mit seinen Freunden persönlich die Arbeiten, ließ sich überall sehen und half denen, die am ermüdetsten waren. Er kümmerte sich nicht um die Würde seines Ranges, sondern begab sich auf das Niveau der einfachen Leute, und indem er sich der schwersten Arbeiten annahm, ertrug er die gleichen Mühen wie die anderen, so daß mit großem Opfergeist einige außer dem Tage auch noch Teile der Nacht opferten, so groß war die Verantwortung, die die Arbeitenden übernommen hatten. Also wurde die Mauer, entgegen den größten Hoffnungen, innerhalb von 20 Tagen beendet. Sie war 30 Stadien lang, erreichte eine dazu proportional angemessene Höhe und war dermaßen solide, daß sie faktisch uneinnehmbar war; in kurzen Abständen waren hohe Türme eingebaut, und sie bestand aus schön geschlagenen Quadersteinen, die gut untereinander verbunden waren.«

    Als das Bollwerk im Jahre 212 v. Chr. durch Verrat in die Hände der Römer fiel, soll auch Archimedes in den Mauern des Forts den Tod gefunden haben. Im 9. Jh. diente es der Stadt ein letztes Mal zur Verteidigung gegen den Ansturm der Araber.

    Der einzige ebenerdige Zugang (Westseite) war durch drei tiefe, senkrecht in den Fels geschlagene Gräben geschützt, um einen Frontalangriff mit Kriegsmaschinen unmöglich zu machen. Der erste (in der Nähe des Wärterhauses) verläuft geradlinig, hat eine Breite von

6 m und eine Tiefe von 4,80 m. Gen Osten liegt der zweite, spitz gewinkelt, 22 m breit und 150 m lang. Dahinter erhob sich wie der Bug eines Schiffes das mächtige Bauwerk eines Vorpostens. Teile des Materials stürzten mit der Zeit in diesen Graben. Zwischen dem Vorposten und dem Hauptgebäude liegt der dritte und wichtigste Fallgraben. Seine Breite beträgt 17, seine Tiefe 9 m. Er verbindet das gesamte Verteidigungssystem der Festung. Von ihm aus zweigt ein komplexes Netz von Durchgängen und Tunneln ab, das sich über 480 m erstreckt.

Die lange, in den Fels gehauene Treppe führte zu dem Innern des Vorpostens, die vier unterirdischen Räume dienten als Waffenlager und zur Aufbewahrung von Kriegsmaschinen. Im südlichen Teil des Grabens stehen noch die drei robusten Pfeiler der Fallbrücke, die eine direkte Verbindung zum Kern der Festung herstellte. Hinter den elf Öffnungen an der Ostseite liegt eine Galerie, von der aus weitere unterirdische Gänge zu einem vierten Fallgraben, ins Festungsinnere, zu dem außerhalb der Mauern liegenden Geheimausgang und zu einem Vorposten beim nördlichen Stadttor führten. Verschiedene Schächte lassen erkennen, daß an mehreren Stellen gleichzeitig mit den Arbeiten für die Gänge begonnen wurde. Nach der Fertigstellung wurden die Schachtöffnungen mit schweren Platten abgedeckt.

Ursprünglich erhob sich die Festung direkt hinter dem dritten Graben. Sie besaß die gleiche Bugform wie der Vorposten. Der vordere Teil wurde jedoch während einem der antiken Umbauten niedergerissen, möglicherweise, als man dahinter die fünf mächtigen quadratischen Türme errichtete (Höhe jeweils 15 m), die untereinander durch eine Mauer verbunden waren. Ihren oberen Abschluß bildeten Zinnen und dorische Wasserspeier (Löwenköpfe). Wahrscheinlich dienten die Türme als Plattformen für Katapulte.

Die heute sichtbare Festung besteht aus zwei Teilen, einem rechteckigen und einem trapezförmigen. Die Trennung der beiden Teile geht auf byzantinische Zeit zurück, als der Bau verkleinert und nur noch der rechteckige Teil benutzt wurde. In dem trapezförmigen Teil befinden sich drei große Zisternen, die im Falle einer Belagerung die Wasserversorgung sicherstellten. An der längsten Seite gab ein Tor Zugang zur Stadt. Beim Südostturm vereinigten sich die Mauern der Epipolis mit denen der Festung.

Wo die Nordmauern abzweigen, liegt der besterhaltene Turm mit seinen kompliziert angelegten Innenräumen. Wenig davon entfernt öffnete sich einst ein großes skäisches Stadttor mit schützenden Türmen und in Zangenform zurücktretenden Mauern, wenig nördlich davon sorgte ein vorspringendes Mauerwerk für zusätzliche Sicherheit. Zwei dem Tor vorgelagerte Mauern schlossen einen massierten Angriff aus und verbargen es gleichzeitig so, daß es aus der Entfernung nicht zu erkennen war. Die Straße Richtung Syrakus führt zu den Dionysiosmauern und durchquert sie durch eines der antiken Tore.

Ortygia

Arethusaquelle

Genau wie in der Antike die Ströme in Gestalt von Flußgöttern verehrt wurden, wurde auch jeder Bach, See oder Teich, jede Quelle in Gestalt der Nymphen personifiziert und genoß kultische Verehrung. Dem Mythos zufolge lebten die Nymphen entweder in den Tiefen des Wassers oder in einer Grotte, dicht bei der Quelle, die sie beschützten. Sie galten als hilfsbereit und als wahre Künstlerinnen im Spinnen und Weben, sollten Krankheiten heilen und ewig jung bleiben, auch wenn sie nicht unsterblich waren (Plutarch legt ihr Durchschnittsalter auf 9620 Jahre fest!).

Die Nymphe Arethusa genoß in Syrakus große Verehrung, denn nur dank der mit ihr verbundenen Quelle hatte die Stadt entstehen können, da sie die Insel Ortygia mit dem nötigen Trinkwasser versorgte. Auf den syrakusanischen Münzen war ihr Bild wiedergegeben – diese Münzen gelten als die schönsten der Antike.

Arethusa hatte, so erzählt der Mythos, einst bei Olympia gelebt, doch um der stürmischen Werbung des Jägers Alpheios, eines Sohnes des Okeanos und der Tethys, zu entfliehen, vertraute sie sich dem Meer an und schwamm nach Ortygia, wobei besagter Alpheios ihr jedoch folgte. In ihrer Not rief sie die jungfräuliche Göttin Artemis um Beistand an, und die verwandelte Arethusa in eine klare Quelle, die an der Stelle entsprang, wo die Nymphe zuerst den Fuß an Land gesetzt hatte. Doch Alpheios gab immer noch nicht auf. Er kehrte ins arkadische Bergland zurück und verwandelte sich nun seinerseits in einen Fluß.

Innerhalb von sieben Jahren gelang es ihm, durch das Meer – jedoch ohne sich mit diesem zu vermischen – Ortygia zu erreichen, wo er sich dann endlich mit Arethusa vereinigen konnte. Während der Feste, die in Olympia zu Ehren des Alpheios stattfanden, sollen sich die Wasser der Arethusaquelle (1; s. Abb. 13) auf Ortygia vom Blut der Opferstiere rot gefärbt haben, und ein goldener Becher, dem Fluß als Weihgabe dargebracht, soll hier tänzelnd wieder ans Licht gekommen sein.

Auch die Nymphe der **Kyanequelle** (2; auf dem Festland; s. Abb. 10) erfreute sich mythologischer Berühmtheit: Sie hatte sich Hades in den Weg geworfen, um den Raub der Persephone zu verhindern, doch Hades zerteilte sie mit dem Schwert. Zweigeteilt versuchte sie dennoch, dem Entführer in die Unterwelt zu folgen, und wurde von den Göttern daraufhin in Anerkennung ihres Mutes in einen zweigegabelten Fluß verwandelt, der aus eben dem Abgrund entspringt, welcher dem Hades Einlaß ins Innere der Erde gewährt hatte. Die Syrakusaner feierten die Nymphe einmal im Jahr und opferten ihr zu der Gelegenheit einen Ochsen, der in die Quelle geworfen wurde. An beiden Quellen wächst Papyrus, für den Syrakus berühmt ist.

Syrakusanische Münze, Arethusakopf, 510–490 v. Chr.

Domplatz und Dom
Der Domplatz liegt auf der höchsten Erhebung von Ortygia in einem Gebiet, das auch in der Vergangenheit sakralen Zwecken diente. Die archäologischen Funde reichen bis in die späte Bronzezeit (1200 v. Chr.) zurück, als im Süden Siziliens ein kleines Reich mit der Hauptstadt Hybla (Pantàlica) entstanden war, das auf dem Inselchen einen Handelsstützpunkt angelegt hatte. Über den Spuren der Sikuler wurden die der Griechen, beginnend in der allerersten Siedlungszeit, gefunden. Auf das 7. Jh. v. Chr. gehen die **Fundamente eines Athenaheiligtums** zurück, das aus einem einfachen, langgestreckten Megaron und einem ihm vorgelagerten Altar bestand.

Im 6. Jh. v. Chr. wurde am gleichen Platz der Göttin ein neues, größeres Heiligtum errichtet, dessen Überreste (teilweise in den Kellerräumen des Rathauses zu besichtigen) in der Beweisführung für den Typ des großen archaischen **ionischen Tempels** im griechischen Westen eine wichtige Rolle spielen. Zwar blieb nicht sehr viel erhalten, doch immerhin genug, um hinreichende Informationen über die Größe, Charakteristik und Geschichte des Gebäudes zu geben (s. Abb. S. 42).

Es sollte ein großer Peripteros mit sechs Säulen an den Frontseiten und wahrscheinlich 14 an den Längsseiten werden. Der Bau wurde indes nie ganz fertiggestellt, da 50 Jahre nach Baubeginn, 480 v. Chr. unter der Regierung Gelons, daneben mit der Errichtung des großen dorischen Siegestempels begonnen wurde, unmittelbar nach der Schlacht bei Himera (s. S. 161). Die Breite betrug 24 m am Stereobat und 22 m am Stylobat; die genaue Länge ist nicht bekannt, da die Ostseite noch nicht freigelegt wurde. Es gelang, ein Kapitell und den unteren Teil einer Säule zu rekonstruieren: Torus (Wulst) und Trochilus (Hohlkehle) der Basis weisen Horizontalkanneluren auf, die untere Trommel war vorstehend und glatt und sollte wahrscheinlich mit einem Relief wie dem des Artemisions von Ephesos verziert werden. Die Kanneluren der oberen Trommeln waren ionisch, d. h. sie endeten in einem Steg und liefen nicht spitz zu. Die Ausführung wurde jedoch nicht ganz beendet.

Die enormen Kapitelle ähneln denen der ionischen Tempel von Didyma, Samos, Sardes und Ephesos und gehören auch in dieselbe Zeit wie diese. Der Säulendurchmesser an der Basis betrug 1,70 m, ihre Höhe, Kapitell inbegriffen, 12,50 m. Der unfertige Tempel stand bis ins 1. Jh. v. Chr., danach trug man das Material zu anderen Zwecken ab.

Der **dorische Tempel** ist einer jener drei ›Siegestempel‹, die nach der Schlacht von Himera (480 v. Chr.) errichtet wurden – die anderen beiden waren das Olympieion von Akragas und der dorische Tempel in Himera (s. S. 269f. und 400f.). Das heutige im Dom ›eingemauerte‹ Bauwerk wurde als drittes Heiligtum der Göttin Athena im heiligen Gebiet parallel zu dem ionischen aufgeführt, dessen Maße er in etwa aufnahm. Auch er war ein Peripteros Hexastylos, besaß also sechs Säulen an den Schmalseiten, dazu 14 an den Längsseiten, Säulen mit einem Durchmesser von ca. 2 und einer Höhe von 8,20 m, die auf einem Stylobat mit dreistufiger Krepis aufstanden. Die Cella hatte Pronaos und Opisthodomos in antis.

Auf dem Dach stand die Statue der Göttin, deren Schwert und Schild golden im Sonnenlicht glänzten und den Seeleuten wie ein Leuchtturm den Weg in den Hafen wiesen. Im Innern der Cella befand sich gemäß Cicero ein Gemälde, das die Schlacht des Agathokles

OSTKÜSTE/SYRAKUS

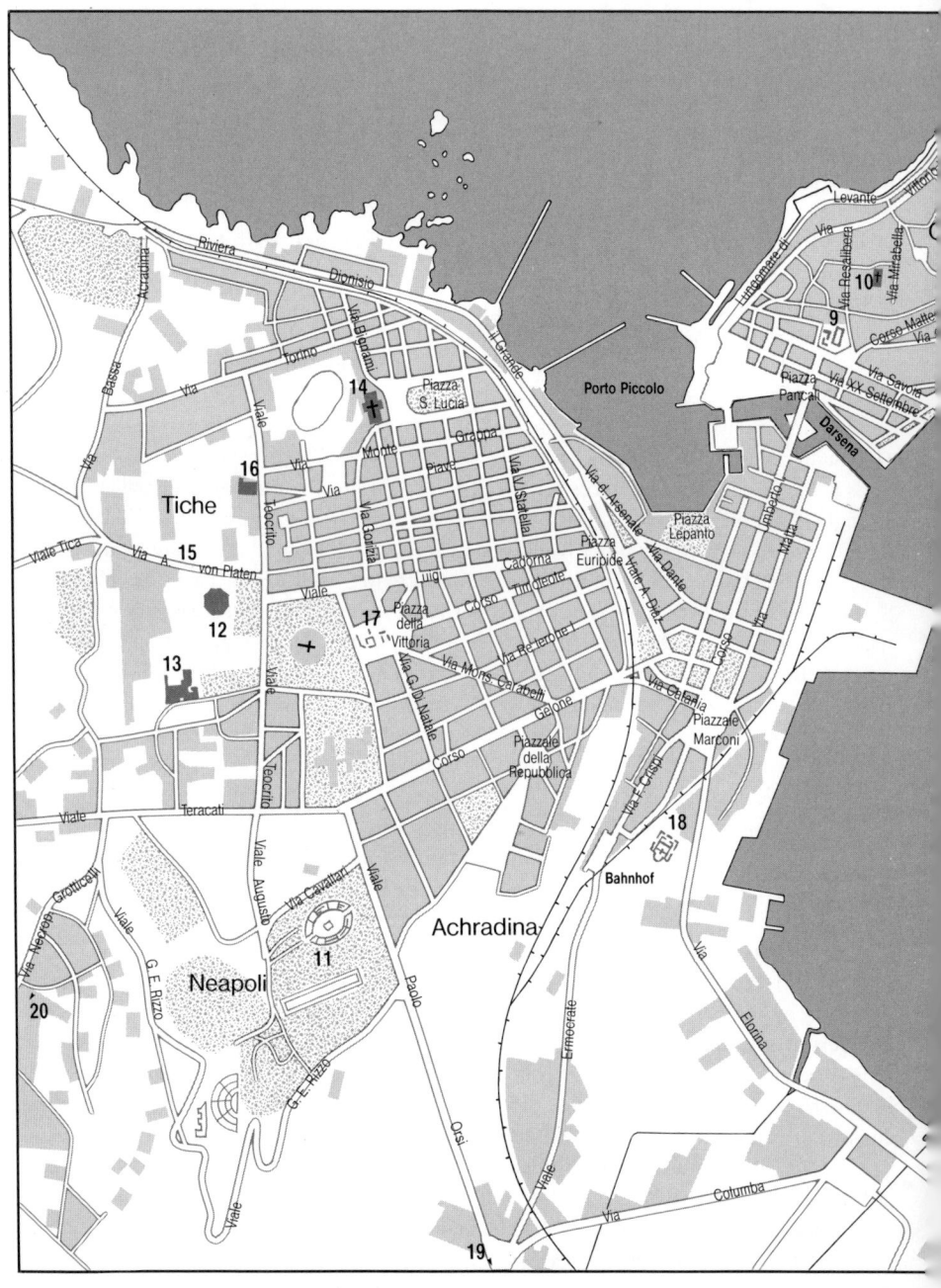

Ionisches Meer

Der Palazzo Beneventano del Bosco gegenüber dem Dom, Syrakus

Syrakus: 1 Arethusaquelle 2 Kyanequelle 3 Dom 4 Rathaus 5 Palazzo Beneventano del Bosco 6 S. Lucia alla Badia 7 Regionalgalerie 8 Castello Maniace 9 Apollon- oder Artemistempel 10 S. Pietro 11 Archäologischer Park 12 Archäologisches Museum 13 Katakomben des hl. Johannes des Evangelisten 14 S. Lucia 15 Katakomben von Vigna Cassia 16 Katakomben von S. Maria del Gesù 17 Demeter- und Koreheiligtum 18 Römisches Gymnasium 19 Tempel des Olympischen Zeus 20 Fort Euryalos

gegen die Karthager darstellte (s. S. 164; da es sich um eine hellenistische Malerei handelte, können wir sie uns vielleicht wie die berühmte Alexanderschlacht vorstellen, die durch eine römische Kopie aus Pompeji erhalten ist). Am oberen Rand lief ein Fries von Medaillons entlang; unter den insgesamt 27 Bildern befanden sich 19 Portraits der syrakusanischen Herrscher.

Unter den Römern blieb der Tempel zwar der Athena in der *Interpretatio romana* entsprechenden Göttin Minerva geweiht, doch wurde er mit der Zeit all seiner Schätze und Kunstwerke beraubt. Es ist nicht sicher, wann er in eine christliche Kirche umgewandelt wurde. Dokumentiert ist erst die Erhebung zur Kathedrale durch den Bischof Zosimus im 7. Jh., da die alte Kirche, die diesen Titel zuvor trug, durch die Verkleinerung der Stadt außerhalb des Wohngebietes zu liegen gekommen war.

Der Umbau der frühchristlichen Kirche prägt bis heute noch die Struktur des **Doms** (3): Der Eingang wurde auf die Westseite verlegt (bei den griechischen Tempeln lag er dagegen immer im Osten). Die freien Räume zwischen den Säulen mauerte man zu und ließ in jedem nur ein Fenster, entfernte die Querwand zwischen Pronaos und Cella, schnitt aus den Cellawänden der Längsseiten je acht Bogen heraus und verband diese Wände durch ein Tonnengewölbe mit den Säulenwänden, so daß ein dreischiffiger Innenraum entstand (s. Abb. 17). Das Opisthodom übernahm wahrscheinlich die Funktion eines Narthex.

Zur Normannenzeit erhielt der Dom eine neue Fassade, die Cellawände wurden durch einen Aufbau mit Fenstern erhöht, um dem Mittelschiff mehr Licht zu geben, und die Rückwand wurde mit drei Apsiden abgeschlossen (es ist nicht sicher, ob diese schon früher bestanden). Ein Erdbeben zerstörte 1542 das Dach und führte zur Verschiebung der Säulen an der Nordwand. Diese erhielt daraufhin eine Verstärkungsmauer und ein neues Seitenportal. Das Erdbeben von 1693 brachte die normannische Fassade und zwei der Apsiden zum Einsturz. Auf den Wiederaufbau von 1728–1757 geht das jetzige Aussehen der Kathedrale und auch des Platzes zurück, in dessen Gesamtbild sie sich so meisterhaft einfügt.

Zur spanischen Zeit, im 17. Jh., war Syrakus eine Militärbasis und wurde erst Ende des Jahrhunderts wieder einer zivilen Administration übergeben, die dann den Wiederaufbau der vom Erdbeben verwüsteten Stadt übernahm. Die Verantwortung für die Arbeiten vertraute man einem fähigen Baumeister an: Luciano Caracciolo. Unter seiner Leitung wurde das griechische Straßensystem reaktiviert, das Neue respektvoll dem Altbestehenden angepaßt.

Der Domplatz, der seinen für die alten Sakralbereiche typischen irregulären Plan beibehielt, bekam trotzdem einen ausgesprochen barocken Charakter. Die ›moderne‹ Fassade des Doms versteckte das Alte, ließ es dabei jedoch unberührt und verband den spätmanieristischen Bischofspalast mit dem schon barocken Senatspalast. An einer Seite schloß den Platz nun der neu erbaute Palazzo Beneventano del Bosco ab, auf der anderen die Kirche S. Lucia alla Badia mit dem umlaufenden Balkon.

Bei dem Wettbewerb der Architekten, das schwierige Problem der neuen Domfassade als harmonische Ergänzung zur Konzeption des Platzes zu lösen, siegte der Entwurf des aus Palermo gebürtigen Andrea Palma (Fassade errichtet 1728–1754). Das Resultat wurde ein

Meisterwerk (s. Abb. 16). Die syntaktische Strenge, mit der die aus einzelnen Säulen bestehenden vorgebauten Ordnungen übereinandergesetzt sind, die schwungvollen elliptischen Voluten mit den Akanthusblättern, die den Körper der Seitenschiffe mit dem des mittleren Schiffs verbinden, das Spiel der Licht- und Schattenwirkung, erzeugt durch die vor- und zurücktretenden Säulensockel und das bewegte Gesims sowie nicht zuletzt die Säulen selbst und der reiche, elegante Dekor machen es zu einem der schönsten Beispiele barocker Baukunst. Die Statuen, Werke von Ignazio Marabitti (1753/54), stellen den hl. Marcian, den ersten Bischof der Stadt, die hl. Lucia, die Beschützerin von Syrakus, Maria (in der Nische über dem Portal) sowie zuseiten der Freitreppe Petrus und Paulus dar.

Das Gegengewicht zu den reichen, schmiedeeisernen Gittern der drei Torbogen des Atriums bilden die zwei großen, mit Reben umrankten und in sich gedrehten Säulen, die den mittleren Eingang zur Kirche flankieren. (Man glaubte, daß diese Art Säulen im Tempel Salomons in Jerusalem gestanden hätten. Sie wurden das erste Mal beim Grab des hl. Petrus in Rom gebraucht und danach gern aufgrund ihrer Symbolik verwendet.) Der kurze, breite Raum wird weiterhin belebt durch die Fenster über den Seitenportalen sowie durch die Statuen der heiligen Dominikaner Ludwig Bertrandus und Vincenzo Ferreri in den tiefen Nischen.

Im Innern der dreischiffigen Basilika treten die dorischen Säulen mit den reinen Kapitellen deutlich aus den Seitenwänden hervor (s. Abb. 18). An der Südseite tritt dies verstärkt zutage, da im Lauf der Jahrhunderte die Wände zwischen den Säulen wieder aufgebrochen wurden, um die Seitenkapellen einzufügen. Die erste dient dabei als Baptisterium des Doms. Die große Alabastervase, die als Taufbecken benutzt wird, stammt aus dem Athenatempel und wurde im 7. Jh. vom alten Dom S. Giovanni über den Katakomben des hl. Johannes des Evangelisten (s. S. 193), in dem sie bereits dem gleichen Zweck diente, zu dem neuen Bischofssitz gebracht. Ihr Sockel mit den sieben Bronzelöwen ist eine Arbeit des 13. Jh. Die Mosaiken an der Wand blieben als einziger Rest des musivischen Schmucks, der im 12. Jh. die Hauptapsis und den Bischofsstuhl bedeckte, erhalten.

Die folgende Kapelle der hl. Lucia wurde im 18. Jh. gebaut, die schönen Eisengitter von Pietro Spagnuolo stammen von 1605. Der Voraltar (1781) besteht aus Silber, dem den Jungfrauen heiligen Metall (Lunarsymbolik), aus demselben Material ist auch die Statue der Heiligen (Pietro Rizzo, 1599); sie wird in dem geschlossenen Schrein (1610) über dem Altar aufbewahrt und nur zweimal im Jahr zu den Festen der Schutzpatronin der Öffentlichkeit gezeigt. Ignazio Marabitti werden die zwei marmornen Medaillons der hl. Lucia und des hl. Eustachius zugeschrieben.

Die Sakramentskapelle (1651–1653) ist ein Werk des Giovanni Vermexio, des Architekten des Senatspalastes. Die architektonische Wandbekleidung besteht aus korinthischen Säulen und Lisenen auf hohem Sockel. Die Fresken des Gewölbes, Szenen aus dem Alten Testament, malte Agostino Scilla (1657), den Voraltar mit seinem Relief, dem Letzten Abendmahl, schuf Filippo della Valle (1762), das Tabernakel Luigi Vanvitelli (1752). Die Marmorbalustrade stammt von Ignazio Marabitti und Giovanni Battista Marino (1746); das Schmiedeeisengitter von Domenico Ruggeri wurde 1811 angebracht.

OSTKÜSTE / SYRAKUS

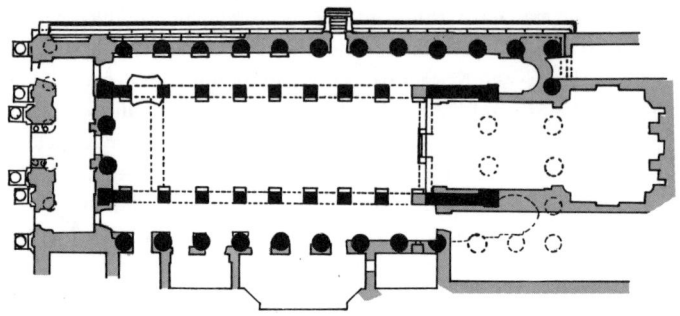

Grundriß des Doms von Syrakus

Am Ende des Seitenschiffs liegt die sog. Kreuzkapelle, die im 17. Jh. an der Stelle der durch das Erdbeben zerstörten Apsis gebaut wurde und als Grablege der Bischöfe gedacht war. Die Gemälde der Seitenaltäre erinnern an die zwei heiligen Bischöfe der Stadt, den hl. Marzian und den hl. Zosimus. Das Bildnis des hl. Zosimus auf Goldgrund ist ein Werk des Antonello di Messina, das des hl. Marzian wurde von einem unbekannten Künstler Anfang des 16. Jh. geschaffen.

Der Altartisch des barocken Hauptaltars besteht aus einem Monolith, dem ehemaligen Türsturz des Tempeltors. Das Altargemälde mit der Geburt Mariae wird Agostino Scilla zugeschrieben (1653). Der Chor war schon nach einem Erdbeben von 1542 errichtet worden, mußte aber nach dem großen Erdbeben von 1693 renoviert werden. Er wurde von Corrado Mazza (gestorben 1770) aus Noto beendet, die Kuppel nach dem Entwurf des Luciano Alì (gestorben 1782), des Architekten des Palazzo Beneventano, gebaut. Das hölzerne Chorgestühl stammt aus dem 17. Jh., die zwei Bronzekandelaber entstanden, wie die Sängertribünen im Hintergrund, zu Beginn des 16. Jh.

Das Mittelschiff bildet die ehemalige Cella des griechischen Tempels, das Hauptportal flankieren die Säulen, die ehemals zwischen den Anten das Opisthodom begrenzten. Die normannische Erhöhung des Mittelschiffs ist deutlich erkennbar. Unter ihrem Aufsatz läuft eine Inschrift entlang, die darauf hinweist, daß die Kirche von Syrakus nach Antiochia die ›erste Tochter der wahren Religion‹ sei. (Es steht fest, daß bereits im Jahr 42 in Syrakus eine christliche Gemeinde bestand; ferner darf als wahrscheinlich gelten, daß sich Paulus während seines unfreiwilligen Aufenthalts in der Stadt mit den Christen in Verbindung setzte, ein Besuch des Petrus jedoch, von dem die syrakusische Tradition berichtet, ist anzuzweifeln.) Die Freibalkendecke stammt aus dem 16 Jh., die zwei Kanzeln sind neoromanisch (1926).

Das nördliche Seitenschiff schließt als einziges noch mit der pränormannischen Apsis ab. Die ehemalige Länge der Cellawand ist hier deutlich zu erkennen, da an dieser Seite die Antensteine noch erhalten und sichtbar sind. In der Apsis steht die Statue der sog. Schneemadonna von Antonello Gagini (1512). Die Statuen an der Wand des Schiffs kommen aus der Werkstatt der Gagini: von Antonello stammt die hl. Lucia mit Szenen aus ihrem Leben am Sockel (1526), vom Vater Domenico die Muttergottes mit Kind, von einem Schüler die hl. Katharina.

Durch den Seitenausgang kommt man zur Nordseite der Kirche, an der sich die verschiedenen Phasen der Baugeschichte gut ablesen lassen: die Stufen des griechischen Stylobats, die dorischen Kapitelle, das Gebälk mit teilweise erhaltenen Triglyphen des Tempels, die Füllwände aus der Zeit des ersten Umbaus, die mittelalterlichen Zinnen und das hohe normannische Mittelschiff, die Stützwand und das Portal aus der Renaissance und schließlich der barocke Vorbau.

Den spätmanieristischen **Erzbischofspalast** ließ Erzbischof Giovanni Torres 1618 von Andrea Vermexio neu an der Stelle des vorherigen mittelalterlichen Gebäudes errichten. Auf den Bau des 17. Jh. gehen allerdings nur die zwei unteren Stockwerke zurück, das obere ist eine Zufügung des 18. Jh.

Das **Rathaus** (4), der ehemalige Senatspalast, wurde 1629–1633 von Giovanni Vermexio erbaut, dem Sohn Andrea Vermexios. Doch griff der Sohn in der Komposition nicht auf den Formenkanon des Manierismus, sondern auf den geschlossenen kubischen Bau der Renaissance zurück, auf dessen Grundlage er einige barocke Elemente wie z. B. den umlaufenden Balkon auf dem Gebälk des ersten Geschosses aufsetzte. Die Nischen der oberen Etage waren für Statuen der spanischen Könige gedacht. Demselben Architekten werden in Syrakus noch die Kirche S. Filippo (Via Vittorio Veneto), die Sakramentskapelle des Doms und die oktogonale Grabkapelle der hl. Lucia (auf dem Festland von Syrakus) zugeschrieben.

Der **Palazzo Beneventano del Bosco** (5; s. Abb. 14), ehemals Kommende des Ordens der Malteserritter, wurde auf Strukturen des 15. Jh. von dem lokalen Baumeister Luciano Alì zwischen 1779 und 1788 geschaffen. Das Resultat ist wohl eines der harmonischsten Gebäude von Syrakus. Seitlich nur wenig vorspringende Pilaster fassen die Fassade ein. In ihrem Zentrum befindet sich ein Balkon, der die gesamte Vorderansicht beherrscht und die anderen Bauelemente zu einem harmonischen Ganzen verbindet: angefangen mit den das Portal flankierenden und den Balkon tragenden Säulen, über das mit Lisenen gerahmte mittlere Fenster mit dem schwungvollen Giebel, dem aus dem oberen Gesims aufsteigenden Tympanon bis zur Krönung im Dachgeschoß. Originell sind die ungewöhnlich hohen Giebelfelder über den Fenstern mit abwechselnd runden und glockenförmigen Umrissen.

Im Innenhof mit dem berühmten Treppenhaus besteht die Front aus sechs gleichmäßigen, geschickt übereinandergesetzten Rechtecken, die Fenster und Portale architektonisch rahmen. Die leicht zur Fassade gedrehten Doppelsäulen mit ihren vorspringenden Sockeln und dem demzufolge sehr bewegten Gesims verleihen der Wand eine ausgeglichene Plastizität, verbinden das lichte obere Geschoß mit dem unteren und untermalen den gespannten Rhythmus seiner drei Torbogen.

Die Kirche **S. Lucia alla Badia** (6; s. Abb. 15) wurde 1695–1707 von Stadtbaumeister Luciano Caracciolo errichtet. Die hohe, flache Fassade besitzt zwei Geschosse, deren Trennung der schön gearbeitete, schmiedeeiserne Balkon, der auf dem Gebälk des unteren Geschosses ruht, betont; von hier konnten die zisterziensischen Auftraggeberinnen Prozessionen auf der Straße beobachten. Nach oben schließt eine doppelte Bekrönung die Fassade ab. Die Schlichtheit des Kompositionsschemas mit den kaum vortretenden Lisenen erfährt durch das reich geschmückte Portal einen starken Gegenakzent. Die freistehenden, gewundenen Säulen des Eingangs tragen einen aufgebrochenen Giebel, der überaus fein ausgeführte Dekor erinnert an den portugiesischen Platereskenstil.

Regionalgalerie
Neben der Kirche des hl. Benedikt mit ihrer zwischen zwei kräftigen Eckpfeilern eingeschlossenen Renaissancefassade liegt das ehemalige Kloster des hl. Benedikt, die heutige Regionalgalerie (7). Der Komplex setzt sich aus zwei verschiedenen Bauten zusammen: Der Palazzo Parisio, der Urkern des Klosters, entstand im 13. Jh.; seine blockhafte Fassade erhielt im 15. Jh. im Wohngeschoß vier Fenster mit den für die katalanische Spätgotik so typischen zierlichen Säulchen. Der rückwärtige, über einen Innenhof zu erreichende Palazzo Bellomo, der einstige Wohnsitz der gleichnamigen Adelsfamilie, stammt von 1365, wurde jedoch ebenfalls im 15. Jh. verändert. Die Benediktiner erwarben ihn 1725 und gliederten ihn ihrem Kloster an.

Die Kunstgalerie enthält Sammlungen sakraler und profaner Gegenstände aus dem Mittelalter und jüngeren Zeiten sowie Statuen und Gemälde derselben Epochen. Interessant sind hier vor allem Krippen und Krippenfiguren aus dem 18.–20. Jh., Altarschmuck und sakrale Objekte sowie die kleinen Tonfigürchen aus Caltagirone, die realistische Szenen aus dem Volksleben wiedergeben.

Die Pinakothek besitzt hauptsächlich Werke des 15. und 16. Jh. Unter diesen ist die Verkündigung des Antonello da Messina (1430–1479), des einzigen herausragenden Malers Siziliens, das bemerkenswerteste (s. a. S. 100). Antonello zählt zu den ersten Künstlern, die die hergebrachte spätmittelalterliche Ikonographie aufgaben: Er löste sich von der byzantinischen Symbolik und begann mittels der Anwendung der eben neu entdeckten Perspektivgesetze und des Sonnenlichteffekts der Malerei eine vorher unbekannte Plastizität zu verleihen. Zu Füßen der Jungfrau sind eine blaue sizilisch-arabische Keramik und ein türkischer Teppich zu erkennen.

Häufige ›Restaurierungen‹ fügten dem Gemälde nicht wiedergutzumachende Schäden zu. Die bisher letzte Restaurierung im Jahre 1940 brachte jedoch auch einige neue Details wie die kleine Figur des Auftraggebers (hinter der rechten Säule) zutage, von der ein Stück Nacken, der Körper und die Andeutung eines Arms zum Vorschein kamen. Den Auftrag hatte Antonello Ende August des Jahres 1474 erhalten, und im Vertrag wurde nicht nur der November als Abgabetermin festgelegt, sondern auch genau bestimmt, was auf dem Bild zu erscheinen hatte. Diese kurze Frist und die Restriktionen ließen den Künstler auf schon bestehende Werke zurückgreifen – in der Komposition findet sich das Echo der Verkündigung des ›Meisters von Aix‹ oder des Triptychon Lomellino des Jan van Eyck.

Castello Maniace
Die Festung (8), ein Schmuckstück staufischer Baukunst, ist seit Jahrzehnten dem Publikum nicht mehr zugänglich, da sie zum Territorium des Verteidigungsministeriums gehört. Sie

wurde auf der äußersten Spitze der Insel Ortygia während der Regierungszeit Friedrichs II. von Hohenstaufen von 1232–1240 errichtet, um den Eingang des großen Hafens zu kontrollieren. Der Name leitet sich von Georg Maniakes her, einem byzantinischen Heerführer zu Beginn des 11. Jh., dem es gelungen war, die Rivalitäten der arabischen Potentaten auszunutzen, so daß er kurzfristig Syrakus hatte einnehmen können (1038). Kurz darauf war er jedoch in Ungnade gefallen, seine Eroberungen wieder verlorengegangen – und auch von dem von ihm errichteten Vorgängerkastell blieb nichts erhalten.

Apollon- oder Artemistempel
Der Tempel (9; s. Abb. 22) an der Piazza Pancali wurde 1860 im Innern einer spanischen Kaserne des 16. Jh. gefunden und 1939–1942 ausgegraben. In der byzantinischen Epoche war er in eine christliche Kirche umgewandelt worden, auf welchen Umbau auch die Stufen des Eingangs an der Frontseite und der Einschnitt für das Taufbecken gleich nördlich davon zurückgehen. Der Zwischenraum der Antenwände und der Säulen des Pronaos wurde mit Steinblöcken ausgefüllt, in der Mitte jedoch ein hoher Zugang offengelassen und so ein Narthex geschaffen, während die Säulenreihen an der Frontseite als Portikus dienten. Die Araber verwandelten diese Kirche in eine Moschee (Inschriften an den Cellawänden), die darauffolgende christliche Regierung baute sie, auf erhöhtem Bodenniveau, wieder zu einer Basilika um (SS. Salvatore).

Von dieser blieben der in die Cellawand geschnittene spitzbogige Eingang, der das damalige Straßenniveau bezeichnet, und der Maueraufbau mit dem Ansatz zum Gewölbe erhalten. Nach dem Verfall der Kirche wurden ihre Reste in den Kasernenbau eingeschlossen. Der Zweck der Aufreihung der Steinblöcke an der Nordseite ist unbekannt und beruht auf einer späteren Wiederverwendung des Baumaterials. Auf der Süd- und Westseite sind noch Reste der Temenosmauer zu erkennen, durch ein quadratisches Mauerwerk unterbrochen, das vielleicht das Fundament des Glockenturms der Basilika bildete.

Der Tempel besaß ursprünglich eine Länge von 58,10 m und eine Breite von 24,50 m, sechs Säulen an den Schmal- und 17 an den Längsseiten. Zusammen mit dem Tempel von Korkyra (Korfu), der zur gleichen Zeit oder wenig früher entstand, steht er am Beginn der Entwicklung des großen dorischen, gänzlich aus Stein gebauten Peripteraltempels (s. a. S. 35). Er weist einige typische Merkmale auf, die den Tempelbaustil der *Megale Hellas*

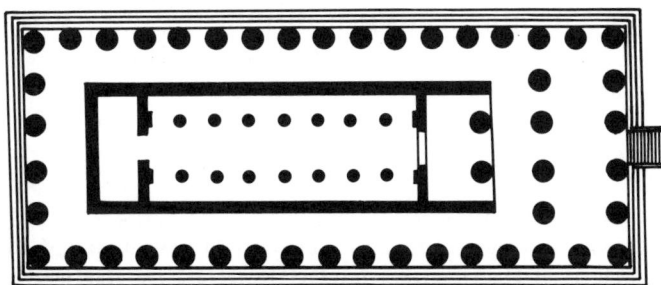

Grundriß des Apollon- oder Artemistempels, Syrakus

(Groß-Griechenland) von dem des griechischen Mutterlandes unterscheiden, auch wenn sie später oft nur noch in Reminiszenzen durchscheinen.

Als archaischer Tempel besitzt er eine lange, schmale Cella, die, um das Problem der Überdachung des weiten Raums zu lösen, durch zwei Reihen von Säulen in drei Schiffe geteilt (erstes Beispiel in der griechischen Architektur) und, vom Adyton – dem ›Unbetretbaren‹, das nur dem Priester zugänglich war – durch eine Quermauer getrennt, durch eine Tür mit ihm verbunden war. Das leicht erhöhte, nach hinten hin abgeschlossene Adyton stellt ein Charakteristikum dar, das auch noch viele spätere sizilische Tempel beibehalten sollten. Die Front wurde hervorgehoben, ihre Wichtigkeit durch eine doppelte Säulenstellung zusätzlich unterstrichen.

Die monolithischen Säulen der Peristase, noch mit nur flachen Kanneluren und ohne Entasis, stehen sehr dicht nebeneinander. Der Abstand betrug nicht einmal den Durchmesser einer Säule, so daß sich die weitausladenden archaischen Kapitelle am Abakus beinahe berührten und eine durch die gedrängte Folge der Triglyphen bedingte eigenartige Form der Metopen entstand. Die Säulen befanden sich noch nicht in gleicher Linie mit den Anten der Cellawände, und der hohe Architrav (2,15 m) steht auch noch in keinem ausgewogenen Verhältnis zu ihnen. Der obere Teil des Tempels war mit polychromen Tonplatten verkleidet, doch zumindest der Mittelakroter bestand aus Stein (die Reste sind im Archäologischen Museum ausgestellt, ebenfalls ein Modell und ein Querschnitt des Tempels; s. S. 190). Der Tempel weist auf der oberen Krepisstufe der Ostfront eine bemerkenswerte Inschrift auf, vielleicht eine Architektensignatur (s. S. 35).

S. Pietro

Die Kirche des hl. Peter (10) liegt nicht weit vom Apollon- oder Artemistempel entfernt in der Straße, die auch den Namen des Heiligen trägt. Der Legende nach soll der Bischof Germanus in der zweiten Hälfte des 4. Jh. auf Ortygia vier Kirchen, u. a. eben auch S. Pietro, errichten lassen haben. Das reich verzierte Portal stammt aus dem 14. Jh. Im Innern sind die Reste der ersten Kirche, einer kleinen Basilika, noch gut zu erkennen. Enge, hohe Bogen teilen den Innenraum in drei Schiffe, von denen nur das mittlere von einer Apsis abgeschlossen war. Die Bogenform des Kircheninnern spiegelt sich in den äußeren Blendarkaden wider.

Im 7. und 8. Jh. wurde die Kirche radikal verändert und die Fassade in den Osten anstatt gen Westen verlegt; doch kehrte sie wieder an die ursprüngliche Seite zurück, als im 14. Jh. die Kirche im damals modernen Stil der spanischen Gotik umgewandelt wurde. Die Bogen aus dieser Zeit wirken imposant und doch zart.

Auf dem Festland

Archäologischer Park

Der ›Parco monumentale della Neàpoli‹ (11) umfaßt das griechische Theater mit dem benachbarten Heiligtum des Apollon Temenites, das römische Amphitheater, den Altar

Hierons II., die Latomia del Paradiso (Latomia ist ein antiker Steinbruch) mit dem ›Ohr des Dionysios‹ und der Seilergrotte, die Latomia Intagliatella und die Latomia di S. Venera sowie die Nekropole ›dei Grotticelli‹ mit dem sog. Grab des Archimedes. Der Park wurde zwischen 1952 und 1955 eröffnet, ist aber meist nur in seinen wichtigsten Teilen zugänglich.

Rechts am Eingang des Parks liegt die kleine, oft übersehene Kirche der Seiler, **S. Nicolò dei Cordari** (1) aus dem 11. Jh. Original aus der Bauzeit stammen die Seitenwände und die Apsis mit drei schmalen Fenstern. Unter der Kirche befindet sich ein großes, rechteckiges Becken: der einstige Wasserbehälter zum Fluten des Amphitheaters, zu dem das Wasser mittels eines Kanals geleitet wurde. Das Bassin (20 × 7 m) ist durch 14 Pfeiler in drei Schiffe geteilt; die Römer bauten es aus einem Teil der zu der Latomia del Paradiso führenden griechischen Zugangsstraße, deren Wände ehemals dicht mit Votivtafeln behangen waren; von diesen blieben jedoch nur die flachen, rechteckigen Befestigungsnischen erhalten.

Die Besichtigung beginnt obligatorisch beim Eingang zu dem griechischen Theater und der **Latomia del Paradiso**. Auf dem Weg dorthin bietet sich nach rechts ein schöner Blick auf die letzteren: Der ehemalige Steinbruch präsentiert sich heute als ein 20 bis 45 m tief liegender Garten – einst war er nicht zum Himmel hin offen, sondern unterirdisch. Die Griechen holten ihr Baumaterial aus der Tiefe, da das Gestein in den unteren Schichten kompakter ist und Kalkstein sich außerdem in feuchtem Zustand sehr leicht bearbeiten läßt. So entstanden riesige Grotten, deren Gewölbe mit stehengelassenen Pfeilern gestützt wurden, jedoch im Verlauf der Zeit einstürzten. Einige der Abstützpfeiler befinden sich noch an

Archäologischer Park, Syrakus: 1 S. Nicolò dei Cordari   2 Altar Hierons II.   3 griechisches Theater   4 Heiligtum des Apollon Temenites   5 sog. Gräberstraße   6 Nymphäum   7 spanische Wassermühle   8 ›Ohr des Dionysios‹   9 Seilergrotte   10 römisches Amphitheater   11 Nekropole dei Grotticelli und sog. Grab des Archimedes   12 geradlinige Cavea   13 Ausgrabungen (nicht zu besichtigen)

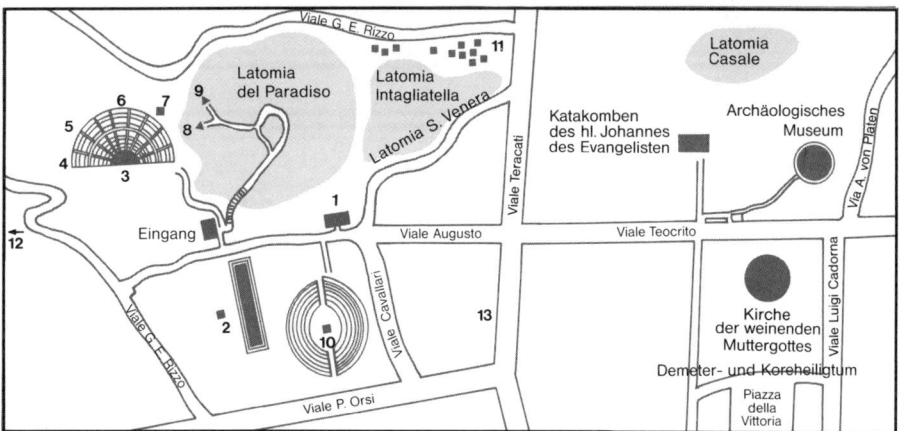

OSTKÜSTE / SYRAKUS

Ort und Stelle, und auf der Höhe des einen kann man Reste eines Bauernhauses aus dem 16. Jh. erkennen. Bis dahin muß die Latomie also noch überdacht gewesen sein, womöglich bis zu dem starken Erdbeben von 1542.

Zur Linken sieht man den riesigen **Altar Hierons II.** (2); nur sein direkt aus dem Felsen gearbeiteter Teil blieb erhalten. Wie die meisten Denkmäler von Syrakus lieferte auch er im 16. Jh. das Baumaterial zu den spanischen Festungsanlagen. Die große technische Fähigkeiten verlangende Art des Bauens oder besser ›Herausbauens‹ aus dem Felsen war in der hellenistischen Epoche, zu deren Mammutbauten dieser Altar, der größte Opferaltar der Antike, zählt, sehr beliebt. Genau ein Stadion lang (198 × 22,80 m), wurde er zwischen 241 und 215 v. Chr. errichtet.

Er diente als öffentliche Opferstätte beim Fest des Zeus Eleutherios (Zeus des Befreiers), zu dessen Ehren jährlich 450 Ochsen geopfert wurden. Auf der Felsbasis ruhte eine Plattform aus Quadersteinen, und auf dieser erhoben sich drei Altäre in Form von Stufenpyramiden, auf denen die Opferfeuer loderten. Über an beiden Enden der Westseite angelegte Rampen wurden die Opfertiere auf die Plattform gebracht. Einige Stufen führten zu den Eingängen, die von tragenden Figuren flankiert waren – von der rechten des Nordeingangs sind noch die Füße erhalten. Ein Fries mit Löwenkopf-Wasserspeiern zog sich rings um das Gebäude.

Der Altar grenzte an einen heiligen Bezirk, der, mehreren Votivdepots nach zu urteilen, schon vor der Errichtung des Altars bestand. Im 1. Jh. v. Chr. wurde er mit einem Portikus umgeben, an dessen Westseite ein doppeltes Propylon die Verbindung mit der Umgebung herstellte. Im Innern des Bezirks wurden fünf Reihen der dem Zeus heiligen Pinien gepflanzt, und im Zentrum wurde ein rechteckiges, mit Drainagen versehenes und mit Stuck

Syrakus, Altar Hierons II. (Rekonstruktion des Zustands im 3. Jh. v. Chr.): 1 eigentlicher Altar (heute noch sichtbarer Teil, s. Foto) 2 Straße 3 Wasserbecken 4 Pinienbäume 5 Portikus 6 Propyläen

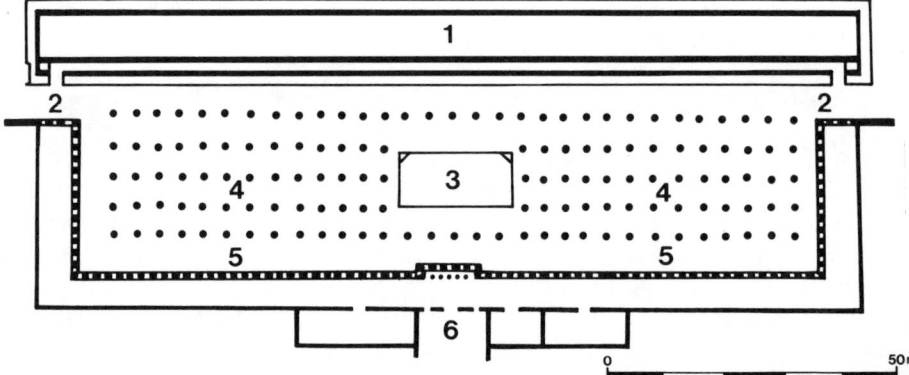

verputztes Bassin angelegt. In seiner Mitte stand eine Zeusstatue, deren Sockel erhalten ist. An den Ecken führten Stufen ins Wasser (das Gelände ist für Besucher nicht zugänglich, aber gut von der Zugangsstraße des Theaters zu überblicken).

Wir betreten nun das **griechische Theater** (3; s. Abb. 19). Syrakus, Athen und später auch Alexandria waren die berühmtesten Theaterzentren der griechischen Welt. In Syrakus fand 472 v. Chr. wahrscheinlich die Uraufführung der ›Perser‹ des Aischylos statt. Sicher ist, daß vier Jahre später die Tragödie ›Die Ätnäen‹ desselben Dichters das erste Mal aufgeführt wurde. Mit Epicharmos entstand hier die Komödie und die Mimik, wenngleich letztere nur im Straßentheater gebräuchlich war. Die Komödiendichter Pharmides und Deinolochos waren ebenfalls Syrakusaner.

Die Existenz eines Theaters ist seit dem 5. Jh. v. Chr. belegt, und der Mimus Sophron, ebenfalls ein Bürger der Stadt, nennt sogar den Namen des Architekten: Demokopos, der den Spitznamen Myrilla erhielt, weil er zur Eröffnung unter dem Publikum Parfumfläschchen *(Myroi)* verteilen ließ. Vielleicht handelte es sich bei diesem ersten Theater um die **geradlinige Cavea**, die in den fünfziger Jahren nicht weit entfernt von dem hellenistischen Theater gefunden wurde (12; von der Straße G. E. Rizza gut zu sehen), aber sicher nicht um das große Theater, das als Beispiel der Vollendung der griechischen Theaterarchitektur gilt.

Dieses wurde unter Hieron II. um 230 v. Chr. errichtet. Während der Römerzeit wurde es erst in eine Arena, später in ein Odeon verwandelt. In der Spätantike und in byzantinischer Zeit diente es den Christen als Beerdigungsstätte. Im 16. Jh., unter der Regierung Karls V.,

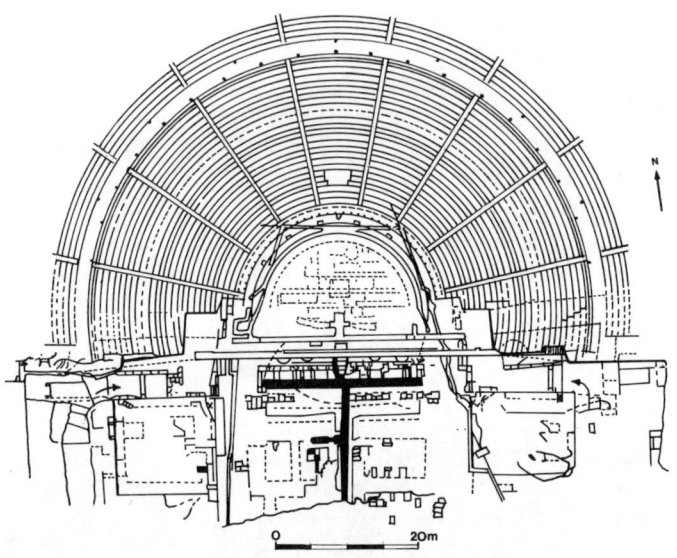

Grundriß des griechischen Theaters von Syrakus

wurde es zum Steinbruch und schließlich durch Reaktivierung der antiken Wasserleitung zum Standort mehrerer Wassermühlen. Über 300 Jahre floß das Wasser über die Stufenreihen und spülte sie aus.

Das Theater ist das flachste aller griechischen Theater. Der Höhenunterschied zwischen Orchestra und oberer Stufenreihe der Cavea beträgt nur 19,10 m, der Durchmesser dagegen 138,60 m. Die zwei kantigen Felsblöcke bildeten den unteren Teil der Paraskenia. Sie sind Bestandteil des ehemaligen Hügels, aus dem das Theater ›herausgeschält‹ wurde: An ihrer Höhe läßt sich abschätzen, welch immense Abtragungsarbeit geleistet wurde. Vor dem Bühnengebäude, das wohl drei Stockwerke besaß, lag die heb- und senkbare Holzbühne, darunter verlief der tiefe, enge und kanalähnliche Quergang. Dieser diente zur Unterbringung von Theatermaschinen, die zum Heben der Kulissen und für bewegliche szenische Effekte nötig waren. Vor der eigentlichen Bühne konnte eine zweite, schmale Holzbühne mit vorgelagerten Stufen aufgerichtet werden.

Die Orchestra war durch zwei Passagen *(Paradoi)* von außen her zugänglich. Die Cavea ist in neun Sektoren *(Cunei)* unterteilt. Jeder war einem Mitglied der Herrscherfamilie gewidmet, der zentrale Sektor blieb Zeus vorbehalten. An der Wand des Quergangs *(Diazoma)* sind einige der eingemeißelten Widmungsinschriften noch deutlich zu lesen. Über der Cavea lag eine große Terrasse, die gegen Norden und Westen von Säulenhallen abgeschlossen war, die dem Publikum Schutz gegen eventuellen Regen boten.

Die römischen Umbauten waren erheblich: Das Bühnengebäude wurde zurückgesetzt, nach außen hin erhielt es einen großen Portikus *(Porticus post scaenam)*. Die 17. Sitzreihe wurde entfernt, in der Mitte des Auditoriums ein Raum für die Plätze hoher Persönlichkeiten freigeschlagen, und die unteren zwölf Sitzreihen wurden neu und weniger breit gestaltet, indem man auf die Trennung der leicht erhöhten Sitzflächen vom dahinterliegenden niedrigen Rand zum Aufstellen der Füße verzichtete. So gelang eine weitere Vergrößerung von 2,55 m im Umkreis der Orchestra, die nun einer Arena glich. Ein hohes Gitter umschloß die Arena, um die Zuschauer während der Spiele vor den wilden Tieren zu schützen. Ein Teil der äußeren Sektoren des Zuschauerraums fiel den Eingängen für Gladiatoren und Tiere zum Opfer.

Nachdem die Römer im 3. Jh. ihr Amphitheater errichtet hatten, wurde das ehemalige griechische Theater wieder für Schau- und Hörspiele genutzt und die Arena/Orchestra mit einem mehrfarbigen Marmorfußboden versehen. Die unteren Sitzreihen erhielten eine Marmorverkleidung.

Westlich vom Theater liegen die Reste des **Heiligtums des Apollon Temenites** (4) vom Ende des 7. Jh. v. Chr. Der ihm angeschlossene kleine heilige Bezirk wurde beim Bau des Theaters diagonal von einer Mauer durchschnitten. Weiter nördlich befindet sich einer der zwei oberen Zugänge, die **sog. Gräberstraße** (5), die tief in den Felsen eingeschnitten ist. Sie hat eine Länge von 150 m, und ihre Wände waren mit Bildern der Ahnen- und Heldenkulte regelrecht übersät. In der letzten Kurve (links) blieben zwei kleine Reliefs erhalten, die reitenden Dioskuren und Triptolemos in einem von Drachen gezogenen Wagen.

Die mehr oder weniger tiefen Grotten sind christliche Grabkammern, teils in Kreuzform angelegt. Die einzige griechische Grotte stellt ein **Nymphäum** (6) oder Musaion dar, ein Brunnen, der einst mit den Statuen der Musen geschmückt war; drei der Statuen wurden gefunden. Das Wasser wurde von einer in der Antike besonders verehrten Quelle in der Nähe von Pantalica hergeleitet. Die Felswand zierte einst ein dorischer Fries, die Treppe rechts neben dem Musaion war Teil des zweiten oberen Zugangs. Eine der **spanischen Wassermühlen** (7) wurde als geschichtliches Beweisstück stehengelassen. Die tiefen Rillen und das abfallende Gelände mit den tiefen Radspuren sind Zeugnisse des 16. Jh.

Im Nordwestwinkel der Latomia del Paradiso öffnet sich das ›**Ohr des Dionysios**‹ (8), eine künstliche Grotte von 65 m Länge, 5–11 m Breite und 23 m Höhe, die sich nach oben hin beinahe zu einem Spitzbogen verjüngt. Sie folgt in leicht S-förmigen Windungen dem Lauf einer ehemaligen Wasserleitung. Ihren Namen erhielt die Grotte von dem Maler Caravaggio, der 1586 bei seinem Besuch in Syrakus – angeregt durch die leicht an die Öffnung des menschlichen Ohres erinnernde Form des Eingangs und durch das akustische Phänomen, wodurch jedes Geräusch um das Zweiundvierzigfache verstärkt wird – die Theorie aufstellte, daß der Tyrann Dionysios die Grotte habe bauen lassen, um sie als Kerker zu benutzen und ungesehen an der Öffnung, die am Ende der Grotte oben links liegt, die Gefangenen belauschen zu können. Jüngere Ausgrabungen brachten Spuren eines Demeterheiligtums auf dem Plateau über der Grotte ans Licht, und die Theorie, daß das Phänomen der Lautverstärkung zu zeremoniell-religiösen Zwecken genutzt wurde, ist wohl wirklichkeitsnäher als diejenige Caravaggios. Auf eine sakrale Funktion der Grotte deuten auch kürzlich entdeckte Reste eines monumentalen Eingangs.

Die malerische **Seilergrotte** (9; s. Abb. 11), in der noch Spuren des antiken Steinabbaus zu sehen sind, befindet sich ganz in der Nähe. Jahrhundertelang übten Seiler ihren Beruf in der Grotte aus, da die hohe Luftfeuchtigkeit die Hanfverarbeitung erleichterte. (Seit 1987 ist die Grotte wegen Steinschlaggefahr nicht mehr zugänglich; aus demselben Grund bleibt auch der Durchgang zur Latomia Intagliatella geschlossen, von der aus eine weitere Verbindung zur Latomia di S. Venera besteht.)

Die Sarkophage an der Zugangsstraße zum **römischen Amphitheater** (10) stammen aus den Nekropolen von Syrakus und Megara Hyblaea (4./3. Jh. v. Chr.). Das römische Amphitheater, im 3. Jh. erbaut, war eines der größten des Imperium Romanum: Seine Ellipse mißt 140 × 119 m (s. Abb. S. 56). Die eigentliche Arena (70 × 40 m) umgibt ein Sockel, unter dem ein gewölbter, 1,60 m hoher Gang entlangläuft, durch den Gladiatoren und Tiere in die Arena gelangten. Die Sitzplätze auf dem Dach des Ganges waren den wichtigsten Persönlichkeiten vorbehalten und mit einer Balustrade gegen die Tiere geschützt. Von dieser Balustrade haben sich einige abgerundete Schlußsteine erhalten, auf denen die eingemeißelten Namen der Platzbesitzer zu lesen sind. Die Funktion des Beckens im Zentrum der Arena, zu dem zwei Kanäle führen, ist ungewiß.

Parallel zu der heutigen Via Orsi sind noch ein Stück der gepflasterten römischen Straße, die Grundmauern hellenistischer Häuser und, an der Kreuzung zur Via Cavallari, die Pfeilerreste eines Ehrenbogens aus der Zeit des Augustus zu sehen.

Über der Latomia di S. Venera liegt die **Nekropole dei Grotticelli** (11), die sich, vom Krankenhaus ausgehend, längs des ganzen Hügels bis zum griechischen Theater hinzieht. Sie diente ab dem 7. und während des 6. Jh. v. Chr. den Griechen und später den Römern als Beerdigungsstätte. Dicht bei der Straße liegt das sog. **Grab des Archimedes,** das in Wirklichkeit ein römisches Columbarium aus der Zeit zwischen dem 1. Jh. v. und dem 1. Jh n. Chr. darstellt. An den Innenwänden sieht man in zwei horizontalen Reihen die Nischen für die Aschenurnen. Nekropole und ›Grab des Archimedes‹ sind z. Z. nicht zugänglich, von den Verkehrsstraßen aus jedoch gut sichtbar.

Archäologisches Museum

Das ›Museo Archeologico regionale Paolo Orsi‹ (12) liegt im Park der Villa Landolina. Es wurde zwar 1988 eröffnet, ist aber noch nicht in allen Abteilungen dem Publikum zugänglich. Das Erdgeschoß enthält die Magazine und Laboratorien des Museums, der erste Stock die archäologischen Exponate von der Vorgeschichte bis zum Beginn des Hellenismus. Für die Funde der hellenistischen Zeit, der römischen Kultur und der Spätantike sind die oberen Räumlichkeiten vorgesehen. Informationen über das Museum, den Aufbau der Sammlungen und verschiedener Details der drei Sektoren sind in einem zentralen Raum übersichtlich zusammengestellt (Mo geschlossen).

Sektor A beginnt mit einer graphischen Dokumentation der geomorphologischen Entstehung Siziliens und der stratigraphischen Folge der Fauna der Insel während des Quartärs. Aus sizilianischen Grotten stammen die Zähne und Knochenreste längst ausgestorbener Dickhäuter *(Elephas antiquus),* die in Erdschichten gefunden wurden, welche noch keine Spuren menschlicher Existenz enthalten. Ein in der Vitrine ausgestellter Schädel eines dieser Tiere mit der tiefen zentralen Nasenhöhle läßt die Theorie glaubhaft erscheinen, daß die Griechen diese Knochen als Überreste großer, menschenähnlicher Wesen mit einem Auge auf der Stirn betrachtet haben könnten und so der Mythos der Zyklopen entstanden sei.

Die ersten Zeugnisse menschlichen Daseins fallen in das mittlere Paläolithikum. Die ›Neolithische Revolution‹ setzte in Sizilien mit der Kultur von Stentinello ein. Während dieser ersten Agrarkultur tauchte um 5000 v. Chr. erstmalig die Keramik auf, im Vergleich zum übrigen Mittelmeerraum relativ spät. Auf künstlerischem wie technischem Gebiet stellte die Stentinello-Kultur im Rahmen der übrigen Mittelmeerkulturen die fortschrittlichste dar, und sie wurde nach Sizilien auch in ihrer bereits voll entwickelten Form eingeführt: Die Dekoration, oft sehr fein eingeritzt, andere Male nur durch Eindrücken der Fingernägel oder der wie Rollsiegel benutzten Kardiummuschel erzielt, wurde vor dem Brennen ausgeführt, die Einkerbungen wurden dann nach dem Brennen des öfteren mit einer weißen Masse ausgefüllt.

Die Kultur von Castelluccio (19.–15. Jh. v. Chr., frühe Bronzezeit) gehört in den Kreis von Malta, Troja II und III sowie Lerna. Neu ist hier die Monumentalisierung der Gräber: Die Grabkammern wurden in den Fels gemeißelt und mit schweren Steinplatten verschlossen; zwei Beispiele solcher Türen sind ausgestellt.

Für die nun folgende Kultur von Thapsos (15.–13. Jh. v. Chr., mittlere Bronzezeit) sind neben den hochfüßigen Leuchtern die eindrucksvollen hochstieligen Becken typisch, mit einem flachen, zungenförmigen

Steinerne Grabtüren aus der Kultur von Castelluccio (1800–1400 v. Chr.); man nimmt an, daß die Symbolik mit einem Glauben an die Wiedergeburt in Verbindung stand, Archäologisches Museum von Syrakus

Henkel versehen, der weit über den Rand hinausragt; der Nutzen dieser Lebes-Gefäße (griechisch Kessel, beckenförmiges Gefäß) ist unbekannt.

OSTKÜSTE/SYRAKUS

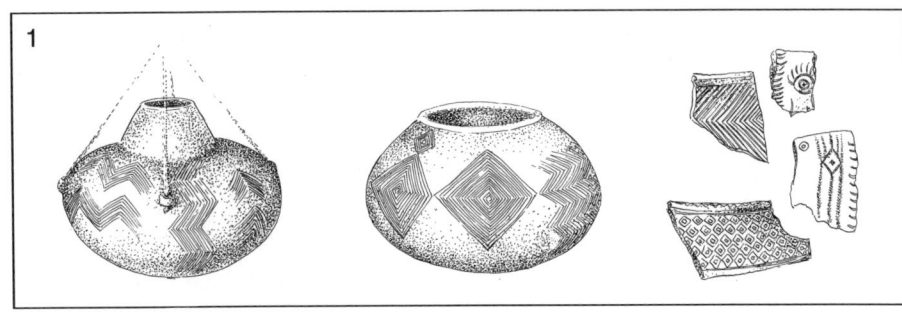

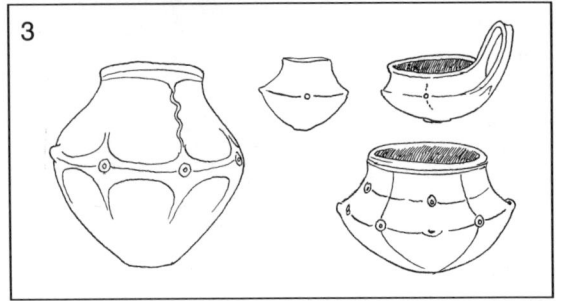

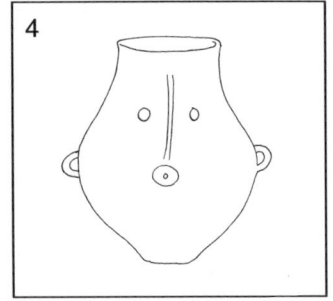

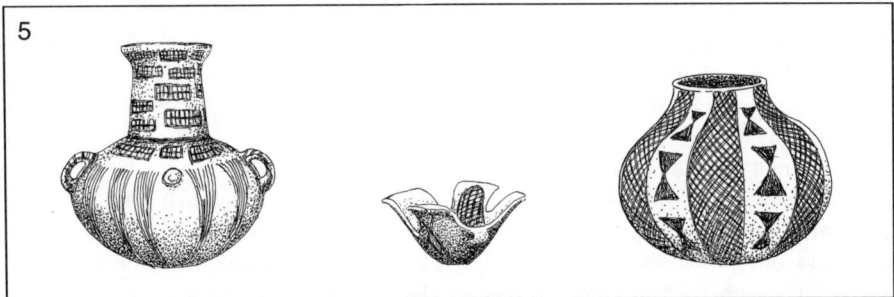

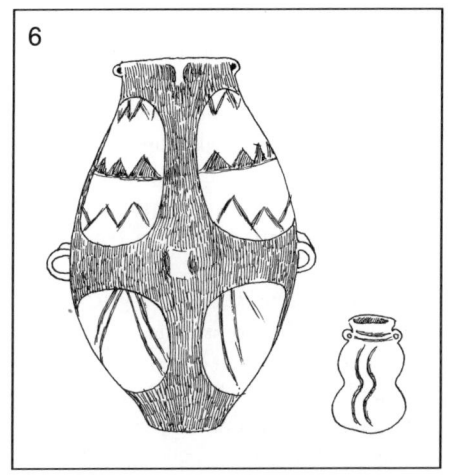

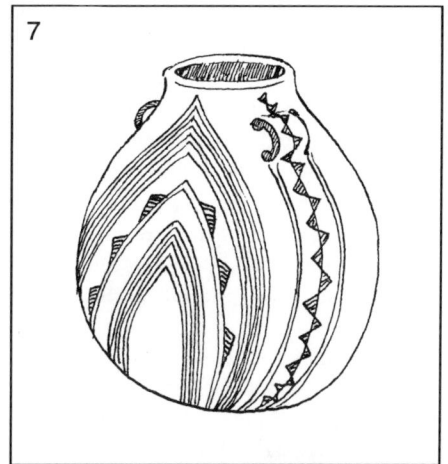

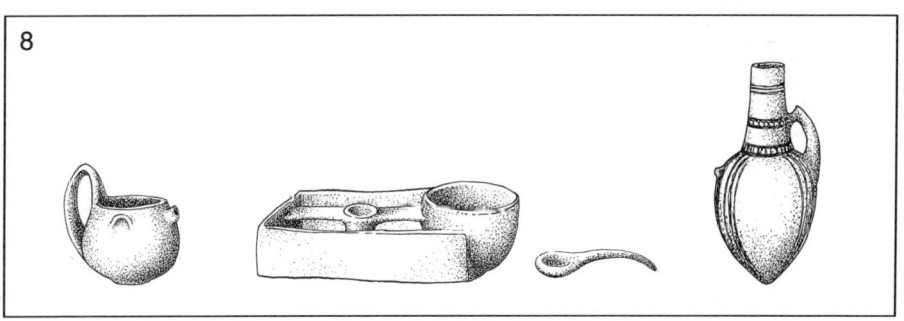

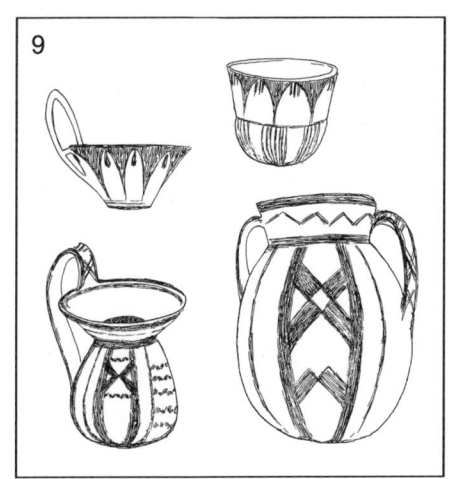

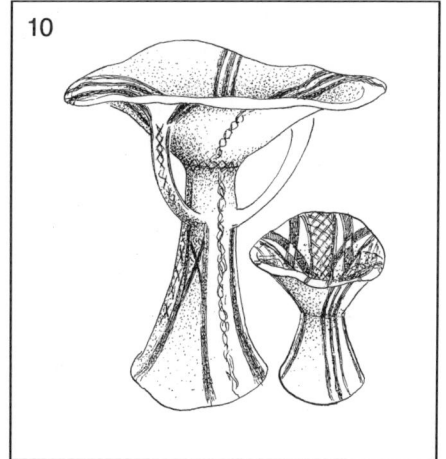

Die Gräber übertreffen an Größe diejenigen der vorangegangenen Kultur; Beigaben sind besonders reich und umfassen neben Keramik Gegenstände aus Knochen, Bronze, Glaspaste und – in selteneren Fällen – Silber und Gold. Die Kultur von Thapsos endete im Rahmen der allgemeinen Völkerverschiebungen der späten Bronzezeit im Mittelmeerraum, die in antiken Quellen als die ›Invasion der Seevölker‹ bezeichnet werden.

In Ostsizilien entstand als mächtigste Stadt Pantàlica (Hybla), die der letzten eigenständigen Kultur den Namen gab (13.–7. Jh. v. Chr.). Danach beginnt die Epoche der griechischen Kolonisation. Die Herstellung der Keramik wurde durch die Erfindung der Töpferscheibe perfektioniert; die mattrote Farbe schimmert in einem warmen Ton. Metallarbeiten sind jetzt sehr häufig vertreten, da das Metall inzwischen zum Allgemeingut geworden war: Aus einem Stück mit dem Griff gegossene Handspiegel und Messer finden sich nun in jedem Grab. Die besondere Art Rasiermesser mit flammenförmiger Schneide hat man bislang beinahe ausschließlich in Sizilien gefunden. Von großer Bedeutung für den Archäologen sind ferner die Fibeln (Gewandschließen); ihre wandlungsreiche Form kann bei der Datierung eines Fundes von großer Hilfe sein.

Der **Sektor B** präsentiert die griechischen Kolonien in der ionisch-dorischen Trennung, wobei die ersten durch Naxos, Leontinoi und Katane, die letzteren durch Megara Hyblaea und Syrakus vertreten werden.

Die Fundstücke aus Naxos beschränken sich auf Totenbeigaben und archaische Terrakotten aus dem Wohnviertel. Interessant sind die Reste eines Frieses, an dem die antike Bemalung noch gut zu erkennen ist. Die Stirnziegel aus Ton waren die wichtigsten handwerklichen Produkte der Stadt. Das wichtigste Stück aus der Sammlung von Leontinoi stellt zweifelsohne der herrliche

◁ **Keramik im Archäologischen Museum von Syrakus** *Neolithikum:* 1. Typische Formen der *Kultur von Stentinello,* mit vor dem Brennen eingeritztem Dekor und abstrahierten ›Augenmotiven‹, die vor allem in der Umgebung des Ätna natürlich wiedergegeben und mit Wimpern versehen wurden (5. Jt. v. Chr.). 2. *Kultur von Capri* mit dem typischen ›Flammenmuster‹ auf hellem Grund, rot mit schwarzer Umrandung (5. Jt. v. Chr.). *Kupferzeit:* 3. Typische halslose Formen der *Kultur von S. Cono-Piano Notaro,* mit sparsamen Verzierungen; häufig gefunden wurden die Schöpftassen mit den hohen Henkeln (Anfang des 3. Jt. v. Chr.). 4. *Kultur von Conzo* (Anfang des 3. Jt. v. Chr.). 5. *Kultur von Serraferlicchio:* runde Formen mit gemalten Zierstreifen, die sich zum Boden hin verjüngen (3. Jt. v. Chr.). 6. Bemalte Vase der *Chiusazza-Kultur.* 7. *Kultur von Capaci:* runde, halslose Form mit präziser geometrischer Bemalung. 8. *S. Ippolito-Kultur:* Die Gefäße sind sparsam mit geometrischen Linien verziert; für die eigenartige, häufig gefundene Form des Beckens gibt es noch keine sichere Erklärung. *Bronzezeit:* 9. Mit der *Kultur von Castelluccio* wird eine exaktere Datierung möglich: Sie erstreckt sich über eine Spanne von 1800–1400 v. Chr.; auffällig sind die hohen, oft ausladenden Ränder der immer bemalten Keramik im Osten Siziliens (auf den Liparischen Inseln setzt ungefähr gleichzeitig die Kultur von Capo Graziano ein). 10. Zur gleichen Zeit besteht im Nordwesten die sog. *Kultur von Naro* mit Gefäßen auf hohem Sockel (Formenverwandtschaft mit der Kultur von Thapsos und der des Milazzese).

spätarchaische Kouros vom Beginn des 5. Jh. v. Chr. dar (s. Abb. 30).

Megara Hyblaea erfährt von der Glanzzeit seiner Gründung im 8. Jh. bis zu seiner ersten Zerstörung 483 v. Chr. eine ausführliche Dokumentierung. Von dort stammen die aufschlußreichsten Beispiele archaischer Skulptur, die man bis heute in Sizilien gefunden hat. Der Marmorkouros, datiert um 560/50 v. Chr., wurde von dem Arzt Som(b)rotidas, dem Sohn des Mandrokles, als Gedenkstatue errichtet, wie die Inschrift auf dem rechten Oberschenkel besagt (s. S. 41 und Abb. ibd.) Ein Glanzstück des Museums ist die in den Nekropolen der Stadt gefundene Statue aus bemaltem Kalkstein (6. Jh. v. Chr.), die eine Muttergöttin beim Stillen von Zwillingen darstellt *(Kourotrophos)*; sie gilt als das Abbild der ›Urmutter‹, die die vorgeschichtlichen Völker Siziliens verehrten (s. Abb. 25).

Ein kleines Keramikfragment in der Vitrine, aus dem 7. Jh. v. Chr., stellt fünf an einem Tau ziehende Männer dar. Weit entfernt von der üblichen archaischen Ikonographie ist jeder der Männer individualisiert durch eine verschiedene Haartracht, einen unterschiedlichen Bart und ein andersfarbiges Gewand. Die sich überkreuzenden Beine unterstreichen den Rhythmus und die Lebensfülle der Komposition und geben dem Bild eine Raumtiefe, die perspektivisch wirkt, obwohl die Füße alle auf der gleichen Grundlinie stehen.

Die ausgestellten Grabbeigaben der Nekropolen sowie Keramikfunde aus dem Wohngebiet und den Sakralbezirken bieten einen ausgezeichneten Überblick über die einheimische Produktion und die importierten Waren aus Korinth, Argos, Rhodos, Athen, Lakonien und Ionien. Im Korridor, der zu den Ausstellungsräumen der Stadt Syrakus selbst überleitet, ist vorübergehend die Venus Anadyomene aufgestellt (auch Venus Landolina genannt; s. Abb. 26). Bei diesem bekannten Werk handelt es sich um die römische Kopie eines beliebten Typus aus dem 2. Jh. v. Chr.

Die Dokumentation zu Syrakus beginnt mit den Funden von der Insel Ortygia. Die meisten der ausgestellten Stücke kamen bei Ausgrabungen in den sakralen Bezirken des Athenaion und des Apollonion zutage. Im antiken Stadtteil Achradina in der Nähe des Demeter- und Koreheiligtums wurden die Reliefs und Statuenfragmente gefunden, die über die Bildhauerkunst der archaischen und klassischen Zeit Aufschluß geben – eigenartig ist der geschürzte Kouros vom Beginn des 5. Jh. v. Chr.

Die Ausgrabungen der ältesten und bekanntesten syrakusanischen Nekropole, Contrada Fusco, brachten einen besonderen Reichtum an Vasen zum Vorschein. Die Sammlung ist für die Kenntnis der griechischen Keramik aufschlußreich, da sie lückenlos die Entwicklung von den letzten Jahrzehnten des 8. Jh. v. Chr. bis hin zur hellenistischen Epoche dokumentiert (Vitrinen 188–206; s. Abb. 23, 24, 27, 28). Die in chronologischer Folge aufgereihten Grabausstattungen enthalten zahlreiche Variationen importierter Waren: Von Syrien bis Ägypten, von Zypern bis Griechenland, von Rhodos bis Etrurien sind alle damals bekannten Produktionszentren vertreten; die Waren aus der Mutterstadt Korinth überwiegen allerdings quantitativ. Man beachte die kleinen hocharchaischen Aryballoi (Parfumbehälter, 725–700 v. Chr., Vitrine 188) und das kleine Bronzepferd aus derselben Zeit; auch das aus dem Orient stammende Alabastron (Balsambehälter) und das protokorinthische Väschen in Form einer Löwin besitzen Seltenheitswert (Vitrine 190).

Von hoher Qualität sind die korinthischen und protokorinthischen Vasen, die zwei Terrakottastirnziegel in Form von Mädchenköpfen sowie die attisch-rotfigurige, vom Maler Polygnotos signierte Pelike (Vitrine 205). Die großen, im orientalischen Stil bemalten Kratere sind syrakusanische Arbeiten.

Nach den Grabbeigaben folgen Exponate von den Tempeln: Die tönernen architektonischen Teile vom Dekor des ältesten Tempels, des Apollonions, leiten die Ausstellung ein, und zwei Modelle des Heiligtums geben über die Besonderheiten des archaischen Gebäudes Aufschluß. Es folgen die Modellrekonstruktionen des ionischen und des dorischen Athenatempels, die den Unterschied der beiden Ordnungen auf einen Blick faßbar machen, sowie Teile des Tempeldekors, u. a. eine Terrakottagorgone (s. S. 42 und Abb. ibd.).

Der Sektor B schließt mit den Ausstellungsstücken der außerstädtischen Tempel und Heiligtümer der Stadt Syrakus: der Sakralbezirk des Apollon Temenites und der der Athena aus dem 7. Jh. v. Chr. bis in hellenistische Zeit, das Heiligtum der Kyane (Anfang 6. Jh. v. Chr.), die Artemisheiligtümer von Belvedere und Scala Greca, die beide ihre Blütezeit vom 5.–3. Jh. v. Chr. hatten, sowie der Zeustempel, der auf das 7. Jh. v. Chr. zurückgeht.

Sektor C enthält Material aus Eloro, den drei Subkolonien Akrai, Kasmenai, Kamarina und zahlreichen vorgeschichtlichen Siedlungen aus dem Hinterland der drei östlichen Provinzen, das deren Hellenisierung dokumentiert; außerdem die Funde der durch P. Orsi ausgeführten Ausgrabungen von Agrigent und Gela.

Die griechische Präsenz in Eloro, einem Vorposten der Stadt Syrakus, ist seit dem 8. Jh. v. Chr. gesichert. Einige der Funde stammen aus dem Wohnviertel der Stadt, doch bei den meisten handelt es sich um Votivgaben aus den zwei Heiligtümern der Demeter und Kore (Vitrine 226). Unter den Exponaten aus Akrai befinden sich die oberen Teile zweier thronender (jetzt kopfloser) Statuen aus Kalkstein; sie zeigen klare frühracharaische Stilelemente im Aufbau, in der Behandlung der Haare und des Faltenwurfs (Ende 7.–Anfang 6. Jh. v. Chr.).

Dem frühen ionischen Schema entspricht die in schlichten Formen gehaltene sitzende Göttin von Kasmenai aus der Mitte des 7. Jh. v. Chr. Ein Kalksteinrelief (570–560 v. Chr.) zeigt Kore mit einer Taube in der Hand. Beachtenswert ist auch die Matrize eines weiblichen Gesichts für eine Statue vom Ende des 7. Jh. v. Chr. (Vitrine 231).

Aus Kamarina stammt die Reiterfigur in der Mitte des Raums; der Akroter war Teil der Giebeldekoration eines Tempels aus dem 6. Jh. v. Chr. Zu einer attischen flachen, in Relief ausgebildeten Marmorstele aus der Zeit um 460–450 v. Chr. gehörte der Kopf des Kriegers. In den Vitrinen an den Wänden geben rot- und schwarzgrundige Kolonetten-, Kelch- und Glockenkratere sowie Hydrien, Peliken und Amphoren, aus fernen Ländern eingeführte Ware, aber auch italiotische oder sikeliotische und diverse Gefäße lokaler Produktion einen Eindruck von der je nach Ursprungsort unterschiedlichen Keramik.

Eine bedeutende Fundgruppe stammt aus Grammichele. Aus einem Heiligtum des

Bronzestatuette eines opfernden Jünglings aus Adrano, um 460 v. Chr.

6.–5. Jh. v. Chr. kommt, außer den Votivgaben, eine thronende weibliche Figur, die grob gearbeitet und auf kindlich anmutende Weise den Typus der sitzenden griechischen Göttin aus dem 6. Jh. v. Chr. wiedergibt. Sie steht in krassem Gegensatz zu der etwa gleichzeitigen sitzenden Kore (oder Demeter) mit dem zart angedeuteten ionischen Faltenwurf des Gewandes und dem geheimnisvoll lächelnden Gesicht (s. Abb. 29). Wenige Jahre jünger ist der wertvolle Torso, die Arbeit eines griechischen Künstlers um 500 v. Chr.

Interessant sind auch die Funde von S. Mauro und von Francavilla, einem wenig bekannten Zentrum. Die kleinen, sorgfältig ausgeführten Ton-Pinakes bilden hier einen Schwerpunkt; solche Bildchen – sie waren bunt bemalt, wie sich anhand der Farbspuren noch gut erkennen läßt – dienten nicht nur als Weihgaben, sondern schmückten auch die Wände der Wohnungen. Typisch für die *Magna Graecia* waren sie meist mit dem Kult der Demeter und Kore verbunden und galten vermutlich als glückbringend im Eheleben. In Cèntùripe wurde der herrliche Hausaltar in Hochrelief aus dem 6. Jh. v. Chr. gefunden. Die ausdrucksvolle kleine Bronze, die einen opfernden Jüngling darstellt, gilt als Werk aus dem Umkreis des Pythagoras aus Rhegion (Fundort Adrano). Gela und Agrigent sind mit Terrakottafragmenten der oberen Tempeldekorationen und Funden aus den Nekropolen vertreten, darunter eine Pelike mit der Signatur des Malers Polygnotos (Vitrine 300). Den Abschluß bildet eine wirkliche Rarität: drei kleine Holzfigürchen *(Xoana)* im früharchaischen Stil.

Katakomben des hl. Johannes des Evangelisten

Der Name ›Katakomben‹ geht auf eine alte Flurbezeichnung zurück und wird das erste Mal in einem Dokument des 9. Jh. für eine Begräbnisstätte der Via Appia, *ad catacumbas*, gebraucht. Heute bezeichnet dieser Begriff unterirdische Begräbnisstätten, insbesondere die der frühen Christen. Diese Art der Bestattung, die auch Beispiele in älteren Religionen kennt, kam neben der herkömmlichen Erdbestattung in der zweiten Hälfte des 1. Jh. in

Gebrauch. Zu Beginn wurden diese Friedhöfe gemeinsam mit den Juden benutzt, und hin und wieder wurde auch Andersgläubigen die Beerdigung gestattet. Erst später, im 6. Jh., setzte eine strenge Konfessionstrennung ein.

Die Christen legten ihre letzten Ruhestätten im Umkreis des Grabes eines besonders verehrten und als heilig betrachteten Verstorbenen an, um beim Jüngsten Gericht einem würdigen Fürsprecher nahe zu sein. Die Legenden, in denen diese unterirdischen Anlagen als geheime Zufluchtsstätten und periodischer Lebensraum der Christen zur Zeit der Verfolgungen galten, gehen auf das späte Mittelalter und das 16. und 17. Jh. zurück, als die Katakomben wiederentdeckt und teilweise erforscht wurden, was zu einer Romantisierung der frühchristlichen Geschichte führte.

Konstruktionstechnisch stellen die Katakombenanlagen Meisterleistungen dar. Die Arbeit wurde von besonderen ›Fossoren‹ unternommen, niederen Gemeindebeamten, die neben der technischen auch die künstlerische Ausführung vornahmen, d. h. die Wände verputzten und die Gräber mit einem Dekor versahen. Die Toten wurden, mehr oder weniger gut einbalsamiert (manche nur durch Kalk in den Gewandfalten) und in ein Laken gehüllt, in die Grabnischen eingemauert. Totenmahle gehörten zu den Riten der Totenverehrung, und die Beerdigungstage der Märtyrer wurden alljährlich zeremoniell in den Gängen der Totenstadt begangen.

Unter den bekannten Katakomben sind die von Syrakus neben denen Roms die am ausgedehntesten. Im Gegensatz zu letzteren sind die syrakusanischen indes geräumiger und insgesamt großzügiger angelegt. Während der Barbareneinfälle wurden viele der in den Katakomben aufbewahrten Reliquien aus Sicherheitsgründen in die Kirchen gebracht, so daß die Begräbnisstätten nicht länger Pilgerziele waren. Im 9. Jh. wurden sie auf der Suche

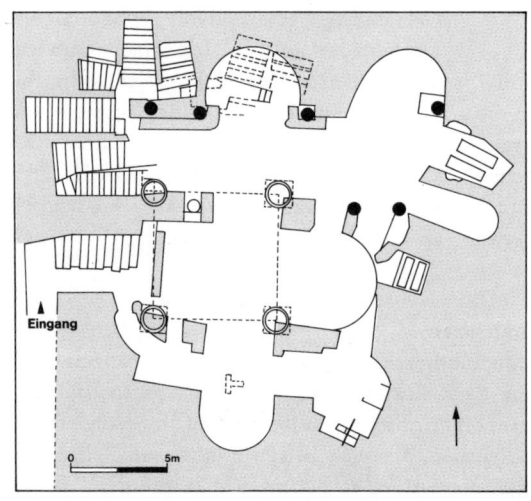

Grundriß der Krypta des hl. Marcian in den Katakomben des hl. Johannes des Evangelisten, Syrakus

nach Reliquien, die einen hohen ideellen und pekuniären Wert besaßen, nach verborgenen Schätzen durchwühlt und dadurch verwüstet.

Die Katakomben des hl. Johannes des Evangelisten (13) gruppieren sich um die Begräbnisstätte des ersten Bischofs von Syrakus, Marcian, der Mitte des 3. Jh. den Märtyrertod erlitt und dessen Grabmal bald ein Ort der Verehrung wurde. Im 4. Jh. wurde darüber der erste Dom von Syrakus, eine Basilika, errichtet und die vorherige Kultstätte als Krypta in den Bau einbezogen. Ungefähr gleichzeitig begann der Bau der Grabanlagen (315), der bis zum Ende des folgenden Jahrhunderts fortdauerte. Die Funktion als Dom verlor die Kirche im 7. Jh. Das erste Gebäude, S. Giovanni gewidmet, wurde bei der Einnahme von Syrakus durch die Araber vernichtet; an seiner Stelle entstand 200 Jahre später, zur Zeit der Normannen, ein neues Gotteshaus, das jedoch einem Erdbeben zum Opfer fiel. Von diesem Bau ist noch die Fassade mit der schönen Rosette erhalten, die jetzt die Seitenwand des Kirchleins bildet, das die Gläubigen nach der Katastrophe auf den Resten des mittelalterlichen Heiligtums errichteten. Bei der Gelegenheit wurde auch die Orientierung des Gebäudes verändert und unter Wiederverwendung des mittelalterlichen Materials ein Portikus gebaut (stark restauriert und z. T. in modernen Zeiten vergrößert; s. Abb. 20). Die letzte, endgültige Zerstörung war eine Folge der napoleonischen Kriege.

Innerhalb der Kirchenruinen blieben vom ersten Dom noch die Apsis aus fein gearbeiteten Quadersteinen und Teile der Säulen des Mittelschiffs erhalten. Die Sockelform erinnert an die dorischer Kapitelle – vielleicht wurden Bauteile des naheliegenden Demeterheiligtums wiederverwendet.

Eine Treppe führt hinunter zur **Krypta des hl. Marcian**, ohne Zweifel eine der ältesten christlichen Kultstätten (s. Abb. 21). Der ursprüngliche Eingang zum Grabmal lag bei der kleinen Treppe, an der eine einzelne Säule steht, die als Säule des Martyriums des Heiligen gilt. Seine Gebeine wurden im 6. Jh. in eine andere Nische umgebettet, in der ein grober Steinaltar die Stelle markiert, an der der hl. Paulus gepredigt haben soll. In der Mitte befinden sich vier Pfeiler aus der Normannenzeit, als die Kultstätte in etwa den Grundriß eines griechischen Kreuzes erhielt und die Pfeiler die ehemaligen Säulen ersetzten, die, als Füllmaterial verwendet, im Gemäuer noch zu sehen sind. Die Kapitelle stellen die Symbole der vier Evangelisten dar. An den Wänden befinden sich Spuren von Fresken, die vom 5. bis ins 17. Jh. reichen.

Die Katakomben des hl. Johannes sind in Syrakus die jüngsten. Bei ihrem Bau wurde eine griechische Wasserleitung zum Hauptgang erweitert, von dem die Nebengalerien abzweigen; diese wiederum führen zu fünf Rotunden, Plätzen mit Lichtschacht, die während des Baus zum Entfernen des Materials und danach zur Licht- und Luftzufuhr dienten. Wände und Fußböden sind mit Tausenden von Gräbern übersät, darunter viele unter Bogennischen (Arkosolien) liegende Familien- und Gemeinschaftsgräber der Berufsgenossenschaften, oft bis zu zwanzigfach hintereinander gereiht. Doch fehlen auch die individuellen Grabnischen und Familienkapellen nicht (s. Abb. S. 60).

Vom ehemaligen Wandschmuck zeugen nur mehr sehr blasse Spuren. Wo christliche Symbole zu erkennen waren, wurden sie in unserer Zeit grob nachgezogen, um sie deutli-

S. Lucia

Die erste Kirche S. Lucia (14) wurde im 6. Jh. an dem Ort errichtet, an dem die Heilige zu Beginn des 4. Jh. der Legende nach den Märtyrertod erlitt. Im 12. Jh. erneuerten die Normannen den alten Bau. Von dieser zweiten Kirche sind noch die Apsiden, die unteren zwei Ordnungen des Glockenturms und das Portal erhalten; die Rosette darüber stammt aus dem 14. Jh. In der ersten Hälfte des 17. Jh. erfuhr der Bau eine Modernisierung, nach dem großen Erdbeben von 1693 mußte er wiederhergestellt werden. Damals erhielt er den Portikus an rechter Seite und Vorderfront. Das Innere teilen Pfeiler in drei Schiffe. Im 17. und 18. Jh. wurde es dem jeweiligen Zeitstil angepaßt. Die bemalte Freibalkendecke geht auf das 14. Jh. zurück. Das Kreuz aus der Pisaner Schule über dem Triumphbogen stammt vom 13. Jh., das aus Holz bemalte Kreuz am vorderen Ende des linken Schiffs aus dem 15. Jh. Die Säule am rechten Pfeiler des Presbyteriums soll an dem Ort gestanden haben, wo das heilige Mädchen getötet wurde.

In der Apsis befindet sich ein Bild des Michelangelo Caravaggio (1573–1610), ›Die Grablegung der hl. Lucia‹ (1609). Caravaggios neuartiger Malstil verschaffte ihm schon zu Lebzeiten neben Bewunderern auch leidenschaftliche Gegner. Selbst seine religiösen Darstellungen besitzen eine schonungslose, in ihrer Zeit provokant wirkende Realitätstreue. Mit Vorliebe gab Caravaggio extreme Gemütsbewegungen wieder und bemühte sich, den seelischen Ausdruck der Figuren durch exzessive Gestik und Mimik spürbar zu machen. Mit der intensiven Nutzung der Gegensätze von Licht und Dunkelheit schuf er zudem einen Malstil, der die Kunst des Barock von den Gebrüdern Carracci bis zu Rubens, Rembrandt und Velazquez stark beeinflussen sollte.

Rechts vom Presbyterium führt eine Treppe zur Grabkapelle, einen halb in die Erde eingelassenen, achteckigen Bau des Giovanni Vermexio aus der ersten Hälfte des 17. Jh. Die

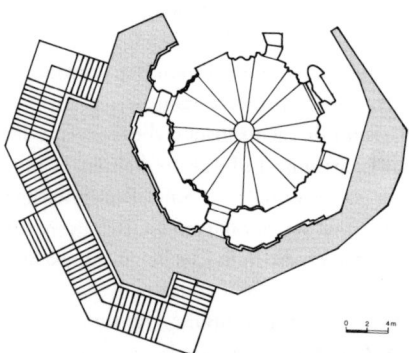

Grundriß der Grabkapelle der hl. Lucia von Giovanni Vermexio, Syrakus

Grabnische der Heiligen ist leer, denn ihr Körper wurde von dem byzantinischen Heerführer Georg Maniakes nach Konstantinopel gesandt, nachdem er das Grab hatte öffnen lassen und ihn unverwest vorgefunden hatte (s. S. 177). 1204 wurde er von dort durch venezianische Kreuzritter nach Venedig verschleppt. Die Statue unter dem Altar ist ein Werk von Gregorio Tedeschi (1634).

Unter der Kirche und dem ehemaligen Kloster erstrecken sich die **Katakomben der hl. Lucia**, deren Nutzung gegen 220 begann. Die größten Anlagen dieser Art auf Sizilien, noch nicht ganz freigelegt, besitzen einen überaus komplexen dreistöckigen Aufbau. Einige kostbare byzantinische Fresken blieben erhalten, doch können die Katakomben leider nicht besichtigt werden.

Die **Katakomben von Vignia Cassia (15)** wurden 256 begonnen und 275 erweitert; viele der originalen Malereien sind erhalten, die Gänge mit den noch älteren Katakomben von **S. Maria del Gesù (16; 220–230)** verbunden; sie alle, wie auch die **Katakomben von S. Diego**, stehen dem Publikum nicht offen – nur für Studienzwecke wird eine Sondergenehmigung zur Besichtigung erteilt.

Demeter- und Koreheiligtum

Südlich der modernen Kirche der Weinenden Madonna (Piazza della Vittoria) wurde bei Bauarbeiten ein antikes Wohngebiet freigelegt, das vom 6. Jh. v. Chr. bis in byzantinische Zeit besiedelt war und in dem sich ein Stück einer der antiken Straßen in Ost-West-Richtung erhalten hat, die vom 5. Jh. v. Chr. bis zum 3. Jh. n. Chr. in Gebrauch waren. Diese Straße bildete die Hauptverkehrsader des Stadtteils Achradina. Zwei übereinanderliegende Schichten der gleichen Straße sind zu erkennen: die untere aus Kalkstein mit tiefen Fahrspuren und eine in späterer Zeit angebrachte Pflasterung zur Erneuerung der abgenutzten Oberfläche.

In diesem Gebiet wurden auch die Überreste gefunden, die die Existenz des aus schriftlichen Quellen bekannten **Demeter- und Koreheiligtums (17)** bezeugen, das vom 5.–4. Jh. v. Chr. bestand, bis es schließlich von dem Karthager Himilkon ausgeraubt und danach aufgegeben wurde. Die Einschnitte im Felsboden zur Verankerung der Fundamente lassen den ehemaligen Tempel in seinen Maßen 10 × 18 m erkennen sowie einen Altar, der nahe östlich des Gebäudes stand. Nördlich davon wurde ein Votivschrein entdeckt, in dem Tausende von Weihgaben, meist weibliche Tonfigürchen mit den Symbolen der Göttinnen, dem Ferkel und der Fackel, aufbewahrt waren. Einige davon lagen noch in situ.

An der äußersten östlichen Seite des Gebietes wurde ein Brunnen ausgegraben, der sich an die östliche Umfassungsmauer des Heiligtums anlehnte. Von ihm sind noch ein Becken von 11,50 × 3,20 m und das dahinterliegende Wasserreservoir erhalten. Der Brunnen (5. Jh. v. Chr.) war direkt von der Straße aus erreichbar. Davor lag ein Portikus, von dem noch ein Teil des Bodenbelags aus Kalksteinblöcken sichtbar ist. Im 3. Jh. v. Chr. schlug man zur Verschönerung in die dahinterliegende Wand eine Nische und stellte in sie eine Statue aus Kalkstein. Im Archäologischen Museum kann man die photographische Dokumentation der Ausgrabungen verfolgen und die Funde besichtigen (s. S. 189).

OSTKÜSTE / SYRAKUS

Römisches Gymnasium

Ungefähr 250 m hinter dem Bahnhof, an der Straße nach Noto (Statale 115, die antike ›Elorina‹), liegt das sog. Römische Gymnasium (18), das eigentlich ein römisches Theater war. Die falsche Bezeichnung beruht auf der Tatsache, daß schriftliche Quellen über das Bestehen eines griechischen Gymnasiums zusammen mit dem Grab Timoleons in der Nähe der Agora berichten.

Die Ausgrabungen bestehen aus einem quadratischen Platz, der an drei Seiten (Norden, Süden und Osten) von einem Portikus eingefaßt war, an dessen Ostflanke ursprünglich ein Eingangspropylon existierte; heute liegt der Zugang an der Südostecke. Von der Süd- und Ostseite des Portikus stehen nur noch einige Grundmauern, zum Norden hin ist er dagegen besser erhalten. An der Nordwestecke führten Stufen zum Platz hinunter.

Das Theater schloß die Westseite ab. Von seiner Cavea blieben nur die unteren Sitzreihen erhalten. Die Orchestra steht ständig unter Wasser, da Grundwasser- und Meeresspiegel seit der Antike gestiegen sind. Die Bühne ruhte einst auf einem Podium mit frontalen Bogen, das sich an die Westseite eines Tempels anlehnte, der das Bühnengebäude vertrat. Der Tempel, ein Peripteros, bestand aus Marmor und stand auf einem hohen Podium, in dessen Innerem sich ein Raum mit Kassettendecke befand; Fragmente davon sind erhalten. In dem Gebiet wurden einige Marmorstatuen gefunden, darunter auch eine weibliche Gewandstatue aus flavischer Zeit (2. Jh.), aus der auch der Baukomplex insgesamt stammt. Es ist indes fraglich, ob er die Stelle des griechischen Gymnasiums einnahm.

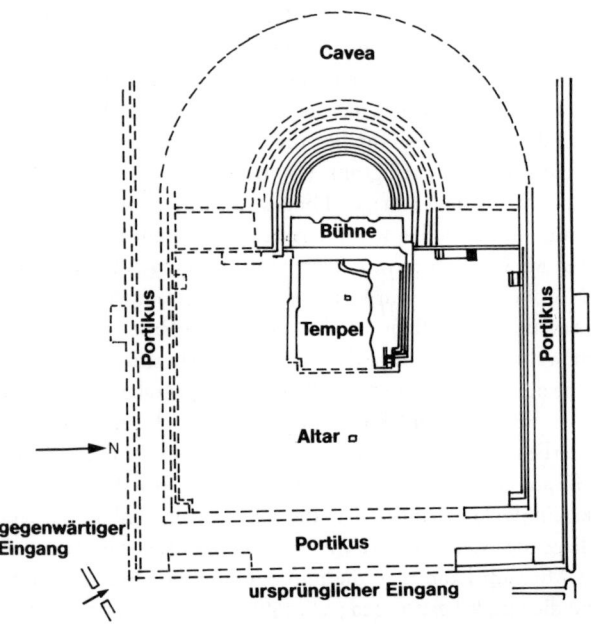

Grundriß des sog. Römischen Gymnasiums von Syrakus und Blick von der Cavea auf seine Bühne (Foto)

Tempel des Olympischen Zeus

Dieser Tempel (19; s. a. S. 35f.), südlich der Kyanequelle und außerhalb der Stadt gelegen, steht leicht erhöht über dem *Lysimeleia*, dem Sumpfgebiet, von dem aus Syrakus in der Antike so oft belagert wurde. Von dem ehemals prachtvollen Gebäude blieben nur der Stylobat und zwei monolithische Säulen erhalten. Er wurde kurz nach dem Apollontempel auf Ortygia im frühen 6. Jh. v. Chr. errichtet und hat mit diesem viel gemeinsam: die lange, schmale Cella, das Adyton, die doppelte Säulenreihe an der Front sowie die nah beieinander stehenden Säulen.

Grundriß des Tempels des Olympischen Zeus in Syrakus; die beiden schwarzen Säulen sind die einzigen noch vorhandenen

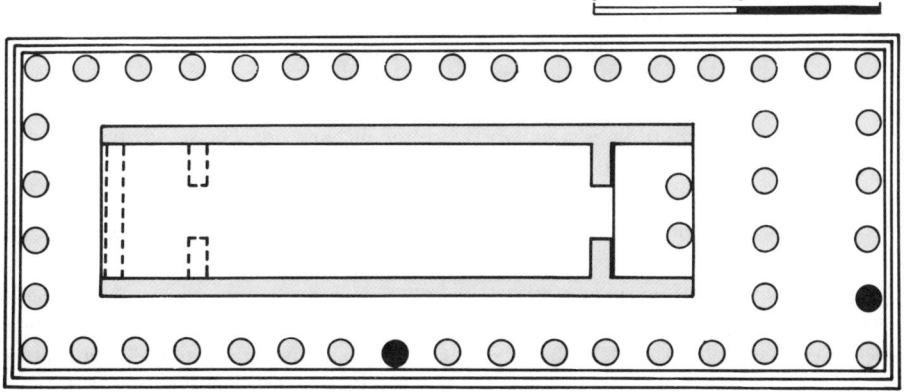

Im Landesinnern

Pantàlica

Pantàlica - in mittelalterlichen Dokumenten ›Pantegra‹, ›Pantarga‹, ›Buntariga‹, ›Panterica‹ – ist die Bezeichnung für ein Hochplateau im Südosten Siziliens, auf dem vermutlich die Hauptstadt eines kleinen sikanischen Reiches lag. Es fällt ringsum steil zu den schluchtartigen Tälern der Flüsse Calcinara und Ànapo ab und ist nur über einen schmalen Berggrat zugänglich (s. Abb. 32). An den Hängen öffnen sich wie Bienenwaben Tausende von Grabkammern, aus einer Zeitspanne vom 12.–7. Jh. v. Chr., d. h. von der Gründung bis zur Aufgabe der Stadt (s. Abb. 31). Die Art der in den Gräbern gefundenen Keramik gibt einer vorgeschichtlichen Kultur den Namen, der Kultur von Pantàlica, deren schönste Beispiele im Museum von Syrakus ausgestellt sind.

In dem ehemaligen Wohngebiet blieben nur die Grundmauern eines Palastes (**Anaktoron**) erhalten – genug jedoch, um daraus abzulesen, daß in dieser späten Epoche noch immer auf die mykenische Bauweise zurückgegriffen wurde und das Gebäude ein Herrscherpalast war: In einem der Räume wurden noch Spuren von Metallverarbeitung gefunden, welche, wie in vielen vorgeschichtlichen Kulturen, der Kontrolle des Herrschers unterlag, da damit auch die Waffenherstellung verbunden war.

Dieser Palast wurde noch im frühen Mittelalter genutzt, als sich um Pantàlica wieder drei christliche Gemeinden angesiedelt hatten. Sie lebten in geräumigen Wohngrotten, die z. T. durch Vergrößerungen und neue Verbindungen der antiken Grabkammern gewonnen wurden. Der Typus der Felsenwohnung wurde von Afrika nach Europa gebracht, verbreitete sich im gesamten Mittelmeerraum und hielt sich hier bis ins späte Mittelalter hinein. Zuerst nur für Klosterbauten und Einsiedlerklausen verwendet, wurde das System in Sizilien ab dem 7. Jh. immer häufiger auch bei kompletten Profansiedlungen übernommen. Die Anwendung fällt zeitlich mit der byzantinischen Herrschaft zusammen, während der die Stadtflucht einsetzte, da das Land oft die einzige Überlebensmöglichkeit bot. Die so erbauten Dörfer hatten hingegen nichts Primitives an sich, waren großzügig angelegt und besaßen Kirchen- und Versammlungsräume; die Wohnungen bestanden aus mehreren Zimmern. Bemerkenswert ist bei der kleinen **Kirche des hl. Micidarius** die doppelte Neigung der Decke, die an eine Holzkonstruktion erinnert und sonst nur in den Felsenkirchen Apuliens vorkommt. Alle Wege auf dem Plateau sind gut ausgeschildert.

Auch ein Ausflug durch das **Ànapo-Tal**, dessen Eingang kurz vor der Straßenabzweigung nach Ferla liegt, lohnt sich. Kleinbusse stehen dort zur Verfügung. Die Straße führt etwa 10 km durch das landschaftlich reizvolle Tal, folgt dem Lauf einer alten Schmalspurbahn und

Keramik von Pantàlica (1200–850 v. Chr.), im Hintergrund die Gräber, in denen sie gefunden wurde

durchquert enge, in den Fels geschlagene Tunnel. Zu beiden Seiten erheben sich senkrecht die Felswände, übersät mit den leeren Grabkammern.

Ferla

Der Name stammt von *Fiera* (Markt), denn der Ursprung des Städtchens lag in seiner Bedeutung als Handelsumschlagplatz an der Straße nach Caltagirone. Ab dem 12. Jh. wird der Ort in den Dokumenten als Gemeinde genannt. Heute ist er ein typisches Bauernstädtchen von rund 6000 Einwohnern mit ausnehmend barockem Charakter.

Unter den vielen Sakralbauten darf die spätbarocke Kirche **S. Antonio Abbate,** auf dem Platz bei der Abzweigung nach Pantàlica gelegen, als der interessanteste gelten. Die zweigeschossige, in allen drei Partien konkav einwärts schwingende Fassade wurde nie ganz vollendet (es fehlt der linke Kuppelturm), und tiefe Nischen und Säulen verstärken noch ihre plastische Wirkung. Das Kircheninnere zeigt einen oktogonalen kuppelüberwölbten Zentralraum mit vier gleich langen Kreuzarmen und Altarräumen.

S. Sebastiano, eine dreischiffige Pfeilerbasilika mit Vierungskuppel, besitzt ein schönes barockes Portal. In der zentralen Nische steht der Namenspatron der Kirche zwischen zwei Heiligen und zwei römischen Legionären. Auch diese Kirche wurde, wie die gesamte Stadt, nach dem Erdbeben von 1693 neu erbaut.

Grundriß von S. Antonio Abbate, Ferla

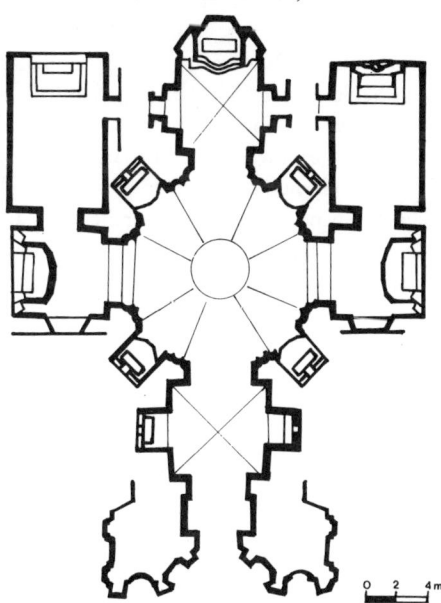

Noto

Die berühmte Barockstadt Noto (23 000 Einwohner) ist heute eine sterbende Stadt. Stützvorrichtungen aus Eisen oder Holz versperren die Straßen und verunstalten einen Großteil der Fassaden. Im Frühjahr 1990 stürzte ein Teil des Jesuitenpalastes ein, und das Erdbeben im Dezember des gleichen Jahres machte die letzten optimistischen Hoffnungen über den Zustand der anderen Gebäude zunichte. Noch 1989, als der Europarat Noto zur ›europäischen Hauptstadt des sizilianischen Barock‹ gewählt hatte, glänzte die aus ockerfarbenem Sandstein errichtete Stadt golden im Sonnenlicht auf, und die historische Atmosphäre der barocken Neugründung wirkte beinahe völlig intakt.

Noto war bereits 1986 in die Schlagzeilen der italienischen Presse geraten, als der beklagenswerte und von akuter Vernachlässigung geprägte Zustand der historischen Bausubstanz allgemein bekannt wurde. Ein ›Barock-Projekt‹, das neben Noto auch das gesamte Val di Noto mit weiteren barocken Städten wie Mòdica und Ragusa umfaßt, möchte die Entwicklungs- und Denkmalschutzprobleme der Region durch Förderung eines ›intelligenten‹, nicht saisongebundenen Tourismus beheben. So sollen Museen, Hotels, Tagungs- und Kongreßzentren entstehen – allerdings ist der Nutzen des ehrgeizigen Projekts für die hier lebenden Menschen mehr als fraglich, und durch Hinzufügung neuer, moderner Bauten wird auch das Stadtbild wohl kaum gewinnen können.

Nach dem großen Erdbeben von 1693, das die ursprüngliche Stadt, das sikulische ›Neaiton‹ und römische ›Netum‹, dem Erdboden gleich gemacht hatte (selbst die Besichtigung der Ruinen ist noch beeindruckend), wurde 16 km entfernt – auf Befehl der Regierung, aber gegen den Willen des Volkes, eines Großteils des Adels und des Klerus – das neue Noto aufgebaut. Der Widerstand erklärt die lange Zeitspanne des Wiederaufbaus, der sich über beinahe das ganze 18. Jh. hinzog. Schließlich entstand das neue Noto nach einem Entwurf des Gelehrten Giovanni Battista Landolina. An der architektonischen Gestaltung wirkten maßgeblich die Architekten Rosario Gagliardi, Vincenzo Sinatra und Paolo Labisi mit.

Den modernen Bauideen entsprechend gab Landolina der Stadt ein geometrisch regelmäßiges Straßensystem mit drei parallel zueinander und waagerecht am Hang entlang laufenden Längs- und mehreren schmaleren Querstraßen, die diese im rechten Winkel schneiden. Die ehemaligen Stufenrampen wurden im 19. Jh. entfernt und durch ein gleichmäßiges Straßengefälle ersetzt. Dabei achtete man allerdings kaum auf die Eingänge der Gebäude, so daß manche Tore entschieden über dem Straßenniveau zu liegen kamen.

Noto: 1 Kirche und ehemaliges Kloster der Kapuziner 2 Porta Reale 3 ehemaliges Kloster der Franziskaner/S. Francesco 4 Kirche und ehemaliges Kloster di SS. Salvatore/Stadtmuseum 5 ehemaliges Kloster der Benediktinerinnen/S. Chiara 6 Palazzo Ducezio (Rathaus) 7 Dom 8 Bischofspalast/SS. Salvatore 9 Palazzo Nicolaci Villadorata/Städtische Bibliothek 10 Chiesa di Montevergine 11 S. Carlo al Corso 12 ehemaliges Kloster der Dominikaner/S. Domenico 13 Theater 14 S. Michele 15 Chiesa del Carmine 16 Chiesa del Crocifisso

Außerhalb der Porta Reale liegt ein kleiner Park, an dessen Rand eine von weither sichtbare moderne Bronzestatue des heiligen Einsiedlers Corrado Confalonieri steht; der Schutzpatron der Stadt lebte und starb in einer Grotte in der Nähe des alten Noto (1284–1351). Links davon liegen **Kirche und ehemaliges Kloster der Kapuziner (1; 1703–1743)**, heute Eigentum der Stigmatenbrüder, in dem noch eine ›Ecce Homo‹-Statue (14. Jh.) aus dem alten Noto aufbewahrt wird. Im ehemaligen Refektorium befinden sich interessante Fresken eines unbekannten Meisters aus dem 18. Jh.

Die **Porta Reale (2)**, das Stadttor, wurde 1838 zu Ehren Ferdinands II. von Bourbon errichtet (Architekt Orazio Angelini). Links im Garten sieht man Portraits einiger Persönlichkeiten der Stadt, Werke des zeitgenössischen Bildhauers Giuseppe Pirrone. Kurz hinter dem Tor, am ersten Platz, liegt hoch über einer Treppenrampe, angeschlossen an das **ehemalige Kloster der Franziskaner (3)**, die Kirche **S. Francesco**, *Immacolata*, ›die Unbefleckte‹,

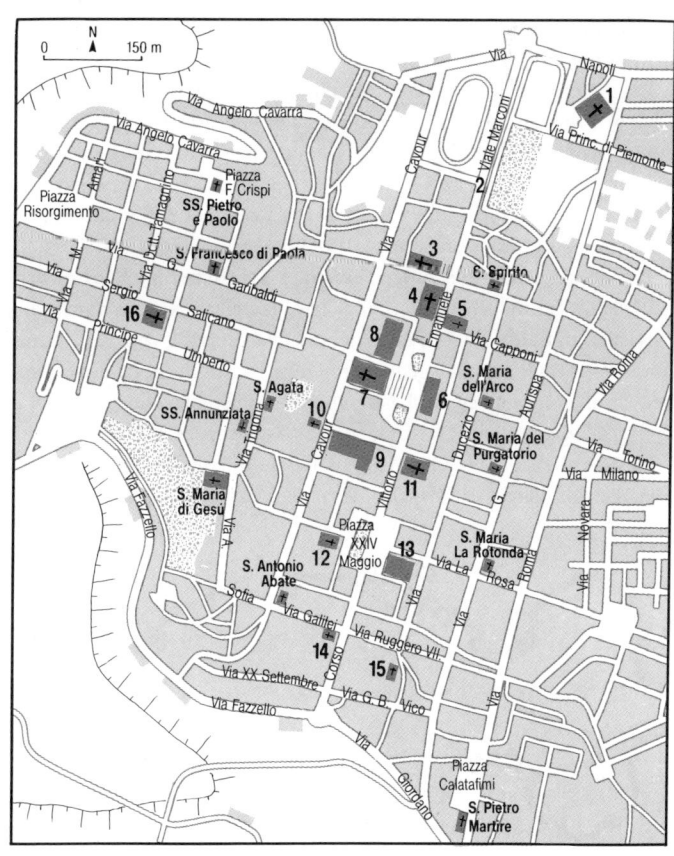

genannt (Architekt Vincenzo Sinatra). Der einschiffige Bau mit der flachen Fassade stellt einen Rückgriff auf einen veralteten Typus dar, bei dem sich der Säulendekor ausschließlich auf die Mitte konzentrierte und dessen Kompositionsschema auf etwas steif wirkenden, übereinandergesetzten Lisenen beruhte. Wie bei den meisten Ordenskirchen ist das Innere in schlichtem Weiß gehalten. Der sparsame Stuckdekor an den Wänden tendiert zum Rokoko (1750, Gioacchino Gianforma).

Daneben erhebt sich die Fassade des **Benediktinerklosters SS. Salvatore (4**; s. Farbabb. 18). Durch die lange Bauzeit weist der ausgedehnte Bau Stilmerkmale auf, die vom Barock bis zum Klassizismus im Innern der Kirche reichen (1707–1791, Architekten unbekannt). Doppelte, flache Pilaster umschließen im ersten Stock elegante Fenster, deren reicher Dekor an den portugiesischen Platereskenstil erinnert. Gleich darauf folgt ein vorspringender Baukörper mit geschwungener Vorderfront, der die Schlüsselfunktion in der Baukonzeption einnimmt: Mächtig erhebt er sich wie ein Turm über die Gebäude und Kuppeln der Umgebung und läßt keinen Zweifel an der Überlegenheit dieses Klosters gegenüber den anderen Orden aufkommen, die sich auch in dem reichen Steindekor und den schmiedeeisernen Gittern manifestiert.

Im ersten Stockwerk hat man das kleine, aber eindrucksvolle **Stadtmuseum** (Museo Civico; Zugang Corso Vittorio Emanuele) untergebracht. Es enthält einige Originalzeichnungen von Architekten, die am Wiederaufbau der Stadt beteiligt waren, Teile des architektonischen Schmucks von Gebäuden des alten Noto sowie verschiedene archäologische Funde aus der Umgebung, vor allem die Reste des außerhalb der Stadt gelegenen Demeter- und Koreheiligtums von Eloro (s. S. 446; geöffnet täglich 9–14).

Auf der gegenüberliegenden Seite folgt das **ehemalige Kloster der Benediktinerinnen (5)**, heute eine Schule. Seine der hl. Klara geweihte Kirche wurde nach einem Entwurf von Rosario Gagliardi 1717–1730 errichtet. Die Fassade von **S. Chiara** ist leider nicht mehr in ihrer ursprünglichen Ausgeglichenheit zu bewundern, da der Haupteingang heute 2 m über dem Straßenniveau liegt und die Treppenrampe fehlt. Die Kirche ist durch das ehemalige Seitenportal zugänglich. Das Innere mit ovalem, zentralbauförmigem Grundriß, bei dem der Längsachse das größte Gewicht zufällt, stellt eines der interessantesten Beispiele der Raumlösungen Gagliardis dar. Es wird von einem rechteckigen Presbyterium abgeschlossen, und das

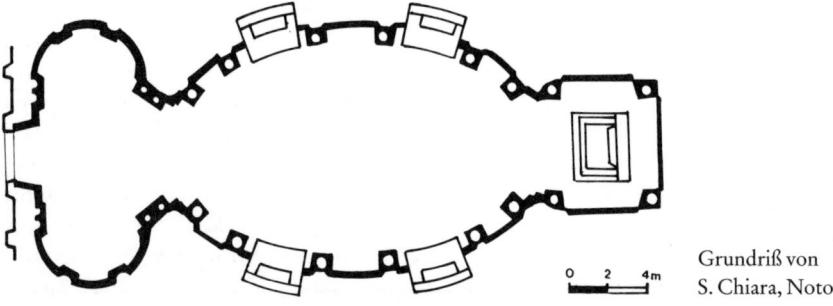

Grundriß von S. Chiara, Noto

Atrium löste das Problem, den Ordensschwestern einen gleichzeitig hervorgehobenen und abgeschlossenen Platz während der religiösen Zeremonien zu bieten; durch die vergitterten Fenster konnten sie die Straße gut überschauen. Die Wände sind mit Freisäulen geschmückt, die den Lichteinfall brechen und so einen beeindruckenden Helldunkeleffekt entstehen lassen. Der Wille Gagliardis, mit den herkömmlichen Regeln zu brechen, zeigt sich auch an den Kapitellen der Säulen, deren Voluten in umgekehrter Richtung angebracht sind. Die hohe Attika ist mit reichen Stuckarbeiten und Statuen verziert, schöne Marmoraltäre komplettieren die Raumkonzeption. Am zweiten Altar links findet man eine Muttergottes mit Kind von Antonello Gagini.

Etwas weiter folgt der zentrale Platz mit dem Rathaus, dem **Palazzo Ducezio (6)**, das 1746 nach einen Entwurf von Vincenzo Sinatra errichtet wurde. Der obere Stock, ein moderner Aufbau von 1951, stört die ursprünglichen Proportionen erheblich. Es handelte sich vormals um ein harmonisches, einstöckiges Gebäude ohne Innenhof, auf drei Seiten von einem durchgehenden Portikus umgeben, der auch den vorderen, konvexen Teil umschließt und an den Ecken den konkaven Linien des Palastes folgt. Das Innere enthält eine Reihe funktional angelegter Räume mit unterschiedlichen Grundrissen (rund, oval etc.; Besichtigung während der Bürozeiten).

Dem Rathaus gegenüber, auf der Höhe einer breiten Treppenrampe, liegt dominierend der **Dom (7**; Ss. Nicolà di Mira e Corrado; erbaut 1700–1770; s. Abb. 37). Die Domfassade wird seitlich von zwei niedrigen Türmen gerahmt, die nicht die Höhe des Mittelschiffs überragen, und zeigt deutlich kontinentale Einflüsse in der geradlinigen Komposition der zwei übereinandergesetzten Ordnungen und der Säulenkonzentration in der Mitte, die mit einem aufgesprungenen Giebel abschließt.

Pfeiler mit gepaarten Lisenen gliedern das dreischiffige Dominnere. Die Gewölbefresken aus dem 20. Jh. tragen nicht eben zur Verschönerung des Innenraums bei. In der dritten Kapelle rechts befindet sich ein qualitätvolles Relief aus dem späten 16. Jh., neben dem Hauptaltar stehen zwei romanische Löwen aus dem alten Noto. Im Februar und am letzten Sonntag im August werden in einem Silberschrein in der Kapelle des hl. Konrad dessen Reliquien ausgestellt. Der Schrein ist ein Werk des Claudio Lo Paggio (1566) und zeigt die zwölf Apostel, die Mysterien Mariä und, auf einem Globus stehend, Christus. Während der Prozession wird der Reliquienschrein auf einem Gestell mit vier silbernen Greifen getragen, das noch aus dem alten Noto gerettet werden konnte.

Rechts vom Dom liegt der **Bischofspalast (8)** aus dem 19. Jh., rechts am Platz die Fassade der **Kirche SS. Salvatore** (1791–1801, Architekt Antonio Mazza), die zu dem zuvor beschriebenen gleichnamigen Kloster gehört. An ihrer Fassade wird der Übergang vom Barock zum Klassizismus deutlich. Im elliptischen Innern sieht man Gewölbefresken von Antonio Mazza, an den Altären Bilder von Giuseppe Velazquez (1808) und rechts vom Hauptaltar in einer Nische einen Silberschrein (1662) mit den Reliquien des hl. Restitutus (zur Besichtigung der Kirche an der Tür links neben dem Portal schellen).

In der Salita Nicolaci liegt der **Palazzo Nicolaci Villadorata (9**; Architekt Paolo Labisi). Dieses wohl auffälligste Gebäude der Stadt, nicht unbedingt ein architektonisches Kunstwerk, belebt die ganze Straße mit einer Reihe skurriler Balkone, an denen sich das typisch Fratzenhafte, Groteske, mit dem der Barock oft zu schockieren versuchte, eher ironisch heiter wirkt. Das ansteigende Straßenniveau, die horizontalen Markierungslinien der Gebäude sowie der Abschluß durch die konkave Fassade der **Chiesa di Montevergine (10**; Architekt Rosario Gagliardi) tragen dazu bei, der Salita Nicolaci die Wirkung einer Theaterkulisse zu verleihen (s. a. S. 110f.). Im Palazzo Nicolaci Villadorata befindet sich die **Städtische Bibliothek,** die 80 000 Bände wertvoller Miniaturen und Manuskripte aufbewahrt (geöffnet während der Bürozeiten).

Wieder an der Hauptstraße liegt die Kirche des ehemaligen Jesuitenkollegs, **S. Carlo al Corso (11)**, vielleicht von Rosario Gagliardi entworfen (1736–1746). Die konkave Fassade mit drei Säulenordnungen ist elegant in den Baukomplex des Klosters eingefügt, der sich bis zur Piazza XXIV Maggio erstreckt. Die kontinuierlichen horizontalen Linien sind Kirche und Klostergebäuden gemeinsam, die leicht unterschiedlichen vertikalen heben die Konventsfassade diskret hervor. Im dreischiffigen Innenraum mit dem rechteckigen Querschiff wurden einige eigenwillige architektonische Lösungen angewandt, um das Aufsetzen der unregelmäßig oktogonalen Kuppel zu ermöglichen. Fresken schmücken, typisch für die Jesuitenkirchen, die Decke des Mittelschiffs. (Z. Z. wegen Restauration geschlossen.)

Etwas zurückgelegen und erhöht über der Piazza XXIV Maggio erhebt sich imposant die Kirche **S. Domenico** und das **ehemalige Kloster der Dominikaner (12**; 1703–1727, heute Handelsschule; Portal von Vincenzo Sinatra). Bei der Kirche gelang es dem Architekten Rosario Gagliardi vorzüglich, den ihm zur Verfügung stehenden engen Raum zu nutzen und von außen die Form des Innenraums deutlich zu machen. Mit der stark vorgewölbten Fassade und der halbkreisförmig angelegten Treppenrampe erzielt er eine starke optische Erweiterung, zu der außerdem an den Inversionspunkten der Kurven die frei in zwei Ordnungen übereinanderstehenden Doppelsäulen beitragen. Der Innenraum stellt eine sehr eigenartige Verschmelzung eines Longitudinal- und eines Zentralbaus dar. Durch die Abkantungen der zentralen Stützen (Pfeiler) ergibt sich das unregelmäßige Achteck, auf dem die Kuppel ruht. Der Zentralzone sind auf den Achsen und auf den Diagonalen rechteckige Räume hinzugefügt, so daß das Schema eines verlängerten griechischen Kreuzes entsteht. Dabei bedient sich der Architekt der für den Barock sehr ungewöhnlichen Art des Aufsetzens von Bogen auf Säulenstellungen.

»Etwas zurückgelegen erhebt sich imposant die Kirche S. Domenico«

Der Kirche gegenüber erhebt sich das **Theater (13)** aus der zweiten Hälfte des 19. Jh. (Architekten Francesco Sortino und Francesco Cassone). Die Kirche **S. Michele (14;** 18. Jh.) liegt am Ende der Hauptstraße.

Die **Chiesa del Carmine (15)** und auch der Komplex des Karmeliterklosters wurden nach dem Entwurf Rosario Gagliardis errichtet – ausgenommen allerdings die Kirchenfassade, die Fra Alberto Maria di San Giovanni Battista zugeschrieben wird (Erbauer der Chiesa del Carmine in Scicli) und nicht mit den Ideen des Gagliardi übereinstimmt. Sie ist nicht konvex – was dem Innenraum entsprechen würde – sondern konkav und zeigt gewisse Schwächen im Aufbau; so dringt z. B. das runde Tympanon der ersten Ordnung in das Fenster der zweiten Ordnung ein.

Der Innenraum dagegen ist das Resultat der schöpferischen Reife des Architekten (einzige Dokumente der Bauzeit: die Bezahlung des Daches 1770). Das längliche Achteck des Grundrisses erinnert noch an den Longitudinalbau, doch werden diesem erstmals seitlich tiefe, zylindrische Baukörper zugefügt, die in den Raum eindringen und die vorher üblichen Nischen ersetzen. In dem Deckenfresko wird eine damals sehr aktuelle theologische Streitfrage ausgetragen: Der Triumphwagen der Muttergottes mit Kind zerquetscht einen Mann, der eine Fahne mit der Aufschrift »Mater non Virgo« (›Mutter, nicht Jungfrau‹) trägt. Vier ›rechtgläubige‹ Ordensbrüder, die u. a. Tafeln mit der Aufschrift »Mater et Virgo« (›Mutter und Jungfrau‹) tragen, bringen andere, nur mit einem Lendenschurz Bekleidete zu Fall, die ihre unterschiedliche Meinung zur Schau tragen.

Die **Chiesa del Crocifisso (16)** gilt als das erste architektonische Werk Rosario Gagliardis (1715) und zeigt sich noch sehr traditionsgebunden. Die Fassade, in zwei Ordnungen, wurde am oberen Abschluß nie ganz fertiggestellt. Die zwei Löwen, die das große Portal flankieren, stammen noch aus dem alten Noto. Im Außenbau finden sich nur ganz schüchterne Hinweise auf ein Verhältnis des Äußeren zum Innenraum – ein Problem, das sich als Leitmotiv in allen Werken dieses Architekten findet.

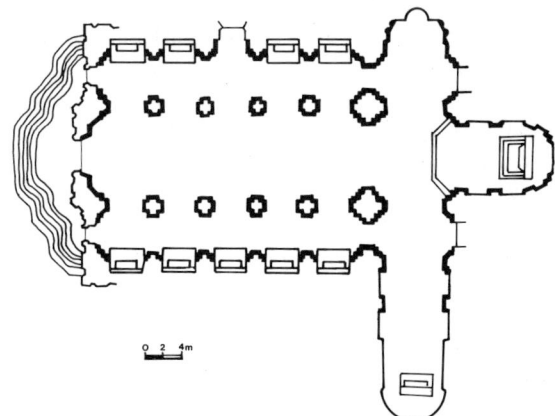

Grundriß der Chiesa del Crocifisso, Noto

IM LANDESINNERN / MÒDICA

Den basilikalen Innenraum teilen wuchtige Pfeiler in drei Schiffe. Die Schwere der Pfeiler könnte auf ein Gesetz zurückgehen, das für den Aufbau des neuen Noto starke, erdbebensichere Baustrukturen bestimmte. Die mit Stuckarbeiten und Malereien geschmückte Cappella Landolina links im Querschiff stammt erst von 1787 und scheint im ursprünglichen Plan nicht vorgesehen gewesen zu sein. In der Kirche befindet sich auch das einzige signierte Werk des Francesco Laurana in Sizilien, die sog. Schneemadonna.

Mòdica

Die reizvoll an einem Gebirgshang sich heraufziehende Stadt (45 000 Einwohner) besaß aufgrund ihrer Lage schon früh strategische Bedeutung. Der Ort war ungefähr seit der Bronzezeit bewohnt, ab dem 3. Jh. v. Chr. ist das hellenistische ›Motyka‹ durch Quellen bezeugt. Unter den Arabern lag hier ein blühendes landwirtschaftliches Zentrum, unter den Normannen war Mòdica Königsstadt. Nach dem Erdbeben von 1693 wurde auch Mòdica im Barockstil wiederaufgebaut, wozu die zahlreichen religiösen Orden, die sich hier niedergelassen hatten, nicht unmaßgeblich beitrugen.

Wir beginnen unseren Stadtrundgang in der Unterstadt (Mòdica Bassa), wo im Konvent der Barmherzigen Brüder aus dem 18. Jh. **Städtische Bibliothek und Museum (1)** untergebracht sind. Neben archäologischen Funden vom 16. Jh. v. Chr. an wird hier eine interessante volkskundliche Ausstellung, u. a. über die verschiedenen in der Stadt ausgeübten Handwerke, gezeigt. Im Palazzo De Leva aus dem 19. Jh. befindet sich außen, in einem kleinen Garten ›versteckt‹, ein Kirchenportal aus der Zeit um 1400; das Zickzackmotiv der eleganten, breitflächigen Rahmung weist darauf hin, daß normannische Elemente im Chiaramontestil noch lebendig waren. In der Kirche S. **Maria di Betlemme (2)** befindet sich die sehenswerte Sakramentskapelle, ein Zentralbau von der Wende vom 15. zum 16. Jh., die jene für die Zeit so typische Mischung von spätgotischen und Renaissanceelementen aufweist.

Mòdicas barocke Kirchen nutzen die Hanglage der Stadt für dramatische Prospekte über breiten Freitreppen: **S. Pietro (3)**, eine dreischiffige Säulenbasilika, erhebt sich über einer solchen statuengeschmückten Treppenanlage (s. Abb. 34). Die flache, nicht eingeschwungene Fassade weist mit ihren rustizierten Pilastern, den gesprengten Portalgiebeln und den verspielt wirkenden Voluten aus Rankenwerk einen reichen Schmuck auf.

Das Glanzstück Mòdicas, die Kirche **S. Giorgio (4),** thront ebenfalls über einer imposanten Treppenanlage, die die ganze Breite der Fassade einnimmt (s. Abb. 33). Bereits im 12. Jh. stand hier eine Kirche, die nach einem Erdbeben im Jahre 1613 von dem Vorgängerbau des heutigen Gotteshauses, gestiftet vom Grafen Cabrera, ersetzt wurde (1643). Mit Beiträgen des städtischen Senats und frommer Bürger wurde der heutige Bau nach dem großen Erdbeben von 1693 finanziert und 1738 eingeweiht. Die imposante Fassade mit ihrem halbrund vortretenden, dreigeschossigen Glockenturm, einem Paradebeispiel für die sizilianische Form der Einturmfassade, läßt sich durch Stilvergleiche mit der gleichnamigen Kirche

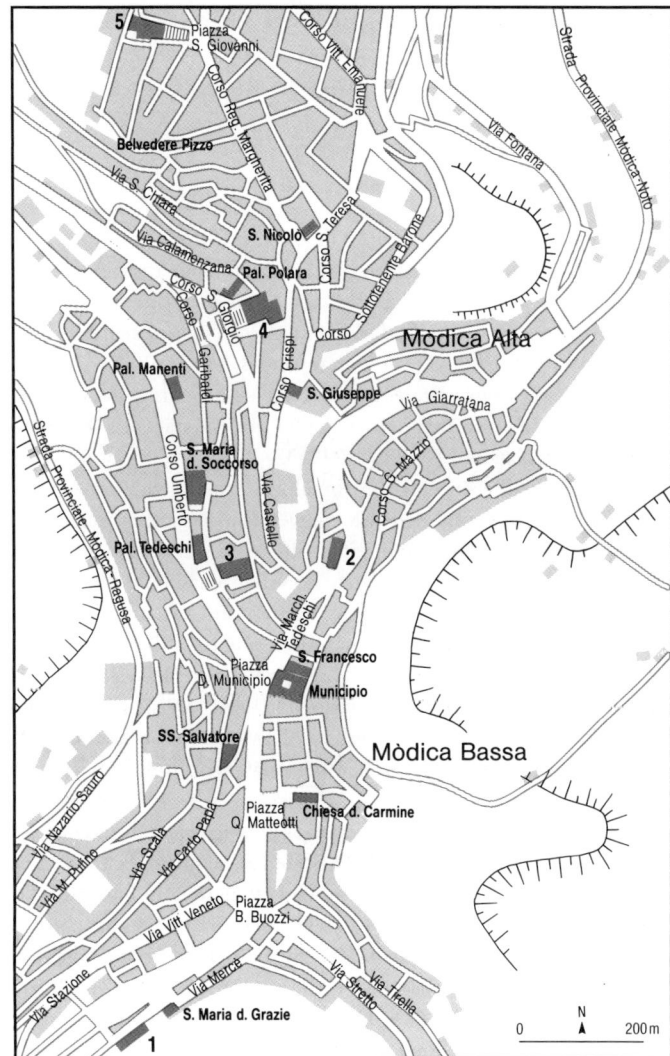

Mòdica:
1 Städtische Bibliothek und Museum
2 S. Maria di Betlemme
3 S. Pietro
4 S. Giorgio
5 S. Giovanni Evangelista

in Ragusa Ibla dem großen Rosario Gagliardi zuschreiben. Noch ›turmartiger‹ als in Ragusa Ibla hat Gagliardi hier den Mittelteil gestaltet, der sich hoch über den unteren Teil der Fassade erhebt. Die vertikale Gliederung durch plastisch vortretende Vollsäulen läßt den fünfschiffigen Innenraum schon von außen erkennen. Im geraden Chorabschluß, der wie große Teile der Baustrukturen im Innern noch auf den Vorgänger zurückgehen dürfte, befindet sich ein großes Altarretabel von Bernardino Niger (1573).

IM LANDESINNERN/RAGUSA UND RAGUSA IBLA

S. Giovanni Evangelista (5), die letzte im Trio der ›Treppenkirchen‹ Mòdicas, weist im Vergleich mit S. Giorgio eine steife, akademisch wirkende Fassade mit konkavem Mittelteil auf, erst gegen 1800 nach Entwürfen von Salvatore Rizza gebaut (s. Abb. 35).

Ragusa und Ragusa Ibla

Die hiesige Umgebung war schon im 3. Jt. v. Chr. bewohnt, im 9. und 8. Jh. v. Chr. bestanden mehrere kleine Ortschaften (zahlreiche Gräber aus diesen Epochen sind erhalten). Zur Zeit der griechischen Kolonisation machten die Einheimischen Hybla Heraia zu ihrem Bollwerk und zum Zentrum für Kontakte mit den neuen griechischen Stadtstaaten. Unter den Römern geriet der Ort in völlige Vergessenheit und erreichte erst wieder in byzantinischer Zeit dank seiner strategischen Lage eine gewisse Bedeutung, die unter den Arabern noch wuchs. Die Normannen siedelten zur Verstärkung Kolonisten aus Cosenza in der Stadt an (Stadtplan und Abb. s. S. 242 f.).

Nach dem Erdbeben von 1693 brach zwischen den Einwohnern ein Streit über den Ort des Wiederaufbaus aus, den die einen traditionsgetreu auf dem seit langem bewohnten Felsen, die anderen dagegen in einer offeneren, für den Handel günstigeren Position sehen wollten. Da sie sich nicht einigen konnten, entstanden auf zwei durch eine tiefe Senke geteilten Berghängen das ›moderne‹ Ragusa und das ›alte‹ Ragusa Ibla, die jedoch heute zu einer einzigen Stadt zusammengewachsen sind (67500 Einwohner; s. Abb. S. 110).

In beiden Stadtteilen finden sich ausgezeichnete Beispiele des sizilianischen Barock, so in Ragusa die **Kathedrale S. Giovanni (1)**, eine dreischiffige Basilika mit Querschiff und Stuckdekorationen, 1706–1760 erbaut. Das **Museo Archeologico Ibleo (2)** beherbergt eine reiche Sammlung archäologischer Exponate von prähistorischer bis byzantinischer Zeit, u. a. die Ausgrabungsfunde von Kamarina (s. S. 448). Zahlreiche barocke Adelspaläste schmücken das Stadtbild, meist zweigeschossig, mit zentralem Portal und schönen schmiedeeisernen Gittern. **S. Maria delle Scale (3)**, ursprünglich eine Zisterzienserkirche des 14. Jh., wurde ebenfalls nach dem Erdbeben von 1693 in barocken Formen wiederaufgebaut; gleichwohl bewahrt sie in ihrem Innern noch einige spätgotische Bauelemente.

In Ragusa Ibla reiht sich ebenfalls eine barocke Kirche an die andere, doch alle dominiert die Chiesa Matrice, **S. Giorgio (4)**, deren Fassade von 1744/75 zu den Hauptwerken von Rosario Gagliardi gehört (s. S. 112 f. und Abb. 36). Über einer breiten Freitreppe erhebt sich imposant das dreigeschossige, konvex vorschwingende Mittelteil mit dem integrierten Glockenturm, und die gestaffelten und vortretenden Säulenstellungen erhöhen die Plastizi-

1 Palermo, Kreuzgang von S. Giovanni degli Eremiti ▷
2 Palermo, Apsis des Doms ▷▷
3 Palermo, Piazza Pretoria mit dem Brunnen Francesco Camillianis ▷

4 Landschaft bei Calascibetta

5 Landschaft der Madonien bei Castelbuono

6   Landschaft der Madonien bei Castelbuono

8 Tempel von Segesta
7 Römisches Theater, Taormina
9 Tempel E, Selinunt

10 Cefalù ▷

11　Caccamo

12　Römisches Theater, Taormina

13 Piazza Armerina
14 Dom, Cefalù

15 Castellammare del Golfo

16 Monterosso Almo

17 Syrakus

18 S. Francesco und SS. Salvatore, Noto

19 S. Giuseppe, Taormina

20 Straßencafé in Taormina
21 Fischmarkt in Catania

22 Sciacca
23 Canneloriprozession in Catania

24 Grotte der hl. Rosalia, Palermo
25 Marienstatue in S. Giuseppe, Taormina
26 Traditioneller sizilianischer Karren
27 Straßenzug in Palermo
28 Blick von Erice zum Monte Cofano

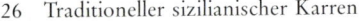

30 Trapani
◁ 29 Tonnara di Scopello mit den Faraglioni
31 Castellammare del Golfo

33   Zyklopenküste bei Aci Trezza ▷
34   La Martorana, Palermo ▷▷

32   Kastell Falconara bei Licata

tät der Fassade. Die 43 m hohe, stadtbeherrschende Kuppel wurde erst 1820 hinzugefügt. Aus der Zeit vor dem Erdbeben blieb nur das Portal der alten Georgskirche aus dem 15. Jh. (5; S. Giorgio Vecchio), wenig entfernt am Eingang zum Stadtpark gelegen, erhalten.

Aidone

Das kleine Städtchen von knapp 9000 Einwohnern entstand zu Beginn des 12. Jh. im Umkreis einer arabischen Burg. Es bewahrt z. T. noch die engen Gassen seiner Frühzeit sowie einige alte Kirchen, z. B. **S. Maria,** gestiftet 1134 von Adelaide, der Mutter König Rogers II., mit einem schönen Glockenturm und weiteren mittelalterlichen Baustrukturen. An der Hauptkirche **S. Lorenzo,** nach dem Erdbeben von 1693 wiedererrichtet, sieht man links neben dem Hauptportal die eingeritzten Maße von Elle und Spanne.

Besonders interessant ist das Städtchen jedoch wegen seines 1984 eröffneten **Archäologischen Museums,** in welchem ein Großteil der Funde von Morgantina aufbewahrt wird. Der Eingang befindet sich bei der ehemaligen Franziskanerkirche, die, restauriert, heute als Konferenzsaal dient. Durch einen Flügel des Kreuzgangs erreicht man den ersten Saal, in dem vorgeschichtliche Funde einen guten Überblick über die Kulturen von Castelluccio (Mitte 2. Jt. v. Chr.) und Cassìbile (Eisenzeit, 10.–9. Jh. v. Chr.) vermitteln.

Eine Wendeltreppe führt in den ersten Stock, wo in einem Saal Materialien aus der rein morgetischen Stadt (Ende 2. Jt.–750 v. Chr.), aus verschiedenen Kulturepochen der ersten griechischen Siedler nebst den Grabbeigaben der kontemporären Nekropolen und Funde aus dem 5. Jh. v. Chr., der Zeit des Duketios, versammelt sind. Unter den letzteren sticht ein eleganter rotfiguriger Krater hervor, der Herakles im Kampf gegen die Amazonen darstellt, ein Werk des Euthymides vom Beginn des 5. Jh. v. Chr.

Durch einen Korridor, auf den hin sich kleine Räume mit numismatischen Sammlungen öffnen, erreicht man den Saal der Serra Orlando, dessen Funde die Entwicklung der Stadt von der Klassik über den Hellenismus bis zur römischen Zeit dokumentieren. Beachtenswert sind unter den Tonfiguren: eine kleine Aphrodite aus dem 1. Jh. v. Chr., im sog. Haus der tuskanischen Kapitelle gefunden; eine liegende weibliche Figur aus der zweiten Hälfte des 1. Jh. v. Chr.; ein polychromes Figürchen des Hades aus dem 3. Jh. v. Chr.; aus der gleichen Periode drei Statuetten von Frauen mit Umhang und ein kleines Männerköpfchen, das sog. Portrait des Agathokles. Interessant ist auch die Dokumentation über die innerhalb und außerhalb der Stadtgrenzen gelegenen Heiligtümer. Die dort gefundenen Tonfigürchen datieren beinahe alle aus frühhellenistischer Zeit, darunter verschiedene weibliche Büsten vor der Wende vom 4. zum 3. Jh. v. Chr., die meist Persephone darstellen.

Über den Chor der Kirche führt der Weg zurück zur Treppe. Im Erdgeschoß, in dem mit Fresken ausgemalten ehemaligen Refektorium, steht eine Modellplastik von Morgantina. In den folgenden zwei Räumen werden, über zwei Stockwerke verteilt, mit Hilfe von Ackerbau- und Haushaltsgeräten alltägliches Leben und soziale Verhältnisse des antiken Morgantina dargestellt.

IM LANDESINNERN / RAGUSA, MORGANTINA

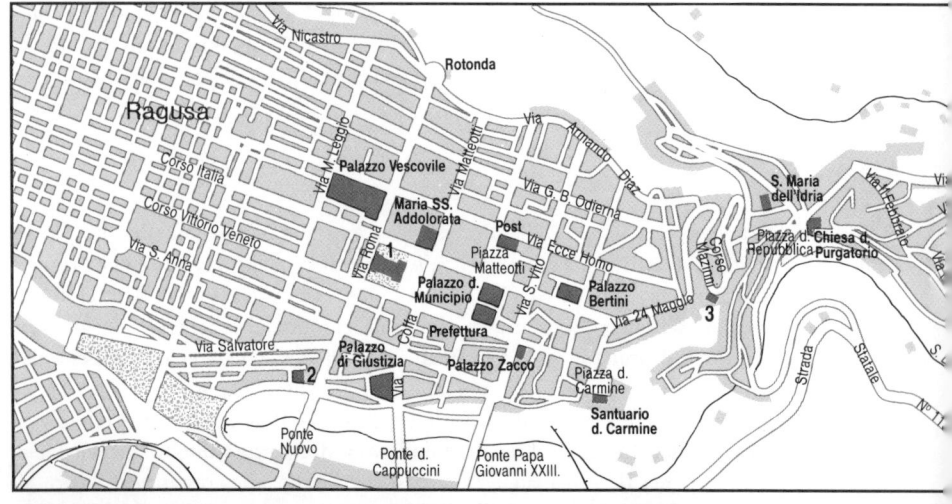

Blick von Ragusa auf Ragusa Ibla

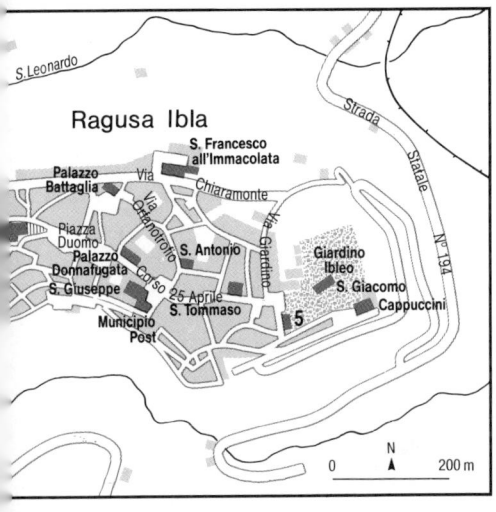

Ragusa und Ragusa Ibla: 1 Kathedrale S. Giovanni   2 Museo Archeologico Ibleo   3 S. Maria delle Scale   4 S. Giorgio   5 S. Giorgio Vecchio

Morgantina

Jahrhundertelang fanden die Bauern auf den Feldern hier Münzen, Tonfiguren und Keramikscherben; seit drei Jahrhunderten suchten Historiker und Archäologen nach dem antiken Zentrum Morgantina, doch erst 1955 konnte die Stadt identifiziert werden, als während der ersten offiziellen Ausgrabungen Inschriften mit ihrem Namen ans Tageslicht kamen. Seitdem finden periodische Ausgrabungen statt, die inzwischen soweit fortgeschritten sind, daß ein klares Bild von dieser antiken Provinzstadt gewonnen werden kann.

Die Erdschichten von Morgantina bestätigen eine vorgeschichtliche Besiedlung ab dem 13. Jh. v. Chr. Zu Beginn der Eisenzeit nahm ein ausonisches Volk aus der Gegend des heutigen Taranto (Tarent), wo es ungefähr ein Jahrhundert zuvor aufgetaucht war, ein sikulisches Zentrum ein. Ihr Anführer und König war Morges: Nach ihm benannten sie den Ort ›Morgantina‹ (ca. 1035 v. Chr.). Bald vermischten sich die Neuankömmlinge mit den Besiegten und gaben die eigene Kultur beinahe völlig auf. Im 8. Jh. v. Chr. gelangten Einwanderer aus dem Westen Siziliens in der Stadt zu einem gewissen Einfluß, und ein Jahrhundert später wurden enge Beziehungen zu den chalkidischen Städten der Ostküste angebahnt.

Es vergingen nur wenige Jahre, bis sich die ersten Griechen in der Stadt ansiedelten, wobei die Griechen auf dem Berg und die ursprünglichen Einwohner am Fuße desselben lebten. Um 500 v. Chr. verschwanden beide Siedlungsgruppen: Brandspuren und Zerstörungen finden sich an allen Gebäuden und an der Keramik. Wahrscheinlich fiel die Stadt Hippokrates, dem Tyrannen von Gela, zum Opfer, der zu dieser Zeit sein Reich bis nach Messina ausdehnte.

IM LANDESINNERN / MORGANTINA

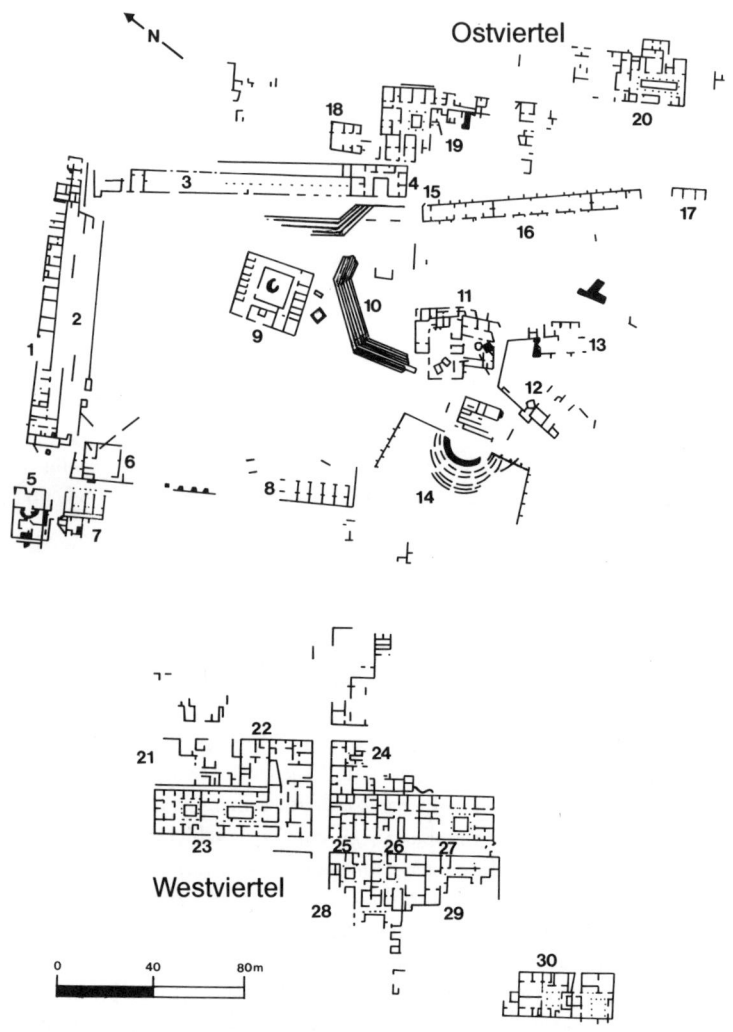

Ausgrabungen von Morgantina: 1 nördlicher Portikus 2 Gymnasion 3 östlicher Portikus 4 Prytaneion 5 Bouleuterion 6 nordwestliche Gebäude 7 nordwestliche Geschäfte 8 westlicher Portikus (hellenistische Geschäfte) 9 Macellum 10 Treppenrampe/sog. Ekklesiasterion 11 chthonisches Heiligtum 12 Brunnenhaus 13 kleiner Kornspeicher 14 Theater 15 kleine Bäckerei 16 öffentlicher Kornspeicher 17 große Bäckerei 18 Geschäfte 19 ›Haus mit dorischem Kapitell‹ 20 ›Haus des Ganymed‹ 21 ›Haus mit den Stirnziegeln‹ 22 südöstliches Haus 23 ›Haus mit Bogenzisterne‹ 24 ›Haus der Goldmünzen‹ 25 Geschäftshaus 26 Kelterwerk 27 Casa Pappalardo 28 ›Haus der tuskanischen Kapitelle‹ 29 südwestliches Haus 30 ›Haus des Magistrats‹

Kurz darauf wurde Morgantina erneut besiedelt, doch von den Ureinwohnern war keine Spur mehr geblieben. Die neue Stadt zeigte einen rein dorischen Charakter und stand unter der Vorherrschaft von Syrakus, wo inzwischen Gelon die Macht übernommen hatte. Gegen 460 v. Chr. sammelten sich in Sizilien unter dem sikulischen König Duketios (geboren in Neaiton = Noto) die vorgriechischen Völker ein letztes Mal, um gegen die griechische Vorherrschaft zu kämpfen (s. S. 43 f.). Morgantina wurde als eine der ersten Städte von den Freiheitskämpfern eingenommen. Rund zehn Jahre konnten sie sich halten, doch dann erlitt die Armee des Duketios bei Nomas (bis jetzt noch nicht identifiziert) eine Niederlage, und Duketios selbst wurde nach Korinth ins Exil gesandt.

Im folgenden Jahrhundert wurde ganz Sizilien durch dauernde Kleinkriege verwüstet und entvölkert, so auch Morgantina. Erst dank der Friedenspolitik des Timoleon (s. S. 163 f.) und des Zustroms neuer Kolonisten vergrößerte sich die Stadt rapide, so daß der alte Mauerring erweitert werden mußte. Zur Regierungszeit des Agathokles wurde im Stadtinnern das hügelige Gelände durch terrassenförmig angelegte Bauten ausgenutzt; im Umkreis der Agora, die dadurch einen monumentalen Charakter erhielt, konzentrierten sich alle öffentlichen Gebäude.

264 v. Chr. brach der Erste Punische Krieg aus. In Morgantina versuchten die Einwohner zunächst, sich durch Verstärkung der Befestigungsanlagen gegen die Gefahr zu schützen, doch zwischen dem Ende des Ersten und dem Beginn des Zweiten Punischen Krieges (241–218) nahmen die Römer die Stadt ein. Antirömisch und karthagerfreundlich eingestellt, versuchte sie in der Folgezeit verzweifelt, sich von der Fremdherrschaft zu befreien (214 v. Chr.), wurde aber nach anfänglichen Erfolgen drei Jahre später von den Römern zurückerobert und iberischen Söldnern zur Plünderung überlassen.

Während des Zweiten Sklavenkriegs (104–101 v. Chr.) wurde das Zentrum von den Rebellen unter ihrem Anführer Salvius belagert. Auf das Versprechen der Römer hin, ihnen die Freiheit zu geben, entschieden sich die morgantinischen Sklaven dazu, die Stadt und ihre Herren zu verteidigen. Erst als das Versprechen nach dem römischen Sieg für nichtig erklärt wurde, schlossen sich die Sklaven in ihrer Verbitterung den Aufständischen an. Im Lauf der Kämpfe und später, bei der endgültigen Unterdrückung des Aufstands, erlitt die Stadt schwere Schäden. Den Rest gaben ihr die Beutezüge des Verres (73–71 v. Chr.). Um 25 v. Chr. zählte Strabon die Stadt Morgantina bereits nicht mehr zu den Zentren Siziliens. Im 5.–6. Jh. entstand auf dem Hügel der ehemaligen Akropolis ein Benediktinerkloster, in dem Leo I. studierte, ehe er Papst wurde.

Zwei Getreidemühlen am Eingang der Ausgrabungen (im Norden der Agora) weisen darauf hin, daß Morgantina in erster Linie ein blühendes Agrarzentrum war. Die Agora öffnete sich auf eine der breiten Straßen hin, die in Nord-Süd-Richtung die Stadt in regelmäßigen Abständen durchzogen. Die Nordseite des Platzes nahm das 92 m lange **Gymnasion (2)** ein. An der Ost- und Westseite wurde die Agora jeweils von einem Portikus begrenzt, und im Süden bildeten die Mauern eines Sakralbezirks und des Theaters den Abschluß. Die Mauer-

Blick vom Prytaneion auf die untere Agora und das Theater von Morgantina

reste in der Mitte des Platzes gehen auf spätere Zeiten zurück, als gegen 200 v. Chr. eine streng symmetrische Markthalle, das **Macellum (9)**, entstand, von deren Innenhof ein älterer kleiner Rundtempel eingeschlossen wurde.

Den mittleren Teil der Vorderfront des Gymnasions nahm eine Rennbahn ein, deren Länge – ein halbes Stadion – genau der Hälfte der vorgeschriebenen Strecke bei Wettläufen entspricht. Daneben liegen Umkleide-, Wasch- und Gymnastikräume. Die vortretenden Seitenflügel dienten als Bibliotheken, Aufenthaltsräume, Studien- und Musikzimmer. Zum Platz hin war dem Gymnasion ein Portikus (1) vorgelagert. Im 2. Jh. v. Chr. gestalteten die Römer das Gebäude um. Während der Niedergangszeit der Stadt war nur noch ein Teil davon in Gebrauch – als Werkstatt zur Herstellung von Tonröhren.

In der Nähe des Gymnasions lag das **Bouleuterion (5)**, kenntlich an dem Raum mit der gerundeten, erhöhten Basis. Von den Römern zerstört, wurden die Reste des Gebäudes in den Bau zweier Tavernen einbezogen, von denen u. a. in einem Raum noch die an den Wänden entlanglaufende Sitzbank und der untere Teil des langen Tisches erhalten sind. An dem kleinen Platz zwischen Bouleuterion und Gymnasion liegt zur Agora hin ein Gebäude, das wahrscheinlich als Münzprägestelle diente (6). Der westliche Portikus (8) war in seiner ganzen Länge von Geschäftsräumen flankiert. Der östliche Portikus (3) lag eingeschlossen zwischen einem Brunnenhaus (mit doppeltem Becken) und dem Prytaneion. Seine Rückwand fungierte als Stütze für den dahinterliegenden Hügel, und seine Vorderfront öffnete sich auf eine der Hauptverkehrsadern der Stadt.

Die Eigenart der morgantinischen Agora liegt in ihrer Aufteilung auf unterschiedliche Niveaus, in obere und untere Agora. Zu der unteren, entschieden kleineren führte eine trapezförmige, caveaähnliche Treppe. Etwas höher befand sich eine zweite, abgewinkelte Stufenrampe. Sie grenzt an die Straße, kommt aber links vom Eingang des Prytaneions zu liegen, so daß sie dieses freiließ und dadurch den Durchgang und die Sicht von dem Gebäude auf die untere Agora erlaubte. Es scheint, daß diese Anlage für Volksversammlungen benutzt wurde, also einem Ekklesiasterion (10) entsprach. In der Mitte lag ein erhöhtes Podium, von wo aus der Sprecher von allen gesehen und gehört werden konnte.

Der angrenzende **Sakralbezirk (11)** war den chthonischen Gottheiten geweiht. Er besteht aus einem rechteckigen und einem trapezförmigen Temenos, in denen sich die Räumlichkeiten um je einen Innenhof herum ordnen. In einem sind ein großer Rundaltar und eine Tholos mit Altar zu erkennen und, mit der Längsseite an die Mauer gelehnt, ein kleines Heiligtum mit Adyton und Altar. Die Archäologen fanden hier zehn beschriebene Täfelchen, in deren Aufschriften die Namen Gaia und Hermes erwähnt werden (Gaia, die Erdmutter, und Hermes in der Form des Hermes Psychopompos, des Begleiters der Seelen ins Jenseits). Weiter südöstlich, nahe der Stadtmauern, wurden die überaus spärlichen Reste eines Demeter- und Koreheiligtums entdeckt, das mit den Mysterien in Verbindung stand. Weitere Grundmauern in der Nähe der Agora gehören zu dem städtischen Kornspeicher (16) und den Bäckereien (17).

Links von der Treppenstraße, die in das Wohngebiet des Osthügels führt, erhob sich das **Prytaneion (4; 12 x 21 m)**. An drei Seiten gruppieren sich verschiedene Räume um einen Innenhof. Der repräsentative Saal lag dem Eingang gegenüber. Im zweiten Raum rechts sind noch Weinmischgefäße aus Stein erhalten. Treppen führten in das obere Geschoß.

Die Anlage der Räume in dem sog. **Haus mit dorischem Kapitell (19)** läßt sich noch gut erkennen. Den Mittelpunkt bildet ein Peristyl, und der Treppenabsatz deutet auf mindestens ein weiteres Stockwerk. Die Fußböden bestehen aus dem typischen Tonscherbenmosaik, das mit seinen farblich verschiedenen Mustern einem Teppich ähnelt. Bei der Tür eines der Gästezimmer – mit Bad – ist der Willkommensgruß an den eintretenden Gast zu lesen. Das sog. **Haus des Ganymed (20)** zeigt deutlich die verschlechterten ökonomischen Verhältnisse der Stadt nach der endgültigen römischen Eroberung. Das Wohnhaus wurde mit-

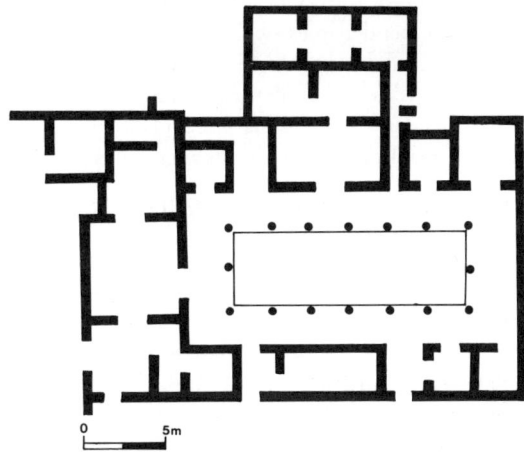

Grundriß des sog. Hauses des Ganymed, Morgantina

tels einer Quermauer durch das Peristyl zweigeteilt. In der Mitte eines der Zimmer befindet sich ein kleines figürliches Bodenmosaik, das älteste bis jetzt entdeckte in *Opus tesselatum* (s. S. 250). Es stellt den Raub des Ganymed dar, den der verliebte Zeus, verwandelt in einen Adler, zu sich auf den Olymp holt. Nach Osten hin liegt der Hügel der ehemaligen Akropolis.

Das **Theater (14)** wurde im 3. Jh. v. Chr. anstelle einer vorher bestehenden Holztribüne errichtet. Zu deren Bau war der Hügelhang schon mit Sand, Tonerde und Steinen aufgefüllt worden, um das nötige Gefälle zu erzielen. Die etwas mehr als halbrunde Cavea ist in sechs *Cunei* unterteilt. Nur in ihrem unteren Teil waren 16 Sitzreihen aus Kalkstein angebracht, im oberen wurde sie mit gestampfter Tonerde vollendet und wahrscheinlich mit Holzbänken versehen. An der Vorderfront eines Sitzes des dritten Keils von rechts ist eine 20 cm hohe Inschrift von Archeleos, dem Sohn des Euklides, an Dionysos zu lesen. Die Orchestra besaß einen aus Steinen, Sand und Lehm gestampften Bodenbelag. Die Basis des Dionysosaltars ist noch erhalten. Von der Bühne, den Proskenien und dem Bühnengebäude sind nur noch die Grundmauern kenntlich. Die Kapazität des Theaters wird auf 5000 Zuschauer geschätzt, davon fanden 2000 Platz auf den Steinbänken.

Von dem ehemaligen **Wohnviertel des Westhügels** hat man mehrere Wohnhäuser und einen Teil des Straßensystems freigelegt. Letzteres, im Schachbrettsystem angelegt, besaß *Decumanes* in einer Breite von 640 m und *Cardines* von 6 m sowie *Insulae* von rund 120 × 40 m. Das sog. **Haus der tuskanischen Kapitelle (28**; 1. Jh. v. Chr.) hat als Atriumhaus einen typisch italischen Charakter. Ihm angebaut ist ein weiteres, mit einem Peristyl von zwölf Säulen und sehr hübsch verzierten Fußböden versehen.

Ein luxuriöses Wohnhaus, die sog. **Casa Pappalardo (27)** aus dem 3. Jh. v. Chr., besitzt ein schönes Peristyl und musivischen Bodenbelag. Auch das sog. **Haus mit Bogenzisterne (23**; 3. Jh. v. Chr.), das zwei Peristyle umschließt, enthält bemerkenswerte farbige Mosaikböden. In dem sog. **Haus der Goldmünzen (24)** wurde ein Schatz von 44 Goldmünzen entdeckt (4.–3. Jh. v. Chr.). In Richtung der kleinen Ebene sind weitere Steinmauern zu erkennen, bei denen es sich hauptsächlich um die Reste zweier Heiligtümer handelt: das eine war Demeter und Kore in ihrer Eigenschaft als Herrscherinnen über Leben und Tod gewidmet, das andere der Aphrodite. Von den Badeanlagen, die diesem angeschlossen waren, sind u. a. die Wasserrohre und das Heizungssystem gut erhalten. Die Ausgrabungen von Morgantina gelten nicht als abgeschlossen.

Piazza Armerina und die Villa del Casale

Das 25 000 Einwohner zählende Städtchen Piazza Armerina ist eine pittoreske Bergstadt (697 ü. d. M.), die schon seit dem 6. Jh. v. Chr. besiedelt war (s. Farbabb. 13). Der **Dom SS. Assunta,** eine dreischiffige Pfeilerbasilika mit Querschiff und Vierungskuppel, besitzt, eingebunden in die strenge frühbarocke Fassade, noch einen Turm mit Blendbogen im Stil der katalanischen Spätgotik (Turm von 1420, Dom 1604 begonnen). Der kleinen **Chiesa del Carmine** angeschlossen ist ein reizender Renaissancekreuzgang aus dem 16. Jh. Etwas außerhalb der Stadt stiftete Simon, der Graf von Butera und Neffe Graf Rogers I., im Jahre

1096 die **Kirche S. Andrea**. Im Innern finden sich sehenswerte Fresken vom 12.–15. Jh., hierunter auch eine sog. Gregorsmesse, den auferstandenen Christus als Schmerzensmann darstellend, umgeben von Details der Passion; im unteren Bildregister zelebriert Papst Pius II. (1458–1464) im Kreise seiner Kardinäle das Abendmahl. Die meisten Besucher jedoch kommen wegen der römischen Villa del Casale, 6 km südlich der Stadt gelegen.

Große Villenanlagen abseits der Hektik der Städte erfreuten sich in den Kreisen der römischen Oberschicht einer großen Beliebtheit. Waren solche Landsitze zunächst noch mit einem landwirtschaftlichen Gutsbetrieb verbunden, so wurden sie in der Kaiserzeit nicht selten zu rein privaten Land- und Sommerresidenzen, zu Stätten der gehobenen Wohn- und Freizeitkultur wohlhabender Römer. Den bekanntesten Komplex dieser Art auf Sizilien stellt die spätantike Villa bei Piazza Armerina dar.

Im Vergleich zu anderen römischen Villen ist die Lage dieses Anwesens ungewöhnlich. Die meisten Landvillen liegen an den Abhängen von Hügeln und Bergen und ignorieren alle topographischen Widrigkeiten. Sie sind gezielt auf eine Fernsicht in die umgebende Landschaft hin ausgerichtet und visualisieren durch die z. T. massiven Substruktionen ein Kernphänomen der römischen Zivilisation, nämlich die bedingungslose Herrschaft der Kultur über die Natur. Anders die Villa bei Piazza Armerina: Sie liegt eingeklemmt und fast versteckt in einem engen Tal, außer nach Süden hin von Hügeln eingeschlossen, am Fuße des Monte Mangone.

Typisch ist jedoch der labyrinthartige Grundriß der Anlage, der eine auf den ersten Blick chaotische Agglomeration von Räumen und Gebäudetrakten bildet. Um einen großen, rechteckigen Peristylhof (s. Abb. 43) herum liegen, asymmetrisch angeordnet und nicht durch Fluchtpunkte miteinander verbunden, die Thermen und Latrinen, die von zwei Aquädukten versorgt wurden, die Wohnräume, Repräsentationstrakte und weitere Versorgungsbauten. Im Norden des Peristylhofes erstrecken sich die Privatgemächer, im Osten, jenseits des langen Korridors, die Repräsentationsräume mit dem großen Apsidensaal, dem Empfangsraum des Hausherrn, als Zentrum. Im Westen, gegenüber dem Eingang, lagen die Thermen und Latrinen; südlich des großes Hofes schließt sich ein weiteres, kleineres Peristyl an. Die Unübersichtlichkeit der Anordnung einzelner Komplexe wird beim Durchschreiten der Villa noch dadurch gesteigert, daß fast alle Teilbereiche über unterschiedliche Bodenniveaus verfügen und durch Treppen miteinander in Verbindung stehen. Viele römische Landvillen, allen voran die Villa des Kaisers Hadrian in Tivoli bei Rom, wiesen eine ganz ähnliche Struktur auf.

Die Überdachungen der Räume waren abhängig von ihrem jeweiligen Grundriß: Quadratische Räume erhielten Kreuzgewölbe, rechteckige zylindrische Tonnengewölbe; runde Räume wurden mit einer Kuppel überdacht, in vielteilig polygonalen Räumen entsprach die Anzahl der Kuppelsegmente derjenigen der Wände.

Die Villa von Piazza Armerina entstand um 300 n. Chr., wurde später von den Vandalen oder Goten ausgeraubt, von Byzantinern, Arabern und Normannen jedoch wieder genutzt. Wohl im 12. Jh. begruben große Überschwemmungen den Komplex im Schlamm. Schon im 19. Jh. fanden sporadische Grabungen statt, erste systematische Ausgrabungen erfolgten jedoch erst 1929 und 1935–1939. 1950 begannen die Archäologen mit der Freilegung der gesamten Villa, die bis heute noch nicht abgeschlossen ist.

Die spektakulären Mosaikfußböden sind es, die die Villa von Piazza Armerina zu einem der berühmtesten Denkmäler Siziliens gemacht haben. Diese prachtvolle Ausstattung hat immer wieder zu – wenig wahrscheinlichen – Spekulationen Anlaß gegeben, die Villa sei die Sommerresidenz eines Kaisers gewesen. Bemerkenswert ist eigentlich nur der gute Erhaltungszustand der Mosaiken. Die Villa selbst besitzt, verglichen mit spätantiken Kaiserresidenzen, nur recht bescheidene Ausmaße. Auf Sizilien finden sich mindestens zwei weitere Villen (bei Patti Marina und Eloro), die in Größe und Ausstattung der Villa von Piazza Armerina ebenbürtig, allerdings sehr viel schlechter erhalten sind. In allen Fällen handelte es sich vermutlich um Landsitze von hohen Beamten, jedoch kaum um kaiserliche Anlagen.

Bis heute sind 46 Räumlichkeiten freigelegt, die meisten von ihnen mit prachtvollen farbigen Mosaikfußböden ausgestattet. Mit über 6000 qm Fläche stellen sie den bislang größten zusammenhängenden Fundkomplex antiker Mosaiken dar.

Mit Ausnahme der repräsentativen Basilika, deren Fußboden mit Marmorintarsien *(Opus sectile)* ausgelegt war, sind alle Fußbodendekorationen in *Opus tessellatum* ausgeführt. Dieses Verfahren machte eine gründliche Vorbereitung der Fußböden notwendig, die der römische Architekt Vitruv, ein Zeitgenosse des Augustus, in seinen Büchern sehr genau beschrieben hat. Zunächst wurde der Boden gestampft und geebnet, dann eine dreifach geschichtete, sich nach oben hin verfeinernde Unterlage aus Mörtel aufgebracht. Die untere und obere Schicht wurde mit wasserbindendem Kalk versetzt, die mittlere Schicht diente der exakten Nivellierung. Der so vorbereitete Boden wurde anschließend mit einer Lage Gips überzogen, auf den man die Umrisse des gewünschten Dekors mit Schablonen auftrug. Stück für Stück wurde dann der Gips entfernt und in die entstandenen Lücken ein sehr feiner, fest abbindender Mörtel eingefügt, in den dann die einzelnen Mosaiksteinchen, z. T. auch farbige Glasierungen, eingedrückt wurden. Anschließend schliff und ölte man den Boden.

Der gesamte Mosaikdekor der Villa läßt sich in drei große Gruppen gliedern: Neben z. T. großangelegten figürlich-szenischen Darstellungen finden sich emblematische Motive, z. B. die Rundmedaillons im großen Peristylhof, und schließlich Räume mit rein ornamentaler Dekoration. Die figürlich-szenischen Darstellungen wiederum lassen sich unterteilen in mythologische Bildmotive und Szenen aus dem täglichen Leben.

Wie in vielen anderen spätantiken Mosaiken, so überwiegen auch in Piazza Armerina die letzteren Szenen. Ausschnitte des Weltbilds der spätantiken Oberschicht wurden hier gewissermaßen programmatisch vor Augen gestellt. Da die Villa eine Sommerresidenz ohne landwirtschaftlichen Betrieb war, dominiert in diesen Bildern der Aspekt der Freizeit und Vergnügung: Zirkusveranstaltungen, Fischfang und Jagd waren Bereiche, in denen sich die römische Oberschicht standesgemäß engagieren konnte, und auch die mythologischen Szenen liegen nicht auf einer vom täglichen Leben getrennten Ebene. Interessant sind auch die im Mosaikdekor eingefügten Hinweise auf jene Erlösungskulte, die in den ersten nachchristlichen Jahrhunderten in der römischen Welt ›in Mode‹ waren. So findet sich in einer erotischen Szene eine Isislampe, im Orpheussaal ein Phönix, das Symbol der Wiederauferstehung. Hieraus wird man schließen dürfen, daß der Hausherr zumindest kein Anhänger der christlichen Religion war.

Oft richtet sich der Mosaikdekor nach der Funktion der Räume, in denen er sich befindet. So begegnen etwa in den Thermen Szenen aus dem römischen Badewesen, die mit mythologischen Meeresgestalten verknüpft sind. Das Schlafzimmer *(Cubiculum)* zieren erotische Motive, und die Kinderzimmer zeigen Kinder, die im Spiel den Tätigkeiten der Erwachsenen nacheifern.

Stil und Technik der Mosaiken weisen sehr starke Unterschiede auf. Neben überaus plastischen, fast wie gemalt wirkenden Bildern mit dezenter Farbgebung finden sich kolossale, größer gearbeitete Figuren mit markierten Umrißlinien, kräftigen Farben und kontrastreichen Licht- und Schattengebungen. Immer wieder begegnen aber auch fehlerhafte Fußstellungen und Handhaltungen, ungelöste Probleme der Perspektive sowie grob und summarisch, fast linear-schematisch wiedergegebene Figuren. Man hat mehrfach versucht, diese Unterschiede auf das ungleiche Können verschiedener Handwerkergruppen zurückzuführen. Fest steht indes nur, daß viele Hände an der Entstehung der Mosaiken beteiligt waren. Die stilistische und technische Heterogenität ist, im Ganzen gesehen, ein prägendes Merkmal der gesamten römischen Kunst um 300 und ebenso in der Rundplastik wie auch in der Reliefkunst anzutreffen.

Aus der Entfernung wirkt die Villa heute durch die moderne Plastiküberdachung wie ein Gewächshaus. An heißen Tagen ist die Besichtigung dank des Treibhauseffektes nicht ratsam, ja beinahe unmöglich. Vom Eingang des archäologischen Gebiets aus erreicht man die Villa entlang einer auf Bogen ruhenden antiken Wasserleitung (die Villa besitzt deren drei), welche die Wasserversorgung des Bades garantierte. Die Besichtigung beginnt bei den Thermen und den sanitären Anlagen.

Der Weg führt an den drei **Praefurnia (1)** vorbei, Öfen, in denen Heißluft für die Caldarien, das Warmbad, erzeugt wurde. Die Tonröhren dienten zum Transport der Heißluft durch die Wände; die warme Luft strömte ebenfalls unter den Fußböden dahin, und da die Pavimentation verlorenging, ist das Heizungssystem – wie in vielen vergleichbaren römischen Ruinen – sichtbar. Drei solche parallel liegenden Räume bilden das **Caldarium (2)**, zwei sind mit Apsiden abgeschlossen, einer ist rechteckig. Quer dazu liegt das **Tepidarium (3)**, das Lauwarmbad, mit seitlich angebrachten eigenen Heizöfen. Bruchstücke der Bodenmosaiken blieben an ihrem originalen Platz erhalten. Ehemals gelangte man von dort aus durch einen kleinen Massagesaal zum **Frigidarium**, dem Kaltbaderaum.

Gegenüber dem Bad befinden sich die **Männerlatrinen (4)** mit halbkreisförmigem Grundriß. Latrinen waren in der Antike keine intimen Orte, sondern Treffpunkte, in denen man oft wichtige Gespräche führte oder einfach nur plauderte. Unter der durchgehenden Sitzbank (nicht erhalten) sorgte ein tiefer Kanal mit ständig fließendem Wasser für die nötige Hygiene, und eine schmale Rinne bot mit fließendem warmen Wasser die Möglichkeit zum Eintauchen der Füße, was als Hilfe für eine bessere Verdauung galt. Der mit geometrischen

IM LANDESINNERN/PIAZZA ARMERINA

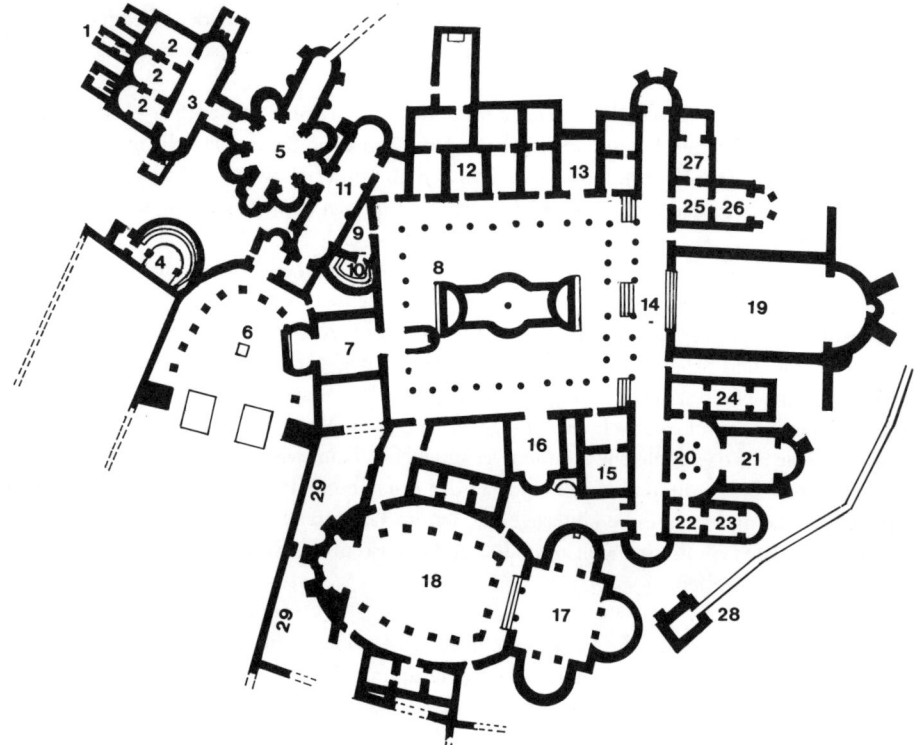

Villa del Casale: 1 Praefurnia 2 Caldarium 3 Tepidarium 4 Männerlatrinen 5 Frigidarium 6 Innenhof mit Brunnen 7 Vestibül 8 großes Peristyl mit Wasserbecken 9 kleiner Innenhof 10 Damenlatrinen 11 Gymnastiksaal 12 Gästezimmer 13 Mosaik der sog. Kleinen Jagd 14 Ambulacrum/Mosaik der sog. Großen Jagd 15 Mosaik mit Ball spielenden Mädchen 16 ›Orpheussaal‹ 17 Triclinium 18 elliptisches Peristyl 19 Basilika 20 halbkreisförmiges Atrium 21 Aufenthaltsraum mit Apsis 22 Spielzimmer 23 Schulraum 24 Cubiculum 25 Vestibül 26 Studierzimmer 27 Schlafzimmer mit Vorraum 28 Aquädukt mit Zisterne 29 Küchen und Diensträume

Motiven ausgelegte Korridor war zum offenen Innenhof hin mit Säulen begrenzt, von denen die Basen noch erhalten blieben. Die Säulen bestanden aus einem Holzstamm, der mit Rundziegln verkleidet war. Verputzt, bemalt und mit Kapitell versehen, unterschieden sie sich kaum von denjenigen aus massivem Stein.

Ein Fenster gewährt einen Blick in den kleinen Massageraum, ein zweites bildet heute den Eingang zum **Frigidarium (5)**. Dieses hat einen oktogonalen Grundriß und, wie in allen Räumen, steht die Motivik der Bodendekoration mit der Nutzung in Zusammenhang: Hier deuten Nereiden, Tritonen und fischende Putten auf das Wasser. An vier Seiten öffnen sich in der Diagonalen vier tiefe Nischen – die Umkleideräume mit Umkleideszenen. An zwei

Seiten liegen sich die Kaltwasserbecken gegenüber, eines zum Schwimmen geeignet, das andere mit Sitzbank für Nichtschwimmer. An den anderen beiden Seiten befinden sich die Eingänge zum Massageraum und zum Gymnastiksaal. Gymnastische Übungen zur Auflokkerung der Muskeln gehörten unverzichtbar zur Badezeremonie. Wer altersmäßig oder aus anderen Gründen nicht dazu fähig war, ließ sich massieren, um die Durchblutung zu fördern.

Nach dem (Fenster-)Ausgang, links in einer vertieften Ecke, sind noch deutlich Motive der Außendekoration zu erkennen: geometrische, an Sonnenräder erinnernde farbige Sternformen – die Häuser waren innen wie außen verputzt und mit farbigem Dekor versehen. An der rechten Seite dagegen sieht man die aufgemalte Sockeleinteilung, wo abwechselnd grüne und rote Farbschichten Marmorplatten vortäuschen. Von dort gelangt man durch einen kleinen halbrunden Raum in den gepflasterten Innenhof.

An den Zwischenpfeilern der drei Bogen waren innen und außen Brunnen angebracht, ein dritter Brunnen befand sich in der Mitte des **Innenhofs (6)**. Diesen umgab auf drei Seiten ein Portikus, dessen Überdachung aus einem Spalier mit Kletterpflanzen bestand; die Säulen weisen ionische Kapitelle auf. Der Hof gab Zugang zu den sanitären Anlagen, einem kleinen schattigen, unbedachten Raum und zum Hauptkomplex des Gebäudes. Seitlich von dessen erhöhtem Eingang war eine Bank für die Wartenden angebracht.

Am Boden des folgenden **Vestibüls (7)** gibt ein abgrenzendes zentrales Mosaik *(Emblema)* eine Begrüßungsszene wieder, durch die dem Eintretenden Frieden und Glück gewünscht wird (Fackeln und Olivenzweige in den Händen der Jünglinge). Zur gegenüberliegenden Seite schaut man direkt in das Lararium, das in keinem römischen Patrizierhause fehlen durfte, und in dem die täglichen Opfer für die Hausgötter, die Laren, dargebracht wurden. Es lag gewöhnlich in der Nähe der Küche oder, wie in der Villa, im Peristyl. Die Säulen des **großen Peristyls (8)** mit den korinthischen Kapitellen sind durch niedrige Mäuerchen *(Plutei)* verbunden. Im Innern, das ehemals noch einen Ziergarten einschloß, liegt ein großes längliches, dreigeteiltes Wasserbecken, bei dem das Wasser vom zentralen Bassin in die kleineren an seinem Rand floß. In der Mitte stand eine Statue, von der aber nur noch der Sockel erhalten blieb; die jetzige wurde dort willkürlich aufgestellt.

Die Mosaiken des Wandelgangs zeigen in Medaillons gefaßte Tierköpfe. An der gegenüberliegenden Front, deren Wichtigkeit durch eine doppelte Säulenreihe betont wird, führen drei Treppen zu dem höher gelegenen Bereich, der dem Hausherrn und seiner engsten Familie vorbehalten war und, durch die Präsenz der Basilika, sozusagen das Private mit dem Repräsentativen verband. Vor der mittleren Stufenordnung ist ein musivischer ›Teppich‹ gelegt. Zur linken Seite des Portikus liegen die Gästezimmer, zur Seite des Vestibüls hin schließt sich ein **kleiner Innenhof (9)** an, in dem sich die **Damenlatrinen (10)** befinden. Die Sitzöffnungen weisen alle einen Einschnitt zum Einführen des Schwammes auf, der, an einem Stiel befestigt, in dem rechteckigen Becken in fließendem Wasser aufbewahrt wurde und zum Reinigen diente.

Von dem kleinen Hof aus läßt sich ein Blick in den **Gymnastiksaal (11)** werfen, dessen Mosaiken ein Pferderennen im Circus Maximus wiedergeben, kenntlich an dem Obelisken, der einen Löwen reitenden Cybele und der geflügelten Victoria. Rechts sieht man die sog. *Carceres*, in denen die Quadrigen auf das Startsignal warteten. Die Wagenlenker tragen Kleidung in den Farben der teilnehmenden Fraktionen: Grün *(prasina)*, Rot *(russata)*, Weiß *(albata)* und Blau *(veneta)*. Die Tribüne mit den Schiedsrichtern und die Verleihung der Siegerpalme vervollständigen das Bild. Vor dem Zugang zur Palaestra, in einem kleinen Korridor, ist die Hausfrau mit ihren Kindern dargestellt, die sich zum Bad begeben, begleitet von zwei Sklavinnen, von denen eine die frische Kleidung und die andere die Öle und Balsame für das Bad trägt.

Die nun folgenden Räume dienten als **Gästezimmer (12)** – in dem ersten war zur Normannenzeit die Bäckerei untergebracht; von daher rührt die Vertiefung für den Ofen am Boden. Einige Zimmer sind mit rein ornamentalen, andere mit figürlichen Mosaiken ausgelegt. In einem erblickt der Besucher fischende Putten vor dem Hintergrund einer Landvilla. Das Zimmer mit dem offenen, von Säulen flankierten Eingang – und dem **Mosaik der sog. Kleinen Jagd (13;** s. Abb. 40) – fungierte entweder als Speisezimmer oder als Aufenthaltsraum für die Gäste; es ließ den Blick zum Garten offen.

Das Mosaik bezieht sich auf die Jagd. Die Position im Zentrum hebt den wichtigsten Teil der Darstellung hervor: Der Hausherr opfert im Beisein seiner Gäste der Jagdgöttin Diana; die Szene darunter stellt die gleiche Gruppe beim Gelage unter einem aufgespannten roten Sonnensegel dar. Währenddessen setzen die Sklaven die Jagd fort, die erste Beute wird eingebracht; interessant ist der Hirschfang durch Netze. Die letzte Episode der ›Erzählung‹ endet mit dem Hinweis auf die Gefahren der Jagd: Ein von einem Eber angegriffener und zu Boden geworfener, blutüberströmter Jäger wird nur durch das Eingreifen seiner Freunde gerettet, von denen einer, hinter einer Bodenerhöhung auftauchend, einen Felsbrocken hochhebt, um ihn auf das Tier zu schleudern.

Das große, erhöht liegende **Ambulacrum mit dem Mosaik der sog. Großen Jagd (14;** s. Abb. 39) dient den dahinterliegenden herrschaftlichen Räumen als Vestibül und gleichzeitig der Basilika als Entlastungskorridor. Der Mosaikschmuck stellt hier Fang und Transport der für die Zirkusspiele bestimmten Tiere dar. Die fernen Länder, in denen diese Jagd stattfindet, sind in den Apsiden durch die Personifikationen der Provinzen bezeichnet: Asien und Afrika. Die ›Erzählung‹ beginnt links: eine Falle mit Köder, Raubtiere, die andere angreifen, von Menschen gefangene Tiere, die gefesselt oder in Holzkäfigen von Sklaven auf die Schiffe geladen werden, Aufseher, die die Arbeit durch Peitschenhiebe beschleunigen, Entladen der Schiffe unter der Oberaufsicht einer von Leibwächtern umgebenen hohen Persönlichkeit, in der wohl der Hausherr in seiner Mansio zu erkennen ist, weitere Tiere und schließlich, symbolisch wiedergegeben durch den Greif, der in seinen Klauen einen Menschen im Käfig hält, die Moral – der Mensch, der sich alles untertan macht, ist am Ende selbst nur ein Gefangener höherer Mächte.

Einer der zwei folgenden Genräume erhielt in späteren Zeiten (6.–7. Jh.) eine neue **musivische Dekoration mit Ball spielenden Mädchen (15)** und Ehrung der Siegerin, das aufgrund der leichten Kleidung der Sportlerinnen wohl zum bekanntesten Mosaik der Villa avancierte. Eine Art Keller mit Wasserleitungen trennt die vorherigen Räume von dem

Die berühmten ›Bikini-Mädchen‹, ein später eingefügtes Mosaik aus dem 6./7. Jh.; im Zentrum erhält die Gewinnerin des sportlichen Wettkampfs die Siegespalme

nächsten, dem ›**Orpheussaal**‹ (16). Dieser liegt genau der ›Kleinen Jagd‹ gegenüber, und genau wie bei jener bestehen Zweifel über den ehemaligen Nutzen: Sommertriclinium, Musik- oder Lesesaal oder Aufenthaltsraum für heiße Tage, da ein Brunnen in der Mitte für Erfrischung sorgte? Der Mosaikschmuck scheint auf die Musik hinzuweisen, symbolisiert durch Orpheus, dessen Stimme die Macht besaß, die wilden Tiere anzulocken und selbst die Bäume dazu zu bringen, ihre Wurzeln auszureißen, um ihm zu lauschen. Durch den Phönix in der linken oberen Ecke wird zudem ein Bezug zum orpheischen Kult hergestellt.

An das Hauptgebäude schließt sich ein zweiter Komplex an, bestehend aus dem großen elliptischen Peristyl und seinen sechs kleineren Räumen sowie einem über einige Stufen zu erreichenden Raum mit drei Apsiden, wahrscheinlich das **Triclinium** (17), der Speisesaal. Die drei Apsiden verleihen dem Saal eine besondere Geltung, die die erhöhte Lage und die Wahl der musivischen Motive noch bekräftigen.

In dem Quadrat in der Mitte sind die zwölf Taten des Herakles dargestellt, in der einen Apsis die Apotheose des Helden, in der nächsten die an seinen Giftpfeilen sterbenden Giganten, bei deren Aufstand gegen die Götter Herakles an der Seite der Olympier kämpfte. Die Mosaiken der dritten Apsis behandeln einen selteneren Mythos: Um sie den Nachstellungen des wilden Edonerkönigs Lykurgos zu entziehen, wird die Mänade Ambrosia von Gaia in eine Rebe verwandelt, noch bevor Dionysos, zu dessen Gefolge sie gehört, mit seinen wilden Tieren ihr zu Hilfe eilen kann.

Das **elliptische Peristyl (18)** ist an der Schmalseite von einer Wand mit drei großen Nischen für Skulpturen, an den Längsseiten mit je einem Portikus aus Pfeilern umgeben, von denen jeder Zugang zu drei Zimmern gibt – nur zwei enthalten noch Mosaiken mit Putten und Reben. Drei Brunnen zierten den Hof, dessen Boden mit geometrischen Mustern, im Wandelgang dagegen mit figürlichen Bildern versehen war.

Den herrschaftlichen Teil der Villa erreicht man heute nur von außen. Die **Basilika (19;** *Basilica centenaria,* d. h. 100 Fuß, also etwa 29 m lang), die dem in der römischen Spätantike weitverbreiteten Typus des Empfangssalons entsprach, stellte einst den gesellschaftlich-repräsentativen Mittelpunkt der Villa dar. Hier empfing der Hausherr hochrangige Gäste, manchmal auch Untergebene und Bittsteller. Rechts von diesem heute nicht zu besichtigenden Saal liegen die Gemächer der Hausfrau und der Kinder, links davon die privaten Räume des Hausherrn. Die ersten faßt ein **halbkreisförmiges Atrium (20)** mit Portikus und Brunnen zu einer geschlossenen architektonischen Einheit zusammen. Den Mittelpunkt bildet ein großer **Aufenthaltsraum mit Apsis (21),** dessen musivischer Dekor, die Geschichte des Arion, eine Huldigung an die Musik darstellt (s. Abb. 41).

Arion, ein berühmter griechischer Sänger (um 600 v. Chr.), geriet während seiner Reise von Tarent nach Korinth in die Hände der Schiffsmannschaft, die sich gegen ihn verschworen hatte, und bat diese, vor seinem Tod noch einmal singen zu dürfen; von dem traurigen Gesang angelockt, kamen alle Lebewesen des Meeres in die Nähe des Schiffes, und als Arion den Selbstmord einem gewaltsamen Tod durch die Seeleute vorzog und sich in die Fluten warf, schwamm ein Delphin herbei und brachte ihn unversehrt zum Kap Tainaron.

Rechts von dem Raum liegen zwei miteinander in Verbindung stehende Zimmer: Im **Vorraum (22)** ist ein Kinder-Wagenrennen abgebildet, bei dem die Pferde durch Riesenvögel ersetzt sind. Im hinteren Raum, mit einiger Sicherheit der **Schulraum (23),** ist zeilenweise der Unterricht dokumentiert (Mathematik – Kinder mit Rechenmaschine, Musik – Kinder mit Instrumenten etc.). Linkerhand des Atriums bilden die ebenfalls miteinander verbundenen Zimmer ein **Cubiculum (24),** ein kleines Gemach mit Schlafraum. Im Mosaik des ersten Raums stehen sich Eros und Pan im Kampf gegenüber; Wetten sind abgeschlossen worden, denn auf einem Tisch stehen außer der Vase mit Palmzweigen auch zwei Geldsäcke – die enthaltene Summe steht darauf geschrieben!

Das nächste Zimmer bildet den Vorraum zu dem Cubiculum, das durch einen Vorhang zu schließen war. Hier sind Kinder wiedergegeben, die den Erwachsenen spielerisch nacheifern und eine Jagd inszenieren; die Warnung vor den Gefahren eines solchen Spiels ist durch kleine Unfälle unmißverständlich angedeutet. Dort, wo die Schlafstätten standen, wird den Kindern ›bildlich‹ angeraten, lieber Obst und Blumen zu pflücken! Außerhalb der Wohnräume liegt ein kleines, achteckiges Gebäude: die Kinderlatrine.

Auf dem weiteren Weg zu den drei privaten Räumen des Hausherrn kann man durch ein Fenster einen Blick in die Basilika werfen. Der erste Privatraum, das **Vestibül (25),** besitzt ein Mosaik, auf dem Polyphem (neben dem einen Auge auf der Stirn haben die Mosaizisten ihm noch zwei normale Augen gelassen!) versucht, aus den Eingeweiden eines Schafs die Zukunft zu lesen – deutliche Anspielung auf ein Theaterstück. Es folgen ein **Studierzimmer**

(26) mit apsidialem Abschluß und Mosaiken, die die Früchte der Jahreszeiten wiedergeben, sowie schließlich das **Schlafzimmer mit Vorraum (27)**, auf dessen Boden sich eine kleine erotische Szene befindet: Die Liebenden werden von Allegorien der vier Jahreszeiten beschützt, die andeuten, daß ihnen ihre Freude das ganze Jahr über gegönnt wird; die Lampe in der Hand des Mannes deutet auf den Isiskult hin; in den Winkeln zeigt das Mosaik Fruchtbarkeitssymbole. An der Wand sind noch deutlich Spuren der ehemaligen Malerei zu erkennen. (Die Villa ist geöffnet wie Denkmäler unter freiem Himmel.)

Enna

Im geographischen Zentrum Siziliens liegt Enna, und tatsächlich bietet sich von hier an klaren Tagen ein überragender Blick auf die drei Spitzen der *Trinakria*, der ›Dreieckigen‹ (s. Abb. 38). In der Ferne sind der Ätna, die Liparischen Inseln, die Seen und Flüsse der Insel auszumachen – den malerischen Vordergrund bildet das gegenüberliegende Städtchen Calascibetta. Goethe präsentierte sich Enna allerdings nicht von der besten Seite, als er frierend und in einer unbequemen Kutsche im Regen an Enna vorbeifuhr.

Die Stadt thront auf einem beinahe 1000 m hohen Felsplateau, hat ca. 30 000 Einwohner und kann sich auch nicht vergrößern, da der Felsen ringsum steil abfällt. Die alten Gebäude mußten immer wieder abgerissen werden, um neuen Platz zu schaffen, und so besitzt die Stadt, verglichen mit ihrer langen Geschichte, relativ wenige Denkmäler aus früheren Epochen. Und doch herrscht in Enna eine besondere, ganz eigene Atmosphäre.

Der Ursprung der Stadt reicht in prähistorische Zeiten zurück. Mit dem Wachstum der umliegenden griechischen Stadtstaaten nahm auch Enna deren Lebensweise an und prägte ab dem 5. Jh. v. Chr. eigene Münzen. Dionysios und Agathokles verleibten die Stadt gewaltsam ihren Reichen ein. Im Ersten Punischen Krieg verbündete sie sich mit Rom, aber auf den bloßen Verdacht der Karthagerfreundlichkeit hin metzelten die Bundesgenossen in einer Nacht sämtliche Einwohner nieder. Ein paar Jahrzehnte später nahm unter den verzweifelten Sklaven aus der Umgebung – ebenfalls in einer Nacht – die erste Revolte gegen die Landbesitzer ihren Anfang. Den Sklaven gelang es, die unverteidigte Stadt zu überwältigen und sie unter der Regierung ihres gewählten Königs Antiochos, eines syrischen Sklaven (Eunos), vier Jahre lang gegen die Römer zu halten (135–132 v. Chr.). Sie fiel schließlich durch Verrat eines der Verbündeten – wer sein Leben nicht selbst beendete, wurde getötet. Antiochos gelang es, mit etwa 1000 Mann zu fliehen, doch wurde auch er später gefangengenommen. Über seine Behandlung weichen die Beschreibungen sehr voneinander ab.

Vor dem **Castello di Lombardia (1;** s. Abb. 44) ist ihm in modernen Zeiten ein Denkmal gesetzt worden. Diese einstmals überaus große Burg wurde von Friedrich II. von Hohenstaufen als Militärfestung errichtet (geöffnet wie Denkmäler unter freiem Himmel). Friedrich II. von Aragon, der Enna vor allen anderen Städten liebte, ließ die Festung als seinen Königssitz ausbauen. Von den ehemals 20 Türmen sind nur sechs mehr oder weniger gut erhalten geblieben. Von dem besterhaltenen der Türme aus, der Torre Pisana, kann man am

IM LANDESINNERN / ENNA

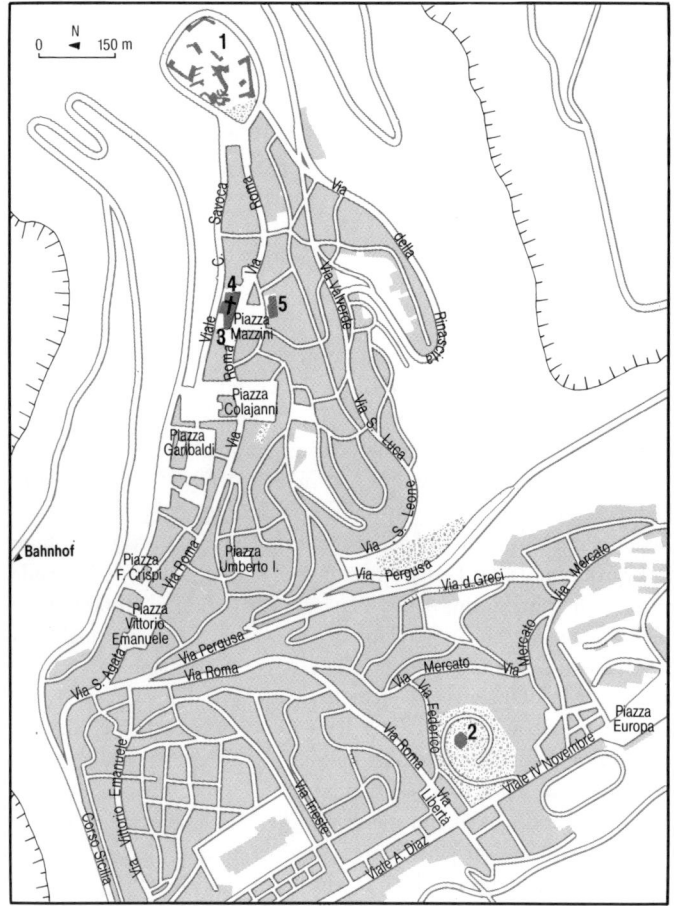

Enna:
1 Castello di Lombardia
2 Wohnturm Friedrichs II.
3 Dom
4 Museo Alessi
5 Archäologisches Museum

anderen Ende der Stadt einen weiteren achteckigen, von einer Mauer umgebenen Turm sehen, den **Wohnturm Friedrichs II. (2)**. Ein unterirdischer Gang von 1 km Länge (für Besucher nicht mehr zugänglich) verbindet die Festung mit dem Turm.

Der 24 m hohe Turm ist in drei Stockwerke unterteilt. Die drei übereinanderliegenden Säle verbindet eine in die Wand integrierte Wendeltreppe. Die oberste Überdachung existiert nicht mehr, die zwei anderen Räume besitzen ein Schirmrippengewölbe. Der Torre di Federico entstand an der Stelle, die schon in antiker Zeit als *Umbilicus Siciliae*, als ›Nabel Siziliens‹, galt. Es scheint, daß Friedrich II. von Hohenstaufen ihn aus diesem Grunde dort errichten ließ (über Mittag geschlossen).

Am Fuße der Festung – und vielleicht ehemals in ihre Anlagen einbezogen – liegt der sog. Demeterfelsen, auf dem das Heiligtum der Göttin stand. Nichts davon blieb erhalten. Mit

Mythos und Kult der Demeter und Kore

Dem griechischen Mythos nach war Enna einer der Wohnsitze Demeters, der Göttin der Fruchtbarkeit. Für ihre schöne Tochter Persephone, auch Kore, ›das Mädchen‹, genannt, ließ Demeter – für göttliche Begriffe ganz in der Nähe – einen See entstehen, an dessen Ufern die schönsten Blumen der Welt wuchsen. Doch der Ätna war nicht weit entfernt, und an seinem Gipfel lag der Eingang zur Unterwelt, deren Herrscher, Hades, sich in das bildschöne Mädchen verliebte. Der Gott raubte Kore und setzte seine rasende Entführungsfahrt bis nach Syrakus fort, wo sich ihm die Nymphe Kyane in den Weg warf (s. S. 168). Dann tat sich die Erde wieder auf und verschlang Hades mitsamt der Geraubten.

Frauen bringen der Demeter Weihgaben,
Terrakottafiguren im Archäologischen Museum von Agrigent

Demeter, die nichts über den Verbleib ihrer Tochter erfahren konnte, irrte über die ganze Erde und fragte jeden, ob er Persephone gesehen habe, doch keiner brachte den Mut auf, der Mutter ihren Aufenthalt zu verraten. So suchte sie sechs Jahre lang und vergaß über ihrer Trauer vollkommen die Fruchtbarkeit der Erde und der Menschen. Der Sonnengott Helios hatte endlich Mitleid mit den Menschen und verriet der Mutter, wo Persephone gefangengehalten wurde.

Verzweifelt eilte Demeter zu Zeus, ihrem Bruder – und wahrscheinlich auch Vater des Mädchens –, und bat ihn um Hilfe. Zeus versprach einzugreifen, aber nur für den Fall, daß Persephone noch nicht in die verbotene Frucht, einen Granatapfel, gebissen habe. Nach sechs Jahren hatte Persephone aber leider schon davon probiert, und so konnte sie nicht mehr rein und unschuldig auf die Erde zurückkehren. Schließlich einigten sich die Olympier auf einen Kompromiß: Persephone sollte acht Monate im Jahr bei der Mutter leben und vier Monate bei ihrem Mann in der Unterwelt verbringen. Jedesmal, wenn Persephone die Erde verläßt, dörrt diese in ihrer Trauer vollkommen aus. Doch wenn die Frist abgelaufen ist,

> kleidet sie sich wieder in ihr schönstes Gewand. Durch die Verbindung zu ihrer Tochter und damit zur Unterwelt wurde Demeter auch als Göttin des Todes und Garantin eines glücklichen Lebens im Jenseits verehrt.
> Auf der Suche nach ihrer Tochter soll Demeter dem Mythos zufolge in Eleusis bei Athen besonders gut aufgenommen worden sein und, als alte Frau verkleidet, dem König Keleus als Amme für seinen Sohn Triptolemus gedient haben. Sie gab diesem den Pflug, weihte ihn in die Geheimnisse des Landbaus ein und schenkte ihm einen von Drachen gezogenen Wagen, mit dem er über die ganze Welt fuhr, um die Menschen die Feldarbeit zu lehren und den Kult der Demeter zu verbreiten. Wer in diesen Kult eintrat und die verschiedenen Grade der Initiation vollendete, dem war das ewige Leben in den Eleusinischen Gefilden verheißen. Keine andere Gegenleistung wurde von ihm verlangt als das Schweigen über die kultischen Handlungen.
> An dem Fest der sog. Mysterien, einem Trauerfest, konnten nur die Eingeweihten teilnehmen. Es begann mit einem Fackelzug, bei dem die Gläubigen um die Stadt oder am Strand entlangzogen und mit lauter Stimme nach Persephone riefen, um im Kult das Suchen der Mutter nachzuvollziehen. Fünf Tage fanden Prozessionen statt, danach schlossen sich die Eingeweihten für weitere drei Tage in die Mauern des Tempelbezirks ein. Was sich während dieser Tage abspielte, ist unbekannt: Der Eid des Schweigens wurde entweder so gut gehalten, daß nie etwas über das Geschehen geschrieben werden konnte, oder – und das ist wahrscheinlicher – dieses war so bekannt, daß es sich nicht lohnte, darüber zu schreiben. Männer und Frauen, Sklaven und Freie, jeder konnte dem Kult beitreten.
> An einem zweiten, einem Freudenfest, durften dann auch die Nichteingeweihten teilnehmen. In Prozessionen wurden die Statuen der Göttinnen Demeter und Kore durch die Straßen getragen und mit Brot beworfen, um Fruchtbarkeit zu erflehen. Die Gesangswettbewerbe dieses Festes besaßen große Bedeutung; die Festlichkeiten dauerten eine Woche an. Im Herbst, wenn die Saat ausgelegt wurde, fanden die Thesmophorien statt. Dieses Fest wurde ausschließlich von Frauen gefeiert, die Demeter in der Form der Tesmophoros verehrten, der Gesetzgeberin für das tägliche Leben.

viel Mühe haben Archäologen die Spuren der Grundmauern des Heiligtums unter denen späterer Bautätigkeiten aus den Rinnen im Fels herausgelesen. Aus den Beschreibungen Ciceros geht hervor, daß vor dem Tempel drei große Statuen standen: die der Demeter, der Persephone und des Triptolemus. Sie wurden von Verres geraubt, was einen Aufstand der Einwohner zur Folge hatte, der aber nichts einbrachte.

Der **Dom (3)** wurde 1307 von Eleonora, der Frau Friedrichs II. von Aragon, gegründet. 1446 fiel er einem schweren Brand zum Opfer und wurde danach nur langsam wieder aufgebaut. Im Tympanon des Seitenportals (16. Jh.) ist ein Relief angebracht, das von einem Kirchlein des 15. Jh. stammt, welches ehemals in einem der Innenhöfe des Kastells stand. Die barocke Fassade entstand in den ersten Jahren des 18. Jh., ein Prototyp jener sizilianischen Turmfassaden, bei denen der Glockenturm in den oberen Teil eingegliedert ist und der dann in Südostsizilien weiterentwickelt wurde. Die Fassade schuf so einen Ausgleich zu den Massen der noch mittelalterlichen, polygonalen Apsiden. Die Verbindung stellt der Renaissanceteil (die Seitenwände des Langhauses) des Gebäudes her, dem seine beherrschende Funktion gelassen wird. In Form und Dimension paßt sich die Fassade dem Platz an, so daß sie erst gemeinsam mit den umstehenden Gebäuden ihren vollen Effekt erzielt.

Das Innere mit seiner schön gearbeiteten Holzkassettendecke im Mittelschiff ist vom Stil des 16. Jh. geprägt (s. Abb. 42). Die ungewöhnlich dicken Säulen aus schwarzem Basalt, die Kapitelle und Basen wurden von den besten sizilianischen Schulen gearbeitet. Unter den Gemälden befinden sich auch einige des Guglielmo Borremans (1670–1744). Die linke Apsis wurde in jüngeren Zeiten wieder auf ihre einfache, mittelalterliche Form zurückgeführt und zeigt nun ihr ursprüngliches Kreuzrippengewölbe. Die rechte dagegen ist mit reichen Malereien und Stuckarbeiten aus dem 18. Jh. geschmückt und mit prunkvollen Marmorintarsien verkleidet. Beim Altar steht in einer Nische die Statue der ›Madonna della Visitazione‹, der Schutzpatronin von Enna; das Werk wurde im Jahre 1412 von Venedig gekauft (Prozession am 2. Juli).

Hinter den Apsiden liegt der Eingang zum **Museo Alessi (4)**, in dem u. a. der Domschatz mit sehr schönen Silberarbeiten aufbewahrt wird. Die reiche numismatische Sammlung enthält mehr als 2000 sikulisch-punische und sikulisch-griechische, an die 2000 römische und weitere Münzen ab der byzantinischen Zeit.

Das **Archäologische Museum (5**; Museo Archeologico regionale) umfaßt fünf Säle; im ersten ist Material – hauptsächlich von Grabfunden aus der Umgebung – von der Kupferzeit bis zum 6. Jh. v. Chr. ausgestellt, das primär aus Keramik einheimischer Kulturen besteht. Der zweite Saal enthält eine Dokumentation über die Stadt, der dritte Funde aus der Umgebung des Sees von Pergusa, die dessen antike Nutzung als Kultstätte beweisen. Exponate aus dem engeren Stadtgebiet der römischen Zeit und von den antiken einheimischen Zentren Assoro, Agira, Cerami und Pietraperzia sind in den beiden letzten Sälen zu sehen.

Den **See von Pergusa**, der Sage nach von Demeter für ihre Tochter geschaffen, umkreist heute ein Autodrom mit einer Länge von 4807 m. Der Wasserspiegel sinkt jedes Jahr rapide, so daß die Bezeichnung ›See‹ inzwischen nur noch bedingt zutrifft. Dank der neuen Villen an seinen Ufern, die nicht nur den See durch ihre Brunnen entwässern, sondern auch noch mit ihren Abwässern speisen, bildet sich auf seinem Grund eine dicke Schlammschicht, die das letzte Leben im See zum Aussterben verurteilt. Nicht einmal die Zugvögel, für die er noch vor wenigen Jahrzehnten eine Zwischenstation in Richtung Süden war, fliegen ihn mehr an. Hin und wieder färben oder besser färbten sich die Wasser blutrot, ein Phänomen, das sich aus einer plötzlichen Vermehrung des Planktons erklärt. Dem Mythos nach waren es die Tränen der Demeter, die um ihre Tochter Blut geweint haben soll ...

Der See hat keine zuführenden Flüsse, sein Wasser ist leicht salzhaltig. Wahrscheinlich entstand er durch plutonistische Phänomene (Einsturz durch Tiefenvulkanismus). Am Südufer befindet sich eine Grotte, aus der der Legende nach Hades aufgetaucht sein soll. Archäologische Ausgrabungen bewiesen ein hellenisiertes Zentrum des 7.–6. Jh. v. Chr. in seiner Nähe. Nordöstlich wurden Spuren von Rundhäusern aus der späten Bronzezeit entdeckt, ein Stück Verteidigungsmauer (170 m) und eine Nekropole mit in den Fels geschlagenen Kammergräbern.

Die Südküste

Gela

Seit der Mitte der Kupferzeit wohnten Menschen auf dem Hügel, auf dem die heutige Stadt liegt (80000 Einwohner). Aus vorgeschichtlicher Zeit stammen die Nekropolen des Piano Notaro und die des Molino a Vento. Als dorische Kolonie wurde Gela 689 v. Chr. gegründet, und circa 100 Jahre später rief eine Gruppe der Bürger die Stadt Agrigent ins Leben. In griechischer Zeit war Gela einer der wichtigsten Stadtstaaten und einer der ersten, die es sich erlauben konnten, ein eigenes Schatzhaus in Olympia zu errichten. Gela versuchte auch als erster Stadtstaat, unter der Leitung des Tyrannen Hippokrates alle anderen Städte Siziliens zu unterwerfen, um einen Großstaat zu bilden.

424 v. Chr. versammelten sich alle Vertreter der sikeliotischen Staaten in Gela, um offiziell ihre politische Unabhängigkeit vom Mutterland zu erklären. Somit waren sie von der Verpflichtung befreit, im Peloponnesischen Krieg Partei für die Mutterstadt zu ergreifen. Die Karthager zerstörten die Stadt 405 v. Chr. und erlaubten den Einwohnern nur, sie ohne Befestigungsmauern wiederaufzubauen. Dieses Verbot dauerte an, bis Timoleon die Karthager besiegt hatte (338 v. Chr.). Später nahm Agathokles die Stadt ein und übergab sie seinen Söldnern, den sog. Mamertinern. Daraufhin zogen die Einwohner aus und ließen sich in Licata nieder.

Zur römischen Zeit war der Hügel nur sporadisch bewohnt, und in der Spätantike lag er schließlich völlig verlassen. Friedrich II. von Hohenstaufen gründete 1230 am Ort der archaischen Stadt ein neues Zentrum, das *Terranova*, ›neue Erde‹, genannt wurde. Erst unter Mussolini nahm die Stadt ihren alten Namen wieder an.

In Gela wurde eine Strecke der antiken Stadtmauer ausgegraben (300 m, archäologisches Gebiet des Capo Soprano, 4. Jh. v. Chr.), die in der oberen Partie aus ungebrannten Lehmziegeln besteht. Höchst interessant und sehr reich bestückt ist das **Archäologische Museum**. In seiner Nähe liegt das Ausgrabungsgebiet, in dem sowohl der Beweis für die von Thukydides genannte protoarchaische Siedlung (Lindioi) als auch die Reste der griechischen Akropolis gefunden wurden. Aus den Nekropolen der Stadt stammen die schönsten griechischen Vasen, die in verschiedenen Museen über die ganze Welt verstreut sind.

Agrigent

Das Akragas der Griechen und Agrigentum der Römer ist heute eine typische sizilianische Provinzhauptstadt mit rund 55000 Einwohnern. Obwohl Scharen von Touristen alljährlich

Agrigent im 19. Jh., zeitgenössischer Stich

die antiken Tempel und die Stadtanlage aus dem 6. und 5. Jh. v. Chr. besuchen, bietet Agrigent dem Reisenden wenig Komfort. Die modernen Hotels liegen vom Zentrum weit entfernt in oft recht unschönen Gegenden (Vilaggio Mosè). Dennoch täuscht der erste Eindruck, hier eine Stadt mit viel Industrie, baulichem Wildwuchs und wenig Charme vor sich zu haben. Wer sich die Zeit nimmt und die Via Atenea entlangschlendert, wird bald den Reiz dieses überwiegend vom Barock geprägten Stadtkerns zu schätzen wissen.

Geschichte

Als um 582/80 v. Chr. Kolonisten aus Rhodos und der Nachbarstadt Gela unter der Führung der Oikisten Aristonos und Pystillos auf den zwei großflächigen Hügeln nahe der Südküste die letzte große Koloniestadt des antiken Sizilien gründeten, müssen die Griechen den Bewohnern der Umgebung schon ein wohlbekanntes Volk gewesen sein. Seit 150 Jahren bestanden die Städte an der Ostküste, seit einem Jahrhundert das nur 80 km entfernte Gela und – etwas jünger – im Westen die Stadt Selinunt. Enge Handelsverbindungen waren zur Gewohnheit geworden.

Der von den Griechen für die Stadtanlage gewählte Ort stellte eine natürliche Festung dar: ein an drei Seiten steil ansteigendes Plateau, in sicherem Abstand zum Meer gelegen, mit einer schützenden Hügelkette im Rücken. Die Flüsse Hypsas und Akragas umflossen das Gebiet, vereinigten sich kurz vor dem Meer und mündeten in eine Bucht, die für einen Hafen ideale Voraussetzungen bot.

Das gesamte Stadtgebiet wurde bald nach der Koloniegründung mit einer Mauer umzogen. Die riesige Größe des ummauerten Terrains wird noch heute deutlich: im Norden der Akropolishügel, im Süden des Plateaus der steil abfallende Hang, auf dessen Kamm sich die antiken Tempel wie an einer Kette aufgezogen aneinanderreihen. Das von der Mauer eingefaßte Areal maß insgesamt 2,2 x 1,6 km.

Unter der Regentschaft des Tyrannen Phalaris, der seit ca. 570 v. Chr. in der Stadt über lange Jahre hinweg herrschte, kam es zu einem schnellen wirtschaftlichen Aufschwung. Ein weites landwirtschaftliches Umland wurde gewonnen und mit Forts gegen Übergriffe gesichert; es garantierte fortan den Wohlstand der Stadt. Neben dem Anbau von Weizen, Oliven und Mandelbäumen bildete, wie Pindar in seinen späteren Oden ausdrücklich vermerkt, die Schafzucht eine Stütze der Wirtschaft; außerdem wurden Bodenschätze wie Schwefel und Steinsalz gewonnen.

In der antiken Literatur und auch in vielen neuzeitlichen Geschichtsbüchern wird Phalaris als ein grausamer Despot gebrandmarkt, der beispielsweise seine Gegner in einem ehernen Stier geröstet und sich an ihren Schreien erfreut haben soll; schließlich sei er von der aufgebrachten Bevölkerung gesteinigt worden. Nach allem, was man heute weiß, ist dies jedoch nichts als Legende. Phalaris war vielmehr ein ganz und gar ›normaler‹ griechischer Tyrann, durch soziale Konflikte innerhalb der Bevölkerung an die Macht gelangt – und dabei natürlich dem Adel verhaßt, da er dessen Privilegien einschränkte. Überwiegend war er mit der Förderung von Wirtschaft und Infrastruktur in der Stadt befaßt und legte in dieser Hinsicht den Grundstein für den späteren sprichwörtlichen Reichtum.

Unter der Herrschaft Therons, des zweiten prominenten Tyrannen der Stadt, stieg Akragas am Beginn des 5. Jh. v. Chr. neben Syrakus zur zweitmächtigsten Polis Siziliens auf. Der militärische Sieg gegen die Karthager, zusammen mit Gelon von Syrakus 480 v. Chr. in der Schlacht bei Himera errungen, brachte Akragas als Beute unermeßliche Geldbeträge und über 25 000 karthagische Kriegsgefangene ein. Diese Gefangenen waren es, die den riesigen Tempel des Olympischen Zeus erbauen mußten und in Gestalt dieses Bauwerks so – wider Willen – der Unterlegenheit Karthagos gegenüber dem Akragas des Theron Ausdruck verliehen.

Das 5. Jh. v. Chr. markiert die Blütezeit der Stadt Akragas. Enormer Reichtum, nicht nur aus der Kriegsbeute, sondern auch aus Handel und einer florierenden Landwirtschaft erworben, begründete den Wohlstand, auf den selbst reiche Städte in Griechenland mit Neid blickten. Kunst und Philosophie waren hier zu Hause, zahlreiche Tempel und Heiligtümer wurden erbaut. Doch diese Blüte endete abrupt: In den letzten Jahren des 5. Jh. v. Chr. kam es erneut zum Krieg mit den Karthagern, die 406 v. Chr. die Stadt eroberten und die Einwohner vertrieben.

Jahrzehntelang blieb der Ort nun unbesiedelt, und erst unter Timoleon entstand hier im 4. Jh. v. Chr. erneut eine Siedlung,

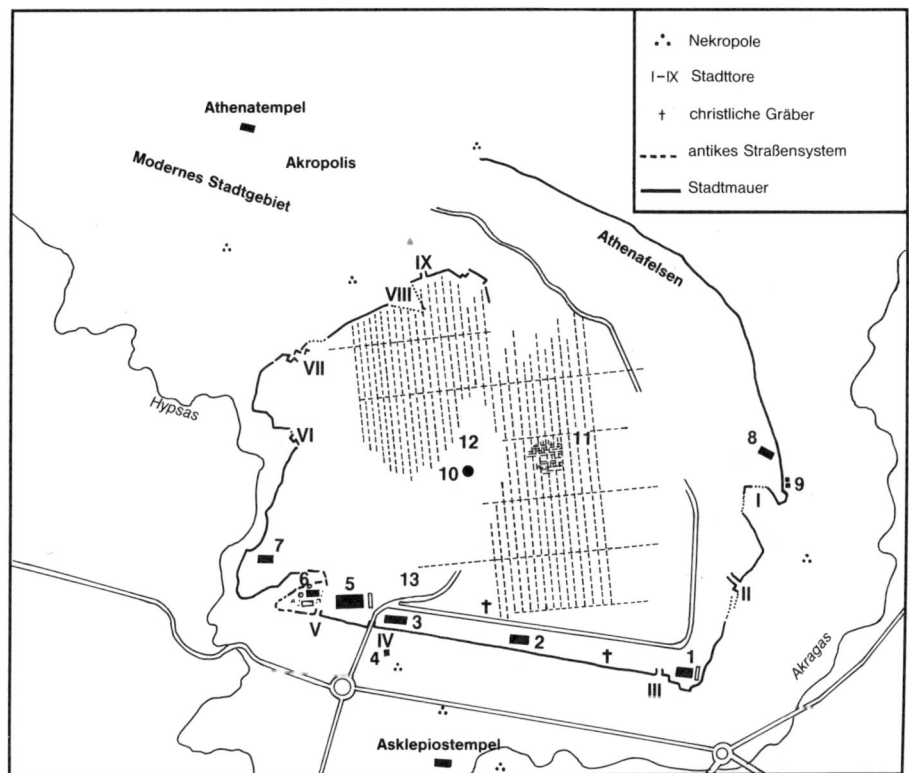

Agrigent, ›Tal der Tempel‹: 1 Hera- oder Juno Lacinia-Tempel (Tempel D) 2 Concordiatempel (Tempel F) 3 Heraklestempel (Tempel A) 4 sog. Grabmal des Theron 5 Tempel des Olympischen Zeus (Tempel B) 6 Heiligtum der chthonischen Gottheiten/Dioskurentempel (Tempel I)/Tempel L 7 Hephaistostempel 8 S. Biagio 9 Felsheiligtum der Demeter 10 Archäologisches Museum/S. Nicolà/Ekklesiasterion/Oratorium des Phalaris 11 hellenistisch-römisches Stadtviertel 12 hohe Agora 13 niedere Agora

die sich allerdings mit dem Prunk der einstigen Stadt kaum mehr vergleichen konnte. In den Punischen Kriegen wurde Akragas zu einem Spielball der Mächte: Zunächst mit Karthago verbündet, wurde die Stadt 262 v. Chr. von den Römern erobert, wenig später aber von den Karthagern zurückgewonnen. 210 v. Chr. fiel Akragas endgültig unter römische Herrschaft und wurde für die nächsten Jahrhunderte zu einer tributpflichtigen *Civitas*, zu einer Stadt ohne größere Bedeutung also. In byzantinischer Zeit schmolz der Ort zu einem kleinen Dorf zusammen, das schließlich von den Arabern 827 eingenommen wurde. ›Kerkent‹ oder ›Gergent‹, wie der Ort jetzt hieß, wuchs schnell und wurde zum Zentrum der arabisch-berberischen Besiedlung Siziliens.

SÜDKÜSTE / AGRIGENT

Der normannische König Roger II. erklärte Gergent zum Bischofssitz. Ihre neue ökonomische Bedeutung, die wesentlich auf dem Handel mit Afrika und auf der Landwirtschaft beruhte, verlor die Stadt erst 1245 mit der Ausweisung der Araber durch Friedrich II. von Hohenstaufen. In den folgenden Jahrhunderten schrumpfte Gergent zu einer kleinen Provinzgemeinde. Zu Beginn des 20. Jh. wurde es, wie alle Orte Süditaliens, stark vom Auswanderungsstrom in Mitleidenschaft gezogen. Unter Mussolini nahm ›Girgenti‹, wie der Ort seit einiger Zeit hieß, den latinisierten Namen ›Agrigento‹ an. Seit etwa 1960 ist die Stadt zu einem wirtschaftlichen Regionalzentrum Siziliens herangewachsen und betreibt im Rahmen des Förderungsprogramms für den *Mezzogiorno* zunehmend den Bau touristischer Einrichtungen.

›Tal der Tempel‹

Südlich des modernen Agrigent, entlang der antiken Stadtmauer, erstreckt sich das ›Tal der Tempel‹, ein etwas mißverständlicher Begriff, denn die meisten Tempel stehen, deutlich auf Fernwirkung zum Meer hin postiert, hoch auf dem Kamm der Hügelkette unmittelbar hinter der Stadtmauer. Vom westlichsten Tempel, dem sog. Juno Lacinia-Tempel, ist es möglich, nicht nur das ganze einstige Territorium der Stadt zu überblicken, sondern auch die Aufreihung der Tempel entlang der Stadtmauer nachzuvollziehen. Einen beachtlichen Prospekt auf diese Tempel erhält auch, wer das Gebiet der antiken Stadt verläßt und ein wenig der antiken Straße nach Selinunt folgt – heute in etwa der Weg, der zu dem etwas abseits gelegenen Hephaistostempel führt.

Der **Juno Lacinia-Tempel (Tempel D; 1;** s. Abb. 46) wurde um die Mitte des 5. Jh. v. Chr. erbaut; der moderne Name dieses Bauwerks ist willkürlich gewählt. Es handelt sich um einen Peripteraltempel mit 6 × 13 Säulen, Pronaos und Opisthodom, der sich auf einer vierstufigen Krepis erhebt.

Der Juno Lacinia-Tempel ist – baugeschichtlich gesehen – der unmittelbare Vorläuferbau des Concordiatempels, überrascht jedoch durch seinen ungewöhnlichen Grundriß. Der Stylobat ist exakt wie 4 : 9 proportioniert, die Ringhallenfronten sind unterschiedlich gestaltet: Die Langseiten weisen eine einfache Eckkontraktion auf, während die östliche Eingangsseite in altertümlicher Weise ohne Eckkontraktion, aber mit einem verbreiterten Mitteljoch geformt ist, die Westseite hingegen wiederum mit einfacher Eckkontraktion. Mit 38,10 × 16,91 m ist der Bau fast exakt so groß wie der Concordiatempel, im Vergleich zu anderen dorischen Tempeln auf Sizilien jedoch relativ klein dimensioniert.

In römischer Zeit mehrfach restauriert, verfiel der Tempel danach jedoch und wurde später bei der Suche nach Baumaterial aus-

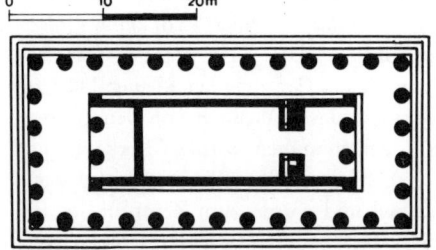

Grundriß des Juno Lacinia-Tempels, Agrigent

geschlachtet. Bis ins 18. Jh. hinein stand er noch weitgehend aufrecht, wurde dann von einem Erdbeben schwer beschädigt und um 1785 zu Teilen wiederaufgebaut (s. Abb. S. 47). Im 18. und 19. Jh. war der Juno Lacinia-Tempel eine der prominentesten Ruinen Siziliens und findet sich auf zahlreichen Stichen und Gemälden, darunter auch von Caspar David Friedrich, abgebildet.

An der Ostfront des Tempels, der Eingangsseite, befindet sich eine breite Freitreppe, und in einigem Abstand vor dieser Treppe liegt quer zum Tempel der Opferaltar, der mit ca. 29,30 × 10 m fast die Maße der Tempelcella wiederholt. Hinter dem Bau liegt eine antike Zisterne, neben ihr die Straße, die durch eines der ehemaligen Stadttore führte. Zwischen Juno Lacinia- und Concordiatempel verläuft die massive Stadtmauer, die in frühchristlicher Zeit als Begräbnisstätte genutzt wurde. Zahlreiche kleine Grabkammern öffnen sich zur Stadtseite hin und zeigen die typische Nischenform dieser Gräber aus dem 4. und 5. Jh.

Der **Concordiatempel (Tempel F; 2;** s. Abb. 47) wurde im Anschluß an den Juno Lacinia-Tempel, um 430 v. Chr., erbaut. Die Benennung geht auf eine in der Nähe gefundene römische Inschrift zurück, die etwas über die *Concordia*, die ›Eintracht‹ unter den Akragantinern, berichtet, jedoch mit dem Tempel selbst in keinerlei Beziehung steht.

Dieser Tempel ist, zusammen mit dem Hephaistostempel auf der Agora in Athen und dem Poseidontempel in Paestum, einer der besterhaltenen griechischen Tempel überhaupt. Früh, wohl schon im 6. Jh., wurde er in eine christliche Kirche umgewandelt und entging somit der Zerstörung und der Benutzung als ›Steinbruch‹. Bei dieser Umwandlung wurde nicht nur der Eingang nach Westen verlegt, sondern auch die Wand zwischen Cella und Opisthodom zur Vergrößerung des Innenraums entfernt. Außerdem verschloß man die Interkolumnien durch Mauerwerk, brach aus der Cellawand Bogen heraus, stellte schließlich den Altar im

Innenansicht des Concordiatempels in Agrigent: Man erkennt noch die Arkaden der christlichen Basilika; der Aufsatz mit Durchlaß über den Schmalseiten der Cella ist ein Unikum im antiken Tempelbau, seine Funktion bislang ungeklärt

Portal auf und fügte Seitenapsiden in den Bau ein – der Tempel wurde so zur christlichen Basilika. Die meisten dieser nachantiken Umbauten konnten während einer Restauration um 1785 (s. Abb. S. 46) entfernt werden, doch ist dieser Teil seiner Geschichte am Tempel noch deutlich zu erkennen.

Wie der Juno Lacinia-Tempel und die anderen klassischen Tempel Agrigents, so ist auch der Concordiatempel von bescheidener Größe (39,42 × 16,92 m) und weist eine Ringhalle von 6 × 13 Säulen auf – ein Säulenverhältnis, das auf Sizilien nur in Agrigent begegnet, während sonst ein langgestreckter Grundriß mit 6 × 14 oder 6 × 15 Säulen vorherrscht. An allen vier Ringhallenecken zeigt der Concordiatempel eine doppelte Eckkontraktion. Nicht nur im Grundriß sind die Proportionen des Bauwerks präzise aufeinander abgestimmt (Cella 1 : 3, Ringhalle 2 : 5, Stylobat 3 : 7), sondern auch der Aufriß zeigt eine ausgewogene, klassische Gliederung. Die Metopen und die Giebelfelder waren einst bemalt. Von einem Altar sind keine Spuren gefunden worden, und so konnte auch kein Kult nachgewiesen werden.

Folgt man der Stadtmauer weiter in Richtung Westen zum Heraklestempel hinab, so sieht man weitere Reste von christlichen Nischengräbern in der Mauer, die wiederum aus dem 4. und 5. Jh. stammen und sich als Katakomben unter dem Garten der Villa Aurea fortsetzen.

Der **Heraklestempel (Tempel A; 3)** ist der größte und auch älteste dorische Ringhallentempel der Stadt. Er entstand zu Beginn des 5. Jh. v. Chr. unter der Regentschaft Therons, doch haben Grabungen die Existenz eines früheren Tempels (6. Jh. v. Chr.) an dieser Stelle nachgewiesen. Die Benennung kann sich auf eine diesbezügliche Beschreibung von Cicero stützen. Mit 67 × 25 m übertrifft dieser Tempel die meisten sizilianischen Bauten an Größe. Aus baugeschichtlicher Sicht steht der Heraklestempel am Übergang zur Klassik: Die klar gegliederte, erstmals mit einer leichten Eckkontraktion versehene Ringhalle (6 × 15 Säulen) umschließt eine Cella, die auf das bislang in der Region übliche Adyton verzichtet und, wie im späteren klassischen Tempelbau üblich, aus Pronaos, Kultraum und rückwärtig offenem Opisthodom besteht.

Grundriß des Heraklestempels in Agrigent (die Grundmauern innerhalb der Cella stammen von einem römischen Umbau) und Aufnahme von der Wiederaufrichtung der südlichen Säulenreihe im Jahre 1924 (Foto)

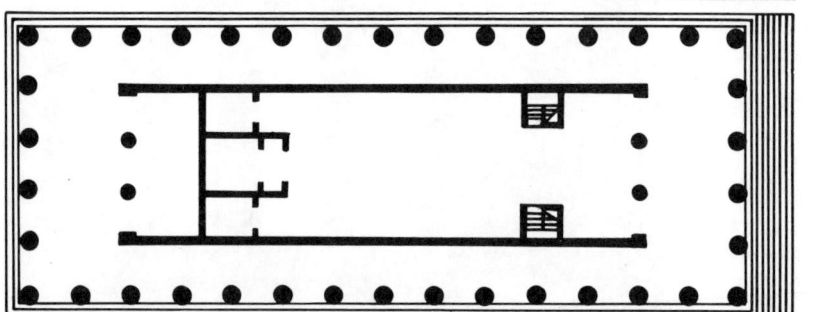

Daß einige Säulen des Heraklestempels heute aufrecht stehen, ist das Resultat einer 1924 durchgeführten Restaurierung. In einigem Abstand von der Ostfront des Tempels finden sich die Reste eines großen Opferaltars, der in hellenistischer Zeit durch eine Straße vom Tempel abgetrennt wurde. Zahlreiche Bauglieder des Tempels liegen in seiner unmittelbaren Umgebung, darunter auch Kapitellfragmente, die noch Reste des Marmorstucks, mit dem einst der ganze Bau überzogen war, aufweisen. Der Tempel soll laut Cicero ein bronzenes Kultbild des athenischen Bildhauers Myron (5. Jh. v. Chr.) beherbergt haben; ferner soll hier ein großes Gemälde verwahrt gewesen sein, das den schlangentötenden Herakles zeigte und von dem berühmten Maler Zeuxis aus Herakleia am Ende des 5. Jh. v. Chr. angefertigt worden sein soll.

Im Anschluß an den Heraklestempel erstreckt sich nach Norden und Westen das Areal, das einst den Mittelpunkt der antiken Stadt bildete. Nördlich des Baus lag die Agora, von der allerdings nur wenig erhalten blieb. Unmittelbar hinter dem Heraklestempel erhob sich die *Porta Aurea* (das ›goldene Tor‹), das Haupttor der Stadt. Der tiefe Einschnitt in den Fels, durch den die heutige Straße führt, geht auf das Mittelalter zurück. Verläßt man hier das antike Stadtgebiet, so sieht man die Überreste der Nekropolen, die sich am Fuße des Hangs südlich der Stadtmauer entlang erstreckten. Das turmartige Gebäude mit seinen markanten Halbsäulen, das ›**Grabmal des Theron**‹ (4), wie es der Volksmund genannt hat, stammt aus römischer Zeit (um 70 v. Chr.) und war vermutlich ein Heroon, ein ›Erinnerungsbau‹ für einen heute unbekannten prominenten Bürger der Stadt, der fern seiner Heimat starb. In etwas weiterer Entfernung von der Stadt findet man, umgeben von Feldern, die Ruine des Asklepiostempels (Tempel H), einen ringhallenlosen, für diesen Typus jedoch recht großen Tempelbau aus der Mitte des 5. Jh. v. Chr.

Westlich der *Porta Aurea*, im Stadtgebiet unmittelbar vor der Südmauer, liegen die Trümmermassen des riesigen **Tempels des Olympischen Zeus (Tempel B; 5)**. Nicht nur seine gigantische Größe (56,30 × 113,50 m im Fundament), sondern auch sein ungewöhnliches Design machen dieses Bauwerk zu einem exzeptionellen Sonderfall der griechischen Bauge-

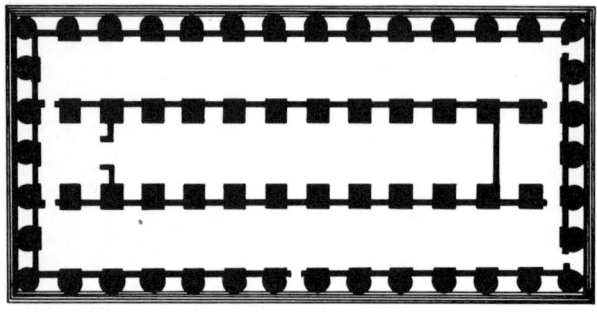

Grundriß und Rekonstruktion des Tempels des Olympischen Zeus, Agrigent (Foto)

schichte. Errichtet wurde dieser Riesentempel von den nach dem Sieg bei Himera versklavten karthagischen Kriegsgefangenen. In mühsamer Fronarbeit entstand ein Bauwerk aus sehr kleinteiligen Steinquadern, das niemals vollendet wurde und aus Rache 406 v. Chr., als die Karthager Akragas eingenommen hatten, zerstört wurde.

Eigentlich handelt es sich hier nicht um einen typischen dorischen Tempel, denn das Olympieion besaß keine freistehende Ringhalle, sondern war ein geschlossener Baukörper, der an seiner Außenseite 7 × 14 gewaltige, fast 20 m hohe dorische Halbsäulen aufwies. Über diesen Säulen befanden sich, ebenfalls als Fassade gestaltet, ein dorischer Architrav und ein Metopen-Triglyphenfries. Im Innern war dieses Bauwerk wie ein gewaltiger, dreischiffiger Pfeilersaal mit zum Himmel hin offenen Mittelschiff gestaltet, und hier offenbart sich auch

die eigentliche Absicht, die hinter diesem spektakulären Bauprojekt stand: Was von außen wie eine griechische Architektur wirkte, wies im Innern mit den Pfeilern und Pilastern auf Formen aus dem karthagisch-phönizischen Bereich hin, die hier gewissermaßen von Griechischem ›eingesperrt‹ wurden.

Vollends deutlich wurde das Bestreben, hier mit einem Riesenbau die ewige und endgültige Unterlegenheit Karthagos demonstrativ vor Augen zu stellen, an den in den Interkolumnien der Außenfassaden auf halber Höhe stehend angebrachten Atlantenfiguren, die in mühsamer Kraftanstrengung das Gebälk des Bauwerks stützten: eine architektonische Metapher für Versklavung, die an Deutlichkeit kaum zu wünschen übrig ließ (s. Abb. 50). Daß die Karthager diesen Bau bei erster Gelegenheit zerstörten, wundert kaum. (Auch der Niketempel bei Himera, dem Ort des Sieges, und der Athenatempel im Dom von Syrakus sind, wenn auch in anderen Formen, Triumphmonumente, die nach der vernichtenden Niederlage der Karthager von den siegreichen Griechen erbaut wurden.)

Die riesigen Ausmaße des Bauwerks machen die umliegenden Trümmer noch heute ebenso deutlich wie der Opferaltar vor der Ostfront, der eine Fläche von 54,50 × 17,50 m überdeckt. Große Mengen des antiken Baumaterials wurden Jahrhunderte später einer neuen Nutzung zugeführt; so besteht beispielsweise ein großer Teil der Hafenmauern von Porto Empèdocle nahe Agrigent aus Resten dieses Baumaterials.

Westlich des Olympieions erstreckt sich, zu beiden Seiten eines weiteren Stadttors, das **Heiligtum der chthonischen Gottheiten (6)**, eines der Haupttheiligtümer der antiken Stadt. Der Kultbezirk, dessen gesamtes Areal von einer niedrigen Temenosmauer eingefaßt war, entstand im 6. Jh. v. Chr. und wurde im 5. Jh. v. Chr. stark erweitert. Den Mittelpunkt der Anlage bilden zwei Altäre, ein großer runder von etwa 8 m Durchmesser und ein quadratischer von etwa der gleichen Größe, von zahlreichen weiteren kleinen Altären und Heiligtümern umgeben. Zwei ebenfalls kleine, ummauerte, separate Kultbezirke mit eigenen Altären fanden sich hier, und neben diesen hofartigen Anlagen schließlich mehrere Gebäude geringer Größe, in denen vermutlich Kultgegenstände verwahrt wurden. Das gesamte Heiligtum ist von einer verwirrenden Unorganisiertheit geprägt; welchem Zweck und welchen Kulten die einzelnen Gebäude, Höfe und Altäre einst gedient haben, blieb bis heute unbekannt.

Um die Mitte des 5. Jh. v. Chr. entstanden in diesem Heiligtum zwei dorische Ringhallentempel. Der **Dioskurentempel (Tempel I; s. Abb. 45)**, dessen bis zum Dach aufrecht stehende Nordwestecke heute das pittoreske touristische Wahrzeichen Agrigents bildet, bestand einst aus einer Ringhalle von 6 × 13 Säulen mit einfacher Eckkontraktion. Mit 13,40 × 31 m war auch er von bescheidener Größe. Das heute sichtbare Ruinenensemble ist im Zuge diverser Restaurationen zwischen 1836 und 1871 entstanden und in mehrerer Hinsicht fehlerhaft. Der Bau des 5. Jh. v. Chr. wurde bereits in der Antike, wohl im Hellenismus, einer weitgehenden Renovierung unterzogen. Die Restauratoren des 19. Jh. haben beim Wiederaufbau der Tempelecke nicht nur die beiden antiken Bauphasen ganz willkürlich durcheinandergemischt, sondern überdies fehlende Bauteile wie etwa den gesamten Stufenbau ergänzt, antike Bauteile nach ihren ›persönlichen‹ Vorstellungen umgearbeitet und das Ganze schließlich fest vermörtelt, so daß heute selbst Fachleute nur mit Schwierigkeiten die Herkunft und Zeitstellung der einzelnen Bestandteile dieser Rekonstruktion auseinanderhalten können.

Etwa zeitgleich mit dem sog. Dioskurentempel entstand unmittelbar daneben der **Tempel L**, ebenfalls ein dorischer Peripteros mit 6 × 13 Säulen, in seinen Abmessungen (17,20 × 38,80 m) etwas größer als sein Nachbar. Die Ringhalle dieses Tempels war an den Schmalseiten mit einer einfachen, an den Langseiten jedoch mit einer doppelten Eckkontraktion versehen. Von dem Tempel L liegen heute nur noch wenige Steine der Nordostecke in antiker Position, so daß der unvorbereitete Besucher hier kaum die Überreste eines griechischen Tempels erkennen wird. Doch der noch vorhandene Fundamenteinschnitt im Felsboden sowie zahlreiche fragmentierte, in der Umgebung liegende Bauteile erlauben eine fast vollständige Rekonstruktion dieses Bauwerks.

Vor den Ostseiten beider Tempel liegen ihre Altäre. Welchen Gottheiten diese beiden Bauten einst geweiht waren, ist unbekannt – die Bezeichnung ›Dioskurentempel‹ für den Tempel I ist erneut völlig willkürlich gewählt.

An der Westseite des Heiligtums der chthonischen Gottheiten fällt das Gelände steil ab. Diese Senke ist nur z. T. natürlichen Ursprungs. Hier befand sich einst ein großer, künstlich angelegter Süßwassersee, der das Trinkwasserreservoir der Stadt bildete; ein verzweigtes Kanalsystem versorgte es mit Regenwasser. Erbaut wurde diese Anlage vermutlich in der Regentschaft des Theron zu Beginn des 5. Jh. v. Chr.

Jenseits dieser Senke, hoch auf einem Plateau in der äußersten Südostecke des Stadtgebiets gelegen, markieren zwei noch aufrecht stehende Säulenreste die Ruine eines weiteren dorischen Ringhallentempels, des **Hephaistostempels (Tempel G; 7)**. Dieser Tempel ist der letzte, der in der Stadt errichtet wurde, doch nahm er einen älteren archaischen Megarontempel teilweise in seine Baukonstruktion auf. Er blieb, wie viele Details am Stufenbau und den Säulentrommeln zeigen, unfertig liegen, als die Karthager 406 v. Chr. die Stadt eroberten; mit seinem Bau wurde wahrscheinlich erst wenige Jahre vor diesem Ereignis begonnen. Der Tempel besaß ebenfalls eine Ringhalle mit 6 × 13 Säulen und einfacher Eckkontraktion; mit 17 × 35,20 m im Stylobat war auch er eher klein. Auch vom Hephaistostempel blieb nur wenig erhalten, genug jedoch, um – wie beim Tempel L – genaue Rückschlüsse auf das einstige Aussehen des Bauwerks zu gewinnen.

S. Biagio und Felsheiligtum der Demeter

Das antike Akragas nahm eine Fläche von ca. 1817 ha ein und dehnte sich über zwei Hügel aus. Das östliche Stadtgebiet schloß den sog. Athenafelsen ein, den höchsten Gipfel innerhalb der Stadtmauern (351 m ü. d. M.). Am Fuß des Felsens steht ein halbzerfallenes normannisches Kirchlein, S. Biagio (8; s. Abb. 48). Es wurde auf den Ruinen eines griechischen Tempels (Tempel C) gebaut, von dem es den Raum der Cella einnimmt. Hinter der Apsis, wo ehemals der Pronaos lag, sind die Steine der Grundmauern und die Basen der Anten zu sehen. Der antike Bau stammt aus der Zeit zwischen 480 und 460 v. Chr. und war vermutlich der Demeter und Kore geweiht. Mit einer Länge von 30,20 und einer Breite von 13,30 m war er für einen Antentempel ohne Ringhalle außergewöhnlich groß. In der Nähe wurden eine Votivtafel und Fragmente mit Wasserspeiern in Form von Löwenköpfen entdeckt, zum Berg hin zwei Rundaltäre freigelegt.

Das Felsheiligtum der Demeter (9) lag außerhalb der Stadtmauern. Es wurde 1926 entdeckt und schließlich Ende der dreißiger Jahre freigelegt. Seine Entstehungszeit wird auf das 7. Jh. v. Chr. angesetzt, also vor der Gründung der Stadt. Es handelt sich demnach um eine der wenigen bekannten Kultstätten der Sikaner. Da in allen Kulturen Grotten, unterirdische Gänge und Quellen mit dem Glauben an Wiedergeburt verbunden sind und die Griechen die hier verehrte Gottheit mit Demeter gleichsetzten, darf angenommen werden, daß auch in vorgriechischer Zeit hier eine Göttin verehrt wurde.

Das vorgriechische Heiligtum besteht aus drei in den Felsen getriebenen Gängen. Die rechte Galerie führt zu einer Quelle, deren Wasser in einem Tonrohr mit ovalen Kontrollöffnungen abgeleitet wird. Die zwei weiteren Korridore mit Längen von 20 und 25 m treffen in einer Grotte aufeinander. Der mittlere Gang enthielt zahlreiche Öllämpchen, Tonfiguren und Büsten der Demeter und Kore.

Vor dem Felsheiligtum liegt ein kleines griechisches Gebäude (12,32 × 3,02 m) mit sich eigenartig verjüngenden Wänden, die in der Bauweise archaische Formen aufweisen. Dieser Bau wurde in hellenistischer und wohl auch römischer Zeit des öfteren verändert. In einer Art trapezförmigem Pronaos befinden sich miteinander in Verbindung stehende Becken, in die das Wasser der Quelle geleitet wurde. An den Felsen lassen sich noch Vertiefungen zum Anbringen der Pinakes erkennen.

Archäologisches Museum und Umgebung

Das Museo Archeologico regionale (10), eines der schönsten Siziliens, wurde 1968 eröffnet; nur Funde der Umgebung werden, hauptsächlich chronologisch geordnet, ausgestellt, um das Verständnis für Geschichte und Entwicklung der antiken Stadt zu erleichtern. Der moderne Bau schließt Teile eines mittelalterlichen Zisterzienserklosters ein, von dem an der Ostwand des Museumsgebäudes ein Fenster mit Zickzackornamenten erhalten ist. Der Eingang des Museums führt durch den alten Kreuzgang. An einer seiner Seiten sind eine Reihe antiker Sitzbänke aufgestellt, die bei Ausgrabungen in der Agora zum Vorschein kamen. Die Inschriften beziehen sich auf Herakles und Hermes.

Im ersten Raum vermittelt ein topographisches Modell einen Überblick über das antike Stadtgebiet und die wichtigsten Orte, an denen archäologische Ausgrabungen stattfanden. In einer Reihe übersichtlich geordneter Vitrinen wird die vorgeschichtliche Zeit der Umgebung Agrigents mit Keramik vom Chalkolitikum (2600 v. Chr.) bis zu der letzten rein sizilischen Kultur, der Kultur von Malpasso (8. Jh. v. Chr.), dokumentiert. Sehr selten sind Funde wie das goldene Schälchen mit den im Flachrelief gearbeiteten Stiermotiven und die zwei ebenfalls goldenen Siegelringe. Ausgestellt sind Kopien, die Originale befinden sich im Britischen Museum in London. Sie stellen nur einen Teil des Goldschatzes aus einem Grab von S. Ångelo Muxaru dar, die anderen Goldgegenstände, darunter zwei weitere Teller, verschwanden auf unerklärliche Weise. Der Verlust ist besonders bedauerlich, da man aus der Zeit kaum andere Beispiele figürlicher Kunst in Sizilien kennt; Siegelringe und Teller lassen sich nicht in den Bereich einer bekannten Kultur einordnen. Eine kleine mykenische Amphore dokumentiert die Handelsverbindungen im 2. Jh. v. Chr.

Die sich im rechten Winkel anschließende Vitrinenreihe enthält Material des 7. Jh. v. Chr., als sich der Einfluß der ersten sikeliotischen Städte bereits bei der Urbevölkerung bemerkbar machte; doch bezeugen die Funde andererseits auch ein langsames Vordringen der Griechen von Gela aus in Richtung Agrigent. Es folgen eingeführte korin-

SÜDKÜSTE / AGRIGENT

Fragment einer eingeführten korinthischen Vase des 6. Jh. v. Chr., ein Beispiel des orientalisierenden Stils mit einem rein dekorativ gesehenen Wappentier

Die älteste Abbildung der Triquetra, der ›Dreibeinigen‹

thische Väschen, nachgeahmte Ware sowie kleine Tonfigürchen der thronenden Demeter, die die Griechen mit einer einheimischen Gottheit gleichsetzten.

Auf dem Boden einer Schale findet sich die älteste Abbildung der Triquetra, der ›Dreibeinigen‹, die das Symbol der Insel ist. Die Griechen glaubten, Sizilien sei eine schwimmende Insel, was durch die Darstellung sehr gut zum Ausdruck kommt. Kleine, grobe Tonscheiben (neben der Schale) mit eingeritzten magischen Formeln und Symbolen, hier dem Hakenkreuz, wurden zum Abschrecken böser Geister aufgehängt. Am Ende dieser Reihe befinden sich einige der überaus seltenen einheimi-

schen Götzenköpfchen; an ihnen fallen die aufgesetzten, vorstehenden Augen und die scharfen Nasen auf, die den Gesichtern etwas Vogelartiges verleihen.

Einige Stufen höher beginnt die hervorragende, streng chronologisch aufgebaute Sammlung attischer Vasen mit Krateren aus der Mitte des 6. Jh. v. Chr. Der Dekor ist in Felder eingeteilt, die den Eindruck von Metopen erwecken, die Komposition nicht der Vasenform angepaßt, sondern in einem rechteckigen Raum angesiedelt.

Der Unterschied zwischen der attisch-schwarzfigurigen und der orientalisch beeinflußten Vasenmalerei ist an einem Kolonettenkrater (um 550 v. Chr.) sehr deutlich zu erkennen: Auf seiner einen Seite werden zwei stiertötende Löwen wiedergegeben, die korinthischen Arbeiten ähneln. Die andere Seite zeigt den auf einem Maulesel reitenden Hephaistos, von einer Mänade geführt und einem Satyrn gefolgt. Trotz einer gewissen Symmetrie ist die Zeichnung rhythmisiert, sind die Figuren in ihren Bewegungen ausdrucksstark wiedergegeben. Die große Amphora mit Athena und Quadriga (um 520–500 v. Chr.) erzielt durch die hintereinander gereihten Pferde des Vierergespanns, durch ihre unterschiedliche Kopfhaltung und ihre in Pseudoperspektive angeordneten Beine eine Raumtiefe, die die verdeckt dahinter stehende Figur der Isis (?) noch steigert. Auf der anderen Seite sind der musizierende Apollon, Artemis und Latona abgebildet.

Ende des 6. und vor allem im 5. Jh. v. Chr. entstand auf der Suche nach neuen Ausdrucksmöglichkeiten die rotfigurige Technik, die dann im Laufe des 5. Jh. die herkömmliche schwarzfigurige, ihr genaues Gegenteil, ersetzte, ausgenommen bei den panathenäischen Preisamphoren. Die Figuren wurden jetzt nicht mehr eingeritzt, sondern mit dem Pinsel ausgespart, die Umrißlinien dadurch weicher, auch wenn sie durchlaufend blieben. Die inneren Linien, zuvor mit dem Griffel ausgeführt, trug man nun ganz fein auf, was eine elegante Ausarbeitung der Haare, der Gewandfalten und vor allem die Wiedergabe der Muskulatur ermöglichte.

An den folgenden Vasen ist die Entwicklung innerhalb des 5. Jh. v. Chr. leicht zu verfolgen: Die ersten perspektivisch korrekten Verkürzungen tauchen auf, die Augen werden naturalistisch – nicht mehr in der Vorderansicht, sondern im Profil – eingezeichnet. Ein Vordergrund wird geschaffen, oft, indem eine der Figuren einen Fuß auf einen Stein stellt oder halbverdeckt hinter einem Felsen auftaucht.

Interessant ist der seltene weißgrundige Kelchkrater, der eine Szene aus der ›Andromeda‹ des Sophokles mit dem Schauspieler Euaion in der Rolle des Perseus wiedergibt. Er wird dem sog. Phialemaler zugeschrieben (um 430 v. Chr.). Leider ging jedoch der Großteil der weißen Grundierung und somit auch der Farben verloren. Die Linienführung in der Umrißzeichnung ist delikat und gekonnt, das klassische Profil des Perseus erhält durch die bis an die Wimpern hochgezogene Pupille eine vorher unbekannte Lebendigkeit. Ein Felsblock deutet zaghaft die Landschaft an und bildet gleichzeitig den Vordergrund.

Der Schauspieler Euaion in der Rolle des Perseus, Krater des sog. Phialemalers, um 430 v. Chr.

275

Die Sammlung attischer Vasen endet mit Darstellungen von Trinkgelagen, bei denen sich die angeheiterten Gäste bei einem beliebten Gesellschaftsspiel, dem Kottabos, amüsieren (s. Abb. 52). Keine opfernden, sondern sich vergnügende Menschen stellen den Höhepunkt dieser Säkularisierungstendenz dar. Die nun folgenden Vasen sind, als Konsequenz der Niederlage Athens im Peloponnesischen Krieg und des damit verbundenen Verbots von Keramikexporten, italischen und sizilischen Ursprungs.

Ein großer apulischer Obstteller zeigt Silene mit dem emporsteigenden Pferdegespann, dem aufgehenden Mond. Den Rand schmücken Rebenranken, Weiß und Gelb sind reichlich verwendet. Die Zeichnung beruht nicht mehr auf einer durchlaufenden Linie, vielmehr werden mit schnellen, kurzen Strichen die Darstellungen ›impressionistisch‹ skizziert. Die drei folgenden Vitrinen zeigen zur Vervollständigung der Übersicht Arbeiten der größten italischen Schulen, vertreten durch Campanien, Apulien und Lukanien. Den Abschluß der griechischen Vasenmalerei bilden einige schwarzgrundige Vasen im Gnathiastil.

Am Ende der Vasensammlung befindet sich das größte Fragment einer skulpturalen Komposition, ein kniender Krieger (s. Abb. 54); höchstwahrscheinlich stammt er vom Giebelschmuck des Olympieions. Als Übergang zu den Funden des Tempelgebiets sind die Exemplare verschiedener dorischer Löwenkopf-Wasserspeier an den Wänden angebracht. Unter den folgenden Votivgaben (Öllämpchen, Tierfiguren, Väschen, Gorgonen usw.) überwiegen die Tonfigürchen weiblicher Gottheiten, während des 6. Jh. v. Chr. alle in der peloponnesischen und rhodischen Stilrichtung gefertigt, am Ende des Jahrhunderts auch mit ionischen Einflüssen. Büsten aus dem Bereich der chthonischen Gottheiten zeigen die Unterweltsgöttin mit der typischen Kopfbedeckung, dem *Kalathos*.

Das beste Beispiel für das Interesse an ionischen Werken, das sich gegen Ende des 6. Jh. v. Chr. bemerkbar machte, bietet der Kopf eines Kouros mit den typischen geschwungenen Augenbrauen, den in Rollen gelegten Stirnlocken und den langen, aus kleinen Kugeln zusammengesetzten Haaren (um 520 v. Chr.). An der Wand steht – sehr frei zusammengefügt – einer der Telamone des Olympieions. Die Ausmaße der Figuren verlangten eine Arbeit in einzelnen Teilen.

Da von den Skulpturen, an denen das antike Akragas so reich gewesen sein soll, nichts übrig blieb, kommt dem gefundenen marmornen Epheben besondere Bedeutung zu (480/470 v. Chr.; s. Abb. 53). An ihm fallen eine gewisse Unausgeglichenheit zwischen Kopf und Körper sowie seine recht zierlichen Gliedmaßen auf, Merkmale, die in verstärktem Maße auch den Bronzeepheben von Selinunt kennzeichnen (s. S. 380).

Nach einigen wenigen römischen Bildwerken gelangt man zu den Fundstücken der Nekropolen. Eine fotografische Dokumentation gibt Aufschluß über die Fundstellen. Ein seltenes Stück stellt der römische Kindersarkophag aus Alabaster dar. An drei Seiten wird in schöner Reliefarbeit über das Leben des Kindes erzählt, die vordere Ansicht zeigt noch einmal die Hoffnung der besorgten Eltern am Krankenbett des Kleinen, wohl während des letzten Arztbesuchs. Die letzten zwei Sarkophage der Ausstellung fand man in christlichen Grabstätten. Der Dekor des einen, bei dem sich christliche Symbole und Mythen mit heidnischen mischen, beweist, daß in einer frühen Zeit die gleichen Werkstätten ohne Unterschied für Auftraggeber aller Religionen arbeiteten.

In den nächsten Sälen finden sich neben Keramik aus der Prähistorie der Provinz Agrigent seltene frühgeschichtliche Handwerkszeuge aus Metall sowie Haushaltsartikel, die durch die Schönheit der Ausführung begeistern (so z. B. die pfannenähnliche Schale aus Bronze, deren Stiel eine Kaurosfigur im strengen Stil formt). Der folgende Saal ist der Mutterstadt Gela gewidmet. Das beeindruckende Exemplar eines Volutenkraters des sog. Niobidenmalers (um 460 v. Chr.; s. Abb. 51) zeigt auf dem Hals eine Kentauromachie. Der Kampf der Griechen mit den Amazonen umzieht als Fries das ganze Gefäß. Kentauromachie und Amazonomachie waren im 5. Jh. äußerst beliebte Bildthemen. Die Fertigkeit des Vasenmalers bestand auch darin, ein bekanntes Gemälde in Zeichnung umzusetzen, ohne daß sie durch die völlig andere Technik an Ausdruckskraft, Plastizität oder Wiedergabe des Raums verlor. Der Niobidenmaler war hierin Meister: Obwohl die Figuren der Helden in der Tradition der Vasenmalerei alle auf einer Ebene angeordnet sind, büßen sie nichts von ihrer Lebendigkeit ein. Der Rhythmus der sich kreuzenden Beine wird nur an einer Stelle unterbrochen, an der einer der Krieger den Fuß auf einen Felsblock stellt und so die verschiedenen Bodenlinien des Originals verrät. Die in Perspektive gezeichneten Schilde, der leicht angedeutete Faltenwurf oder das Muster der Beinkleider der Amazonen stellen die Figur plastisch in den Raum. Die unterschiedliche Kleidung eines jeden trägt zur Individualisierung der Helden bei, ihre Körper wirken lebendig. In den Gesichtern spiegelt sich ihr Seelenzustand wider – in den leeren Augen der frontal wiedergegebenen, fallenden Amazone steht der Tod. Die letzten zwei Räume des Museums enthalten Funde aus der Provinz Caltanissetta, Vasen, Bronzen und Terrakotten.

Die Umgebung des heutigen Museums war seit archaischer Zeit bewohnt, später ein wichtiges Zentrum mit zahlreichen sakralen und profanen Gebäuden. Außerhalb des Museums, zwischen diesem und der Nordwand der Kirche S. Nicolà, liegen verschiedene zu besichtigende Ruinen wie das Ekklesiasterion. Südlich davon befand sich u. a. ein Bouleuterion, das das Ekklesiasterion in seiner Funktion ergänzte. Da die Ausgrabungen hier noch andauern, ist der Zutritt allerdings nicht gestattet.

Das **Ekklesiasterion** war ein theaterähnlich angelegter Versammlungsraum aus dem 4. oder 3. Jh. v. Chr. Hier tagte einst die Volksversammlung der Stadt. Die aus dem Fels geschlagenen, durchlaufenden Bänke boten 3000 Sitzplätze, die 19 Sitzreihen beschrieben einen Dreiviertelkreis und ließen in der Mitte des Raums ein rundes Podium für den Sprecher frei. Im 1. Jh. v. Chr., zur Zeit der römischen Herrschaft, wurde der Bau aufgegeben, da eine politisch bestimmende Bürgerversammlung nicht mehr existierte.

Auf höherem Niveau entstand auf seinen Resten ein Tempelchen mit vorgelagertem Opferaltar. Diesem gegenüber lag eine kleine Exedra mit einer Bank, von der aus die wichtigsten Persönlichkeiten dem Opfer sitzend beiwohnen konnten. Der Tempel stand erhöht auf einem Podium von 1,60 m Höhe. An der Ostseite ermöglichte eine Stufenrampe den

SÜDKÜSTE / AGRIGENT

Zugang. Vier ionische Säulen bildeten die Vorderfront des Tempels, dahinter lagen ein 2,50 m tiefer Pronaos und schließlich die beinahe quadratische, mit einem Kreuzgewölbe überdachte Cella (6 × 5,30 m).

Das Fenster an der Westseite stammt aus dem Mittelalter, als der ehemalige Tempel, der ab dem 1. Jh. einer römischen Matrone als Grabmal gedient hatte, in ein Oratorium umgewandelt und in den Komplex des Zisterzienserklosters integriert wurde. Die Bezeichnung **Oratorium des Phalaris** verdankt das Gebäude einer mündlichen Überlieferung, die an dieser Stelle einen Palast des Phalaris nennt. Die unteren Quadersteinreihen der Nordwand der benachbarten Kirche scheinen auf ein antikes Gebäude zurückzugehen.

Die massive Kirche **S. Nicolà** errichteten die Zisterzienser im 13. Jh. Die ungewöhnlichen Formen reflektieren Strukturen antiker Gebäude, die damals noch reichlich in der Umgebung standen. Zwei mächtige Pfeiler, eigentlich die Anten der verlängerten Seitenwände, bestimmen den Charakter der Fassade. Die Wand dazwischen wird beinahe in der ganzen Breite von dem flachen, arabisch beeinflußten Spitzbogenportal und seinem schlichten, harmonischen Gewände eingenommen. Die hölzernen Türflügel, in grober Schnitzarbeit gefertigt (1531), fügen sich hervorragend in das Gesamtbild ein. Ein weit vorspringendes Gesims bildet den Abschluß. Der obere Teil der Fassade wurde nie fertiggestellt.

Der einschiffige Kirchenraum strahlt Ruhe und Geborgenheit aus. Nach oben hin schließt ein eigenartig vorstehendes Kranzgesims, auf dem das Tonnengewölbe aufsitzt, die schlichten Steinwände ab. Vier Rundbogen öffnen sich in der rechten Wand zu ebenso vielen Kapellen. Ein großes Weihwasserbecken aus weißem Marmor wird von einer in Relief gearbeiteten Hand gehalten (1529). Den einzigen Schmuck der gerade abschließenden Chorwand bilden Blendarkaden, die Fresken in den Bogen stammen erst aus dem 16. Jh. In der zweiten Kapelle wird der Sarkophag der Phädra aufbewahrt (›provisorisch‹ – seit 1966 – bis zur Wiedereröffnung des Diözesanmuseums).

Der griechische Held Theseus hatte nach dem Tode seiner Frau, der Amazonenkönigin Hippolyte, deren Schwester Phädra geheiratet. Aus erster Ehe war ihm ein Sohn geblieben, Hippolytos. Phädra verliebte sich in ihren Stiefsohn und Neffen und ließ ihm heimlich eine Liebesbotschaft zukommen, doch Hippolytos wies sie zurück. Der unwiderruflich kompromittierten Frau blieb kein anderer Ausweg, als sich das Leben zu nehmen. Theseus legte ihren Tod indessen falsch aus, und im Glauben, sein Sohn sei der Stiefmutter zu nahe getreten, rief er seinen Beschützer Poseidon um Rache an. Daraufhin ließ der Gott während einer Jagd ein Ungeheuer vor dem Pferdegespann des Jünglings auftauchen, so daß die erschreckten Tiere durchgingen und Hippolytos zu Tode schleiften.

Die zeitliche Einordnung des Reliefs ist umstritten, doch mit aller Wahrscheinlichkeit gehört der Sarkophag in das 3. Jh. n. Chr.

Die Vorderfront ist ganz der männlichen Schönheit gewidmet: Hippolytos steht, umringt von seinen Freunden, in der Mitte des Bildes; Hunde, Pferde und Waffen zeigen die Vorbereitung zur Jagd. Neben der Zentralfigur erscheint klein und unscheinbar die Sklavin, die versteckt die Liebesbotschaft überreicht. Einige Merkmale sind unverkennbar römisch: Die Köpfe sind für die Körperproportionen kaum merklich zu groß, der Halsansatz ist hart. Die

Der Sarkophag der Phädra in S. Nicolà, Frontseite: Hippolytos, von seinen Freunden umringt

Sklavin wird, um ihren niedrigen gesellschaftlichen Status wiederzugeben, kleiner als die anderen Figuren dargestellt. Auf der rechten Schmalseite wird die ohnmächtig zusammengebrochene Phädra, auf der nicht vollendeten Rückseite die jungen Männer auf der Wildschweinjagd und auf der linken Schmalseite schließlich der von seinen Pferden zu Tode geschleifte Hippolytos gezeigt.

In der dritten Kapelle befindet sich ein Holzkreuz aus dem 16. Jh., das den italienischen Literaturnobelpreisträger Luigi Pirandello zu seinem Drama ›Der Herr des Schiffes‹ inspirierte. In der vierten Kapelle steht eine marmorne Muttergottesstatue aus der gaginischen Schule des 15. Jh. (Kirche meist nur vormittags geöffnet).

Das freigelegte Stadtgebiet nimmt eine Fläche von ca. 10 000 qm ein. Von der 406 v. Chr. zerstörten Anlage wurde ein Teil der Bauten sowie das hippodamische Straßensystem in Grundzügen übernommen. Die heute sichtbaren Reste gehen auf die gleiche Bauzeit wie das Ekklesiasterion zurück, als die Stadt durch den korinthischen Feldherrn Timoleon ein zweites Mal gegründet wurde. Dieses Wohnviertel behielt seine Funktion bis zum Einfall der Vandalen im 4./5. Jh.

In dem Gebiet lassen sich vier *Cardines* erkennen, die im gleichen Abstand in Nord-Süd-Richtung verlaufen und sich im Norden mit einem rechtwinklig dazu angelegten *Decumanus* treffen (heute von der modernen Straße überbaut). In den durch das Straßengitter entstandenen *Insulae* sind die verschiedenen Gebäudetypen vom hellenistischen Wohnhaus mit Peristyl bis zum italischen Typus des Atriumhauses zu erkennen. Einige Bodenmosaiken aus dem 1. und 2. Jh. befinden sich noch an Ort und Stelle, andere im Museum.

SÜDKÜSTE/AGRIGENT

Stadt

Die heutige Stadt Agrigent erstreckt sich auf einem der Hügel des antiken Akragas. An der Stelle, wo ehemals das mittelalterliche Stadttor lag, steht nun eines aus dem 19. Jh., die sog. Porta Atenea. Dahinter beginnt die Hauptstraße, die Via Atenea, die das Zentrum der heutigen Stadt bildet. Von ihr führt eine Nebenstraße, die Salita Santo Spirito, zu einem ehemaligen Zisterzienserkloster und der Kirche **S. Spirito (1)** aus dem 13. Jh. Die Fassade bewahrt noch das Portal und die Rosette aus ihrer Entstehungszeit, der Rest geht auf einen Umbau des 17. Jh. zurück.

Das einschiffige Innere ist mit reichen weißen Stuckarbeiten versehen, die mit größter Wahrscheinlichkeit Giacomo Serpotta (1656–1732) zugeschrieben werden können: Den Hintergrund des Presbyteriums schmückt der ›Triumph des hl. Geistes‹ mit zwei Benediktinerheiligen und Engeln als Adoranten. An den Wänden sind die großen Hochreliefs ›Geburt‹, ›Epiphanie‹, ›Darbringung im Tempel‹ und ›Flucht nach Ägypten‹ zu sehen, zwischen den Fenstern elegante Allegorien der Tugenden. Die Madonna mit Kind an der linken Seitenwand gehört der Schule der Gagini an.

Das Kloster, eines der ältesten Siziliens, befindet sich heute im Besitz der Gemeinde. Sein Kreuzgang ist gut erhalten, den Eingang zum Ordenssaal bildet ein imponierendes Spitzbogenportal, flankiert von Fenstern. Im Saal selbst bestimmen Rundbogen die Strukturen. Ein zweites Portal mit Spitzbogen leitet in das alte Refektorium über. Im oberen Stockwerk ist eine Ausstellung sizilianischer Kunst eingerichtet worden.

In einer Ecke der kleinen **Piazza del Purgatorio (2)**, unter einem steinernen Löwen, liegt der Haupteingang zu den antiken Galerien, die zur Wassergewinnung im 5. Jh. v. Chr. angelegt wurden (nicht zugänglich). In den erforschten Gängen haben sich große Becken und Leitungen erhalten, manche der Tunnel stürzten jedoch teilweise ein. Bis 1988 lief aus dem einzigen noch funktionierenden Brunnen stetig Wasser, danach wurde er periodisch gesperrt. Agrigent leidet auch im 20. Jh. ständig unter Wassermangel. Im Sommer sind die Einwohner oft mehrere Wochen lang von einer strengen Rationierung des Wassers betroffen.

Kurz hinter der neogotischen Handelskammer beginnt auf der rechten Seite, bei der Via Bac Bac, durch die verwinkelten Treppengassen der Altstadt der Aufstieg zu der kleinen Kirche **S. Maria dei Greci (3)**. Das schöne Portal aus dem 13. Jh. liegt inmitten der Pflanzen des kleinen, ihm vorgelagerten Hofs. Von diesem führt links eine schmale Tür in einen dunklen Korridor, in dem 22 m der Krepis mit sechs der unteren Säulentrommeln vom Tempel E zu sehen sind, auf dessen Resten im Mittelalter die griechischen Christen ihre Hauptkirche errichteten. Es handelt sich um einen Teil der Langseite eines dorischen Tempels, der um 460 v. Chr. mit der für Agrigent üblichen kanonischen Formel von 13 × 6 Säulen errichtet wurde.

Die Apsiden der dreischiffigen Kirche weisen die für das sizilianische Mittelalter typische flache Rundung auf. Die Freibalkendecke, an der noch schwache Farbspuren zu erkennen sind, stammt aus dem 14. Jh. An der rechten Wand haben sich Freskenfragmente aus dem 13. Jh. erhalten (Kirche vormittags meist geöffnet).

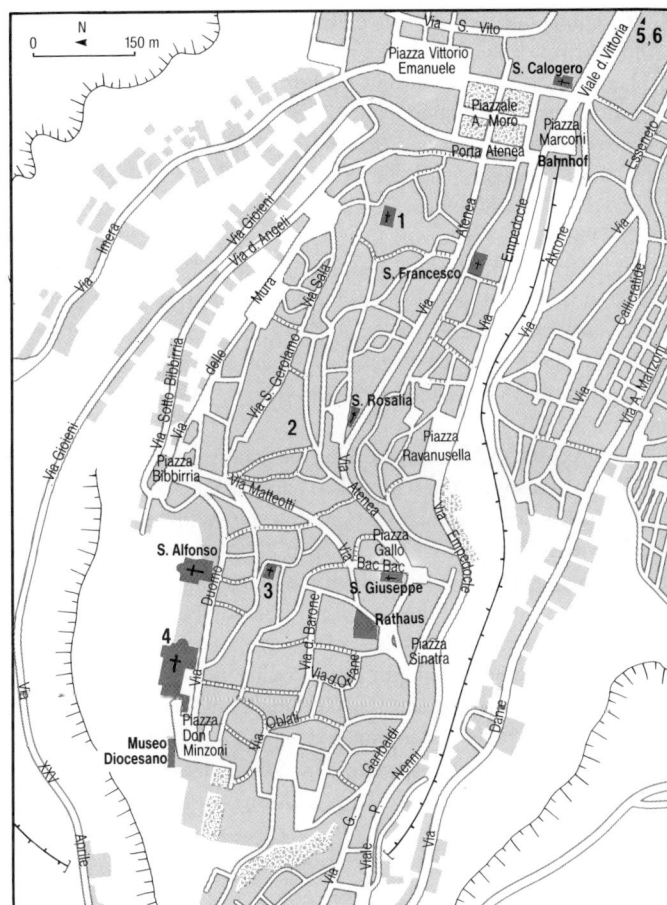

Agrigent:
1 S. Spirito
2 Piazza del Purgatorio
3 S. Maria dei Greci/ Athenatempel
4 Dom
5 ›Tal der Tempel‹
6 Archäologisches Museum

Der **Dom (4)** liegt auf der höchsten Erhebung der mittelalterlichen Stadt. Die Annahme, daß er die Stelle des einstigen Zeustempels einnimmt, wird durch keinerlei archäologische Funde gestützt. Im 11. Jh. errichtet, im Laufe der Zeit mehrfach umgebaut sowie schließlich durch einschneidende Restaurierungsarbeiten (beendet 1980) soweit wie möglich wieder auf seine mittelalterlichen Formen zurückgeführt, präsentiert er sich heute als ein Mischprodukt der verschiedensten Epochen.

Seitlich nach Süden hin wurde ihm im 15. Jh. ein mächtiger Glockenturm im Stil der katalanischen Spätgotik hinzugefügt, der allerdings nie vollendet wurde. Der untere Teil weist zwei Ordnungen von Blendbogen auf, darüber liegt vor einem großen Rundbogenausgang ein imposanter Balkon mit Einlegearbeiten in Zickzackmotiven. Trotz der starken Korrosion des Gesteins sind die beachtlichen Reliefarbeiten in den unteren Blendbogen in ihrer Vielfalt noch zu erkennen. Die Fenster der Südwand gehen auf den ersten Bau des Doms zurück. Eine großzügige Treppenrampe betont die Fassade noch zusätzlich. Das dreischiffige Innere weist die Form eines lateinischen Kreuzes auf. Hohe Rundbogen, die auf achteckigen Pfeilern ruhen, trennen die Schiffe voneinander. Die rechte Pfeilerreihe wurde von den späteren Zusätzen befreit und so auf ihr mittelalterliches Aussehen zurückgeführt, die linke dagegen mit den Änderungen des 16. Jh. belassen. Malereien mit Figuren von Heiligen und Bischöfen sowie Wappen des agrigentinischen Adels vom 16. Jh. an zieren die schöne Freibalkendecke von 1518. Die Fenster in diesem vorderen Teil der Kirche gehören dem Mittelalter an. Den zweiten, etwas erhöht liegenden Abschnitt des Mittelschiffs überspannt eine Kassettendecke, wohl aus dem Jahre 1682. Im rechten Flügel des Querschiffs öffnet sich mit einem fein gearbeiteten gotischen Portal die Kapelle des hl. Gerlandus mit dem, was nach zwei Diebstählen von seinem Reliquienschrein noch übrig blieb (Schrein von Michele Ricca, 1639). Die Reliefs sind original, die kleine Statue des Heiligen ist indes eine moderne Kopie.

In der rechten Apsis befindet sich eine Statue der Madonna mit Kind von Stefano Martino (1495). Das Presbyterium schmücken barocke Stuckarbeiten und Fresken; die vorgetäuschte Kuppel gehört der gleichen Zeit an. Auf der Achse der Apsis stehend, kann der Besucher deutlich jedes Wort hören, das an dem 85 m entfernten Ausgang gesprochen wird. Diese ›Flüstergalerie‹ funktioniert jedoch nicht in umgekehrter Richtung. An den Wänden des Querschiffs sind im Rahmen der Restaurierung Fenster aus den verschiedenen Bauepochen freigelegt worden, einige halb verdeckt von den Umbauten der darauffolgenden Jahrhunderte. Im linken Schiff umgibt ein gotischer Bogen den Zugang zu einer Grabkapelle, die heute als Baptisterium dient; das Grabmal (1493) ist ein Werk Andrea Mancinos und Giovanni Gaginis. Die Grabdenkmäler des 18./19. Jh. sind im 20. Jh. in Reih und Glied an der linken Wand aufgestellt worden. Die Sakristei beherbergt verschiedene Gemälde, unter denen das bemerkenswerteste, eine Madonna mit Kind, Guido Reni zugeschrieben wird.

Heraklea Minoa

Die Stadt Minoa wurde von Selinunt aus im 6. Jh. v. Chr. gegründet. Höchstwahrscheinlich lag an demselben Ort Jahrhunderte vorher ein mykenischer Handelsstützpunkt, doch der Mythos verbindet ihn mit dem minoischen Kreta: Daidalos soll auf seiner Flucht vor dem kretischen König Minos an Siziliens Südküste gelandet sein. Dort wurde er von König Kokalos aus Kamikos, dem heutigen S. Àngelo Muxaro oder Caltabellotta, freundlich aufgenommen. Zum Dank baute er ihm eine uneinnehmbare Festung. Er entdeckte auch die wohltätige Auswirkung warmer Quellen auf die menschliche Gesundheit und richtete dem Kokalos in Sciacca, wo solche Quellen reichlich vorhanden sind, die ersten Thermen der Welt ein.

Doch Minos verließ Kreta, um seinen illustren Gefangenen wieder zurückzuholen. Kokalos empfing ihn, wie es sich für einen König geziemt, und ließ ihn von seinen eigenen

Töchtern in die Thermen begleiten. Die Mädchen taten wie befohlen und zeigten Minos zuletzt noch eine Grotte, aus der heiße Dämpfe traten, welche, kurz eingeatmet, balsamisch wirken, länger eingeatmet dagegen zum Tode führen. Sie gaben ihm höflich den Vortritt – und schlossen die Tür hinter ihm. Minos wurde, wie der Mythos weiter berichtet, in Sizilien beerdigt, in der Nähe eines schneeweißen Kaps mit wunderbarer Sicht auf das Meer. Von da an hieß dieser Ort *Minoa,* ›dem Minos gehörend‹.

Den Beinamen ›Heraklea‹ erhielt die Stadt Minoa erst, als sie von den Herakliden, neuen Kolonisten aus Sparta, zur Zeit des Timoleon wiederbesiedelt wurde. Zeit ihres Bestehens war sie ein Spielball der größeren Stadtstaaten in deren Machtkampf: im 5. Jh. v. Chr. zwischen Akragas und Selinunt, nach deren Zerstörung zwischen Karthago und Syrakus. Während des Zweiten Sklavenkriegs war sie das Operationszentrum

Kalksteinklippen bei Heraklea Minoa

des Salvius und wurde nach der Unterdrückung des Aufstands folglich bestraft. Die letzten historischen Nachrichten sind die von den Plünderungen des Verres. Danach scheinen die Bewohner die Stadt aufgegeben zu haben.

Im Laufe der Jahrhunderte stürzte ein Teil des ehemals bewohnten Gebiets durch einen Erdrutsch ab. Die ersten Ausgrabungen 1907 konnten ein Stück der Stadtmauer freilegen und die Existenz eines Theaters bestätigen; weitere Grabungen (ab 1951) förderten letzteres nebst einem davorliegenden Stadtviertel, weiteren Teilen der Mauer mit den Resten von Türmen und Toren sowie der Nekropole zutage. Beim Eingang zum archäologischen Gebiet liegt ein kleines, interessantes Antiquarium, in dem Dokumente der Ausgrabungen und deren Resultate ausgestellt sind.

S. Àngelo Muxaro

Am linken Ufer des Platani, auf der Spitze eines felsigen Hügels, liegt das heutige S. Àngelo Muxaro (2100 Einwohner). Die letzten Nachrichten über eine ältere Stadt, die auf dem nahen Felsen Monte Castello lag, stammen aus dem 15. Jh. Es gibt noch einen dritten Gipfel, Pizzo dell'Aquila, die Adlerspitze. Alle drei bieten eine weite Sicht über das mittlere Flußtal

SÜDKÜSTE / S. ÀNGELO MUXARO, CALTABELLOTTA

und bilden zusammen eine natürliche Festung. Die günstige Lage führte in vorgeschichtlicher Zeit zur Entwicklung eines einflußreichen Zentrums, das einer Kultur den Namen gibt. Eine Gleichsetzung mit dem mythischen ›Kamikos‹ ist wahrscheinlich, jedoch nicht sicher.

Die ehemalige Siedlung wurde noch nicht lokalisiert, dagegen an den Hängen des gipshaltigen Hügels, auf dem das jetzige Dorf liegt, eine besonders reiche Nekropole mit künstlichen Grottengräbern entdeckt. Die ältesten, am unteren Teil des Hügels, gehen, nach den Bronzegegenständen unter den Grabbeigaben zu urteilen, auf das 9. Jh. v. Chr. zurück. Die höher gelegenen Gräber sind jünger und auch größer, manche unter ihnen erreichen monumentale Ausmaße. Sie besitzen einen runden Grundriß und ein Kuppelgewölbe. In der Form erinnern sie an die mykenischen Tholoi. Das ›Prinzengrab‹, so genannt wegen seines Umfangs, hat einen Durchmesser von 8,80 und eine Höhe von 3,50 m. Die Grabbeigaben bestanden hauptsächlich aus einheimischer Ware und wenigen eingeführten Vasen des 8.–5. Jh. v. Chr. Ein Anfang unseres Jahrhunderts gefundener Goldschatz verschwand zum größten Teil im Dunkeln, nur eine Schale und zwei Siegelringe sind noch vorhanden (Kopien im Archäologischen Museum von Agrigent, s. S. 273).

Caltabellotta

Qal'at al-Balluth, ›Festung der Eichen‹, wurde dieser antike Ort von den Arabern genannt. Er liegt dicht an der Küste, 949 m ü. d. M., und bietet an manchen Stellen eine buchstäblich atemberaubende Sicht über die Küstenlinie und das Landesinnere. Die Lage der Stadt und die Felsen des Berggipfels bilden eine kaum einnehmbare natürliche Festung. Die ältesten Felsgräber stammen aus dem 2. Jt. v. Chr. Danach war der Ort ununterbrochen bewohnt bis zum heutigen Tage. In der Umgebung treten überall Spuren der Vergangenheit zutage, uralte Wege, Bruchstücke von Gegenständen, Reste antiker Mauern; bis in die Täler hinunter stellen in den Fels geschlagene Grottengräber keine Seltenheit dar. Noch nicht alle davon wurden erforscht. In der Nähe des heutigen Stadtgebietes sind in den letzten Jahren Ausgrabungen in zwei vorgeschichtlichen Nekropolen unternommen worden, die Auswertung der Ergebnisse ist bisher jedoch noch nicht abgeschlossen.

Im Zweiten Sklavenkrieg erwies sich die Stadt für die Römer als uneinnehmbar. Die letzten überlebenden 1000 Sklaven kapitulierten auf das Versprechen der Straffreiheit hin, und als dies nicht eingehalten wurde, zogen sie den Freitod einem Leben als Gladiatoren vor.

Der arabische Geograph Al-Idrisi schrieb im 12. Jh.:

»Qal'at al-Balluth, eine stark gebaute Burg, (liegt) auf dem Gipfel eines schwer erklimmbaren Berges, umgeben von fruchtbaren Feldern und Dörfern, wo reichlich verschiedenartige Früchte mit einem ausgezeichneten Geschmack wachsen. Das Land wird durch das Wasser von Quellen bewässert und von Flüssen, die viele Getreidemühlen antreiben. Ehemals lebte dort eine zahlreiche Bevölkerung, die verließ aber den Ort und ging nach Sciacca. In Qal'at al-Balluth blieb nichts anderes als eine schwache Garnison zur Verteidigung der Burg, die 12 Meilen vom Meer entfernt liegt, 9 Meilen von Sciacca und einen guten Tagesmarsch von Agrigent.«

Die vier Kastelle Siziliens (Caltabellotta links oben), darunter empfängt Heinrich VI. drei Abgesandte Palermos, und rechts in ihrer Burg fällt Sibylla, der ›traurigen Frau Tankreds‹, die Krone vom Kopf, darunter der triumphale Einzug Heinrichs in Palermo (aus Petrus de Ebulo, ›Liber ad honorem Augusti‹, 1195/96)

1090 befand sich die Burg im Besitz der Normannen – es ist nicht klar, ob erobert oder von den Arabern übergeben. Roger I. ließ die Festung erneuern, und ein Jahrhundert später sollte sie der letzten Königin von Sizilien aus der normannischen Linie, der Königin Sibylla, mit ihren Kindern als Zufluchtsort vor dem herannahenden Heinrich VI. von Hohenstaufen dienen. Versprechungen und vage Anspielungen auf ihre verwandtschaftlichen Beziehungen verleiteten Sibylla, die Einladung an den Hof von Palermo anzunehmen und den sicheren Schutz der Festung zu verlassen. Damit besiegelte sie ihr Schicksal und das ihrer Kinder (s. S. 83).

Ein drittes Mal ging Caltabellotta in die Geschichte ein, als 1302 in einem Friedensvertrag zwischen Friedrich II. von Aragon und Karl von Valois, dem Erben Karls von Anjou, ersterer als rechtmäßiger König der Insel Sizilien anerkannt wurde. Die Vereinbarung entpuppte sich jedoch als Scheinfrieden, denn die Zwistigkeiten zwischen Anjou und Aragon fanden noch längst kein Ende. Im 17. Jh. wurde Caltabellotta seiner umfangreichen Ländereien zugunsten von Sciacca beraubt. In der ersten Hälfte des 20. Jh. verließen viele Einwohner die Stadt; seitdem ist Caltabellotta ein bescheidenes Landstädtchen von nur mehr 8000 Einwohnern.

Die **Chiesa del Carmine** mit ihrer modernen Fassade enthält eine Muttergottesstatue von Antonello Gagini (1534). Das ehemalige Karmeliterkloster wird heute als Schule genutzt. In dem Fels unter der Kirche **S. Maria delle Pietà** befindet sich eine sechsräumige künstliche Grotte, die in byzantinischer Zeit als Wohnung diente. (Die ohne erkennbare Ordnung in den Fels gearbeiteten prähistorischen Grabkammern in der Umgebung waren wahrscheinlich ebenfalls bewohnt.) Diese Kirche errichteten der Legende nach die Frauen des Dorfes in mühevoller Arbeit, um Gottes Schutz für ihre Männer zu erflehen, die in die Volksaufstände des Revolutionsjahrs 1848 verwickelt waren; hierzu schleppten sie jeden Abend nach der täglichen Feldarbeit einen Eimer Baumaterial und einen Eimer Wasser auf den Felsen.

Die Kirche **SS. Salvatore** besitzt ein schönes ovales Portal im Chiaramontestil des 14. Jh. Die Hauptkirche, die gerade restauriert wird, geht in ihrer heutigen Form auf das 13. Jh. zurück, soll aber bereits von Roger I. Ende des 11. Jh. errichtet worden sein. Im Innern befinden sich einige schöne Statuen aus dem 16. Jh.: die ›Madonna della Catena‹ von Giacomo Gagini (1534), der hl. Benedikt aus der Schule der Gagini und die ›Madonna col Bambino‹ von Fazio Gagini (1545). Bei dem Erdbeben von 1968 stürzte der im 17. Jh. hinzugefügte Teil des Gebäudes ein, die mittelalterlichen Strukturen dagegen widerstanden den seismischen Stößen. Neben der Kirche steht ein grober, quadratischer Glockenturm, der wahrscheinlich Teil einer Festungsanlage war. Von dem Felsen hinter der Kirche bietet sich ein hervorragender Ausblick, desgleichen vom linken Rand des Plateaus vor der Kirche. Links der Kirche bis zur Spitze des Felsens hinauf sieht man überall Reste antiker Verteidigungsanlagen, deren Ursprung jedoch unbekannt ist.

Am steilen Hang des Monte Castello erheben sich die **Ruinen der normannischen Festung**. An einem der Türme ist noch ein niedriges Spitzbogenportal erhalten. Der Felsgipfel war in die Anlage miteinbezogen.

Auf einem Nebenhügel liegt das **Kloster des hl. Pellegrinus**, das der Eremit Stefano di Montalbano im 18. Jh. errichten ließ und das heute dem Verfall preisgegeben ist. Ihm angeschlossen ist eine kleine Kirche aus dem 17. Jh. mit einem schönen Barockportal und einem fein ausgearbeiteten Wappen. Unter dieser Kirche liegen übereinander zwei Grotten, die dem hl. Pellegrinus, dem sagenhaften ersten Bischof der Stadt, der Legende nach als Einsiedelei dienten. In der oberen Grotte hält sich die Temperatur das ganze Jahr über auf 18 °C, die untere ist noch kälter. Auf einem tiefergelegenen Plateau stehen die Reste des Benediktinerklosters, das bis zum 12. Jh. von Karmelitern bewohnt und danach aufgegeben wurde. (Die Schlüssel für alle Kirchen der Stadt sind beim Pfarrer erhältlich.)

Selinunt

Die Ausgrabungen der antiken Stadt liegen dicht bei dem modernen Fischerdorf Marinella und umfassen drei Bereiche: Osthügel, Akropolis und Sakralgebiet der Malophoros. Der Name der Stadt verdankt sich dem wilden Sellerie, der ehemals reichlich in den Tälern der Umgebung wuchs, heute aber nur noch sehr selten vorkommt. Diese immergrüne Pflanze war dem Apollon heilig, und ihr Blatt ist auf einigen selinuntinischen Münzen abgebildet.

Geschichte

Um 628 v. Chr. (nach anderen Quellen 650 v. Chr.) baten die Einwohner der sikeliotischen Stadt Megara Hyblaea die Mutterstadt Megara, ihnen einen Städtegründer zu senden, der sie in den Westen der Insel führen könne, wo sie eine zweite Stadt anzulegen gedachten. Megara sandte daraufhin Pamillos. Gemeinsam mit ihm verließ eine Gruppe von Bürgern die Stadt, die selbst erst ein Jahrhundert alt war, um sich fern der anderen griechischen Städte Siziliens im Hoheitsgebiet der Karthager anzusiedeln. Nichts deutet darauf hin, daß diese etwas dagegen einzuwenden gehabt hätten. Auch sind keine Anzeichen von Widerwillen oder Widerstand seitens der Sikaner und Elymer bekannt – eher lassen bestimmte Einzelheiten an ein Einvernehmen aller Beteiligter denken.

So wählten die neuen Siedler auffällig viele ihrer Schutzgottheiten unter denjenigen Göttern, die ursprünglich aus der phönizischen Götterwelt stammten und unter ihrem alten Namen auch bei den Karthagern Verehrung genossen. Der mit dem Stier kämpfende Herakles, der auf den Siegeln der Stadt, den Münzen und einer der ältesten Metopen abgebildet war, entspricht dem Melkarth der Phönizier, Europa auf dem Stier, von der ebenso eine Metope (s. Abb. 87) und andere Darstellungen existieren, der stierreitenden Astarte von Sidon und schließlich Aphrodite mit der Taube, häufig als Votiv- oder Grabbeigabe im Gebiet von Selinunt gefunden, der Kybele.

Das Stadtgebiet von Selinunt war, typisch für die westlichen Neugründungen, durch geradlinige Straßen in regelmäßige Flächen geteilt worden, die sowohl das Sakralgebiet als auch dasjenige der öffentlichen Plätze mit einbezogen – ein System, das vor allem den phönizischen Städten eigen war. Ebenso war eine sich verjüngende Bogenform wie bei den Eingängen der Stadtmauer in ähnlicher Weise schon früher in Tiryns angewandt worden. Eine zweite Form, der Rundbogen, war vor Selinunt und der Euryalosfestung in Syrakus auf Sizilien nur in Erice und Segesta üblich, beides Städte, die zum Reich der Elymer gehörten, welche dem Mythos nach aus Kleinasien eingewandert waren.

Den Karthagern standen die griechischen Interessen nicht im Wege: Die Gier nach Land war ihnen fremd, landwirtschaftliche Produkte erzeugten sie für ihren Bedarf genügend in Nordafrika; der Westen Siziliens war ihnen zwar als Handelsstützpunkt unentbehrlich, aber nur, weil er an einer für sie sehr wichtigen Handelsroute lag, die nach Sardinien und Südspanien führte, wo sich die großen Metallvorkommen befanden. Selinunt konnte sich also ungestört entfalten. Weiter westlich, beim heutigen Mazara, wo eine größere Bucht den Schiffen Schutz bot, baute es seine Handelsniederlassung auf, und sobald das griechische Akragas gegründet wurde (582 v. Chr.), dehnten die Selinuntiner ihren Bereich bis zum Fluß Halykos aus (dem heutigen Platani), um die Grenzen zwischen den beiden Reichen festzulegen.

Über einen etwaigen Widerstand der Sikaner, in deren Land sie dabei eindrangen, gibt es keine Nachricht. Mit dem vermehrten Besitztum wuchs der Wille zur Macht, und 580 v. Chr., zu der Zeit, als die Selinuntiner ihren ersten großen Tempel errichteten, führten sie auch ihren ersten Aggressionskrieg gegen die angrenzenden Segestaner. Sie wurden besiegt, da die Karthager den elymischen Segestanern beistanden, doch sollte dies nicht der einzige Kampf zwischen den beiden Stadtstaaten bleiben. Die Wirtschaft Selinunts kann allerdings nicht sehr unter der Niederlage gelitten haben, denn ohne Unterbrechung wurden die großen Heiligtümer weitergebaut, so daß heute die Ruinen der antiken Stadt nicht nur ein Beweis für deren Wohlstand sind, sondern darüber hinaus ein gültiges Dokument für die Entwicklungsstufen des dorischen Tempels.

Das blühende Selinunt wurde 409 v. Chr. von Hannibal, dem Sohn des Giskon, zerstört. Der eigentliche Grund des unerwarteten Angriffs der Karthager auf die befreundete Stadt war schon der Antike unerklärlich, und bis heute können darüber nur Theorien aufgestellt werden. Bei dem großen Angriff der Karthager auf die gesamte griechische Welt Siziliens 480 v. Chr. war Selinunt jedenfalls noch mit ihnen verbündet gewesen. Hannibal ließ die Mauern schleifen, 16000 Bürger auf der Agora hinrichten und 5400 als Sklaven verkaufen; 3000 gelang es, nach Syrakus zu entkommen.

Hannibal gab dem im Exil lebenden Syrakusaner Hermokrates zwei Jahre später die Erlaubnis, den verödeten Ort wieder zu bewohnen, allerdings ohne die Mauern wiederaufzurichten. Kurze Zeit später fiel das Selinunt dieser zweiten Epoche unter die Herrschaft Dionysios I., wurde aber von ihm 392 v. Chr. an die Karthager abgetreten und überlebte weitere 150 Jahre als kleine, unwichtige Ortschaft, die diese dann endgültig 250 v. Chr. aufgaben und zerstörten, um sie nicht den Römern in die Hände fallen zu lassen.

Dort, wo das antike Selinunt gelegen hatte, entstanden zu byzantinischer Zeit eine Festung und ein kleines Bauerndorf. Der arabische Geograph Ibn Gubayr nannte den Ort *Rahl'-al-'Asnam*, ›Ort der Säulen‹. Über das Erdbeben, das zu der endgültigen Zerstörung der antiken Bauten führte, gibt es keine schriftlichen Quellen, doch muß es im Mittelalter stattgefunden haben, denn die Säulen der Tempel wurden über den byzantinischen Bauernhäusern liegend gefunden. Wanderdünen bedeckten alle Ruinen, so daß zwar die Erinnerung an die antike Stadt fortbestand, das Wissen um ihren Standort jedoch verlorenging. Erst im 16. Jh. gelang es dem sizilianischen Gelehrten Tommaso Fazello, den einstigen Ort wiederzufinden.

62 Landschaft oberhalb von S. Vito lo Capo bei Palermo ▷

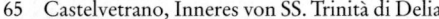

63 Castelvetrano, Normannenkirche SS. Trinità di Delia
64 Erice, Normannenkastell
65 Castelvetrano, Inneres von SS. Trinità di Delia
66 Erice, Inneres der Chiesa Matrice

7 Erice, Chiesa Matrice und Campanile

68 Palermo, Inneres der Martorana

69 Palermo, S. Cataldo

70 und 71 Palermo, Mosaiken aus der Martorana: Marientod (70) und Geburt Christi (71)

72 Palermo, die Kuppeln von S. Cataldo

73–76 Palermo, Dom, Königsgräber: hintere Reihe – Roger II. (73); Konstanze, Mutter Friedrichs II. (74); vordere Reihe – Friedrich II. (75); Heinrich VI., rechts an der Wand der antike Marmorsarkophag von Konstanze, der Frau Friedrichs II. (76)

77 Palermo, Mosaiken im sog. Zimmer des Roger

78 Palermo, Cappella Palatina: Blick zur Apsis

79 Palermo, Kuppelmosaik der Cappella Palatina: Christus Pantokrator im Kreis der Engel

80 Palermo, Kuppeln von S. Giovanni degli Eremiti ▷

81 Palermo, S. Spirito inmitten des Friedhofs S. Orsola

82 und 83 Palermo, La Magione: Fassade (82) und Kreuzgang (83)

84 Palermo, S. Francesco, barockisierte Marienkapelle

85–92 Palermo, Nationalmuseum: Reliefmetopen vom Tempel E in Selinunt: Herakles tötet eine Amazone (85); Zeus entschleiert Hera (86); Aktaion wird von den Hunden der Artemis zerfleischt (89); Athena tötet den Giganten Enkelados (90); Metopen des 6. Jh. v. Chr. vom sog. Tempel der kleinen Metopen:

Entführung der Europa (87) und das Gespann des Sonnengottes (92); griechischer Kopf, 5. Jh. v. Chr. (88); sterbender Krieger vom Tempel F in Selinunt, 5. Jh. v. Chr. (91)

93 Auf dem Markt von Palermo ▷

Bei den nun folgenden Ausgrabungen wurden die ersten Tempelgebäude freigelegt – schon Ende des 18. Jh. waren die Ruinen der alten Stadt eines der beliebtesten Ziele der ersten europäischen Reisenden. Die Ausgrabungstätigkeiten wurden im 19. Jh. intensiv wiederaufgenommen. Als 1824 von den Archäologen Hittorf und Zanth der Tempel B wiederentdeckt wurde, fanden sie an diesem noch in kräftigen Farben gemalte Details, die allen bisherigen Vorstellungen – Tempel seien gänzlich weiß – widersprachen und zu heftigen Kontroversen führten. Heute ist das Gebiet von Selinunt zum archäologischen Park erklärt worden und soll, mit Hilfe modernster Mittel systematisch erforscht, zum einmaligen Dokument einer vollständigen griechischen Stadt werden.

Vorläufig sind die selinuntinischen Tempel nur mit Buchstaben bezeichnet. Dank einer Tuffsteinplatte, die aus den Trümmern des Tempels G gerettet wurde (Nationalmuseum von Palermo), sind zwar die Namen der in Selinunt verehrten Götter bekannt, doch konnten die ihnen zugehörigen Heiligtümer noch nicht mit Sicherheit identifiziert werden: »Die Selinuntiner sind Sieger im Namen folgender Götter: Wir siegen dank des Zeus, des Phöbos, des Herakles, des Apollon, des Poseidon und der Tyndariden, der Athena, der Malophoros, der Pasikrateia und der anderen Götter, aber vor allem dank des Zeus...«

Die Tempel des Osthügels

Die drei erhaltenen Bauten sind mit Gewißheit nicht die einzigen in diesem Gebiet gewesen. Bis jetzt konnten indes weder eine Einfassungsmauer des Tempelbezirks noch die Altäre der drei existierenden Heiligtümer gefunden werden. Moderne Bautätigkeit hat viele Spuren sicherlich unwiederbringlich zerstört, allerdings erhofft man sich von den noch nicht abgeschlossenen geophysischen Untersuchungen weitere Einsichten.

Der südlichste, der **Tempel E (1;** s. Farbabb. Umschlagvorderseite, 9 und Abb. 56), ist der jüngste dieser östlichen Tempelgruppe. Er entstand kurz nach der Schlacht von Himera, wohl zwischen 470 und 450 v. Chr. Der mit seinen Stylobatmaßen von 67,80 × 25,30 m zweitgrößte Tempel der Stadt wurde 1956 wiederaufgebaut. Das Gebäude bietet gleichsam ein Musterbeispiel eines klassischen Tempels. Seine Ringhalle von 6 × 15 Säulen umschließt eine Cella mit Opisthodom und Pronaos in antis, deren Längswände auf der Achse der zweiten Säule der Schmalseite präzise eingefluchtet sind. Nicht nur der Grund-, sondern auch der Aufriß war mit den 10,15 m hohen Säulen ausgewogen proportioniert. Der selinuntinischen Tradition folgend wurde jedoch das archaische Adyton beibehalten.

Seitlich neben der achtstufigen Treppenrampe, die an der Ostfront zum Eingang führt, sind zwei Sockel erhalten, die der Form nach zu urteilen liegende Figuren trugen, wahrscheinlich Tiere oder Sphingen. Der Pronaos lag erhöht, vom Säulengang durch ein Gitter getrennt. Seine zwei Eingangssäulen weisen weniger Kanneluren auf als die der Peristase (18 und 20). Der noch einmal um einige Stufen höher liegende Naos ging in das Adyton über, das sich auf einem wiederum höheren Niveau befand, so daß der Weg zum Allerheiligsten, in dem die Kultstatue aufbewahrt wurde, ein ständiges Emporsteigen erforderte – der Unterschied betrug insgesamt 1,30 m. Der im Adyton aufgestellte quadratische Stein könnte der

SÜDKÜSTE/SELINUNT

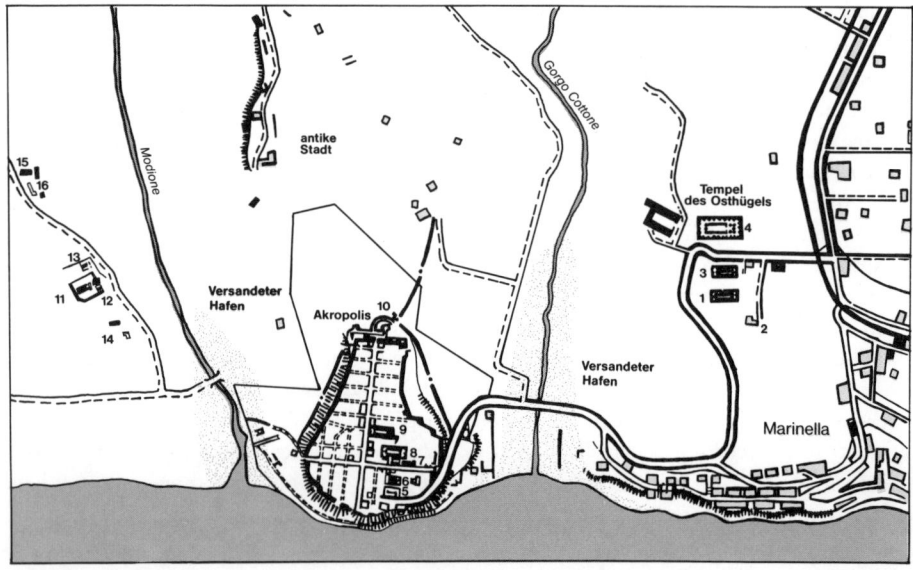

Selinunt: 1 Tempel E 2 Antiquarium 3 Tempel F 4 Tempel G 5 Tempel O 6 Tempel A 7 Tempel B 8 Tempel C 9 Tempel D 10 Befestigungsanlagen (Nordtor) 11 Demeter Malophoros-Heiligtum 12 Hekateheiligtum 13 Heiligtum des Zeus Meilichios 14 kleiner Tempel 15 Tempel M 16 Gaggeraquelle

Statue als Sockel gedient haben. Eine kleine, in der Nähe des Tempels gefundene Weihgabe mit einer Aufschrift an Hera läßt vermuten, daß ihr das Heiligtum geweiht war. Eine zweite Theorie schreibt es dem Dionysos zu.

Die fünf gefundenen Metopen des Frieses über Pronaos und Opisthodom bestanden aus Tuffsteinreliefs. Sie zählen zu den schönsten erhaltenen Werken des ›strengen Stils‹ (Nationalmuseum von Palermo; s. Abb. 85, 86, 89, 90). Den äußeren Metopenfries schmückten Malereien.

Dem Tempel gegenüber liegt ein altes Bauernhaus, in dem ein kleines **Antiquarium (2)** untergebracht ist: Eine fotografische und graphische Dokumentation unterrichtet über Wiederaufbau und vorherigen Zustand des Tempels, zudem enthält es höchst interessante architektonische Fragmente, an denen noch deutlich die ehemaligen Farben zu erkennen sind: Triglyphen – blau, Regula – rot, Mutuli – blau, untere Geisonplatte – zinnoberrot usw. Zwei vortrefflich erhaltene Palmetten wirken wie ein stark abstrahiertes, gemaltes Gorgonenhaupt. Tönerne Dachplatten und die dazugehörigen Verbindungsziegel machen die Technik der Dachbedeckung, aber auch deren dekorativen Aspekt verständlich. Bleiklammern in T- oder Z-Form, die zum Verklammern der Quadersteine dienten, veranschaulichen die Bautechnik des Tempels. Das Antiquarium ist 1995 leider wegen Einsturzgefahr des Daches geschlossen worden.

Die Grundmauern zwischen dem Tempel E und dem folgenden Tempel F gehören zu einem byzantinischen Bauernhaus, das bei einem Erdbeben von den fallenden Säulen des Tempels zerstört wurde.

Der archaische **Tempel F (3**; um 530 v. Chr.), der älteste der erhaltenen Sakralgebäude des Osthügels, ist eine recht eigenwillige Peripteralkonstruktion mit 6 × 14 Säulen, in der Substanz ähnlich dem Tempel C der Akropolis und den frühen Heiligtümern von Syrakus. Sie alle haben die Betonung der Vorderfront durch eine doppelte Säulenreihe gemein, die auf der Achse der dritten Säule der Längsseiten liegt. Durch dieses ›Überspringen‹ einer Reihe von Säulen entstand vor dem eigentlichen Heiligtum, der Cella, eine ausgedehnte Halle. Von den syrakusanischen archaischen Tempeln unterscheiden sich die beiden selinuntinischen durch das Fehlen der zwei Säulen und der Anten des Pronaos, dessen Eingang bei ihnen von starken Quermauern flankiert ist.

Wie bei den meisten archaischen Tempeln liegen auch beim Tempel F die Längswände der Cella noch nicht auf der Achse der zweiten Säule der Vorderfront – wie später bei den klassischen –, sondern auf der Mitte des Interkolumniums zwischen zweiter und dritter Säule. Dadurch wird die Cella dieses Tempels, der mit Stylobatabmessungen von 61,80 × 24,40 m doch recht großzügig proportioniert ist, sehr schmal und langgestreckt. Ein Opisthodom existiert noch nicht, die Cella bzw. das in Selinunt übliche Adyton wird an der Rückseite von einer glatten Mauer abgeschlossen. Die Säulen beim Tempel F wirken außergewöhnlich leicht. Sie weisen noch keine Entasis auf und enden mit einem flachen, weitausladenden Echinus. Ihre Kanneluren sind nicht sehr tief, die Kanten der Hohlkehlen sind – als einziges Beispiel in Sizilien – nicht scharf, sondern bilden schmale Bänder.

Als ebenfalls ungewöhnlich dürfen die weiten Säulenabstände und vor allem die sie verschließende, 4,50 m hohe Mauer gelten, in der sich an der Vorderfront zwischen den Säulen fünf Tore öffneten. Ringsum waren an den zugemauerten Interkolumnien Türen vorgetäuscht, die in allem den vorderen, wirklichen Eingängen glichen. Die Betonung der Stirnseite verstärkten die reliefierten Metopen (Fragmente von zwei 1823 gefundenen Metopen im Nationalmuseum von Palermo; s. Abb. 91). Architrav und Fries sind relativ schmal. Alle diese Einzelheiten lassen leichte ionische Tendenzen erkennen, die in dem nebenanliegenden Tempel G noch verstärkt hervortreten.

Am Fußboden sind noch die halbkreisförmigen Schienen zum Öffnen des Cellatores zu sehen. Mit größter Wahrscheinlichkeit war der Tempel der Athena geweiht.

Der gewaltige **Tempel G (4)**, der letzte der Dreiergruppe, ist mit seinen Stylobatabmessungen von 50,10 × 110,10 m und einer Ringhalle von 8 × 17 Säulen (Säulenhöhe 14,70 m, Säulendurchmesser 3,26 m) der größte dorische Ringhallentempel, der je gebaut wurde – das noch etwas größere Olympieion in Akragas war kein eigentlicher Ringhallentempel. Er wurde kurz nach der Fertigstellung des Tempels F begonnen, doch zog sich seine Bauzeit wie bei den großen Heiligtümern des griechischen Ostens über eine Spanne von einem halben Jahrhundert hin (520–470 v. Chr.).

Der Bau ist, nicht nur, was seine Größe anbetrifft, deutlich von den ionischen Riesentempeln Kleinasiens beeinflußt, die im 6. Jh. v. Chr. in Ephesos, Didyma und auf Samos

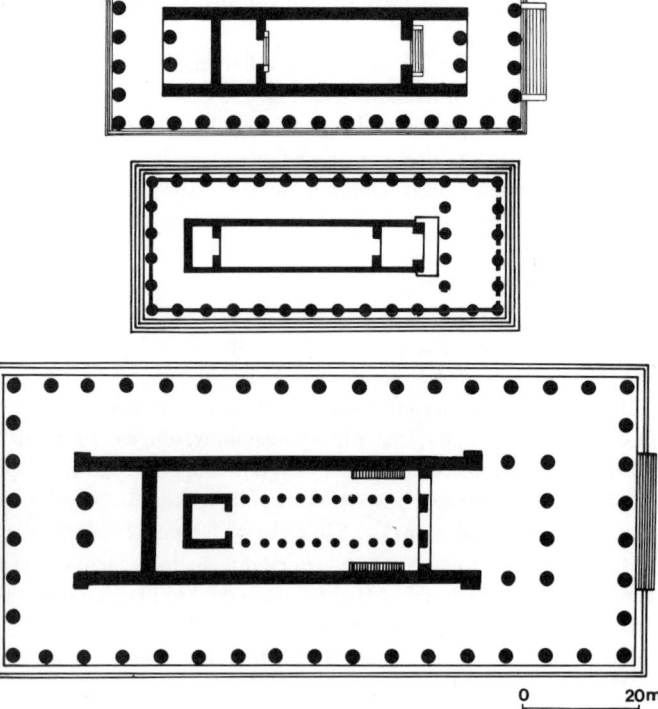

Grundrisse der Tempel E, F und G in Selinunt (von oben)

entstanden. Diese Tempel waren Dipteroi, also Bauten mit zwei ineinanderliegenden Säulenkränzen. Als markantes Kennzeichen wiesen sie, wie auch der Tempel G, acht Frontsäulen auf, im dorischen Tempelbau eine seltene Erscheinung. Der fehlende zweite Säulenkranz des Tempels G findet sich nur in der inneren Säulenstellung vor dem Pronaos angedeutet – der Tempel G wird deshalb als Pseudodipteros bezeichnet. Auch der zwei Joch tiefe Abstand der Ringhalle von der Cella, der diese zu einem eigenständigen Gebäude innerhalb des Tempels werden läßt, hat ostgriechische Vorbilder. Der älteste Teil des Gebäudes, die Vorderfront, ähnelt derjenigen des Tempels F.

Drei vergitterte Tore, je eines pro Schiff, schlossen die Cella ab. Die Schiffe wurden, ähnlich wie in Ephesos oder Milet, durch zwei doppelstöckige Reihen von je zehn monolithischen Säulen getrennt; an ihrem Ende lag eine kleine Kapelle, gleichsam ein ›Haus im Haus‹. Auf der Höhe der ersten Reihe lief über den Seitenschiffen eine Galerie entlang, zu der beidseitig Stufenrampen führten. Es ist nicht sicher, ob das Mittelschiff zum Himmel hin offen war, wie früher angenommen wurde; bei jüngeren Untersuchungen scheint der Ansatz für das Dach gefunden worden zu sein.

An den Kapitellen kann man die Veränderung der Form von der archaischen zur klassischen Zeit sehr gut verfolgen: Archaisch flach und weit ausladend an der Frontseite, werden sie an den Langseiten immer voller, um an der Westseite die runde Form des klassischen Kapitells anzunehmen. Der Tempel war einst in kräftigen Farben bemalt, wovon Spuren gefunden wurden. Allerdings sind manche Feinarbeiten nie vollendet worden: So weisen nur die älteren Säulen an der Vorderfront schon die Kannelierung auf. Daß in einem Steinbruch (Cave di Cusa) gleich große Säulentrommeln wie die des Tempels gefunden wurden, beweist nicht, daß dieser nie vollendet wurde, da sie ja bei ihm nicht fehlen.

Die eingangs zitierte Inschrift, im Adyton des Tempels gefunden, nennt außerdem eine goldverkleidete Zeusstatue, die die Seliuntiner im Apollonheiligtum aufstellen ließen, nur ist nicht sicher, in welchem. Wahrscheinlich handelte es sich um das panhellenische Heiligtum in Delphi. Der Tempel G scheint entweder Apollon oder Zeus geweiht gewesen zu sein.

Akropolis

Vom Osthügel aus ist das Gelände jenseits des Flußtals gut zu überblicken (s. Abb. 55). Die Akropolis befand sich auf einem Plateau, dessen Südseite aus dem Meer aufstieg und das im Osten und Westen die Flüßchen Hypsas und Selinus begrenzten (heute Gorgo Cottone und Modione). Bei ihren Mündungen schnitten nun versandete Buchten in das Land ein, die sich vortrefflich als kleine Häfen eigneten. Bei der Mündung des Gorgo Cottone, den man auf dem Weg zur Akropolis überquert, sieht man, halbverdeckt von Sand, noch einige Steine des antiken Anlegestegs und Reste der Magazine.

Dicht daneben, wo einst das Stadttor lag, erhebt sich die große Stadtmauer, die ehemals das gesamte Siedlungsareal umschloß, 409 v. Chr. zerstört und nicht wiedererrichtet wurde. Dahinter sieht man eine in Stufen errichtete zweite Mauer, die die Erdaufschüttungen, durch die das Stadtgelände vergrößert wurde, stützte.

Am Rand des Südhangs befand sich ein antiker Leuchtturm (heute steht an dieser Stelle ein Haus). Nicht weit davon entfernt beginnt die 8 m breite Hauptstraße, die geradlinig das Stadtgebiet bis zum Nordtor durchschneidet. Sie wird neben weiteren, schmaleren Querstraßen von einer ebenfalls fast 9 m breiten Straße gekreuzt, die die beiden Häfen miteinander verband und vom südwestlichen zum südöstlichen Stadttor führte. Schon im späten 7. Jh. v. Chr. hatte die Stadt dieses regelmäßige Straßennetz erhalten, das dem Ort urbane Strukturen verlieh. Im Südosten wurde etwa ein Drittel der Akropolisfläche aus dem Siedlungsgebiet ausgegrenzt und für Heiligtümer reserviert. Im 5. Jh. v. Chr. wurden diese von einer niedrigen Temenosmauer umgeben, die, wie in griechischen Städten üblich, die Trennung von Siedlungs- und Sakralgebiet unterstrich.

Die Bezeichnung **Tempel O (5)** steht für eine Plattform, die vielleicht nie die Basis eines Tempels werden sollte. Jedenfalls sind nicht einmal, wie bei einem Tempelbau üblich, die geplanten Standorte für Säulen darauf angegeben. Südöstlich davon lagen mehrere kleine Kapellen, darunter auch eine phönizische. In byzantinischer Zeit war die Plattform Teil der Festung; die ausgehöhlte Vertiefung gehörte zu einem Backofen.

Stark unter Steinraub litt der nahe **Tempel A (6)**, ein Ringhallentempel mit 6 × 14 Säulen und Stylobatabmessungen von 40,30 × 16,13 m, wie Tempel O südlich der großen Querstraße gelegen. Er besaß Pronaos und Opisthodomos in antis mit je zwei Mittelsäulen. Cella und Adyton lagen jeweils um eine Stufe erhöht. Innerhalb der Quermauern an beiden Seiten des Eingangs befanden sich steinerne Wendeltreppen, und die Decke der Cella war mit verzierten Platten verkleidet. Außer dem Beibehalten des Adytons weicht der um 480–470 v. Chr. errichtete Tempel in nichts von einem dorischen Tempel ab. Am Fußboden vor dem Pronaos des Tempels A sind die Symbole des Baal-Hadad (Stierkopf) und der Tanit wiedergegeben. Der Bodenbelag geht auf die Zeit nach 409 v. Chr. zurück. Westlich dieser zwei griechischen Heiligtümer befinden sich die Reste eines karthagischen Sakralgebietes. Es bestand aus einem rechteckigen, von einer Mauer umgebenen Hof, an dessen Nordseite ein Gebäude mit zwei vortretenden Seitenflügeln und einem kleinen Bezirk zur Aufbewahrung von Urnen lag.

Deutlich dichter bebaut und von komplizierterer Struktur war der Sakralbezirk nördlich der Querstraße. An seine Südmauer angelehnt finden sich Reste eines großen Opferaltars, der vermutlich älter ist als das Straßensystem von Selinunt und bei der Anlage der großen Querstraße z. T. abgetragen werden mußte. Daneben ist die neunstufige Rampe des **Tempels B (7)** zu erkennen, eines kleinen hellenistischen Heiligtums (8,40 × 4,60 m) aus dem 3.–4. Jh. v. Chr. mit vier vorgelagerten dorischen Säulen, einem Pronaos und einer quadratischen Cella; der Sockel der Kultstatue steht noch an Ort und Stelle.

Neben dem großen Tempel C lag ein kleines archaisches Heiligtum (17,65 × 5,50 m; um 580 v. Chr.) in der alten Form des Megarons, dem ringhallenlosen Vorläufer des dorischen Tempels. Der erste Raum zeigt in der Mitte noch den Ansatz zweier quadratischer Pfeiler, die das spitze Dach stützten. Der zweite Raum hatte die Funktion eines Adytons. Ein dritter kleiner Raum wurde später angefügt, steht aber nicht mit den älteren in Verbindung.

An der Stelle eines nebenanliegenden zweiten Megarons errichteten die Seliuntiner 570–560 v. Chr. ihren ersten großen Ringhallentempel, den heutigen **Tempel C (8)**. Seine 6 × 17 Säulen, die sich ohne Entasis kontinuierlich verjüngen, erreichen eine Höhe von 8,65 m. Die Eck- sind stärker als die anderen Säulen (Durchmesser 1,95 zu 1,77 m), Eck- und Fassadensäulen weisen jeweils 20 gegenüber sonst 16 Kanneluren auf. Mit 63,70 × 24 m im Stylobat ist Tempel C der größte auf der Akropolis.

Tempel C ist wenig jünger als die archaischen Tempel von Syrakus und ihnen im Plan sehr ähnlich – es fehlen nur die zwei Säulen am Eingang zum Pronaos. In seinem Aufbau zeigt er jedoch bereits eine weit größere Ausgeglichenheit der Proportionen als jene. Die Säulenabstände sind entschieden breiter, die Säulen höher und mit mehr Kanneluren versehen, Architrav und Fries leichter, und die Raumeinteilung der Triglyphen und Metopen ist im Gegensatz zu Syrakus harmonisch und gut proportioniert. Reliefmetopen waren an der Fassade angebracht, ein reicher Dekor verzierter Tonplatten schmückte den Giebel, der im Zentrum in einer grandiosen Darstellung des Gorgonenhauptes gipfelte (drei Metopen, Reste der Gorgone und der Terrakottaverkleidung im Nationalmuseum von Palermo). Teile des Tempels wurden 1925/27 in sehr anfechtbarer Weise wiedererrichtet.

Die drei Metopen von Tempel C aus dem 6. Jh. v. Chr.: Perseus tötet Medusa, die das aus ihrem Blut entsprungene Pegasuspferdchen im Arm hält, links steht unbeeindruckt Athena; das Gespann des Sonnengottes; Herakles und die Kerkopen (s. a. S. 378 f.; heute im Nationalmuseum von Palermo)

Dem Heiligtum scheint das städtische Verwaltungsarchiv angeschlossen gewesen zu sein. In seinem Bereich, westlich an die Hauptstraße grenzend, befindet sich eine Reihe kleiner, teils miteinander verbundener Räume, in denen Bruchstücke von Schreibtäfelchen und Hunderte von Tonsiegeln gefunden wurden; sie alle zeigen Darstellungen des Herakles. Den großen freien Platz östlich des Tempels begrenzte zum

SÜDKÜSTE / SELINUNT

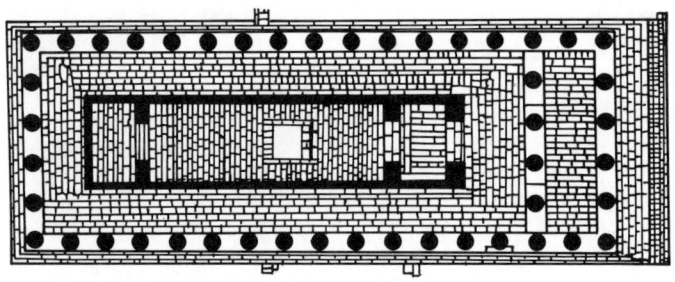

Grundriß von Tempel C, Selinunt

Hügelende hin ein Portikus (57 m lang, 2,80 m breit). Zwischen diesem und dem Heiligtum lag der Opferaltar.

Ähnliche Gestaltungsprinzipien wie Tempel C weist auch der nördlich von ihm liegende **Tempel D (9;** um 540 v. Chr.) auf, allerdings deuten einige Strukturen bereits auf eine Loslösung von archaischen Bautraditionen. Mit einer Ringhalle von 6 × 13 Säulen stellt dieser Tempel eine absolute Ausnahme unter den westgriechischen Tempeln und einen kühnen Vorgriff auf klassische Gestaltungsmuster dar. Da die Stylobatproportion von 56 × 24 m ungefähr der des Tempels C entspricht, die Längsseiten jedoch jeweils vier Säulen weniger besitzen, kam es zu ungewöhnlich weiten Säulenabständen, und in dieser weiten und lichten Ringhalle lag erneut eine sehr langgestreckte Cella mit Pronaos und Adyton. Der Verzicht auf die tiefe Vorhalle mit doppelter Säulenstellung, wie sie bei Tempel C begegnet, half bei der Kaschierung dieses Entwurfproblems und rückt den Tempel näher an die klassische Form heran. Die Säulen haben eine leichte Entasis und steigern ihre Eleganz durch eine größere Zahl von Kanneluren als die beim Tempel C (25 bzw. 16 an den dem Pronaos vorgelagerten Säulen). Die Veränderung der Kapitelle wirkt dagegen weniger glücklich, die geschwungene Linie ist dabei verlorengegangen, und so hält hier das Resultat den Vergleich mit Tempel C nicht aus. Die Westfront des Tempels grenzte an die Nord-Süd-Hauptstraße, der Altar lag im Osten. Der Fußboden der Cella und des Säulengangs der Tempel C und D weist runde oder quadratische Vertiefungen auf, vielleicht zum Befestigen von Statuen oder Weihegeschenken.

Nicht weit entfernt vom Nordostwinkel des Tempels D blieb die Basis eines kleinen archaischen Heiligtums mit seinem Opferaltar erhalten. Diesem sog. ›Tempel der kleinen Metopen‹ (15,20 × 5,40 m) werden, ohne es sicher beweisen zu können, die sechs kleinen Metopen im Nationalmuseum von Palermo zugeschrieben (s. Abb. 87 und 92). Das Gewirr von Grundmauern östlich der Tempel geht hauptsächlich auf Bauten aus der zweiten Epoche von Selinunt zurück, als hier der Markt eingerichtet wurde.

Bei den Wohnhäusern liegen die Gebäude aus den verschiedenen Epochen der Stadtgeschichte über- und nebeneinander. Zur Glanzzeit der Stadt lag die Asty – die eigentliche Wohnstadt – auf einem nördlich gelegenen Plateau, nur in der zweiten Epoche beschränkte sie sich auf den sog. Akropolishügel. Ab Mitte des 6. Jh. v. Chr. waren die älteren, aus Lehm, Holz und Fachwerk errichteten Häuser durch geräumigere Steinbauten ersetzt worden, die sich um einen Innenhof gruppierten und mindestens zwei Stockwerke besaßen; die unteren, zur Straße hin gelegenen Räume wurden oft als Geschäfte vermietet. Die Reste dieser Häuser erkennt man an den sorgfältig bearbeiteten Tuffsteinquadern.

Bei dem Wiederaufbau nach der Zerstörung 409 v. Chr. wurden die noch verwendbaren Überreste der alten Gebäude in die neuen integriert oder lieferten das dafür nötige Baumaterial. Die Bautechnik war nun phönizisch, d. h. große, senkrecht stehende Steine (Orthostaten) bildeten das Skelett der Wände, während die Zwischenräume mit kleinen Steinen aufgefüllt wurden. Die Fassaden erreichten nur eine Breite von 4–9, die Türen von etwa 1 m.

Befestigungsanlagen

Die ursprüngliche, aus großen, eckigen Tuffsteinen errichtete Stadtmauer, 10 m hoch und an ihrem oberen Rand 2,50 breit, war von außen mit Verstärkungskonstruktionen und an allen Eingängen mit Türmen versehen und umschloß das gesamte Wohngebiet, Akropolis und Asty. Bei der Akropolis blieben einige Abschnitte mehr oder weniger gut erhalten. Dort wurden später die alten Anlagen mit jeglichem zur Verfügung stehenden Material ausgebessert; darunter wurden auch zwei archaische Metopen entdeckt, die sich jetzt im Museum von Palermo befinden. Mehrere Zugänge wurden vermauert. An der am meisten gefährdeten Nordseite entstanden die mächtigsten Verteidigungsanlagen: beim Stadttor wurde die Schutzmauer auf einer Länge von 22 m durch einen 2 m starken Anbau verstärkt, der beidseitig symmetrisch mit einem quadratischen Turm endete.

Das Tor selbst wurde dabei von 9,10 m auf 2,85 m verengt. Ihm vorgelagert, entstanden auf unterschiedlichem Niveau zwei langgestreckte Plätze, durch ein dreistöckiges Bauwerk getrennt und von zwei mächtigen Türmen im Norden und Westen geschützt. Der tiefer gelegene Platz (Höhenunterschied 5 m) diente wohl als Sammelplatz für ausstürmende oder sich zurückziehende Truppen, denn die weiteren Anlagen sind auf seinen Schutz hin ausgerichtet: Zwölf Bogeneingänge öffnen sich auf den unteren Stock der Anlage, die von den drei oberen Stockwerken aus verteidigt werden konnten. Die dahinter liegenden parallelen Gänge standen mit dem Westturm in Verbindung, der obere Teil des hohen Gebäudes dagegen mit dem Nordturm. Weitere Konstruktionen an den übrigen Seiten des Platzes hatten die Aufgabe, Massenanstürme zu erschweren und eventuelle Rückzüge zu decken.

An Nord- und Ostseite wurde, der Stadtmauer vorgelagert, eine zweite, niedrigere Mauer errichtet, die heimliche Truppenverschiebungen ermöglichte. Dicht beim Westturm konnte die Stadt durch einen unterirdischen Ausgang verlassen werden. Diese Verteidigungsbauten wurden wahrscheinlich während der kurzen Oberherrschaft des Dionysios von Syrakus errichtet (397–392 v. Chr.). Auf spätere Zeiten geht eine weitere, im Nordosten der Stadtmauer angeschlossene Anlage mit halbrundem Turm zurück, deren Bautechnik allerdings minderwertiger ist.

Demeter Malophoros-Heiligtum

Das westliche Sakralgebiet mit dem Heiligtum der Malophoros (›die Granatapfeltragende‹) ist Demeter als Göttin der Unterwelt gewidmet. An keinem anderen Ort kann man die

SÜDKÜSTE / SELINUNT

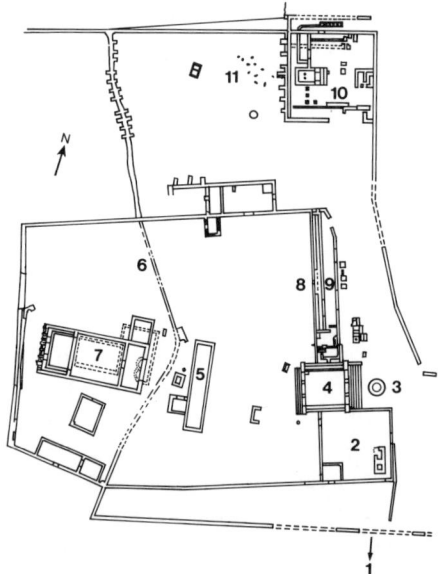

Selinunt, Demeter Malophoros-Heiligtum:
1 kleiner Tempel mit Basis für Bethel 2 Temenos der Hekate 3 Steinkreis 4 Propylon 5 Altar 6 steinerne Rinne 7 Demeter Malophoros-Tempel 8 Doppelportikus 9 Korridor 10 sog. Heiligtum des Zeus Meilichios 11 Urnenfeld mit Bethelsteinen

Verschmelzung phönizischer und griechischer Mythen deutlicher erkennen als in diesem Sakralbezirk an der ehemaligen Flußmündung; die ehemals tiefe Bucht ist indes heute versandet. An dergleichen Plätzen pflegten die Phönizier *Memmonia* anzulegen – Kultstätten, in denen der sich auflösende Fluß, der über den Regen wieder zur Quelle und somit zum Fluß wird, den Zyklus von Vergehen und Werden versinnbildlichte. Ein ähnlicher Symbolgehalt liegt dem Malophoroskult zugrunde, in dem Demeter als Spenderin von Leben und Tod, als große Urmutter, verehrt wurde. Eine vergleichbare Funktion hatten auch die thrakische Unterwelts- und Mondgöttin Hekate, deren Name ebenfalls auf einer Inschrift in diesem Sakralbezirk zutage kam, und Aphrodite in Verbindung mit Adonis inne, von der Hunderte Terrakottendarstellungen gefunden wurden.

Schon während die Siedler ihre ersten Wohnhäuser bauten, errichteten sie ein kleines Megaronheiligtum jenseits der Mündung des Selinus. An der Wende vom 7. zum 6. Jh. v. Chr. wurde dieses erste Heiligtum vergrößert. Andere waren in seiner nahen Umgebung entstanden, und im 5. Jh. v. Chr. wurde das Gebiet mit einer Mauer umschlossen, und der Temenos der Malophoros erhielt einen monumentalen Eingang (Propylon). Kurz vor den Mauern des heiligen Bezirks steht ein kleiner Tempel mit vorgelagertem Altar, Pronaos, Naos und Adyton (1). Im letzteren blieb die Basis erhalten, die noch die Vertiefungen zum Verankern der drei Bethel aufweist – drei abgestumpfte konische Säulen, die für die Phönizier die magische Quelle allen Lebens versinnbildlichen (*beth-el* = Haus Gottes).

Angeschlossen an den Temenos der Malophoros, mit diesem zwar verbunden, aber mit eigenen Eingängen von außen her versehen, liegt ein quadratischer Sakralbezirk mit einem sehr kleinen, ebenfalls quadratischen Heiligtum und verhältnismäßig großen Wasserbecken (2). Allem Anschein nach war er für den Kult der Hekate bestimmt. Hinter diesem und vor dem Propylon ist ein Kreis aus Steinen erhalten (3), der entweder als Imitation des eleusinischen Brunnens oder als Sockel für ein Abbild der dreigesichtigen Hekate betrachtet wird. Vom Propylon (4) sind die Stufenrampen, Ansätze der Säulen und die Sitzbänke des Innenraums erhalten. Von hier aus führte eine von Zypressen und Pinien beschattete Straße zum Tempel der Malophoros. Auf dem freien Platz sind verschiedene archaische Altäre auszumachen. Vor dem Tempel liegt der große Altar (5), flach und ohne Stufen. In einer steinernen Rinne (6) wurde das Wasser einer als heilig betrachteten Quelle an dem Altar vorbeigeleitet.

Trotz mehrerer Umwandlungen blieb die sehr archaische Form des Tempels (7) unverändert. Er besteht aus einem Pronaos, Cella und Adyton, ohne erhöhte Basis oder Säulen. Das mit einer Nische versehene Adyton überdachte ein Tonnengewölbe (der Ansatz ist noch erkennbar), Cella und Pronaos dagegen eine flache Decke. Die Wände waren mit Stuck überzogen, den Außendekor bildeten verzierte Tonplatten.

An der Ostseite befand sich ein Doppelportikus (8) mit innen und außen entlanglaufenden Sitzbänken. Dahinter lag, allerdings nur von außerhalb des Temenos zu betreten, ein langer Korridor (9), der zu zwei Räumen unbekannter Funktion führte.

Nach Norden hin liegt ein weiteres ummauertes Gebiet, in dessen Nordostwinkel ein quadratischer Temenos (17 × 17 m) das sog. Heiligtum des Zeus Meilichios umschließt (10). Zeus Meilichios scheint eine Gleichsetzung mit Baal-Hadad, dem Vater Aleyins (Adonis), zu sein, der im Mythos durch seinen Aufenthalt in der Unterwelt mit Persephone in Zusammenhang stand. Außer dem kleinen, völlig ungriechischen Tempel (5,20 × 3 m, mit zwei monolithischen Säulen) im Innenraum enthält es Altäre und Räume unbekannter Verwendung. An Nord- und Südseite lief je ein Portikus entlang.

In dem Urnenfeld (11) westlich dieses Bezirks wurden Grabstelen gefunden (Nationalmuseum von Palermo), deren Art in der Antike keine Parallelen findet und die wahrscheinlich auf einen alten, vorgriechischen Brauch zurückzuführen sind, der von den neuen Siedlern übernommen wurde. In dem Gelände befinden sich wiederum drei Bethelsteine.

Steinbrüche (Cave di Cusa)

Das meiste Baumaterial gewannen die Selinuntiner in einem nur 5 km entfernten Steinbruch, den sog. Latomien. Für den Bau ihres größten Tempels holten sie das Gestein aus den 13 km entfernten ›Cave di Cusa‹ (Richtung Campobello di Mazara), deren Steinqualität kompakter und deren Farbe heller war. Dort sind einige der Trommeln von den Maßen des Tempels G in den verschiedenen Arbeitsphasen stehengeblieben, andere, gespaltene auf dem Gelände verstreut. Anfang unseres Jahrhunderts sollen einige noch auf der antiken Zufahrtsstraße nach Selinunt gelegen haben.

Bei einer Gruppe sind zwei schon vollständig isolierte Säulentrommeln neben einer dritten im Anfangsstadium zu sehen. Die Arbeit wurde von oben her begonnen, wie es scheint mit doppelten Rundsägen, so daß nur der in der Mitte der Spuren stehengebliebene Teil des Felsens herausgeschlagen werden mußte – Kalkstein läßt sich mit Wasser- und Sandzufuhr leicht sägen, auch mit weniger hartem Material. Kanäle für die Wasserzufuhr kann man in dem Fels gut erkennen. Bei genauerer Beobachtung sieht man, daß jeder Kreis wie in einem Quadrat steht, d. h. es sind im Gestein deutlich rechtwinklige Vertiefungen auszumachen, die eventuell zum Aufstellen einer Maschine gedient haben könnten.

Rund um die Westküste

Castelvetrano

Das Kirchlein der SS. Trinità, der ›Allerheiligsten Dreifaltigkeit‹, 3,5 km westlich der Stadt (40 000 Einwohner) gelegen, ist eines der frühesten von den Normannen errichteten Gotteshäuser (Ende 11. bis Anfang 12. Jh.; s. Abb. 63 und 65). Wenige Grundmauern eines Klosters beweisen, daß die Kirche einst zu einem größeren Komplex gehörte. Das nach geometrischen Prinzipien gestaltete Äußere wirkt sehr kompakt und trotzdem leicht. Dank der leicht vertieft liegenden Fensterumrahmungen konzentriert sich der Lichteinfall auf den glatten Wänden, die von keinem Helldunkeleffekt unterbrochen werden. Die nach oben strebende Komposition der kubusförmigen Elemente wird von einer zentralen, sphärischen Kuppel überwölbt.

Auch im Innenraum bildet diese den Mittelpunkt, die vertikale Achse, um die sich geometrische Volumina hierarchisch im perfekten Verhältnis zueinander ordnen: mathematische Berechnung und Transformation der Wirklichkeit, ganz im Sinne des arabischen Symbolismus. Der Grundriß ist der der byzantinischen Kreuzkuppelkirche.

In **S. Domenico** sowie in der **Kathedrale** im Ort selbst sind vor allem die Arbeiten von Antonino Ferraro (1523–1609) sehenswert, die Vollplastik und Stuckreliefs, Malerei und architektonische Rahmung zu einem manieristischen ›Gesamtkunstwerk‹ vereinen.

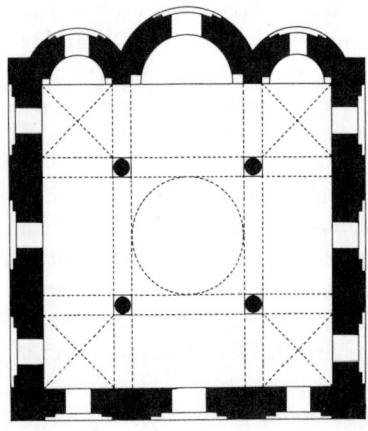

Grundriß von SS. Trinità di Delia in Castelvetrano

Mazara del Vallo

Eine zweite, allerdings nicht ganz so gut erhaltene und etwas spätere kleine Kirche (1124) aus der Normannenzeit findet sich in Mazara del Vallo: S. Nicolò. Auch dieses Gotteshaus läßt den Einfluß des fatimidischen Kubusbaus mit drei flachen Apsiden und einer Kuppel erkennen. Nur ist die originale Kuppel eingestürzt, und der Restaurationsersatz aus Plastik erzielt bei weitem nicht die gewünschte Wirkung.

S. Nicolò liegt, erhöht und etwas zurückgesetzt, direkt an der Hafenstraße. Unter dem Vorplatz der kleinen Kirche sind die Reste des antiken Hafens zu sehen. Mazara selbst, eine überwiegend barock geprägte, angenehme Kleinstadt von ca. 50000 Einwohnern, war einer der phönizischen Handelsplätze, ehe es im 6. Jh. v. Chr. von den Selinuntinern zu ihrem großen Handelshafen ausgebaut wurde. Nach der Zerstörung von Selinunt übernahmen die Karthager die Stadt und hielten sie 200 Jahre lang bis zu ihrer Niederlage gegen die Römer. Eine Glanzzeit erfuhr Mazara während der arabischen Epoche, auf die auch noch das Straßennetz der inneren Altstadt zurückgeht.

Roger I. hielt hier das erste Parlament auf sizilianischem Boden ab und errichtete 1093 ein Bistum, ehe er die Stadt seiner Tochter zur Mitgift gab. Von seinem Kastell blieben im *Giardino publico* nur geringe Reste erhalten. Auch an mehreren der Kirchen sind noch Baustrukturen aus der Normannenzeit erkennbar; so stammen die Apsiden der Kathedrale aus der ersten Bauzeit (1093). Mazara besitzt die größte Fischfangflotte Italiens, und die heimkehrenden oder dicht gedrängt im Hafen ankernden Schiffe bieten ein beeindruckendes Schauspiel. Interessant sind auch der Fischmarkt, auf dem die Ware versteigert wird, und, sobald ein Schiff vom Fang zurückkehrt, die Anfahrt der Kühlwagen, die die Fische sofort an ihre Bestimmungsorte in ganz Italien transportieren – nur 40% werden auf Sizilien selbst verbraucht.

Marsala

Als einer der ersten unter den phönizischen Handelsstützpunkten entwickelte sich Marsala während der Zeit zur Stadt, als im östlichen Sizilien die Griechen ihre Siedlungen anlegten. Nachdem Dionysios I. das naheliegende Motye zerstört hatte (397 v. Chr.), stieg die vormals kleine Ortschaft zum Bollwerk gegen die griechische Expansion auf. Die Einwohner setzten sich aus sikanischen, elymischen und karthagischen Teilen zusammen, und daher mag der antike Name *Lilybaeum* (Ort der Stotterer) rühren, den die Araber durch *Marsa Ali* (Hafen Allahs) ersetzten. Um 350 v. Chr. wurde Lilybaeum mit mächtigen, 6 m starken, im perfekten Quadrat angelegten Mauern umgeben, die ein Jahrhundert später dem Ansturm der Römer zehn Jahre lang widerstanden, ehe die Stadt 241 v. Chr. dann doch von ihnen eingenommen wurde. Sie blieb auch später der Haupthafen für die Verbindungen mit Afrika und verlor diese Rolle erst, als die Spanier im 16. Jh. unter Karl V. den Hafen aufschütten ließen, um den afrikanischen Piraten die Landungsmöglichkeit an der Südküste zu nehmen.

WESTKÜSTE / MARSALA

Giuseppe Garibaldi vor der Meerenge von Messina und die nach ihm benannte Porta Garibaldi in Marsala (Foto)

Im 18. Jh., der Zeit des britischen Protektorats, bauten die Briten John Woodhouse, Benjamin Ingham und Roger Whitaker mit dem Sizilianer Florio eine Weinindustrie auf, um mit portweinähnlichen Produkten (Marsala-Wein) das Monopol Portugals auf dem Weltmarkt zu brechen. Am 11. Mai 1860 landete Garibaldi mit seinen ›Tausend‹ in Marsala. Dank der im Hafen liegenden Flotte des Weinproduzenten und Handelsgiganten Vincenzo Florio verlief die Landung reibungslos, da die Briten aus Angst, die Schiffe zu beschädigen, keine Kanonen zur Verteidigung einsetzten.

Außer schönen Barock- und Renaissancegebäuden, die das Bild der Innenstadt prägen, bietet Marsala (80 000 Einwohner) Ausgrabungen aus der römischen Epoche sowie ein kleines **Gobelinmuseum** (Museo degli Arazzi) und ein ebenfalls kleines **Archäologisches Museum** mit Funden aus der Umgebung. Das berühmteste Exponat, ein erst in den siebziger Jahren gehobenes karthagisches Schiff aus dem 3. Jh. v. Chr., wird indes auf den nicht speziell am Schiffbau interessierten Besucher eher enttäuschend wirken, da es nicht gerade liebevoll präsentiert wird und nur durch ein kleines Plastikfenster hindurch zu erspähen ist.

Neben dem Museum liegt die Kirche **S. Giovanni Battista**. Sie wurde über einer Grotte errichtet, in der die Lilybetana, die Sibylle von Lilybaeum, einst ihre Orakelsprüche verkündete. Ihr steinernes Lager und ein Kanal, durch den ihre Stimme an die Oberfläche drang, sind noch erhalten. In dem Felsboden der Grotte befindet sich in Höhe des Meeresspiegels ein kleiner Süßwasserbrunnen, dessen Wasser ständig ein regelmäßiges Niveau hält und der antiken Legende nach jeden, der von ihm trank, dazu befähigte, die Wahrheit zu erkennen. Von den ersten Christen wurde der Brunnen als Taufquelle genutzt und die Grotte entsprechend umgeändert. Die noch Ungetauften stiegen über eine dunkle Treppenrampe hinab, um dann als Christen über einen zweiten, in den Fels geschlagenen Ausgang wieder ans Licht zu kommen.

Mozia (Motye)

Wohl um 1000 v. Chr. legten die Phönizier auf dem heute S. Pantaleo genannten Inselchen an der Westküste Siziliens einen ihrer Handelsstützpunkte an und gaben ihm den Namen einer Nymphe: Motye (s. a. S. 21 ff.). Ihr verdankten sie der Legende zufolge die Kunst der feinen Wollverarbeitung und Färbung, eine Gabe, die Städte wie Byblos und Tyros berühmt gemacht hatte. Die Lage der Insel entspricht ganz den Voraussetzungen für eine phönizische Niederlassung. Diese wurden entweder auf einem ins Meer ragenden Kap oder – vorzugsweise – auf einer geschützt in einer Bucht liegenden Insel angelegt. Die weite Bucht garantierte Ankerplätze zur Genüge, das seichte Wasser schützte vor Unwettern und eignete sich vortrefflich für die damaligen Schiffe mit ihrem niedrigen Tiefgang.

Anfangs handelte es sich wirklich nur um einen Stützpunkt, doch langsam entwickelte sich im 9. Jh. daraus ein Wohnort und im 7. Jh. gar eine Stadt. Spezielle Befestigungen wurden erst im 6. Jh. nötig, als die Gefahr des Freiheitsverlustes durch die immer mächtiger werdenden griechischen Städte stieg.

Zu Beginn des 4. Jh. v. Chr. konkretisierte sich diese Drohung: Dionysios I. von Syrakus war es gelungen, das Vertrauen der Karthago tributpflichtigen Städte zu gewinnen und sie in seinem Machtkampf um die Vorherrschaft auf Sizilien als Verbündete zu gewinnen. Soldaten aus Kamarina, Gela, Akragas, Himera und Selinunt nahmen 397 v. Chr. an der Expedition teil, die zur Zerstörung von Motye führte. Zwei Jahre darauf eroberten die Karthager Motye zurück und siedelten die wenigen überlebenden Einwohner nach Lilybaeum, dem heutigen Marsala, um.

Motorboote verbinden heute im Pendelverkehr das Inselchen S. Pantaleo mit der Küste (Mittagspause von 13–15). Dort befindet sich das **Museum,** das die Funde der Ausgrabungen beherbergt, nicht chronologisch, sondern nach den archäologischen Unternehmungen geordnet (ab 1920). Das meiste Material besteht aus den Grabbeigaben der Nekropole von Motye: punische und griechische Vasen, Parfumväschen aus farbigem Glas, Schmuck und Anhänger aus Glaspaste, einiger weniger Goldschmuck, Stelen aus dem Tophet, weibliche Tonmasken und eine der typischen punischen Totenmasken mit dem grinsenden Gesicht. Da kaum Großplastiken aus der phönizisch-punischen Kultur erhalten blieben, ist die syrisch-phönizische Skulpturengruppe zweier Löwen, die einen Stier anfallen, von besonderem Interesse. Sie zierte das Nordtor der Stadt. Waffen aus Eisen oder Bronze, Arbeitsgeräte und Haushaltsgegenstände zeigen, wie weit im Altertum die Produkte verschiedener Kulturen gleichzeitig benutzt wurden.

WESTKÜSTE / MOZIA

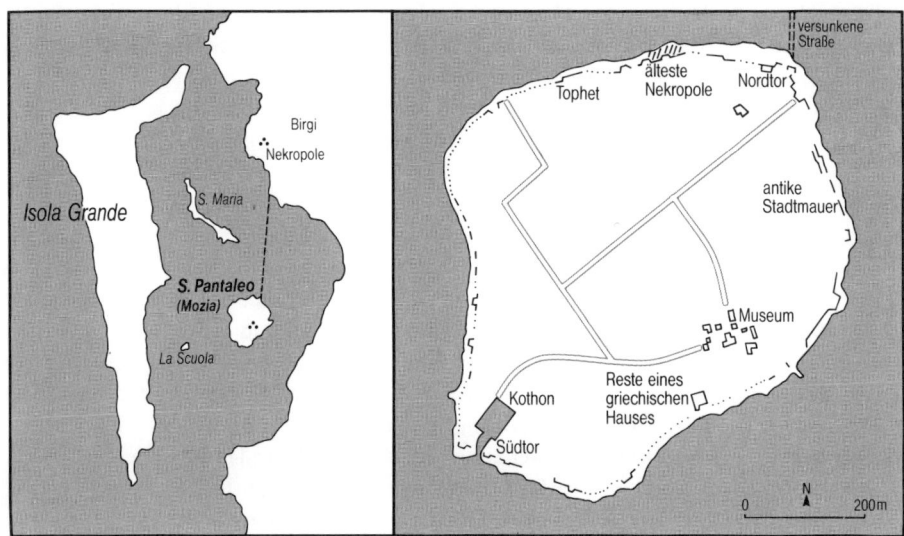

Lageplan von Mozia

Wirklich einzigartig ist die 1979 gefundene Marmorstatue eines jungen Mannes in langem, anschmiegsamem Plisseegewand, ohne Zweifel ein griechisches Werk aus der ersten Hälfte des 5. Jh. v. Chr. (s. Abb. 49). Die Transparenz des Gewebes wird meisterhaft wiedergegeben, so daß die Verschleierung die athletische Muskulatur des jungen Mannes noch hervorhebt und ihr eine ungemeine Lebendigkeit verleiht, die durch den leicht in das Fleisch eingedrückten Daumen gleichsam greifbar wird. Der Armansatz an der Schulter läßt die ursprüngliche Stellung der fehlenden Arme erkennen: die linke Hand ruhte auf der Hüfte, der rechte Arm war erhoben und stützte sich auf einen Stab oder eine Lanze. Für das Gewand – unter der Brust durch ein breites Band gegürtet – findet sich kein Gegenstück in griechischen Kleidungsdarstellungen. Die Skulptur wurde neben einer späteren Töpferwerkstätte gefunden und war zur Kalkgewinnung bestimmt – viele antike Kunstwerke aus Marmor endeten auf diese unrühmliche Weise.

Außerhalb des Museums sind außer einigen Rundzinnen der Stadtmauer diverse Sarkophage und Grabstelen mit dem Symbol der Tanit oder des Baal-Hammon aufgestellt. Wenig entfernt liegen Teile eines Portikusfußbodens in Mosaik aus rundlichen Flußsteinen sowie die Basen dorischer Säulen eines Peristyls: **Reste eines griechischen Hauses,** das auf den Grundmauern eines karthagischen Wohngebäudes errichtet wurde. Die Mosaiken weisen das beliebte orientalische Motiv angreifender Raubtiere sowie Fabelwesen auf.

Die Insel mit einer Größe von 45 ha wurde vollständig von den antiken Befestigungsmauern umfaßt (2375 m), von denen Reste erhalten blieben. Einige kurze Strecken ausgenommen, die in griechischer Bautechnik aus Tuffsteinquadern errichtet waren, setzte sie sich aus unbehauenen und unterschiedlich großen lokalen Kalksteinblöcken zusammen und war durch rechteckige Türme verstärkt. Von den vermutlich vier Stadttoren wurden vom Ost- und Westtor kaum mehr als Spuren gefunden, während Nord- und Südtor relativ gut erhalten sind. Beide waren zwischen zwei quadratischen Türmen postiert.

Dem interessanten **Nordtor** war eine kleine Kultstätte mit dorischen Säulen vorgelagert: Von diesem ausgehend führte eine gepflasterte Straße quer durch das Meer zur Küste des Festlands, wo sich der (jüngere) Friedhof befand. Die Straße wurde im 6. Jh. v. Chr. gebaut und lag 80–90 cm über dem Meeresspiegel – heute ist sie unter Wasser gesunken und nur mit Mühe auszumachen, denn die Westküste Siziliens sinkt langsam, aber stetig. Noch am Anfang unseres Jahrhunderts konnten Eselkarren die Straße befahren.

Kurz vor dem Südtor liegen die sog. Kasernen, Räume, die außen an die Mauer angebaut und von einem Wehrturm begrenzt waren und vermutlich militärischen Zwecken dienten. Das **Südtor** unterscheidet sich hinsichtlich der Bautechnik aus kleinen Quadersteinen vom Nordtor. In der Nähe liegt der **Kothon** (51 × 37 m), ein künstliches Wasserbecken, das entweder als Werft, interner Hafen oder, wahrscheinlicher, als beides zugleich genutzt wurde. Die Karthager stellten ihre Schiffe aus vorgearbeiteten Fertigteilen her, konnten also Material für eine ganze Flotte in kleinen Lagerräumen aufbewahren und auf engstem Raum innerhalb kurzer Zeit Hunderte von Schiffen vom Stapel lassen. Ein enger Kanal führte zu dem Becken, und am Eingang garantierte ein Damm unterhalb des Wasserspiegels, bei dem nur eine Lücke in der Breite eines Kiels gelassen war, die einzelne Ein- und Ausfahrt.

Im **Tophet** wurden mehr als 1000 Stelen gefunden, die aus einer Zeit vom 7.–3. Jh. v. Chr. stammen. In dem Bezirk stand eine Kapelle mit griechischen Säulen und einem kleinen Altar im Innenraum. Dicht beim Tophet liegt die **älteste Nekropole** (8.–7. Jh. v. Chr.), später wurden die Toten auf dem Festland beigesetzt. Die bevorzugte Bestattungsart war die der Einäscherung. Bisher sind mehrere hundert Gräber freigelegt worden. Sie bestanden aus

Die Ausgrabungen des phönizischen Motye

einer Art quadratischer Kiste aus Steinplatten und beherbergten je zwei oder drei der typisch punisch-phönizischen Tonvasen, von denen eine die Asche des Verstorbenen und die anderen kleine Gefäße oder ähnliche Gegenstände enthielt.

Im Rücken der Nekropole befindet sich das sog. antike Industriegebiet, eine Zone von rund 500 qm, quadratisch und auf allen Seiten von niedrigen Mauern begrenzt. Ehemals lagen dort Gerbereien und Färbereien für Leder und Webmaterial, wie aus den reichlichen Resten von Schalentieren, vor allem der Purpurschnecke, zu schließen ist. Der Boden ist

Die Zerstörung von Motye durch Dionysios I.

Das Heer des Dionysios bestand aus 8000 Infanteristen, mehr als 3000 Reitern, etwas weniger als 200 Kriegsschiffen und nicht weniger als 500 Transportschiffen (Diodor). Dionysios ließ einen Damm errichten, der die Insel mit dem Festland verband und über den die Kriegsmaschinen an die Stadtmauer gerollt werden konnten. Der karthagische Feldherr Himilkon griff zunächst in einem Ablenkungsmanöver den unverteidigt liegenden Hafen von Syrakus an; es gelang ihm, einen Teil der darin ankernden Flotte zu vernichten. Kurz darauf überfiel er in einem Überraschungsangriff die griechischen Schiffe, die an der Küste vor Motye verankert lagen, und riegelte die Ausfahrt des Hafens mit seiner Flotte ab. Dionysios gelang es jedoch mit einer List, wenigstens die an Land gezogenen Schiffe zu retten, indem er sie des Nachts auf Rollen quer über die Landzunge, die den südlichen Abschluß der großen Bucht vor Motye bildet, ins offene Meer ziehen ließ. Am folgenden Morgen fiel er damit dem unvorbereiteten Feind in den Rücken und schlug ihn in die Flucht.

Der Angriff wurde mit den modernsten Waffen durchgeführt: Neu erfundene Katapulte schleuderten Bündel von Pfeilen, die Wehrtürme wurden mit ›Widdern‹ angegriffen und bewegliche, sechsstöckige Türme an die Stadtmauer geschoben. Diese Türme hatten die Höhe der Häuser und waren – als absolute Neuerung – mit Fallbrücken versehen, die den Übertritt auf die Mauern und später auch auf die Dächer erleichterten. Die Einwohner kämpften von den Dächern aus und brachten an den höchsten Mastbäumen ihrer Schiffe Pfähle mit Körben an, von denen aus Männer brennende Fackeln auf die Türme schleuderten.

Der endgültige griechische Sieg wurde nur durch eine zweite Kriegslist errungen. Leptines, der Bruder des Dionysios, hatte zwei Wochen lang bei Eintritt der Dunkelheit die Trompeten als Signal für das Ende der Schlacht blasen lassen. Am Anfang war diese unbekannte Gewohnheit den Karthagern eigenartig erschienen, aber langsam begannen sie, die nächtliche Ruhepause als garantiert zu betrachten, und ließen in ihrer Wachsamkeit nach. Eines Nachts griffen die Griechen dann an und durchbrachen die Mauern – die Stadt war verloren, obwohl die Bewohner sich verzweifelt verteidigten und die Straßen verbarrikadierten.

Selten waren dem Fall einer Stadt solche Grausamkeiten gefolgt wie der Niederlage von Motye. Die Soldaten entglitten der Kontrolle ihrer Befehlshaber und verwandelten sich in eine mordende Meute. Schließlich ließ Leptines durch Herolde in phönizischer Sprache die Besiegten auffordern, sich in die Heiligtümer zurückzuziehen, die auch von den Griechen respektiert wurden – die einzige Hilfe, die er ihnen noch bieten konnte.

übersät mit zum größten Teil elliptischen, ungefähr 2 m tiefen Löchern, direkt in den Stein geschlagen und mit rohem Ton verkleidet. Verstreut dazwischen sieht man einige kleine Vertiefungen und Reste von zwei ovalen Hochöfen.

Trapani

Der ehemalige Hafen von Eryx (Erice) und Handelszentrum der Phönizier wird in den antiken Quellen als *Drepanon*, ›Sichel‹, bezeichnet. Von der heutigen Sichelform des Hafens kann der Name allerdings nicht abgeleitet sein, da die Küste damals anders verlief (s. Farbabb. 30). Im 16. Jh. übernahm Trapani die führende Rolle im Westen der Insel, nachdem der Hafen von Marsala zugeschüttet worden war. Das heutige Bild Trapanis prägen zwar in der Altstadt die barocken Bauten des 17. Jh. sowie die städtebauliche Umgestaltung im 19. Jh., ansonsten ist jedoch das 20. Jh. überwiegend präsent. Die 73 000 Einwohner zählende Provinzhauptstadt ist auch heute noch als Handelshafen äußerst aktiv, vor allem, was die Verbindungen zum afrikanischen Kontinent angeht. Eines der Handelsprodukte stellte schon in antiker Zeit das in den Salinen der Umgebung gewonnene Salz dar (s. Abb. S. 128/29). Vom Hafen laufen im Sommer mehrmals täglich Fähren zu den Ägadischen Inseln (s. S. 440) aus.

Auf der **Isola Colombáia (1)** vor dem Hafeneingang steht die Festung, deren achteckiger Turm im Zentrum der Anlage noch aus dem 14. Jh. stammt. Im 16. Jh. zu einer Festung erweitert, wurde der Bau 1670 unter dem Vizekönig, dem Fürsten von Ligny, zu der heutigen massiven Militärarchitektur umgestaltet. Im Stadtzentrum verdienen der **Dom S. Lorenzo (2**; 1635 begonnen, 1740 nach Plänen von Giovanni Biagio Amico erweitert), die ehemalige **Franziskanerkirche S. Maria di Gesù (3**; nach 1528 errichtet) sowie die dem manieristisch-römischen Barock verpflichtete **Jesuitenkirche (4)** mit ihrer reichgeschmückten Fassade Beachtung. Die 1606–1638 von Natale Masuccio errichtete dreischiffige Säulenbasilika zeigt das als Serlio- oder Palladiomotiv bezeichnete System der Wandaufteilung: Die üblichen von Arkaden gebildeten Joche wechseln mit schmaleren, nur von einem waagerechten Architrav gedeckten Jochen. Den Hochaltar bildet eine große Relieftafel von Ignazio Marabitti. Der **Palazzo della Giudecca (5)** mit seiner diamantiert zugespitzten Rustikaquaderung ist ein typisches Beispiel für eine adlige Stadtburg im Stil der katalanischen Spätgotik des beginnenden 16. Jh.

Das bedeutendste kunstgeschichtliche Erbe Trapanis vertritt der Komplex des ehemaligen Karmeliterklosters, der ca. 3 km nördlich der Altstadt gelegen ist (Via Conte Agostino Pepoli). Von dem Bau des 14. Jh. blieb im **Santuario dell'Annunziata (6)** nur die Fassade erhalten; die übrige Kirche wurde von Giovanni Biagio Amico ab der Mitte des 18. Jh. im Barockstil als einschiffige, gewölbte Saalkirche errichtet. Interesse verdienen auch die um 1500 errichteten Kapellen, die Cappella della Madonna mit ihrem schönen Renaissancetürbogen von Antonello Gagini und die Cappella dei Marinai, die Kapelle der Schiffer, die jenen für Sizilien so charakteristischen Übergangsstil aufweist: Im äußeren Erscheinungs-

WESTKÜSTE / TRAPANI

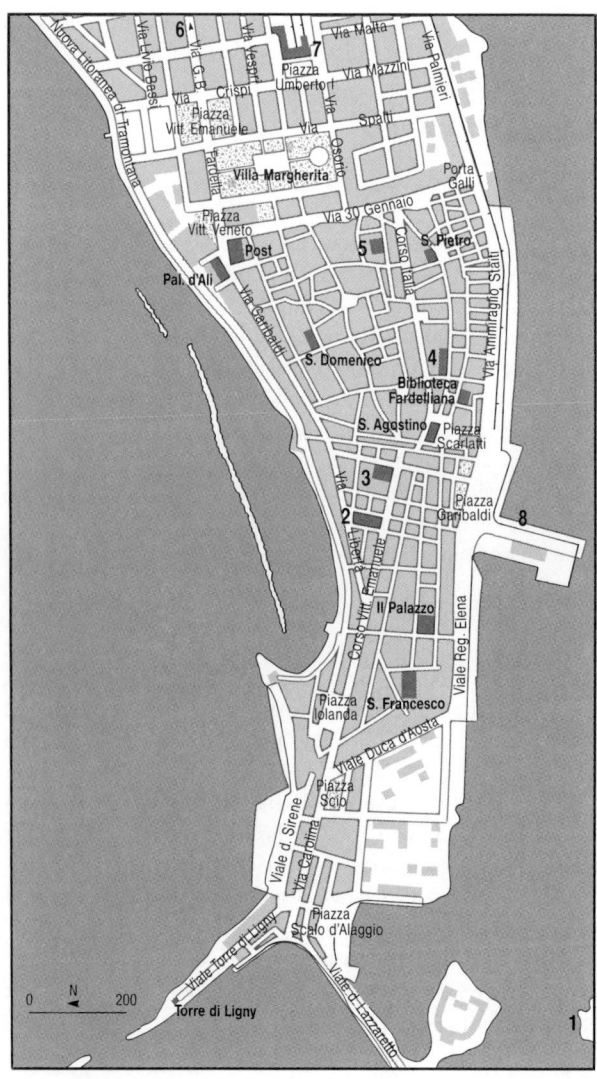

Trapani: 1 Isola Colombáia 2 Dom S. Lorenzo 3 Franziskanerkirche S. Maria di Gesù 4 Jesuitenkirche 5 Santuario dell' Annunziata/ Museo Regionale Pepoli

bild noch sehr der katalanischen Spätgotik verhaftet, zeigt das zentralbauförmige Innere mit seinen Muschelnischen vorwiegend Stilzüge der Renaissance. Auf dem Altar der Cappella della Madonna steht die berühmte ›Madonna von Trapani‹, ein vielverehrtes Gnadenbild, um 1350 in Pisa gefertigt. In den sich anschließenden Gebäuden des Karmeliterklosters, ebenfalls Mitte des 17. Jh. von Giovanni Biagio Amico errichtet, sollte man sich neben dem Treppenhaus und dem Kreuzgang die reichen archäologischen Sammlungen sowie die Skulpturen und Gemälde des **Museo Regionale Pepoli** ansehen (Dienstag und Donnerstag auch nachmittags von 16–18 Uhr geöffnet).

Erice

Im Rücken von Trapani erhebt sich der mythische Eryx, ein 800 m hoher Kalkfelsen, auf dessen Höhe einst eine der drei großen elymischen Städte lag: Eryx, das heutige Erice (die anderen zwei sind Segesta und Entella). Der griechische Mythos verlegt eine der Taten des Herakles auf diesen Berg: Der bärenstarke und kampfeslustige König Eryx, ein Sohn der Aphrodite, besaß eine schneeweiße Rinderherde, deren Leitstier glänzte wie der Morgenstern. Diesen Stier verlangte König Eurystheus von dem Helden, der ihm bekanntlich zur Buße zehn Jahre lang dienen mußte. Herakles trug dem Eryx sein Anliegen vor, doch der König forderte ihn auf, das Tier in einem Zweikampf zu gewinnen. Herakles siegte, und so fiel ihm nach der Logik des Mythos auch das Herrscherrecht zu, das er sich für seine Erben vorbehielt.

Wie gut die Griechen diesen Mythos politisch zu nutzen verstanden, beweist die Tatsache, daß im 6. Jh. v. Chr. die dorischen Herakliden, die sich für Nachkommen des Herakles hielten, an der Küste landeten und ihr ›Anrecht‹ auf die Herrschaft geltend machten. Die elymischen Einwohner waren allerdings anderer Meinung, und in dem folgenden Kampf wurden die Griechen geschlagen. Auf der Flucht landeten sie auf den Äolischen Inseln und gründeten Melegunis = Lipari.

Ein weiterer Mythos berichtet, nach der Zerstörung Trojas sei eine Gruppe Überlebender unter der Führung des Äneas auf der Suche nach einer neuen Heimat bei Erice an Land gegangen, um Anchises, den Vater des Äneas und Geliebten der Aphrodite, hier zu bestatten. Die Trojaner fanden einen alten Bekannten als König der Stadt vor, den das Schicksal ebenfalls an die Westküste Siziliens verschlagen hatte, und ein Teil von ihnen, des Herumirrens müde, zog es vor, hier zu bleiben. Äneas und die anderen jedoch setzten die Fahrt fort und gründeten schließlich Rom. Die Römer scheinen dieser Legende Bedeutung beigemessen zu haben, und im Gedenken an die gemeinsamen Vorfahren betrachteten sie die Elymer als Verbündete. Als sie Eryx eroberten, hatten die Punier die Einwohner jedoch bereits nach Trapani umgesiedelt, um sie besser verteidigen zu können.

Auf dem Berg befand sich schon zu sikanischen Zeiten ein Heiligtum der ältesten Göttin des Mittelmeergebiets, von den Phöniziern als Astarte und den Griechen als Aphrodite verehrt. Die perfekt dreieckige Anlage der Stadt stand offenbar in Zusammenhang mit ihrem Kult, bei dem das Dreieck seit alters her eine symbolische Rolle gespielt zu haben scheint.

Der Tempel, der in historischer Zeit den Platz des alten Heiligtums einnahm, war in der Antike weithin berühmt. Die Römer setzten sogar eine Garnison ein, um ihn zu bewachen, und bestimmten 17 der reichsten Städte Siziliens, für das Heiligtum der Venus Erycina, wie sie die Göttin nannten, zu sorgen. Eine Abbildung des Gebäudes auf einer Bronzemünze des

Claudius zeigt einen Tempel mit fünf Säulen an der Frontseite. Reste des Tempels traten in den Ruinen der Normannenfestung zutage. Es handelt sich um einige wenige Teile kannelierter Säulen und Bruchstücke eines dorischen Frieses von einem Umbau aus römischer Zeit. Jüngere Untersuchungen konnten den genauen Platz des Tempels bestimmen, und geringe Grundmauerreste von umliegenden Gebäuden sowie der heilige Brunnen des Komplexes kamen zum Vorschein.

Der Felsen, auf dem sich das Heiligtum erhob, liegt getrennt vom Plateau der einstigen Akropolis, von weither sichtbar – die Aussicht von seinem Standort ist atemberaubend (s. Farbabb. 28). Doch schon die Auffahrt von Trapani nach Erice bietet bei jeder Kurve neue, unvergleichliche Ausblicke. Das Dorf selbst, wenngleich in seinen mittelalterlichen Strukturen sehr malerisch, wird doch mehr und mehr verlassen. Die Einwohnerzahl ist auf weniger als 2000 geschmolzen – für moderne Ansprüche liegt es zu sehr abseits, für die meisten Urlauber zu weit vom Meer entfernt. Auch darf das Klima für sizilianische Verhältnisse als äußerst kalt und rauh gelten. Als Kongreßzentrum genießt Erice jedoch einen internationalen Ruf.

Die **Festung** wurde im 12. Jh. errichtet, als die Normannen die in der Spätantike verlassene Stadt unter dem Namen Monte S. Giuliano wieder ins Leben riefen (s. Abb. 64). Der nicht restaurierte Teil zeigt eigenartigerweise die schwalbenschwanzartigen ›guelfischen‹ Zinnen, wogegen sonst im staufisch-kaisertreuen Sizilien die rechteckigen ›ghibellinischen‹ Zinnen vorherrschen. Eine kurze, leicht ansteigende Straße – sie ersetzt eine ehemalige Fallbrücke – führt zum Eingang, über dem das Wappen Karls V. prangt. Darüber befindet sich noch eine der alten Pechnasen (geöffnet täglich 9–13 und 15–18). Der im 19. Jh. restaurierte Teil (im Park, das sog. Castello Pepoli) ist eher neu gebaut als ausgebessert worden und befindet sich auf dem Plateau der einstigen Akropolis.

Die **Hauptkirche**, die *Chiesa Matrice* (1314), stellt eines der schönsten Beispiele des Chiaramontestils dar (s. Abb. 67). Portal und Rosette gehören zu dem Originalbau, der vorgelagerte Portikus (1426) und die verspielten Zinnen am Dachrand sind jüngeren Datums. Es scheint, daß der Campanile als Wachturm schon vor der Kirche bestand und dann in das Ensemble miteinbezogen wurde. Die wenigen schlichten Stufen, die zum Platz vor der Kirche führen, sind so geschickt angelegt, daß der Platz eine ganz eigene Perspektive erhält, die ihn harmonisch mit dem Kirchengebäude verbindet. Das Kircheninnere wurde im vorigen Jahrhundert modernisiert und mit neogotischem Stuck ausgeschmückt (s. Abb. 66).

Segesta

Seit einigen Jahren macht sich in der archäologischen Forschung ein besonderes Interesse für die materiellen Hinterlassenschaften von Völkern bemerkbar, die außerhalb oder am Rande der griechischen Staatengemeinschaft lagen und bislang weniger als eigenständige Faktoren innerhalb dieser Welt, sondern vielmehr als von den Griechen abhängige Randkulturen betrachtet wurden. Thrakern und Skythen gilt dies neue Interesse, aber auch den ›einheimischen‹ Stämmen Süditaliens wie etwa den Elymern auf Sizilien, deren Siedlungszentren neben Entella und Erice die Stadt Segesta war. Dem Mythos nach handelte es sich ja bei den Elymern um Nachkommen der heimatlos gewordenen, geflüchteten Trojaner. Daß die Wurzeln dieses Volkes tatsächlich in Kleinasien lagen, bezeugt ihre Keramik. Die Elymer waren darüber hinaus offenbar das einzige prähistorische Volk Siziliens, das sich einer Schrift bediente. Diese Schrift hat Ähnlichkeit mit der kretisch-minoischen Linear B-Schrift und ist wie diese bis heute nicht vollständig entziffert.

Die elymischen Bewohner Segestas waren im Rahmen der mannigfachen Konflikte auf Sizilien immer um eine eigenständige Politik bemüht. Zwar hatte man sich hier frühzeitig mit der griechischen Kultur angefreundet und beispielsweise viele Kunst- und Bauformen der Griechen übernommen, doch politisch waren die Elymer schwer auszurechnen. Aufgrund der Tatsache, daß die karthagischen Handelsstützpunkte in ihrem Siedlungsraum lagen, hatte man dorthin traditionell gute Beziehungen. Doch wurde Segesta zum wichtigsten Widersacher Selinunts, als diese Kolonie begann, sich ein größeres Umland zu sichern, und die Freiheiten von Segesta bedrohte. Der dauerhaft schwelende Konflikt zwischen Segesta und Selinunt war schließlich auch der Grund für ein Bündnis der Segestaner mit Athen, das am Ende des 5. Jh. v. Chr. den Anlaß für die im Desaster endende ›Sizilische Expedition‹ Athens bot (s. S. 162).

Die Segestaner verhielten sich im Laufe der Geschichte wie ein Fähnlein im Wind: Mit den Karthagern, dann wieder mit Griechenstädten, schließlich mit Rom verbündet, endete diese Politik zwar manchmal in Belagerung und Einnahme der Stadt durch die jeweiligen Gegner, doch konnte die Stadt eine gewisse Eigenständigkeit offenbar bis in die Spätantike behaupten.

Von der Stadt Segesta haben jüngere Grabungen Grundmauern von Gebäuden zutage gebracht, die ihre Existenz bis ins 15. Jh. hinein bezeugen. Weltberühmt sind jedoch zwei Bauwerke in rein griechischer Form, die etwas außerhalb des heutigen Stadtareals stehen: der dorische Tempel und das Theater.

Der dorische Tempel von Segesta, wohl um 425 v. Chr. begonnen und damit einer der letzten großen griechischen Tempelbauten auf Sizilien überhaupt, wurde lange Zeit als

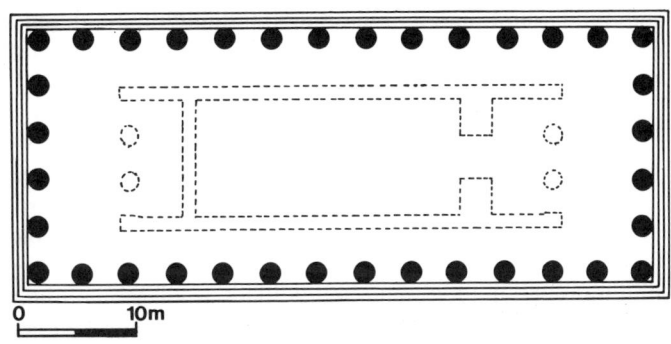

Grundriß des Tempels von Segesta nach D. Mertens; die gestrichelten Strukturen im Innern geben die nachgewiesene, aber nicht mehr sichtbare Cella wieder

rätselhaft empfunden (s. Farbabb. 8). Ohne Dach und Cella, nur mit einer 23 × 58 m messenden Ringhalle aus 6 × 14 Säulen versehen, galt er als ein merkwürdig gestaltetes Kultgebäude nichtgriechischer, elymischer Religionsvorstellungen. Forschungen haben jedoch gezeigt, daß diese Annahme auf Irrtümern beruht. Sein seltsames Aussehen verdankt der Bau zwei Umständen, die miteinander wenig zu tun haben, jedoch zusammen die heutige Gestalt des Bauwerks bedingen: Zum einen blieb der Bau in der Antike unvollendet, zum anderen wurde die Ruine im Mittelalter und in der Neuzeit als ›Steinbruch‹ benutzt.

Für die Tatsache, daß der Tempel unvollendet blieb, hat man bislang noch keine allseits akzeptierte Begründung gefunden. Möglich wäre, daß das Geld für das Bauvorhaben ausging, daß der Tempel aufgrund eines schlechten Omens der Götter liegenblieb (was der Mentalität des 5. Jh. v. Chr. durchaus entsprechen könnte) oder daß einfach folgende Generationen kein Interesse mehr an seiner Fertigstellung aufbrachten.

Zahlreiche technische Details demonstrieren diese Unfertigkeit: die unkannelierten Säulen (das Kannelieren der Säulen war eine Tätigkeit, die erst nach vollständiger Errichtung des Rohbaus aufgenommen wurde); der überall umlaufende ›Kantenschutz‹ in Form einer flachen, ›überflüssigen‹ Steinschicht, die an allen Bauteilen auch nach deren Versatz erhalten blieb, um die Bauglieder vor Beschädigungen während der Bauphase zu schützen und die erst in einem letzten Arbeitsgang an einem Tempel abgemeißelt wurde; die zahlreichen vorspringenden ›Hebebossen‹ an den Stylobatquadern, die als Haltepunkte für die Seile dienten, mit denen das Baumaterial auf der Baustelle bewegt und versetzt wurde (auch sie wurden nach Fertigstellung des Rohbaus entfernt).

Ein Ergebnis des späteren Steinraubs an dem Bauwerk ist nicht nur das Fehlen fast aller Stylobatquader, die sich zwischen den einzelnen Säulen befanden, sondern auch das Fehlen der Cella, die – wie jüngere Grabungen es nachgewiesen haben – auch an diesem Tempel geplant worden war.

Grund- und Aufriß des Tempels von Segesta gehorchten den Regeln der griechischen Hochklassik, wie sie etwa auch den annähernd zeitgleichen Concordiatempel in Agrigent kennzeichnen. Die ausgewogenen Aufrißproportionen von Säule, Gebälk und Giebel lassen hier ebenso auf die Tätigkeit einer rein griechischen, in den neuesten Regeln des Tempelbaus beschlagenen Bauhütte schließen wie der komplizierte Grundriß der Ringhalle, die, wie am Concordiatempel von Agrigent, an allen vier Ecken eine doppelte Eckkontraktion aufweist. Als einziger Tempel Siziliens besitzt dieser Bau schließlich einen kurvierten Stylobat; seine Unfertigkeit läßt darüber hinaus heute noch erkennen, wie diese Kurvatur einst angefertigt wurde (s. S. 49f.).

Vom Tempel führt eine Asphaltstraße durch den ehemaligen Wohnbereich zum Theater. Der Verlauf der Stadtmauer ist deutlich am Berghang auszumachen, und am Straßenrand lassen sich die Reste eines Stadttors erkennen. In der Nähe ist eine kleine Gruppe von Häusern freigelegt worden, die von der griechischen Epoche bis ins Mittelalter bewohnt waren, und weiter oben auf dem Plateau konnten neben einem weiteren Wohnviertel öffentliche Gebäude, die in römischer Zeit modernisiert wurden, nachgewiesen werden. Auf einer Hausschwelle fand man eine lateinische Inschrift: »Dieses Haus wurde mit meinem eigenen

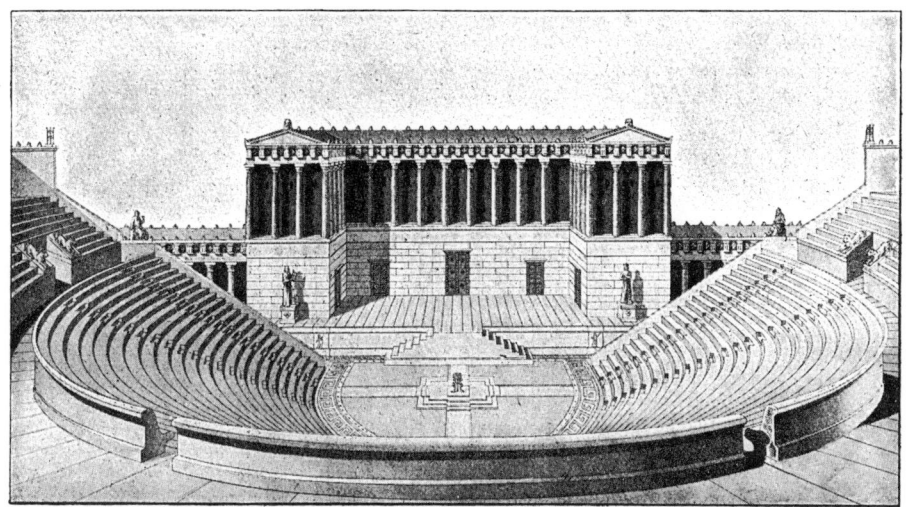

Rekonstruktion des Theaters von Segesta aus der Mitte des 3. Jh. v. Chr.

Geld errichtet.« Dicht vor dem Theater sieht man ein ausgegrabenes Kirchlein aus dem späten 15. Jh. mit einer Apsis, das an der Stelle einer älteren, byzantinischen Kirche mit drei Apsiden steht. Darunter befindet sich eine Zisterne. Die Ausgrabungen werden fortgeführt.
  Das Theater, das zu den schönsten seiner Epoche zählt, wurde in der Mitte des 3. Jh. v. Chr. an einem Ort errichtet, der seit der Vorgeschichte bereits als Kultstätte diente. Grabungen brachten diesbezügliches Material aus dem 10. und 9. Jh. v. Chr. ans Tageslicht, zum einen unter dem späteren Bühnengebäude, zum anderen in einer Grotte, die bei dem Bau des Theaters respektiert wurde. Auf einem Bergabsatz, etwas niedriger als das Theater gelegen, aber mit diesem durch einen antiken Fußweg verbunden, wurde ein ummauerter heiliger Bezirk (83 x 47 m) mit Grundmauern von zwei großen dorischen Tempeln (6. und 5. Jh. v. Chr.) gefunden.
  Vom Theater blieben die unteren 20 Sitzreihen erhalten, das Bühnengebäude fehlt. Seine wenigen Reste erlaubten eine theoretische Rekonstruktion, die als eine der ersten das Bestehen des Bühnengebäudes bei griechischen Theatern bewies. Vom Theater aus waren in der Ferne der antike Hafen der Stadt, das heutige Castellammare del Golfo (s. Abb. 57), sowie die beiden anderen elymischen Städte Entella und Eryx zu sehen. Es bestanden also Signalmöglichkeiten zwischen den drei wichtigsten Städten, und es scheint, daß bei der Wahl der Orte dieser Gesichtspunkt berücksichtigt wurde.

Die Nordküste

Palermo

Die Landeshauptstadt Palermo, die größte Stadt der Insel (720 000 Einwohner), besitzt auch deren aktivsten Hafen. Von der riesigen Hafenbucht (96 ha) leitet sich der Name der Stadt ab, die von den Griechen als *Panormos*, ›All-Hafen‹, bezeichnet wurde. Ihr ursprünglicher Name scheint *Ziz*, ›die Blume‹, gewesen zu sein, was ebenfalls ausgezeichnet paßt, verfügt die Stadt doch über eine zauberhafte Lage inmitten einer Senke, umschlossen von hohen Bergen. Den Abschluß der Bucht bilden nach einer Seite der Monte Pellegrino und nach der anderen das Kap Zafferana. Im Sommer sorgen frische Meereswinde für Kühle, und die Berge schützen die Stadt gegen die rauheren Winterwinde.

Dieses Klima fördert die Vegetation; die üppigen Gärten sind beliebte Treffpunkte der Palermitaner. Der Botanische Garten ist eine Besichtigung wert, auch wenn er sich in den letzten Jahren nicht eben zu seinem Vorteil verändert hat. Zu Goethes Zeiten war der Garten gerade neu angelegt: Hier nahm die Idee des deutschen Dichters über die Urpflanze feste Formen an (s. Frontispiz).

Geschichte

Die Phönizier gründeten Palermo im 5. Jh. v. Chr., doch Bedeutung erlangte die Stadt erst, nachdem die Araber sie 831 zur Hauptstadt ihres sizilischen Reichs gemacht hatten. Sie wurde eine blühende Wirtschaftsmetropole, deren Einwohnerzahl – Schätzungen gehen von 300 000 Menschen aus – die jeder christlichen Stadt mit Ausnahme Konstantinopels übertraf. Arabische Besucher wie der Weltreisende Ibn Hauqal bewunderten die Schönheit der Stadt, die zahlreichen Moscheen, Paläste, Basarstraßen und den Kranz von Obstgärten und Parks, der die Hauptstadt umgab.

Inmitten dieser Orangenhaine und Lustschlösser, die ihm einen ersten Eindruck vom Luxus der arabischen Kultur vermittelt haben werden, schlug Roger I. im Winter 1071 sein Heerlager auf. Obwohl die Normannen Palermo schon zu Beginn des darauffolgenden Jahres eroberten, verlegte doch erst die Regentin Adelaide im ersten Jahrzehnt des 12. Jh. die Hauptstadt hierher. In dieser nach der arabischen zweiten Blütezeit unter der *Monarchia Sicula* entstanden die großen Denkmäler des arabisch-normannischen Stils, die auch heute noch die Hauptattraktion der an Sehenswürdigkeiten wahrlich nicht armen Stadt ausmachen.

Im Jahre 1392 wurde Andrea Chiaramonte, der mächtige Feudalherr, auf Veranlassung des spanischen Generals Bernardo Cabrea auf dem Platz vor seinem Palast öffent-

Blick auf Palermo mit dem Normannenpalast im Zentrum, Stich des 19. Jh.

lich enthauptet – ein Ereignis, das den Machtverlust der großen Adelsherren und das Erstarken der aragonesischen Zentralmacht ankündigte. Palermo zog in der Folgezeit als Sitz des spanischen Vizekönigs fast den gesamten sizilianischen Adel an, der sich hier seine Paläste erbauen ließ, um dem Zentrum der Macht nahe zu sein. Die palermitanische Metropole jener Zeit bot ein typisches Beispiel für eine parasitäre Stadt, die die von den Bauern auf dem Land erarbeiteten Geldmittel verschlang, ohne selbst produktiv tätig zu sein. Als Folge der in dieser Zeit vermehrt einsetzenden Landflucht entstand ein städtisches Proletariat, die Armenviertel wuchsen. Die Bevölkerungszahl, die nach dem Ende der staufischen Zeit rapide gesunken war, stieg langsam wieder an.

Daneben erstarkten die Gilden der kleinen Kaufleute und Handwerker, an deren Spitze jeweils ein Konsul stand. Ein solcher Repräsentant des palermitanischen ›Mittelstands‹, der Goldschmied D'Alesi, trat bei dem durch akute Lebensmittelknappheit hervorgerufenen Volksaufstand von 1647 als Führer hervor – mit seiner Hinrichtung brach die Rebellion in sich zusammen.

Schon durch die Stadterweiterungen des 16. Jh. unter den spanischen Vizekönigen (s. S. 332f.) hatte Palermo seine mittelalterlichen Grenzen überschritten und war bis ans Meer gewachsen. Im Laufe des 18. Jh. verdoppelte sich die Einwohnerzahl dann auf etwa 200 000. Die heutige Neustadt dehnt sich mit viel baulichem Wildwuchs in alle Himmelsrichtungen aus. Ihr Mittelpunkt

NORDKÜSTE/PALERMO

liegt in der Verlängerung der Via Maqueda, dem Viale della Libertà und Umgebung. In den letzten zehn Jahren setzte der Auszug der Bevölkerung aus der mittlerweile zum Sanierungsgebiet gewordenen Innenstadt ein, ein Prozeß, der sich in den meisten mittelmeerischen Altstädten beobachten läßt. Die Statistik dokumentiert diese dramatische Entwicklung: Von den 120 000 Bewohnern Anfang der siebziger Jahre waren 1989 nur noch 15 000 in ihren alten Häusern geblieben!

Im Hafen von Palermo, Aufnahme von der Jahrhundertwende

Innenstadt

Quattro Canti und Umgebung

Im Laufe des 16. Jh. begannen die Palermitaner mit der systematischen Modernisierung der alten Stadt: Als erstes wurde die Hauptstraße, der ehemalige Cassaro (heute Corso Vittorio Emanuele), geradlinig bis zum Meer verlängert und verbreitert; kurz darauf ließ der Vizekönig Maqueda eine zweite große Verkehrsader anlegen (heute Via Maqueda), die den Cassaro auf halber Länge im rechten Winkel durchschnitt, so daß nun ein gleicharmiges Kreuz die

Stadt in vier annähernd gleiche Viertel teilte. Um 1600 wurde der Schnittpunkt beider Straßen zu einem achteckigen Platz ausgebaut, dessen Seiten abwechselnd die offenen Straßenbreiten und vier ornamentale Fassaden bestimmen (1; Entwurf Giulio Lasso). In den Ordnungen der Fassaden stehen zuunterst auf Brunnen Allegorien der Jahreszeiten, in der Mitte Figuren der spanischen Könige (Karl V., Philipp II., III., IV.) sowie zuoberst die Statuen der Schutzheiligen der Stadtviertel: Ninfa, Agata, Oliva und Cristina. Die Bekrönung bilden die Wappen derjenigen Adelsfamilien, die traditionell die Vizekönige für Sizilien stellten.

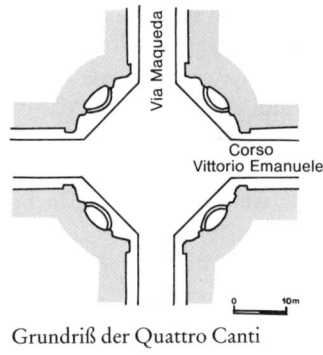

Grundriß der Quattro Canti

An die Südseite lehnt sich die Theatinerkirche **S. Giuseppe (2)** an, von dem Theatiner Giacomo Besio entworfen und zwischen 1612 und 1645 fertiggestellt. Den reich geschmückten Innenraum teilen monolithische Marmorsäulen in drei Schiffe (Fresken u. a. Guglielmo Borremans; Stuckarbeiten u. a. Giuseppe Serpotta; Skulpturen u. a. Ignazio Marabitti). Unter der Theatinerkirche befindet sich ein zweites Gotteshaus, das der ersteren Kirche als Krypta dient, die Kirche **Madonna della Provvidenza** (Zugang links vom Haupteingang).

Zwischen der Theatinerkirche und der ihr seitlich gegenübergestellten Kirche der hl. Katherina öffnet sich die **Piazza Pretoria (3)**, volkstümlich *Piazza Vergogna*, ›Schamplatz‹, genannt – wegen der ›schamlosen‹ nackten Figuren (s. Farbabb. 3) Der Platz wurde im 16. Jh. eingeebnet, um den manieristischen Brunnen aufzustellen, den die Stadt Palermo 1573 aufgekauft hatte und der von Francesco Camilliani ursprünglich für einen Privatgarten in Florenz geschaffen worden war (1554/55). Obschon kein Meisterwerk, gibt er doch dem Platz seine unverwechselbare Atmosphäre. Diesen umgeben an den anderen Seiten Gebäude des 18. Jh. sowie das Rathaus, der **Palazzo Senatorio**. Das rechteckige Rathausgebäude geht in seinem Ursprung auf das 15. Jh. zurück, wurde aber in den folgenden zwei Jahrhunderten vergrößert und erneuert und im 19. Jh. ein letztes Mal umgestaltet.

1568 begannen die Dominikanerinnen mit dem Bau von **S. Caterina**, einem Gotteshaus, das in seiner Funktionalität vielen weiblichen Orden für ihre einschiffigen Kirchen als Vorbild dienen sollte, von denen aber keine den reichen Marmordekor des hiesigen Innenraums erreichte (vom 15.–18. Jh. von den bekanntesten Künstlern der Insel ausgeführt). Die Fassade gehört noch der Spätrenaissance an. Im 18. Jh., nachdem die Theatinerkirche mit einer Kuppel versehen worden war, erhielt auch diese Kirche ihre Kuppel, um in der Rangordnung nicht hintanzustehen. (Die Kirche öffnet nur jeden Sonntag für einen Gottesdienst.)

Die Anlage der **Piazza Bellini** und deren Einreihung in das Straßensystem erforderte im 19. Jh. die Einebnung des Hügels. Die älteren Bauten mußten mittels Treppen von dem neuen Platz aus zugänglich gemacht werden.

La Martorana (Admiralskirche, S. Maria dell'Ammiraglio)

Im Atrium der Admiralskirche hatte sich bis zum 13. Jh., als für den Gerichtshof ein eigenes Gebäude gebaut wurde, dieser sog. *Corte Pretoriana* versammelt. Hier hatte im Mittelalter das Zentrum der städtischen Macht – im Gegensatz zum Zentrum der Königsmacht im Normannenpalast – gelegen. Im 15. Jh. wurde die normannische Kirche S. Maria dell'Ammiraglio (4) dann dem Kloster der Eloisa Martorana angeschlossen und in den folgenden Jahrhunderten jeweils den neuen Bedürfnissen und Stilrichtungen angepaßt. Die größte Veränderung erfuhr das Gebäude im 16. Jh., als die Zentralapsis niedergerissen und eine neue Fassade in Richtung von S. Caterina errichtet wurde; doch selbst dieser Eingriff konnte die perfekte Harmonie des Originalbaus nicht ganz zerstören.

»... wir sahen dieses Gebäude – unmöglich es mit Worten zu beschreiben. Es ist zweifellos das schönste Denkmal der Welt. Die inneren Wände sind alle vergoldet, mit bunten Marmorplatten verkleidet, die nie und nimmer ihresgleichen finden, ganz mit Goldmosaik ausgelegt und von grünen Ranken in Mosaik umgeben. In der Höhe öffnen sich schön angeordnete Fenster, mit goldenen Gläsern, die mit ihrem strahlenden Glanz die Augen blenden...« (Ibn Gubayr, 1182).

Die hymnische Beschreibung des arabischen Weltreisenden gilt der Kirche Georgs von Antiochia, des ›Admirals‹ Rogers II., der sie 1143 zu Ehren Marias ausführen ließ.

Der ›Säulenturm‹, den Ibn Gubayr im folgenden würdigt, ist in den unteren zwei Stockwerken original erhalten, die oberen Partien entstanden im 14. Jh. (s. S. 340 und Farbabb. 34). Ursprünglich bildete eine Kuppel, die auf zwölf Säulen ruhte, den Abschluß des Turms. Durch den Eingang des Turms gelangte man in einen kleinen, mit Säulen umstandenen Innenhof, an dessen Seite sich der Narthex öffnete. Narthex, Innenhof und Westwand der Kirche fielen dem Umbau des 17. Jh. zum Opfer, als der Innenraum verlängert und – unter Wiederverwendung des alten Materials – in einen langgestreckten Raum zusammengefaßt wurde. Die ursprüngliche Kirche besaß den Grundriß einer Kreuzkuppelkirche; an den Seitenwänden ist noch der Ansatz der früheren Stirnmauer zu sehen. Von den drei Apsiden aus dem 12. Jh. blieben nur die zwei Seitenapsiden erhalten, auch der untere Dekor der Wände ging verloren (s. Abb. 68).

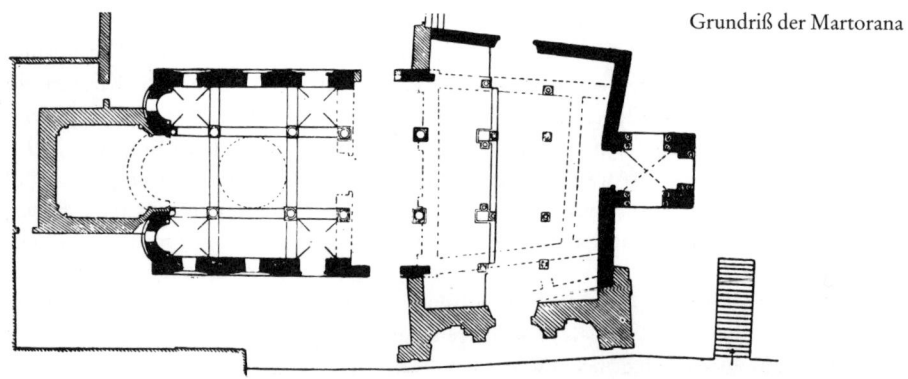

Grundriß der Martorana

Das Gebäude selbst, ein Meisterwerk architekturaler Symbolik, basiert auf Punkt, Kreis, Kreuz und Quadrat, den geometrischen Fundamentalsymbolen. Die über quadratischem Grundriß von vier Säulen getragene zentrale Kuppel steht beispielsweise für das alles überwölbende Firmament und die tragende Ebene. Für die Kabbalisten bedeutete der Kreis in einem Quadrat den ›Funken des göttlichen Feuers‹, der sich versteckt in der Materie befindet und diese mit dem ›Feuer des Lebens‹ beseelt. Die Zahl Vier verkörperte in dieser Zahlenmystik das Universum, und daher tragen hier vier Säulen das Kirchenzentrum.

Im bildlichen Schmuck der Kirche wird die griechisch-orthodoxe Liturgie dargestellt. Ehemals war in der Hauptapsis die betende Jungfrau wiedergegeben (darüber ist eine literarische Notiz erhalten), die durch ihre Geste die irdische Kirche der Gläubigen mit der himmlischen der Heiligen und Engel und Christus als Hohepriester verband. Im Zentrum der Kuppel thront Christus, und über seiner Aureole steht geschrieben: »Ich bin das Licht der Welt...«. Die vier Erzengel liegen anbetend zu Füßen Christi.

»Wir loben dich, wir beten Dich an, wir danken Dir für Deine Macht und Herrlichkeit; Herr, König des Himmels, allmächtiger Vater, Jesus Christus und der Heilige Geist. Herr Gottes, Lamm Gottes, das du hinwegnimmst die Sünden der Welt.«

Diese Worte stehen – heute nur noch schlecht leserlich – in kufischer Schrift auf dem runden Holzrand, der den Kreis um die Engel bildet (s. S. 88). Während der Priester das Brot für die Segnung vorbereitete, murmelte er Namen von Heiligen, die in eben dieser liturgischen Reihenfolge an den Wänden der Martorana abgebildet sind: die Erzengel Michael und Gabriel, die schon anbetend in der Kuppel präsent sind, werden noch einmal, in vollem Galagewand, über dem Bema abgebildet; Johannes der Täufer fehlt unter den erhaltenen Mosaiken, befand sich aber aller Wahrscheinlichkeit nach neben dem Fenster der Hauptapsis; acht Propheten sind an der achteckigen Trommel der Kuppel zu sehen, die offenen Schriftrollen lesbar in der Hand haltend; in den Ecknischen, wo das Achteck ins Quadrat übergeht, sind die Evangelisten dargestellt; weitere acht Apostel sieht man in den Gewölben seitlich der Kuppeltrommel; es fehlen, wie so oft, Jakob der Ältere, Matthias und Judas Thaddäus. Die Nischen, mit Inschriften gerahmt, nennen den Anfang der Evangelien.

Die drei großen ökumenischen Doktoren Basilius, Gregorius und Johannes nehmen, in Medaillons eingeschlossen, den Platz an der unteren Seite des Bogens ein, der dem Altar am nächsten liegt, weitere Kirchenväter und Hierarchen sind auf die restlichen Bogen verteilt. In 23 Medaillons haben die Mosaizisten Märtyrer abgebildet, darunter jedoch keine weiblichen. Die heiligen Konfessoren (Bekenner) und Theophoren (Gottträger) waren vielleicht an der heute zerstörten Westwand wiedergegeben. (Die Konfessoren fehlen in der Cappella Palatina, nicht jedoch in Monreale.) An der Nord- und Südwand, getrennt durch ein Fenster, standen Cosmas und Damian, im Medaillon die Pantelaimones und symmetrisch gegenüber Cyros, Johannes sowie im Kreis Hermolaos. Die Eltern Marias, Joachim und Anna, denen die Kirche geweiht ist, nehmen mit betend ausgebreiteten Händen die Nischen der Seitenapsiden ein. Die Bogen rahmen in großen Buchstaben weitere Worte der Liturgie.

Die Bildnisse der Gründer, mit deren Namen der Priester einst die Liturgie beschlossen haben wird, befinden sich nicht mehr an ihrem ursprünglichen Platz an der Westwand. Um

Georg von Antiochia kniet vor der Gottesmutter, Mosaik in der Martorana in Palermo; der ›insektuöse‹ Körper des Großadmirals ist ungeschickten Restauratoren des 19. Jh. zu verdanken

sie bei dem Umbau zu retten, wurden sie in den ehemaligen Narthex verlegt, Georg von Antiochia, der Admiral Rogers II., links in die Rosenkranzkapelle und Roger selbst in die parallele Kapelle des hl. Simon. Georg wirft sich der Muttergottes zu Füßen – eine im Hofzeremoniell übliche Geste (Proskynese). Sein Gesicht in Dreiviertelansicht stellt ein echtes Portrait dar (Original, auch die Hände). Schlechte Restaurationen haben den originalen Körper des Admirals verschwinden lassen, so daß er heute einem eigenartigen Insekt gleicht; ehemals war seine Haltung die typische halb kniende der Anbetenden (wie die der Erzengel).

Die rechte Hand Marias deutet in Richtung des Admirals, die linke hält die Spruchrolle mit ihren Worten. Von Georg ausgehend, über die Hände der Jungfrau hinweg, wird so ein Halbkreis zu Christus geschlagen, der durch seine erhobene Rechte zu verstehen gibt, daß er den Worten seiner Mutter, der Fürbitte für Georg, lauscht. Über Roger II., den Christus selbst krönt, stehen in lateinischer Sprache, aber griechischen Buchstaben die einfachen Worte »Rhogerius Rex«, König Roger (s. Abb. S. 85).

Unter den zwölf kirchlichen Festen wurde eine Auswahl von vier getroffen, um den Jahreszyklus so komplett wie möglich wiederzugeben. Das erste, die Verkündigung, ist über dem die Kuppel stützenden Ostbogen angebracht, gegenüber an der Westarkade die Darbringung im Tempel: Das Kind streckt sich vom Arm der Mutter aus der Menschheit, vertreten durch den alten Simeon, entgegen, der schüchtern die Hände in einer Willkommensgeste öffnet. Im westlichen Gewölbe stehen sich Marientod und Geburt Christi gegenüber (s. Abb. 70, 71).

Die Geburtsszene zeigt einen pyramidalen Aufbau, der in einem Stern gipfelt. Sie enthält alle in der byzantinischen Ikonographie jener Zeit obligatorischen Bildelemente: die vier

Engel auf der Ebene unter dem Stern, etwas tiefer auf der linken Seite zwei Hirten und rechts Ochse und Esel, in der Mitte die Mutter mit dem Kind; die unterste Linie bilden Joseph, zwei Gebärhelferinnen sowie nochmals das Kind; Maria im Zentrum wird größer als die anderen Figuren wiedergegeben.

Der Marientod weist eine auf der Diagonalen beruhende Bildkomposition auf, an deren Schnittpunkt sich das Haupt Christi befindet. Christus hält die Seele seiner Mutter in Form eines Neugeborenen, eines Wickelkindes, in den Händen, um sie den Engeln zu übergeben, die in der Höhe schweben. Apostel umringen die Muttergottes, lebende und wiederauferstandene. Diese Bildaufteilung sollte im Mittelalter kanonische Wirkung erlangen. Später wurden meist mehr Frauen hinzugefügt; hier sind nur zwei von den drei Jungfrauen wiedergegeben, die nach der Erzählung des hl. Johannes dem Marientod beiwohnten.

Rechts vor den Stufen, die zum Narthex führten, wurde wohl beim Umbau eine Säule eingesetzt, die den Muslimen als heilig galt. Ihre Inschrift verkündet: »Es gibt nur einen Gott.« Der kleine Seitenausgang der Kirche zur Rechten ist mit einer schön geschnitzten Holztür verschlossen, eines der wenigen Beispiele noch erhaltener arabischer Arbeiten. Außen ließ Georg nach islamischer Sitte, wichtige Gebäude mit einer Inschrift zu bekrönen, an sein Gotteshaus schreiben:

»Ich biete Dir, oh jungfräuliche Mutter, diesen Tempel als kleine Gabe, ich, Dein Diener Georg, ein kleines Dankgeschenk mit großer Liebe – nicht nach Verdienst – da ich von Dir viele Wohltaten empfangen habe.«

S. Cataldo

Vor der Kirche Georgs von Antiochia errichtete Maio von Bari, der Admiral Wilhelms I., 20 Jahre später diese dem apulischen Heiligen Cataldo geweihte Kirche, eines der letzten Sakralgebäude, das in Sizilien im sog. arabisch-normannischen Stil errichtet werden sollte (zwischen 1154 und 1160). Das Leben für die Muslime begann nunmehr immer schwieriger zu werden, ein Großteil ihrer Intelligenz hatte das Land bereits verlassen oder schickte sich an, dies zu tun.

Die Kirche repräsentiert den typischen arabisch-normannischen Kubusbau (s. Abb. 68). Hochgezogene konzentrische Blendarkaden dominieren den strengen Schmuck der Außenwände, der am oberen Rand durch den dekorativen Sims und das in Teilen erhaltene Band mit kufischer Inschrift aufgelockert wird. Dies und die sorgfältige, elegante Fugung des Quadermauerwerks verraten deutlich den arabischen Einfluß. Drei Halbkugelkuppeln, erhöht aufgesetzt, bestimmen den Charakter des Gebäudes, drei Fenster schmücken seine Fassade.

Das Innere teilen – antike – Säulen in drei Schiffe, über dem Zentrum erheben sich drei Kuppeln im Quadrat (s. Abb. 72). Die Trompen bestehen aus gestuften Rundnischen. Fußboden und Altar sind noch original, die Wände, nie in Mosaik ausgeführt, zeigen den nackten Stein. Die Kirche gehört heute dem Orden der Ritter des hl. Grabes, deren Wappen an der Tür und im Fenster über dem Altar prangen. (Den Schlüssel für die Kirche erhält man beim Kustos der Martorana.)

NORDKÜSTE / PALERMO

S. Giovanni dei Lebbrosi

Die Kirche des hl. Johannes wird ihrer Lage wegen (via Salvatore Cappello, links vom Corso dei Mille abzweigend, ca. 2 km von der Martorana) selten von den Reisenden besucht, obwohl sie zu den ältesten Gebäuden der Normannenzeit gehört (5). Roger I. ließ sie 1071, also zur Zeit der Eroberung der Stadt, errichten. Sie lag außerhalb der mittelalterlichen Mauereinfassung und wurde einem arabischen Gebäude angeschlossen, dem Kastell Jehia (Johannes). Von ihm sind rechts der Kirche einige wenige Spuren zu sehen. 1150 richtete ein religiöser Orden neben der Kirche ein Hospital für Leprakranke ein, weil sich der abgelegene Ort dafür eignete.

Die Kirche bildet heute, umringt von Palmen, eine Insel inmitten moderner Bauten. Der Turm über dem kleinen Portikus wurde erst 1934 im Rahmen tiefgreifender Restaurierungsarbeiten gebaut, in deren Rahmen auch die Holzdecke und die Fenster fallen. Das Kircheninnere teilen Pfeiler in drei Schiffe; die drei Apsiden weisen jene flache Form arabischer Gebetsnischen *(Mihrab)* auf, die den frühen normannischen Kirchen Siziliens eigen ist. Über der erhöhten Vierung erhebt sich eine halbkugelförmige Kuppel. Verglichen mit den späteren Kirchen dieser Epoche besitzt S. Giovanni einen geradezu archaischen Charme (Schlüssel im Gebäude gegenüber dem Haupteingang erhältlich).

S. Giovanni dei Lebbrosi

Dom

Um einen neuen Dom errichten zu lassen, ließ Erzbischof Walter of the Mill 1184 den alten zerstören, der ein Bestandteil der Großen Moschee von Palermo gewesen zu sein scheint. Diese Moschee nahm einen weit größeren Bereich ein als der heutige Dom. Zu ihr gehören außer den Gebetsräumen auch eine Madrasa (Moscheehochschule), Bibliotheken, Bäder etc., die dem Neubau zum Opfer fielen. Die erste sichere Nachricht über eine ehemalige Kirche geht aus den Schriften des arabischen Weltreisenden Ibn Hauqal hervor, der im Jahre 997 Sizilien besuchte. 1072, nach der normannischen Eroberung von Palermo, wurde diese wieder dem christlichen Kult geweiht. Die Kathedrale des Walter of the Mill wurde innerhalb eines Jahres errichtet und auch geweiht (6). Diese kurze Bauzeit war dank des umfangreichen Baumaterials, das sich zur Wiederverwendung anbot, und vor allem dank gut organisierter islamischer Arbeitskräfte möglich (s. S. 88).

Auch vom Originalbau dieses zweiten Doms sind kaum mehr als Spuren erhalten. Trotzdem bleibt die Kathedrale von Palermo in ihrem Äußeren immer noch einer der bemerkenswertesten Sakralbauten Europas. In jedem Jahrhundert wurden Teile hinzugefügt oder entfernt, doch eine wirkliche katastrophale Wirkung hatte erst der radikale Umbau von 1781–1801. Den Anstoß zu dem Umbau gab das Fehlen einer großen Kuppel, was den Dom, im Vergleich zu den anderen Kirchen der Stadt, als minderwertig erscheinen ließ. Der Stadtrat beschloß, diesen Schönheitsfehler zu beheben, und berief Ferdinand Fuga, den Architekten der neapolitanischen Bourbonen, zum Dombaumeister. Ihm ›gelang‹ es, die Kathedrale so grundlegend zu verändern, daß viel von ihrem künstlerischen und historischen Wert unwiederbringlich verloren ging und die Domgeschichte heute nur noch mit Hilfe schriftlicher oder graphischer Quellen zu rekonstruieren ist.

Fuga pfropfte der mittelalterlichen dreischiffigen Basilika die klassizistische Kuppel auf und ersetzte das Dach der Seitenschiffe durch eine Reihe von kleineren Kuppeln, die die dahinterliegenden Arkaden mit ihrem Intarsienschmuck verdecken. Aus den vergangenen Jahrhunderten blieben vom Äußeren der Kathedrale erhalten: der mächtige Westturm, die Spitzbogen, die diesen mit der Fassade verbinden, die Fassade mit ihren Treppentürmen und deren Glockenturmaufbauten, die Seitenwände des Mittelschiffs, die Apsiden mit den Treppentürmen und deren Glockenturmaufbauten nebst den Blendarkaden in Einlegearbeiten (1956–1958 vom Verputz befreit und restauriert; s. Farbabb. 2), die Nordwände der Seitenkapellen und der Sakristei sowie der Südportikus im Stil der katalanischen Gotik.

Der Dom, wie viele Sakralbauten des Mittelalters als Wehrkirche errichtet, war ein langgestreckter Kubusbau mit zwei niedrigen seitlichen Baukörpern und vier Ecktürmchen, die jedoch nicht die Höhe des Daches überstiegen. Da der Bischof es nicht wagte, hier die klassische Form des Wehrdoms mit den zwei seitlichen Wehrtürmen anzuwenden – die als Symbol der königlichen Macht galten –, verfiel er auf die Lösung, der Kirche die blockartige Form einer arabischen Festung zu geben, die nur einen, dem Haupteingang vorgelagerten Turm erhielt. Dieser stand nur durch hohe Spitzbogenarkaden mit dem Dom und dessen kompliziertem Verteidigungssystem in Verbindung, in das man über die Ecktürmchen gelangte und das über Gänge, Treppen und Ambulacren bis zum Bischofspalast führte (in

NORDKÜSTE / PALERMO

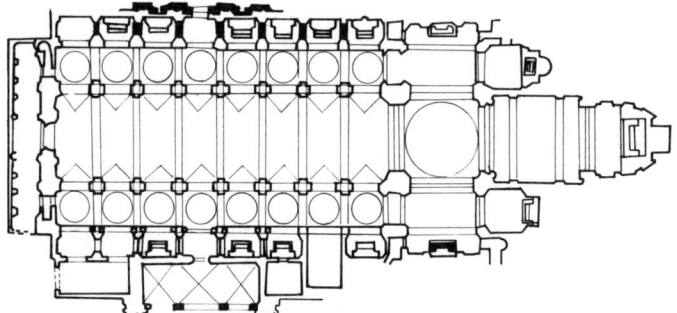

Grundriß des Doms

der Nähe der Apsiden). Der Wehrturm bestand bis zu drei Vierteln seiner Höhe aus einem einzigen gemauerten Block und war nur in seiner oberen Partie Teil des Verteidigungssystems. Sein unterer Eingang mit Balkon stammt aus dem 17. Jh., der obere neugotische Aufsatz mit Türmen und Türmchen ist eine ›Verschönerung‹ des 19. Jh.

Ab dem 13. Jh. wurde mit dem Bau der Seitenkapellen begonnen. Im 14. Jh. machte sich in der Baukunst Siziliens – als Reflex der spanischen Gotik – ein Streben in die Höhe und im Dekor eine Suche nach plastischen Werten bemerkbar (im Gegensatz zur normannisch-islamischen Zeit, als der Schwerpunkt auf der Farbabstufung lag); so erhielten die Türme einen Aufbau, zur selben Zeit und von derselben Werkstatt wie die oberen Teile des Turms der Martorana ausgeführt. Der neue Zeitgeschmack manifestiert sich dabei in den Säulen und oft blinden Fenstern, die ihre eigentliche Funktion verloren haben und nur noch dazu dienen, einen dekorativen Licht-Schatten-Effekt zu erzielen.

Der Schmuck der Säulen und Fenster der Fassade zeigt das typische plastische Zickzackmotiv. Hauptportal und südliches Seitenportal aus der ersten Hälfte des 15. Jh. weisen Analogien auf, in denen sie sich der spanischen Spätgotik nähern. In der zweiten Jahrhunderthälfte ist diese schließlich vollständig im floralen katalanischen Stil an dem südlichen Portikus vertreten (s. Abb. S. 99). In seinem Giebelfeld wird der thronende Christus zwischen den Figuren der Verkündigung wiedergegeben. Die feine Ausführung der Steinmetzarbeit entspricht spanischen Holzarbeiten des 15. Jh. und läßt sich mit dem Chorgestühl des Doms vergleichen. Im Verlauf von Restaurationsarbeiten wurde 1989 ein Teil des Originalportikus aus dem Mittelalter freigelegt, der einen arabeskenartigen farbigen Lebensbaum aufweist, bei dem Christus das absolute Zentrum bildet. Die Torflügel des Eingangs (1432) gehören noch dem sizilianischen Kunsthandwerk an, das sich noch weitgehend auf die arabisch-normannische Formensprache stützte. Die Säulen des Portikus sind Spolien, die äußerste linke trägt im Relief einen Ausschnitt aus der siebten Sure des Korans.

Als der Portikus gebaut wurde, hatte sich der Plan des Stadtzentrums – dank der Verlängerung des Cassaro und des Niederreißens des inneren Mauerrings mit den an ihn angelehnten niedrigen Gebäuden – völlig verändert. Vor der Südseite des Doms war ein freier Platz entstanden, und somit erlangte diese Seite größere Bedeutung. Der Portikus verlieh dem ehemaligen Seiteneingang die Würde eines Hauptportals, dessen Funktion er auch größtenteils übernahm. Der Bau des nahen Bischofspalastes legte endgültig die zentrale Bedeutung des Platzes innerhalb des Stadtbilds fest.

Der Innenraum im Stil des klassizistisch beeinflußten Spätbarock steht in keinem harmonischen Verhältnis zum Außenbau. Beim Umbau erhielt der Dom die Form eines lateinischen Kreuzes mit der üblichen Kuppel über der Vierung. Die an die Pfeiler angelehnten Säulen stammen noch aus dem mittelalterlichen Bau; sie trugen einst, auf einem gemeinsamen Sockel in Vierergruppen gebündelt, hohe Spitzbogen. Die Heiligenstatuen an den Pfeilern, 1950 dort angebracht, gehörten zu einem Retabel, das im 16. Jh. die Wand hinter dem Altar schmückte, das Hauptwerk der Gagini, der größte skulpturale Komplex Italiens mit 38 Figuren (s. S. 100f.). Weitere Statuen des Retabels sind in den Nischen beim Chor aufgestellt, die restlichen auf andere Kirchen Palermos verteilt. Das Weihwasserbecken am vierten Pfeiler des nördlichen Seitenschiffs, lange wohl zu Unrecht dem Domenico Gagini zugeschrieben, besticht durch seine feine Arbeit. Unter den übrigen Skulpturen des 15. und 16. Jh. ist die marmorne Muttergottes des Francesco Laurana die bemerkenswerteste.

Der Dom wird heute hauptsächlich wegen der Kaisergräber besichtigt, die seit Ende des 18. Jh. in der ersten Seitenkapelle rechts vom Haupteingang aufgestellt sind (s. Abb. 73–76). Im Mittelalter war es ein Vorrecht verstorbener Mitglieder der Königsfamilie oder hoher kirchlicher Würdenträger, in der Kathedrale bestattet zu werden; im Dom von Palermo gab es rechts und links von der Hauptapsis zwei Räume, die diesem Zweck dienten. Beim Umbau wurden die als weniger wichtig erachteten Persönlichkeiten in die Krypta transferiert, darunter auch Walter of the Mill. Bei den vorderen beiden Gräbern handelt es sich um die Sarkophage Friedrichs II. und Heinrichs VI. von Hohenstaufen. In der hinteren Reihe befinden sich die letzten Ruhestätten Rogers II. und seiner Tochter Konstanze, der Frau Heinrichs VI. von Hohenstaufen und Mutter Friedrichs II.

Die Staufer liegen in den Porphyrsarkophagen, die Roger II. ursprünglich im Dom von Cefalù hatte aufstellen lassen – einen für sich, den anderen für seinen Vater, Roger I. Nach seinem Tode wurde er jedoch in Palermo beigesetzt, und so konnte Friedrich II. 1215 die Sarkophage hierher bringen lassen, um seinen Vater, Heinrich VI., in einen von ihnen umbetten zu lassen und den zweiten, ursprünglich für Roger II. gefertigten, für sich selbst zu bestimmen. Diesen Sarkophag, den ältesten der Grabdenkmäler, tragen Doppellöwen, die das bevorzugte Wappentier Rogers II. gewesen zu sein scheinen: Sie zieren seinen Krönungsmantel in Stickerei (Schatzkammer Wien), und auch in der Cappella Palatina sind sie mehrmals abgebildet. Die Ikonographie ist immer die gleiche: Die Stilisierung der Muskeln, Gesichter, Tatzen und Mähnen, die verschlungenen Schweife, die eine Arabeske bilden, finden sich so auch in der Decke der Palastkapelle (s. Abb. S. 350). Unter den Löwen kauert jeweils ein Mensch, aber nicht angstvoll, sondern eher zufrieden unter dessen Schutz. Vertrauensvoll legt er den Arm auf die Tatze des Löwen. Diese Darstellung der menschlichen Figur besitzt ein Gegenstück an einem Kapitell von Cefalù, und Schüler desselben Meisters scheinen auch im Kreuzgang von Monreale tätig gewesen zu sein. Den Sarkophag Heinrichs VI. schmücken einfache Dreierlinien. Beide Sarkophage werden von säulengestützten Porphyrbaldachinen überdacht, deren Tympanonform eine bewußte Parallele zur Antike darstellt. Den Herrschaftsanspruch des sizilianischen Königshauses bezeugt auch der verwendete Stein, denn Porphyr galt im Mittelalter als ›kaiserliches‹ Baumaterial.

Die sterblichen Überreste Rogers II. und seiner jüngsten Tochter Konstanze, der Mutter Friedrichs II., ruhen in Porphyrsakophagen mit von sechs Säulen getragenen Baldachinen, auch diese ein Herrschaftssymbol. Die Säulen des Grabmals von Roger II. und Säulen sowie Baldachin des Grabmals von Konstanze sind mit prachtvollen musivischen Ornamenten versehen. Der Sarkophag Rogers II., aus einfachen Porphyrplatten in Form eines Hauses zusammengesetzt, wird von vier knienden Trägerfiguren aus Kalkstein gestützt, einem der frühesten plastischen Werke der normannischen Kunst in Sizilien (um 1154).

An der linken Wand erinnert eine schlicht gearbeitete Grabplatte an Wilhelm, den Grafen von Athen und Sohn Friedrichs III. von Aragon (gestorben 1338), dessen Körper im Grab Friedrichs II. von Hohenstaufen gefunden wurde – zusammen mit dem Peters II. von Aragon, der in einen Sack mit Perlenstickerei gehüllt war (gestorben 1342).

Die Krone, die Friedrich II. seiner Frau Konstanze mit ins Grab gegeben hat; das mit Seide gefütterte Gewebe aus Metallfäden ist mit Perlen, Edel- und Halbedelsteinen und Email geschmückt; die Pendilien (Seitengehänge) verraten byzantinischen Einfluß

Rechts an der Wand liegt, in einem antiken Sarkophag des 3. oder 4. Jh., Konstanze von Aragon bestattet, die erste Frau Friedrichs II. von Hohenstaufen. Die Inschrift auf dem Sarkophag ist die einzige originale der Gräber: »Im Leben war ich Siziliens Königin, jetzt, seitdem ich hier liege, bin ich, Friedrich, die Deine.« – Die Kapelle der hl. Rosalia, der Schutzpatronin von Palermo (rechts neben dem Presbyterium), schmücken klassizistische Reliefs von Valerio Villareale. Am Altar werden in einer massiven Silberurne von 1631 die Reliquien der Heiligen aufbewahrt. In der Schatzkammer (Eingang rechts neben der Kapelle der hl. Rosalia oder von außen durch eine Tür rechts neben dem Eingang) wird neben kirchlichen Gewändern die Kaiserkrone ausgestellt, die Konstanze von Aragon im Grab trug. Es handelt sich jedoch um diejenige des Königs, gefertigt nach dem Vorbild der oströmischen Kaiserkrone. Das helmförmige Diadem ist reich mit Perlenschnüren und Edelsteinen verziert und besitzt jene charakteristischen Pendilien (Seitengehänge), die wir von bildlichen Darstellungen der Normannenkönige kennen. (Im Gegensatz zu allen anderen Kirchen von Palermo ist der Dom auch während der Mittagszeit und auch Sonntag nachmittag geöffnet. Seit 1995 ist auch die Krypta zugänglich.)

Palazzo Sclàfani

Der Palazzo (7), um 1330 von der mit den Chiaramontes konkurrierenden Familie Sclàfani errichtet, beeindruckt noch heute durch seine Fassade. Die ineinander verschränkten Blendbogenfriese, dekorativ mit scharzem Tuffstein eingelegt, sowie die blockartige Form des Baus lassen an normannische Vorbilder denken. Die Wand des Arkadenhofs trug das Fresko ›Triumph des Todes‹, bevor es in die Regionalgalerie gelangte (s. S. 99f. und 374).

Normannenpalast

Der normannische Königspalast (8) steht auf der höchsten Erhebung des mittelalterlichen Stadtgebiets. Er begrenzt die Zone, in der im 8. Jh. v. Chr. der erste Kern der zukünftigen Stadt entstand, für die sich die Phönizier, wie üblich, eine Insel ausgesucht hatten (heute Villa Bonanno, ein 1905 angelegter Palmengarten). Sie wurde von zwei Flüssen am Ende einer tief eingeschnittenen Meeresbucht gebildet (Papireto und Oreto, in jüngerer Zeit umgeleitet), die sich bis zur heutigen Via Roma erstreckte.

Die Araber nannten dieses Gebiet *al-Halqah*, ›der Mauerring‹ (heute Galca). Es entwikkelte sich schnell zum kulturellen und administrativen Zentrum der arabischen Hauptstadt Siziliens, die sich nun weit über ihre Grenzen hinaus ausdehnte. An Stelle einer Festung entstand im 9. Jh. *al-Qasr*, die Sommerresidenz des Emirs von Palermo. Diese machte Roger II. zu seinem Stadtsitz und baute sie zum Regierungspalast um, dessen Luxus und Schönheit selbst an dem wenigen Erhaltenen noch beeindrucken. Arabische Schriftsteller beschreiben den Bau mit seinen vier gewaltigen, außen mit kufischen Inschriften geschmückten Türmen, die zwischen sich die niedrigeren Gebäude einschlossen.

Ab Mitte des 13. Jh., parallel zum politischen Verfall der Insel, verwahrloste auch der Palast. Im 16. Jh., im Rahmen der urbanistischen Erneuerung Palermos, beschlossen die spanischen Vizekönige, ihn wieder als Residenz zu nutzen, und so begann ein durchgreifender Umbau des Gebäudes. Als erstes wurden drei der Türme niedergerissen und neue Innenhöfe angelegt. 1616 erhielt der Palast noch eine neue, durchlaufende Fassade, die sich seitlich an einen noch bestehenden normannischen Turm, den **Torre Pisana,** anschließt, welcher sich mit dem ausgeglichenen, schlicht-eleganten Dekor seiner gestuften Blendarkaden von den anderen Baukörpern deutlich abhebt.

Mit dem Baukomplex verbunden ist die **Porta Nuova** (neues Tor), die 1583 anstelle eines Stadttors errichtet wurde, um den Sieg Kaiser Karls V. in Tunesien (1535) zu feiern. In dem wuchtig-martialischen Untergeschoß wachsen die besiegten ›Mauren‹ als nackte Dreiviertelfiguren aus den manieristischen Pilastern heraus. Im Gegensatz dazu steht die obere Partie mit ihrer zierlichen Loggia und dem Pyramidendach, die sich der Restauration von 1669 verdankt.

1921 kaufte die Regierung den Palast auf, der nach den politischen Umwälzungen des 19. Jh. in Privatbesitz geraten und als Magazin benutzt worden war. Während der Arbeiten, die zunächst nur die Rettung der noch bestehenden normannischen Bausubstanz zum Ziel hatten, konnten in den folgenden Jahrzehnten mehrere der aus schriftlichen Quellen bekannten Einrichtungen identifiziert werden. So fand man die Schatzkammer mit doppel-

NORDKÜSTE / PALERMO

ten Türen, umliegenden Rundgängen für Wachen und in den Fußboden vermauerten Vasen wieder, die Hunderte von Millionen Goldmünzen aufnehmen konnten. Ein 15 m hoher Saal – heute Büro des sizilianischen Regionalpräsidenten – mit bemerkenswerten Resten des musivischen Dekors (Jagdszenen), ein Raum mit intakter Stalaktitendecke, die Gefängnisse und andere Räume wurden wiederentdeckt. Die Restaurationen dauern noch an (1995). Über Jahrhunderte blieben nur die Palastkapelle und das sog. Zimmer des Roger beinahe unversehrt.

Besichtigungen der oberen Räume finden aus Angst vor Attentaten seit 1994 vorläufig nicht mehr statt; sie führten in einen Teil des Gebäudes, der der Regionalregierung zur Verfügung steht. Zu den Räumen gehören außer dem Zimmer des Roger der Parlamentssaal (1560/79, mit Fresken des Giuseppe Velazquez von 1799), der sog. Saal der Vizekönige mit den Portraits der Vizekönige sowie der sog. Speiseraum.

Der ›Speiseraum‹ war einst ein offenes Atrium. Baustruktur, Säulen und Spitzbogen sind typisch für das gesamte palermitanische Mittelalter, das keinen Unterschied zwischen sakraler und profaner Bauweise kannte. Die vier Seiten öffnen sich jeweils auf einen Eingang, von denen einer in das ›**Zimmer des Roger**‹ führt.

Der noch ganz mittelalterliche Torre Pisana am Normannenpalast zu Palermo

Über einem hohen Marmorsockel mit reichen Kosmatenarbeiten sind die Wände in Goldgrundmosaik mit uralten persisch-sassanidischen Motiven verziert, die sich spiegelbildlich wiederholen (s. Abb. 77, S. 86 und Titelvignette). Trotz der strengen Symmetrie durchflutet eine unglaubliche Spannung und Lebendigkeit die Abbildungen: Die Bäume scheinen wie von einer leichten Brise durchweht, die Jäger, Zentauren oder Tiere in der Bewegung eines Augenblicks festgehalten zu sein, ohne daß deswegen auf eine naturalistische Wiedergabe zurückgegriffen würde; nichts wirkt erstarrt oder statisch. Über das Kreuzgewölbe zieht sich ein Netz blühender Arabesken, die sich zu Kreisen ineinander verschlingen, in denen vier Löwen und andere Wappentiere mit ihren peitschenden, S-förmigen Schweifen die vibrierende Bewegung fortsetzen. Die Raumausstattung, zur Zeit Wilhelms I. um 1160 ausgeführt, ist das älteste nicht sakrale Beispiel ihrer Art in Europa.

(Der Besuchereingang liegt auf der Rückseite des Palastes, auf der Seite der Piazza Indipendenza. Die Cappella Palatina ist von 9–12 und von 15–17 Uhr zu besichtigen, Mi nur vormittags und So 9–9.30 und 12–13)

Cappella Palatina

Die Palastkapelle, entstanden zwischen 1130 und 1140, pries der begeisterte Guy de Maupassant als »das Schönste, was sich der menschliche Geist je erträumt und in Wirklichkeit umgesetzt hat, das Juwel aller Kirchen«. Auch der heutige Besucher wird diesem berühmten Touristen des vorigen Jahrhunderts beipflichten, denn selbst die nach dem 12. Jh. durchgeführten Veränderungen haben es nicht vermocht, das mittelalterliche Aussehen und die magische Anziehungskraft dieses ›Juwels‹ zu zerstören. So ließ beispielsweise der Bourbone Ferdinand IV. während seines Zwangsaufenthalts in Palermo Teile der Mosaiken entfernen, um einen bequemeren Zugang zur Palastkapelle zu erhalten. Die drei großen Kulturen, die das Reich Rogers II. bestimmten – der griechisch-christliche Osten, der lateinisch-christliche Westen und der Islam – verschmelzen in seiner Kapelle zu einem in jeder Hinsicht einzigartigen Kunstwerk.

Zwei diametral entgegengesetzte Baukonzeptionen sind hier zusammengefügt: das Presbyterium mit zentralem Grundriß, aus der östlichen Bautradition stammend und den Erfordernissen der griechischen Liturgie angepaßt, und das dreigeteilte Langschiff westlicher, basilikaler Tradition, das den Abfolgen der lateinischen Liturgie entspricht (s. Abb. 78).

In der östlichen Konzeption wird die Erlösungsgeschichte auf einer vertikalen Achse wiedergegeben, d. h. in einer vom Himmel zur Erde niedersteigenden Abfolge. An oberster Stelle, in der Kuppel, steht folglich Christus Pantokrator, den eine Inschrift (»Die Welt ist der Schemel meiner Füße«) als alleinigen Herrscher des Universums ausweist. Um ihn, Zentrum und Pol des Lebensrades, gruppieren sich acht Engel (die den acht mittelalterlichen Himmelsrichtungen entsprechen) – die Acht bedeutete den mittelalterlichen Zahlenmystikern die universelle Zahl der Vollendung und der Auferstehung. Die Verbindung von dieser himmlischen Sphäre, symbolisiert im Kreis, zur irdischen Sphäre, symbolisiert im Quadrat, stellen wiederum acht Figuren her: die vier Evangelisten in den gestuften Trompennischen und David, Salomon, Zacharias und Johannes der Täufer, die sich zwischen den Evangelisten unter Blendarkaden gegenüberstehen (s. Abb. 79).

Über dem Bogen der Mittelapsis, unter David, ist die Verkündigung zu sehen, in der Apsiswölbung darunter Christus, und unter diesem befand sich ursprünglich die Hauptlichtquelle der Kirche, die Christus symbolisierte. Der so bewirkte Effekt ist kaum noch vorzustellen. Das Fenster wurde im 19. Jh. geschlossen und durch die unschöne historistische Marienfigur ersetzt. Die Herabkunft des Heiligen Geistes nimmt das Gewölbe des Diakonikons ein, und in der Apsisnische selbst weist der hl. Paulus als der Vertreter der Kirche den Weg zu dieser Erleuchtung. Anna und Maria sind wiederum jüngeren Datums, ehemals war auch hier ein Fenster. An der Wand des Diakonikons sind – waagerecht und zeilenweise zu lesen – Szenen aus dem Leben Christi wiedergegeben, die auf seine Verherrli-

NORDKÜSTE/PALERMO

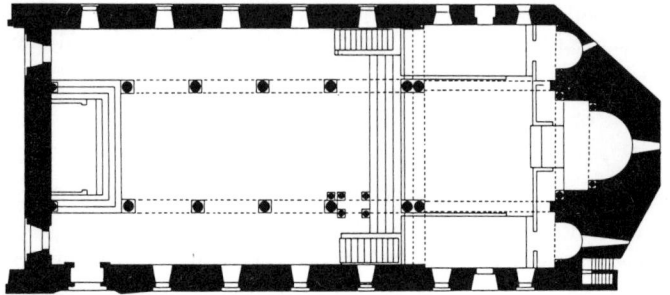

Grundriß der Cappella Palatina

chung hindeuten: Geburt, Traum Josephs, Flucht aus Ägypten, Taufe, Verklärung auf dem Berg Tabor, Auferweckung des Lazarus und Einzug in Jerusalem.

An der gegenüberliegenden Wand der Prothesis, ursprünglich Petrus und erst später dem hl. Andreas geweiht, öffnete sich einst die Königstribüne. Der Spitzbogen im oberen Teil scheint original zu sein, auf die Gliederung der Wand und den Dekor des 12. Jh. lassen sich indes keine Schlüsse mehr ziehen. Im unteren Teil sind in symbolisch frontaler, altbyzantinischer Art die Patriarchen der Ostkirche abgebildet. Deutlich wird so die Rolle des Königs und der Kirche als Vermittler der christlichen Weisheit herausgestrichen.

Den liturgischen Bedürfnissen der lateinischen Kirche kam die längsgerichtete Achse der drei Schiffe und der mittleren Apsis entgegen, auf der die Heilsgeschichte in zeitlich aufeinanderfolgenden Episoden von der Schöpfung bis zum Jüngsten Gericht erzählt wird. In einer Kreisbewegung verbindet sich die westliche mit der östlichen Konzeption und bezieht diese in die Erzählung mit ein.

Die horizontale Achse ist zeilenweise zu lesen, mit dem Rücken zur Westwand stehend. Von hier aus ist beinahe nichts von der Kuppel, den Seitenräumen und Seitenapsiden zu sehen. Der Blick wird vielmehr auf die Zentralapsis, ihren Bogen und auf einen Teil des Tambours gelenkt: auf David, die Verkündigung, Christus und die – ehemalige – Lichtquelle. Christus ist in seiner diakonischen Form mit dem geöffneten Buch wiedergegeben. Gut lesbar sind in Latein die Worte zu erkennen: »Ich bin das Licht der Welt, wer mir folgt, geht nicht im Dunkeln, sondern wandelt im Licht des Lebens.« Ein Vergleich der Christusdarstellung in der Apsis mit jener in der Kuppel zeigt, daß letztere als Modell diente, die Würde der Darstellung jedoch durch eine noch prächtigere Kleidung gesteigert wird. Die Form des Umhangs mit dem Stoffüberwurf neben der Hand stellt ein Unikum in der Ikonographie dar. Die fleischige, erhobene Hand verdankt sich einer Restauration.

Als Verbindung zwischen Tambour und Apsisnische fungieren die Erzengel Gabriel und Michael. Am höchsten Punkt des Bogens wartet der vorbereitete – leere – Thron auf den Richter des Jüngsten Gerichts *(Etemasia)* inmitten eines von Ornamenten umgebenen Kreises, mit einem wertvollen Tuch bedeckt. Auf dem Tuch ruht das Buch mit sieben Siegeln, die Apokalypse. Darüber schwebt mit offenen Flügeln eine Taube, der Heilige Geist des

Pfingstfestes. Auf dem Fußschemel steht ein Tablett mit den Nägeln der Passion; im Hintergrund verweist ein zweiarmiges Kreuz mit der Dornenkrone, an dessen Seiten die Lanze und der Stab mit dem Schwamm angelehnt sind, auf Christus.

Ausgehend von Christus als Schöpfer in der Hauptapsis entwickelt sich der horizontale Zyklus in einer kreisenden Bewegung über Episoden des Alten Testaments längs der rechten (südlichen) Seitenwand des Mittelschiffs, kehrt über die linke (nördliche) zurück zu Christus und läuft, wieder von ihm ausgehend, doch diesmal als ›Fleisch gewordenes Wort‹ (Verkündigung), über die Apostel Petrus und Paulus an den niedrigeren Wänden der Seitenschiffe (von rechts nach links) zurück, um endgültig wieder zu Christus zu kommen.

In der oberen Zeile reicht die Erzählung vom ersten Schöpfungstag bis zu dem Moment, als Kain das Land der Gerechten verläßt, in der unteren vom Bau der Arche bis zu Jakobs Kampf mit dem Engel. Es fällt auf, daß alle jene Episoden des Alten Testaments ausgespart bleiben, die möglicherweise islamische Betrachter hätten verletzen können, z. B. die Mosesgeschichte oder der Auszug aus Ägypten.

An den Wänden der Seitenschiffe sind in einer einzigen Folge Szenen der Apostelgeschichte, die mit Petrus und Paulus in Verbindung stehen, aneinandergereiht – nicht chronologisch, sondern gemäß ihrer heilsgeschichtlichen Wertigkeit geordnet: Sie enden nicht mit dem Tod der Apostel, sondern mit dem Triumph des Christentums. Sie beginnen im rechten (südlichen) Seitenschiff mit Begebenheiten aus dem Leben des hl. Paulus. Die letzten Bilder betreffen bereits Petrus, was sich im linken (nördlichen) Seitenschiff fortsetzt. Szenen, an denen beide Apostel beteiligt sind, beschließen den Zyklus.

Rechtes Seitenschiff: Saulus erhält die Ermächtigung, die Christen zu verfolgen; Bekehrung des Saulus; Saulus betritt, immer noch mit den leeren, geblendeten Augen aus der vorhergehenden Szene, von einem Freund geführt Damaskus; Taufe des Saulus – seine Wiedergeburt in Christus als Paulus wird durch die Fötusstellung im Taufbecken verdeutlicht; Paulus streitet mit den Judäern von Damaskus; Flucht aus Damaskus, wo er zum Tode verurteilt worden ist; Befreiung des Petrus aus dem Gefängnis; Petrus folgt dem Engel, der ihn befreit hat.

Linkes Seitenschiff: Petrus heilt einen Verkrüppelten an den Toren des Tempels im Beisein des hl. Johannes; Petrus heilt den gelähmten Äneas; Petrus erweckt Tabita vom Tode; bei der Restauration im 15. Jh. fügte Donatello Gagini dem Bild zu Ehren seines Meisters Brunelleschi über den Häuptern der drei Witwen die Kuppel der Kirche S. Maria del Fiore in Florenz hinzu; Petrus und Paulus umarmen sich bei ihrem Treffen in der Nähe Roms; Wettstreit der zwei Apostel mit dem Magier Simon im Beisein des Nero – die bösen Geister, die den Magier Simon bei seinem Fluge getragen hatten, lassen ihn auf Befehl des Petrus fallen, und Simon wird zerschmettert.

Im Presbyterium sind nur die vier Patriarchen des Ostens dargestellt; im Mittelschiff dagegen, über den Säulen, vertreten acht heilige Bischöfe alle christlichen Länder des 4.–7. Jh. An den gleichen Stellen wie die Bischöfe stehen an den äußeren Wandseiten acht ganzfigurige heilige Frauen und darüber, in Medaillons, acht Büsten weiterer weiblicher Heiliger, die entweder mit Petrus oder mit Paulus in Verbindung stehen. An den Archivolten findet man in Tondi insgesamt 58 Märtyrer abgebildet.

Ein Teil des Dekors der Südwände ist zudem noch der Taufliturgie gewidmet. Ursprünglich stand ein – nicht erhaltenes – Taufbecken unter dem letzten Bogen des Mittelschiffs, dicht bei der Kanzel und dem Osterleuchter – die Taufnacht war einst die des Karsamstags. Es war bewußt unter dem Beginn der Schöpfungsgeschichte und der rettenden Arche (beide auf der südlichen Mittelschiffwand) plaziert worden, da das Motiv des Wassers diese beiden Episoden mit dem Taufakt verband. Im Hintergrund fiel der Blick dann noch auf die Taufe des Saulus an der Südwand des rechten Seitenschiffs. In der Schöpfungsszene erscheint der segnende Gott – hier nicht als alter Mann mit wallendem Bart, sondern wie Christus dargestellt – mit Nimbus inmitten eines Strahlenkranzes; zehn Wasserströme, vor ihnen der Heilige Geist als Taube, fließen zur Erde hernieder. Ein Fenster verbindet diese Darstellung mit der folgenden, die die Trennung von Wasser und Erde zeigt. Umschlossen von dem Kreis der primordialen Wasser und des Firmaments schwimmen die drei damals bekannten Kontinente Asien, Afrika und Europa.

An der reich verzierten Kanzel sind die vier Symbole der Evangelisten plastisch wiedergegeben – als Stütze des Buches am Lesepult dient der Adler, das Kennzeichen des Evangelisten Johannes. Die zwei vorderen der vier Kanzelsäulen, zwischen denen sich einst das Taufbecken befand, sind mit Zickzackkanneluren versehen und erinnern damit an das herabfließende Wasser des Schöpfungsmosaiks.

Neben der Kanzel befindet sich der sog. Osterleuchter, ein Marmorkandelaber von 4,50 m Höhe. Er soll ein Geschenk des Erzbischofs Ugo an Roger II. gewesen sein, als dieser zum Osterfest 1151 seinen Sohn Wilhelm zum Mitregenten erklärte. Über kein mittelalterliches Kunstwerk Siziliens wurde so oft diskutiert wie über dieses. Heute schreiben es die Forscher dem unbekannten ›Meister der Putten‹ zu, der verschiedene Kapitelle in den Kreuzgängen von Cefalù und Monreale angefertigt zu haben scheint. Die Basis zeigt vier Löwen, die jeder ein Opfer in den Tatzen halten. Darüber sind biblische Szenen, abwechselnd mit Kränzen aus Akanthusblättern, dargestellt. Den Mittelpunkt bildet ein thronender, von Engeln getragener Christus in einer Mandorla; vor ihm beugt sich eine menschliche Figur, die aus einem der Blätterkränze hervorwächst: Manche wollten darin die Abbildung des Königs sehen, doch scheint es sich eher um die eines Bischofs zu handeln. Der obere Abschnitt des Leuchters wurde von einem anderen Künstler gefertigt und ist etwas jüngeren Datums.

Die Westwand der Kirche präsentiert sich zweigeteilt. Der thronende Christus Panto-

Die reich mit Steinintarsien geschmückte Kanzel der Cappella Palatina, daneben der Osterleuchter

krator beherrscht die obere Hälfte, die untere nimmt der Königsthron ein. So wird auch hier, im ›lateinischen‹ Teil der Kirche, dem König die Funktion eines Vermittlers der göttlichen Weisheit zuerkannt – ganz im Einklang mit der Herrschaftsidee der Normannenkönige (s. S. 84). In welchem Verhältnis der Thron zu der Tribüne an der Nordseite des Querschiffs und später zu der im 15. Jh. errichteten, seitlich im Mittelschiff angebrachten Vizekönigstribüne stand, ist unklar. Beim Anbringen der letzteren gingen einige der Originalmosaiken verloren.

An den Seiten der frontal wiedergegebenen, thronenden Majestät stehen Petrus und Paulus, beide mit dem Gesicht leicht zu Christus, mit dem Blick jedoch zum Innenraum der Kirche, zu den Gläubigen, gewandt. Über den Aposteln, in anbetender Haltung, erscheinen Gabriel und Michael. Der Christus gleicht dem in der Kuppel der Martorana, nur weicht die Stellung der linken Hand leicht ab, und die Kleidung ist prunkvoller. Die drei Wappen links von Petrus gehen auf eine Restauration unter den Aragonesen im 15. Jh. zurück. Unter dem göttlichen Thron steht der irdische in Form einer stilisierten Kirchenfassade.

Die Mosaiken von Kuppel, Presbyterium, Apsiden und Teilen des Querschiffs entstanden noch unter Roger II. Unter Wilhelm I. und seiner Witwe fertigten die Mosaizisten den Hauptteil der Mosaiken in den Schiffen, und Wilhelm II. wandte dann seine Aufmerksamkeit der Westwand zu. Trotz der drei verschiedenen Auftraggeber entstand ein organisches, gewachsenes Ganzes, das einen der schönsten kompletten mittelalterlichen Mosaikzyklen darstellt.

Das Überraschendste in der Kapelle ist jedoch die Decke. Wie ein kostbarer Brokat überzieht der Bildschmuck sie mit dichten figürlichen Darstellungen. Kufische Buchstaben laufen dekorativ um die achteckigen Sterne, milchig weiß in dem – nur äußerst schwach erkennbaren – Gold schimmernd, an die 30 immer aufs neue wiederholte Worte wie ›Glück‹, ›Seligkeit‹, ›Gelingen‹ und ›Ruhm‹. Die Buchstaben gleichen denen der gestickten Aufschrift am Krönungsmantel Rogers (Schatzkammer Wien), in der die »dauernden und ununterbrochenen Freuden des Tages und der Nacht« gerühmt werden, die das Hofleben in Palermo auszeichneten und die auch das Thema der Deckenmalerei darstellen – ein erstaunliches Thema für ein Gotteshaus, das darauf verweist, daß Profanes und Religiöses im Mittelalter noch nicht als getrennte Bereiche empfunden wurden, das zudem die quasireligiöse Stellung des Königs unterstreicht.

Der König reitet mit dem Falken auf der Hand zur Jagd, die Ritter begleiten ihn. Der Falke stürzt sich auf das Wild, Diener sammeln es ein und tragen es fort. Nach der Jagd ruht der Regent, trinkt, lauscht der Musik – das Fest beginnt: Musikanten mit spitzen Hüten, Flöten- und Lautenspieler mit oder ohne Turban, Tänzerinnen mit oder ohne Kastagnetten und Tamburine, von Musikanten begleitet oder allein; Szenen mit Ringkämpfern, darunter, als einziges Beispiel in der muslimischen Kunst, ein unbekleideter Kämpfer. Aus vergitterten Fenstern beobachten Frauen das Treiben. Eine junge, reichgekleidete Dame reitet auf einem Kamel. Junge Mädchen am Brunnen, schattenspendende Pflanzen, nach östlicher Sitte im Schneidersitz Schach spielende Männer, ein nach westlicher Sitte sitzender, essender Mann, Frauen um einen reich gedeckten Tisch und Träger mit Weinkrügen bevölkern die

NORDKÜSTE / PALERMO

Löwe und Musikant, Ausschnitte aus der fatimidischen Deckenmalerei der Cappella Palatina

Decke. Für alle diese aus dem Leben gegriffenen Szenen gibt es ebenfalls keine Parallelen in der islamischen Kunst, auch wohl, da aus der gleichen Zeit kaum etwas erhalten ist.

Die einzelnen Darstellungen sind mit weißen Punkten wie mit Perlenschnüren eingefaßt – eine gebräuchliche Schmuckweise in der fatimidischen Kunst; Ornamente füllen jeden freien Raum aus. Verstreut zwischen den figürlichen Darstellungen finden sich symbolische und mythische Motive aus der orientalischen Welt, darunter sehr alte aus dem mesopotamischen Raum: Kampfszenen aus der Tierwelt, Sirenen mit Fischschwänzen, Harpyien, Löwen, miteinander kämpfend oder spiegelbildlich verdoppelt, ein doppelköpfiger Adler mit der Beute in den Klauen, Adler, die andere Tiere angreifen, Vögel mit einem Blatt im Schnabel, Enten mit flatternden Bändern um den Hals (typisch für die Kunst der Sassaniden), wappenartig wiedergegebene Tiere und unter diesen ein sehr altes Motiv – zwei Löwen mit einem gemeinsamen Kopf.

Von den Buchstaben her zu urteilen, haben vier verschiedene Schulen an der Decke gearbeitet. Kein anderes auch nur annähernd gleichwertiges Werk ist von der Malerei der Fatimiden erhalten geblieben, und die seltenen, bis jetzt gefundenen Bruchstücke erlauben keine Vergleiche. Durch und durch islamisch ist jedenfalls die rein dekorative Natur der Malerei: Hier wird kein zusammenhängendes ikonographisches Programm wiedergegeben, sondern mit spielerischer Fabulierfreude Unterschiedlichstes nebeneinandergesetzt.

Die Decke wird von Tausenden kleinen, ungefähr 2 cm dicken Holzteilchen gebildet, die, treppenartig übereinander aufsteigend, als facettierte Kegel wie Stalaktiten herunterhängen, Muscheln und Höhlungen formen und sich in einem komplizierten Linienspiel der seitlichen Wölbungen in der Mitte zu zwei Reihen von jeweils zehn achteckigen Sternen verbinden.

Untereinander sind die Einzelteile nur an einigen Stellen mittels Bronzedübeln verbunden: Die Decke hält sich durch den Druck des Schalenbaus größtenteils selbst in der Rundung, und nur ihr zentraler Teil erlangt an den Stirnseiten Halt durch zwölf Balken, die ihrerseits auf den umlaufenden Mauern ruhen. Bis in den kleinsten Winkel überzieht eine hauchdünne Gipsschicht das Holz, die den Wasserfarben als Untergrund dient. Die meisterhafte Ausführung der Decke weist auf eine lange Tradition im künstlerischen wie auch im handwerklichen Sinn. An den Decken der Seitenschiffe wiederholen sich die Motive in vereinfachter Weise.

Die Malereien befinden sich in einem beklagenswerten Zustand. Während eines Volksaufstands gegen die aragonesische Oberherrschaft im Jahre 1348 wurde der Palast in Brand gesteckt, so daß Restaurierungen unvermeidlich wurden. Ein zweites Mal erfolgten Ausbesserungsarbeiten im Jahr 1478 im Mittelschiff (Inschrift am Sims), 1482 am rechten und 1499 am linken Seitenschiff. Restauration aber hieß damals: freie Übermalung. Heute läuft dieses einzige Beispiel einer Kunstepoche Gefahr, auf immer verloren zu gehen.

S. Giovanni degli Eremiti

Kurz nach seiner Bestätigung als König von Sizilien durch Papst Innozenz II. gründete Roger II. das erste römisch-katholische Kloster auf der Insel: S. Giovanni degli Eremiti (9). Es entstand innerhalb des inneren Mauerrings von Palermo, neben dem Königspalast. Er stattete es mit reichen Ländereien aus und bestimmte, daß in seinem Garten die ungekrönten Mitglieder der königlichen Familie beerdigt werden sollten, was indes nie geschah. Allerdings übergab er es nicht einem der mächtigsten Orden der Zeit, den Zisterziensern oder den Cluniazensern, sondern wählte aus den Reihen der Benediktiner die asketische Gemeinschaft von Monte Vergine (bei Avellino) aus – deren Interessen nicht auf politischem, sondern auf geistigem Gebiet lagen – und übersiedelte diese in das neue Kloster.

Von dem Klosterkomplex haben sich bis zur heutigen Zeit nur die kleine Kirche und ein ebenso bescheidener, aber reizender und vielfotografierter Kreuzgang erhalten (s. Farbabb. 1). Wahrscheinlich wurden für den Bau der Kirche Spolien einer Moschee verwendet, die ihrerseits auf den Resten eines christlichen Klosters gestanden hatte. Dieses wiederum scheint über einem noch älteren, dem Hermes geweihten heidnischen Heiligtum errichtet worden zu sein. In Anlehnung an arabische Bausymbolik wurden als fundamentale Bausteine Kubus und Kuppel gewählt, die die irdische und überirdische Realität versinnbildlichen (s. Abb. 80).

Das Langschiff der Kirche, die für den lateinischen Kult bestimmt war, teilt ein Rundbogen in zwei quadratische, jeweils von einer Kuppel überwölbte Joche. Auch die beiden kleineren Räume links und rechts des Altarraums, die dem Grundriß eine annähernde

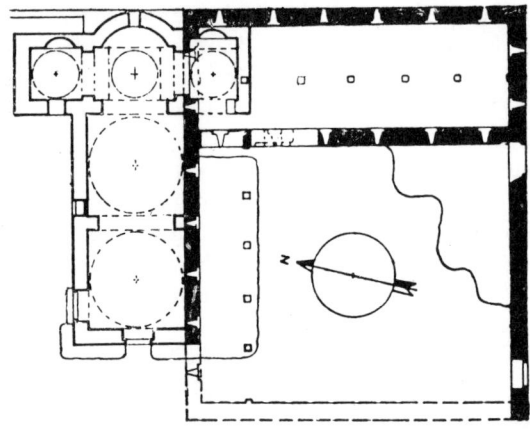

Grundriß von S. Giovanni degli Eremiti; die quadratischen Strukturen im Süden der Basilika geben die Grundmauern der nicht mehr existierenden Moschee wieder

Kreuzform geben, sind, wie der Altarraum selbst, überkuppelt. Über dem nördlichen Querarm erhebt sich der Turm mit seinen tiefeingestellten Bogenfenstern, auch er von einer Kuppel bekrönt. Vom südlichen Querarm führt ein Durchgang in die Sakristei, in der auf Fußbodenhöhe die oberen Partien von Spitzbogenfenstern zu sehen sind, Reste der zuvor auf niedrigerem Niveau bestehenden Moschee. Ursprünglich überspannte ein Kreuzgewölbe die Sakristei, das in der Mitte auf einer Reihe von fünf Pfeilern ruhte. Die Ansätze des Gewölbes sowie vier der Pfeiler sind heute noch zu erkennen, Spuren des einstigen Freskenschmucks lassen deutlich die thronende Muttergottes, flankiert von zwei Heiligen, erkennen.

In der Mitte des Kreuzgangs, von dem aus sich ein zauberhafter Blick auf die Kirche mit ihren hochgestellten, rötlichen Kuppeln ergibt, steht ein arabischer Brunnen. In der islamischen Kultur versinnbildlichte ein Brunnen inmitten eines quadratischen Innenhofs das irdische Paradies – in den Klöstern des übrigen Europa tauchen Brunnen erst im 13. Jh. auf. Die leicht spitzbogigen Arkaden des Kreuzgangs ruhen auf schlanken, marmornen Doppelsäulen (geöffnet wie Museen, im Winter nur vormittags).

Neben S. Giovanni degli Eremiti liegt die barocke Kirche **S. Giorgio in Kemonia,** die dem ehemaligen Kloster von Monte Oliveto angeschlossen ist.

S. Spirito

Inmitten des Friedhofs S. Orsola, der 1782 angelegt wurde, steht die Kirche S. Spirito (10; s. Abb. 81), einst ein außerhalb der Stadtmauern gelegenes Heiligtum, das auch heute von S. Giovanni degli Eremiti einen ca. 2 km langen Fußmarsch in südöstlicher Richtung erfordert (Viale del Vespro, Nähe Poliklinik). Der Erbauer des palermitanischen Doms, Walter of the

94 Monreale, Blick vom Kreuzgang zu einem der Westtürme des Doms ▷

95   Monreale, Bronzetür des Barisanus von Trani am Nordportal

98   Monreale, Mosaiken: obere Reihe – Kain erschlägt Abel und wird von Gott vertrieben, untere Reihe – Flucht Jakobs und Traum von der Himmelsleiter

96 und 97   Monreale, Bronzetür des Bonannus von Pisa: Adam und Eva vor (96) und nach dem Sündenfall (97)

99 Monreale, Kreuzgang

101 Monreale, Kreuzgang, Kapitell mit der Verkündigung

100 Monreale, Brunnenhaus im Kreuzgang

103 Cefalù, Domfassade
102 Blick vom Hafen auf die Altstadt von Cefalù

104 Cefalù, Blick vom Langschiff auf einen der Westtürme
105 Cefalu, Apsis des Doms
106 Cefalù, die sog. arabischen Wäschereien

108 Der Fiume Platani bei Heraklea Minoa
107 Heiße Quellen auf der Insel Vulcano
109 Messina: Blick über den Hafen nach Kalabrien

110 Lipari, Aufgang zum Dom

111 Messina, Orionbrunnen, Campanile und Domfassade
112 Typische Fischerhäuser in Milazzo

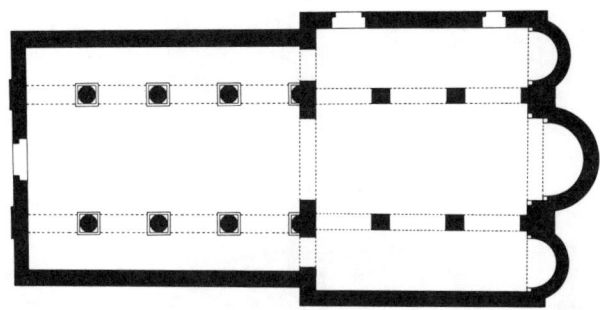

Grundriß von S. Spirito

Mill, ließ S. Spirito für Zisterziensermönche errichten – die erste Gründung dieses Ordens in Sizilien (Weihedatum 1179), und der Legende nach soll beim Ausschachten für die Grundmauern der Schatz gefunden worden sein, der dann den Dombau ermöglichte. Die für das 12. Jh. typischen klaren, geometrischen Massen werden hier durch einen hochangelegten, profilierten Bogenfries belebt, der sich an den Apsiden ineinander verflicht. Seinen Höhepunkt erreicht er in den leicht zugespitzten Fenstern der Apsiden, die dank einer Umrandung aus Polsterquadern stark hervorgehoben werden. Der Innenraum, zisterziensisch streng und einfach gehalten und von Pfeilern und Säulen in drei Schiffe geteilt, besitzt ein erhöhtes Presbyterium. An der Holzdecke kann man noch Spuren des einstigen Dekors erkennen.

Auf dem Platz vor dieser Kirche entlud sich am 31. März 1282 der Volkszorn gegen die Anjous in einem blutigen Handgemenge, das zum Fanal eines allgemeinen Aufstands, der sog. Sizilianischen Vesper, wurde (s. S. 95).

Cuba und Cubula

Inmitten eines ausgedehnten Gartens, ca. 1 km vom Regierungspalast entfernt, ließ Wilhelm II. 1180 einen Palast errichten, die Cuba (11). Mit Süßwasserfischen belebte künstliche und natürliche Wasserläufe sowie seltene Tiere und Pflanzen sollten dort die Atmosphäre eines Paradiesgartens schaffen. Die Cuba lag auf einem Inselchen inmitten eines künstlichen Sees, in dessen Wasser sich das Spiel der hohen Bogen, Blendarkaden und Nischen widerspiegelte.

Am oberen Rand des Gebäudes lief eine – heue nicht mehr vollständige – Inschrift entlang, in der u. a. in kufischen Lettern der König und das Baujahr des Palastes genannt werden. Wie alle Bauwerke des arabisch-normannischen Stils gruppierten sich auch die Bauelemente der Cuba um eine vertikale Achse, hier von einem großen, quadratischen Raum mit einem zentralen, unüberdachten Atrium gebildet, der die ganze Höhe des Gebäudes einnahm.

In einer Vertiefung an der Stirnseite des Atriums befand sich ein sternförmiges Becken, das zu einem Paradiesbrunnen gehörte, der wahrscheinlich aus zwei sich gegenüberliegenden Nischen quoll. Dem Eingang war ein Vestibül vorgelagert. Auf der rechten Seite des

NORDKÜSTE / PALERMO

Der geometrische Baublock der Zisa, einst inmitten eines Parks gelegen

Atriums öffneten sich drei Spitzbogen auf einen großen, auf der linken Seite auf einen kreuzförmigen Saal und zwei kleinere Räume, deren Nischen und Ecken mit Muqarnas geschmückt waren. In deren reichem floralem Dekor mit verflochtenen Bändermotiven läßt sich ein Wandel des Zeitgeschmacks feststellen, der sich in etwas mehr als einem Jahrzehnt vollzogen hatte. Die wenig älteren Muqarnas der Zisa oder des Normannenpalastes sind rein geometrisch und typisch für die fatimidische Kunst, deren letzte Blüte gegen 1170 zu Ende ging; dagegen lassen sich in der Cuba Analogien zur almoravidischen Kunst erkennen (z. B. Moschee von Tlemcen, 1038). Die Überdachungen sind eingestürzt; wahrscheinlich bestanden sie, wie in den anderen Gebäuden, aus Gewölben. Im 14. Jh. muß der Ruf des Schlosses in Europa noch nicht ganz verblaßt gewesen sein, da Boccaccio es im Dekameron zitiert. Im 16. Jh. war die Cuba als Lazarett eingerichtet, in bourbonischer Zeit Teil einer Kaserne. (Da die Cuba auch heute im Bereich einer Kaserne liegt, muß man am Eingang nach einer Besuchserlaubnis fragen.)

Die genaue Bauzeit der Cubula (12), der ›kleinen Cuba‹, ist unbekannt (Via A. Zancla, südlich vom Corso Calatafimi abgehend; s. Abb. S. 87). Dieser als einziger erhaltene der kleinen Pavillons, die einst den Garten der Könige schmückten, besitzt die exakte Form eines Würfels und wird von einer halbkugelförmigen Kuppel überwölbt. An den vier Seiten öffnen sich ausgewogene Spitzbogen, deren elegante Umrandung einen schönen Licht-Schatten-Effekt erzeugt und dem kleinen Gebäude eine ausgesprochene Leichtigkeit verleiht. Das mittlere Band der leicht abgestuften Umrandung besteht aus den typischen Polsterquadern, die in spätnormannischer Zeit oft Eingänge und Fenster zierten (Dom, S. Spirito), jedoch auch schon in der Zeit Rogers bekannt waren (Turm der Admiralskirche). In Kairo findet sich der gleiche Dekor an einem fatimidischen Tor, dem Bab al-Futuh von 1087.

Zisa

Dieser im Okzident einzigartige Palast (von arab. *aziz* = glanzvoll) zählt zu den schönsten Bauwerken, die aus der gesamten fatimidischen Epoche erhalten blieben. In überaus kurzer Zeit von Wilhelm I. errichtet (1165), war der Bau dieser königlichen Sommerresidenz bei seinem Tod 1166 beinahe vollendet; sein Sohn Wilhelm II. ließ die letzten Abschlußarbeiten im folgenden Jahr ausführen. Mitten im königlichen Park gelegen, spiegelte sich die Zisa ehemals in einem davorliegenden Wasserbecken. Sie ist ein hermetischer Kubusbau, nur an den Schmalseiten von je einem schlanken, quadratischen Turm unterbrochen. Drei große, symmetrisch angelegte Eingänge, deren Spitzbogen auf Säulen ruhten, bildeten den einzigen Licht-Schatten-Effekt der Fassade. Ein schmaler Sims markiert das erste Stockwerk und setzte sich ununterbrochen um das Gebäude fort. Der Rhythmus steigerte sich in den eleganten Blendarkaden des oberen Stocks und den kufischen Lettern der Inschrift, die friesartig den oberen horizontalen Abschluß bildete.

Im 16. Jh. wurde bei einem Versuch, den inzwischen heruntergekommenen und in Privatbesitz befindlichen Palast wieder instandzusetzen, die Inschrift zerstört und durch Zinnen ersetzt. Auch im folgenden Jahrhundert unterlag das Gebäude allerhand Veränderungen, wurde schließlich verlassen und 1951 vom Land aufgekauft. 1971 stürzte ein Teil des Nordflügels während der Restaurierung ein. Neue sehr umstrittene Restaurierungsarbeiten im Auftrag der Regionalregierung sind inzwischen so weit fortgeschritten, daß eine partielle Besichtigung des Palastes möglich geworden ist. Allerdings wurde beim letzten Eingriff darauf verzichtet, die mittelalterlichen Formen hervorzuheben, was das Resultat sehr beeinträchtigt.

Der Palast war als Wohnsitz für die heißen Sommermonate gedacht. Also liegt die Frontseite nach Nordosten, um die frischen Winde vom Meer her zu nutzen, die beim Eindringen in das Gebäude die nötige Luftfeuchtigkeit dank des davorliegenden Wasserbeckens mit sich brachten. Auch die Position der Fenster und anderer Öffnungen des Palastes war ganz auf die Funktion der Frischluftzufuhr hin gewählt. Sechs verschiedene Räume erlaubten den Bewohnern, sich je nach Witterung in den einen oder anderen zurückzuziehen. Streng getrennt von den privaten Gemächern lag im Zentrum der große Empfangssaal mit Vestibül.

Rückfront der Zisa

Er hat einen quadratischen Grundriß mit tiefen Nischen an drei Seiten (die vierte bildet der Eingang), deren Wölbungen mit Muqarnas geschmückt waren. In der Nische gegenüber dem Eingang befindet sich der Salsabil, der islamische Paradiesbrunnen. Darüber schrieb Alberti um 1526:

»... gegenüber (liegen) zwei kunstvolle Treppen aus weißem Marmor, mit feinen Mosaikfriesen geschmückt und am oberen Ende mit zwei Pinienzapfen aus Marmor versehen. Zwischen ihnen sprudelt aus einem metallenen Wasserspeicher reichlich Wasser hervor. Das klare Wasser fällt auf kannelürte Marmorsteine, über die es plätschernd dahinrauscht und sich in einem Becken sammelt, von dem aus es in einen Bach weiterfließt. Über dem Wasserspeier sieht man einen herrlichen Adler, in feinstem Mosaik angefertigt, und darüber an jeder Seite zwei märchenhafte Pfauen und in der Mitte zwei Männer mit gespannten Bogen, die auf in einem Baum sitzende Vögel zielen. Dieses gesamte Bild ist von einer plastisch ausgearbeiteten Kuppel überwölbt. Der ganze Fußboden ist mit viereckigen, weißen Marmorplatten ausgelegt, in deren Mitte die Wasser des besagten Brunnens für eine kurze Strecke in einem schneeweißen Kanal fließen, um sich dann in einem schönen, ausgewogenen Becken zu sammeln, das viereinhalb Fuß pro Seite mißt, ebenfalls in feinstem Marmor verkleidet und mit einigen kuriosen Mosaiken versehen. Der Grund ist in sechskantige Erhebungen geteilt, zwischen denen man unter dem durchsichtigen Wasser künstliche Fische verschiedener Arten erkennen kann, die in feinstem Mosaik gearbeitet sind und die je nach der Bewegung der klaren Wasser sich ebenfalls zu bewegen scheinen. Aus diesem Becken ergießen sich die Wasser durch einen Bach wie dem vorherigen in ein zweites Becken, das dem ersten gleicht und von dort aus in wunderbarem Spiel noch in ein drittes. Dieses dritte Becken verlassen die Wasser durch einen weiteren Bach und werden schließlich durch einen unterirdischen Kanal in das breite und tiefe Fischbecken geleitet, das vor diesem Palast liegt. Es ist zauberhaft und köstlich, diese klaren und frischen Wasser zu sehen und zu hören, wie sie rauschend aus dem Speier quellen und mit Vergnügen über die kannelürten Steine sprudeln, sich vereinigen und durch die Bäche von dem einen Becken in das andere ergießen, in denen die reizenden Mosaikbilder erscheinen. In Wahrheit befindet sich dicht bei dem mittleren Becken eine schneeweiße Marmorplatte, drei Fuß pro Seite, die auf vier kunstvoll gearbeiteten Kapitellen ruht und sich nicht allzu hoch über den Fußboden erhebt, auf der mit großem Genuß gegessen werden kann. Mit nicht weniger Genuß kann man sich in dieser märchenhaften Umgebung an dem frischen Wein laben, der in Gefäßen mit dem Fluß des Wassers angeschwemmt wird, und die, je nach Stärke der Strömung, in den Becken tänzelnd untereinander zu kämpfen scheinen.«

Von dem Tisch und den Mosaikfischen sind keine Spuren geblieben. Außerhalb des Gebäudes sind inzwischen die zu dem Palast gehörigen Thermen, Wasserleitungen und die Hofkapelle identifiziert worden (geöffnet wie Museen).

Palazzo Gangi-Valguarnera

Dieser barocke, um die Mitte des 18. Jh. entstandene Stadtpalast (14), einer der schönsten Palermos, liegt im Viertel östlich der Quattro Canti, das von den Hauptverkehrsadern der Via Vittorio Emanuele und der Via Roma begrenzt wird. Neben der im Rokoko gehaltenen Innenausstattung des Palazzo verdient vor allem die Treppenhauskonstruktion Beachtung. Zwei getrennte Treppen führen, jede um einen quadratischen Schacht angeordnet, in zahlreichen Wendungen in den *Piano nobile* (nur von außen zu besichtigen).

La Magione (SS. Trinità)

Diese Tochtergründung von S. Spirito, die 1191 erstmals erwähnt wird, stiftete Matthäus von Ajello den Zisterziensern (15; s. Abb. 82 und 83). Von Heinrich VI. dem Deutschritterorden übergeben, blieb sie bis zur Vertreibung des Ordens durch Innozenz VIII. im Jahre 1432 in dessen Besitz. Während des letzten Krieges erlitt das Gebäude schwere Schäden, so daß ein teilweiser Wiederaufbau unvermeidlich wurde. Die drei schön profilierten Eingänge mit der Umrandung aus Polsterquadern verleihen der Fassade einen stark rhythmisierten Charakter. Die Magione ist, trotz der Blockhaftigkeit der geometrisch gesehenen Baukörper im westlichen Teil und Querhaus, deutlich eine Basilika nordischen Typs: Der normannisch-arabische Stil ist nur noch in Anklängen auszumachen (s. S. 91).

Den Innenraum gliedern Marmorsäulen in drei Schiffe. Die Freibalkendecke und der Fußboden sind erneuert worden, die Gräber am Boden stammen aus der Zeit der deutschen Ordensritter. Links von der Kirche liegt der (nicht mehr vollständig erhaltene) Kreuzgang mit seinen zierlichen Doppelsäulen und Spitzbogen. Die Kapitelle wurden von denselben Werkstätten ausgeführt, die in Monreale tätig waren. An den Innenwänden blieben noch bemerkenswerte Freskenreste erhalten.

Sizilianische Regionalgalerie (Palazzo Abatellis)

An dem Palazzo Abatellis (16), im Stil der katalanischen Spätgotik 1490–1495 errichtet, machen sich bereits die Stilzüge der Renaissance bemerkbar. Die schweren Bombenschäden

Büste der Eleonora von Aragon von Francesco Laurana und Jünglingskopf von Antonello Gagini

des letzten Krieges wurden durch die Restaurierung so weit wie möglich behoben, und seit 1954 beherbergt der ehemalige Wohnpalast die Sammlungen der Sizilianischen Regionalgalerie (Galleria regionale della Sicilia). Der größte Teil der ausgestellten Werke gehört der Malerei und Plastik des 14.–16. Jh. an, es gibt jedoch auch einige seltene Funde aus der normannischen Zeit (z. B. eine geschnitzte arabische Tür – s. Abb. S. 61 –, ein arabisches Marmorbad, Keramiken, Reste bemalter Holzdecken aus dem Normannenpalast).

Die ›Annunziata‹ des Antonello da Messina (von 1473, Saal X), ein kleines Gemälde von ungeheurer Ausdruckskraft, die einzig von dem schlichten Gesicht der Muttergottes und der leicht erhobenen, wie in der Luft schwebenden Hand ausgeht, gilt als Meisterwerk des sizilianischen Künstlers. Antonello werden auch die drei Holztafeln auf Goldgrund in demselben Saal zugeschrieben, die Teil eines Polyptychons waren (s. a. S. 100f. und Abb. ibd.).

Das Zentrum des der flämischen Malschule gewidmeten Saals XIII bildet das berühmte Malvagna-Triptychon des Jan Gossaert (Mabuse), ein Kleinod der Miniaturmalerei. In Saal II, einer ehemaligen Kapelle des 16. Jh., ist an der Wand ein großartiges, aus dem Palazzo Sclàfani stammendes Fresko angebracht (s. a. S. 99f. und Abb. ibd.). Es wurde um die Mitte des 15. Jh. geschaffen und stellt eine der beeindruckendsten Darstellungen des in dieser Zeit so beliebten Themas ›Triumph des Todes‹ dar. Eine Mitarbeit Pisanellos wird angenommen. Unter den Krüppeln und Unglücklichen sieht man ein Portrait des unbekannten Meisters und seines Gehilfen.

Unter den Plastiken befinden sich einige sehr schöne Arbeiten des Antonello Gagini sowie die in ihrer schlichten Eleganz bestechende Büste der Eleonora von Aragon, ein Meisterwerk des Francesco Laurana (von 1471, Saal IV).

Palazzo Chiaramonte (Palazzo Steri)
Dieser Palast (17), ein gutes Beispiel für die befestigten Stadthäuser der Aristokratie, ist ein Machtsymbol der einflußreichsten Adelsfamilie des spätmittelalterlichen Siziliens, der Chiaramonte, deren letzter Sproß 1392 auf dem Platz vor dem Palast enthauptet wurde. Das Äußere des Gebäudes zeigt den typischen Aufbau dieser Art Paläste. Das untere Stockwerk besteht aus starken, geschlossenen Mauern, die oberen dagegen öffnen sich mit weiten Fenstern unter doppelten und dreifachen Bogen. Der Palazzo ist das beste Beispiel des Chiaramontestils (s. S. 98; geöffnet wie Museen).

S. Francesco d'Assisi und Oratorio di S. Lorenzo
Das heutige Heiligtum wurde 1255–1277 auf zwei Vorgängerbauten errichtet (18). Das gotische Portal (1302), von einer freskengeschmückten Blendloggia überstanden, zeigt in seiner Einfassung eine entwickelte Form des zur normannischen Zeit geprägten Typus (Cefalù, Monreale). Die Rosette wurde nach dem Vorbild von S. Agostino rekonstruiert.

Der Innenraum wird durch spätromanische Rundpfeiler und hohe Spitzbogen in drei Schiffe geteilt. Während des Krieges wurde das Gebäude schwer beschädigt, und die darauffolgenden Restaurationsarbeiten haben so weit wie möglich die ursprünglichen Formen des

13. Jh. wiederhergestellt. Am Innendekor – u. a. Stuck- und Intarsienarbeiten (diese besonders reich in der Apsis der Marienkapelle; s. Abb. 84) sowie plastische Werke – wirkten die besten sizilianischen Künstler vom 15. Jh. an mit.

Das Oratorium direkt neben S. Francesco, ein einfacher Rechteckbau mit quadratischem Chor, besticht durch die von Giacomo Serpotta ausgeführten Stuckdekorationen (ab 1699). Das Bildprogramm konzentriert sich thematisch auf die beiden Kirchenpatrone, den hl. Laurentius und den hl. Franziskus. Serpotta wechselte hier die lebensgroßen Figuren, Allegorien der Tugenden, mit kleinformatigen, figurenreichen Tafeln ab, eine auf Antonello Gagini zurückgehende Gestaltungsform, von diesem erstmalig in der Chorpartie des palermitanischen Doms angewandt. Das Altarbild, eine Anbetung der Hirten, ist das letzte Werk Caravaggios (von 1609). Lichtführung und die Gestik der Dargestellten – die beiden stehenden Figuren auf der rechten Seite sind die beiden Kirchenpatrone – weisen eindeutig Maria und das Kind als Zentrum des Heilsgeschehens und der dramatischen Bildkomposition aus.

In der Nähe wurde der **Palazzo Mirto** für den Publikumsverkehr geöffnet, ein glänzendes Beispiel eines adligen Stadtpalais vom Beginn unseres Jahrhunderts mit Gebrauchsgegenständen des 17.–18. Jh. (Via Merlo 2, geöffnet wie Museen).

S. Domenico und Oratorio del Rosario

Tommaso Napoli, selbst ein Dominikaner, gestaltete 1726 den Entwurf für die Doppelturmfassade dieser Ordenskirche (19), die die Piazza S. Domenico mit der ebenfalls von Napoli entworfenen Mariensäule dominiert. Im Innern der Kirche, einer dreischiffigen Säulenbasilika des 17. Jh., haben die Grabdenkmäler und Epitaphe berühmter Sizilianer Platz gefunden.

Die von Tommaso Napoli gestaltete barocke Zweiturmfassade von S. Domenico

Das Oratorium der Rosenkranzbruderschaft (20), selbst ein schlichter einschiffiger Saal aus dem 16. Jh., wurde wiederum von Giacomo Serpotta mit reichem Stuckschmuck ausgestattet (1710–1717). Seine Statuen und die ovalen Reliefs an den oberen Wandpartien geben thematisch, wie auch die Gemälde, die sich im übrigen vor den Stuckarbeiten bereits an Ort und Stelle befanden, die Mysterien des Rosenkranzes wieder. Das Altarbild, ein Hauptwerk des flämischen Malers Anton van Dyck, zeigt den hl. Dominikus, der, umgeben von den Schutzpatroninnen Palermos, aus Marias Hand den Rosenkranz empfängt (1624).

S. Zita und Oratorio del Rosario

In der ehemaligen Dominikanerkirche (21), die Ende des 16. Jh. neu erbaut und im Krieg schwer beschädigt wurde, verdient vor allem das Altarretabel von Antonello Gagini (1504–1517) Interesse. Berühmter ist jedoch das links der Hauptkirche gelegene Oratorium, ebenfalls den Mysterien des Rosenkranzes gewidmet. Das reiche Stuckinterieur, eines der Hauptwerke Giacomo Serpottas, entstand über eine Zeitspanne von mehreren Jahrzehnten am Ende des 17./Anfang des 18. Jh. Man beachte vor allem den gerafften Stuckvorhang am Eingang, in dessen Mitte sich ein Relief mit der Darstellung der Seeschlacht von Lepanto befindet (1571). Der Legende zufolge verdankte sich der Sieg über die Türken einer Fürbitte der Madonna, die daher auch über den Wolken thronend wiedergegeben ist (s. a. S. 104).

S. Giorgio dei Genovesi

An der Piazza S. Giorgio erhebt sich die 1591 vollendete Renaissancekirche S. Giorgio dei Genovesi, deren Namenszusatz auf ihre Erbauer hinweist, jene genuesischen Kaufleute, die hier eine profitable Handelsniederlassung unterhielten (22). In der dreischiffigen Basilika ist vor allem die Form der Pfeiler beachtenswert – auf allen vier Seiten werden diese von je einem Säulenpaar gestützt, das einen gemeinsamen Sockel und Architravblock besitzt –, wie sie ähnlich im Dom von Palermo zu finden ist (s. S. 341). Auch die übereinandergestellten Säulenpaare an den Kanten der Vierung scheinen noch auf die genuin sizilianische Tradition des normannisch-arabischen Stils zu deuten.

Nationalmuseum

Die Sammlungen des ›Museo nazionale Archeologico‹ zählen zu den umfangreichsten Italiens (23). Sie werden in dem ehemaligen Kloster S. Philippo Neri aufbewahrt, dessen Gebäude wie die einst dazugehörige, nebenanliegende Kirche S. Ignazio all'Olivella vom Ende des 16. Jh. stammen.

Erdgeschoß
Einleitend stehen hier seitlich einige antike Anker, die zu einer interessanten Sammlung führen, welche die Entwicklungsgeschichte von den primitiven Stein- über die römischen Blei- bis zu den mittelalterlichen Eisenankern dokumentiert. Auf den kleinen Kreuzgang (16. Jh.) öffnen sich zwei Räume mit Funden ägyptischer und phönizisch-punischer Herkunft. Ein wichtiges Stück ist der sog. Stein von Palermo, eine Dioritplatte, auf der beidseitig in fein gravierten Hieroglyphen u. a. die Annalen der ersten fünf Dynastien des ägyptischen Alten Reiches (ca. 3238–2900 v. Chr.) lückenlos aufgeführt sind.

Die meisten Fundstücke betreffen die eigenartige phönizisch-karthagische Produktion Westsiziliens, die orientalische Motive verwendet, in der Technik jedoch dem griechischen Einfluß verpflichtet ist. Sie wird deswegen ›orientalisierende Kunst‹ genannt. Der schön modellierte männliche Torso, in dem flachen Meer vor Mozia gefunden, zeigt an dem plissierten Lendenschurz eine ähnliche Ausführung wie das Gewand der thronenden Göttin im zweiten Raum, mit der die Statue auch zeitlich ungefähr übereinstimmt (Ende 6./Anfang 5. Jh. v. Chr.). Die punische Inschrift auf der Stele mit der Opferszene, den drei konischen Säulen und den Symbolen der Tanit besagt, daß ein gewisser Annone diese Votivgabe dem Baal-Hammon weihte (Fundort: Marsala). Aus Halaesa stammt der den Stier angreifende Löwe (6. Jh. v. Chr.), eines der beliebtesten Motive der phönizischen Welt.

Ähnliche Sarkophage wie die zwei im rechten Raum ausgestellten sind aus Sidon und Karthago bekannt, für Sizilien jedoch einzig in ihrer Art. An ihnen wird der griechische Einfluß sehr deutlich, doch siegt er nicht über den ureigenen Charakter der phönizischen Darstellungen (Mitte 5. Jh.

Kopfteil eines phönizischen Sarkophags aus der Mitte des 5. Jh. v. Chr.

v. Chr.). Die thronende Göttin (Astarte?) aus dem 6. Jh. v. Chr. besitzt eine besonders große Bedeutung für die Erforschung der relativ unbekannten phönizischen Religion.

Entlang der Mauern des zweiten, größeren Kreuzgangs sind Skulpturen, Inschriften, Sarkophage und Bauelemente aus der römischen Epoche aufgestellt. Darunter befindet sich eine große, thronende Gottheit aus Soloeis (4. Jh. v. Chr.), die vermutlich gemäß dem hellenistischen Zeitgeschmack den phönizischen Gott Baal-Hammon in zeusähnlicher Darstellungsweise wiedergibt. Die Armstellung verdankt sich der ›Korrektur‹ des Restaurators Valerio Villareale aus dem 19. Jh.

In einem kleinen Durchgangssaal stehen einige der eigenartigen, zweiköpfigen Votivsäulchen aus dem Heiligtum des Zeus Meilichios von Selinunt (6.–3. Jh. v. Chr.). Zu ihnen existieren keine Gegenstücke aus der Antike, wahrscheinlich gehen sie auf einen vorgeschichtlichen oder phönizischen Brauch zurück, der dann von den griechischen Einwohnern Selinunts übernommen wurde. Im angrenzenden Inschriftensaal befindet sich u. a. auch die Steintafel aus dem Tempel G von Selinunt, auf der die meistverehrten Götter der Stadt genannt werden.

Die Frontwand des einige Stufen tiefer gelegenen Saals 8 nimmt eine Rekonstruktion des tönernen Tympanonschmucks des ältesten Tempels der Akropolis von Selinunt ein (Tempel C, 570/560 v. Chr.). Spuren der antiken Farbgebung, z. B. am Gorgoneion, sind noch deutlich zu erkennen. An Triglyphenplatten zweier verschiedener Tempel läßt sich die stilistische Entwicklung dieses scheinbar einfachen Bauelements erkennen. Die unterschiedlichen Kapitelltypen in der Mitte des Raums zeugen noch von der Vielfalt architektonischer Formen in Selinunt. Die Vitrinen enthalten Fragmente selinuntinischer Skulpturen. Dicht bei der Treppe sind Teile des hellenistischen Tempels B (4. Jh. v. Chr.) zu sehen, deren Entdeckung den Forschungsstreit über die Farbigkeit der Tempel auslöste.

An der Wand unter dem Türbogen zum folgenden Saal, in dem die Löwenkopf-Wasserspeier von Nord- und Südsima des Tempels von Himera (480 v. Chr.) ausgestellt sind, hängt ein kleines Bild eines dieser Wasserspeier, kurz nachdem er gefunden wurde: Deutlich sind die keineswegs naturgebundenen Farben zu erkennen, die beinahe völlig verschwanden, sobald sie mit dem Tageslicht in Berührung kamen. Auf den ersten Blick wirken die Löwenköpfe formalisiert und identisch, doch bei genauerer Betrachtung erkennt man, wie exakt hier die Physiognomie dieser Raubkatzen getroffen ist (s. Abb. S. 401).

Der nächste Saal enthält einige der wichtigsten archäologischen Funde aus der Antike, die zu den ältesten wiederentdeckten ihrer Art gehören: die Metopen von Selinunt. Beim Eingang stehen einige Fragmente von Metopen und anderem plastischen Dekor; die Gesichter zeigen jenen distanzierten Ausdruck, der alle Götter der selinuntischen Metopen auszeichnet. Die bärtige Telamonenfigur gehörte zu einem der Türpfosten des Adytons im riesigen Tempel G.

Bei den kleinen, noch flächig, aber akkurat gearbeiteten archaischen Metopen (rechts, 6. Jh. v. Chr.) scheint eine Gruppe vom gleichen Gebäude zu stammen, da Einfassung und Maße identisch sind: die delphische Trias, eine geflügelte Sphinx und die Entführung der Europa (die bis jetzt älteste gefundene Darstellung dieses Themas; s. Abb. 87). Als diese Metopen im vorigen Jahrhundert entdeckt wurden, ließen sich noch Farbspuren erkennen: So war z. B. der Hintergrund der Europa rot, ebenfalls das Innere der Ohren des Stiers.

Ein Vergleich zwischen der kleinen Metope mit dem Viergespann des Sonnengottes (?; s. Abb. 92), auf der die Pferde noch in heraldischer Art wiedergegeben sind, und der wenige Jahre später entstandenen Metope des Tempels C (an der gegenüberliegenden Wand links; s. Abb. S. 311) zeigt die schnelle Entwicklung hin zu realistischer, plastischer Darstellung, die sich ab dem 6. Jh. v. Chr. in der antiken Kunst vollzog. Eine weitere Metope des Tempels C zeigt Perseus in dem Moment, als er der Medusa das Haupt abschlägt: Das Ungeheuer hält dabei symbolisch das Pegasuspferd im Arm, das aus seinem Blut entsprang; Athena steht unberührt von dem Geschehen links im Bild. Während die oberen Körperteile noch ganz abstrahiert wiedergegeben sind, macht sich an der Darstellung der Beine ein aufkommender Realismus bemerkbar.

Das Relief des Herakles mit den Kerkopen erinnert in seiner Symmetrie noch stark an die heraldischen Darstellungen, doch wird auch diese Komposition wie die vorherige von einer Diagonallinie bestimmt, und auch hier wird dieser Eindruck durch den neuen Realismus der unteren Gliedmaßen deutlich abgeschwächt. Die Kerkopen waren zwergenhafte Zwillinge, die zu ihrem Vergnügen mit Reisenden allerhand unangenehme Scherze trieben. Dem Herakles stahlen sie seine Kleidung, während er in einem Fluß badete, doch gelang es dem nackten, zornigen Helden, die beiden einzufangen. Er band sie wie eine Jagdbeute mit dem Kopf nach unten an eine Stange und begab sich, gewillt, sie dem Apollon zu opfern, auf den Weg zum entfernten Heiligtum. Trotz Todesgefahr und unbequemer Stellung jedoch verloren die Brüder keineswegs ihre Spottlust und vertrieben sich die Zeit mit spitzfindigen Witzen über den Helden. Nach drei Tagen mußte dann selbst dieser lachen – und ließ die Kobolde frei.

Diese Dreiergruppe von Metopen gehörte zum gleichen Tempel wie die Giebelfront mit dem Terrakottagorgoneion. An einigen Stellen der Metopen sind noch Farben und feine geometrische Verzierungen zu erkennen. Unter den Fragmenten nahe dem Eingang befindet sich der Kopf eines Kriegers, der zu einer weiteren Metope desselben Heiligtums gehörte.

Auf den unteren Hälften zweier Metopen des etwas späteren Tempels F (Ostflügel, Anfang 5. Jh. v. Chr.) sind Dionysos und Athena (?) im Kampf gegen die Giganten zu erkennen. Die linke Hand des besiegten Giganten berührt kraftlos die Erde – eine Geste, die sich später in der klassischen Kunst des öfteren findet. Die Handstellung hat nichts mehr mit der archaischen gemein, die Hände entweder als Faust oder flach geöffnet wiedergab. Große Ausdruckskraft besitzt auch die Figur des sterbenden Giganten der zweiten Metope: Alles deutet an ihr auf den Tod. Bei beiden Metopen tritt die Diagonallinie in der Komposition auffällig hervor.

Zwischen den Metopen des Tempels E an der nächsten Wand und den kleinen Metopen am Beginn der Ausstellung liegt eine Zeitspanne von ca. 100 Jahren. Im 5. Jh. v. Chr. wird nun keine der Figuren mehr in Vorderansicht wiedergegeben. Die Bilder laufen vor den Augen des Betrachters wie ein ›Film‹ ab, ohne direkten Kontakt mit ihm aufzunehmen. Ab ca. 480 v. Chr. verzichtete man auf die Gewänder, die männlichen Figuren wurden nun meist unbekleidet dargestellt – die Ausdruckskraft der Muskeln ersetzte die Kleidung.

Bei den Metopen des Tempels E stehen sich jedesmal das Weibliche und das Männliche antagonistisch gegenüber. Um die weiblichen Figuren von den männlichen abzuheben, sind ihre Körperteile in Marmor ausgeführt (durch Einreiben von in ätherischen Ölen gelösten Farben erhielten sie eine durchsichtig schimmernde, lebensnahe Fleischfarbe), die männlichen dagegen dunkler getönt.

In der linken Metope ist wieder Herakles zu sehen, diesmal im Kampf mit einer Amazone (Hippolyte ?; s. Abb. 85). Er holt mit der rechten Hand zum tödlichen Schlag aus; mit der freien Linken faßt er die Amazone am Schopf, sein Fuß krampft sich in den ihren, um jede Fluchtbewegung zu vereiteln. In einer schwachen Abwehrgeste hebt die Amazone den rechten Arm mit der Waffe, der Schildarm hängt kraftlos herunter, die Körperhaltung zeugt von Ergebenheit in den nahenden Tod.

Die nächste Metope zeigt einen Gott, der seine Braut entschleiert (Zeus und Hera; s. Abb. 86). Er ist sitzend dargestellt und schaut mit Wohlgefallen auf das enthüllte Gesicht. Sie steht ihm stolz gegenüber, sich ihrer Schönheit und der Macht, die sie über den Gott ausübt, voll bewußt. Die folgende Metope illustriert die Geschichte des Aktaion, der, nachdem er Artemis beim Bade zugeschaut hatte, aus Rache von dieser in einen Hirsch verwandelt und so von seinen eigenen Hunden zerfleischt wurde (s. Abb. 89). Die Verwandlung ist nur mittels des Hirschkopfes hinter dem des Jägers und des

379

Kopf des Bronzeepheben von Selinunt, 470 v. Chr.

Metopen, und auch zeitlich stimmen diese Werke überein.

Im folgenden Saal beginnt die etruskische Sammlung, eine der größten außerhalb der Toskana. Die Funde stammen fast alle aus Chiusi. Die Grabstelen aus der Zeit von 530–480 v. Chr. sind mit Reliefs von Bankettszenen, Spielen und Totenfeiertänzen versehen. Der zweite Saal enthält Werke aus der archaischen, klassischen und hellenistischen Epoche. Im dritten Saal stehen feingearbeitete Aschenurnen und Sarkophage. Bei den Figuren, die auf den Deckeln der Sarkophage ruhen, handelt es sich nicht um Portraits, sondern um massenhaft produzierte Fertigware. Die Verstorbenen sind immer in

Die berühmte Oinochoe aus dem 6. Jh. v. Chr. mit der Darstellung von Todesgeistern und -göttern

Fells auf seinen Schultern angedeutet. Die vierte Metope ist weniger gut erhalten: Dem Giganten Enkelados knicken die Beine unter dem Leib ein, und Athena holt zum Gnadenstoß aus (s. Abb. 90). Eine fünfte Metope ist derart verwittert, daß nur noch die diagonale Stellung der Figuren deutlich wird.

In der Mitte des Raums steht der Ephebe von Selinunt (470 v. Chr.), eine der wenigen erhaltenen Großbronzen aus der Zeit der Klassik. Da in der Legierung des Metalls zwischen Ober- und Unterkörper ein Unterschied besteht, wird angenommen, daß die Figur aus zwei beschädigten zusammengesetzt wurde. Der rechte Arm brach bei der Herstellung und mußte neu befestigt werden. An den Augen lassen sich noch weiße Inkrustationen ausmachen. Die Haartracht ist die gleiche wie die der Helden auf den

Bankettstellung abgebildet, in dem Augenblick, wenn sie den Göttern opfern, indem sie den ersten Schluck des Getränks auf den Boden gießen.

Die Vitrinen enthalten eine Sammlung der typisch etruskischen Buccerokeramik, die sich aus dem Versuch entwickelte, in billigem Material teure Metallgefäße zu imitieren. Die berühmte große, alleinstehende Oinochoe, ein Kultgefäß aus der Mitte des 6. Jh. v. Chr., wird nach ihrem Dekor Anubis- oder Medusenvase genannt. Bei den farbigen Aschenurnen der Vitrinen aus dem hellenistischen 2. und 1. Jh. v. Chr., auch sie vorgefertigte Typenware, sind Kleidung und Schmuck der liegenden Figuren in naturalistischer Weise wiedergegeben.

Erster Stock
Im nördlichen und westlichen Korridor hat man die Funde nach den archäologischen Fundstätten Westsiziliens gegliedert, in denen Ortschaften griechischen und punischen Ursprungs lagen. Der griechische Einfluß macht sich an den Gegenständen der letzteren stark bemerkbar, um in hellenistischer Zeit dann endgültig alle früheren Unterschiede aufzuheben. Einzig in ihrer Art sind die punischen Grabstelen in Form eines Megarons. Der Blick in den Innenraum zeigt eine (gemalte) Bankettszene des Verstorbenen. Außen sind die Modellgebäude mit abstrakten Symbolen der Tanit versehen. Einige Bleibarren aus römischer Zeit veranschaulichen, wie dieses Metall transportiert und gehandelt wurde. An einem Stück einer römischen Wasserleitung mit Verteilungsrohren kann man feststellen, daß sich auf diesem Gebiet der Technik bis heute nicht viel geändert hat. Am Ende des Nordkorridors steht eine kuriose Sitzbadewanne in Form eines Schiffbugs (Fundort: Agrigent).

Die einzigartige Sammlung von Koroplastik besteht aus Material des selinuntinischen Tempelbereichs, vor allem des Heiligtums der Malophoros. Die Figürchen, in chronologischer Reihenfolge aufgestellt, geben eine ausgezeichnete Übersicht über die Entwicklung und künstlerische Aussage der Werke in einer Zeitspanne von mehreren Jahrhunderten. Die meisten stellen eine weibliche Göttin dar. Bei den ersten Beispielen aus dem 7. Jh. v. Chr. besteht der Körper beinahe nur aus einer geometrischen Form; der Kopf ist sorgfältig gearbeitet, Arme und Beine sind jedoch oft nicht einmal angedeutet. Die großen, kreisrunden Spangen an den Schultern haben symbolische Bedeutung für den Todeskult. Im Verlauf der Zeit werden der Faltenwurf und die Gliedmaßen wiedergegeben, erst nur ganz leicht angedeutet und schließlich realistisch modelliert.

Es gibt nur wenige männliche Figuren. In der ersten Vitrine links ist ein seltenes Männerköpfchen mit gut erhaltener ursprünglicher Bemalung zu sehen; die Haartracht zeigt die komplizierte Zopfmode der Archaik. Interessant sind auch die weiblichen Köpfchen mit ihren unterschiedlichen Haarfrisuren und Hutmoden von der klassischen bis hin zur hellenistischen Epoche. In klassischer Zeit werden die Frauen in langen Gewändern wiedergegeben, die sie mit einer graziösen Bewegung leicht anheben – eine in der Literatur der Zeit oft erwähnte, hochformalisierte Geste, die nur die gebildeten und adligen Frauen beherrschten. Die Sammlung schließt mit den hellenistischen Frauenfigürchen im Tanagrastil, die, eingehüllt in Umhänge, mit ihren Löckchenfrisu-

»Das Tier hebt den Kopf, als sei sein Interesse soeben geweckt worden...«

ren oder Hüten, langen Hälsen und grazilen Bewegungen das nahezu barock wirkende hellenistische Schönheitsideal verkörpern.

In einem erhöht liegenden Saal wird die Bronzensammlung aufbewahrt. Der große Bronzewidder aus Syrakus (4. Jh. v. Chr.) wird der Schule des Lysipp zugeschrieben. Das liegende Tier hebt den Kopf, als sei sein Interesse soeben geweckt worden, und das angezogene Vorderbein scheint auf eine schon beschlossene, aber noch nicht ausgeführte Bewegung zu deuten. Der Augenblick ist vibrierend-lebendig festgehalten. In der Metallbehandlung bringt der Künstler die Konsistenz der jeweils wiederzugebenden Materie vortrefflich zum Ausdruck, ohne in eine naturalistische Imitation zu verfallen: Das Fell ist impressionistisch skizziert, wollig und locker am Körper, glatt und seidig in der Gesichtspartie und am Maul so glänzend, daß dessen Feuchtigkeit beinahe spürbar wird (die einstige silberne Zunge fehlt). Beachtung verdienen auch die Kleinbronzen in der linken Vitrine, einige unter ihnen wohl Wiedergaben berühmter Werke, wie der trunkene Silen, in dessen Körperhaltung und Gesicht die ganze Konzentration eines Trunkenen liegt, der seine Nüchternheit beweisen will. In der Vitrine gegenüber befinden sich etruskische Gegenstände, darunter einige sehr kunstvoll verzierte Metallspiegel. Im Zentrum des nächsten Raums steht eine kalt wirkende römische Marmorkopie des berühmten ›ausschenkenden Satyrs‹ des Praxiteles.

Der folgende Saal ist der römischen Epoche gewidmet. Zwei Bildwerke hier deuten auf die sog. Erlösungskulte hin, die sich ab dem 1. Jh. v. Chr. im Römischen Reich ausbreiteten, als das Verlangen nach ewigem Leben oder Unsterblichkeit der Seele immer stärker wurde: eine Statue der Isis und ein Relief des Mithras.

Zweiter Stock

Der zweite Stock enthält eine reichhaltige Sammlung von prähistorischen Funden, unter ihnen die Kopien von Höhlenmalereien aus der Addàurahöhle, deren Originale in einer der Grotten des Monte Pellegrino nur unter Mühen zu besichtigen sind (ca. 15000 v. Chr.). Unter den vorgeschichtlichen Keramiken sind die Funde aus den Kulturen Westsiziliens am häufigsten vertreten (Serraferlicchio, Malpasso, Conca d'Oro etc.). Die ebenfalls sehr umfangreiche Sammlung griechischer Vasen enthält einige berühmte Exemplare bekannter griechischer Künstler und Herstellungsorte, sowohl aus dem Mutterland als auch sizilisch-italischer Produktion. In einem letzten Saal werden drei Bodenmosaiken aus Gebäuden des antiken Panormus sowie Reste der Wanddekoration eines der Häuser von Soloeis aufbewahrt.

S. Agostino
Die Kirche des hl. Augustinus (24) liegt in einem Viertel der Altstadt, dessen Straßensystem noch auf der mittelalterlichen Anlage beruht. Ihre Fassade, in den ersten Jahren des 15. Jh. errichtet, dominiert das strenge gotische Portal mit Tympanon und einer schönen Rosette. Das einschiffige Innere wurde 1671 völlig erneuert. In dem lichten Kreuzgang, dessen jetziges Aussehen auf das 16. Jh. zurückgeht, blieben zwei Doppelbogen mit Doppelsäulen zuseiten eines Portals und einige Säulenkapitelle aus der Erbauungszeit erhalten.

Teatro Massimo
Im Rahmen der urbanistischen Erweiterung wurden Ende des 19. Jh. das Westtor der Stadt und die anschließenden Gebäude niedergerissen und an ihrer Stelle das neue Opernhaus gebaut: das Teatro Massimo (25). Giovanni Battista Filippo Basile entwarf es im historistischen Stil und begann 1875 mit dem Bau, den allerdings erst sein Sohn Ernesto Basile 1897 fertigstellte. Mit seinen 7730 qm ist das Teatro Massimo eines der größten Opernhäuser Europas. Der Saal bot 3200 Zuschauern Platz. Wiener Staatsoper, Mailänder Scala und das Teatro Massimo waren einst die unangefochtenen Spitzenhäuser der internationalen Opernszene. Seit beinahe 20 Jahren geschlossen, wurde 1987 mit der Restaurierung des Gebäudes begonnen, deren Ende jedoch noch nicht abzusehen ist, da die Arbeiten wieder unterbrochen sind (s. Abb. S. 115).

Teatro Politeama
Das Gebäude wurde zwischen 1867 und 1874 von Giuseppe Damiani Almeyda errichtet, der sich durch pompejanische Bauten inspirieren ließ. Hier ist seit 1910 die Städtische Galerie für moderne Kunst (Galleria Civica d'Arte moderna Empedocle Restivo; 26) untergebracht – eine Verlegung ist vorgesehen. Sie enthält Werke vom 18. Jh. bis zu unserer Zeit, stellt in gewisser Weise also die Fortsetzung der Sizilianischen Regionalgalerie dar. Seitdem das Teatro Massimo geschlossen ist, übernahm das Politeama die Rolle als Opernhaus der Stadt. Ein hiesiger Opernbesuch sollte bei einem Sizilienaufenthalt nicht fehlen. Die Vorstellungen finden meist nachmittags statt, Karten sind am Foyer fast immer erhältlich.

Fondazione Mormino
Diese Stiftung der Sizilianischen Landesbank befindet sich in der Villa Zito aus dem 19. Jh. (27). Sie umfaßt eine reiche Auswahl unteritalischer Vasen aus westgriechischer Produktion (hauptsächlich aus dem 4. Jh. v. Chr.), eine numismatische Sammlung von der aragonesischen bis einschließlich der bourbonischen Regierungszeit, verschiedene Majoliken, eine philatelistische Kollektion mit seltenen Exemplaren sowie eine ausgedehnte Sammlung von Kunstdrucken sizilianischer Landschaften und eine Bibliothek von über 50000 Bänden.

Monreale

Mit der gegen den Willen der Regentin Margarethe von Navarra an Walter of the Mill erteilten Erzbischofswürde und dessen Einsetzung als Oberhaupt der Diözese Palermo (1169) war der unmündige Wilhelm II. in der Hauptstadt seines Reiches eines Großteils seiner Macht beraubt worden. Sobald er selbst die Regierung übernommen hatte, versuchte Wilhelm, mit der Gründung einer neuen Diözese sozusagen im Rücken Palermos, einen politischen Ausgleich zu schaffen. Auf der Höhe des Monte Caputo, des ›königlichen Berges‹, zu dessen Füßen sich Palermo ausbreitet, ließ er in einem einzigen festungsartigen Block den neuen Erzbischofspalast, den Königspalast, den Dom und ein Kloster errichten. Letzteres übergab er dem mächtigsten Zweig des Benediktinerordens, den Cluniazensern, und sicherte sich so dessen Unterstützung zu.

Von dem imposanten Baukomplex sind nach 800 Jahren nur der Dom und der prachtvolle Kreuzgang beinahe vollständig erhalten geblieben. Ansonsten stehen von dem Kloster, das 1886 endgültig aufgegeben wurde, lediglich einige Außenwände. Einzelne Bauelemente des Königspalastes finden sich noch in den umliegenden Gebäuden wieder; das Palais des Erzbischofs ist im Laufe der Geschichte bis zur Unkenntlichkeit umgebaut worden. Der Ort vor den Toren Palermos ist heute eine eigene Gemeinde mit 26 000 Einwohnern.

Dom

Der Dom von Monreale vertritt in einer Zeit, in der der arabische Einfluß bereits nachließ (s. S. 91 f.), als Vermächtnis und letzte Synthese noch einmal jenen für Sizilien so bestimmenden arabisch-normannischen Stil. Hiervon zeugen die klaren, geometrischen Formen und Raumvolumina sowie die flachen, glatten Wände, die keine Licht-Schatten-Wirkung suchen. Der mittelalterlichen Fassade des Doms, die eingeschlossen zwischen zwei Wehrtürmen liegt (von denen der linke, s. Abb. 94, nie ganz vollendet und die Kuppel des rechten im 16. Jh. vom Blitz getroffen wurde), ist ein klassizistischer Portikus des Ignazio Marabitti aus dem 18. Jh. vorgelagert, der es nahezu unmöglich macht, einen Eindruck von der ursprünglichen Fassade zu gewinnen. Die einheitliche Wirkung des Dekors – von ihm sind noch die oberen Partien, sich schneidende Blendarkaden mit Einlegearbeiten, und ein Stück des mittleren Spitzbogenfensters zu sehen – geht so verloren. Von seinem unteren Teil besteht noch das Portal mit dem reich gearbeiteten Gewände.

Die Bronzetüren wurden von Bonannus von Pisa 1186 angefertigt, der versuchte, jeder der 42 Kassetten mit Themen aus Altem und Neuem Testament eine eigene figurale Komposition und Plastizität zu geben (s. Abb. 96 und 97). Er löste sich damit von der bis dahin bestimmenden byzantinischen Tradition, die mehr aus erhöhter Zeichnung denn aus wirklichem Relief bestand. Der Beiname ›von Pisa‹ geht auf Werke des Künstlers in dieser Stadt zurück, wo er ebenfalls das Portal des Doms schuf. Die Bronzeportale glänzten einst wie Gold, und der kostbare Eindruck wurde noch durch einzelne silberne Elemente gesteigert – oft legten die ausführenden Künstler selbst schriftlich fest, wie oft und unter Anwendung welcher Mittel die Werke gereinigt werden mußten.

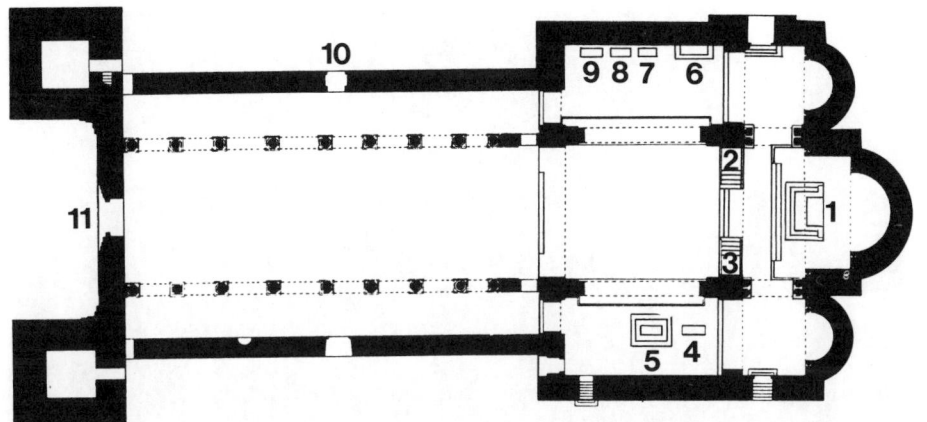

Monreale, Dom: 1 Hochaltar 2 ehemaliger Königssitz 3 ehemaliger Bischofssitz 4 Sarkophag Wilhelms I. 5 Sarkophag Wilhelms II. 6 Sarkophag Ludwigs IX., des Heiligen, König von Frankreich 7 Sarkophag Margarethes von Navarra, der Gattin Wilhelms I. 8 und 9 Sarkophage Rogers und Heinrichs, der jung verstorbenen Söhne Margarethes 10 Bronzetür des Barisanus von Trani 11 Bronzetür des Bonannus von Pisa

Das Spitzbogenportal ist ganz im arabisch-normannischen Stil gehalten, durchlaufend ohne den waagerechten Türsturz romanischer Kirchen, das Gewände auch nicht abgeschrägt, sondern nur ganz leicht abgestuft, um die Farbwirkung der spitzbogigen Zierbänder zu steigern, die abwechselnd in Relief und Mosaik ausgeführt sind. Kein mystisches Halbdunkel, keine beunruhigende Licht-Schatten-Wirkung beeinträchtigt die feingliedrige Kostbarkeit des Portals.

An der Nordseite erhielt der Dom im 16. Jh. ebenfalls einen Portikus, der sich dem Gebäude weit besser anpaßt als der spätere an der Vorderfront. Das Seitenportal hat eine rechteckige Einfassung in Kosmatenarbeit, die Torflügel, ebenfalls aus Bronze, wurden von Barisanus von Trani 1179 geschaffen. Die Formen wurden in einem Stück gegossen, was zu dieser Zeit eine technische Neuerung darstellte. Die meist einzelnen Figuren stehen in breiten, zierlich ausgeschmückten Rahmen, noch ganz der althergebrachten byzantinischen Art verpflichtet (s. Abb. 95).

Die Apsiden der Kirche zeigen den ursprünglichen Dekor in seiner ganzen Pracht. Diese Art des Bauschmucks wird im Rahmen der fatimidischen Kunst als ›tapissant‹ bezeichnet, wofür die Apsiden von Monreale als das erste Beispiel gelten. In früheren Zeiten wurden bei besonderen Festlichkeiten die Gebäude von außen mit kostbaren Stoffen oder Teppichen geschmückt: Hier sind nun die Teppichmuster in Stein umgesetzt worden. In den sich überschneidenden, spitzbogigen Blendarkaden, den Rosetten und Friesen finden sich die fatimidischen Stoffmuster als Einlegearbeiten aus schwarzer und weißer Lava und dem

NORDKÜSTE / MONREALE

Blick in die Apsis des Doms, Aufnahme von der Jahrhundertwende

gelblichen Gestein des Monte Pellegrino wieder (s. Abb. S. 89). Das harmonische, geometrische Spiel der Linien, das noch mit zierlichen korinthischen Säulen aufgelockert wird, löst die Schwere der Wände vollkommen auf. Zehn Jahre später versuchte Walter of the Mill, an seinem Dom den Dekor von Monreale zu übertreffen; er ist jedoch in Palermo nicht mit der gleichen Strenge aufgeteilt und büßt darum an Harmonie und Kostbarkeit ein.

Im Innern besitzt der Dom zwar das dreischiffige Langhaus der ›lateinischen‹, basilikalen Bautradition, doch den eigentlichen Mittelpunkt bildet auch hier das Quadrat des Chors, von dem aus alle architektonischen oder liturgisch-symbolischen Elemente zu überschauen sind. Der Chor lag ursprünglich leicht erhöht und war in byzantinischer Tradition durch eine Ikonostase von den Längsschiffen getrennt. Ein hohes Holzdach ersetzte die übliche Kuppel; dicht am Dachrand angebrachte Lichtquellen wiesen den Chor als eigentliches Zentrum der Kirche aus. Und so gewann die Basilika Wesenszüge eines Zentralbaus, bei dem Apsiden, Seitenräume und Schiffe an architektonischer Bedeutung einbüßten. Das sehr breite Mittelschiff schien vom Chor aus gesehen verkürzt, und der Dekor seiner Rückwand konnte mühelos in die Liturgie miteinbezogen werden.

Auf den muslimischen Kulturkreis deuten die Marmorverkleidung der Wände sowie der noch im Original erhaltene Teil des Fußbodens. Ohne Schwierigkeiten fügt sich dem der byzantinische Mosaikschmuck ein, der keinen Helldunkeleffekt sucht, sondern mit leuchtend goldenem Hintergrund und kostbarer Farbigkeit die Wände aufzulösen scheint. Die vielen, ringsum verteilten Lichtquellen sorgen für eine vollständige Ausleuchtung des Innenraums. Es gibt keine Skulpturen in den Räumen, keine tiefen, schattigen Nischen, und die Innenstruktur wird von den Säulen an allen Kanten rhythmisiert.

Selbst die antiken Kapitelle wirken fast wie durchsichtige Gebilde. Der hohe, helle Sokkel, der hinter den Säulen sichtbar wird – und symbolisch die irdische Sphäre im Gegensatz zur goldgrundigen, himmlischen bedeutet –, unterstreicht die weite Raumausdehnung und verbindet gleichzeitig alle architektonischen Elemente. Am oberen Rand schließt ihn ein arabischer Fries mit einer Reihe geometrisch stilisierter Dattelpalmen ab, einer Andeutung auf das zukünftige Paradies. Obwohl der Innenraum der Kirche 122 x 42 m mißt, wiederholt sich keines der Muster in den Palmen!

In der Martorana untermalte die Themenwahl des Mosaikschmucks die griechische Liturgie, in der Palastkapelle diente sie in einer genialen Lösung der griechischen und lateinischen, in Monreale ist sie dagegen nur der lateinischen gewidmet. Der Blick der Gläubigen wurde schon beim Eintritt durch die hintereinandergestaffelten Bogen auf Christus gelenkt (s. Farbabb. Umschlaginnenklappe). An dem Bogen vor dem Apsismosaik befindet sich die Verkündigung (das Licht eines Fensters fällt genau auf Maria), an dem wiederum davor gelegenen Bogen sieht man die Erzengel Michael und Gabriel.

In der Apsis wird die himmlische Hierarchie auf Goldgrund dargestellt: Christus, darunter Maria mit dem Kind, umgeben von Erzengeln und Aposteln, darunter die Heiligen. Die zweite Figur rechts vom Mittelfenster ist der hl. Thomas Becket, die erste bekannte Darstellung des Märtyrer-Erzbischofs von Canterbury. Die Mosaiken von Apsis und Presbyterium sind die ältesten Teile der musivischen Ausstattung, gefolgt von denjenigen der Schiffe. Gegen Ende erst scheinen Seitenapsiden und Querschiff ausgeschmückt worden zu sein (s. a. S. 90).

Von den Händen der raumbeherrschenden Christusfigur scheint die Erzählung auszugehen, in die drei Teile der Bibel (Altes und Neues Testament, Apostelgeschichte) unterteilt: die Verheißung des Wortes, seine Offenbarung und seine Verbreitung in der Welt. Die Verheißung, das Alte Testament, ist im Mittelschiff wiedergegeben, mit der gleichen Auswahl der Motive wie in der Cappella Palatina, ohne jedoch künstlerische Höhepunkte wie dort zu erreichen.

In der Bibel sind zwei Versionen der Schöpfungsgeschichte, eine ältere und eine jüngere, hintereinandergeschaltet. Die ersten Mosaikszenen, beginnend mit der Trennung von Licht und Dunkelheit bis zur Schaffung der Tiere auf der Erde (an der Südwand des Mittelschiffs, direkt hinter der Vierung), folgen der älteren Version, um dann mit der Erschaffung Adams in die zweite überzugehen. Dabei sind die Tiere im Hintergrund angegeben, die Adam mit Namen benennen soll. Die erste obere Zeile der Erzählung setzt sich über die Westwand der Kirche fort, mit der Erschaffung Evas und dem folgenden Sündenfall geht sie auf die Nord-

Monreale, Mosaikzyklen

Von oben nach unten: Apsiden, Querschiff, Mittelschiff. Die schwarzen Partien der Grundrisse geben die Wandsegmente wieder, die ›aufgeklappt‹ die Ziffern der einzelnen Mosaikszenen tragen.

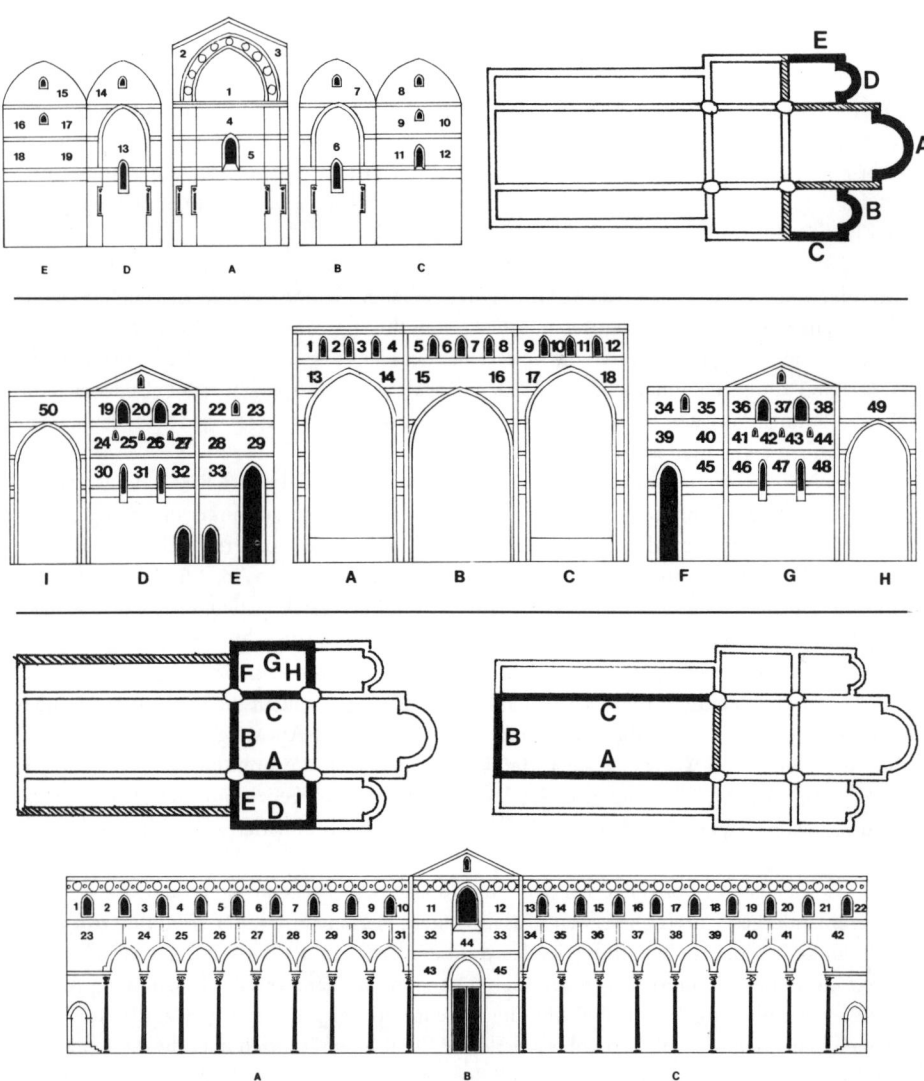

Die drei Apsiden *Hauptapsis:* 1. Christus Pantokrator, in den Medaillons des rahmenden Bogens: Christus Emanuel, David, Salomon, Elias, Samuel, Daniel, Gedun, Nathan, Eliseus 2. 3. Verkündigung: Gabriel und Maria 4. Von der Mitte aus: Die Jungfrau und das Kind, an den Seiten Gabriel und Michael, hl. Petrus, hl. Paulus und die anderen Apostel 5. 14 Heilige (sieben an jeder Seite des Fensters): Klemenz, Silvester, Petrus von Alexandrien, Thomas Becket, Stephanus, Laurentius, Martin, Nikolaus, Blasius, Hilarius, Antonius, Benedikt, Agathe, Maria Magdalena. An den Wänden zu den Pastophorien: Joseph, Zacharias, Malachias, Jonas, Ezechiel, Moses, Isaias, Habakuk, Heremias, Amos, Obed, Joel *Südliche Apsis und Diakonikon:* 6. hl. Paulus 7. hl. Petrus im Gefängnis 8. Befreiung des Petrus aus dem Gefängnis 9. Petrus erweckt Tabita von den Toten 10. Treffen von Petrus und Paulus 11. Wettstreit mit dem Magier Simon 12. Sturz des Magiers Simon. Über den beiden Bogen: Petrus heilt den Krüppel, Petrus heilt Äneas *Nördliche Apsis und Prothesis:* 13. Paulus 14. Saul verlangt die Bevollmächtigung für Damaskus 15. Ananias besucht Saul 16. Taufe des Paulus 17. Paulus diskutiert mit den Juden 18. Flucht des Paulus aus Damaskus 19. Paulus überreicht Timotheus und Silas die Briefe. Über dem Bogen: Bekehrung des Saulus, Saulus wird nach Damaskus geführt
Querschiff – Zyklus des Lebens Christi: *Obere Reihe:* 1. Verkündigung Zacharias 2. Zacharias verläßt den Tempel 3. Verkündigung Marias 4. Heimsuchung 5. 6. 7. 8. Geburt Christi 9. Reise der hl. drei Könige 10. Anbetung der hl. drei Könige 11. Herodes befiehlt den Kindermord 12. Kindermord von Bethlehem *Untere Reihe:* 13. Traum Josephs 14. Flucht nach Ägypten 15. Darbringung im Tempel 16. Jesus diskutiert im Tempel 17. Hochzeit von Kanaan 18. Taufe Christi *Südraum:* 19. 20. 21. dreifache Versuchung Jesu 22. Jesus heilt den Gelähmten am Brunnen 23. Jesus heilt den Blinden im Bad von Siloam 24. Jesus und die Samariterin 25. Verklärung auf dem Berg Tabor 26. Auferweckung des Lazarus 27. die Jünger und der Esel 28. Einzug in Jerusalem 29. das letzte Abendmahl 30. Fußwaschung der Jünger 31. das Gebet im Ölgarten 32. Gefangennahme Christi 33. Christus vor Pilatus *Nordraum:* 34. Kreuztragung 35. Kreuzigung 36. Kreuzabnahme 37. Grablegung 38. Christus in der Vorhölle 39. die frommen Frauen am Grab 40. Christus erscheint den beiden Marien 41. die Jünger auf dem Weg nach Emmaus 42. Abendmahl in Emmaus 43. die Jünger nach dem ›Verschwinden‹ Christi 44. Rückkehr der Jünger nach Jerusalem 45. Ungläubigkeit des hl. Thomas 46. der wundersame Fischfang 47. Himmelfahrt Christi 48. Pfingstfest (Herabkunft des hl. Geistes). Über dem Bogen der beiden Räume Enthauptung des Paulus (49) und Kreuzigung des Petrus (50)
Mittelschiff *Obere Reihe:* 1. Schöpfung des Himmels und der Erde 2. Schöpfung des Lichts 3. Teilung der Wasser 4. Teilung der Erde 5. Erschaffung der Sterne 6. Erschaffung des Lebens in der Luft und im Wasser (Vögel und Fische) 7. Erschaffung der Tiere und des Menschen 8. Ruhetag des Schöpfers 9. Einführung Adams in das irdische Paradies 10. Adam im irdischen Paradies 11. (hintere Wand) Schöpfung der Eva 12. Eva wird dem Adam vorgestellt 13. Eva wird von der Schlange versucht 14. Sündenfall 15. Gott rügt Adam und Eva 16. Vertreibung aus dem Paradies 17. Verdammung zur Arbeit 18. Opfer Kains und Abels 19. Kain tötet Abel 20. Verdammung Kains 21. Lamech tötet Kain 22. Gott befiehlt Noah, die Arche zu bauen *Untere Reihe:* 23. Bau der Arche 24. die Tiere ziehen in die Arche ein 25. Sintflut 26. die Tiere verlassen die Arche 27. der Pakt Gottes mit den Menschen, der erste Regenbogen 28. Trunkenheit des Noah 29. Bau des Turms von Babel 30. Abraham trifft die drei Engel 31. Abraham bewirtet die Engel 32. Lot und die zwei Engel 33. Zerstörung von Sodom 34. Gott verlangt von Abraham das Opfer seines Sohnes 35. Opfer des Isaak 36. Rebekka tränkt die Kamele 37. Reise der Rebekka 38. Isaak und Esau 39. Isaak segnet Jakob 40. Flucht des Jakob 41. Traum Jakobs 42. Kampf Jakobs mit dem Engel 43, 44, 45 (an der Rückwand) die drei süditalienischen Heiligen Catrensis, Cassius, Castus. Über dem Bogen zum Chor: die göttliche Weisheit, darunter zwei Erzengel

wand des Mittelschiffs über. Bei der Vertreibung aus dem Paradies sind die Blumen in Dornengestrüpp gewandelt. Die Verdammung zur Arbeit ist ein Motiv, das das Mittelalter sehr beschäftigte, da diese damals noch nicht ›adelte‹, sondern als Fluch betrachtet wurde. Die erste Zeile endet mit Kain, der unwissentlich von seinem blinden Sohn getötet wird.

In der zweiten Zeile, die unter der ersten ansetzt, wird die Geschichte der Arche Noah dargestellt. Es folgen der Bund Gottes mit den Menschen, versinnbildlicht im ersten Regenbogen, der Brücke von der Erde zum Himmel, sodann Noah, dem Gott die Rebe schenkt; er preßt den Wein in einen Kelch, eine typologische Anspielung auf das Blut Christi und den neuen Bund.

Für die Verwerflichkeit des menschlichen Stolzes steht der Turmbau zu Babel; die anschließende Szene mit Abraham, der die drei Engel bewirtet, aber nur einen verehrt, deutet auf die Dreifaltigkeit.

An der Westwand wird, genau unter der Erschaffung Evas, die Rettung Lots und der Seinigen illustriert, auf der Nordwand des Mittelschiffs dann die Geschichte Abrahams wieder aufgenommen, in der das menschliche Opfer Isaak durch das Lamm ersetzt wird. Die nächsten Bilder zeigen Rebekka am Brunnen, ihre Heimführung zum Haus Abrahams, ihre Söhne Jakob und Esau auf der Jagd, Jakob, der sich mit Hilfe seiner Mutter das Erstgeburtsrecht und den Segen des Vaters erschleicht, seine Flucht und sein Traum von der Himmelsleiter, woraufhin er Gott den ersten Altar errichtet (s. Abb. 98). Wie in der Palastkapelle wird die biblische Erzählung auch in Monreale an der Stelle unterbrochen, bis zu welcher sie als Gemeingut der drei großen monotheistischen Religionen Christentum, Judentum und Islam gelten kann.

An den Wänden der Seitenschiffe sind die Wunder Christi vergegenwärtigt, mit denen er sich direkt an das Volk wandte. Dieser Teil der Kirche war für die Gläubigen gut überschaubar. Als erstes nach dem Eintreten erblickten sie den Christus in der Apsis, sodann sein hilfreiches Eingreifen in den irdischen Nöten der Menschen – nirgends fanden sie eine Andeutung auf einen strafenden, einen unerbittlichen Gott.

Die weiteren Illustrationen waren nur z. T. von den Schiffen aus zu erkennen; sie sollten vom Chor aus gesehen werden. An den oberen Wänden des Chors schildern sie das Leben Christi von der Geburt bis zur Taufe, an den Wänden des rechten Altarnebenraums das öffentliche Leben Christi, angefangen mit der dreifachen Versuchung in der Wüste; es folgen die Vertreibung der Händler aus dem Tempel, die Auferstehung des Lazarus, der Einzug in Jerusalem, Jesus am Brunnen mit der guten Samariterin, seine Verklärung auf dem Berg Tabor, die Fußwaschung der Jünger, das Letzte Abendmahl, die Nacht auf dem Ölberg bis zur Szene Christus vor Pilatus.

In diesem Raum stehen die Sarkophage Wilhelms I. und II., ›des Guten‹ und ›des Bösen‹. Der Dom war von vornherein als Grablege geplant. Wilhelm II. gelang es allerdings nur, seinen Vater, seine Mutter und zwei seiner Brüder darin zu bestatten, und schließlich fand auch er selbst dort seine letzte Ruhestätte. Er starb, ehe der Dom vollendet war, im Alter von 36 Jahren. Seinen Vater hatte er in einem Porphyrsarkophag mit Baldachin bestatten lassen, für sich selbst nur einen einfachen Sarg zu dessen Füßen bestimmt. Im 16. Jh. wurde der

König jedoch in einen weißen Marmorsarkophag mit Überdachung umgebettet. Beim Brand des Doms im Jahre 1811 konnten die Gräber zwar gerettet werden, doch die Säulen der Baldachine waren durch die Hitze gesprungen. Nach dem Brand mußte auch die Decke des Doms ersetzt werden, die jetzige ist eine Kopie des 19. Jh.

Von diesem Raum führt ein Eingang zur Kapelle des hl. Benedikt, die 1569 dem Dom hinzugefügt wurde. Vollkommen mit Intarsien aus späterer Zeit verkleidet, enthält sie die besten Werke von Ignazio Marabitti und Giovanni Marino (18. Jh.).

Über dem Bogen zum Diakonikon ist der mit dem Kopf nach unten gekreuzigte Petrus wiedergegeben, die Apsisnische wird von dem ganzfigurigen Bild des Apostels eingenommen. Der Altar darunter zeigt die sog. Volksmadonna aus dem späten 15. Jh., der Altar selbst ist etwas jünger. Das Zentrum des Kreuzgewölbes bildet der ewig junge Christus, umgeben von sechsflügeligen Seraphim. Der Wanddekor zeigt verschiedene wundersame Begebenheiten aus dem Leben des hl. Petrus, die mit dem Fall des Magiers Simon, also wie in der Palastkapelle mit dem Sieg des Christentums, enden.

Von hier öffnet sich der Blick auf den Königsthron im Chor, über dem die Krönung des Königs von Gottes Hand dargestellt ist, eines der ältesten Mosaiken der Kirche und ein Portrait Wilhelms II. Der Bischofssitz, der sich auch im Chor befindet, ist von der gegenüberliegenden Seite aus sichtbar. Er steht zwei Stufen niedriger als der Königsthron, und über ihm ist an der Wand nochmals Wilhelm II. abgebildet, wie er der Muttergottes das Modell des Doms überreicht.

Im linken, nördlichen Chornebenraum werden Tod und Auferstehung Christi sowie die Marien am leeren Grab gezeigt. Über mehrere Bilder verteilt sich die Geschichte der Jünger auf dem Weg nach Emmaus, wo sich ihnen Christus unerkannt anschließt, beim Brechen des Brotes zu erkennen gibt und dann plötzlich vor ihren Augen verschwindet. Die Jünger eilen daraufhin zurück nach Jerusalem, um die Botschaft zu überbringen. Dort zeigt sich Christus im Kreise aller Jünger, und der ungläubige Thomas prüft die Wundmale Christi. Bei der Himmelfahrtsszene wird die Bedeutung Marias durch ihre frontale Stellung und die schützend neben ihr stehenden Engel hervorgehoben, danach folgt das Pfingstfest mit der Herabkunft des hl. Geistes.

Die Apsis und der Raum davor sind dem hl. Paulus gewidmet und zeigen Begebenheiten aus seinem Leben. Die Übergabe seiner Briefe an die Jünger im letzten Bild versinnbildlicht die Verbreitung des Wortes in der ganzen Welt. An der Wand befinden sich die Gräber der Margarethe von Navarra und ihrer beiden Söhne Roger und Heinrich. Die Särge sind Kopien, da die echten während des Dombrandes zerstört wurden.

Die sterblichen Überreste König Ludwigs IX. von Frankreich gerieten eher zufällig hierher: Der ›heilige‹ Ludwig starb während des Siebten Kreuzzugs in Tunesien an der Pest (1270), sein Herz und seine Eingeweide sollten nach Frankreich gebracht werden, wurden aber auf dem Wege dorthin vorläufig in Monreale niedergelegt, wo sie dann auch blieben. Dicht daneben befindet sich der Eingang zum Domschatz und zur kunstvoll mit Marmoreinlagen ausgeschmückten barocken Kreuzkapelle, in der die bekanntesten Bischöfe von Monreale bestattet liegen (Dom 12–15 Uhr geschlossen).

NORDKÜSTE / MONREALE

Kreuzgang

Der Kreuzgang ist ein einziger Hymnus an das Licht. Zarte, schimmernde Doppelsäulen tragen arabische Spitzbogen, um die sich ein zweifaches Bogenmotiv zieht, verziert mit geometrischen Lavaintarsien, die sich in dem breiten Band wiederholen, das den oberen Mauerrand abschließt. Der Säulengang umschreibt ein perfektes Quadrat, von dem sich in der Südwestecke ein zweites Quadrat löst. Die insgesamt 228 Säulen sind glatt, mit Zickzackkanneluren oder Mosaikbändern geschmückt. An den Ecken bilden jeweils vier mit ornamentalen Reliefarbeiten geschmückte Säulen den Übergang (s. Abb. 99). Die Zwillingssäulen stehen auf einer verbindenden Platte, und jede Säule wird von einem Kranz aus Akanthusblättern gekrönt, aus denen das gemeinsame Kapitell hervorwächst. Da der Kreuzgang in enorm kurzer Zeit errichtet wurde, kam man mit der Fertigung der Säulen und Kapitelle nicht ganz nach, so daß deren tragende Funktion zunächst durch Stützgerüste übernommen wurde. Die nun blind endenden, mit Öffnungen zum Einsatz von Zapfen versehenen Rundstäbe in den Bogen zeugen noch von diesem Provisorium (s. Abb. 101).

Motive und Ausführungen der Kapitelle sind jeweils unterschiedlich, biblische Szenen wechseln mit symbolischen Darstellungen aus der christlichen und islamischen Welt (s. Abb. S. 63 und 91). Das Motiv der Verkündigung nimmt auch hier, wie in den Kirchen, einen besonderen Platz ein (Nordostecke; s. Abb. 101). Auf der ersten der vier Seiten des Kapitells ist die Verkündigung abgebildet, bei der Maria und Gabriel jeweils unter einem Bogen stehen, den eine Kuppel mit Fenster überwölbt. Vier Säulen teilen die Fläche in drei Felder, die mittleren beiden Säulen umschlingt ein geteilter Vorhang. Die zweite Seite zeigt die Heimsuchung und die Aufklärung des hl. Joseph, die dritte Christi Geburt und die Verkündigung der Engel an die Hirten, die vierte die Anbetung der hl. drei Könige – alles Darstellungen, in denen die Erleuchtung den Kern der Aussage bildet.

Der Domerbauer Wilhelm II. übergibt der Muttergottes ein Modell des Doms, Kapitell aus dem Kreuzgang

Leider ist dieses wohl schönste Kapitell des Kreuzgangs auch am meisten gefährdet: 1985 entstand der erste Riß im Mauerwerk, das eben in dieser Ecke einzustürzen droht. Die auf Bleiplatten gestellten Säulen stehen nach 800 Jahren trotz verschiedener Erdbeben noch immer auf einer schnurgeraden Linie.

Die architektonischen Formen des Brunnenquadrats stellen in der Symbolsprache der mittelalterlichen Zahlenmystik die Synthese des kosmischen Gottes dar, von dem alle Dinge ausgehen und zu dem alles zurückkehrt, die Quelle jeglicher geistiger Erkenntnis: Die vier Seiten mit je drei Zugängen symbolisieren die Mauern des himmlischen Jerusalem. Am Boden verjüngen sich zwei Quadrate (die irdische Schöpfung) zu einem Achteck (die Perfektion), aus dem eine Säule aufsteigt, welche ein kreisrundes Brunnenbecken (das Symbol des kosmischen Gottes) trägt. Aus diesem wiederum erhebt sich eine mit Zickzackkanneluren versehene Säule mit kugelförmigem Aufsatz, aus dem das Wasser niederrieselt. Fünf der umgebenden Säulenpaare stehen auf hohen, aus sechs Schichten aufgebauten Sockeln: die Drei und die Zwei, die Symbolzahlen des Überirdischen und des Irdischen, die Sechs, die Zahl der Erkenntnis. Die Zickzacksäulen, ein islamisches Symbol für die Palme, gilt als Sinnbild der geistigen Erneuerung und der Unsterblichkeit (s. Abb. 100).

Die Kosmatenarbeiten des Kreuzgangs wurden im 15. Jh. erneuert. Nur an der Südseite zeigen zwei Säulen noch den in der Farbgebung unvergleichlich wertvolleren Originaldekor (Kreuzgang geöffnet Oktober–Mai täglich 9–14.30; Juni–September Mo–Sa 9–12.30 und 16–19 Uhr, sonn- und feiertags 9–12.30 Uhr).

Monte Pellegrino

Einsam und malerisch erhebt sich im Westen der großen Meeresbucht von Palermo der Monte Pellegrino. Er steigt steil aus dem Meer empor bis zu einer Höhe von 606 m. An seinen Hängen wachsen kleine Pinienwälder, auf seinem Gipfel indes steht heute ein ›Wald‹ von Antennen. Der Monte Pellegrino hält mit seinen 42 Grotten den diesbezüglichen sizilianischen Rekord. Seit den frühesten vorgeschichtlichen Zeiten wurden diese von den Menschen genutzt, doch die interessanten altsteinzeitlichen Höhlen liegen heute mehr als 100 m über dem Meeresspiegel und sind daher nur schwer zugänglich.

Die bedeutendsten dieser Grotten sind die **Addàurahöhlen**, deren Ritzzeichnungen aus der Altsteinzeit nicht nur Hirsche, Rinder und Pferde wie in der Grotta del Genovesi (s. S. 440), sondern auch Menschen abbilden. Mit großem Gespür für naturalistische Darstellung und Bewegungsabläufe sind die Menschen in sicheren Umrißritzungen auf den Stein gebannt, immer ohne Füße, meist ohne Hände und immer mit einem von wucherndem Haar umrahmten Gesicht, das eine Art von Vogelmaske mit Schnabel zeigt. In den tanzenden und den beiden ithyphallischen Figuren, die mit merkwürdig angewinkelten Beinen und aufgerichtetem Oberkörper nebeneinander zu liegen scheinen, hat man Opfer- oder Folterszenen oder auch Initiationsriten unserer Urahnen sehen wollen (s. Abb. S. 16). In mehreren Grotten haben sich interessante Tropfsteinformationen gebildet (Auskünfte und Führer bei CAI, Club Alpino Italiano, Palermo).

Soweit archäologische Studien die Geschichte dieses Berges rekonstruieren konnten, scheint hier seit prähistorischen Zeiten ein heiliger Ort gelegen zu haben, denn bei einer Quelle wurden vorgeschichtliche Weihgaben entdeckt. Daß es sich um eine Göttin handelte,

NORDKÜSTE / MONTE PELLEGRINO

Blick auf den Eingang zur Grotte auf dem Monte Pellegrino, Stich des 19. Jh.

geht u. a. aus der Tatsache hervor, daß auch die in geschichtlichen Zeiten hier verehrte Gottheit weiblichen Geschlechts war: Die Phönizier errichteten auf dem Berg ein Tanitheiligtum, die Römer verehrten dort eine synkretistische Mischung aus Tanit und Minerva, die Christen schließlich die hl. Rosalia.

Der Legende nach soll die Heilige den größten Teil ihres Lebens hier verbracht haben: 1130 als Tochter des Grafen Sinibald, des Herrn von Quisquina, und als Nichte Wilhelms II. geboren, zog sich das Mädchen mit 14 Jahren auf den Berg zurück und führte dort ein Einsiedlerleben – das letzte Mal wurde sie 1166 gesehen. Als 1624 in Palermo die Pest ausbrach, erschien die Heilige im Traum einem Jäger und zeigte ihm die Grotte, in der sie gelebt hatte. Darin wurde ein weibliches Skelett gefunden, und auf den Wunsch der Bevölkerung trug der Bischof der Stadt die Gebeine in einer Prozession durch die Straßen von Palermo, woraufhin die Pest schlagartig aufhörte und Rosalia zur Schutzpatronin Palermos avancierte.

Die Grotte (429 m ü. d. M.), als Kapelle eingerichtet, wird von einem ununterbrochenen Pilgerstrom besucht (s. Farbabb. 24). Sie liegt versteckt hinter einer Fassade des 17. Jh. Der Eingang führt in ein Vestibül, das sich mit drei Bogen auf in sich gedrehten Alabastersäulen auf einen unüberdachten Innenhof öffnet, in dem, umgeben von den Votivgaben, eine Statue der Heiligen steht. An der Felswand ist eine flache Nische zu sehen, die auf ein kleines karthagisches Heiligtum zurückgeht; zu byzantinischer Zeit diente sie einem Kirchlein als Altarnische. An der gegenüberliegenden Wand erinnert eine Gedenktafel an den Besuch Goethes (1787). Die lebensgroße Statue Rosalias, die den deutschen Dichter so begeisterte – ein Werk des 17. Jh. von Gregorio Tedeschi –, liegt in der Grotte unter einem Baldachin in einem Glaskasten. Hände und Kopf sind aus weißem Marmor, das Gewand besteht aus vergoldetem Silber.

Bei einer Auffahrt zu dem Heiligtum bieten sich in jeder Kurve neue Aussichten über die Stadt und ihre Umgebung. An klaren Tagen ist auf der einen Seite in der Ferne der Ätna zu sehen, auf der anderen die Insel Ustica. Im Frühling und Frühsommer ist der Berg von einem Meer von Wildblumen und Affodillfeldern bedeckt. Auf einem der Bergvorsprünge erhebt sich das sog. Castello Utveggio, ein ehemaliges Luxushotel der dreißiger Jahre, das den Bombardements des Krieges zum Opfer fiel und heute, vom Land aufgekauft und restauriert, eine internationale Managerschule beherbergt. In seiner Umgebung sind Reste mittelalterlicher Festungsanlagen zu sehen.

Solus (Solunto)

Die Ruinen der antiken Stadt Solus oder Soloeis (phönizisch *Kfr* = Dorf) liegen auf der Höhe des Monte Catalfano, der sich zwischen dem Meer und einer fruchtbaren Ebene erhebt. Solus, eine der punischen Gründungen Siziliens, stand an Wichtigkeit dem antiken Panormus (Palermo) kaum nach. Ursprünglich scheint die Stadt in der Ebene gelegen zu haben, und wahrscheinlich war die Umsiedlung eine Konsequenz der karthagisch-syrakusanischen Kriege (s. S. 162f.), die eine sichere Lage und Befestigungsanlagen notwendig machten. Die neue Siedlung wurde nach dem modernsten städtebaulichen System der hellenistischen Epoche errichtet, doch war Solus in seinen Sitten und Bräuchen eine ausgesprochen punische Stadt und blieb dies auch dann noch, als seine politische Unabhängigkeit nach der Eroberung durch die Römer verlorengegangen war (254 v. Chr.).

In den Häusern, wie damals üblich großzügig und bequem konzipiert, lagen die Wohnräume zum Süden hin, damit die Sonne sie im Winter wärmte und während des Sommers nicht zu weit ins Innere der Räume eindringen konnte. Für die Wasserversorgung – die Bergkuppe besaß keine Quellen – wurden die letzten technischen Erkenntnisse der Zeit angewandt. Im 2. Jh. n. Chr. wurde die Ortschaft von den Bewohnern aufgegeben. Ein Grund könnte der Bevölkerungsrückgang während der Spätantike oder eine der damals häufig auftretenden Seuchen gewesen sein.

Am Eingang zum archäologischen Gebiet liegt ein **Antiquarium**, das einige der Fundstücke jüngerer Ausgrabungen – die anderen befinden sich im Archäologischen Museum von Palermo – und Abgüsse der in Soloeis geprägten Münzen beherbergt. Von der antiken Stadt wurden bis jetzt das Zentrum und einige Gruppen etwas abseits liegender Häuser freigelegt. Das gleichmäßige Straßensystem mit sich im rechten Winkel treffenden *Decumanes* und *Cardines*, von denen einige – dem natürlichen Gelände folgend – in Stufenrampen übergehen, weicht zwar in nichts von dem anderer Siedlungen der Insel ab, ist jedoch übersichtlicher als dort.

Die Größe der **Wohnhäuser** variiert zwischen 400 und 550 qm. Die Räume gruppieren sich um einen Innenhof, der in verschiedenen Bauten, vor allem im Zentrum, zum säulenumstandenen Peristyl wird. Die Fußböden waren mit Mosaiken ausgelegt, die Wände mit Fresken geschmückt; einige Beispiele sind erhalten. Bei den meisten Häusern weisen Treppenansätze auf das Bestehen eines weiteren Stockwerks. Wohnterrassen bildeten das Dach, und jedes Haus besaß eine eigene Zisterne. Eine große öffentliche, einst überdachte **Zisterne** bezeugt jedoch, daß das Problem der Wasserversorgung nicht ausschließlich der Privatinitiative überlassen blieb. Die Eingänge zu den Wohnungen lagen an den Nebenstraßen, enge Gassen trennten die Häuser einer *Insula*, die zu den *Decumanes* hin gelegenen unteren Räume wurden als Geschäfte genutzt.

Die **Straßen** waren gut gepflastert, und bei der Hauptstraße ändert sich die Art des Bodenbelags jeweils, sobald die Strecke eine bestimmte Bedeutung annahm: Solange sie als Zufahrt zur Stadt diente, bestand er aus einem Kopfsteinpflaster, innerhalb des Stadtzentrums änderte er sich in Qualität und Muster, um auf der Agora dann durch Ziegel ersetzt zu werden, die wiederum in drei Arten gelegt waren. Ehe die Straße die Agora erreicht, wird sie von zwei niedrigen Pfeilern unterbrochen – hier begann die antike ›Fußgängerzone‹. Seitlich befindet sich ein offener **Altar** mit drei Bethelsteinen (abgestumpfte, leicht konische Pfeiler, wörtlich ›Haus Gottes‹), und diesem schließen sich auf der ganzen Länge des Platzes öffentliche Gebäude an. An einer Seite der Agora befinden sich neun tiefe, rechteckige Nischen, deren Überdachung aus einer großen Terrasse bestand.

Nicht weit entfernt davon liegen links die (geringen) Reste des Theaters. Dem Theater angeschlossen war ein gut erhaltenes **Odeon** oder Bouleuterion. Daneben lagen zwei gleichgroße Räume, die sakralen Zwecken dienten. Einer war mit einem Kreuz-, der andere mit einem Tonnengewölbe überdacht. Es wird angenommen, daß in der Nische des einen die heute im Nationalmuseum von Palermo (im Kreuzgang) aufbewahrte Statue des Baal-Ham-

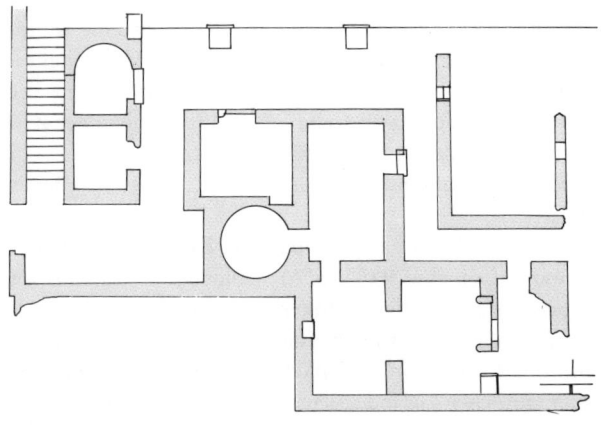

Grundriß des wichtigsten Sakralgebäudes von Solus mit der für phönizische Heiligtümer typischen labyrinthartigen Raumanlage

mon stand, deren Maße mit der der erhaltenen Basis übereinstimmen, während der Raum daneben Astarte, der thronenden archaischen Göttin desselben Museums, geweiht war. Typisch für die karthagischen Kultbauten befindet sich der Altar im Innern des Raums.

Auf der höchsten Stelle der Stadt erhob sich das wichtigste **Sakralgebäude**, bei dem sämtliche Innenräume unübersichtlich vom Eingang her angelegt waren. Es besaß zwei Eingänge, die jedoch beide vor die geschlossene Wand eines Korridors führten, vor dem sich der Eintretende rechts oder links wenden mußte. Erst von diesem führte ein langer, verwinkelter Gang zu den Sakralräumen, die jeder durch einen eigenen Eingang zu betreten waren. Eine Besonderheit stellt der runde, für ein phönizisches Heiligtum absolut ungewöhnliche Raum dar.

Bagherìa

Im Jahre 1658 entschloß sich Giuseppe Branciforti, der Prinz von Butera, seine Sommerresidenz, die **Villa Butera** (nur von außen zu sehen), in der Ebene vor dem Monte Catalfano anzulegen. Innerhalb der nächsten 50 Jahre folgten die bekanntesten Adelsfamilien Westsiziliens seinem Beispiel, und in der ehemals verlassenen ländlichen Umgebung entstand ein Barockpalast nach dem anderen, darunter einige der schönsten des palermitanischen Raums (s. a. S. 111 f.). Wieder ein halbes Jahrhundert später wurde die ehemalige Residenz des Fürsten modernisiert und ihr ein Straßenkreuz vorgelagert, um das herum sich die Ortschaft Bagherìa entwickelte.

Im 20. Jh. verschlang eine wilde Bauwelle die Gärten der Paläste, die einstigen Prachtvillen erstickten in planlos errichteten Zementbauten (43 000 Einwohner). So ist der Originaleingang der Villa Butera heute vermauert, die ehemals prachtvolle Residenz liegt eingekeilt im Stadtgebiet. In der **Villa Cattolica** (1736) wurde 1973 die städtische Bibliothek und ein Museum moderner und zeitgenössischer Kunst (Guttuso, Levi, Carro, Schifano etc.) eingerichtet.

Die **Villa Palagonia** (1715; Architekt Tommaso Napoli; Bauherr Ferdinando Gravina, Prinz von Palagonia) ist die berühmteste unter den Palästen, weniger ihrer Schönheit – ob derer ihr allerdings einer der ersten Plätze unter den Barockvillen gebührt –, als vielmehr der skurrilen Figuren wegen, die der Enkel des Erbauers 1746 rings um die Villa anbringen ließ; sie wirkten auf die Reisenden des 18. Jh. derartig schockierend, daß sie darüber Bericht erstatteten. So widmete Goethe den phantastischen Figuren eine ganze Seite der Empörung in seiner ›Italienischen Reise‹. Die Zugangsstraße zur Villa, die aus einer von mehreren halbrunden Ruheplätzen unterbrochenen Allee bestand und an deren Ende der monumentale Bau mit seiner konkaven Fassade den *Point de vue* bildete, wird heute als gewöhnliche Gemeindestraße benutzt und ist somit kaum noch erkennbar; nur das einsam in der Stadt stehende Eingangstor erinnert noch an ihren ehemaligen Beginn. Von der Anlage selbst steht lediglich der zentrale Komplex, bei einer Besichtigung nicht von der Front-, sondern von der Rückseite her zugänglich.

NORDKÜSTE / BAGHERÌA

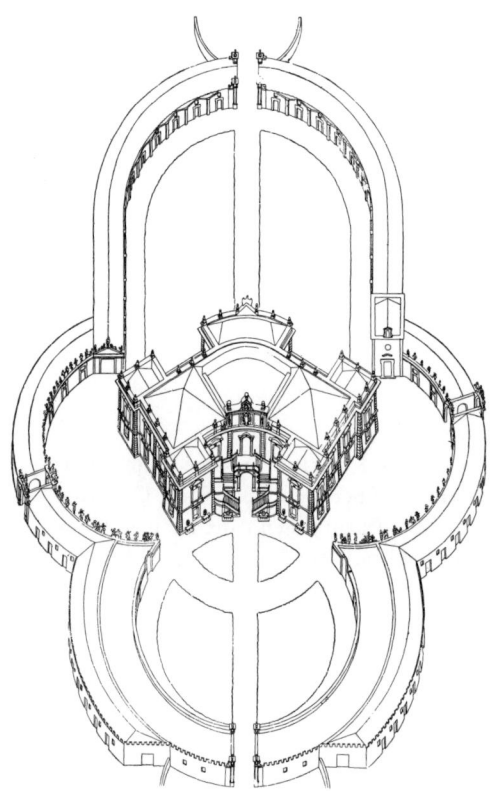

Axonometrische Gesamtansicht der Villa Palagonia im Originalzustand – heute ist nur noch die zentrale Villa erhalten

Einige der grotesken Figuren, die Goethes ästhetisches Empfinden so nachhaltig verletzten

Der außergewöhnliche Grundriß des Gebäudes macht es zu einer der interessantesten Barockschöpfungen im Bereich der Landvillen. Die Allee bildete die Längsachse des symmetrischen Komplexes, die sich im Gebäudeinnern zu einem ovalen Platz erweiterte und sich dann geradlinig fortsetzte. Von ihr besteht nur noch die kurze Strecke hinter der Villa, wo der heutige Eingang liegt. Die Treppe zur *Beletage* ist wie bei allen sizilianischen Landvillen außen angebracht: eine Doppeltreppe in zweifacher Zangenform, die mit dem Spiel ihrer Stufen, Geländer und steinernen Sitzbänke die ganze Fassade belebt. Später sollte sie bei vielen anderen Bauten als Modell dienen.

Das untere Oval der Zufahrtstraße wiederholt sich im Grundriß des Vestibüls im ersten Stock, dessen Wände mit Fresken ausgeschmückt sind, die die ›Arbeiten des Herakles‹ wiedergeben; in einem vorgetäuschten Säulengang öffnen sich hier drei Eingänge. Einer von ihnen führt in den großen Saal, in dem das Leitmotiv, das Spiel mit dem Schein, in Marmor, Relief und anamorphischen Malereien triumphiert. Mittels der Spiegeldecke, die eine Pavillonüberdachung nachahmt, werden Verwirrung und Illusion auf die Spitze getrieben. Leider befindet sich auch dieser Saal, wie der übrige erhaltene Teil des Palastes, in völlig heruntergekommenem Zustand (geöffnet wie Museen).

Vom selben Architekten wurde die **Villa Valguarnera** (1721) entworfen, die luxuriöseste der Villen. Sie liegt an sehr malerischer Stelle inmitten eines Parks, kann aber ebenso wie die Villa Villarosa nicht besichtigt werden. Die **Villa Villarosa** wurde 1790–1792 von Giovanni Venanzio Marvuglia, dem bedeutendsten Architekten des sizilianischen Klassizismus, errichtet.

Goethe in der Villa Palagonia

Daß wir aber die Elemente der Tollheit des Prinzen Pallagonia vollständig überliefern, geben wir nachstehendes Verzeichnis. *Menschen:* Bettler, Bettlerinnen, Spanier, Spanierinnen, Mohren, Türken, Buckelige, alle Arten Verwachsene, Zwerge, Musikanten, Pulcinelle, antik kostümierte Soldaten, Götter, Göttinnen, altfranzösisch Gekleidete, Soldaten mit Patrontaschen und Gamaschen, Mythologie mit fratzenhaften Zutaten: Achill und Chiron mit Pulcinell. *Tiere:* nur Teile derselben, Pferd mit Menschenhänden, Pferdekopf auf Menschenkörper, entstellte Affen, viele Drachen und Schlangen, alle Arten von Pfoten an Figuren aller Art, Verdoppelungen, Verwechslungen der Köpfe. *Vasen:* alle Arten von Monstern und Schnörkeln, die unterwärts zu Vasenbäuchen und Untersätzen endigen.

Denke man sich nun dergleichen Figuren schockweise verfertigt und ganz ohne Sinn und Verstand entsprungen, auch ohne Wahl und Absicht zusammengestellt, denke man sich diesen Sockel, diese Piedestale und Unformen in einer unabsehbaren Reihe, so wird man das unangenehme Gefühl mit empfinden, daß einen jeden überfallen muß, wenn er durch diese Spitzruten des Wahnsinns durchgejagt wird.

Wir nähern uns dem Schlosse und werden durch die Arme eines halbrunden Vorhofs empfangen; die entgegenstehende Hauptmauer, wodurch das Tor geht, ist burgartig angelegt. Hier finden wir eine ägyptische Figur eingemauert, einen Springbrunnen ohne Wasser, ein Monument, zerstreut umherliegende Vasen, Statuen vorsätzlich auf die Nase gelegt. Wir treten in den Schloßhof und finden das herkömmliche, mit kleinen Gebäuden umgebene Rund in kleineren Halbzirkeln ausgebogt, damit es ja an Mannigfaltigkeit nicht fehle.

Der Boden ist großenteils mit Gras bewachsen. Hier stehen, wie auf einem verfallenen Kirchhofe, seltsam geschnörkelte Marmorvasen vom Vater her, Zwerge und sonstige Ungestalten aus der neuern Epoche zufällig durcheinander, ohne daß sie bis jetzt einen Platz finden können; sogar tritt man vor eine Laube, vollgepfropft von alten Vasen und anderem geschnörkeltem Gestein.

Das Wahnsinnige einer solchen geschmacklosen Denkart zeigt sich aber im höchsten Grade darin, daß die Gesimse der kleinen Häuser durchaus schief nach einer oder der andern Seite hinhängen, so daß das Gefühl der Wasserwaage und des Perpendikels, das uns eigentlich zu Menschen macht und der Grund aller Eurythmie ist, in uns zerrissen und gequält wird. Und so sind denn auch diese Dachreihen mit Hydern und kleinen Büsten, mit musizierenden Affenchören und ähnlichem Wahnsinn verbrämt. Drachen mit Göttern abwechselnd, ein Atlas, der statt der Himmelskugel ein Weinfaß trägt.

Gedenkt man sich aber auch aus allem diesem in das Schloß zu retten, welches, vom Vater erbaut, ein relativ vernünftiges äußeres Aussehen hat, so findet man nicht weit vor der Pforte den lorbeerbekränzten Kopf eines römischen Kaisers auf einer Zwerggestalt, die auf einem Delphin sitzt.

Im Schlosse selbst nun, dessen Äußeres ein leidliches Innere erwarten läßt, fängt das Fieber des Prinzen schon wieder zu rasen an. Die Stuhlfüße sind ungleich abgesägt, so daß niemand Platz nehmen kann, und vor den sitzbaren Stühlen warnt der Kastellan, weil sie unter ihren Sammetpolstern Stacheln verbergen. Kandelaber von chinesischem Porzellan stehen in den Ecken, welche, näher betrachtet, aus einzelnen Schalen, Ober- und Untertas-

NORDKÜSTE/BAGHERÌA, HIMERA

> sen und dergleichen zusammen gekittet sind. Kein Winkel wo nicht irgendeine Willkür hervorblickte. Sogar der unschätzbare Blick über die Vorgebirge ins Meer wird durch farbige Scheiben verkümmert, welche durch einen unwahren Ton die Gegend entweder verkälten oder entzünden. Eines Kabinetts muß ich noch erwähnen, welches aus alten vergoldeten, zusammengeschnittenen Rahmen aneinander getäfelt ist. Alle die hundertfältigen Schnitzmuster, alle die verschiedenen Abstufungen einer ältern oder jüngern, mehr oder weniger bestaubten und beschädigten Vergoldung bedecken hier, hart aneinander gedrängt, die sämtlichen Wände und geben den Begriff von einem zerstückelten Trödel.
>
> Johann Wolfgang von Goethe in ›Italienische Reise‹, Artemis-Gedenkausgabe, Bd. 11, Zürich 1977, S. 267 ff.

Himera

Dicht an der Mündung des gleichnamigen Flusses dominierte Himera, 648 v. Chr. gemeinsam von Syrakus und Zankle (Messina) gegründet, von den Höhen eines Hügels die umliegende Ebene. Es wurde zur größten und wichtigsten Stadt an der tyrrhenischen Küste, nahe dem Hoheitsgebiet der Phönizier gelegen, dem Reich der Elymer nicht fern, und dank des Flusses mit den Völkern des Binnenlandes in stetiger Verbindung. Außerdem begünstigte die Lage den Handel mit dem italienischen Kontinent, vor allem mit den Etruskern. Dieser Umstand erweckte den Neid von Akragas (Agrigent), das in seinem eigenen Handelsbereich mit den Selinuntinern und Karthagern als Konkurrenten zu kämpfen hatte und sich nach einem Hafen an der tyrrhenischen Küste sehnte, um seinen Weizenhandel ausdehnen zu können.

Pythagoras hatte im 6. Jh. v. Chr. die Stadt vor einem Bündnis mit dem Tyrannen Phalaris gerettet, doch ein Jahrhundert später entthronte der akragantinische Tyrann Theron den Herrscher von Himera, Terillos. Dieser flüchtete zu den Karthagern, die ihm Asyl gewährten. Die einzige Tochter des Terillos war mit Anaxilas, dem Tyrannen von Rhegion und Messana (ehemals Zankle), verheiratet, was erklärt, warum diese Städte in dem folgenden Krieg gegen die Karthager nicht zu den griechischen Städten Syrakus und Akragas standen.

Himera verdankt seinen späteren Ruhm hauptsächlich der Schlacht, die auf der Ebene vor ihren Mauern 480 v. Chr. ausgefochten wurde und bei der, wie bei der gleichzeitigen Schlacht von Salamis in Griechenland, die Vorherrschaft im Mittelmeerraum das eigentliche Streitobjekt darstellte. An beiden Fronten siegten die Griechen, die so den Zenit ihrer Macht erreichten und für die mit diesem Datum jene auf allen Gebieten äußerst produktive Zeit begann, die gewöhnlich von den Historikern als ›Klassik‹ bezeichnet wird. Auf dem Schlachtfeld ließen die Tyrannen von Akragas und Syrakus ein Triumphdenkmal zum Gedenken an den Sieg bei Himera (480 v. Chr.) errichten: einen großen dorischen Peripteros.

Bei dem **Siegestempel** wurde an nichts gespart. (Heute ist er in einem regelrechten ›Zwinger‹ eingesperrt.) Der Hexastylos besaß 14 Säulen an den Längsseiten, Opisthodom und Pronaos. Wie bei mehreren sizilischen Tempeln waren in die Zwischenwand von Pronaos und Cella beidseitig vom Eingang Treppen eingebaut. Vom Bauschmuck sind nur 16 Wasserspeier (Nationalmuseum von Palermo) gefunden worden, deren sorgfältige Ausführung die Schönheit der Elemente erahnen läßt.

Der Tempel stand nur kurze Zeit. 409 v. Chr. rächten sich die Karthager für die Niederlage, die sie 71 Jahre zuvor erlitten hatten. Das Siegesdenkmal wurde als erstes zerstört, die Stadt dem Erdboden gleichgemacht, die Hälfte der Einwohner getötet. Die anderen flüchteten nach Messana oder dem heutigen Tèrmini Imerese, wo die Thermen und der Stapel von Himera lagen. Später erlosch sogar die Erinnerung an die genaue Stelle, an der die Stadt gelegen hatte.

Löwenkopf-Wasserspeier vom Siegestempel in Himera, 5. Jh. v. Chr., heute im Nationalmuseum von Palermo

Seit 1963 unternimmt die Universität von Palermo periodische Ausgrabungen, und langsam lassen die Resultate das einstige Stadtbild wieder erkennen. Es ist für die Archäologie von besonderem Interesse, da keine Schichten aus späteren Zeiten über den Resten des 5. Jh. v. Chr. liegen. Das ummauerte **Stadtgebiet** nahm das ganze Plateau ein, von dem aus die Küste weit zu überschauen und jeder Paß im Hinterland zu kontrollieren war. Außerhalb der Mauern lagen der Siegestempel und, auf der anderen Flußseite am Strand, die große Nekropole.

Das Straßensystem war das geradlinige, später ›hippodamisch‹ genannte. Im nördlichen Teil der Stadt lagen in einem ummauerten Bezirk drei Heiligtümer und ein Altar. Der sog. **Tempel A**, kurz nach Gründung der Stadt errichtet, ruhte auf Grundmauern von Flußsteinen. Die Wände bestanden aus ungebrannten, mit Tonplatten verkleideten Ziegeln. Ca. 100 Jahre später wurde dieser ältere Tempel in einen neuen, größeren Steinbau einbezogen und erhielt ein Opisthodom. Auch dieser zweite Bau zeichnete sich durch reichen Dekor aus: Die mit geometrischen Malereien verzierten Tonplatten des alten Heiligtums wurden durch eine Verkleidung mit stark plastischem Schmuck ersetzt und ein halbes Jahrhundert später durch neue Akrotere in Form von geflügelten Siegesgöttinnen in faltenreichen Gewändern bereichert.

Tempel C scheint zu Beginn des 5. Jh. v. Chr. errichtet worden zu sein. Der rechteckige Bau war in zwei gleich große Räume unterteilt. Interessant sind die Antefixe (Gorgonen), die gewisse Affinitäten zur italisch-etruskischen Koroplastik aufweisen und den stetigen Kontakt zu diesem Volk bestätigen.

Das **Antiquarium** am Eingang der Ausgrabungen beherbergt einen Teil der Funde. Reiche, plastisch ausgeführte architektonische Elemente scheinen typisch für die Gebäude der Stadt gewesen zu sein. Noch sind die Ausgrabungen nicht so weit fortgeschritten, daß mit Sicherheit das Verhältnis zu den anderen sikeliotischen Städten definiert werden könnte, doch geht bis jetzt aus den Funden hervor, daß Himera, trotz der Nähe karthagischer Siedlungen, keinerlei Einflüssen von dieser Seite unterlag, sondern ausgesprochen ›griechisch‹ lebte.

Cefalù

Cefalù, ein attraktives Städtchen von ca. 14000 Einwohnern, erstreckt sich zwischen dem Meeresufer und einem imposanten Felsen aus Muschelkalk, der sich steil und schützend im Rücken des Ortes erhebt (150 m ü. d. M.; s. Farbabb. 10). Auf die Form dieses Felsens – manche wollen darin die eines menschlichen Kopfes erkennen – soll der Stadtname zurückgehen: Von der griechischen Bezeichnung für Kopf *(Kephale)* über das antike ›Kephaloidion‹ gelangt man zum heutigen ›Cefalù‹. Cefalùs unvergleichliche Lage erschließt sich dem Besucher am besten, wenn er die Stadt von Westen her über die Küstenstraße anfährt.

Die Häuser des Städtchens weisen noch überwiegend den Charakter des 15. Jh. auf: Die Räume des Erdgeschosses sind als Arbeitsräume oder Geschäfte eingerichtet, daneben liegt die schmale Eingangstür zu den Wohnräumen, die über eine enge, steile Treppe zu erreichen sind (s. Abb. 102). Die Wurzeln der Stadt liegen allerdings bereits im 12. Jh., als Roger II. befahl, den während der normannischen Eroberungskriege von seinem Vater zerstörten Ort wieder aufzubauen.

Aus vorgeschichtlicher Zeit finden sich verschiedene Spuren im Felsgestein, Reste megalithischer Mauern und, auf einem der Bergvorsprünge, die **Ruine eines antiken Heiligtums** aus dem 9. Jh. v. Chr. Dieses wurde im 3. Jh. v. Chr. von den Römern in ein Heiligtum der Diana, später dann in eine christliche Kirche umgewandelt. Es zeigt heute noch interessante Einzelheiten aus seiner Entstehungszeit wie den Brunnen, einen Raum mit zentraler Säule oder die Türpfosten, bei denen die natürliche Zeichnung des Muschelkalks so geschickt genutzt wurde, daß sie wie eine kunstvolle Verzierung wirkt. Der Weg zum Heiligtum ist mit ›Tempio di Diana‹ ausgeschildert. Er führt an antiken Zisternen und Resten von Befestigungsmauern vorbei und bietet herrliche Aussichten auf die Stadt mit dem Dom, die Küsten und die Liparischen Inseln.

Die **arabischen Wäschereien,** hinter einem schmiedeeisernen Tor in der Via Vittorio Emanuele gelegen, vermitteln mit ihrem gut durchdachten Wassersystem, den in den Felsen geschlagenen Waschbecken, steinernen Waschbrettern etc. einen lebendigen Eindruck vom täglichen Leben einer Zeit, aus der sonst kaum Denkmäler erhalten blieben (s. Abb. 106).

Eine Schenkung an die Stadt seitens Enrico Pirainos, des Barons von Mandralisca, legte den Grund für das interessante **Museo Comunale Mandralisca**. Es enthält die Privatsammlung dieses Kunstliebhabers, beschränkt sich also nicht auf eine spezifische Epoche oder Kunstrichtung. Am Eingang erwarten den Besucher ein Bodenmosaik und Säulenstümpfe aus der römischen Epoche von Cefalù; im ersten Stock beginnt die Sammlung mit Uhren, Bronzen und Keramiken des 19. Jh. Es folgen in Saal 1: ein Krater aus dem 4. Jh. v. Chr., dessen Dekor wohl eines der schönsten Beispiele der spöttischen, sizilischen Art der Vasenmalerei dieses Jahrhunderts darstellt; antike Münzen der sizilischen Stadtstaaten (überwiegend von Lìpari) und späterer Epochen. Saal 2 zeigt italienische und flämische Malerei sowie sizilianische Malerei auf Goldgrund (15.–18. Jh.); sizilianische Schreibsekretäre des vorigen Jahrhunderts, von denen einige mit den für Sizilien typischen Glasmalereien verziert sind, andere mit den ebenfalls sehr beliebten Intarsien.

In Saal 3 wird das Glanzstück der Sammlung aufbewahrt, eines der wenigen erhaltenen Werke des Antonello da Messina, das ›Bildnis eines Unbekannten‹ (1465–1470), in dem der neue Zeitgeist des 15. Jh. gut zum Ausdruck kommt: Nicht mehr der Mensch als Repräsentant seiner Würden wird thematisiert, sondern der Mensch als individuelle Persönlichkeit. In Saal 4 sieht man Keramiken ab der Bronzezeit bis zum 4. Jh. v. Chr., in Saal 5 eine Mineralien- und in den Sälen 6 und 7 eine sehr reiche Muschelsammlung aus den Meeren der ganzen Welt. Bei der Neueinrichtung des Museums wurde 1993 ein weiterer Raum mit griechischen Keramiken eingerichtet. Darunter befindet sich auch die einzige bis jetzt gefundene Miniaturtheatermaske aus der Zeit der mittleren Tragödie (Mo–Sa 9–12.30 und 16–19.30 Uhr, sonn- und feiertags nur 9–12.30 Uhr).

Der **Dom** von Cefalù zählt zu den imposantesten Denkmälern der Normannenzeit (s. Farbabb. 14). Leider befindet er sich seit 1932, als man anfing, ihn von späteren Ergänzungen zu befreien, in Restauration und ist deswegen meist nur z. T. zu besichtigen. 1989 wurde er mit nicht sehr passenden modernen, bunten Glasfenstern versehen. Der Kreuzgang kann seit Jahrzehnten nicht besichtigt werden, und eine Wiedereröffnung steht vorerst nicht zu erwarten.

Eine 150 Jahre nach dem Tod Rogers II. aufgekommene Legende besagt, daß der König nach Kriegszügen in Unteritalien auf dem Rückweg nach Sizilien mit seiner Flotte in einen Sturm geraten und ihm während des Unwetters der hl. Georg erschienen sei. Diesem habe er gelobt, im Falle, daß seine Männer gerettet würden, Gott einen Dom zu errichten. Daraufhin seien die Schiffe auf wundersame Weise von den Winden in die Bucht von Cefalù getrieben worden. Der König habe gleich nach der Ankunft eigenhändig die Maße für die zukünftige Kathedrale auf die Erde gezeichnet und den rettenden Ort zu seiner letzten Ruhestätte bestimmt.

Letzteres entspricht den Tatsachen. Ansonsten ist nur sicher, daß 1131 die Arbeiten an der Kathedrale und dem angeschlossenen Stift im Gange waren, als der König den ersten Bischof der Stadt ernannte. Sein besonderes Interesse an diesem Bau dürfte dessen Bestimmung zur Grabkirche und die gleichzeitige Errichtung eines königlichen Palastes in dessen Nähe zur Genüge beweisen. Die Ursachen, die ein Jahr nach dem Beginn zu einer plötzlichen Unter-

NORDKÜSTE / CEFALÙ

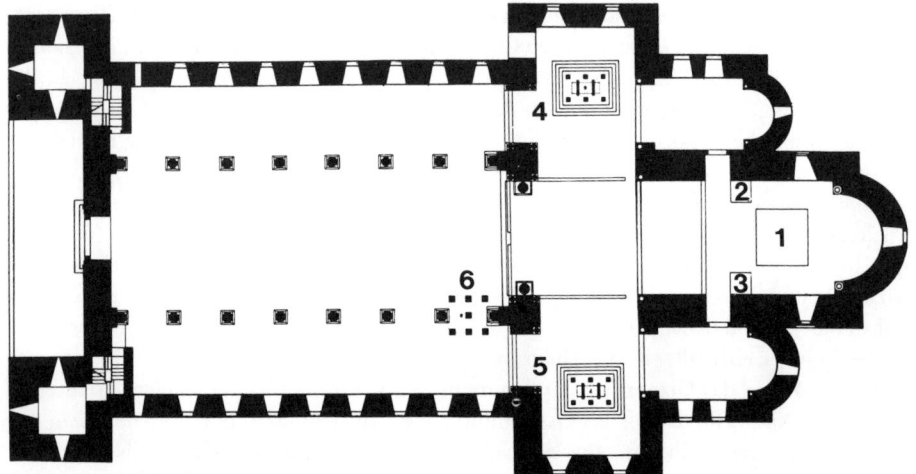

Cefalù, Dom (mittelalterlicher Zustand): 1 Hochaltar 2 Königssitz 3 Bischofssitz 4 der für Roger II. bestimmte Sarkophag (heute Sarkophag Friedrichs II. von Hohenstaufen im Dom von Palermo) 5 für die Nachkommen Rogers II. bestimmter Sarkophag (heute Sarkophag Heinrichs VI. im Dom von Palermo) 6 Kanzel

brechung der Arbeiten führten – und die später nur noch sporadisch und nicht nach dem ursprünglichen Plan fortgesetzt wurden –, gehen aus keinem der wenigen erhaltenen Dokumente dieser Zeit hervor. Bei jüngeren Untersuchungen am Originalwerk der großen Apsis wurde festgestellt, daß die Mauern wahrscheinlich nicht die nötige Tragfähigkeit gehabt hätten, was das Abweichen von der ursprünglichen Bauidee erklären mag.

Ursprünglich hatte Roger den Dom als einen mächtigen, turmartigen Festungsblock auf einer Erhebung in der Stadt geplant. Seine dominierende Position war mittels einer dreigeteilten Treppenrampe noch gesteigert worden. Diese Rampe wurde erst im 18. Jh. entfernt, als man auch den Platz vor dem Dom aufschüttete, mit einer Eisenbalustrade einfaßte und mit den Bischofsstatuen versah.

Zum ursprünglichen Plan gehörten schon die beiden mächtigen Zwillingstürme (1131/32), die sich nur in den Dachpyramiden und der oberen Fensterordnung unterscheiden, sowie der niedrige Baukörper der Schiffe (s. Abb. 104). Die Fassade erhielt ihre jetzige Gestaltung um 1242 (s. Abb. 103). Das alte Portal wurde jedoch übernommen. Es stellt das erste Beispiel eines Typus dar, der im Dom von Monreale perfektioniert wiederkehrt und später auch in die süditalienische Architektur einging. Ob der Türsturz eine spätere Hinzufügung darstellt, ist nicht sicher. Auf das 13. Jh. gehen auch die oberen Blendgalerien zurück.

Der Portikus im Stil der katalanischen Spätgotik wurde der Fassade 1471 vorgelagert. Am südlichen Seitenschiff blieben die ursprünglichen Zinnen noch erhalten. Über die Dächer der Seitenschiffe waren die beiden Wehrtürme mit dem zentralen Teil der Kirche verbunden, wo sich die Gänge innerhalb des Mauerwerks auf zwei Ebenen fortsetzten. Von dort sollten sie weiter über die Apsiden geleitet werden; die Verbindungstüren bestehen noch, führen aber ins Leere.

Die Rückansicht des Doms läßt verschiedene Abweichungen vom Originalplan erkennen: Die unteren Wände der kleinen Apsiden mit den verschlungenen, flachen Spitzbogenarkaden gehen auf das 12. Jh. zurück und sind Teil des ursprünglichen Plans; die abschließenden Pendentifs jedoch stehen in keiner Beziehung zu den Bogen und scheinen im 13. Jh. angefügt worden zu sein (s. Abb. 105). Bei der Hauptapsis reichen die doppelten Dreiviertelsäulen bis zu dem Punkt, an dem sich überschneidende Spitzbogen aufgesetzt werden sollten, was aber nie geschah. Das obere Gesims erhielt, ebenfalls in einer zweiten Phase, eine Reihe von Blendbogen. Die drei Rosettenfenster von 1131/32 wurden zugemauert, als Roger sich 1142 dazu entschloß, den Innenraum mit Mosaiken ausschmücken zu lassen, zu deren Realisierung eine geschlossene Fläche nötig war. Die Dächer wirken unorganisch und plump, der Aufbau ist, verglichen mit dem Querschiff, über dem Chor zu niedrig. Alles läßt eine hastige, beinahe provisorische Fertigstellung erkennen.

Den Innenraum teilen zwei Reihen von Spitzbogen auf antiken Säulen in drei Schiffe. Einige der antiken Kapitelle wurden im Mittelalter an fehlerhaften Stellen geschickt umgearbeitet. Meisterhaft fügten die Steinmetzen Figuren ein, veränderten die Blätter und gestalteten jedes der beschädigten Kapitelle zu einem neuen, in sich geschlossenen Werk. Unter dem zweiten Bogen rechts steht das Taufbecken aus Muschelkalk von 1588, am gleichen Platz, an dem auch das verlorengegangene mittelalterliche gestanden hatte. Um wenig später Platz für die beiden Orgeln zu schaffen (1992 wieder entfernt), wurde die mittelalterliche Kanzel zerstört, von der Teile, die als Dekor genutzt worden waren, wiedergefunden wurden.

Zur gleichen Zeit hat man auch die Chorschranken entfernt, die aus kostbaren, mit Kosmatenarbeiten geschmückten Marmorplatten bestanden. Der eigentliche Mittelpunkt des Heiligtums, der Chor, sollte ursprünglich außergewöhnlich hoch gebaut und wahrscheinlich mit einer Kuppel überwölbt werden. Der erste, überaus hohe Chorbogen wurde verjüngt, indem man unter ihm einen zweiten, niedrigeren Bogen errichtete, der auf mächtigen Säulen ruht. Die Kapitelle dieser Säulen dürfen als beispielhaft für die Skulpturen des 12. Jh. gelten.

An der Holzdecke (1989 restauriert) blieben sporadisch Reste des gemalten Dekors übrig, die den nach der Cappella Palatina zweitgrößten erhaltenen Zyklus fatimidischer Malerei darstellen. Vom Chor aus läßt sich die grandiose Wirkung des Innenraums am besten würdigen. Die in die Wandkanten ein- und übereinandergestellten Säulen, die an vielen normannisch-arabischen Bauten beggnen, unterstreichen den architektonischen Rhythmus. Hoch oben an den Wänden sind noch die schön gearbeiteten, mit symbolischen Figuren geschmückten Stützsteine auszumachen, auf denen die im ursprünglichen Plan vorgesehenen Bogen ruhen sollten.

Seitlich an den oberen Wänden des Querschiffs läuft als Krönung ein Ambulacrum mit kleinen, aber kräftigen Säulen entlang. Die Kapitelle sind mit stilisiertem Blattwerk verziert,

NORDKÜSTE / CEFALÙ

und aus rechteckigen Abakusplatten wächst in klaren, wenig zugespitzten Bogen die Wand auf. Diese Galerien waren Teil der Verteidigungsgänge – ähnliche wurden in zeitgleichen fatimidischen Palästen nachgewiesen. Eine zweite Galerie mit einfachen Spitzbogenfenstern ist an der Eingangswand zu erkennen.

1145 ließ Roger II. zwei Sarkophage in den für sie bestimmten Räumen seitlich des Chors aufstellen, so daß das Licht der runden Fenster auf sie fiel. Dort blieben sie, bis sein Enkel Friedrich II. von Hohenstaufen die wertvollen Stücke nach Palermo transportieren ließ, zusammen mit einem großen goldenen Altarbild, das aber verlorenging.

Lediglich die Mosaiken der Apsis wurden 1148 während der ersten Bauphase vollendet. Zu ihrer Realisierung hatte Roger II. Meister aus Konstantinopel kommen lassen, dem Resultat nach zu urteilen die besten seiner Zeit. Das Mauerwerk bot wegen der Modifikationen weder glatte, ebene Flächen, noch lagen die Fenster günstig für eine einfache Lösung bei der Aufteilung der liturgischen Motive. In der Höhe fanden spätere Meister um 1150/60 ein Kreuzrippengewölbe vor, eine für sie ungewöhnliche Form. Auf geniale Weise gelang es ihnen, sie in die Komposition einzubeziehen und sogar auszunutzen.

Im Zentrum gaben sie Gott als achtblättrige kosmische Rose wieder, von der aus sich die Rippen in vier Richtungen wölben. Die Ornamente auf den Rippen bestehen aus islamischen Symbolen der kosmischen Weisheit und Energie und scheinen von arabischen Arbeitskräften ausgeführt worden zu sein. Vom Mittelpunkt her in alle Richtungen strahlenförmig ausgehend, schwebt über den Wolken der Chor der Seraphim und Cherubim. Zum ersten Mal in der byzantinischen Kunst wurden hier die Wolken auch ›realistisch‹ und nicht nur wie bisher symbolisch in Form von wellenförmigen weißen Bändern im Heiligenschein der Erzengel wiedergegeben. (Dieses Symbol hatte aus China über Persien den Westen erreicht.)

In der meisterhaften Darstellung des Pantokrators scheinen alle widersprüchlichen Züge der Christusfigur, das Göttliche und das Menschliche, vereint zu sein: »Mensch geworden, ich, der Schöpfer des Menschen und Erlöser des von mir geschaffenen Menschens, urteile ich als Fleischgewordener über das Fleisch und als Gott über die Herzen«, lautet die Inschrift über dem Bogen. In dem offenen Buch steht in Latein und Griechisch: »Ich bin das Licht der Welt...«

Zwischen dem durch das Fenster versinnbildlichten Licht und Christus steht Maria, wohl eine der schönsten byzantinischen Mariendarstellungen. Sie ist, genau wie Christus, frontal wiedergegeben, im Gegensatz zu den anderen Figuren, die mit leicht geneigtem Haupt in Dreiviertelansicht dargestellt werden (außer den Kirchenvätern an den Seitenwänden, die einer späteren Zeit, um 1170, angehören). Ihre Hände sind zwar in der Geste der Anbetung erhoben, doch liegt der Akzent auf ihrer Funktion als Bindeglied, als Vermittlerin zwischen Gott und den Menschen.

Die vier Erzengel, die ihr leicht zugewandt stehen, tragen in den Händen scheibenförmige Symbole, die auf Christus, das fleischgewordene Wort, als Quelle der Erleuchtung weisen. Sie gleichen den Figuren des Engelchors, jedoch deutet die unterschiedliche Linienführung, vor allem an den Gewändern, auf mehrere ausführende Kräfte. Die Apostel, auf beiden Seiten neben dem Fenster, in vier Dreiergruppen aufgeteilt, zeichnet die gleiche lockere

Der Engelchor, Mosaik im Kreuzrippengewölbe vor der Apsis – man beachte rechts unten die Ansätze zu einer ›realistischen‹ Wiedergabe der Wolken

Körperhaltung aus, die typisch für die Abbildungen der Apsis ist. Übereinanderstehende Säulen rahmen die Darstellungen. Säulen und Kapitelle besitzen, einzigartig in der byzantinischen Kunst, eine musivische Verkleidung.

Die oberen Mosaiken im Bema – Propheten und die hl. Diakone an der Nordseite, Propheten und hl. Krieger an der Südseite – gehören stilmäßig zu den Apsisfiguren, scheinen aber im Abstand von einigen Jahren ausgeführt worden zu sein. Die Bilder der östlichen und westlichen Kirchenväter, die frontal in steifer Haltung und langgestreckten Proportionen wiedergegeben sind, und deren (kleine) Köpfe sich in ein Rechteck einschreiben lassen, stammen von einer zweiten, etwas späteren Schule, als sich in der byzantinischen Kunst ein kurzfristiger Rückgriff auf archaische Stilelemente bemerkbar machte. Zu dieser Schule zählen auch die Kirchenväter in der Palastkapelle, die von den gleichen Mosaiklegern stammen. Die archaisierende Phase wurde wenige Jahre später wieder überwunden. Die Mosaiken Monreales knüpfen direkt an die ersteren Werke an (s. a. S. 90).

Die langjährigen Restaurationen haben den Innenraum im großen und ganzen auf seine ursprünglichen Formen zurückgeführt, soweit diese noch existieren. Die linke Apsis beließ man als historischen Nachweis der Veränderung unangetastet. Ihr wertvoller Silberaltar stammt aus dem 17. Jh. Dagegen wurde in der rechten Apsis das rohe Mauerwerk freigelegt und an der Seitenwand nur eines der zahlreichen barocken Bischofsgräber gelassen. In der Exedra hat man eine Marmorstatue der Muttergottes mit Kind des Antonello Gagini aufgestellt (1533), die ehemals Teil eines solchen Grabes war.

Das Fresko am Pfeiler vom Chor zum Mittelschiff – die Himmelskönigin mit Kind – geht auf das 15. Jh. zurück. Bemerkenswert ist auch das große, zweiseitige Osterkreuz auf Goldgrund (5,12 m hoch, 14. Jh.), das inmitten einer modernen Komposition denjenigen Platz einnimmt, an dem vermutlich einst der Hauptaltar stand. Mit höchster Wahrscheinlichkeit ein Werk des Guglielmo da Pesaro, zeigt es in der eleganten Gestaltung der Figuren jenes Raumgefühl, das in diesem Jahrhundert wiedergeboren wurde.

Patti

Im Dom von Patti (13000 Einwohner) liegt in einem Renaissancesarkophag Adelaide, die Mutter König Rogers II., bestattet. Der jetzige Dom wurde im 18. Jh. an Stelle einer Normannenkirche errichtet, die Roger für das Grabmal seiner Mutter hatte aufführen lassen (1118).

Beim Bau der Autobahn Messina–Palermo kamen die Reste einer römischen Villa ans Tageslicht, die auf einen ausgedehnten Komplex schließen ließen (von der Autobahn ausgeschildert). Proben bewiesen, daß sich das Gebäude mindestens über eine Fläche von 20000 qm ausdehnte, also bedeutend größer als die vergleichbare Anlage von Piazza Armerina. Die Villa entstand wohl gegen Ende des 3. Jh., wurde schon im 4. Jh. verlassen und fiel wahrscheinlich in der zweiten Hälfte desselben Jahrhunderts einem Erdbeben zum Opfer. Im 6. und 7. Jh. wurden einige Räume notdürftig von den Gesteinsmassen befreit und wieder bewohnt. Noch im 10. und 11. Jh. wurde das Gebiet der ehemaligen Thermen als Friedhof genutzt.

Die Fußböden waren mit Mosaiken versehen, bei denen die geometrischen Muster überwiegen. In einem großen, mit drei Apsiden versehenen Saal haben die Künstler zwischen den geometrischen Motiven verschiedene Haustiere abgebildet. Die Systematisierung der Ausgrabungen und ein partieller Aufbau der eingestürzten Wände dauern noch an.

Tìndari

Tìndari ist heute eines der berühmtesten Wallfahrtsziele Sizilliens. Das moderne Heiligtum, von weither sichtbar, verdient einen Besuch, da es immerhin Ausdruck der Volksseele ist. Zudem bietet die Fahrt beeindruckende Aussichten über die Küsten, die Lìparischen Inseln und das Landesinnere bis zum Ätna, der sich majestätisch über die umliegenden Berge erhebt.

Das antike Tyndaris stellte eine der letzten griechischen Neugründungen in Sizilien dar. Durch die Zerstörung von Himera war den Griechen der westlichste Stützpunkt an der Nordküste genommen worden, und so erbaute Dionysios I. 396 v. Chr. die Festung Tyndaris als Bollwerk gegen die Karthager. Das Städtchen erlebte seine Glanzzeit unter den Römern, als es dank seiner Treue während der Punischen Kriege zahlreiche Sonderrechte genoß. Zur byzantinischen Zeit bestand es noch in Form eines kleinen Dorfes, das aber dann im Laufe der arabischen Eroberung eingenommen und zerstört wurde.

Auf die griechische Epoche gehen die Reste des **Theaters** zurück (3. Jh. v. Chr.), das in römischer Zeit in eine Arena umgebaut wurde. Im **Antiquarium** des archäologischen Gebiets befindet sich u. a. eine Modellrekonstruktion des Theaters in seiner ersten Form. Meist übersehen werden die Reste des antiken Bühnengebäudes, da sie versteckt hinter der Seitenmauer des Antiquariums aufgestellt sind. Diese Reste trugen viel zur Kenntnis der antiken Architektur bei, da sie die erstgefundenen Beweisstücke eines monumentalen griechischen Bühnengebäudes darstellen – was die Forschung davor für typisch römisch gehalten hatte.

Die Stadt wurde von drei *Decumanes* durchquert (8 m breit), auf die alle 29,50 m im rechten Winkel die *Cardines* (3 m breit) stießen. Das System der Abwasserleitungen ist noch in perfektem Zustand gefunden worden; es befindet sich unter dem Bodenniveau der Nebenstraßen. Eine *Insula* wurde freigelegt, die vier Gebäude aus unterschiedlichen Bauzeiten aufwies.

Angrenzend an den oberen *Decumanus* liegt ein kleines **öffentliches Bad** (3. Jh. v. Chr.). Parallel zur Straße reihen sich Räume für die Warm- und Kaltwasserbäder. Auch ein Großteil der Hypokausten ist noch erhalten. Das Kaltwasserbecken des Frigidariums dehnt sich bis in den Innenhof, um den sich die Umkleideräume gruppieren. Der Gymnastiksaal ist an dem kleinen Mosaik am Eingang zu erkennen, auf dem zwei Athleten abgebildet sind (der Inschrift nach Verna und Afer, signiert Agathon, Sklave des Dionysios). Einer der kleinen Räume, zum ersten *Cardo* hin gelegen, enthält ein Fußbodenmosaik mit der Darstellung der *Triquetra*. In Richtung des Tals liegen zwei Wohnhäuser, von denen das untere und luxurio-

Die römische Basilika von Tindari mit einem der frühesten bekannten ›Verkehrsleitsysteme‹

seste (1. Jh. v. Chr.) sich mit seinen Terrassen über eine Reihe von sechs zur Straße hin gelegenen Tavernen schob.

Beachtung verdient auch die **römische Basilika,** deren linke Seite wiederaufgerichtet wurde. Das dreistöckige Gebäude war über die Hauptstraße gebaut, so daß ein Teil der Straße zeitweise geschlossen und als Halle genutzt werden konnte. Die Fassade wies in der unteren Ordnung fünf Bogen auf: den großen mittleren, der den Eingang zur Halle bildete, und je zwei seitliche. Von diesen dienten die der Halle am nächsten liegenden zur Umleitung des Verkehrs, wenn der Saal benutzt wurde. Durch die äußeren Bogen gelangte man mittels einer Treppenstraße zum oberen bzw. unteren Stadtteil. Der zweite Stock war sehr niedrig und bestand aus Kämmerchen, die das Aufrechtstehen nicht erlaubten und nur durch schießschartenähnliche Öffnungen Licht erhielten; wahrscheinlich dienten sie als Gefängniszellen. Zu den oberen Stockwerken führten außen angebrachte Treppen.

Kurz hinter der Basilika lag die Agora oder das Forum der Römer (nur durch Sondagen nachgewiesen, aber nicht ausgegraben). Die **Stadtmauern,** die das ganze obere Plateau umschlossen, zählen zu den besterhaltenen auf Sizilien und gehen auf den Beginn des 3. Jh. v. Chr. zurück. Sie umgaben einst den gesamten Hügel, auf dem die Stadt lag; ihr mittlerer Teil ist fast vollständig ausgegraben. Viele der quadratischen Steinblöcke tragen noch die Zeichen, die angeben, aus welchem Steinbruch sie stammten. Neben mehreren Türmen und Pforten ist auch das Haupttor der Stadt inmitten einer halbkreisförmigen Umfassungsmauer erhalten.

Lìparische oder Äolische Inseln

Geschichte

Liparos, Sohn des Königs Auson, des Herrschers über ein Volk der italischen Halbinsel, das sich nach ihm ›Ausonier‹ nannte, nahm im letzten Drittel des 2. Jh. v. Chr. die Inselgruppe vor der sizilischen Nordküste ein, die daraufhin seinen Namen erhielt. Später kam von Metapont ein zweiter Königssohn, Aiolos, eroberte das Reich des Liparos und heiratete dessen Tochter Kyane. Aiolos und Kyane hatten zwölf Kinder miteinander, sechs Söhne und sechs Töchter, die im rechten Alter untereinander heirateten und nach dem Tode des Vaters über ganz Sizilien herrschten. Aiolos soll ein so gerechter Herrscher gewesen sein, daß er schon zu seinen Lebzeiten wie ein Gott verehrt worden war, und da er die Fähigkeit besessen hatte, aus den Eingeweiden der Opfertiere die Winde vorherzusehen, wurde er schließlich zum Windgott. Soweit die Legende.

»...Und er (Aiolos) gab mir, verschlossen im dichtgenähten Schlauche vom neunjährigen Stier, das Wehn lautbrausender Winde. Denn ihn hatte Kronion zum Herrscher der Winde geordnet (...) Undurchdringlich erhebt sich rings um das schwimmende Eiland eine Mauer von Erz und ein glattes Felsengestade.« So schrieb Homer in der Odyssee zu einer Zeit (9./8. Jh. v. Chr.), als die Insel beinahe unbewohnt und verlassen lag und ihr ehemaliger Reichtum nur noch Legende war.

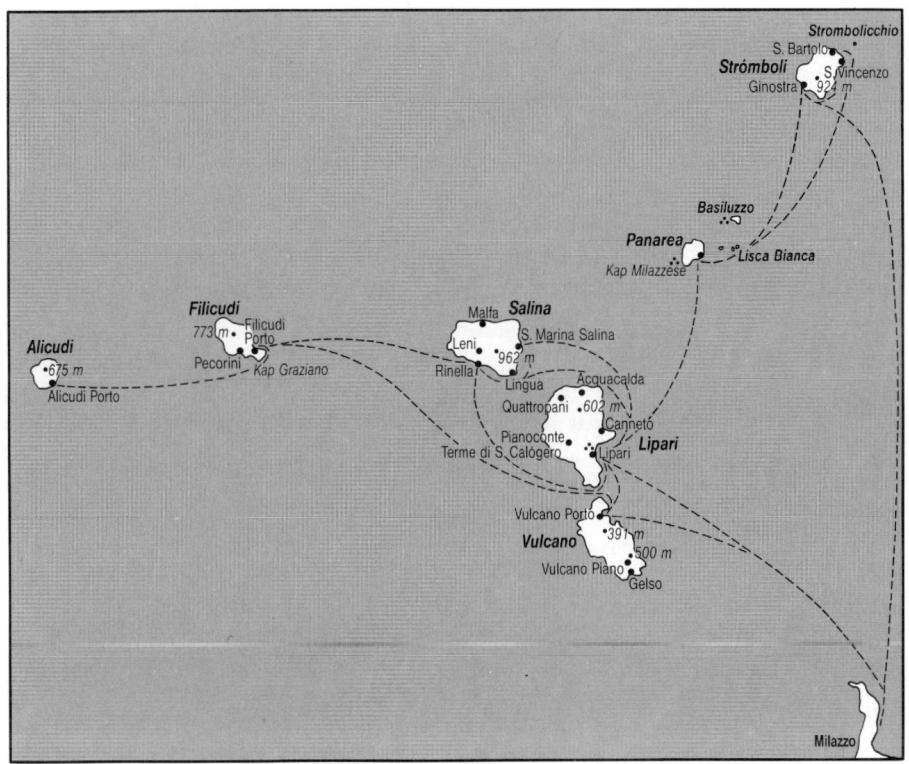

Die Lìparischen Inseln

Diese Legende beruhte auf den Handelsverbindungen, die in vorgeschichtlicher Zeit mit Mykene und den ägäischen Ländern bestanden hatten und die in der Erinnerung noch sehr lebendig gewesen sein mußten, denn – aus der Ferne gesehen – könnte keine Beschreibung zutreffender sein als die des ›schwimmenden Eilands‹. Ebenso entspricht ›das glatte Felsengestade‹ der Wirklichkeit. Auch fungierten die Inseln in der Bronzezeit als wichtige Zwischenhandelshäfen für das aus England importierte Zinn, das zur Bronzeherstellung unerläßlich war.

Schon in früheren Zeiten, während des Neolithikums, als die Schiffahrt noch keine größeren Strecken ohne Stützpunkte bewältigen konnte, waren die Inseln wichtige Zentren gewesen, da sie auf einer stark befahrenen Handelsroute lagen. Das mag auch der eigentliche Grund dafür gewesen sein, daß sie relativ früh, im 5. Jt. v. Chr., besiedelt wurden, obwohl sie kein Quellwasser besitzen und somit Stauanlagen und Zisternen zum Überleben nötig waren. Außer ihrer Lage boten sie Obsidianvorkommen, ein vulkanisches Glas, aus dem vor der Nutzung des Metalls begehrte Waffen und Werkzeuge hergestellt wurden.

NORDKÜSTE / LÌPARISCHE INSELN

Im 9. Jh. v. Chr. wurden die Inseln völlig verwüstet, und erst ziemlich spät in geschichtlicher Zeit entwickelte sich auf ihnen wieder ein blühendes Leben. Nach antiken Quellen landeten 580 v. Chr. einige Knidier auf Lìpari, die bei einem Versuch, Eryx einzunehmen, von den Elymern geschlagen worden waren. Ihnen näherten sich einige Einwohner, die versteckt in Grotten lebten und behaupteten, Nachkommen des Aiolos zu sein. Sie baten die Knidier, bei ihnen zu bleiben und ihnen gegen die Piraten – zu jener Zeit die Etrusker – beizustehen. Die Knidier nahmen das Angebot an und gaben dem neuen Staat eine für die Antike einzigartige Form, indem sie das Land der Hauptinsel aufteilten und die Nebeninseln gemeinschaftlich bewirtschafteten. Um keine herrschende Schicht reicher Landbesitzer aufkommen zu lassen, wurde die Landaufteilung alle 20 Jahre neu durchgeführt.

In kurzer Zeit gelang es den neuen Einwohnern, die Piraten unter Kontrolle zu bekommen, und nach jedem neuen Sieg sandten sie eine Weihgabe ins Apollonheiligtum nach Delphi. 13 Basen von Statuen sind dort gefunden worden, unter denen sich auch eine rein goldene befand, wie die Inschrift auf der Basis besagt. Lìpari (antiker Name: Melegunis) gedieh schnell wieder zu einer reichen und mächtigen Stadt und blieb dies, bis sie Mitte des 3. Jh. v. Chr. den Römern in die Hände fiel, die sich der Inseln als Militärstützpunkte in den Punischen Kriegen bedienten.

Sieben Inseln zählen zu der Gruppe, der Größe nach: Lìpari, Salina, Vulcano, Filicudi, Alicudi, Strómboli und Panarea. Alle sind vulkanischen Ursprungs, eigentlich die Gipfel hoher Vulkane, die aus dem Meer herausschauen, sich aber unter dem Meeresspiegel noch 2000 m und mehr in die Tiefe fortsetzen. Die meisten dieser Vulkane gelten als erloschen, nur der Vulcano und der Strómboli werden zu den noch tätigen gezählt. Mit Schiff oder Tragflügelboot gelangt man mehrmals täglich von Milazzo auf alle Inseln.

Strómboli

Der Strómboli (924 m ü. d. M.), der ›Strongyle‹ der Griechen, hat sogar den Ruf, der tätigste Vulkan der Welt zu sein. Seit Menschengedenken speit er unentwegt glühende Steine und Gas, durchschnittlich alle 15 bis 30 Minuten. Ein sog. ›Ausbruch‹ dieses Vulkans besteht aus so dicht aufeinanderfolgenden Explosionen, daß das in die Luft geschleuderte glühende Material beim Herabfallen Pseudolavaströme bildet. Die Explosionen werden von weißen, staubfreien Gaswolken begleitet. Diese Art der Eruption wird als ›strombolianisch‹ bezeichnet.

Die Insel ist nur an wenigen Stellen flach genug für Siedlungen. Im Norden liegen S. Vincenzo und S. Bartolo mit 130, im Südwesten das Dörflein Ginostra mit 30 Einwohnern. Nahe bei Strómboli erhebt sich steil der **Strombolicchio**, ein unbewohnter Fels, der Anfang unseres Jahrhunderts eingeebnet wurde, um darauf einen Leuchtturm zu errichten. Er verdankt sich, wie alle Klippen im Umkreis, vulkanischen Aktivitäten.

Panarea

In der Nähe von Panarea mehren sich diese eigenartigen Felsformationen; die größte von ihnen, der **Basiluzzo**, war bis in die Römerzeit bewohnt. Reste von Häusern und Mosaikfußböden sind noch erhalten, und bei ruhigem Meer läßt sich eine antike Hafenanlage unter dem Meeresspiegel ausmachen. Panarea, die kleinste und auch die älteste der Inseln, stellt mit den im Umkreis liegenden Klippen und Felsen die Überreste des ältesten Vulkans und dessen Tätigkeit in den verschiedenen Phasen während des Pleistozäns dar (vor rund 1 Mio. Jahren). Eine Sekundärtätigkeit des ehemaligen Vulkans macht sich an einer Schlammquelle und im Norden der Insel durch die Fumarolen bemerkbar, die eine Temperatur von 100 °C erreichen.

An einem steil zum Meer abfallenden Vorsprung der Insel, dem sog. **Capo Milazzese,** hat man die Grundmauern eines vorgeschichtlichen Dorfs aus dem 2. Jt. v. Chr. mit 23 Rundhütten und einem rechteckigen Bau freigelegt, nach dem die Kulturepoche der Inseln von 1400–1270 v. Chr. benannt wird. Die Ausgrabungen bieten ein gutes Beispiel für einen Wohnort der Bronzezeit, dessen Lage nach Sicherheitsgesichtspunkten gewählt wurde. Eine gewisse ›urbanistische‹ Planung läßt der Gemeinderaum für Versammlungen erkennen.

Vulcano

Diese Insel ist zwar bewohnt (ca. 480 Einwohner), doch gibt es kein Dorf im Sinne einer geschlossenen, um ein Zentrum gruppierten Gemeinschaft; vielmehr liegen die Häuser verstreut über die Hochebene. Während des letzten Ausbruchs des Vulkans (1889–1891) wurde der obere Teil des Berges (jetzige Höhe 391 m) in die Luft gesprengt. Der Krater ist jetzt geschlossen, der Berg befindet sich in sog. solfatarischer Tätigkeit. Die Durchschnittstemperatur seiner Fumarolen liegt bei 200 °C, sie werden aber noch heißer, sobald der Druck im Bergesinnern ansteigt. 1979 erwartete man einen neuen Ausbruch, doch anstelle des Vulcano wurde der Ätna tätig.

Auch der Vulcano erzeugt beinahe nie Lavaströme; seine Aktivität ist eher explosiv als eruptiv, während der Explosionen schleudert er Basaltbrocken heraus, gefolgt von dichten, schwarzen Staubwolken. Dergleichen Ausbrüche wurden nach ihm ›vulkanistisch‹ genannt. 1550 verband sich mittels Lavaströmen ein zweiter Vulkan mit der Insel, der sich 183 v. Chr. als jüngster der Gruppe ganz in der Nähe aus dem Meer erhoben hatte. Über sein Auftauchen und das damit verbundene große Fischsterben schrieb Plinius der Ältere. Der sog. Vulcanello gilt heute als erloschen.

Dicht am Hafen entspringt eine Schlammquelle. Sie gibt 1 l biologisch reinen Schlamm in der Minute ab und formt eine Schlammpfütze, deren Temperaturen durchschnittlich bei 34 °C liegen. Am nahegelegenen Strand befinden sich weitere Fumarolen, die sich einige Meter weit unter dem Meer fortsetzen und das Meereswasser aufheizen. Schlamm, Meer und die Dämpfe der Fumarolen werden für therapeutische Zwecke genutzt. Allerdings gibt es keine organisierten Anlagen – sie stehen jedem zur Verfügung, so wie die Natur sie entstehen läßt (s. Abb. 107).

Alicudi und Filicudi

Diese 40 und 20 km von Lìpari entfernten Inselchen haben die typische konische Form, die sie als ehemalige Vulkane ausweist. Sie liegen abseits der gängigen Schiffahrtslinien und

NORDKÜSTE / LÌPARISCHE INSELN

bilden sozusagen die Peripherie der Äolischen Inseln. Auf ihnen machen sich die Konsequenzen einer seit Jahrzehnten andauernden Emigration am meisten bemerkbar. Die Landwirtschaft wurde völlig aufgegeben, und die einst bebauten, mühsam und kunstvoll errichteten Terrassenfelder werden jetzt von der Macchia überwuchert. Da sich die überwiegend steilen Küsten nicht für einen Badeurlaub eignen, hat sich auf diesen zwei Inseln auch keine Umwandlung durch den Tourismus vollzogen, und die Landschaft besitzt weiterhin ihren ursprünglichen, soliden Reiz. Ähnlich wie auf Vulcano gibt es auch dort keine urbanistisch organisierten Ansiedlungen, ausgenommen die kleine Gruppe Häuser am Hafen. Auf Filicudi (der Name geht auf die ehemals ›Palmenreiche‹ zurück) wurde ein vorgeschichtlicher Wohnort ausgegraben, der sich auf dem **Capo Graziano** befand und dem die äolische Kulturphase von 1700–1400 v. Chr. ihren Namen verdankt.

Salina
Zwei nebeneinanderliegende Berge verleihen der Insel Salina das Profil eines Kamelrückens (860 und 962 m ü. d. M.). Die Griechen nannten sie deswegen *Didyme,* ›die Doppelte‹. Ihre letzten vulkanischen Ausbrüche liegen 13 000 Jahre zurück. Den jetzigen Namen erhielt die Insel dank einer antiken Salzindustrie. Salina ist unter den Äolischen Inseln die grünste, an manchen Stellen sogar bewaldet, und ihre Bewohner sind die einzigen, die sich nicht auf den Tourismus als Einnahmequelle verlassen, sondern eine bäuerliche Landwirtschaft betreiben (Wein und Oliven). Sie haben es verstanden, auf den Kapern, die besonders gut auf den Inseln gedeihen, eine kleine Industrie aufzubauen und die gesalzenen Knospen sogar zu exportieren. Auf der ihren individuellen Charakter bewahrenden Insel leben ständig ca. 2000 Personen, aufgeteilt auf die drei Gemeinden S. Marina, Lena und Malfa.

Lìpari
Hier wohnen rund 10 000 der 13 000 Menschen, die permanent auf den Inseln leben. Sie verteilen sich auf vier Ortschaften, von denen das Städtchen Lìpari (5000 Einwohner) die größte ist. Zur Gemeinde Lìpari gehören auch alle anderen Inseln mit Ausnahme von Salina. Außer dem Tourismus bietet der Bimsstein eine Einnahmequelle; er entstand während der letzten Phase der vulkanischen Tätigkeit der liparischen Vulkane (10 000 v. Chr.–700 n. Chr.), während derer die Vulkane Obsidianlaven ausspien. Obsidian, das vulkanische Glas, schäumt bei hoher Temperatur auf und wird zu Bimsstein.

Beim Eingang des jetzigen Hafens erhebt sich, gleich einer natürlichen Festung, ein 60 m hoher Fels steil aus dem Meer. Jahrhundertelang bot er den Bewohnern Schutz und Sicherheit gegen ihre Feinde. Die Festungsanlage auf seiner Höhe wurde im 16. Jh. von der spanischen Regierung errichtet, um die letzten Einwohner zu schützen, nachdem Ariadeno Barbarossa, ein gefürchteter türkischer Pirat, im Jahre 1544 junge Bewohner der Insel entführt und als Sklaven verkauft hatte. Beim Eingang sind im Mauerwerk Reste eines Turms aus griechischer Zeit zu erkennen, als auf der gleichen Anhöhe die befestigte Akropolis lag.

Im Innern des Mauerrings liegen außer der Jugendherberge, den Kirchen S. Caterina (jetzt Magazin des Museums), der Addolorata, der Immacolata und dem Dom (s. Abb. 110) das **Archäologische Museum** (Museo Archeologico Eoliano), dessen Sammlungen in dem ehemaligen Bischofspalast und einigen umliegenden Häusern untergebracht sind. Dazwischen liegen Bezirke, in denen seit 1946 Ausgrabungen stattfinden, die ein Großteil des reichen Materials des Museums lieferten.

Im Laufe der Jahrtausende schichtete sich vulkanischer Staub bis zu einer Höhe von 9 m auf – ein ungewöhnliches Phänomen, da normalerweise von solchen den Winden ausgesetzten Felsen die Erde abgetragen wird. Diese Schicht bewahrte in ununterbrochener Folge die Zeugnisse des menschlichen Lebens in diesem begrenzten Raum. Dank eines Vergleichs mit den jeweils gefundenen Handelswaren aus Ländern, die mit Ägypten in Verbindung standen – das sich ja damals bereits in geschichtlicher Zeit befand –, ist heute die Datierung einer Phase der europäischen Vorgeschichte lückenlos möglich. Die unteren Schichten enthielten reichlich lithisches Material, Keramikfragmente und, aus der Bronzezeit, die ersten Metallgegenstände, jedoch wenige Architekturreste. Diese mehren sich ab dem Beginn des 2. Jt. v. Chr. Ein vor den Ausgrabungen aufgestellter, ausgezeichneter Plan ermöglicht es, die verschiedenen aufeinanderfolgenden Phasen zu erkennen.

Die Ausstellung beginnt im oberen Stockwerk des ehemaligen Bischofspalastes. Saal I: Hier finden sich Keramikfragmente aus der frühesten Zeit der menschlichen Besiedlung, aus der neolithischen Kultur von Stentinello (Ende 5./erste Hälfte 4. Jt. v. Chr.), mit vor dem Brand eingedrücktem oder eingeritztem Dekor, der manchmal mit weißer Paste ausgefüllt wurde. Gleichzeitig war auch eine hellgrundige, rotbemalte Keramik in Gebrauch, die der Sesklo-Kultur zuzuordnen ist und deren Verbreitung im Mittelmeergebiet nicht weiter westlich als Sizilien reichte. Zu dieser frühen Epoche scheinen alle Inseln besiedelt gewesen zu sein, und die Bewohner lebten nicht nur an den Küsten, sondern hauptsächlich im Binnenland und betrieben Ackerbau und Viehzucht. Die bemalte Keramik siegt im 4. Jt. schließlich über die eingepreßte. Sie bleibt hellgrundig, aber das rote Flammenmuster wird nun schwarz umrandet und weist somit Analogien zu der süditalischen Kultur von Capri und der Kultur von Dimini auf.

Die Landarbeiter wurden langsam zu Händlern. Obsidian wurde bearbeitet und als Handelsware benutzt. Die Keramik wandelte sich langsam in eine dunkle, sehr blank polierte mit seltenen roten Bemalungen, auf der zum ersten Mal Mäander- und Spiralmuster erscheinen. Mahlsteine aus Lava, das Köpfchen eines Idols und die Reste der Verarbeitung von Obsidian und Feuerstein schließen diese zwei ersten Phasen des Neolithikums ab.

Saal II und III (Keramiken und Gegenstände aus der zweiten Hälfte des 4. und vom Beginn des 3. Jt. v. Chr.): Um 3500 v. Chr. werden überaus dünnwandige Gefäße hergestellt (ohne Drehscheibe) und mit komplizierter geometrischer, miniaturhafter Malerei versehen (Serra d'Alto-Kultur, Süditalien). Um 3000 v. Chr., zu Beginn der Kupferzeit, wird eine einfache, sehr elegante rote Keramik bestimmend, die in ihren Formen auf Anatolien deutet (Troja I). Langsam jedoch wird der Rand an den Gefäßen niedriger, die Henkel werden dünner und

NORDKÜSTE/LÌPARISCHE INSELN

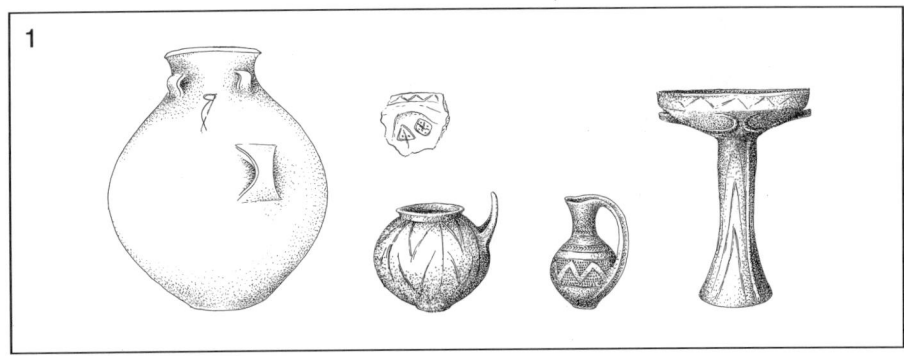

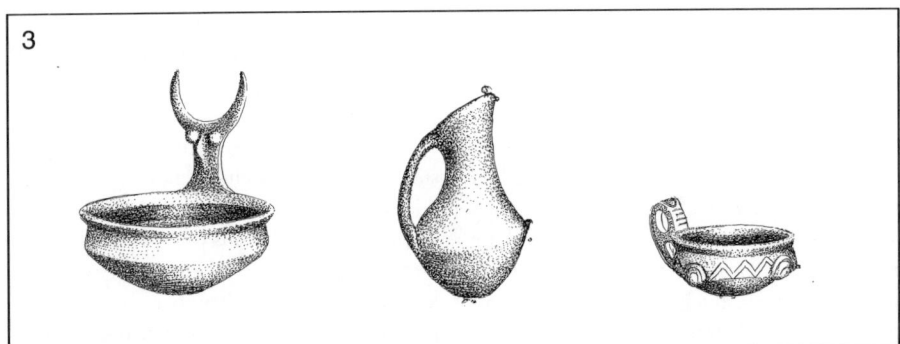

Keramik im Museum von Lìpari: 1. *Milazzese-Kultur* (1400–1200 v. Chr.), entspricht zeitlich der Kultur von Thapsos auf dem Festland und zeigt mit dieser auch enge Formverwandtschaft; erstmals werden die Vasen signiert, d. h. mit einem eingeritzten Firmenzeichen versehen. 2. sog. *Erste Ausonische Zeit* (um 1275 v. Chr.): Auftauchen völlig neuer Formen, typisch die Horn- oder Sichelhenkel. 3. sog. *Zweite Ausonische Zeit* (um 1125 v. Chr.): Die Sichelhenkel werden zu Tierköpfen, neu sind die schräg endenden Schnabelkannen länger, und schließlich verschlechtert sich die Qualität und verliert ihre glänzende Farbe, die Henkel verschwinden beinahe völlig oder werden auffällig übertrieben. Dieser Qualitätsabstieg verläuft parallel mit einer zunehmenden Verarmung der Bevölkerung: Der steigende Verbrauch von Metall ließ Obsidian zu einer weniger gefragten Handelsware werden.

Saal IV und V: Erzeugnisse der sog. Kultur von Piano Conte, um 2500 v. Chr., weisen keinerlei Affinitäten mehr mit den vorherigen auf. Die Vasen erscheinen als eine ziemlich grobe Imitation von Metallgefäßen. An diese Phase schließt sich in der zweiten Jahrtausendhälfte die Kultur von Piano Quartara an.

Saal VI: Ab 2000 v. Chr., zu Beginn der Bronzezeit, erfahren die Inseln wieder einen ungewöhnlichen Aufschwung. Die plötzlich veränderten Formen der Keramik deuten auf Einwanderungen protogriechischer Völker, wahrscheinlich von der Peloponnes. Zinn aus Cornwall, das die Inseln direkt oder als Vermittler einhandelten, rief diese neue Blüte hervor. Während der Kultur von Capo Graziano (1700–1400 v. Chr.) blüht ein reger Handel mit den Ägäischen Inseln, der Peloponnes, dem griechischen Festland, Kreta, Malta und über Westsizilien mit Spanien. Mit Malta war der Kontakt dermaßen eng, daß eine gleiche Bevölkerung nicht auszuschließen ist. Ab 1600 v. Chr. vollzieht sich eine zunehmende Flucht von den Küsten an sicher gelegene Orte auf Bergspitzen, was auf eine von außen drohende Gefahr schließen läßt.

Gegen 1400 v. Chr. endet die Kultur von Capo Graziano ebenso abrupt wie auf dem sizilischen Festland die Kultur von Castelluccio. Es folgt die sog. Kultur des Milazzese (1400–1270 v. Chr.). In dieser Epoche besteht eine enge Verbindung mit dem sizilischen Festland, wo zu dieser Zeit die Kultur von Thapsos herrschte (typisch für beide Kulturen die Eßteller und Obstschalen auf hohem Fuße).

Diese Kultur endete im Rahmen der Völkerverschiebungen des Mittelmeerraums um 1270 v. Chr. Auf allen Inseln zeugen Brandspuren von gewaltsamen Verwüstungen. Die Zerstörung scheint vollkommen gewesen zu sein, denn das Leben auf den kleineren Inseln hörte ganz auf, in Lìpari bewohnten die Neuankömmlinge nur noch den Felsen. Gleichzeitig fand die Einwanderung der Sikuler auf der Hauptinsel Sizilien statt. Die Eroberer der Lìparischen Inseln kamen vom italischen Festland, und nach der von Diodor überlieferten Legende (V 7) werden sie mit den Ausoniern identifiziert.

Saal VII (Erdgeschoß): Die Keramik der Ausonier unterscheidet sich in Form und Technik vollkommen von der vorhergehenden. Die Henkel der Gefäße haben einen Aufsatz, der halbmondförmige Hörner, eine Axt oder einen Zylinder wiedergibt. Die Vase in der Mitte des Saals wurde versteckt unter dem Fußboden der größten Hütte der sog. Ersten Ausonischen Zeit auf dem Ausgrabungsfeld vor dem Museum gefunden. Sie enthielt über 70 kg Bronzegegenstände, der größte in Italien entdeckte Hortfund jener Zeit.

Am Ende des Saals und im folgenden wird die sog. Zweite Ausonische Kultur dokumentiert, die mit der Ankunft einer neuen Volksgruppe um 1125 v. Chr. beginnt; alles deutet darauf hin, daß eine friedliche Vermischung der Völker stattfand. Die Henkelaufsätze verschwinden, nur die Hörnerhenkel verändern sich zu abstrahierten Tierköpfen. Im Gegensatz zur vorhergehenden Epoche mit schwarzer Keramik wird jetzt überwiegend Rot als Farbe verwendet. Einige ›gefiederte‹ Dekorationen ähneln denen der Kultur von Cassìbile auf dem sizilischen Festland.

Keramikgegenstände sind in dieser Zeit reich in Gebrauch; in einer einzigen Hütte wurden 200 verschiedene Vasen gefunden. Die Wohnhäuser waren rechteckig oder rund, halb in die Erde gebaut und mit Wänden aus Fachwerk versehen. Jedes Haus besaß seine eigene Feuerstelle. Erstmalig trat die Verbrennung der Toten auf; anfangs waren Bestattungen in *Pithoi* neben denjenigen in Urnen zu finden, später gewannen letztere die Oberhand (s. u.). Die reichen Grabbeigaben umfaßten Bronzegegenstände, Goldschmuck, Ketten aus Glasperlen und Bergkristall.

Um 850 v. Chr. wurden die Wohnorte zerstört – Brandspuren sind an allen Gegenständen in den letzten Vitrinen zu erkennen. Für die folgenden drei Jahrhunderte blieben die Inseln verlassen oder kaum bewohnt, bis die Griechen um 580 v. Chr. an den Ufern von Lìpari landeten.

Saal X: Dieser Saal beherbergt die archäologischen Funde aus griechisch-römischer Zeit, die im heutigen Wohnzentrum ans Tageslicht kamen. Fragmente attischer, lakonischer, ionischer, rhodischer und korinthischer Keramik bestätigen die Gründung der Stadt um 580 v. Chr. Ein großer Deckel aus Lavagestein (erste Hälfte 6. Jh. v. Chr.) mit einem liegenden Löwen und zwei seitlichen Öffnungen diente als Verschluß für einen *Bothros* (Opfergrube), in dem die meisten ausgestellten Gegenstände gefunden wurden. Gewöhnlich zerbrach man die Weihgaben bei der Opferhandlung. Der *Lebes Gamikos* (Hochzeitsvase), dessen Reste die Restauratoren wieder zusammengefügt haben, wird dem Antimenesmaler (540–530 v. Chr.) zugeschrieben; den oberen Gefäßrand schmücken Illustrationen der Abenteuer des Theseus und des Herakles.

Das dem Haupteingang gegenüberliegende Gebäude enthält das archäologische Material von den Nebeninseln aus der Zeitspanne von ca. 3000 bis zur zweiten Hälfte des 2. Jt. v. Chr. In dem nebenanliegenden Haus verteilt sich über drei Stockwerke die vulkanologische Abteilung, in welcher der geologische Aufbau der Inseln und der Vulkanismus erläutert werden. In dem Gebäude links vom Dom befinden sich die Abteilung der Unterwasserarchäologie, einige originalgetreu rekonstruierte Nekropolen und die Sammlungen aus den Nekropolen der griechisch-römischen Epoche.

Um den chronologischen Überblick nicht zu verlieren, ist es ratsam, die Besichtigung bei den unteren Räumen und in den Sälen XVI und XVII (links vom Eingang) vom hinteren Raum her zu beginnen. Im letzten Raum der Säle XVI und XVII ist die einzige bis jetzt bekannte Nekropole aus der Epoche von 1400–1270 v. Chr. (Kultur des Milazzese) aufgebaut. Die großen Tongefäße *(Pithoi)*, in denen die Toten in Embryonalstellung lagen, waren mit der Öffnung streng geostet und nur lose mit einer schützenden Steinplatte abgedeckt. Eine solche Lage könnte auf einen Wiedergeburtskult deuten. Diese Art der Bestattung war in der frühen Bronzezeit weit verbreitet und kam ursprünglich aus dem Orient.

Die nächsten beiden Nekropolen gehören dem Protovillanova-Typus an (vom italischen Festland eingeführt): Aschenurnen, die zunächst in kleine, mit Steinplatten ausgelegte und abgedeckte Vertiefungen gestellt wurden (12. Jh. v. Chr.). Diese Art der Bestattung war in der späten Bronzezeit nicht nur in Italien, sondern in ganz Mitteleuropa gebräuchlich (Urnenfelderkultur). Vom 8.–6. Jh. v. Chr. wurden die als Urnen verwendeten Vasen ohne jeglichen Schutz dem Erdreich anvertraut. Die Grabbeigaben sind in der Vitrine aufgereiht. In dem Raum dicht beim Eingang befinden sich weitere Grabausstattungen, die aus hellenistischen Gräbern des Stadtgebiets von Milazzo stammen.

Bei den gegenüberliegenden Ausstellungsräumen XVIII und XIX lohnt es sich ebenfalls, die Besichtigung vom hinteren Raum her zu beginnen. Eine Nekropole der Zweiten Ausonischen Zeit zeigt die gemischte Art des Totenkults mit *Pithos-* und Brandbestattungen. Im ersten Raum befinden sich einige Beispiele griechischer Sarkophage. Die in einem Stück gebrannten Tonsärge des 6. Jh. v. Chr. sind eine Seltenheit, da ihre Herstellung großes technisches Können voraussetzte. In der griechisch-römischen Nekropole von Lìpari wurden seit 1948 mehr als 2000 Gräber ausgehoben. Die Totengaben waren am Kopfende der Sarkophage in breitbauchigen Vasen aufgestellt (Beispiele auf den Regalen). Über der Erde kennzeichneten einfache Stelen die Gräber. Ab dem 4. Jh. v. Chr. wurden die Beigaben meist nicht mehr in Vasen gegeben, sondern, in rohe Tonerde gehüllt, außerhalb des Sarkophags an das Kopfende gelegt. Erst zur römischen Zeit wurde es Sitte, sie in den Sarg zu legen.

Der dritte Eingang im Erdgeschoß führt zu den Funden, die aus dem Meer gehoben wurden. Der größte Teil besteht aus der Ladung zweier Handelsschiffe, die beide im 3. Jh. v. Chr., wahrscheinlich auf dem Weg nach Nordafrika, vor den Inseln Schiffbruch erlitten.

Das obere Stockwerk ist den Funden der griechisch-römischen Nekropole gewidmet. Saal XXI und XXII: Die Funde sind in chronologischer Folge ausgestellt. Die kleinen Vasen des 6. Jh. v. Chr. entstammen fast alle lokaler Produktion und imitieren ionische, spätkorinthische und attische Vorbilder. Aus dem 5. Jh. v. Chr. stammen die weißgrundigen Lekythen. In einem Kindergrab desselben Jahrhunderts wurden die kleine, bewegliche Tonpuppe und das Puppengeschirr gefunden nebst der karikaturhaften Figur einer Amme mit Kind – die eine besondere Bedeutung gehabt haben muß, da sie oft in Kindergräbern zu finden ist.

In den mittleren Vitrinen stehen größere Gefäße, vor allem Kratere, die als Urnen oder Behälter für Totengaben benutzt worden waren. Den Themen der Malerei nach zu urteilen, war im griechischen Lìpari der Dionysoskult weit verbreitet, denn an erster Stelle werden Theaterszenen abgebildet, und dieses war dem Dionysos heilig. Auch bei den meisten mythologischen Episoden handelt es sich um Wiedergaben von Theatervorstellungen.

Aus der ersten Hälfte des 3. Jh. v. Chr. stammen einige sehr farbige Gefäße mit ausschließlich weiblichen Figuren, meist bei der Vorbereitung zur Hochzeit; sie sind typisch für den sog. Maler von Lìpari. Einige Väschen mit polychromem, nicht figürlichem Dekor des gleichen Künstlers oder seiner Schule und die von ihnen ausgeführten Vasen im Gnathiastil zählen zu den schönsten Beispielen ihrer Art. Mit der Komödie in Verbindung stehen die sehr seltenen

NORDKÜSTE/LÌPARISCHE INSELN

Akrobatenfigürchen aus Ton (eine Abbildung findet sich auf einem Glockenkrater im ersten Raum). Die sakralen Figürchen der Opfernden und einige *Pinakes* wurden 1954 in einem Demeter- und Koreheiligtum in der Stadt Lìpari gefunden.

Theatermasken im Museum von Lìpari: links Priamos aus der Tragödie und rechts der Sklavenaufseher mit dem doppeldeutigen Gesichtsausdruck aus der Komödie

Die liparische Sammlung von Theatermasken

Einzigartig ist die Sammlung der Miniaturtheatermasken (8–8,5 cm) und der Tonfigürchen, die ebenfalls thematisch mit dem Theater in Verbindung stehen. Die Masken bilden drei Gruppen: Die erste steht in Beziehung zur Tragödie und Alten Komödie, die zweite zur sog. Mittleren und die dritte zur Neuen Komödie.

Die Maskentypen der Tragödie gehören beinahe alle zu Werken des Euripides und Sophokles. Aus dem ›Alexandros‹ des Euripides stammen Priamos, Paris, Kassandra und Deiphobos, aus der ›Hekabe‹ Polydoros und Polymestor; Laios, Hippodamias und Chrysippos aus ›Chrysippos‹ sowie Herakles und Admetos (?) aus ›Alkestis‹. Von den Werken des Sophokles stammen Philoktet und Paris aus ›Philoktet‹, Achelaos und Deianeira aus den ›Trachinierinnen‹, Ödipus und Iokaste aus dem ›König Ödipus‹. Die Figuren von Hektor und Hekuba gehören zum ›Hektor‹ des Astydamas. Die zwei Masken des Papposilen und eines Satyrn kommen aus dem Bereich des Satyrspiels.

Die Masken der Alten Komödie gehen auf die Zeit des Aristophanes zurück (gestorben 385 v. Chr.). Da es sich bei diesen ca. 20 Exemplaren um Karikaturmasken handelt, ist die Identifikation schwieriger. Zu erkennen sind Herakles und Hades; wahrscheinlich gehörten die Figuren zu einem Stück über Herakles und den Gott der Unterwelt, zwischen denen ein wilder Streit ausbrach, als Herakles den Höllenhund Kerberos entführte.

Die Figürchen und Masken der zweiten Gruppe stammen aus der zweiten Hälfte des 4. Jh. v. Chr. Nur ein Figürchen ist noch mit der Tragödie in Verbindung zu bringen: Andromache, die in der letzten Nacht von Troja mit dem kleinen Astyanax zum Altar flüchtet, aus den ›Troerinnen‹ des Euripides. Einige der kleinen Figuren stellen Satyrn und Silenen dar, die, in einen Umhang gehüllt, sich den Anschein von Philosophen geben. Die Masken gehören der ›Mittleren Komödie‹ an, über die sehr wenig bekannt ist. Sie zeigen nur noch kanonische Typen wie z. B. die geizige Alte, den Parasit, die Kupplerin, die alte betrunkene Sklavin, den gewitzten, intrigierenden Sklaven usw. Bei den Figürchen der Tänzerinnen, Akrobaten, Jongleure usw. kommt die Doppelflötenspielerin am häufigsten vor.

Die dritte Gruppe betrifft die Masken, die von dem athenischen Komödiendichter Menander für die Neue Komödie geschaffen wurden (erste Hälfte des 3. Jh. v. Chr.). In einer Enzyklopädie der römischen Zeit ist eine Liste von 44 Personentypen der Komödie erhalten geblieben – beinahe alle aufgezählten sind in den 200 Exemplaren der liparischen Sammlung wiederzufinden. Die Liste wurde kurz nach dem Tod des Menander geschrieben (292 oder 290 v. Chr.) und ist genau geordnet in alte Männer, junge Männer, Sklaven, alte Frauen und junge Frauen. Diese Ordnung wurde bei der Ausstellung beibehalten.

So zeigt z. B. die Sklavengruppe den alten gutmütigen Sklaven, weißhaarig und mit leicht geschlossenen Augen; den Oberaufseher mit dem doppeldeutigen Gesichtsausdruck der gehobenen und gesenkten Augenbraue; den Halbkahlen mit glänzendem Schädel, dichtem Schopf in Höhe der Ohren und extrem hochgezogenen Augenbrauen; den Lockigen, den Schielenden, den Rastlosen und den Koch.

Eine liparische Eigenart stellen die winzigen Portraits berühmter Persönlichkeiten dar (Beginn des 3. Jh. v. Chr.); zu erkennen sind Menander, Homer, Sokrates und Lysias.

Die Ostküste: Zweiter Abschnitt

Messina

Die Meerenge von Messina ist 13 km lang, erreicht an ihrer breitesten Stelle zwischen dem Kap Peloro und dem Kap von Ali 16 km und verjüngt sich dicht bei Messina bis auf 2800 m. In ihr treffen sich das Ionische und das Tyrrhenische Meer; da zwischen diesen beiden ein Unterschied von beinahe 50 cm im Wasserspiegel besteht, bilden sich sehr starke Strömungen, die eine Geschwindigkeit von 12 km/h erreichen können und zu Strudelbildungen führen, die bereits in der Antike gefürchtet waren und auch heute noch für kleinere Boote eine ernstzunehmende Gefahr darstellen. Rund eine halbe Stunde lang gleichen sich die Kräfte der Meere aus, bis die Strömungen des einen die Oberhand gewinnen. Nach sechs Stunden wendet sich das Spiel und wiederholt sich im Gegenstrom.

Manchmal werden dabei Fische an den Strand gespült, deren Formen nichts mit denen gewohnter Arten gemein haben und die manche alten Legenden über Meeresungeheuer verständlich werden lassen. Skylla und Charybdis, die Schrecken der Helden Homers, sind heute nicht mehr zu fürchten, da die Meerenge sich seit der Antike an ihrer engsten Stelle – dank der Drehung der Insel – verbreitert. Roger II. soll einem Chronisten zufolge einen Taucher damit beauftragt haben, die Geheimnisse der Meerenge zu erforschen.

Für den Reisenden, der Sizilien auf dem Landweg erreicht, bleibt Messina das ›Tor zur Insel‹ (s. Abb. 109). Auto- und Eisenbahnfähren sorgen im dauernden Pendelverkehr für das Übersetzen vom Festland (Villa S. Giovanni – Messina), Tragflügelboote erleichtern den Personenverkehr.

Geschichte

Messina, die griechische Koloniestadt Zankle, wurde gegen 730 v. Chr. gegründet. Nichts an ihrem Stadtbild läßt indes die beinahe dreitausendjährige Vergangenheit erahnen, in deren Verlauf Messina des öfteren eine wichtige Rolle für das Schicksal ganz Siziliens übernahm, allerdings nicht immer zum Vorteil der Insel. Im 3. Jh. v. Chr. war es Messina, das die Römer vom Festland herüberrief und so den Vorwand zu den Punischen Kriegen und der darauffolgenden römischen Herrschaft in Sizilien lieferte.

Während der arabischen Zeit verlor die Stadt jegliche Bedeutung, da die besseren Verbindungen zu Afrika die Hafenstädte im Westen der Insel begünstigten. Unter den Normannen dagegen wurde der Hafen als internationales Handelszentrum reaktiviert, die Stadt befestigt und mit Sonderrechten ausgestattet. Diese mehrten sich noch unter den folgenden Regierungen, so daß Messina im 14. Jh. beinahe unabhängig war. Seitdem verfolgte die Stadt das Ziel, Hauptstadt Siziliens zu werden; um dieses Ziel zu erreichen, betrieb sie zum Schaden der anderen Städte eine nur auf den eigenen Vorteil bedachte Politik und brachte durch allzu hohe Zollgebühren ganze Handelszweige zum Aussterben, darunter auch die Seidenindustrie und die Produktion der Rohseide, deren Exportmonopol Messina besaß.

Schließlich führten diese Ambitionen zu einem Bündnis zwischen Messina und König Ludwig XIV. von Frankreich gegen die spanische Oberherrschaft und, nachdem sich Frankreich mitten im Aufstand (1674–1678) zurückgezogen hatte, zur Niederlage Messinas. Bei den unumgänglich folgenden Strafmaßnahmen verlor die Stadt sämtliche Privilegien. Sie begann sich zu entvölkern, und innerhalb von 70 Jahren schmolz die Einwohnerzahl von 120000 auf 40000. 1783 traf sie ein schweres Erdbeben, und im folgenden Jahrhundert erhielt ihr Handelshafen mit der Eröffnung des Suez-Kanals und der daraus resultierenden Verlagerung der Schiffsrouten den Todesstoß.

1854 starben 15000 Menschen an der Cholera, 1894 litt die Stadt erneut unter den Folgen eines Erdbebens, dem 1908 ein weiteres folgte, das kaum einen Stein auf dem anderen ließ. Messina wurde mit Hilfe aus der ganzen westlichen Welt wieder aufgebaut, im letzten Krieg jedoch von 27864 (!) Bomben getroffen, die 30% der Gebäude

Das Erdbeben von 1908 ließ in Messina kaum einen Stein auf dem anderen

OSTKÜSTE / MESSINA

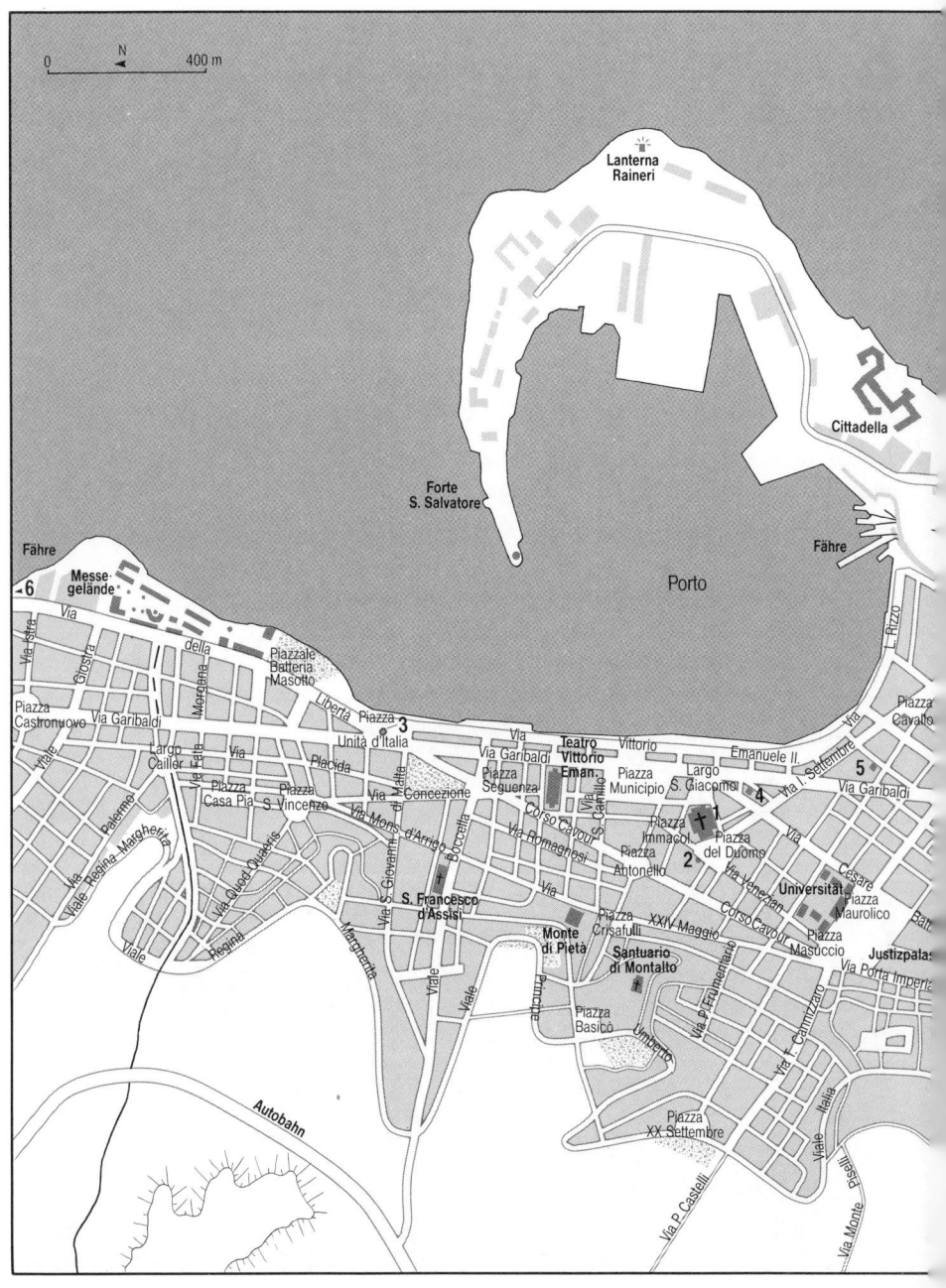

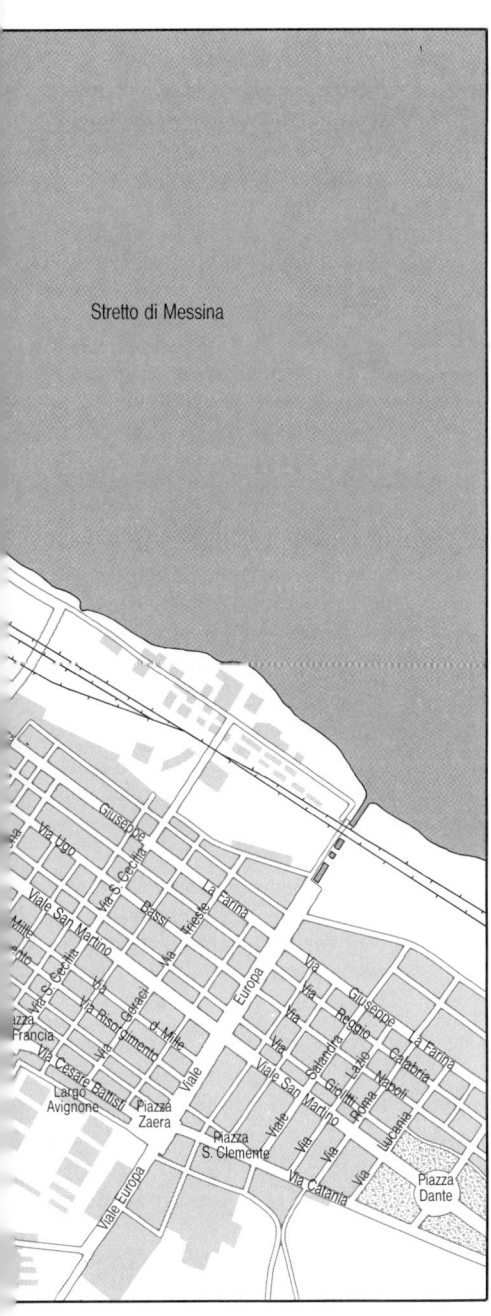

vernichteten und 64% mehr oder weniger stark beschädigten. Heute ist Messina wieder die drittgrößte Stadt Siziliens und Provinzhauptstadt (267000 Einwohner). Ihr Haupterwerbszweig liegt im Dienstleistungsbereich.

Dom
Im Beisein Heinrichs VI. wurde 1197 in der Stadt Messina ein normannischer Dom geweiht. Daß deswegen aber die heutige Kathedrale (1) als ›Normannendom‹ bezeichnet wird, erscheint doch eher gewagt. Mehrere umfangreiche Zerstörungen an dem Gebäude ließen aus dem 12. Jh. kaum mehr als den Grundriß übrig. Die originale hölzerne Freibalkendecke fiel schon 1254 einem Brand zum Opfer. Der Innenraum, der während der spanischen Regierungszeit im 15. und 16. Jh. dem Zeitstil gemäß verändert und mit Seitenaltären und freistehenden Skulpturen bereichert worden war, wurde von den Erdbeben der Jahre 1783 und 1908 durch die einstürzenden Wände vollständig zertrümmert.

Beim Wiederaufbau 1919–1923 gelang es, den mittelalterlichen Bau wiederherzustellen und gleichzeitig in ihn auch die erhaltenen Elemente der späteren Epochen harmonisch einzufügen. Während der schweren Luftangriffe 1943 trafen die Bomben jedoch auch diesen Dom und zerstörten im Innenraum alle Reste der Vergangenheit bis auf wenige Spuren. Verschont blieben nur die Sakristei mit ihrer kunstvoll gearbeiteten Einrichtung des 19. Jh. und der freistehende Glockenturm (1933) neben der Kirche.

Messina: 1 Dom 2 Orionbrunnen 3 Neptunbrunnen 4 SS. Annunziata dei Catalani 5 S. Maria degli Alemanni 6 Regionalmuseum

OSTKÜSTE / MESSINA

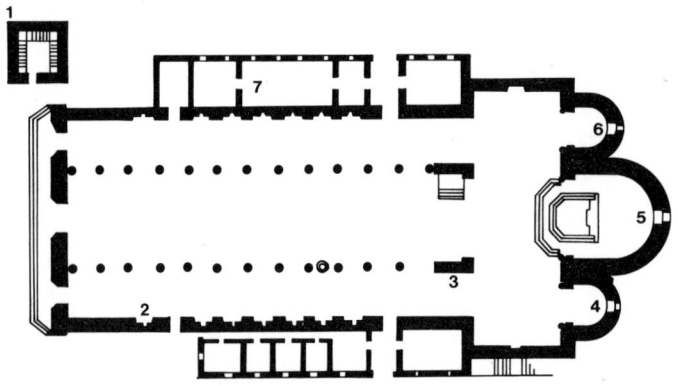

Messina, Dom:
1 Campanile
2 Statue Johannes des Täufers
3 Grabmal von fünf Bischöfen
4 Mosaik aus Fragmenten des 14. Jh.
5 Mosaik des Christus Pantokrator
6 originales Mosaik des 14. Jh.
7 Sakristei

Dieser enthält die größte mechanische Uhr der Welt (Gebrüder Ungerer, Straßburg 1933). An einer Seite gibt eine Kalenderuhr die Daten an, eine astrologische Uhr zeigt den Stand der Gestirne, und darüber wird mit einer Kugel die jeweilige Mondphase dargestellt. An der anschließenden Turmwand befinden sich, von unten nach oben gelesen: Allegorien der Wochentage (wechseln um Mitternacht); die menschlichen Altersstufen (bewegen sich alle 15 Minuten); das Heiligtum von Montalto (verschwindet kurz vor 12 Uhr, um danach mit musikalischer Untermalung des Ave Maria von einer Taube umschwebt wieder aufzutauchen; links vom Dom auf dem Hügel ist das Heiligtum in natura zu sehen); eine Szene aus einer der vier kirchlichen Jahreszeiten; Maria überreicht Abgeordneten von Messina einen Brief (um 12 Uhr). Die zwei Glocken in den Biforienfenstern werden von Dina und Clarenza geschlagen, zwei messinesischen Heldinnen der Sizilianischen Vesper. Darüber steht ein Gockel, der mittags flügelschlagend dreimal kräht, nachdem der noch höher stehende, bannertragende Löwe dreimal gebrüllt und mit dem Schweif gewackelt hat.

Bei der Rekonstruktion der Fassade im 20. Jh. versuchte man, normannische und gotische Bauelemente harmonisch zusammenzufügen. Die Reliefs der zweiten und dritten Reihe der Zierstreifen sind Arbeiten von der Wende vom 14. zum 15. Jh. Die Elemente des Hauptportals gehen auf eine Zeitspanne vom Ende des 14. bis zur Mitte des 16. Jh. zurück, die der Seitenportale auf das 16. Jh.

Das Innere des Doms imitiert den basilikalen Raum mittelalterlicher Kirchen. Seine beachtliche Größenwirkung wird noch verstärkt durch das Fehlen der Bestuhlung. Von 26 monolithischen Marmorsäulen und leicht zugespitzten Bogen in drei Schiffe geteilt, ist er mit einer polychromen, verzierten Holzdecke überdacht (die Balken sind verkleidete Eisenschienen), die an die alten Freibalkendecken der Normannen erinnern soll. Die einzige originale Renaissancestatue des sog. Apostolato (s. S. 101), die 1943 nicht zerstört wurde, ist die des hl. Johannes des Täufers von Antonello Gagini (1525, im rechten, südlichen Seitenschiff). Am Ende desselben Schiffs, auf der linken Seite, hat man den Rest eines Grabmals von fünf Bischöfen aus dem 15. Jh. aufgestellt.

Aus Spuren eines Mosaiks aus dem 14. Jh wurde der Dekor der rechten Apsis erneuert, das Mosaik des segnenden Christus Pantokrator in der Hauptapsis verdankt sich hingegen einer nachempfundenen Neuschöpfung. Die linke Apsis mit der Sakramentskapelle widerstand den Katastrophen am besten: Ihr Mosaikschmuck blieb aus dem 14. Jh. erhalten. Auch ihre Ausstattung vom Anfang des 16. Jh. ist zum größten Teil original. Im Querschiff steht die hervorragende Orgel, um die der Dom 1962 bereichert wurde (fünf Tastenbretter, 170 Register, 16 000 Pfeifen). Hier findet sich auch die original erhaltene Grabplatte des normannischen Erzbischofs Richard Palmer (s. S. 83). Zur Sakristei führt ein zweiseitiges Portal von 1696. Die anderen Denkmäler und Dekorationen im Dom sind zum größten Teil Nachahmungen, nur bei wenigen wurden originale Teile eingefügt.

An der Ausführung des **Orionbrunnens (2;** 1547–1553, heute eine Kopie; Orion war dem Mythos zufolge der Stadtgründer) auf dem Domplatz war Giovanni Montorsoli maßgeblich beteiligt, ein Schüler Michelangelos (s. Abb. 111). Der Brunnen wurde zur Erinnerung an die erste städtische Wasserleitung errichtet, die von dem Flüßchen Camaro gespeist wird, das auf dem Rand des Beckens zusammen mit Tiber, Nil und Ebro allegorisch dargestellt ist. Montorsoli schuf auch den zweiten monumentalen Brunnen im Stil des Manierismus, den **Neptunbrunnen (3;** 1551–1557; Original im Museum); den Meeresgott mit seinem Dreizack flankieren die Allegorien von Skylla und Charybdis.

Zwischen der Kathedrale und der Kirche SS. Annunziata dei Catalani erhebt sich das **Denkmal für Don Giovanni d'Austria,** den Sieger von Lepanto (1571), ein unehelicher Sohn des Habsburgerkaisers Karls V. Achtlos zertritt der Feldherr das Haupt des besiegten Türken Ali Bassa. Am Sockel sind an drei Seiten die Schlachtaufstellung der feindlichen Flotten, die türkische Niederlage und die Rückkehr der Flotte nach Messina wiedergegeben. An der vierten Seite auf einer Bronzetafel stehen u. a. die Zahl der Schiffe und die Namen der zeitgenössischen messinesischen Senatoren zu lesen.

SS. Annunziata dei Catalani

Diese Kirche (4) aus der zweiten Hälfte des 12. Jh. trotzte beinahe allen Naturgewalten und Zerstörungen. Das Erdbeben von 1908 ›befreite‹ sie sogar von allen später zugefügten Auf- und Anbauten und ließ nur das mittelalterliche Original unversehrt stehen. Dieses wurde daraufhin in drei Phasen konsolidiert und restauriert. Es scheint, daß in der Mitte des 13. Jh. ein Erdbeben den vorderen Teil der Kirche zum Einsturz brachte – auf diese Zeit geht die Fassade zurück, die dem stehengebliebenen Teil des Gebäudes vorgesetzt wurde. Das hieraus resultierende Fehlen ungefähr eines Drittels der Länge ist, sei es an der architektonischen Aufteilung und dem Dekor der Außenwände, sei es im Innenraum, deutlich zu erkennen.

Die byzantinische Tradition war an der Ostküste Siziliens während der arabischen Epoche nicht völlig verlorengegangen und hielt sich teilweise noch während der Zeit der Normannen, wohl auch begünstigt durch die Nähe zum Festland. Das einzige aus dem Mittelalter erhaltene Kirchengebäude Messinas lehnt sich in seinen architektonischen Formen an diese Tradition an. Die auf einer hohen, von Blendarkaden aufgelockerten Trommel

Chorpartie und Kuppel mit Einlegearbeiten an der Kirche SS. Annunziata dei Catalani, Messina

ruhende Kuppel unterscheidet sie völlig von den Kuppeln anderer gleichzeitiger Kirchen der Insel, ist aber im byzantinischen Raum zu finden (Mistra, Stiris). Der byzantinischen Stilrichtung entsprechen auch die zwei quadratischen Baukörper, die die halbrunde Hauptapsis flankieren und so die Nebenapsiden ersetzen sowie die unterschiedlich hohen Dächer und der bogenförmige obere Abschluß der seitlichen Baukörper (an der rechten Kirchenflanke noch erhalten).

Der Bauschmuck weist überwiegend einen ganz eigenen Stil auf, der aus dem Zusammentreffen der verschiedenen Kulturen hervorging. Die Rückseite der Kirche ist wie eine Fassade behandelt: Eine Blendgalerie zieht sich um den ganzen hinteren Gebäudeteil und schließt ihn horizontal zu einem Ganzen zusammen, während die zarten Säulen die vertikale Linie unterstreichen. Indem sich die Bogen im Erdgeschoß der Apsis an der Kuppeltrommel wiederholen, wird die Blendgalerie im zentralen Teil mit der halbrunden Apsis besonders hervorgehoben, noch verstärkt durch die zwei übereinanderliegenden Fenster in Kuppel und Apsis. Die schwarz-weißen horizontalen Intarsienbänder, die Medaillons in den Bogen sowie die rhythmisierten Bogen selbst verleihen dieser Kirche eine Harmonie und Leichtigkeit, die sie zweifellos unter die schönsten mittelalterlichen Gebäude Siziliens einreihen.

Beim Innenraum kommt der byzantinische Einfluß wieder zur Geltung. Rundbogen auf Säulen teilen ihn in drei Schiffe, von welchen das Mittelschiff von einem Tonnengewölbe und die Seitenschiffe von Kreuzgewölben überdacht sind. Die farbige Wirkung der Ziegel und Steine an den Bogen stellt den einzigen Rest des ehemaligen Dekors dar. Hängezwickel bilden den Übergang vom Quadrat zum Kreis, um das Aufsetzen der Kuppel zu ermöglichen.

S. Maria degli Alemanni
Diese Kirche (5) war das einzige Beispiel gotischer Architektur in Sizilien. Sie wurde zu Beginn des 13. Jh. vom Deutschritterorden errichtet, höchstwahrscheinlich von einem nordeuropäischen Architekten. Nachdem der Orden Ende des 15. Jh. die Insel verlassen

hatte, verfiel die Kirche, widerstand aber trotzdem dem Erdbeben von 1783 und blieb bis 1808 für den Gottesdienst geöffnet. Danach diente sie den britischen Truppen als Munitionslager. 1874 wurde sie von der Gemeinde aufgekauft und notdürftig konsolidiert, erlag jedoch dem erneuten Erdbeben von 1908. Die Einteilung in drei Schiffe ist noch zu erkennen. Die Rippen des Gewölbes bündelten sich zu Pfeilern, die Schiffe schlossen mit drei halbkreisförmigen Apsiden ab. Nur einige Kapitele blieben von dem einstigen Bauschmuck erhalten.

Regionalmuseum

1914 eingerichtet, bewahrt dieses ›Museo regionale‹ (6; Viale della Libertà) die Reste der beim Erdbeben zerstörten Kirchen und Paläste Messinas vom Mittelalter an auf – man beachte vor allem die barocken Marmorinkrustationen, für die Messina berühmt war; eine archäologische Abteilung ist geplant. Architektonische und ornamentale Fragmente der Denkmäler stehen im Garten vor dem Museumsgebäude, und in seinem Innern sind in chronologischer Folge Beispiele aus den bildenden Künsten der verschiedenen Epochen auf zwölf Säle verteilt.

Der erste Saal enthält die Fragmente der byzantinischen und normannischen Zeit, unter denen sich drei Bruchstücke von der Holzdecke des Doms aus dem 13. und 14. Jh. befinden. Vorwiegend aus dem 14. und 15. Jh. stammen die Malereien auf Goldgrund im zweiten Saal, meist von unbekannten Meistern; nur das gotische Triptychon der Madonna mit Kind zwischen der hl. Agathe und dem hl. Bartholomäus wird dem Meister des Triptychons von Sterbini auf dem italienischen Festland zugeschrieben. Auch die Marmorstatue der berühmten ›Madonna der Krüppel‹ ist keine sizilianische Arbeit, sondern gehörte zum Grabmal des Erzbischofs Tabiatis, das von Goro di Gregorio aus Siena hergestellt und 1333 signiert wurde. An einigen Werken des dritten Saals ist ein leichtes Sich-Lösen vom linearen gotischen Stil und schließlich ein überwiegend toskanischer Einfluß zu erkennen.

Beim Eingang des vierten Saals vermitteln verschiedene Exponate, darunter eine Francesco Laurana zugeschriebene Muttergottes, eine Einführung in die Welt des Antonello da Messina, dessen bekanntes Polyptychon des hl. Gregor (1473) einen Ehrenplatz einnimmt. Es zeigt auf fünf Bildern die thronende Madonna mit Kind, den hl. Gregor, den hl. Benedikt, den Engel und Maria bei der Verkündigung. Diese Schöpfung des Künstlers fällt in eine Zeit, in der er die Essenz seiner flämischen Erfahrungen mit der Formenwelt der italienischen Renaissance verschmolz. Gesichter, kronentragende Engel und die reich gestickten Gewänder mit dem schweren Faltenwurf sind deutlich von der flämischen Malschule inspiriert.

Weitere Gemälde vertreten die Renaissance und den Manierismus, einige lassen den Einfluß Caravaggios erkennen. Im zehnten Saal sind zwei Schöpfungen aus den letzten Lebensjahren dieses Meisters ausgestellt: die ›Anbetung der Hirten‹, die er 1608 im Auftrag des messinesischen Senats malte, und die ›Auferweckung des Lazarus‹. Die Sammlungen des Museums schließen mit Gemälden des 18. Jh., sollen aber noch erweitert werden, um das kulturelle Leben in Messina auch während der folgenden 150 Jahre zu dokumentieren.

OSTKÜSTE/ITÀLA, CASALVECCHIO SICULO

Von Messina nach Taormina: Itàla und Casalvecchio Siculo

Entlang der ionischen Küste, von Messina bis Taormina, reiht sich ein Wohnort an den anderen, und zum Strand hin bilden die Ferienhäuser oft eine regelrechte Mauer. Die Ortschaften entwickelten sich ab dem 18. Jh. ohne jegliche urbanistische Planung als Straßendörfer. Die älteren und oft sehr malerischen Orte liegen in den Bergen, sind aber nicht untereinander verbunden, sondern nur über die Küstenstraße zu erreichen.

In dem ursprünglich arabischen Dorf Itàla (2000 Einwohner, 210 m ü. d. M.) steht noch die ehemalige Basilianerkirche **S. Pietro**. Ihre Bauzeit fällt in das letzte Viertel des 11. Jh., und der mündlichen Überlieferung nach soll sie Roger I. nach seinem Sieg über die Araber errichten haben lassen. Es handelt sich um einen der typischen basilikalen Bauten, dessen Zentrum von einer Kuppel überspannt wird. Besonders schön ist die reichgegliederte Nordseite mit ihren verschränkten Blendbogenstellungen.

Ein zweiter Normannenbau, auch dieser eine ehemalige Basilianerkirche, gilt als eines der komplexesten sizilianischen Denkmäler des Mittelalters. **SS. Pietro e Paolo** läßt sich am besten von Casalvecchio Siculo aus erreichen (3050 Einwohner, 400 m ü. d. M.). Das Dorf selbst scheint in der Spätantike entstanden zu sein. An dem kleinen zentralen Platz, von dem aus sich eine schöne Aussicht über die Meerenge, Berge und Täler bis hin zum Ätna bietet, steht die barocke Hauptkirche. Eines ihrer Weihwasserbecken stützt sich auf ein Kapitell, das einst zu der normannischen Kirche gehörte.

Die Basilianerkirche SS. Pietro e Paolo mit ihren ineinander verschränkten Blendbogenarkaden

Diese liegt außerhalb des Wohnorts im Tal der Fiumare di Forza d'Agrò (diese *Fiumare* oder *Torrente* sind keine eigentlichen Flüßchen, d. h. sie führen kein Quell-, sondern nur Regenwasser). Eine Inschrift auf dem Architrav des Hauptportals besagt, daß das Gotteshaus im Auftrag des Katechumenen Theosteriktos vom Baumeister ›Gerhard dem Franken‹ 1172 wiederaufgebaut wurde; Roger II. hatte sie 1116 errichten lassen. Am Außenbau der Kirche erzielen streifenweise angewandte rote Ziegel, schwarzes Lavagestein und hellerer Sand- und Kalkstein einen malerischen Farbeffekt. Ineinander verschränkte Blendbogen auf hohen Lisenen und der bekrönende Zinnenkranz verleihen dem Bau zusätzliche Akzente.

Hohe Spitzbogen auf monolithischen Säulen trennen die drei Schiffe voneinander. Die beiden Kuppeln, die jeweils auf der Achse des Mittelschiffs aufsitzen, weisen unterschiedliche Formen auf: Die erste, auf einer hohen Trommel, ist in Segmente aufgeteilt, diejenige vor der Apsis ruht auf einer achteckigen Trommel. Zwischen den beiden Treppentürmen an der Frontseite, von denen nur noch das untere Geschoß erhalten blieb, liegt ein Narthex mit hohem Spitzbogen, dessen oberer Teil jedoch eingestürzt ist. Die mittlere der drei Apsiden ist nach außen rechteckig ummauert und strebt steil und festungsartig in die Höhe.

Taormina

Das Landschaftsbild, das sich von Taormina (10 000 Einwohner) aus bietet, ist in seiner Schönheit schwer zu übertreffen: Zur einen Seite des Felsvorsprungs, auf dem das Städtchen liegt, erstreckt sich das blaue Meer; auf der abwechslungsreichen Küstenlinie dominiert das Kap von S. Alessio, das ›Silberkap‹ Homers, ehe sich diese in der Meerenge von Messina verliert, wo sie sich mit der des gegenüberliegenden Festlands zu vereinigen scheint. Zur anderen Seite hin dehnt sich das offene Meer, und von der buchtenreichen Küste erhebt sich das reine Profil des Ätna zu majestätischer Größe. Im Hinterland bilden die hintereinander aufgereihten Kalkfelsen der Monti Peloritani die Kulisse, wobei auf dem ersten eine Burgruine und ein verlassenes Kloster, auf dem nächsten ein Dorf das Bild beleben.

Reste von Stadtmauern und -toren, einige Paläste und Kirchen aus dem späten Mittelalter, im sog. arabisch-normannisch-taorminensischen Stil errichtet, verleihen der Innenstadt ihren besonders malerischen Charakter. Ende des vorigen Jahrhunderts entdeckte der Baron von Glöden das Städtchen, und, begeistert von der Umgebung und den Einwohnern, hielt er alles fotografisch fest. Diese Bilder, die zweifellos zu den schönsten in der Geschichte der Fotografie zählen, stellte er in Paris aus und erweckte so Interesse für Taormina, das bald dank seines milden Klimas zum beliebtesten Winteraufenthaltsort des europäischen Adels wurde. Dieser Elitetourismus hielt sich bis zur Nachkriegszeit, danach änderten sich die sozialen Verhältnisse und somit auch der Tourismus, und die Hauptbesucherzeit verschob sich langsam auf die Sommermonate.

Der Ursprung der Stadt reicht bis tief in die Vorgeschichte zurück. In der späten Bronzezeit wählte eine Gruppe der einwandernden Sikuler den 200 m hohen Fels als Sitz für ihren

OSTKÜSTE / TAORMINA

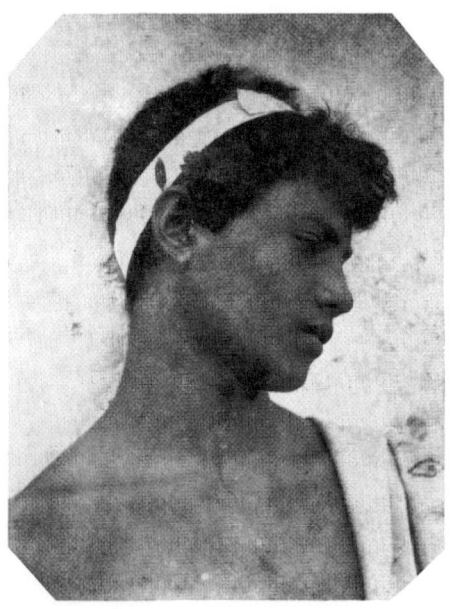

Zwei Glöden-Aufnahmen von jungen Sizilianern im idealisierten, historisierenden Stil der Zeit

neuen Wohnort. Als die Griechen im 8. Jh. v. Chr. in der Nähe ihre erste Siedlung, Naxos, anlegten, wurden sie von den Bewohnern der inzwischen befestigten Stadt toleriert. Das Einvernehmen zwischen den beiden Städten bestand noch Ende des 5. Jh. v. Chr., als Naxos durch Dionysios von Syrakus zerstört wurde und die Sikuler den Flüchtenden Asyl gewährten. Fünf Jahrzehnte danach stieg in der von den Griechen ›Tauromenion‹ genannten Stadt der erste unter ihnen zum Herrscher auf: Andromachos, der Vater des Historikers Timaios (358 v. Chr.). Neben Enna galt Tauromenion als uneinnahmbare Inselfeste.

Von den Römern wurde die Stadt mit Wasserreservoirs versehen, die ihr eine zweijährige Unabhängigkeit von der Außenwelt garantierten; einer dieser Behälter ist heute noch in Gebrauch, ein zweiter fiel den Bomben des letzten Krieges zum Opfer. Während der Sklavenkriege kämpften die Einwohner auf der Seite der Rebellen und konnten erst nach langem Widerstand ausgehungert werden. Während des Machtkampfes zwischen Oktavian und Sextus Pompeius nahm Tauromenion für den letzteren Partei (36 v. Chr.). Nach seinem Sieg bestrafte Oktavian die Stadt, indem er sie von einer privilegierten *Civitas foederata* zur Kolonie herabsetzte und die Bewohner deportierte.

Erst zur byzantinischen Zeit sollte sie wieder eine gewisse Bedeutung erlangen, als sie als einzige Stadt an der Ostküste den Angriffen der Araber widerstand und nach dem Fall von Syrakus das Zentrum des byzantinischen Sizilien bildete. 902 erlag auch sie den neuen

Eroberern. 60 Jahre später kam es zu einem Aufstand gegen die muslimische Herrschaft, der als Folge die Namensänderung in *Al-Moetia* brachte. Nach einem zweiten Aufstand 969 wurde die Zerstörung der rebellischen Stadt beschlossen. Unter dem Namen ›Tambermin‹ blieb nur die Festung zur Rückendeckung des Hafens von Naxos bestehen. Ab dem 13. Jh. bildete sich ein neues Wohnzentrum, zu dem große Klostergründungen den Anstoß gaben.

Unter der spanischen Vorherrschaft wurde die Stadt ihrer zugehörigen Ländereien beraubt, und ein Aufstand (1674–1678) gegen die Regierung führte zu weiteren Verschlechterungen, die eine rapide Bevölkerungsverminderung zur Folge hatten. Da die ehemalige Straße Messina-Syrakus Taormina in den Handelsverkehr einbezog, besaß die inzwischen zum Dorf gewordene ehemalige Stadt noch eine Überlebensmöglichkeit. Diese wurde ihr aber dann im Laufe des 18. Jh. auch noch genommen, als sich die Straße zur Küste hin verlagerte und das Dorf so endgültig vom modernen Leben abgeschnitten war.

Bis vor wenigen Jahren blieb noch eine prähistorische Nekropole erhalten, die inzwischen dank moderner Bautätigkeit jedoch bis auf wenige Felsgräber zerstört ist (Funde in den Archäologischen Museen von Syrakus und Palermo). Aus der griechischen Zeit hat man zwar überall im Stadtgebiet Spuren gefunden, doch die reichsten Zeugnisse der Vergangenheit gehen auf die Zeit der römischen Herrschaft und das späte Mittelalter zurück.

Die Hauptattraktion Taorminas ist zweifellos das **antike Theater** (1; s. Farbabb. 7 und 12). Schon Goethe zeigte sich von diesem landschaftlich so außerordentlich reizvoll gelegenen Bauwerk entzückt, und unzählige Gemälde und Stiche aus dem 18. und 19. Jh. haben es zu einer der bekanntesten antiken Ruinen Siziliens werden lassen. Wie alle griechischen Thea-

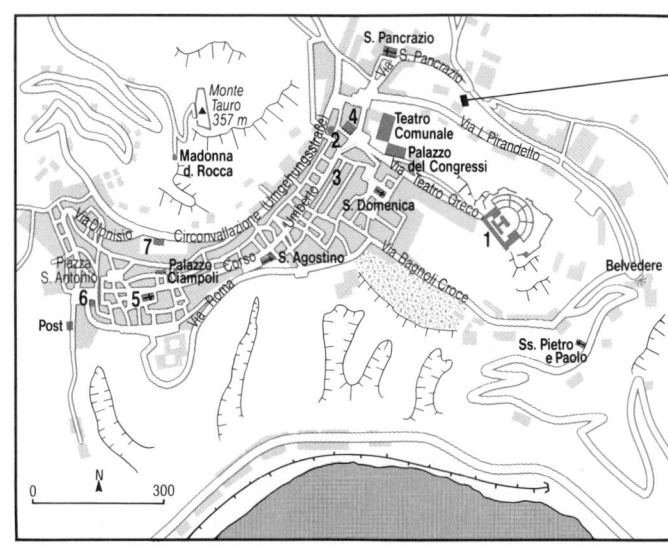

Taormina:
1 antikes Theater
2 Odeon
3 ›Naumachie‹
4 Palazzo Corvaia
5 Dom S. Nicolò
6 Palazzo S. Stefano
7 Badia Vecchia

terbauten ist es in einen natürlichen Hang hineingebettet und nicht, wie im römischen Kulturkreis üblich, als eine freistehende Architektur mit einer das Gebäude umgebenden Außenfassade gestaltet.

Tatsächlich handelt es sich hier jedoch um eine ausnahmslos römische Theaterarchitektur, die Anfang oder Mitte des 2. Jh. v. Chr. ein kleineres, griechisches Theater ersetzte. Ein zweiter Umbau zu römischer Zeit, ungefähr 300 Jahre später, führte zu einer Erweiterung des Zuschauerraums nach oben hin, indem ein doppelter Portikus errichtet wurde, auf dessen Dach Holzsitze Platz für das Volk boten. Mit einem Caveadurchmesser von 109 m war das Theater von Taormina nach dem griechischen Theater in Syrakus das zweitgrößte auf Sizilien, in seiner Zuschauerkapazität überstieg es dieses sogar.

Vor der Cavea lag das langrechteckige, von Seitentürmen flankierte Bühnengebäude, das zum Zuschauerhalbrund hin eine typisch römische Schaufassade mit zweigeschossiger Säulenstellung und Nischen aufwies. Teile des Bühnengebäudes wurden im 19. Jh. restauriert. In den Nischen standen einst Statuen, von denen sich einige Reste erhalten haben: der Kopf einer Augustusstatue sowie Fragmente eines Artemis- und eines Aphroditebildnisses. Zusammen mit einer Reihe von lateinischen und griechischen Inschriften befinden sich diese Skulpturen in dem kleinen Antiquarium östlich des Bühnengebäudes (seit Jahren geschlossen).

Das noch nicht von den Erdmassen befreite Theater von Taormina, Stich des 19. Jh.

Die baulichen Besonderheiten, die der heutige Zustand der Orchestra (Durchmesser: 35 m) aufweist, sind Resultate der Umbaumaßnahmen aus dem 2. Jh. Bis dahin als Theater, also für Schauspielaufführungen genutzt, wurde das Gebäude nun in eine Arena, in eine Art Amphitheater, umgewandelt, wo nun ausschließlich Gladiatorenkämpfe und Tierhetzen stattfanden. Das ca. 2 m tiefe rechteckige Becken im Zentrum der Orchestra/Arena diente blutigen Spielen im Wasser. Durch den niedrigen, nach oben abgeschlossenen Gang, der um die Orchestra läuft, wurden die Tiere in die Arena eingelassen. Auf seinem durch ein Gitter geschützten Dach befanden sich die Ehrenplätze für angesehene Persönlichkeiten. Wie in vielen römischen Theatern und Amphitheatern ließ sich auch das von Taormina mit Sonnensegeln *(Velum)* überspannen, um dem Publikum Schutz vor der Mittagshitze zu geben.

Heute wird der grandiose Bau in den Sommermonaten für Theater-, Opern- und Ballettaufführungen sowie für Filmfestspiele und Konzerte genutzt.

Das kleinere, einst überdachte Theater, das **Odeon (2)**, wurde zur Kaiserzeit errichtet und benutzt. Als Bühnengebäude diente ihm die Längsseite eines griechischen Tempels. Die Cavea war in fünf *Cunei* eingeteilt, von denen die unteren Sitzreihen freigelegt sind. Links von den Bankreihen kann man noch einen der Umkleideräume erkennen sowie die Stützmauer, auf der die Holzbühne auflag.

Als ›**Naumachie**‹ (3) wird eine 122 m lange Blendfassade mit abwechselnd großen Bogennischen und höher gelegenen rechteckigen Nischen aus der Kaiserzeit bezeichnet, die man anfänglich für den Abschluß eines großen Beckens für Wasserschlachten hielt und die so ihren Namen bekam. Sie war aber wohl nur eine Stützmauer für den dahinterliegenden Hügel und lag im Bereich des Gymnasiums.

Der mittelalterliche **Palazzo Corvaia (4)** liegt am Anfang der Hauptstraße, des Corso Umbèrto, in jenem Gebiet, in welchem sich ehemals die Agora und später das Forum befanden. Zum Platz hin erhebt sich die Seitenwand aus dem 15. Jh., und aus derselben Zeit stammen das niedrige Eingangstor und das dreibogige Fenster darüber. Eine Wand des Innenhofs wird von einem arabischen Wehrturm gebildet, um den sich das Gebäude entwickelte (einziges erhaltenes Beispiel eines arabischen Festungsturms in Europa). Im 13. Jh. wurde der linke Flügel an den Turm angebaut, im 14. Jh. die Außentreppe angelegt. An der Balustrade des Treppenabsatzes gibt ein Relief diejenigen Themen wieder, die wie keine anderen die Ikonographie des späten Mittelalters beherrschten: die Verführung Adams durch Eva, die Vertreibung aus dem Paradies und die Verdammung zur Arbeit.

Kurz vor dem Dom, auf der Höhe einer breiten Treppenrampe, steht der älteste Palast von Taormina, der **Palazzo Vecchio** aus dem 13. Jh., der im 15./16. Jh. Veränderungen erfuhr. Der **Dom S. Nicolò (5)** wurde im 15. Jh. errichtet und durch Restaurationsarbeiten im 20. Jh. teils wieder auf seine ursprünglichen Formen zurückgeführt. Auf das Ende des 15. Jh. geht das schön gearbeitete Seitenportal zurück, der Innenraum ist der gewohnte basilikale. Die bemerkenswertesten Werke der Innenausstattung sind die Gemälde des Antonino Giuffrè (Verkündigung; hl. Joseph und Zacharias) von 1463 und ein Polyptychon des Antonello de Saliba von 1504.

OSTKÜSTE / TAORMINA, NAXOS

Domplatz und Dom
S. Nicolò aus dem 15. Jh.

Schöne Beispiele der Baukunst des 14. Jh. stellen der **Palazzo S. Stefano (6)** und die **Badia Vecchia (7)** dar. In ersterem wird eine Sammlung von Werken des zeitgenössischen, vor einigen Jahren verstorbenen Bildhauers Giuseppe Mazzullo aufbewahrt, dessen Geburtsort, Francavilla, nicht weit entfernt von Taormina liegt. Im zweiten ist 1995 ein kleines Museum eröffnet worden, in dem archäologische Fundstücke aus Privatbesitz und neuere Funde ausgestellt sind, die zum größten Teil der Begeisterung von Amateurarchäologen zu verdanken sind.

Naxos

Das moderne Naxos mit seinen vielbesuchten Stränden, 12 km entfernt von Taormina an der Küste gelegen, ist ein typisches touristisches Zentrum, nur in der Saison bewohnt. Die Ausgrabungen des antiken Naxos, der ersten griechischen Siedlung in Sizilien (735 v. Chr.), liegen heute leider durch eine Schutzmauer aus dem 19. Jh. vom Meer getrennt, was es doch erheblich erschwert, einen Eindruck von der Lage der antiken Stadt zu gewinnen.

In den allerersten Jahren nach der Ankunft der Griechen in Sizilien und der Gründung von Naxos müssen der ersten Einwanderergruppe aus Euböa laufend weitere, auch aus anderen Gegenden Griechenlands, gefolgt sein; anders ist der Ausdehnungsdrang nicht zu erklären, der in wenigen Jahren zu den Gründungen von Leontinoi und Kallipolis (Thuk. VI 3.3 und Strabon 272) und gleichzeitig, wie archäologische Ausgrabungen vermuten lassen, zum Bau von den Rückenfestungen im Hinterland, die dem heutigen Castiglione (Kallipolis?) und Castelmola entsprechen, führte. Während des von Hippokrates von Gela geführten Expansionskrieges zu Beginn des 5. Jh. v. Chr. wurde Naxos angegriffen, entging aber einer Zerstörung (Herodot VII 154).

476 v. Chr. unterlag die Stadt Hieron I. von Syrakus, der die Einwohner zusammen mit denen von Katane gewaltsam nach Leontinoi umsiedelte und die Stadt ›neu‹ gründete, indem er dem Stadtbild einen ›modernen‹ Aspekt gab und 460 v. Chr. (Diodor XI 49) neue Kolonisten ansiedelte. Nach dem Ende der Dynastie der Deinomeniden kehrten die alten Einwohner wieder in ihre Stadt zurück, wo ihnen ein beinahe dreißigjähriger Frieden vergönnt war, nur unterbrochen von einem Angriff seitens der mit Syrakus verbündeten Stadt Messana, der mit der Landung von Truppen der mit Naxos verbündeten Athener während der Ersten Sizilischen Expedition zusammenhing (425 v. Chr.), jedoch dank der Hilfe der Sikuler abgewehrt werden konnte (Thuk. IV 25,7–9).

Bei der Zweiten Sizilischen Expedition Athens unterstützten die Naxier das Heer des Nikias, und das wiederum galt Dionysios I. als Vorwand, 403 v. Chr. Naxos anzugreifen und die Stadt dem Erdboden gleich zu machen. Die Überlebenden fanden Zuflucht bei den befreundeten Sikulern, doch Naxos hörte auf, als Stadt zu existieren.

Reste eines Wohnhauses aus der ersten Phase, identisch mit den Beispielen aus der frühen Periode von Megara Hyblaea und Ortygia, zeigen einen quadratischen Wohnraum (4 × 4 m) mit einer gemauerten Bank an einer der Innenwände. Die Häuser nahmen schon im 7. Jh. v. Chr. größere Dimensionen an, und bei archäologischen Untersuchungen kamen Reste des erst im 4. Jh. v. Chr. üblichen Pastas-Typ zum Vorschein, für diese Zeit also sehr ungewöhnlich (Wohnhäuser, deren Räume auf einen quer angelegten, offenen Korridor, *Pastas,* aus gerichtet sind). Die ersten kleinen Holzheiligtümer mit Terrakottaschmuck wurden bald von dem sich ausdehnenden Stadtgebiet überbaut, nur der Sakralbezirk der Aphrodite wurde beibehalten und erhielt gegen Ende des Jahrhunderts eine neue Einfassungsmauer mit zwei kleinen Propyläen.

Die feine Steinbearbeitung dieser Mauer stellt ein einmaliges Beispiel aus der archaischen Zeit in Sizilien dar. Im Innern des Temenos sind noch die Grundmauern eines kleinen Bauwerks aus dem 7. Jh. v. Chr. zu erkennen, über die sich die Mauern eines neuen, großen Gebäudes vom Ende des 6. Jh. v. Chr. lagern (16 × 38 m). Der mit drei Stufen versehene Altar an dessen Ostseite und die Brennöfen zur Herstellung tönerner Kultgegenstände scheinen von dem ursprünglichen Heiligtum in das neue übernommen worden zu sein. Mehrere verstreut in diesem Bezirk stehende Steinblöcke waren Basen von Votivstatuen. Die anderen Grundmauern zeigen die Lage von kleineren Sakralbauten, die zu dem heiligen Bezirk gehörten. Nichts läßt auf die Gottheiten schließen, denen sie geweiht waren.

Ende des 6. Jh. v. Chr. wurde das Stadtgebiet mit einem Verteidigungsring aus großen Basaltsteinblöcken umgeben. Für die klassische Stadt, die Hieron I. erbauen ließ, wurden diese Mauer und der Temenos übernommen, die archaischen Wohnhäuser dagegen eingeebnet. Die Nord-Süd-Orientierung der alten Stadt wurde mittels dreier breiter Straßen aus gestampfter Erde in Ost-West-Richtung verlagert; sie verliefen im Abstand von 150 m parallel zueinander (*Platai* = Straßen A, B, C; Breite: A 9,50 m; B und C 6,80 m) und waren von 1,20 m breiten Abflußrinnen flankiert.

OSTKÜSTE / NAXOS

Alle 39 m wurden die Hauptstraßen von 5 m breiten Straßen im rechten Winkel durchkreuzt und – bis jetzt bei keiner anderen Stadt gefunden – an allen Schnittpunkten gleich große, rechteckige, in identischer Technik ausgeführte Basen angebracht, deren Zweck unbekannt ist (Altäre?). Sondagen haben gezeigt, daß auf jeder *Insula* mehrere Wohnhäuser unterschiedlicher Größe lagen. In der Regel waren die Mauern der unteren Stockwerke aus Stein errichtet, die oberen dagegen in Fachwerk.

In einem kleinen, übersichtlich aufgebauten Museum sind Funde vom Gebiet der griechischen Stadt ausgestellt, die beweisen, daß die Gegend seit dem Neolithikum durchgängig bewohnt war (Keramik aus der Kultur von Stentinello, 4. Jt. v. Chr., und der Kultur von Diana, 3. Jt. v. Chr.). In der mittleren Bronzezeit (Kultur von Thapsos, ab 1400 v. Chr.) entstand ein Wohnort und Handelszentrum, das mit Mykene einen regen Warenaustausch betrieb.

Material aus der Gründungszeit zeigt, daß der Handel mit Euböa von Anfang an bestand; an einigen Vasen aus der Nekropole von Cocolonazzo (Taormina, 8. Jh. v. Chr.) zeigt sich der Einfluß, den die griechische Keramik auf das örtliche Handwerk der Sikuler ausübte. Das Leben in der Stadt läßt sich an verschiedenen Gebrauchsgegenständen rekonstruieren, der religiöse Kult wird durch die in den Heiligtümern gefundenen Weihgaben dokumentiert. Diese sind nach Heiligtümern geordnet aufgestellt.

Aus dem Bezirk der Aphrodite stammen die thronende Göttin (6. Jh. v. Chr.) und die Tonfigürchen mit der Taube, dem Symbol der Göttin. Unter den Dekorfragmenten der kleineren Heiligtümer des Temenos ist ein Stück vom Sima des sog. Heiligtums B (mit Lotosblüten und Palmetten) aus den ersten Jahren des 5. Jh. v. Chr. besonders interessant, da es den ionischen Einfluß zeigt, der sich zur gleichen Zeit auch in Agrigent und Selinunt bemerkbar machte.

Alphabetisches Städteverzeichnis

Aci Castello (I 4)

Der Fels von Aci Castello (16000 Einwohner), auf dem sich die Ruinen der mittelalterlichen Festung erheben, ist eines der schönsten existierenden Beispiele für eine sehr seltene vulkanische Felsstruktur, bei der sich durch Glasschichten getrennte Prismen strahlenförmig nach außen hin erweitern – die Folge vulkanischer Ausbrüche unter dem Meeresspiegel. Als die **normannische Festung** darauf errichtet wurde (nach 1076), war der Fels noch eine Insel. Heute ist er jedoch mit dem Festland verbunden, da sich die Küste seit dem Mittelalter um 17 m gehoben hat.

Acireale (I 4)

Das ›Xinophia‹ der Griechen und ›Acis‹ der Römer, mehrfach durch Erdbeben und Lavaströme zerstört, besitzt keine Denkmäler aus der Antike mehr (47000 Einwohner). Die heutige Lage der Stadt geht auf das 14. Jh. zurück, die meisten Gebäude auf die Zeit nach dem Erdbeben von 1693, als sie zerstört und im Barockstil neu errichtet wurde. **Municipio** und die **Kirche S. Sebastiano** (s. a. S. 113) stammen noch aus der Zeit vor dem Erdbeben und zeichnen sich durch reiche Flächendekorationen um die Portale herum aus, was als charakteristisch für den Stil des 17. Jh. im Südosten Siziliens gelten darf. In dem bekannten Thermalbadeort verdient ferner die **Biblioteca e Pinacoteca Zelantea** Beachtung.

Aci Trezza (I 4)

Dicht an der Küste erheben sich aus dem Meer **Klippen vulkanischen Ursprungs**, die der Legende nach der zornige, geblendete Polyphem vom Ätna aus in die Richtung der Stimme des Odysseus schleuderte – in der Hoffnung, wenigstens die Schiffe der fliehenden Griechen zerschmettern zu können (s. Farbabb. 33). Die kleine Insel daneben dient der Universität von Catania für Biologie- und Physikstudien.

Adrano (H 4)

Nach Diodor entstand die Stadt an den Hängen des Ätna nahe dem Heiligtum des lokalen Gottes Adrano in der Regierungszeit Dionysios I. Wahrscheinlich wurde damals ein in der Nähe liegender sikulischer Ort aufgegeben (4,5 km entfernt im Gebiet von Mendolito), an dessen Stadttor eine Inschrift in sikulischer Sprache entdeckt wurde; sie stellt zusammen mit anderen in der gleichen Stadt gefundenen Inschriften (Museum von Adrano und Archäologisches Museum von Syrakus) das längste in dieser Sprache erhaltene Dokument dar. Die **normannische Burg**, die Roger I. im Zuge der normannischen Eroberung schon um 1070/1080 erbaute (heutige Bausubstanz weitgehend aus dem 14. Jh.), beherbergt ein bemerkenswertes **Archäologisches Museum** mit dem Schwerpunkt auf prähistorischen Funden. Die 5 km nordwestlich der Stadt (35000 Einwohner) gelegene **Ponte dei Sa-**

raceni, eine Brücke über den Simeto, entstand vermutlich erst im 14. Jh.

Ägadische Inseln (A/B 5)

Vor der Küste von Trapani, von dort auch mittels Fähren (im Sommer mehrmals täglich) zu erreichen, liegen die drei Ägadischen Inseln Favignana, Lévanzo und Maréttimo mit insgesamt 4700 Einwohnern. Die antiken ›Aegates‹ waren alle seit prähistorischen Zeiten bewohnt – und damals noch nicht vom Festland Siziliens getrennt. Auf der kleinsten der drei bislang wenig von Touristen besuchten Inseln, auf Lévanzo, befindet sich die **Grotta del Genovese** mit prähistorischen Ritzungen und Zeichnungen. Die naturalistischen Umrißritzzeichnungen aus dem jüngeren Paläolithikum stellen Hirsche, Rinder und Pferde dar sowie eine Szene mit drei tanzenden menschlichen Figuren – von denen eine einen Bart trägt –, die jedoch weniger Sinn für lebensechte Darstellung erkennen läßt. Die gemalten anthropomorphen Figuren mit ihren schematisierten geometrischen Formen stammen vermutlich aus einer wesentlich späteren Epoche, aus der Bronzezeit. Via Boot oder mit einem Eselsritt ist die Grotte zu besuchen.

Àlcamo (C 5)

Àlcamo ist ein wichtiges Agrarzentrum an der Nordküste in der Provinz Palermo, das sich im 14. Jh. unter den Ventimiglia aus der arabischen Station Manzil Alqamah auf dem Handelsweg Palermo–Syrakus entwickelte. Später ein Zentrum der religiösen Orden, besitzt es heute zahlreiche Kirchen und ehemalige Klostergebäude (43 000 Einwohner). Besonderes Interesse verdient die 1699 nach Entwürfen Angelo Italías errichtete *Chiesa Matrice*, **S. Maria Assunta:** Ursprünglich aus dem 14. Jh. stammend, wurde die dreischiffige Säulenbasilika mit Querschiff und einer schönen Vierungskuppel im Barock umgestaltet. Zu der kostbaren Ausstattung gehören Fresken von Guglielmo Borremans (1735–1737) sowie ein Altarretabel von Antonello Gagini (1519). In der Kirche der Klarissinnen, **S. Chiara,** einem kuppelgewölbten Zentralbau (1721), stehen zwei weibliche Tugendstatuen Giacomo Serpottas, Caritas (Nächstenliebe) und Fortitudo (Tapferkeit).

Alcántara (I 5)

Den Alcántara, einen Fluß in der Nähe von Taormina, überspannte schon in römischer Zeit eine Brücke, die in der Antike als die schönste aller Brücken galt; nur eine Inschrift und die Grundpfeiler blieben davon erhalten. Die Araber nannten den Fluß da-

Phantastisch geformte Basaltsäulen in der Alcántara-Schlucht her einfach ›die Brücke‹, *al-Cantara*. Bei Francavilla schneidet sich das Flußbett 25 m tief in einen vorgeschichtlichen Lavastrom ein und formt die ›**Schluchten des Alcántara**‹, deren Wände aus Basaltsäulen bestehen.

Aragona (E 3)
2 km südlich der Stadt (10 500 Einwohner) befinden sich die sog. **Vulcanelli di Macalube**, kleine, wenige Zentimeter hohe Schlammvulkane, aus denen ein heller, mit Erdgasblasen vorgemischter Schlamm hervorquillt – ein seltenes pseudovulkanisches Phänomen.

Augusta (I/J 3)
Zur Verteidigung der Südostküste gründete Friedrich II. von Hohenstaufen auf einem dicht an der Küste gelegenen Inselchen die Stadt Augusta (40 000 Einwohner) und versah sie mit einem imposanten Festungsgebäude. In den spanisch-französischen Kriegen von 1676 wurde die mittelalterliche Stadt verwüstet. Die wiederaufgebaute Stadt fiel dem Erdbeben von 1693 zum Opfer. Erneut aufgebaut wurde sie nach dem Entwurf des Militärarchitekten Carlos de Grunenbergh, der das schon von Friedrich II. verwendete geradlinige Straßensystem wieder aufnahm. Die Festung ist als Museum und Bibliothek eingerichtet worden (Besucherzeiten: 9.30–12.30 Uhr).

Àvola (I 2)
Nach dem Erdbeben von 1693 wurde auch Àvola im Barockstil neu errichtet (s. Abb. S. 110). Knappe 9 km entfernt liegt an der Stelle der alten Stadt heute ein modernes Wohnviertel (31 500 Einwohner). Von einem Aussichtspunkt hier ergibt sich ein beeindruckender Blick in das Cassìbile-Tal, in die **Cava grande del Cassìbile**. In einer Tiefe von 220–250 m erstreckt sich die 10 km lange Schlucht zwischen steilen Felswänden, an denen sich über 8000 Höhlengräber aus der Zeit vom 11. bis zum 9. Jh. v. Chr. befinden (seit 1984 Naturschutzgebiet).

Baida (D 6)
Das Kloster Baida (von arab. *baida* = weiß) wenige Kilometer westlich von Palermo liegt auf einem Vorgebirge, von dem aus sich ein herrlicher Ausblick über die *Conca d'Oro* bietet (über Boccadifalco zu erreichen). Das **Zisterzienserkloster** wurde 1388 von Manfred III. Chiaramonte gegründet. Chor, Sakristei und vor allem der Kreuzgang, der nicht zuletzt in den Säulenkapitellen seinen großen Vorläufer in Monreale zu imitieren scheint, stammen noch aus der Erbauungszeit. Die Palermitaner fahren gern in die Sommerfrische hierher.

Bronte (H 5)
13 km von Bronte (20 000 Einwohner) entfernt liegt die **Abtei S. Maria di Maniace**, auch *Castello* genannt, von den Benediktinern 1174 an der Stelle errichtet, an der in einer Schlacht im Jahre 1040 der byzantinische General Georg Maniakes die Sarazenen besiegt hatte (s. S. 165). Die kleine Kirche mit ihrem Spitzbogenportal aus Marmor, dessen Säulen figürliche Kapitelle tragen, bietet ein schönes Beispiel spätnormannischer Architektur. Die aus deren Blütezeit stammende Holzdecke ist zum Großteil noch im Original erhalten, der Flügelaltar aus dem 13. Jh. ist eine sizilianische Arbeit. Das byzantinische Bild der Muttergottes mit Kind soll Maniakes einer Legende zufolge aus Konstantinopel mitgebracht haben.

An die Abtei schließt sich ein kleiner englischer Friedhof an, in dem der schottische Dichter William Sharp begraben liegt (gestorben 1905).

Buccheri (H/I 2)

Das heutige Buccheri (etwa 2800 Einwohner) in den Hybläischen Bergen wurde in einem Tal neu errichtet, nachdem die ehemals am Berggipfel gelegene Stadt bei dem großen Erdbeben Ende des 17. Jh. zerstört worden war. An den mittelalterlichen Wohnort erinnern nur noch die Burgruinen. Im Stadtzentrum überwiegen die barocken Gebäude. Die **Kirche S. Antonio Abbate**, über einer hohen Treppenrampe thronend, vertritt mit ihrer reich geschmückten Turmfassade, die durch übereinander angeordnete Säulen eine stark nach oben strebende Bewegung erhält, und dem dreischiffigen basilikalen Innenraum einen in Sizilien häufigen Typus (Ende 18. Jh.).

Burgio (D 4)

Seit dem 16. Jh. ist Burgio (2600 Einwohner) ein Zentrum der **Keramikherstellung**. Die Erzeugnisse sind oft noch sehr traditionsgebunden. Es werden stets drei Farben verwendet: Gelb, Blau und Grün. Seit 400 Jahren besitzt Burgio eine Glockengießerei, heute die einzige Siziliens. **S. Maria di Refesi**, ein kleines Kirchlein von 1170, das als einziges Gebäude seiner Zeit an den Außenwänden fortlaufende runde Blendbogen aufweist, ist in einem circa 90 Minuten langen Fußmarsch in Richtung Süden (Villafranca Sicula) zu erreichen.

Butera (G 2)

Das Städtchen mit ca. 10 000 Einwohnern liegt etwa 400 m ü. d. M. auf einem Felsrücken. Der Blick reicht gen Süden über eine Ebene bis zur Küste, in die anderen Richtungen auf die Eräischen Berge, den Ätna und die Madonien. Diese Lage bot ideale Voraussetzungen für eine Niederlassung der Bronzezeit. Eine vorgeschichtliche Siedlung konnte durch die Entdeckung einer nördlich des Wohnorts gelegenen **Nekropole,** die jahrhundertelang bis in die späthellenistische Epoche ununterbrochen genutzt wurde, bewiesen werden (Funde im Museum von Gela).

Sicher ist, daß die Stadt um die Mitte des 9. Jh. von den Arabern eingenommen und mit Festungsanlagen versehen wurde und daß sie 200 Jahre später dem Angriff der Normannen verzweifelt Widerstand leistete, ehe sie von Graf Roger nach langer Belagerung bezwungen werden konnte. Die rebellierenden Barone des Aufstands von 1161 hatten hier ihre Hochburg, was Buteras Zerstörung durch Wilhelm I. zur Folge hatte. Sein Nachfolger Wilhelm II. ließ sie wieder aufbauen und dabei die alte Festung reparieren und vergrößern. Trotz späterer Modernisierungen sind die **Burg** und der wuchtige, eckige Wehrturm mit Zwillingsfenstern bis heute ein imposantes Denkmal. Von den Befestigungsmauern blieb die Südmauer erhalten, die sich über dem Abgrund erhebt.

Älter als die Burg ist die urbanistische Anlage der engen Gassen und verwinkelten Innenhöfe des alten Viertels, die auf arabischen Ursprung zurückgeht.

Càccamo (E 5)

Seiner Lage wegen einst eine der stärksten Festungen der Insel, spielte Càccamo (8600 Einwohner) des öfteren eine wichtige Rolle in der Geschichte Siziliens (s. Farbabb. 11). Die **Burg** scheint unter den Normannen auf schon bestehenden Strukturen erbaut worden zu sein. Das heutige Aussehen erhielt sie im 14. Jh., als einige Modernisierungen im Chiaramontestil vorgenommen wurden. (Für eine Besichtigung ist die Voranmeldung beim ›Assessorato per la pubblica istruzione‹, Biblioteca Comunale, Corso Umberto I, erforderlich.) Den **Dom** ließ Roger I. 1090 errichten; im 15. Jh. wurde er erweitert, Anfang des 17. Jh. stark verändert.

Calascibetta (G 4)

Das Städtchen mit 5000 Einwohnern erhebt sich auf einem Felsen gegenüber von Enna (s. Farbabb. 4). Dieser diente in der Geschichte den jeweiligen Angreifern – Griechen, Römern, Byzantinern oder Arabern – als Basis, das als uneinnehmbar geltende Enna zu belagern. Zur Zeit der normannischen Eroberung scheint auf dem Fels eine arabische **Burg** gestanden zu haben, die von Graf Roger eingenommen werden konnte. Er verstärkte ihre Verteidigungsanlagen und folgte dem Beispiel der früheren Feldherren, als er versuchte, Enna auszuhungern.

Einige Kilometer von Calascibetta entfernt befinden sich zwei Nekropolen: diejenige von **Realmese** (5 km nordöstlich) aus dem 8. und 7. Jh. v. Chr. und die von **Malpasso** (östlich von Realmese) aus der frühen Bronzezeit (2. Jt. v. Chr.).

Caltagirone (H 3)

Seit der Vorgeschichte bewohnt, ist dieser Ort das bekannteste **Keramikzentrum** Siziliens (38 000 Einwohner). Der höher gelegene Stadtteil ist mit dem unteren durch eine **Treppenrampe** (1608) verbunden; ihre Stufen sind mit traditionellen Keramikkacheln verkleidet. Das **Keramikmuseum** der Stadt ist nach Faenza das größte seiner Art in ganz

Blick von Calascibetta nach Norden

Die berühmte Treppe aus Keramikkacheln in Caltagirone

Italien. Unter den Barockkirchen verdienen der Dom, die Jesuitenkirche ›Chiesa del Gesù‹ und S. Giacomo Beachtung. Der einstöckige, langgestreckte **Palazzo della Corte capitaniale** mit seiner Frontseite aus reichverzierten Portalen und Fenstern entstand um das Jahr 1600.

Caltanissetta (F 4)

Die Provinzhauptstadt (62 000 Einwohner), ein Zentrum des Handels mit Weizen, Mineralsalz und Schwefel, ist für ihre Karwochenprozession berühmt. Das **Museum** zeigt archäologische Funde und neuzeitliche Kunst. Die wichtigsten Kirchen sind der **Dom** (1570–1622) und die einstige Jesuitenkirche **S. Agata** mit einem ausnehmend schönen Voraltar in Intarsienarbeit, auf dem Vögel, jeder mit seinem Namen versehen, abgebildet sind.

Ungefähr 2 km außerhalb der Stadt liegt die Normannenkirche **Badia di S. Spirito** (1153) mit einem für die Immersionstaufe (altchristliche Form des Untertauchens des Täuflings) bestimmten Taufbecken aus der Erbauungszeit, Fresken aus dem 15. Jh., Gemälden aus dem 15. und 17. Jh. und einem Pantokrator in der Apsis, ebenfalls aus dem 17. Jh.

5 km vom Stadtgebiet entfernt befindet sich das archäologische Gebiet von **Sabucina**, dessen Ausgrabungen verschiedene Phasen eines sikulischen Zentrums dokumentieren: 1. Grottengräber aus der Bronzezeit (12.–10. Jh. v. Chr.), Reste gleichaltriger Rundhütten sowie ein Brennofen; 2. nach Zerstörung ein Wiederaufbau der Ortschaft mit rechteckigen Gebäuden (8./7. Jh. v. Chr.), die ihrerseits in der Mitte des 5. Jh. v. Chr. verwüstet wurden; 3. der folgende hellenistisch beeinflußte Wiederaufbau mit einem Mauerring sowie halbrunden und quadratischen Türmen, aber, für das Zeitalter ungewöhnlich, unregelmäßigem Straßensystem; 4. Ende des 5. Jh. v. Chr. wurde die Stadt verlassen, um in der Mitte des 4. Jh. v. Chr. noch einmal zu entstehen und schließlich gegen Ende des Jahrhunderts endgültig aufgegeben zu werden.

Castelbuono (F 5)

Zu Beginn des 14. Jh. verlegte Francesco I. aus der Familie der Ventimiglia, einem der mächtigsten Adelsgeschlechter Siziliens, seinen Regierungssitz in ein kleines Dorf der Madonien, das damals *Ypsigro*, ›frischer Ort‹, hieß. Die zauberhafte Lage Castelbuonos (10 000 Einwohner) inmitten der bewaldeten Bergzüge der Madonien, in denen die in Sizilien selten gewordene Mannaesche wächst, macht noch heute seinen Reiz aus (s. Farbabb. 5, 6). Die moderne Bezeichnung *Castelbuono* nimmt Bezug auf die **Wohnburg Francescos I.**, die den Ort über-

Die Ostpartie der Normannenkirche S. Spirito bei Caltanissetta

ragt. Seit 1920 im Besitz der Gemeinde, beherbergt die Burg außer dem naturwissenschaftlichen Museum der Madonien auch eine interessante Sammlung archäologischer Funde aus der Umgebung (vor- u. nachmittags geöffnet).

Obwohl die Stadt im 19. Jh. nach einem Erdbeben zu großen Teilen neu errichtet wurde, ist das Stadtbild doch noch überwiegend mittelalterlich. Die bedeutendsten Kunstwerke stammen aus der Zeit um 1500 und spiegeln den wirtschaftlichen Wohlstand wider, den die Residenzstadt genoß: die Grabkapelle der Ventimiglias in **S. Francesco**, das gemalte Kruzifix in der **Matrice Nuova** und das Altarretabel in der **Matrice Vecchia**.

Cefalà Diana (E 5)

In der Nähe dieser kleinen Ortschaft von ca. 1000 Einwohnern liegt ein ›**arabisches Bad**‹, das bisher als einzig erhaltenes Denkmal aus der arabischen Epoche galt. Neue Theorien erkannten es jedoch als römisches Bad, das unter der Normannenregierung von arabischen Arbeitskräften ausgebessert wurde. Für die Thermen wurde eine nahe Thermalquelle genutzt (38 °C).

Centùripe (H 4)

Das antike sikulische Zentrum ›Kentoripa‹ begann sich ab dem 5. Jh. v. Chr. zu hellenisieren. Zur römischen Zeit erlebte es als verbündete Stadt seine Glanzzeit, bis es von Oktavian zerstört wurde und seine Bedeutung wieder verlor. Nach dem Aufstand gegen Friedrich II. von Hohenstaufen, an dem Centùripe teilnahm, wurden seine Einwohner zur Strafe deportiert, und die Stadt hörte auf zu existieren. 300 Jahre später wurde sie am alten Ort wieder neu gegründet (heute 6600 Einwohner). Im Stadtgebiet verstreut sind überall Reste aus der römischen Epoche zu entdecken, in der Umgebung blieben zahlreiche **vorgeschichtliche Gräber** erhalten. Centùripe war in hellenistischer Zeit ein Produktionszentrum von Frauenfigürchen aus Ton und eigenartigen bunten Vasen, deren Dekor (manchmal auch in Relief) Ausschnitte aus größeren Wandgemälden wiederzugeben scheint (3.–1. Jh. v. Chr.). Mehrere Beispiele hiervon sind neben anderen Funden im **Archäologischen Museum** der Stadt ausgestellt.

Còmiso (H 2)

Am Fuß der Hybläischen Berge liegt Còmiso (ca. 30 000 Einwohner), das durch die Einrichtung einer amerikanischen Militärbasis für Cruise Missiles, die sich gegen diese Stationierung bildenden Bürgerinitiativen und die Ermordung des Politikers La Torre, des schärfsten Widersachers dieses Projekts, auch außerhalb Italiens bekannt wurde.

Bereits seit dem 2. Jh. besiedelt, dehnte sich die Stadt unter Gaspare II. Naselli explosionsartig aus, nachdem dieser den Titel eines Grafen von Còmiso gewonnen hatte und seine Stadt prächtig auszubauen und mit einer Vielzahl von Privilegien auszustatten begann. Bei dem Erdbeben von 1693 schwer mitgenommen, erhielt Còmiso bei dem folgenden Wiederaufbau sein heutiges barockes Gesicht. Die Stadt besitzt eine große Zahl barocker Kirchen, unter denen die **Chiesa Madre** und **SS. Annunziata** mit ihrer massigen Fassade hervorstechen. Letztere zeigt, wie lange barocke Stil- und Bauformen in Sizilien lebendig blieben: Die Kuppel, inspiriert von derjenigen S. Giorgios in Ragusa, entstand erst 1877–1885. Von Interesse ist auch das sog. **Schloß der Naselli**,

Blick auf Còmiso

das seit byzantinischer Zeit immer wieder modernisiert und umgebaut wurde, hauptsächlich jedoch aus dem 14. Jh. stammt.

10 km von Còmiso entfernt, an den Hängen des **Monte Tabuto,** liegen enge Stollen zum Abbau des Feuersteins (17. und 16. Jh. v. Chr., Kultur von Castelluccio), der ein wichtiges Export- und Handelsgut darstellte. Später wurden die engen Höhlen als Beerdigungsstätten genutzt. Der damalige Wohnort befand sich auf dem gegenüberliegenden Hügel, dem Monte Sallia. An seinen Hängen sieht man ebenfalls zahlreiche Grabkammern der gleichen Epoche.

Donnafugata (H 1)

Ca. 30 km südwestlich von Ragusa Ibla liegt dieser **Palast,** den Baron Corrado Arezzo zu Beginn des 19. Jh., ganz im historistischen Geschmack der Epoche, aufführen ließ. Einen Palast im Stil der venezianischen Neorenaissance umgibt ein Park mit Pavillons, Irrgärten und mechanischen Figuren, die den Gast erschrecken oder in Staunen versetzen sollen. Heute im Besitz der Provinz, befindet sich die gesamte Anlage in einem beklagenswerten Zustand. Der Name stellt eine Verballhornung aus dem Arabischen dar und bedeutet so viel wie ›Schön‹- oder ›Heilbrunn‹.

Eloro (I 1)

Eloro wurde Ende des 8. Jh. v. Chr. als südlicher Vorposten der Stadt Syrakus 2 km vor der Mündung des Flusses Tellaro gegründet. Nie ein bedeutendes Zentrum, gehörte es seit 263 v. Chr. zur Mutterstadt. 214 v. Chr. übernahmen es die Römer. Teile des Ortes und seiner Verteidigungsmauern haben Ausgrabungen wieder ans Tageslicht gebracht. Eine Strecke der berühmten ›Elorina‹ scheint einst die Hauptstraße von Eloro gebildet zu haben. Votivgaben des hiesigen Demeter- und Koreheiligtums kamen ins Museo Civico von Noto (s. S. 202).

Forza d'Agrò (J 5)

Wenige Kilometer von Taormina entfernt liegt auf einem Bergkamm (420 m ü. d. M.) malerisch das noch ganz mittelalterlich wirkende Dorf Forza d'Agrò mit knapp 1000 Einwohnern, dessen Besuch sich lohnt. Die ersten Dokumente über den Ort stammen von 1117, als Roger II. ihn dem Besitz des Basilianerklosters Ss. Pietro und Paolo (s. S. 430 f.) überließ. Im 15. Jh. wurde dort eine **Festung** errichtet, die ein Großteil des Wohngebiets umschloß. Sie liegt heute in Ruinen, und innerhalb des ehemaligen Mauerrings breitet sich jetzt der Friedhof aus.

Frazzanò (H 5)

Das Dorf (1500 Einwohner, 563 m ü. d. M.) wurde 835 während der arabischen Eroberung von christlichen Flüchtlingen gegründet. In der Umgebung bestand damals schon ein Basilianerkloster, heute **S. Filippo Demenna** oder S. Filippo di Fragala genannt, das nach der Einnahme durch die Normannen von diesen erweitert wurde. Um 1090 ließ der Abt Gregorio die kleine Kirche erbauen, die heute noch viele Details aus dem 11. Jh. bewahrt.

Gangi (G 5)

Gangi (8500 Einwohner), eine der Bergstädte der Monti Madonìe, 1011 m. ü. d. M. gelegen, bietet außer wunderbaren Aussichten das Stadtbild eines überwiegend mittelalterlichen Wohnortes. Archäologische Ausgrabungen bewiesen, daß der Ort seit der Antike besteht (6. Jh. v. Chr.).

Geraci (G 5)

1077 m ü. d. M., nicht weit von Gangi, liegt Geraci (2400 Einwohner). Der Name aus dem griechischen *Jerax*, ›Falke‹, deutet auf die einst zahlreiche Präsenz dieser Vögel in Sizilien. Der Ursprung der Stadt liegt im ungewissen, es hat nur nachgewiesen werden können, daß sie schon in vorarabischer Zeit bestand. Der heutige Wohnort bildete sich im Mittelalter im Umkreis einer normannischen Burg.

Gibellina (C 4)

Nachdem 1968 ein Erdbeben die vom heutigen Zentrum 18 km entfernte Altstadt zerstört hatte, wirkten am Aufbau des neuen Gibellina die bekanntesten zeitgenössischen Architekten und Künstler Italiens mit (Renato Guttuso, Fausto Pirandello, Antonio Sanfilippo, Mario Schifano, Fausto Melotti, Pietro Consagra u. a.). Das heutige Gibellina (5000 Einwohner) kann sich rühmen, unter allen italienischen Städten die größte Anzahl moderner Kunstwerke aufzuweisen – auch wenn das Ergebnis des Wiederaufbaus umstritten ist.

Ein Erdbeben im Jahre 1968 zerstörte das alte Gibellina

Grammichele (H 3)

Im Rahmen des Wiederaufbaus nach dem großen Erdbeben ließ der Prinz von Butera nach Zeichnungen des Architekten Michele la Ferla anstelle des zerstörten Dorfes Ochiola Grammichele erbauen. Das Städtchen (heute 15 000 Einwohner) bekam einen perfekten geometrischen Straßenplan mit dem Sechseck als Grundelement. Interessanterweise bildet der Palast des Prinzen einen der äußeren Straßenabschlüsse und lag nicht, wie gewöhnlich, im Zentrum der Stadt. Dieses blieb den öffentlichen Gebäuden vorbehalten.

Halaesa (G 5)

In der Nähe von Castel di Tusa liegen die Ruinen der antiken Stadt Halaesa (Alaisa), die wegen ihrer terrassenförmigen Anlage mit den starken Stützmauern der Agora von besonderem Interesse ist. Teile der hellenistischen Stadtmauern mit quadratischen Türmen blieben ebenfalls erhalten.

Ispica (I 1)

Das ehemalige Ispra, danach Ispicae Fundus, im Mittelalter dann Spaccaforno, trägt seinen heutigen Namen erst seit 1935 (heute 15 000 Einwohner). Das Erdbeben von 1693 zerstörte die alte Stadt, deren Reste auf dem der Stadt gegenüberliegenden Hügel in einem Park zu besichtigen sind. 2 km südlich befinden sich die **Katakomben des hl. Markus** aus dem 4. Jh. (Länge: 40 m).

›**Cava d'Ispica**‹ wird das Tal des gleichnamigen Flusses genannt (13 km), das seit der Vorgeschichte jahrhundertelang als Beerdigungsstätte diente und Felsengräber der Frühzeit bis hin zu christlichen Katakomben aufweist. In byzantinischer Zeit wurde die Gräber- in eine Wohnstadt umfunktioniert, von der noch Wohn- und Versammlungsräume, Kirchen usw. erhalten sind.

Kamarina (G 1)

Oft wird mit dem Namen Kamarina nur das Feriendorf des Club Méditerrané an der Südküste Siziliens bezeichnet. Dieser Name ist jedoch von einer antiken Stadt übernommen, die ganz in der Nähe lag, Höhepunkt der syrakusanischen Ausdehnung im 6. Jh. v. Chr., als dritte und letzte der Tochterstädte gegründet. Das ehemalige Stadtgebiet erstreckte sich über zwei Hügel zwischen den Flüssen Hipparis und Oanis (den heutigen Ipparo und Rifriscolaro) auf einer Fläche von rund 190 ha. Seine 7 km langen Befestigungsmauern sind, wie auch verschiedene Teile des Wohngebiets, an mehreren Stellen freigelegt worden.

Die noch andauernden Ausgrabungen sind inzwischen so weit fortgeschritten, daß die Anlage der ehemaligen Stadt gut zu erkennen ist. Dicht bei dem einstigen **Athenatempel** steht ein altes Bauernhaus, heute das **Archäologische Museum,** das die neueren Funde ausstellt (ältere befinden sich im Museum von Syrakus). Vom ringhallenlosen Tempel selbst und seiner Cella in antis mit Adyton blieben kaum die Grundmauern, ein kleiner Trakt der südlichen Cellawand und Reste des Temenos erhalten. Interessant sind die freigelegten **Wohnhäuser**, die auf Anfrage beim Museum besichtigt werden können (Mo und So nachmittags geschlossen).

Lèntini (I 3)

Die Stadt wurde 729 v. Chr. unter dem Namen Leontinoi gegründet. Nach einer abwechslungsreichen Geschichte begann ihr Niedergang 214 v. Chr. mit der Einnahme durch die Römer, und erst im frühen Mittelalter erlebte sie wieder einen Aufschwung. Der **Archäologische Park** umschließt die Reste der antiken Stadt und ihrer Befestigungsanlagen, das **Archäologische Museum** gibt weiteren Aufschluß über die Vergangenheit.

In der Umgebung befinden sich höchst interessante **Höhlenkirchen** aus dem 7. Jh. und aus normannischer Zeit (auch Wohnungen, Nekropolen usw.). Bei einer der normannischen Kirchen, S. Lucia, wurde die gleiche Maßeinheit wie bei SS. Trinità di Delia in Castelvetrano benutzt.

Licata (F 2)

Heute ist Licata (43 000 Einwohner) ein wichtiger Exporthafen für Mineralsalze und Kunstdünger, der aus den Salzen gewonnen wird. Seit der Vorgeschichte bewohnt, besaß die Stadt unter den Römern Bedeutung als Exporthafen für Weizen. Das **Museum** der Stadt gliedert sich in eine vorgeschichtliche und eine griechische Abteilung. Ca. 10 km östlich thront das **Kastell von Falconara** aus dem 15. Jh. mit seinen Türmen und Zinnen auf einem Felsen über der Küste (s. Farbabb. 32).

Mazzarino (G 3)

Mazzarino ist ein typisches Agrarzentrum im Landesinnern (15 000 Einwohner). Den ehemaligen Landesherren, den Branciforte, wurde 1507 unter der Regierung Ferdinands des Katholischen der Grafentitel verliehen, und damit begann für die Stadt eine kulturelle Blütezeit, von der zahlreiche Kirchen- und Klosterbauten zeugen.

Ungefähr 12 km von Mazzarino entfernt, in einer Gegend, die bis heute *Sofiana* genannt wird, lag zu römischer und byzantinischer Zeit eine Ortschaft mit dem Namen *Philosophiana*, bekannt als **Statio** auf der antiken Straße von Catania nach Agrigent. Von dort aus zweigte eine Allee ab, die zu der Villa del Casale führte. Bei Ausgrabungen entdeckte man Reste des Wohnorts, eines kleinen Thermengebäudes sowie einer dreischiffigen byzantinischen Basilika.

Milazzo (I 6)

Milazzo ist primär als Ausgangshafen zum Besuch der Lìparischen oder Äolischen Inseln bekannt (s. Abb. 112). Die heutige Stadt liegt in der Ebene vor einer hügeligen Halbinsel, auf der sich bereits im Neolithikum eine Siedlung befand (4000 v. Chr.). In der Bronzezeit lebten dort die Sikuler. Schon 714 v. Chr. gründeten die Griechen auf der Anhöhe, die das Festland mit der Halbinsel verbindet, die Stadt Mylai. An der gleichen Stelle errichteten die Normannen eine bescheidene Festungsanlage, um die Küste kontrollieren zu können. Erst in der ersten Hälfte des 13. Jh. unter Friedrich II. wurde diese zu einer großen Festung ausgebaut. Später kamen weitere Türme und Mauern hinzu, um die im Umkreis der Burg entstandene Stadt zu schützen. Seit dem 18. Jh. verschob sich das Wohngebiet immer mehr zur Ebene hin (heute 32 000 Einwohner).

Das Wachstum der alten Stadt und die langsame Verlagerung des Zentrums sind bei einem Rundgang auf dem Weg zur **Festung** deutlich zu erkennen. Von den Mauern der Burg (auch vom **Capo Milazzo**) bieten sich wunderbare Ausblicke auf die Küsten, die Äolischen Inseln und die Peloritaner mit dem Ätna im Hintergrund. Die Ebene von Milazzo liefert ausgezeichnete Agrarprodukte, die neben dem Hafen eine wichtige Einnahmequelle für die Stadt darstellen. Die zur Hälfte stillgelegten Raffinerien am Rande der Stadt schrieben dagegen nie schwarze Zahlen.

Mussomeli (F 4)
Dank ihres Wasserreichtums und ihres fruchtbaren Bodens war die Umgebung von Mussomeli (11 500 Einwohner) seit der frühen Bronzezeit ununterbrochen bewohnt. Die jetzige Ortschaft wurde in der zweiten Hälfte des 14. Jh. von Manfred III. Chiaramonte unter dem Namen *Manfreda* gegründet, doch schon im folgenden Jahrhundert setzte sich der heutige Name durch, der zweifelsohne auf eine arabische Benennung zurückgeht. Unter Graf Cesare Lanza gewann die Stadt ab der Mitte des 16. Jh. als Residenzstadt Bedeutung, was die Ansiedlung zahlreicher religiöser Orden und den Bau von Kirchen und Adelspalästen zur Folge hatte.

Abgesehen von den planlos errichteten modernen Gebäuden am Stadtrand bewahrt Mussomeli vor allem in seiner **Altstadt** eine ganz eigene, anziehende Atmosphäre. Absolut lohnend ist der Besuch der 2 km östlich der Stadt liegenden **Burg Manfreds III.**, ein wahrer Adlerhorst auf steil emporragendem Felsen. Die Kapelle scheint älter als die Burg zu sein, die auch Baustrukturen eines Vorgängers aufnahm (Anmeldung möglichst 2 Tage zuvor unter ✆ 09 34/9 92 11 11).

Naro (F 3)
Die Haupteinnahmequelle der kleinen Stadt (15 000 Einwohner) ist seit eh und je die Landwirtschaft, die, nachdem sie nach dem Zusammenschluß Italiens rapide verfallen war, in letzter Zeit durch den Anbau von Tafelreben (›Uva Italia‹) wieder einen raschen Aufschwung nahm. Seine größte geschichtliche und kulturelle Bedeutung erlangte Naro Ende des 13. bis ins 14. Jh., als die Chiaramonte die Stadt zu einer ihrer Hochburgen machten. So überwiegt an den mittelalterlichen Bauten der Stadt denn auch der sog. Chiaramontestil, da die mächtige Familie nicht nur neue Gebäude errichten, sondern auch die älteren (**Kastell, Dom, S. Caterina**) erneuern ließ.

Die barocken Bauten der religiösen Orden befinden sich heute leider in einem durchweg schlechten Zustand (**S. Francesco, S. Agostino, Matrice Nuova**). In der ehemaligen Kirche der Benediktinerinnen, **SS. Salvatore**, steht der interessante Sarkophag des Giuseppe Lucchesi, der genau den Porphyrsarkophag Friedrichs II. von Hohenstaufen im Dom zu Palermo imitiert –

Das gotische Portal des Doms zu Nicosìa

ein bemerkenswertes Indiz für eine ›staufische Renaissance‹ im 17. Jh.

Nicosìa (G 4)

In byzantinischer Zeit, im 7./8. Jh., entstand Nicosìa an der alten Verbindungsstraße Messina–Palermo (heute 15 600 Einwohner). Unter der Normannenherrschaft wurde die **Burg** der Stadt erneuert, und Einwanderer vom Kontinent wurden dort angesiedelt. Der **Dom** bewahrt aus seiner Erbauungszeit (14. Jh.) den imposanten Turm mit Fenstern unter einfachen, doppelten und dreifachen Bogen in drei Ordnungen sowie das Portal, das allerdings im 18. Jh. durch Hinzufügung allegorischer Figuren der Tugenden ›bereichert‹ wurde. Am Eingang des Glockenturms der Kirche SS. Salvatore sind auf einer gemauerten Steintafel die **Daten der Schwalbenrückkehr** für die Jahre 1737–1758 und 1837–1845 registriert.

Palazzolo Acrèide (I 2)

Das antike, von Syrakus aus gegründete ›Akrai‹ (664 v. Chr.) sicherte nicht nur der Mutterstadt den Handel mit dem Binnenland, sondern fungierte auch als wichtiger Kontrollposten der sog. Selinuntina, der Straße, die Syrakus mit den Städten der Südküste verband. Die Stadt bestand noch in der Spätantike, im Mittelalter jedoch nicht mehr. Im 12. Jh. erwähnen die Quellen den Bau einer Burg, um die sich später dann eine neue Ortschaft entwickelte.

Nach dem Erdbeben von 1693 wurde auch Palazzolo Acrèide (heute 10 000 Einwohner) im Barockstil wiederaufgebaut. Besonders sehenswert ist die Fassade von

Typische groteske Konsolen unter einem Balkon in Palazzolo Acrèide

S. Paolo, Vincenzo Sinatra zugeschrieben, die die charakteristische Einturmfassade, plastisch vortretende Säulen sowie reichen Skulpturenschmuck aufweist. An den **Adelspalästen** fallen die langgezogenen Balkone mit ihren phantasievollen, oft skurrilen Konsolen ins Auge.

Das **antike Akrai** erstreckte sich über ein Gebiet von 36 ha. Die Hauptstraße, die es in Ost-West-Richtung in einer Breite von 4 m durchschnitt, wurde ausgegraben, auf sie stießen die engen, eigentümlicherweise sehr unregelmäßigen Seitengassen. Das mit 600 Sitzplätzen überraschend kleine Theater (3. Jh. v. Chr.) ist gut erhalten (mit einem Teil des Bodenbelags der Orchestra). Interesse verdienen auch die antiken Steinbrüche, die in griechischer Zeit für den Heroenkult genutzt wurden (Nischen für Votivtafeln). Über den Latomien hat sich die Basis des Aphroditeheiligtums erhalten, eines Tempels dorischer Ordnung, dessen architektonische Elemente jedoch starken ionischen Einfluß aufweisen (Archäologisches Museum von Syrakus und Antiquarium von Akrai).

Östlich des Hügels liegen die sog. **Feralitempel**, zwei große Nischen, die dem Totenkult dienten. Da sie meist geschlossen sind, sollte man das Aufsichtspersonal von vornherein um Begleitung bitten. Von dort aus führt ein lohnender Spaziergang von zehn Minuten in ein kleines Tal, **Valletta** genannt, in dem sich die ›Santoni‹ befinden, große, roh gearbeitete Figuren, die mit dem Kult der Kybele in Verbindung stehen (3. Jh. v. Chr.). Sie waren einst mit Stuck überzogen, bemalt und mit Metallornamenten geschmückt. Die meisten stellen die Göttin sitzend und ihre Attribute in den Händen haltend dar.

Paternò (I 4)

Paternò wurde in der Nähe der antiken Stadt Hybla Gaelatis von den Normannen wiedergegründet. Die gut erhaltene **Burg** inmitten der 45 000-Einwohner-Stadt, von Roger I. 1073 errichtet und um 1300 modernisiert, kann inzwischen besichtigt werden. Sie soll demnächst ein Museum beherbergen.

Piana degli Albanesi (D 5)

Ende des 15. Jh. erhielten Gruppen albanischer Flüchtlinge von Johann II. von Spanien die Erlaubnis, sich in Westsizilien anzusiedeln, das damals zum Großteil unbewohnt war. Von ihren Niederlassungen bewahren bis heute Contessa Entellina, Mezzojuso, Palazzo Adriano, S. Cristina di Gela und Piana degli Albanesi (bis 1941 Piana dei Greci; 6100 Einwohner) die religiösen byzantinischen Riten und die albanische Sprache. Während letztere langsam aufgegeben wird, entstand 1960 ein eigenes, vom Papst anerkanntes Bistum der griechisch-katholischen Religion mit Piana degli Albanesi als Bischofssitz. In mehreren Kirchen dieser Ortschaften ist noch die Ikonostase erhalten, so auch in den zwei interessantesten Kirchen von Piana degli Albanesi, **S. Giorgio** und der Kathedrale **S. Dimetrio** (1590 errichtet; Ausmalung 1641/42 durch Pietro Novelli).

Randazzo (H 5)

Die Stadt (11 700 Einwohner) an den Hängen des Ätna besaß Bedeutung unter den Staufern und den Aragonesen und war einst eine Sommerresidenz des Adels. Bis Anfang unseres Jahrhunderts sprach die Bevölkerung noch die drei verschiedenen Sprachen, die sich aus der byzantinischen Gründungszeit erhalten hatten – je nach Stadtviertel vom Griechischen, Lateinischen und Lombardischen abgeleitet. Randazzo besaß drei Kathedralen: **S. Nicolà**, **S. Martino** und **S. Maria**; die letztere, 1217–1239 entstanden, ist heute die Hauptkirche, doch auch die anderen beiden verdienen Beachtung. Mit dem Sieg der Alliierten bei der Schlacht von Randazzo endete am 13. August 1943 für Sizilien der letzte Weltkrieg.

Sambuca (D 4)

Sambuca (7300 Einwohner) bewahrt unter allen sizilianischen Städten die am besten erhaltene arabische Straßenanlage, ein enges Gassenlabyrinth mit den typischen Innenhöfen. 7 km entfernt befinden sich die archäologischen Ausgrabungen von **Monte Adranone**, einer im 6. Jh. v. Chr. von den Selinuntinern gegründeten Ortschaft, die ihren Ausgang von einem prähistorischen Dorf nahm. Die sikanisch-hellenische Stadt wurde Ende des 5. Jh. v. Chr. zerstört, mit punischen Stilmerkmalen wiederaufgebaut und 250/40 v. Chr. definitiv vernichtet.

S. Biagio (I 6)

An der Nordküste, dicht bei Castroreale Terme, befinden sich die Reste einer **römischen Villa** mit Thermen. In den Räumen, die um das Peristyl angeordnet waren, sind Spuren der Wandmalereien und zwei Mosaikfußböden erhalten. Ein weiteres Mosaik, das Fischer beim Schwertfischfang zeigt, wurde im Frigidarium gefunden. Ein kleines Antiquarium beherbergt neben ergänzenden Zeichnungen architektonische und dekorative Elemente der Villa.

S. Giuseppe Jato (D 5)

Das Dorf mit heute knapp 10 000 Einwohnern entstand erst Ende des 17. Jh. In seinem kleinen **Museum** (Via Roma 230) werden die Funde der Ausgrabungen des nahen Ietas aufbewahrt. **Ietas** stand als elymische Stadt seit der Mitte des 6. Jh. v. Chr. mit dem griechischen Westsizilien in Verbindung, dessen Lebensweise es annahm. Das Theater faßte 4500 Zuschauer. Ab 250 v. Chr. unter römischer Herrschaft, verfiel die Stadt ab dem 1. Jh. rasch und lag nach dem 4. Jh. völlig verlassen, bis sie unter den Arabern wieder neu entstand. Nach einer langen Belagerung wurde der mittelalterliche Wohnort 1246 von Friedrich II. von Hohenstaufen zerstört. Eine Besichtigung ist mit einem kurzen Fußmarsch verbunden.

S. Marco d'Alùnzio (H 5)

Wahrscheinlich vorgriechischen Ursprungs, erscheint das antike ›Aluntium‹ doch im 4. Jh. v. Chr. schon vollkommen hellenisiert. 1061 ließ Robert Guiscard eine jetzt in Ruinen liegende **Burg** errichten und machte die Ortschaft zum normannischen Operationszentrum während der Eroberung der Insel, da von hier aus ein Großteil der Küste und des Binnenlandes kontrolliert werden konnte. Am Eingang des Ortes (2500 Einwohner), links auf einem Felsen, liegt der ehemalige hellenistische Heraklestempel, in normannischer Zeit in eine Basilianerkirche, **S. Marco**, umgewandelt. Am besten setzt man eine Besichtigung von hier aus zu Fuß fort, rechts unter dem kleinen Bogen hindurch, da der Aufstieg an mehreren interessanten Kirchen aus nachmittelalterlicher Zeit vorbeiführt.

S. Maria di Mili (J 6)

Über Mili S. Marco, kurz vor Mili S. Pietro, zweigt links ein Weg ab, der zur anderen

Seite des Tals führt, wo die interessante **Basilianerkirche** S. Maria di Mili liegt. Die Kirche gehört zu einem ehemaligen Klosterkomplex, der wohl im 16. Jh. ein letztes Mal umgebaut wurde und heute dem Verfall überlassen bleibt. Ursprünglich soll Graf Roger 1092 hier ein Kloster gegründet haben, in dem er seinen Sohn Giordano beisetzen ließ. Auf seinen Wunsch hin soll danach das kleine Gotteshaus errichtet worden sein. Der Innenraum besteht aus einem einzigen Schiff, den Mittelpunkt bildet der Chor, der von einer weit größeren und höheren Kuppel überspannt ist als die zwei schmalen und niedrigeren Seitenräume. Die Holzdecke stammt von 1411. An den Außenwänden bildet eine Reihe kleiner Blendbogen mit abwechselnd darüberliegenden Fenstern und Nischen einen wohlproportionierten Bauschmuck.

Der Palazzo Steripinto mit seiner diamantiert zugespitzten Rustikaquaderung, Sciacca

S. Stefano di Camastra (G 5)

S. Stefano di Camastra (5200 Einwohner) ist ein bekanntes **Keramikzentrum** an der Nordküste. Es wurde von Giuseppe Lanza, Herzog von Camastra, anstelle des 1682 von einem Erdrutsch zerstörten S. Stefano di Mistretta aufgebaut und erhielt als erste Stadt Siziliens einen geometrischen Straßenplan. Einflüsse aus der Militärarchitektur scheinen hier vorzuliegen, was die Bekanntschaft des Herzogs mit Carlos de Grunenbergh, einem gebürtigen Deutschen und Experten dieser Art von Architektur, erhärten mag.

Sciacca (D 4)

Das bekannteste Thermalbad der Insel (39000 Einwohner) wurde einst von den Römern ›Thermae Selinuntinae‹ genannt (s. Farbabb. 22). Während der arabischen Zeit stieg Sciacca *(as-Saqah)* zum wichtigen Agrar- und Handelszentrum auf, von Roger I. wurde es befestigt. Die Neubauten liegen beinahe alle am Stadtrand, und so bewahrt das Zentrum noch seine historische Atmosphäre.

Besondere Erwähnung verdient der **Palazzo Steripinto** von 1501, der Elemente der florentinischen Frührenaissance wie die diamantiert zugespitzte Rustikaquaderung mit solchen der sizilianisch-katalanischen Spätgotik verbindet. Auch die Kirche **S. Margherita** (1342, 1595 erneuert) weist mit ihrem Seitenportal von 1468, dessen Skulpturenschmuck Francesco Laurana zugeschrieben wird, diesen Übergangsstil auf (s. a. S. 99; die Kirche ist geschlossen). Der **Dom**, 1656 im Barockstil erneuert, bewahrt neben seinem mittelalterlichen Grundriß noch die Apsiden aus der normannischen Bauzeit (1108).

Ungefähr 2 km östlich befindet sich das sog. **Castello Incantato**, wo der zeitgenössische Künstler Filippo Bentivegna am Hang eines Olivenhains skurrile Köpfe aus Stein und Olivenholz unter freiem Himmel aufgerichtet hat.

Scicli (H 1)

Bis zum 14. Jh. wenig mehr als eine am Berg gelegene **Festung**, von der aus das Hochland des Landesinnern kontrolliert werden konnte, dehnte sich Scicli danach langsam in Richtung Tal aus und ist heute eine Stadt mit rund 25 000 Einwohnern, voller interessanter Barockbauten, die alle nach dem großen Erdbeben errichtet wurden **(Chiesa Madre, Chiesa del Carmine, S. Bartolomeo).** Unter den Adelspalästen fällt besonders der **Palazzo Beneventano** wegen seiner bizarren Fassadengestaltung mit den skurrilen Köpfen ins Auge.

Sperlinga (G 4/5)

Die **Festung** findet in den Quellen ab dem 11. Jh. Erwähnung. Unter Friedrich II. von Hohenstaufen gehörte sie zum Kronbesitz, während der Sizilianischen Vesper blieb sie das letzte Bollwerk der Anjous – daher die Inschrift über der zweiten Tür: *Quod Siculis placuit sola Sperlinga negavit* (»Nur Sperlinga sagt nein zu dem, was die Sizilianer beschließen«). Ende des 16. Jh. wurde die Festung in eine Adelsresidenz umgewandelt, der Ort gegründet. Die Festung und z. T. auch die Ortschaft (1000 Einwohner) bestehen aus einer pittoresken Mischung aus in den Fels geschlagenen Räumen und Korridoren und in Mauerwerk hinzugefügten Wänden.

In den ›Straßen‹ von Sperlinga; die Wohnungen sind teilweise in den Fels gehauen

Thapsos (J 2)

Heute wird die Halbinsel (2000 × 700 m), die der am weitesten verbreiteten Kultur der Bronzezeit den Namen gab, ›Magnisi‹ genannt. Sie ist vom Bahnhof Prioli-Mellilli aus, der Küste folgend, zu erreichen. Spuren der Siedlung, die über die gesamte Bronzezeit hinweg bis zum Beginn der Eisenzeit bestand, wurden freigelegt und lassen so die unterschiedlichen Formen der Wohnhäuser dieses Zeitraums erkennen. Weiterhin sind eine Straße und Reste der Befestigungsmauer mit halbrunden Türmen auszumachen. Interesse verdient auch die Nekropole mit diversen in den Fels geschlagenen Gräbertypen.

Troina (H 5)

Troina (11 000 Einwohner) liegt abgeschieden im Innern der Insel, 1121 m ü. d. M. inmitten einer fruchtbaren Landschaft. Seit dem 11. Jh. gibt es schriftliche Aufzeichnungen über die Stadt, die bei der normannischen Eroberung ab 1062 als Militärbasis eine wichtige Rolle spielte. Zwischen 1078 und 1080 ließ Graf Roger einen Dom errichten, gründete sein erstes Basilianerkloster (**S. Michele**, südöstlich des Wohnorts) und richtete dort auch die erste Diözese auf der Insel ein (1082).

Die schmale Hauptstraße führt am Kamm des Berges durch das mittelalterliche Zentrum. Die ehemals normannische **Hauptkirche** wurde im 15. und nochmals im 18. Jh. umgebaut, doch am Turm sind noch deutlich die normannischen Bauformen zu erkennen. Mit ihren dicht aneinandergebauten Häusern schmiegt sich die Stadt eng an den Berghang.

In der Nähe von Troina, doch niedriger (949 m ü. d. M.), liegt der **Stausee von Ancipa** mit einem beeindruckenden, 120 m hohen Deich *(Dica di S. Teodoro)* und einer Wasserfläche von 51 qkm. Das Wasser stürzt in einem 2 km langen Rohr 410 m in die Tiefe und wird in dem Kraftwerk von Troina genutzt.

Vittoria (H 2)

Die Stadt wurde 1607 von der Gräfin Vittoria Colonna gegründet und entwickelte sich schnell zu einem Agrarzentrum von Bedeutung. Auch das Erdbeben unterbrach das unglaublich schnelle Wachstum keineswegs, nur verlagerte sich das Zentrum zu der heutigen Piazza del Popolo, die von den ehemaligen Residenzen des niederen Landadels umstanden ist. Die Weinberge der Umgebung sind heute beinahe völlig durch ausgedehnte Treibhauskulturen für Frühgemüse und -obst ersetzt, dank deren die Stadt (54 000 Einwohner) einen unglaublichen ökonomischen Aufschwung erfuhr, so daß sie heute zu den wohlhabendsten Orten der Insel zählt.

An der Piazza del Popolo in Vittoria: das klassizistische Gemeindetheater (1869–1877) und die barocke Kirche S. Maria delle Grazie (1754)

Erläuterung der Fachbegriffe (Glossar)

Abakus   lat. ›Platte‹; quadratische Deckplatte über einem → Kapitell; s. Fig. 1
Adyton   griech. ›das Unzugängliche‹; das Allerheiligste im Tempel, in dem das Kultbild stand und zu dem nur das Kultpersonal Zutritt hatte
Agonspiel   sportlicher oder musischer Wettkampf der alten Griechen

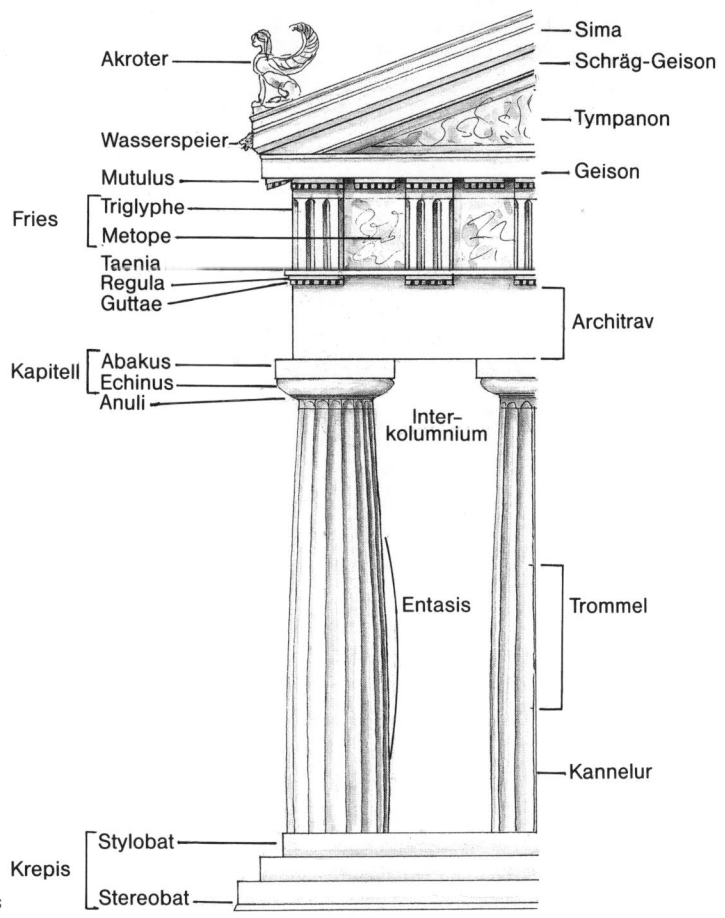

Fig. 1
Aufriß eines Tempels

GLOSSAR

Griechische Gefäßformen:
1 Aryballos 2 Alabastron 3 Lekythos (1–3: Salbgefäße) 4 Dinos (Kessel) 5 Guttus (Schnabeltasse) 6 Bombylos (Flasche) 7 Askos 8 Pyxis 9 P. Schifoine 10 Lekanis 11 Epichysis 12 Lebes Gamikos (Hochzeitsgefäß) 13 Lutrophoros 14 Skyphos/Kotyle 15 Mastos 16 Kelchschale 17 Kantharos 18 Kylix 19 Rhyton (14–19: Trinkgefäße) 20 Phiale (Spendegefäß) 21 Kolonettenkrater 22 Glockenkrater 23 Kelchkrater 24 Volutenkrater (21–24: Mischgefäße) 25 Kyathos 26 Oinochoe (Gefäß für Wein) 27 Hydria (Gefäß für Wasser) 28 Stamnos 29 Pelike 30 Olpe 31 Halsamphora 32 Bauchamphora 33 Amphora für Handelswaren (31–33: Gefäße zur Aufbewahrung)

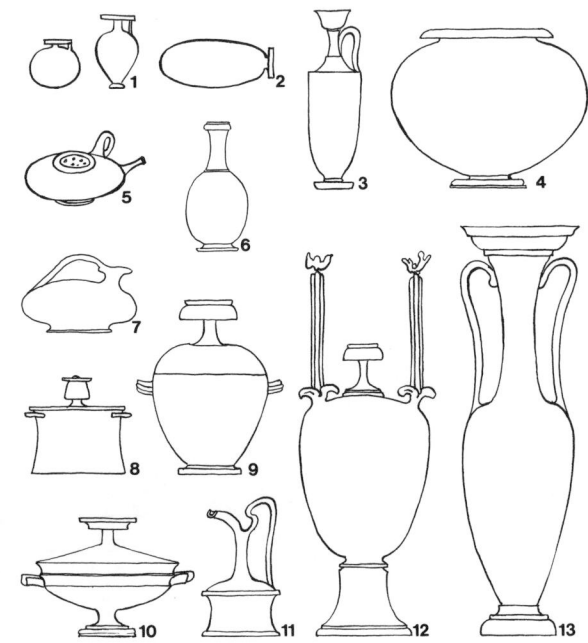

Agora	griech. ›Versammlung‹; Markt- und Versammlungsplatz, Zentrum des politischen Lebens in der griechischen Stadt
Akropolis	griech. ›Hochstadt‹; Festung, Burg auf dem höchstgelegenen Teil einer griechischen Stadt; wandelte sich im Laufe der Zeit zum Hauptkultplatz der Stadt
Akroter	Akroterion, ornamentale Bekrönung des Giebelfirstes; s. Fig. 1
Amazonomachie	Darstellung einer Schlacht gegen die Amazonen, im griechischen Mythos ein Volk kriegerischer Frauen in Vorderasien
Ambulacrum	Wandelgang
Ante, Pl. Anten	lat. Bauglieder, die als Verlängerung der Seitenwände der → Cella hervortreten und frei enden; oft wird ihnen ein Halb- oder Dreiviertelpfeiler angefügt (sog. Antenpfeiler oder Antenpilaster)
Antefix	lat. ›vorne befestigt‹; bemalte oder figurierte Tonplatte (meist in Form einer → Palmette oder eines Gesichts) zur Verkleidung von → Traufen
Apsis	halbrunder Abschluß eines Raums, insbesondere die das äußerste Ende des → Chors bildende Altarnische im Osten der christlichen Kirche; s. Fig. 3

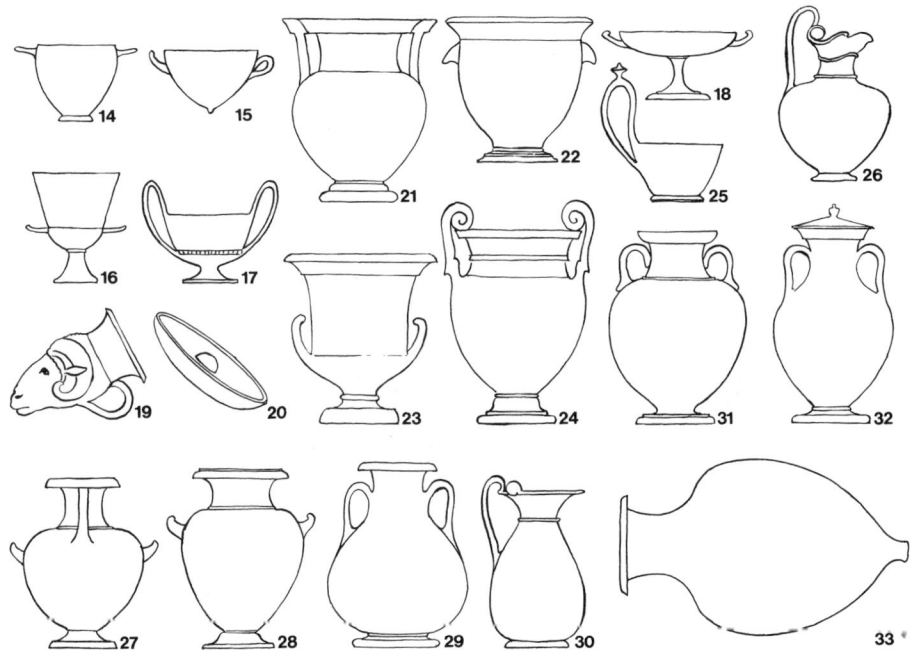

Architrav	in der antiken Baukunst der rechteckige Hauptbalken; s. Fig. 1; später auch über Pfeilern und Bogenstellungen
Archivolte	Profilierung, die einem Bogen an Stirn und/oder Laibung folgt; auch Bogenlauf im romanischen und gotischen Gewändeportal
Asty	Wohngebiet in der altgriechischen Stadt
Atrium	offener Hauptraum, später innerer Hof (Wohnhof) des altrömischen Hauses, um den sich ringsum Wohnräume gruppierten; Säulenvorhalle (auch Paradies genannt) altchristlicher und romanischer Kirchen
Attika	niedrige, geschlossene Wand über dem Hauptgesims eines Bauwerks, oft zur Kaschierung des Dachs
Basilika	griech. ›Königshalle‹; in der römischen Baugeschichte langgestreckte Halle nicht einheitlicher Form; das Christentum übernahm die Basilika als Versammlungsraum für die Gemeinden, d. h. als Kirche; im Mittelalter mehr-, meist dreischiffiger, längsgerichteter Bau, dessen Mittelschiff höher als die Seitenschiffe ist, oft mit Querhaus und → Apsis im Osten; im abendländischen, von Rom beeinflußten Christentum bevorzugter Bautypus; s. Fig. 3, 1

GLOSSAR

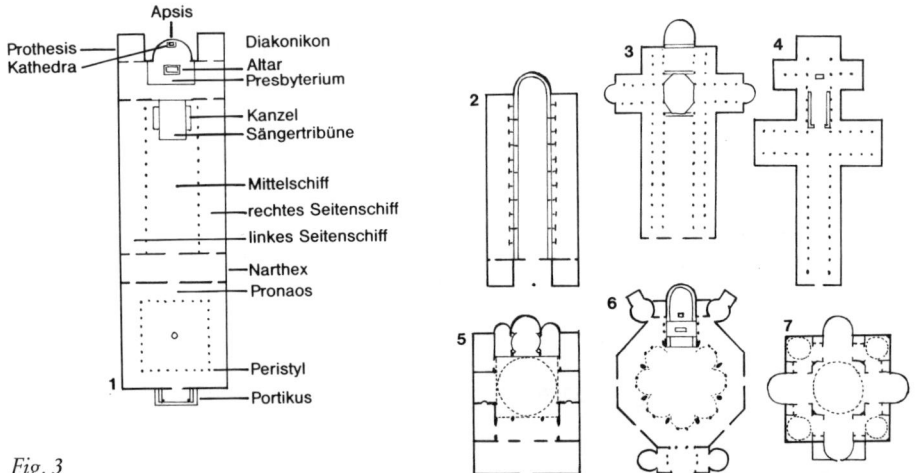

Fig. 3
Kirchentypen: 1 Idealgrundriß einer querschifflosen Basilika 2 frühe Basilika (ab 4. Jh.) 2 lateinisches Kreuz (ab 6. Jh.) 4 Doppelkreuz (11. Jh.) 5, 6 Zentralbauten 7 griechisches Kreuz oder Kreuzkuppelkirche

Bethel	semitisch ›Haus Gottes‹; Steine, die in vielen Kulturen die göttliche Gegenwart und Allmacht symbolisierten und eine besondere Verehrung genossen; in der phönizischen Kultur haben sie die Form eines abgestumpften Kegels und ersetzen beinahe völlig die Darstellung der Gottheiten
Blende	einem Baukörper eingefügte oder vorgeblendete, rein dekorative Scheinarchitektur, z. B. Blendarkade/Blendbogen: der geschlossenen Wand aufgelegte Bogenstellung; Blendfenster: vorgeblendetes Fenster ohne dahinterliegende Öffnung
Bothros	brunnenähnliche Opfergrube
Bouleuterion	griech. ›Rathaus‹; Versammlungsort der *Boulé* (Rat), innen mit stützenden Säulen und theaterförmig ansteigenden Sitzreihen ausgestattet, außen mit gegliederter Fassade
Caldarium	lat. ›Warmwasserbad‹; die in den römischen Badeanstalten für das warme Bad vorgesehene Räumlichkeit, meist mit Fußboden- oder auch mit Wandheizung versehen
Campanile	Glockenturm der italienischen Kirchen, vom Kirchenbau getrennt stehend
Cardo	Pl. *Cardines,* nord-südlich verlaufende Hauptstraße römischer Städte und Lager, → Decumanus

Cavea	Zuschauerraum des römischen Theaters mit halbkreisförmig angeordneten, terrassenartig aufsteigenden Sitzreihen
Cella	aus durchgehenden Mauern gebildeter Hauptraum des antiken Tempels, griech. *Naos*
Chiaramontestil	Baustil, der sich im 14. Jh. aus dem arabisch-normannischen Stil entwickelte, benannt nach der Adelsfamilie der Chiaramonte
Chiton	griech. ›Hemd, Gewand‹; Haupt- oder Untergewand, aus Leinen oder Wolle, kurz oder lang, mit oder ohne Ärmel, von Männern und Frauen getragen und stets gegürtet
Chora	die die antike Stadt umgebende Ackerfläche
Christus Pantokrator	Darstellung des thronenden Christus als Weltenherrscher mit Evangelienbuch und erhobener Rechten
chthonisch	von griech. *chthon* = Erde; chthonische Götter sind Gottheiten des Erdbodens und der Erdentiefe; sie schenkten Wachstum und Gedeihen und nahmen die Toten in ihr Reich auf (die wichtigsten: Hekate, Hades, Demeter, Kore, Gaia, Hermes als Seelengeleiter)
Cunei	Keile, in welche die Sitzreihen des Theaters vertikal mittels Stufenreihen geteilt wurden
Decumanus	ost-westliche Hauptstraße römischer Städte und Lager, → Cardo
Diakonikon	südlich (rechts) des Altars gelegener Nebenraum der → Basilika zum Aufenthalt der Diakonen und zur Aufbewahrung der kultischen Geräte und Gewänder; der Gegenraum ist die → Prothesis, mit der zusammen das Diakonikon die Pastophorien bildet; s. Fig. 3
Donjon	franz. Bezeichnung für den die Anlage ›beherrschenden‹ (von lat. *dominare* = beherrschen) Bergfried oder Wohnturm einer mittelalterlichen Burg
Echinus	griech. ›Igel‹; wulstförmiges Kissen des dorischen Kapitells als Verbindungsglied zwischen → Abakus und Säulenschaft; s. Fig. 1
Ekklesiasterion	Ort der Volksversammlung (griech. *ekklesia*), die auf dem Markt, oft in den Theatern, seltener in eigens dafür errichteten Gebäuden abgehalten wurde
Entasis	leichte Schwellung des dorischen Säulenschafts; s. Fig. 1
Exedra	rechtwinkliger oder (halb-)runder Bau mit innen eingebauter Bank auf einer ein- oder zweistufigen Grundmauer; auch → Apsis der christlichen Kirche oder allgemein nischenartiger oder apsidialer Abschluß eines Gebäudes
Fatimiden	schiitische Dynastie (909–1171) in Nordafrika, deren Statthalter Sizilien beherrschten und deren Baukunst die normannisch-arabische Kunst stark beeinflußte
Fries	dorisch: über dem → Architrav umlaufende Abfolge von → Triglyphen und → Metopen; ionisch: skulptierter oder mit plastischen Ornamen-

GLOSSAR

	ten bedeckter Schmuckstreifen, über dem → Architrav angeordnet; allgemein: waagerechte Mauerstreifen mit ornamentalen oder figürlichen Darstellungen als Schmuck, Gliederung oder Abschluß einer Wand; s. Fig. 1
Geison	vorkragendes Gesims über dem → Fries des antiken Tempels; s. Fig. 1
gekröpfter Giebel	Giebel, dessen Mittelteil gegenüber den Seitenteilen zurücktritt; im Barock erstmalig auftretend; s. Fig. 4,5 und 4,6

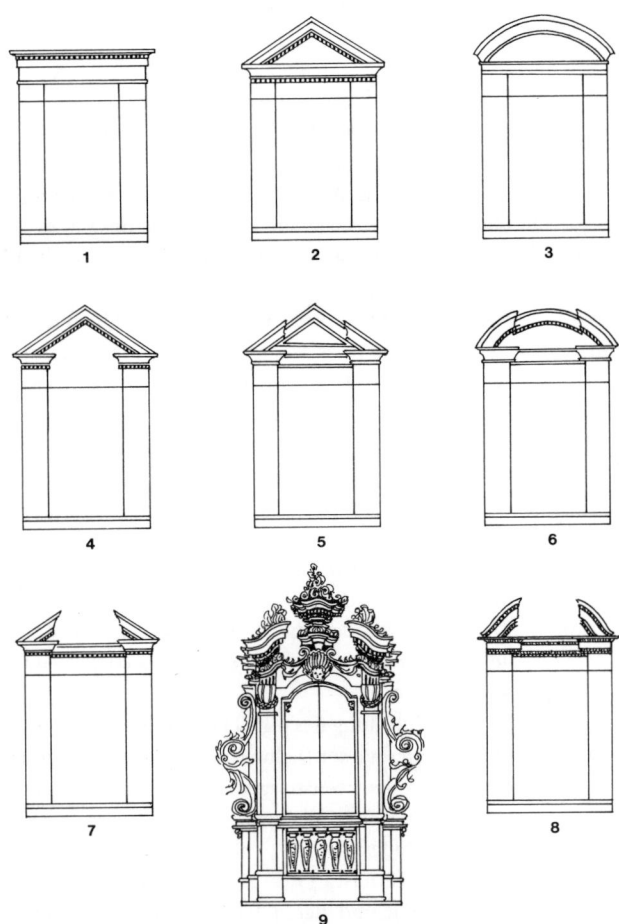

Fig. 4

Giebelformen: 1–4 Renaissance 5–9 Barock; 1 Grundform mit waagerechtem Architrav 2 Dreiecksgiebel 3 Segmentgiebel 5, 6 gekröpfte Giebel 7, 8 gesprengte Giebel 9 reichgeschmücktes Fenster des sizilianischen Barock

Gesims	waagerecht aus der Mauer hervortretender Streifen, der die horizontalen Strukturen (Geschosse) eines Baus gegeneinander absetzt und die Wand gliedert
gesprengter Giebel	Giebel, dessen Mittelteil ausgespart ist; im Barock erstmalig auftretend; s. Fig. 4,7 und 4,8
Gewände	Schnittflächen, die durch schrägen Einschnitt eines Fensters oder Portals entstehen, oft profiliert oder mit reichen Zierformen (Figuren, Ornamentreihen) geschmückt
Gorgoneion	fratzenhafte Schreckmaske der Gorgo (Medusa) mit grinsendem Antlitz und Schlangenhaar, als magisches oder übelabwehrendes Zeichen an Schildern, Gebäuden etc. angebracht
Gymnasion	(von griech. *gymnos* = nackt); Platz oder Gebäude für sportliches Training
Heroon	für einen im Ausland verstorbenen ›Helden‹ errichtetes Denkmal; s. z. B. S. 269, Grabmal des Theron
Historismus	Stilphase der europäischen Kunstentwicklung (etwa 1820–1920), gekennzeichnet durch Rückgriff auf ältere Stilrichtungen (Neoromanik, Neogotik, Neorenaissance etc.)
hippodamisch	nach Hippodamos von Milet (5. Jh. v. Chr.) regelmäßig angelegtes Straßensystem mit sich rechtwinklig kreuzenden Haupt- und Nebenstraßen und voneinander getrennten Funktionsbereichen (Marktviertel, Wohnviertel etc.)
Hohlkehle	ein waagerechtes, senkrechtes oder gebogenes konkaves Bauglied, das Gegenstück zum Rundstab
hypäthral	griech. *hypaithros* = unter freiem Himmel, also ohne Dach
Hypokausten	antike Bodenheizung
Ikonostasis	ursprünglich ein niedriger Abschluß zwischen Gemeinderaum und dem Allerheiligsten in den Kirchen, begann diese mit Bildern geschmückte Trennwand (*Ikonostasis* = Standplatz des Bildes) ab dem 14. Jh. vor allem in den russischen Kirchen rasch zu wachsen und reicht zuweilen bis an das Gewölbe
in antis	Bezeichnung für einen Tempel, bei dem die Längsseiten der Cella verlängert sind, so daß sie die Seitenwände eines vor- oder hintergelagerten Raums bilden, → Ante
Insula	lat. ›Insel‹, von Straßen eingeschlossener Häuserblock aus einem oder mehreren Häusern
Interkolumnium	lat. ›zwischen den Säulen‹; s. Fig. 1
Kannelur	senkrechte Auskehlungen an Säulen-, Pilaster- oder Pfeilerschäften; s. Fig. 1
Kanopen	nach der altägyptischen Stadt Kanopos benannte tier- oder menschenköpfige Gefäße aus Alabaster zur Beisetzung der Eingeweide mumifi-

GLOSSAR

	zierter Menschen und Tiere; auch die etruskischen Gesichtsurnen werden so bezeichnet
Kapitell	oberer Abschluß von Säulen und Pfeilern in ornamentaler, pflanzlicher oder figürlicher Ausführung; s. Fig. 5

Fig. 5

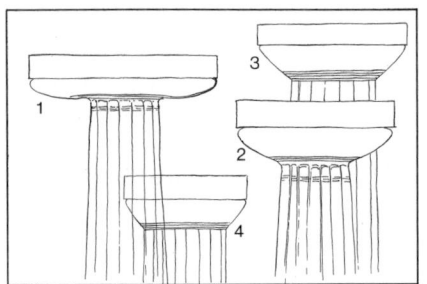

Kapitelle: aiolisch, ionisch, dorisch (1–4 Entwicklung vom archaischen zum hellenistischen Kapitell), korinthisch (1 gewöhnliche Form   2 Kompositkapitell)

Kentauromachie	Darstellung eines Kampfes der Kentauren, mythischer Mischwesen aus Pferd und Mensch (Oberkörper)
Klassizismus	Stilstufe der europäischen Kunstentwicklung (etwa 1770–1830), Gegenbewegung zu Barock und Rokoko unter Berufung auf die Antike, Rückkehr zu klaren, schlichten Formen
Kolonetten	kleine Säulen
Kommende	ohne Amtsverpflichtung übertragene kirchliche Pfründe; Verwaltungsbezirk oder Ordenshaus der Johanniter oder des Deutschherrenordens
Komos	nach gemeinsamem Umtrunk (*Symposion*) von den Zechern und Hetären veranstalteter Umzug kulturellen Ursprungs, mit Gesang und Musik; von Komos leitet sich der Name ›Komödie‹ her

Kontraktion	von lat. *contrahere* = zusammenziehen; am griechischen Tempel Verringerung der Säulenstellung der Eckjoche (zur Lösung des sog. dorischen Eckkonflikts), so daß → Metopen und → Triglyphen gleich groß bleiben konnten (sog. einfache Eckkonstruktion); bei der doppelten Eckkontraktion werden zusätzlich die auf das Eckjoch folgenden Joche verringert (s. a. S. 37 f.)
Kore	griech. ›Mädchen, junge Frau‹; ebenso Bezeichnung für die Göttin Persephone sowie für weibliche Gewandstatuen der archaischen Zeit (s. z. B. Abb. 29)
Kosmatenarbeit	besondere Art der musivischen Zierkunst mit orientalisierendem Einfluß, so genannt nach den Kosmaten (Cosmaten), einer römischen Künstlergruppe des 12.–14. Jh., deren Mitglieder häufig Cosmas hießen
Kothon	künstlich angelegter Hafen
Kottabos	bei Trinkgelagen häufig geübtes griechisches Gesellschaftsspiel, bei dem der Rest des Weins aus dem Trinkgefäß so geschickt gegen eine lose, auf einem Ständer liegende Scheibe geschleudert werden mußte, daß diese lärmend herabfiel, oder in einem Wasserbecken schwimmende Schälchen getroffen und dadurch versenkt wurden (s. Abb. 52)
Kouros	griech. ›Jüngling‹; ebenso Bezeichnung für die nackten archaischen Jünglingsstatuen (s. z. B. Abb. 30)
Kranzgesims	oberstes → Gesims eines Bauwerks

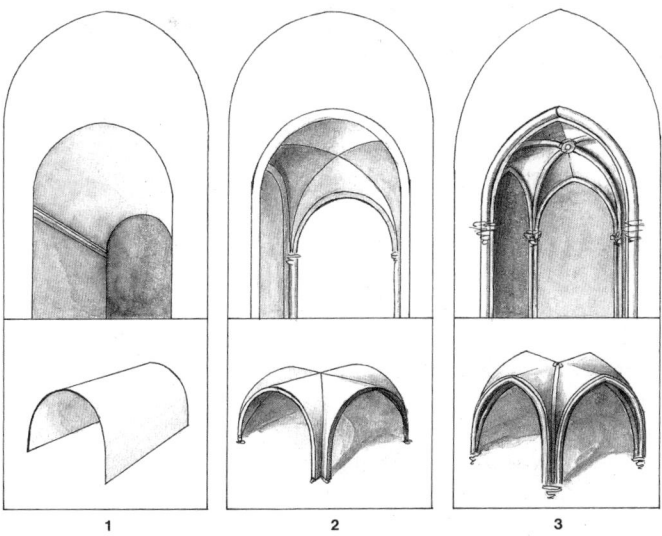

Fig. 6

Gewölbeformen:
1 Tonnen
2 Kreuzkuppel (Durchkreuzung zweier Tonnengewölbe)
3 Kreuzrippe (auf ein Rippenskelett gestütztes Gewölbe)

GLOSSAR

Krater	großes Gefäß mit Fuß aus Ton oder Metall, zum Mischen des Weins verwendet; s. Fig. 2, 21–24
Krepis	griech. ›Sohle‹; Stufenunterbau des griechischen Tempels, über dem → Stereobat und unter dem → Stylobat gelegen; s. Fig. 1
Kreuzkuppelkirche	Kirche in Form eines griechischen Kreuzes mit Kuppel über dem Hauptraum; auch die vier Arme können mit Kuppeln oder Tonnen überwölbt sein; im östlichen, byzantinisch beeinflußten Christentum bevorzugter Bautypus; s. Fig. 3, 7
Kreuzrippengewölbe	an Stelle der Grate (Durchdringungs- und Schnittstellen) beim Kreuzgewölbe, welches aus zwei Tonnengewölben mit gleichem Querschnitt besteht, die sich im rechten Winkel schneiden, spannen sich beim Kreuzrippengewölbe Rippen, die den Druck des Gewölbes auf die vier Stützpunkte ableiten, so daß dessen Kappen (Teilstücke des Gebäudes) aus schwachem Mauerwerk bestehen können; s. Fig. 6
kufische Schrift	archaischer Schrifttypus in der islamischen Kalligraphie; s. Fig. 7

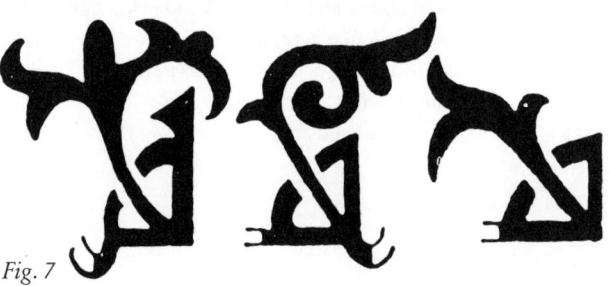

Fig. 7

Kurvatur	leichte, zur Mitte hin steigende Krümmung eines Gebäudes, insbesondere des griechischen Tempels
Laterne	kleiner, runder oder vieleckiger, mit Fenstern versehener Aufbau über einer Decken-, Gewölbe- oder Kuppelöffnung
Latomien	antike Bezeichnung für Steinbrüche
Lebes	griech. ›Kessel‹; beckenförmiges Gefäß aus Metall oder gebranntem Ton, auf Dreifuß oder einfüßigem Ständer aufsetzend; s. Fig. 2, 12
Lekythos	längliches Ölgefäß; die Lekythen erscheinen in der attischen Keramik seit dem zweiten Viertel des 6. Jh. v. Chr.; von etwa 350 v. Chr. an finden sie starke Verbreitung; seit dem 5. Jh. v. Chr. im Grabkult verwendet; s. Fig. 2, 3
Lenäen	altathenisches Winterfest zur Ehrung des Gottes Dionysos
Lisene	senkrechter, flacher Mauerstreifen, im Gegensatz zum → Pilaster ohne Basis und Kapitell

Loggia	gewölbte, offene Bogenhalle oder gewölbter, offener Bogengang, von Pfeilern oder Säulen getragen, in oder vor einem Gebäude
Longitudinalbau	›längsgerichteter‹ Bau (von lat. *longitudo* = Länge); Betonung der horizontalen Linie der mittelalterlichen Kirchen mit dem Höhepunkt im Chor, → Basilika; der gegensätzliche Bautypus ist der → Zentralbau; s. Fig. 3, 1–4
Majolika	Tonwaren, deren einmal vorgebrannter, meist farbiger Scherben mit einer undurchsichtigen, meist weißen und mit Scharffeuerfarben bemalten Zinnglasur überschmolzen ist, Synonym für Fayence
Manierismus	Übergangsstil zwischen Renaissance und Barock (etwa 1520/30–1600); charakteristisch sind in der Malerei überlängte Proportionen, komplizierte Figurenkompositionen und antiklassische Farbgebung, in der Architektur komplizierte Bau- und Raumgruppen und endlose Raumfluchten; auch pejorativ im Sinne von manieriert, im weitesten Sinne antiklassisch
Megaron	griech. ›Gemach, Haus‹; rechteckiger Hauptraum eines achäischen (mykenischen) Palastes, später auch Bezeichnung für geschlossenen Kultraum
Metopen	griech. ›Stirn‹; etwa quadratisches Feld aus Holz, Ton, Stein, bemalt oder mit Relief versehen; s. Fig. 1
Monarchia Sicula	mittellat. ›Sizilisches Königreich‹; zeitgenössische Bezeichnung für das normannische Königreich in Sizilien und Unteritalien
Muqarnas	Dekorationselemente aus der islamischen Baukunst, die die → Trompennischen einer Kuppel und Fensternischen ausfüllen; s. Fig. 8

Fig. 8

GLOSSAR

Museion	griech. ›Musensitz‹; allgemein jedes Musenheiligtum
Mutulus	lat. ›Sparrenkopf‹; Architekturglied im dorischen Gebälk, steinerne Tropfen, Reminiszenz an die frühere Holzarchitektur; s. Fig. 1
Narthex	schmale Vorhalle frühchristlicher und byzantinischer Kirchen; s. Fig. 3
Nekropole	griech. ›Totenstadt‹; großes antikes Gräberfeld
Nymphaion	Nymphenheiligtum; ursprünglich den Nymphen geweihte Grotte, später wasserspendender Brunnenbau
Oikist	griech. ›Städtegründer‹
Olymp	griech. ›Olympos‹, häufiger Bergname vorgriechischer Herkunft in Griechenland und Kleinasien (›Berg‹); am bekanntesten das Bergmassiv zwischen Makedonien und Thessalien, die höchste Erhebung Griechenlands (2918 m)
Opisthodom	griech. ›Hinterhalle‹; der an die Rückwand der → Cella anschließende Raum eines griechischen Tempels
Oratorium	lat. ›Betsaal‹; Bezeichnung für ein kleines Gotteshaus, später nicht öffentlicher oder halböffentlicher Betraum
Orchestra	griech. ›Tanzplatz‹; ursprünglich kreisrunder Platz für Aufführungen chorlyrischer Lieder; im römischen Theater der meist halbkreisförmige Platz zwischen Zuschauerraum und Bühnengebäude
Palaestra	Kampf- und Übungsplatz für den Ringkampf, oft schlechthin Bezeichnung für Sportstätte
Paläolithikum	Altsteinzeit, ca. 2/3 Mio. Jahre – 10000/8000 v. Chr., Eiszeitalter
Palmette	Pflanzenornament, aus dem mehr oder weniger stilisierte Blätter, fächerartig gruppiert, herauswachsen; s. Fig. 9

Fig. 9

Papposilen Sohn des Hermes oder Pan und einer Nymphe, Ziehvater, Lehrer und Begleiter des Dionysos; grotesk, tanzend, lachend und trunken, oft auf einem Esel reitend dargestellt; Vater der Silenen
Paraskenion Seitenflügel des Bühnengebäudes beim griechischen Theater
Pendentif Hängezwickel, meist eine sphärische Dreieckskonstruktion, die den Übergang von einem mehreckigen Grundriß in die Rundung einer Kuppel ermöglicht; s. Fig. 10

Fig. 10

1 **2** **3**

Eckverbindungen: Übergang vom Quadrat zum Kreis, von der Vierung zur Kuppel; 1, 2 arabischnormannisch mit Trompen   3 byzantinisch

Peripteros griech. ›Ringhallentempel‹; Tempel, bei dem die Cella von einem eingeschlossenen Säulenkranz umstanden wird; P. Heptastylos mit sieben und P. Hexastylos mit sechs Säulen an den Schmalseiten
Peristasis Säulenkranz des → Peripteros

GLOSSAR

Peristyl	griech. ›rings von Säulen umgeben‹; rechteckiger, von allen Seiten mit Säulen umgebener Hof innerhalb eines Gebäudekomplexes (besonders des nach ihm benannten Peristylhauses, eines hellenistischen Bautypus)
Piano nobile	ital. ›herrschaftliches Geschoß‹, auch *Beletage;* Hauptgeschoß eines Palastes, Wohnung der adligen Besitzer; in den sizilianischen Barockpalästen im 1. Stock gelegen
Pilaster	Wandpfeiler, d. h. ein aus der Wand mehr oder weniger flach hervortretender Pfeiler, im Gegensatz zur → Lisene mit Basis und Kapitell; er dient zur Verstärkung der Mauer, als Gebälkträger, zur Gliederung einer Wand, zur Rahmung von Portalen und Fenstern
Pinakes	griech. *Pinax* = Tafel, Teller, Gemälde; altgriechische Tafel aus Holz, gebranntem Ton oder Marmor, die beschriftet oder, als Weihgeschenk, bemalt wurde
Planimetrie	Geometrie der Ebene
Platereskenstil	von span. *plateresco* = goldschmiedeartig; ein zu Ende des 15. Jh. in Spanien aufkommender Stil zur Dekorierung von Fassaden, mit kleinteiligen, floralen und verschwenderischen Schmuckformen, die in keiner funktionalen Beziehung zum Baukörper stehen
Polis	selbstverwalteter griechischer Stadtstaat, bestehend aus städtischer Siedlung und landwirtschaftlich genutztem Umland
Polsterquadern	Quadern, deren Außenseite polster- oder kissenartig abgerundet ist; aus der muslimischen Architektur in die normannisch-arabische Kunst übernommene Schmuckform
Polyptychon	Flügelaltar mit mehr als zwei Flügeln
Portikus	säulengetragener (seltener von Pfeilern), an den Seiten offener oder nur teilweise geschlossener Vorbau eines Gebäudes; der (oder fachsprachlich: die) Portikus wurde in der antiken Baukunst ausgebildet, als Vorbau seit der Renaissance wieder verwendet
Presbyterium	Kirchenvorstand, aus dem Pfarrer und den Presbytern bestehend, und deren Versammlungsraum; in der Kirche der den Priestern vorbehaltene Teil, in dem sich der Hochaltar befindet; s. Fig. 3, 1
Pronaos	griech. ›Vorhalle‹; die Vorhalle der → Cella beim antiken Tempel
Propylon	überdachter monumentaler Torbau
Proskynese	Heiligenverehrung mit Kniefall; Adoranten (Anbetende) werden so dargestellt; Kniefall vor Herrscher im byzantinischen und normannischen Hofzeremoniell
Prothesis	eigentlich der Rüsttisch zur Vorbereitung des Meßopfers, danach der jenen enthaltende, nördlich (links) des Altars gelegene Nebenraum der → Basilika; sein Gegenstück ist das → Diakonikon; s. Fig. 3, 1
Prytaneion	griech. ›Gemeindehaus‹; Sitz der Prytanen (Mitglied der regierenden Behörde im altgriechischen Staat)

Pseudodipteros	ein Dipteros (ein Tempel mit doppeltem Säulenkranz), bei dem der innere Säulenring an den Längsseiten fehlt
Quadriga	das in der Antike von einem offenen Streit-, Renn- oder Triumphwagen aus gelenkte Viergespann und seine Darstellung in der Kunst
Regula	lat. ›Leiste‹; Architekturglied, mit Tropfen *(Guttae)* versehene Leiste unterhalb der → Triglyphe; s. Fig. 1
Sikelioten	Bürger der antiken Stadtstaaten griechischer Gründung auf Sizilien
Sima	am Dachrand über dem → Geison angebrachte, oft mit Wasserspeiern versehene Traufleiste aus Stein oder gebranntem Ton, mit reicher Reliefverzierung und Bemalung; s. Fig. 1
Skene	in altgriechischem Theater Bühnengebäude mit Umkleideräumen für die Schauspieler, Requisitenkammer usw., Bühnenabschluß, vor dem die Schauspieler auftraten
Stadion	griechisches Längenmaß von 600 Fuß; Distanz für den Kurzstreckenlauf, dann Platz für den Kurzstreckenlauf, dann Platz für die Laufwettbewerbe und andere sportliche Wettkämpfe, schließlich der Kurzstreckenlauf selbst
Stalaktitendecke	Gewölbeform der islamischen Baukunst; aus zahllosen treppenartig übereinander aufsteigenden Einzelteilen zusammengesetzt, die vom Gewölbe herabzuhängen scheinen wie die Stalaktiten von der Decke einer Tropfsteinhöhle (s. Abb. 78)
Stereobat	das im Boden verborgene Fundament, die unterste Stufe des Unterbaus beim griechischen Tempel; s. Fig. 1
Stylobat	griech. ›Säulenstuhl‹, die oberste Stufe des Unterbaus beim griechischen Tempel, auf der die Säulen errichtet wurden; s. Fig. 1
Talent	altgriechische Gewichts- und Geldeinheit, in Attika 26,2 kg
Tambour	zylindrischer Unterbau einer Kuppel, auch Trommel genannt
Telamon	kraftvolle architektonische Stützfigur, erstmals erhalten am Olympieion von Akragas (s. Abb. 50); später besonders beliebt im Barock
Temenos	der von einer Mauer oder Säulen abgegrenzte heilige Bezirk um einen Tempel
Tholos	Rundbau, kreisrunder Tempel mit → Cella und Säulenkranz
Tondo	Gemälde oder Relief von kreisförmigem Format
Tonnengewölbe	Gewölbe mit einem halbkreisförmigen Querschnitt; s. Fig. 6
Tophet	semitisch ›Ort der Verbrennung‹; phönizisch-karthagischer Sakralbezirk zur Aufbewahrung von Grabstelen und Urnen, die Aschen von Kleinkindern und jungen Tieren enthalten
Torus	wulstartiger Teil der antiken Säulenbasis
Traufe	waagerechte Kante eines Dachvorsprungs an der Längsseite des Dachs
Triglyphe	mit den → Metopen abwechselndes dreigliedriges Feld über dem → Architrav eines dorischen Tempels; s. Fig. 1

GLOSSAR

Trinakria	›die Dreieckige‹, Name für die Insel Sizilien
Triptychon	dreiteiliges Bild, besonders ein mittelalterlicher Flügelaltar, der aus einem Mittel- und zwei Seitenflügeln besteht
Triquetra	Symbol der → Trinakria, ein weiblicher Kopf mit drei abgewinkelten Beinen (s. Abb. S. 274)
Trochilos	Hohlkehle in der Basis ionischer Säulen
Trommel	→ Tambour
Trompe	Bogen mit nischenartiger Wölbung zwischen zwei rechtwinklig aneinanderstoßenden Mauern, der vom quadratischen Unterbau in das Rund der Kuppel oder des → Tambours überleitet; s. Fig. 10
Tyrann	altgriechischer Alleinherrscher, ein sich auf Teile der Bevölkerung stützender Adliger, erst später in durchweg negativem Sinn gebraucht
Vierung	der bei der Durchdringung von Lang- und Querschiff entstehende Raumteil einer Kirche
Volute	spiralförmiges Ornament an Kapitellen der ionischen Bauordnung; in Renaissance und Barock auch an Giebeln, Konsolen und als seitlicher Abschluß an Fassaden
Wehrkirche, Wehrdom	eine befestigte oder von Wehrbauten umgebene Kirche oder ein ebensolcher Dom
Zentralbau	kreisförmiger, elliptischer, kreuzförmiger, vieleckiger oder quadratischer Raum, bei dem alle Teile auf einen Mittelpunkt bezogen sind, z. B. die → Kreuzkuppelkirche mit ihrer Betonung der vertikalen Linie; der gegensätzliche Bautypus ist der → Longitudinalbau; s. Fig. 3, 5–7

Praktische Reiseinformationen

Vor Reiseantritt 474	Geld und Geldwechsel 482
Informationsstellen 474	Gesundheit 482
Reise- und Kraftfahrzeugpapiere . . . 474	Kinder 483
Gesundheitsvorsorge 475	Kleidung 483
Reisezeit 475	Konsulate 483
	Kriminalität 483
Anreise 476	Kunsthandwerk 483
... mit Auto und Fähre 476	Kur- und Heilbäder 484
... mit der Bahn 476	Kurioses 484
... mit dem Bus 476	Lesetips 484
... mit dem Flugzeug 476	Maße und Gewichte 485
	Naturschutzgebiete 485
Routen durch Sizilien 477	Notfälle 485
	Öffnungszeiten 485
Kurzinformationen von A bis Z . . . 479	Post 485
Apotheken 479	Preisniveau 485
Auskünfte 479	Sprache 485
Autofahren 479	Taxi 485
Autovermietung 479	Telefonieren 486
Behinderte 479	Trinkgeld 486
Camping 479	Unterkunft 486
Einkäufe und Souvenirs 479	Verkehrsmittel 486
Elektrizität 480	
Entfernungen 480	**Ausgewählte Literatur** 487
Essen und Trinken 480	**Abbildungsnachweis** 492
Feiertage und Feste 482	
Fotografieren 482	**Register** 494

Vor Reiseantritt

Informationsstellen
Prospektmaterial und Hotelverzeichnisse stellen die Staatlichen Italienischen Fremdenverkehrsämter (Ente Nazionale Italiano per il Turismo = ENIT) zur Verfügung:

... in der Bundesrepublik Deutschland:
Berliner Allee 26, 40212 Düsseldorf,
✆ 02 11/13 22 31
Kaiserstr. 65, 60329 Frankfurt/M.,
✆ 0 69/23 12 13
Goethestr. 20, 80336 München,
✆ 0 89/53 03 69

... in Österreich:
Kärntnerring 4, 1010 Wien,
✆ 02 22/65 43 74

... in der Schweiz:
Uraniastr. 32, 6900 Zürich,
✆ 01/2 11 36 33

Detailinformationen erhält man besser direkt bei den jeweiligen Provinz-Fremdenverkehrsämtern (Ente Provinciali per il Turismo – EPT) oder den städtischen lokalen Fremdenverkehrsämtern.

Sizilianisches Fremdenverkehrsamt
Assessorato Regionale del Turismo,
Palermo: Via Emanuele Notarbartolo 9,
✆ 0 91/25 12 66 oder 25 41 44

Palermo: Piazza Castelnuovo 34,
✆ 0 91/58 38 47, Fax 33 18 54

Agrigent: Viale della Vittoria 255,
✆ 09 22/59 31 11

Caltanissetta: Corso Vittorio Emanuele 109,
✆ 09 34/58 44 99

Catania: Largo Paisiello 5,
✆ 0 95/31 21 24, Fax 31 21 24

Enna: Piazza Garibaldi 1,
✆ 09 35/50 09 01, Fax 50 07 20

Messina: Via Calabria 301,
✆ 0 90/64 42 36, Fax 60 10 05

Taormina: Corso Umberto 144,
✆ 09 42/2 37 51

Ragusa: Via Natalelli 131,
✆ 09 32/62 22 88

Syrakus: Via S. Sebastiano 43,
✆ 09 31/46 14 77, Fax 6 78 03

Trapani: Via V. Sorba 15,
✆ 09 23/2 72 73, Fax 2 94 30

Reise- und Kraftfahrzeugpapiere
Der Personalausweis genügt. Für Kraftfahrzeuge sind keine Spezialpapiere nötig, die grüne Versicherungskarte wird empfohlen. Da die Benzinpreise in Italien jedoch sehr hoch sind, ist es ratsam, sich vor der Abreise bei den einheimischen Banken oder Auto-

mobilclubs das sog. ›Südpaket‹ zu besorgen (verbilligte Benzingutscheine und Gutscheine für die Mautgebühren, kostenlose Hilfe bei Notfällen auf den Straßen).

Gesundheitsvorsorge
Kalziumtabletten oder Spritzen gegen Sonnenallergie sowie Autan oder eine gute Salbe gegen Mückenstiche sind zu empfehlen.

Reisezeit
In den Reisebüchern des vorigen Jahrhunderts wurde noch empfohlen, erst ab November bis höchstens Mai nach Sizilien zu reisen und den Turban nicht zu vergessen. Heute finden Besichtigungsreisen meist im April/Mai statt, während die meisten Badeurlauber in den Sommermonaten kommen.

Der Winter ist etwas riskant, soweit man eine Reise vorrangig unter dem Schönwettergesichtspunkt betrachtet; er kann die schönste Jahreszeit des ganzen Jahres sein, wenn die Sonne scheint, die Luft kristallklar ist und die Farben eine unglaubliche Intensität erreichen. Regnet es jedoch oder sind die Tage grau, dann kann man in keinem Land mehr frieren als in Sizilien: Im Küstenbereich bleiben zwar die Temperaturen tagsüber auch an kalten Tagen bei ungefähr 12 °C, aber auf 600 m Höhe erreichen sie nur 7° und auf 1000 m sogar nur 4,4°. Über 1800 m sinkt die Temperatur unter den Nullpunkt. In den Madonien und am Ätna wird Wintersport betrieben. Hotels sind beheizt, Privatwohnungen sehr selten und Kaffeehäuser, Restaurants usw. nie.

Mit den ersten Regenfällen, ungefähr gegen Ende Oktober, beginnt eine Art ›Frühjahr‹: Die Wildpflanzen erwachen aus ihrem ›Sommerschlaf‹. Langsam wird die ausgebrannte Landschaft grün, zaghaft blühen die ersten Feldblumen (s. S. 121–127).

Als kältester Monat gilt der Januar, aber auch Februar und März zählen zu den ausgesprochenen Wintermonaten. Im April und Mai ist die ganze Insel ein einziges Blütenmeer, doch können in beiden Monaten manche Tage noch recht kühl sein. Ende Mai reift der Weizen, und die ersten Gräser werden gelb. Ungefähr Mitte Juni wird es dann von einem zum anderen Tag sehr warm; auch abends sinken die Temperaturen kaum, und der Unterschied zwischen Sonne und Schatten ist nur gering. Sobald die Sonne aufsteigt, wird die Luft diesig, der Himmel weiß, und alle Farben erscheinen blasser in dem allzu starken Licht. Langsam heizt sich auch das Meerwasser auf.

Juli/August sind sehr heiß, und für die Italiener beginnt die Ferienzeit. Schulen, Fabriken und Büros schließen alle zur gleichen Zeit, die Autobahnen und Straßen sind überfüllt, ebenso die Restaurants und Hotels. Nur die Städte sind leer, dort öffnen selbst die Geschäfte nur dreimal die Woche für einen halben Tag. Die Ferienzeit endet am 27. August.

Im August mag es schon hin und wieder einen kurzen Gewitterschauer geben, doch im September sind diese selten. Die Lufttemperatur sinkt wieder auf eine angenehme Wärme, das Meer ist spiegelglatt, ruhig und angenehm warm wie in keinem anderen Monat.

Anreise

... mit Auto und Fähre

Wer die 1500 km durch Italien (Autobahngebühren!) scheut und ausgeruht in Sizilien ankommen möchte, sollte in Italien eine Autofähre benutzen. Die Kosten betragen ungefähr den Benzinpreis plus einer Übernachtung.

Sizilien ist auf dem Seeweg von Genua, Livorno und Neapel aus zu erreichen. Die zuständigen Gesellschaften für die Schiffsverbindungen Italien–Sizilien sind ›Tirrenia‹, ›Grandi Traghetti‹ und ›Siremar‹.

Genua–Palermo: täglich, Fahrtzeit 22 Stunden.

Neapel–Palermo: täglich, Fahrtzeit 9.15 Stunden.

Livorno–Palermo: dreimal wöchentlich, Fahrtzeit 18 Stunden.

Neapel – Messina – Catania – Syrakus: einmal wöchentlich, Fahrtzeit 15 bzw. 19 Stunden.

Neapel – Äolische Inseln – Milazzo: zweimal wöchentlich, Fahrtzeit 17.45 Stunden, Gesellschaft ›Siremar‹.

Die Gesellschaft ›Caronte‹ sorgt im Pendelverkehr für das Übersetzen von Villa S. Giovanni (Kalabrien) nach Messina. Die staatliche Eisenbahn, die *Ferrobie dello Stato*, fährt diesen Weg mehrmals täglich (30 Minuten). Ebenfalls mehrmals täglich verkehren die Fähren und Tragflächenboote von Messina nach Reggio di Calabria.

... mit der Bahn

Bei einer guten Verbindung kann man Sizilien mit der Bahn von allen größeren Bahnhöfen im Norden in 24–32 Stunden erreichen. Ausgenommen vor Weihnachten und Ostern oder vor dem italienischen Ferienanfang ab Ende Juli verläuft die Fahrt meist reibungslos, doch muß durchschnittlich mit etwas Verspätung bei der Ankunft gerechnet werden. Gut läßt es sich auch im Schlaf- oder Liegewagen reisen, vielleicht mit einer Tagesunterbrechung in einer der italienischen Städte.

... mit dem Bus

Von Sizilien nach Deutschland bestehen Busverbindungen, die sich steigender Beliebtheit erfreuen, z. B. ›Sicilia Express‹, Frankfurt/M., Baseler Platz 7, ✆ 0 69/25 31 99; Hagen, Graf-von-Galen-Ring 18, ✆ 0 23 31/2 33 07; Köln-Mülheim, Berliner Str. 38, ✆ 02 21/61 38 54; Saarbrücken, Am Hauptbahnhof 4, ✆ 06 81/37 35 20.

... mit dem Flugzeug

Außer den vielen Charterflügen, die während der Saison stattfinden, bietet die Lufthansa viermal wöchentlich einen Direktflug Frankfurt-Catania (dienstags, donnerstags, samstags und sonntags); ansonsten ist Alitalia zuständig. Über internationale Flughäfen verfügen Trapani, Palermo und Catania, die auch von zahlreichen italienischen Flughäfen aus angeflogen werden.

Routen durch Sizilien

Eine Woche

1. Tag
Syrakus
Vormittags: Ausflug zum Fort Euryalos, Besichtigung des Archäologischen Parks (Theater, Latomien, Altar des Hieron, Ohr des Dionysios, römisches Amphitheater), Museum.
Nachmittags: Halbinsel Ortygia mit dem Dom.

2. Tag
Vormittags: Fahrt nach Piazza Armerina über Valguarnera, Besichtigung der römischen Villa del Casale.
Nachmittags: Weiterfahrt, eventuell Besichtigung der Ausgrabungen von Morgantina, danach Fahrt nach Enna, Besichtigung der Stadt (Dom, Castello di Lombardia und Turm Friedrichs II. von Hohenstaufen). Weiterfahrt nach Agrigent.

3. Tag
Agrigent
Vormittags: Museum und Stadt.
Nachmittags: Tal der Tempel.

4. Tag
Fahrt nach Palermo über Selinunt (Besichtigung) und Segesta (Besichtigung).

5. Tag
Palermo
Vormittags: Archäologisches Nationalmuseum, Normannenpalast und Palastkapelle, S. Giovanni degli Eremiti, Dom, S. Maria dell'Ammiraglio.
Nachmittags: Monreale, Dom und Kreuzgang (im Winter schließt der Kreuzgang schon um 14.30 Uhr).

6. Tag
Weiterfahrt nach Taormina über Cefalù (Besichtigung), kurzer Halt in Messina (Dom und Domplatz).

7. Tag
Vormittags: Fahrt zum Ätna.
Nachmittags: Spaziergang durch die Stadt und Besichtigung des antiken Theaters.

Zwei Wochen

1. Tag
Catania
Vormittags: Spaziergang durch das Zentrum, Dom, Badia di S. Agata, Via Crociferi, römisches Amphitheater, Besichtigung des Benediktinerklosters.
Nachmittags: Vorbei am Castello Ursino Weiterfahrt nach Syrakus und Besichtigung des Fort Euryalos (oder Abstecher nach Megara Hyblaea).

2. Tag
Syrakus
Vormittags: Museum und Archäologischer Park.
Nachmittags: Ortygia, Arethusaquelle, Dom, Rundgang durch die Altstadt und Besuch der Katakomben.

3. Tag
Vormittags: Fahrt nach Noto (Besichtigung), Weiterfahrt durch Mòdica nach Ragusa Ibla (S. Giorgio).
Nachmittags: Weiterfahrt nach Ferla, Besichtigung der Gräberstadt Pantàlica, Weiterfahrt bis Caltagirone.

4. Tag
Vormittags: Fahrt nach Piazza Armerina, Besichtigung der römischen Villa del Casale. Weiterfahrt nach Aidone (eventuell Museum) und Morgantina (Besichtigung).
Nachmittags: Weiterfahrt nach Enna, Besichtigung der Stadt, Weiterfahrt nach Agrigent.

5. Tag
Agrigent
Besichtigung des Tals der Tempel, der Stadt (Dom, S. Maria dei Greci, S. Spirito), Museum.

6. Tag
Fahrt nach Selinunt, Abstecher nach Heraklea Minoa und Caltabellotta, Besichtigung der Akropolis von Selinunt, des Malophoros-Heiligtums und der Tempel des Osthügels.

7. Tag
Besuch der Cave di Cusa, Fahrt nach Castelvetrano (Besichtigung der SS. Trinità di Delia), Fahrt nach Mazara del Vallo (kurzer Stadtrundgang), Fahrt über Marsala nach Mozia (Übersetzen und Besichtigung), Weiterfahrt über Trapani nach Erice.

8. Tag
Besichtigung von Erice, Weiterfahrt nach Segesta (Besichtigung), Weiterfahrt nach Palermo, eventuell Ausflug zum Monte Pellegrino.

9. Tag
Palermo
Vormittags: Nationalmuseum (im Sommer eventuell die Regionalgalerie), S. Giovanni degli Eremiti (im Winter nur vormittags geöffnet), Normannenpalast – Zimmer des Roger.
Nachmittags: Palastkapelle, Kathedrale mit Kaisergräbern, S. Maria dell'Ammiraglio, S. Cataldo, Stadtrundgang.

10. Tag
Besichtigung der Zisa, Fahrt nach Monreale und Besichtigung von Dom und Kreuzgang.

11. Tag
Fahrt nach Cefalù, Besichtigung von Stadt und Dom, Fahrt nach Tìndari, Besichtigung der Wallfahrtskirche und der Ausgrabungen (Antiquarium, Theater, Wohnviertel, Basilika), Weiterfahrt nach Milazzo.

12. Tag
Übersetzen nach Lìpari (Museum) und Vulcano, Weiterfahrt nach Taormina, mit kurzem Besuch von Messina.

13. Tag
Ganztägiger Ausflug zum Ätna und den Schluchten des Alcántara.

14. Tag
Spaziergang durch Taormina und Besichtigung des Theaters, eventuell Besuch von Thapsos.

Kurzinformationen von A bis Z

Apotheken
Die Apotheken sind allgemein gut sortiert. Im Durchschnitt unterliegt eine geringere Anzahl von Medikamenten der Rezeptpflicht als in Deutschland, Österreich oder der Schweiz (z. B. Antibiotika). An Feiertagen und nachts informiert ein Anschlag über die im Sonderdienst geöffneten Apotheken.

Auskünfte
Auf den Flughäfen und Bahnhöfen der Städte sind Auskunftsbüros vorhanden. In jeder Ortschaft gibt es ein ›Pro Loco‹, ein lokales Informationsbüro. In touristischen Zentren ist die ›Azienda del Soggiorno‹ für Auskünfte zuständig.

Autofahren
Sizilien besitzt ein ausgezeichnet ausgebautes Straßennetz. Autobahnen verbinden die größten Zentren untereinander, und im Gegensatz zu Norditalien sind im Süden einige Strecken sogar gebührenfrei. Das gilt auf dem Festland für Salerno-Reggio di Calabria und auf der Insel für alle Strecken, ausgenommen Catania-Messina, Messina-Rocca di Capri Leone und die 15 km lange Autobahn von Buonfornello bis Cefalù. Die Nationalstraßen sind oft sehr kurvenreich, bieten dafür aber einmalige Aussichten.

Tankstellen, die meist auch bleifreies Benzin führen, finden sich an der Küste in jedem größeren Ort, im Landesinnern eher seltener. Die Öffnungszeiten liegen im allgemeinen zwischen 8 und 20, mit einer langen Mittagspause zwischen 12.30 und 16. Nur die Autobahntankstellen haben 24 Stunden geöffnet.

Die Höchstgeschwindigkeit richtet sich in Italien nach der Autoklasse. Außerhalb der Ortschaften beträgt sie allgemein 90 km/h, für PKW mit Anhänger 80 km/h; auf der Autobahn für PKW bis 1100 ccm 110 km/h, für PKW ab 1200 ccm 130 km/h, für PKW mit Anhänger 100 km/h. Es besteht Anschnallpflicht.

Autovermietung
Leihwagen sind auf den Flughäfen sowie in allen Touristenzentren zu bekommen. Die Preise liegen im europäischen Durchschnitt. ›Europcar‹ und ›Rent a Car‹ haben zahlreiche Filialen auf der ganzen Insel.

Behinderte
Nur die Hotels der Kurbäder sind auf Behinderte eingestellt. Ansonsten beschränken sich die infrastrukturellen Einrichtungen auf einige Telefonkabinen mit stufenlosem Eingang (eventuell auf einem Bürgersteig mit hoher Kante gelegen!) und auf Bordsteinrampen in einigen Städten.

Camping
Die 94 offiziellen Campingplätze sind alle auf der Touristischen Straßenkarte des AGIP eingezeichnet.

Einkäufe und Souvenirs
In den Städten werden die gesetzlichen Öffnungszeiten eingehalten. Je nach Geschäftstyp reichen sie von 8.30/9 bis 12.30/13 und

von 16.30/17 bis 20/20.30. Einige Branchen haben Samstagnachmittag nicht geöffnet (Buchhandlungen), andere bleiben Montagvormittag geschlossen (Elektro- und Eisenwaren, Friseure). In den Touristenzentren sind die Geschäfte auch Sonntag geöffnet, und je nach Saison wird oft erst in der Nacht geschlossen. In den Dörfern sind die Öffnungs- und Schließzeiten eher eine Frage der jeweiligen Lebenseinstellung.

Raucher sollten vorsorgen: Die meisten Tabakgeschäfte halten die offiziellen Zeiten sehr streng ein und sind somit an Sonn- und Feiertagen geschlossen. Nur sehr wenige Bars besitzen eine Lizenz zum Zigarettenverkauf, in Gasthäusern oder Restaurants stehen weder Streichhölzer noch Tabakwaren zur Verfügung.

Billig und trotzdem gut kann man oft auf den Märkten einkaufen. Je nach Größe der Stadt sind dies entweder ständige Einrichtungen, oder es steht ihnen ein Tag in der Woche zu. Palermo besitzt drei dauernde Märkte, Catania zwei, Syrakus einen usw. Von Lebensmitteln über Haushaltsgeräte, oft hochklassige Lederwaren und Kleidung bis zum Nagel steht alles zum Verkauf an, selbst eine Secondhand-Abteilung fehlt meist nicht. Große Bauernmärkte werden in den Agrarzentren ein- bis zweimal im Jahr abgehalten.

Typische sizilianische Handarbeiten sind Keramik, Schmiedeeisen, Stickereien sowie Häkel- und Webarbeiten (s. a. S. 483f.). Ein Paradies für Souvenirliebhaber ist Taormina.

In allen Orten sind Ritterfiguren aus dem sizilianischen Marionettentheater zu finden; seine Themen stammen aus dem Sagenkreis um Karl den Großen, im Grunde handelt es sich immer um den Kampf zwischen Mauren und Christen. In Syrakus gibt es Papyros zu kaufen, in allen Touristenzentren das Symbol der Insel Trinakria, die *Triquetra*, Miniaturausgaben der buntbemalten sizilianischen Karren u. v. m.

Elektrizität

Die Stromspannung beträgt 220 Volt. Die Steckdosen haben zwei verschiedene Maße, aber keines entspricht dem deutschen. Die Mitnahme eines Adapters (Eurostecker) empfiehlt sich daher.

Entfernungen

Vom Festland liegt Sizilien nur 3 km entfernt, doch auf der Insel selbst sind die Entfernungen beträchtlich.

Essen und Trinken

In den wenigsten Hotels steht ein Frühstücksbuffet zur Verfügung. Normalerweise wird ein ›kontinentales‹ Frühstück serviert. Die Sizilianer selbst frühstücken nicht. Am Morgen reicht ein kleiner Espresso, später wird dann im Stehen an einer Bar eine Kleinigkeit eingenommen. Im Sommer besteht dieser Imbiß oft aus einer *Granita* mit *Briosce* (Hefegebäck). Die *Granita* ist ein Sorbet, das entweder aus frischem Obst der jeweiligen Jahreszeit hergestellt wird oder auch aus Zitronensaft, Kaffee oder Mandelmilch. Es wird auf Wunsch mit oder ohne Sahne serviert. Beliebt sind auch aufgeschnittene, mit Speiseeis gefüllte *Briosce*.

In den Restaurants und Trattorien werden Sitzplatz, Besteck und Tischdecke als *Coperto* (Gedeck) zusätzlich berechnet. Für das Brot gibt es keinen Aufpreis. Eine normale Mahlzeit besteht aus erstem und zweitem Gang plus Nachspeise, Kaffee oder *Amaro* (Magenbitter). Oft wird sie mit den

Antipasti – kleine, appetitanregende Vorspeisen – bereichert. Während der Mahlzeiten wird Wasser oder Wein getrunken.

Wein wird ausschließlich während der Mahlzeiten getrunken. In der ›Caffe/Bar‹ ist vom Long Drink über hochprozentige Alkoholika und Bier bis zum Obstsaft hin alles zu bekommen, nur eben kein Wein. *Caffe* heißt immer Espresso, eine andere Art Kaffee ist nicht gebräuchlich. Wem die geringe Menge zu wenig ist, kann einen *caffe lungo* bzw. *lunghissimo* bestellen. Ein *Cappuccino* ist ein Milchkaffee, bei dem die Milch durch das Erhitzen mit Heißluft schaumig geschlagen wird; gut serviert, gehört auf den Schaum etwas bitteres Kakaopulver.

Jede Provinz oder manchmal auch jede Stadt hat ihre besonderen Spezialitäten. In ganz Sizilien ist die *Pasta con le Melanzane* heimisch (Nudeln mit Tomatensauce und Auberginen). Zur *Pasta alla Norma* gehören ebenfalls Auberginen, doch ist die Sauce zusätzlich mit Pilzen und Sahne angereichert. Bei der *Pasta con le Sarde* – aus dem palermitanischen Raum – wird die Tomatensauce mit wildem Fenchel und Sardellen angerichtet. *Pasta con Ricotta* (frischer Schafsquark) ist ein Gericht aus Syrakus. In Selinunt gibt es Spaghetti mit Thunfischrogen und natürlich mit Meeresfrüchten.

In Westsizilien ist auch der Couscous (italienisch *Cus Cus*) bekannt, jedoch nicht wie in den arabischen Ländern mit Hammelfleisch, sondern mit Fisch zubereitet. Das typische Gericht von Messina ist *Pescestocco alla Messinese* – Stockfisch mit Kartoffeln, Tomaten, Rosinen, Oliven und Kapern. *Pasta con Fasola* (Bohnen), *Pasta con i Ciceri* (Kichererbsen), *Pasta con i Broccoli* und andere mehr sind Nudelgerichte mit Gemüse, aber ohne Tomatensauce. Die bekannte *Minestrone*, eine Gemüsesuppe, wird hauptsächlich abends gegessen.

Sarde a becca fico, gefüllte Sardellen, sind in der Provinz Messina je zwei übereinandergelegte, aufgeklappte und von den Gräten befreite Sardellen, gefüllt mit einer Mischung aus Semmelbröseln, Petersilie, Knoblauch und Parmesankäse; sie werden entweder gebraten oder in Tomatensauce gegart. In Palermo und Umgebung werden Sardellen ebenfalls entgrätet, aber einzeln aufgerollt, und die Füllung enthält außer den genannten Zutaten noch Pinienkerne und Sultaninen. Auch Schwertfisch wird auf die verschiedensten Arten zubereitet, am häufigsten gegrillt und mit einem Gemisch aus Knoblauch, Zitronensaft, Öl, Oregano und Petersilie bestrichen. Die Auswahl an Fischen ist naturgemäß groß.

La Parmigiana besteht aus in Scheiben geschnittenen Auberginen, die schichtenweise abwechselnd mit Schinken, Eiern, Hackfleisch, Tomatensauce und Mozzarellakäse übereinandergelegt, sodann mit Parmesan bestreut und überbacken werden. Auberginen stellen gegrillt, paniert, gebraten, gekocht oder gebacken einen beliebten Bestandteil der sizilianischen Küche dar. *La Caponata*, als gemischte Beilage oder *Antipasto*, besteht aus Paprikaschoten, Auberginen, Zwiebeln, Tomaten, Oliven und Sellerie; die Gemüse werden getrennt gebraten und schließlich gemeinsam mit einem Schuß Essig gedünstet. In Palermo wird die *Caponata* süß-sauer zubereitet.

Dem Ricotta, einem quarkähnlichen frischen Weißkäse aus Schafsmilch, wird während des Siedens etwas Feigenmilch zugesetzt, um sie gerinnen zu lassen. Besonderen Ruhm genießt der Ricotta aus Syrakus, zu dem schon in griechischer Zeit ein Sprichwort besagte: »Süß wie der Honig und der Ricotta von Syrakus«. In Piazza Armerina wird der Ricotta mit Pfefferminzblättern gebraten.

Feiertage und Feste
1. Januar *(Capodanno)*
Ostermontag
25. April (*La Resistenza*/Befreiungstag)
1. Mai (*Festa del lavoro*/Tag der Arbeit)
15. August (*Ferragosto*/Maria Himmelfahrt)
1. November (*Ognissanti*/Allerheiligen; Geschäfte durchweg geöffnet)
8. Dezember (*L'Immacolata*/Maria Empfängnis)
25. Dezember (*Natale*/Weihnachten)
26. Dezember (*S. Stefano*/Tag des hl. Stephanus)
Zu Festen und Traditionen s. a. S. 116–120.

Fotografieren
Fotomaterial ist überall zu festgesetzten Preisen erhältlich, jedoch entschieden teurer als in Deutschland, Österreich oder der Schweiz. In den Museen sind Blitzlichtaufnahmen durchweg untersagt, in einigen sind Aufnahmen ohne Blitz erlaubt, in anderen ebenfalls verboten. Meistens hängt am Eingang ein diesbezüglicher Anschlag, auf alle Fälle ist es ratsam, das Aufsichtspersonal zu fragen. Auch beim Fotografieren von Menschen oder Privateigentum sollte man vorher um Erlaubnis bitten. Filmen mit Videokameras wird oft nicht gern gesehen bzw. verboten, auch Fotoaufnahmen mit Stativ sind in den Ausgrabungsstätten manchmal untersagt.

Geld und Geldwechsel
In den Touristenzentren und auf Bahnhöfen sind Wechselstuben *(Cambio)* vorhanden, oft ganztägig und auch Samstag und Sonntag geöffnet. Auch Reisebüros und Banken wechseln, und in den Geschäften kann man notfalls mit ausländischem Geld bezahlen (Münzen ausgenommen). Darüber hinaus gibt es immer mehr Banken, die über Automaten für ec-Karten verfügen. In den weniger vom Tourismus berührten Gegenden kann der Geldwechsel problematisch werden. Die Banken sind nur vormittags geöffnet (Samstag und Sonntag geschlossen), und nicht alle Banken wechseln Geld. Wo die Möglichkeit besteht, hängt das Schild ›Change‹. Die meisten Institute verlangen auch beim Wechseln von Bargeld einen Ausweis. Einige zahlen das Geld fraglos aus, die anderen verlangen das Ausfüllen endloser Formulare. Die ›Banco di Sicilia‹ ist besonders langwierig, schneller funktioniert die ›Banca Commerciale‹.

Gesundheit
Internationale Krankenscheine von Patienten aus der Bundesrepublik Deutschland, aus Österreich und der Schweiz werden akzeptiert. Jedes Krankenhaus unterhält eine Erste-Hilfe-Station *(Pronto Soccorso)*, wo die Patienten kostenlos verarztet werden. Häufig tauchen Magenverstimmungen auf, die durch Luftveränderung oder Nahrungswechsel hervorgerufen werden und sich mit Kopfschmerzen, Erbrechen und Durchfall manifestieren. Lassen Sie sich dagegen eine ausgepreßte Zitrone mit Wasser und einem Viertel Teelöffel Salz zubereiten – meist genügt das, um am nächsten Tag wieder fit zu sein. Schwarzer Tee ist dagegen nicht angebracht.

Kinder

Kinder sind auf Sizilien Könige. Sie dürfen zu jeder Uhrzeit und an jeden Ort mitgenommen werden und sind immer willkommen. Sizilianische Kinder sind meist lebhaft, selbstsicher und kontaktfreudig.

Kleidung

Ab Mitte Juni bis Oktober reicht leichte Sommerkleidung, ein Regenschirm ist überflüssig. Italiener legen im allgemeinen sehr viel Wert auf Kleidung – man sollte also zu jeder Gelegenheit ›richtig‹ angezogen sein. Für einen Kirchenbesuch ist ›respektvolle‹ Kleidung erwünscht: Hier sollte man unbedingt auf schulterfreie Kleider und kurze Hosen verzichten. Strandkleidung wird auch in einigen Hotels nicht gerne gesehen.

Konsulate

...der Bundesrepublik Deutschland:
Palermo: Generalkonsulat, Via Americo Amaria 124, ⌀ 091/583377 oder 591245
Messina: Honorarkonsulat, Via S. Camillo 16/18, ⌀ 090/364018

...Österreichs:
Palermo: Honorarkonsulat, Via Marchese di Villabianca 70, ⌀ 091/266026

...der Schweiz:
Catania: Honorarkonsulat, Piazza Cavour 36, ⌀ 095/447884

Kriminalität

Hier gilt die Grundregel, nichts sichtbar im Auto liegen zu lassen und auch beim Fahren Kofferraum und Rücksitztüren verschlossen zu halten. Auf Handtaschen und Kameras sollte man selbstverständlich besonders achten. Wertgegenstände und Reisedokumente gehören am besten in den Hotelsafe. Besonders gefährdet für Autodiebstahl und -einbruch sind die Parkplätze. Gewaltkriminalität ist dagegen ausgesprochen selten. Bei ›einfachen‹ Diebstählen kann man sich den Gang zur Polizei eigentlich sparen, da die Aufklärungsquote minimal ist.

Kunsthandwerk

Das bekannteste und älteste Kunsthandwerk (seit 5000 v. Chr.) in Sizilien ist die Herstellung von Keramik. Zentren der Produktion sind Caltagirone, Sciacca, Erice, S. Stefano di Camastra und Patti. Collesano ist bekannt für seine Scherzartikel. Als einziger Ort, dessen Keramik sich in Form und Farbgebung seit Jahrhunderten nicht verändert hat, gilt Burgio. Die Keramiken aus Caltagirone hatten bis zum Anfang unseres Jahrhunderts, als das Geheimnis der Farbherstellung noch vom Vater auf den Sohn weitergegeben wurde, Weltruf wegen ihrer leuchtenden Blau- und Grüntöne. Heute ist dieses Geheimnis international bekannt, und nur die Stücke aus dem vorigen Jahrhundert besitzen noch Sammelwert. Ebenfalls aus Caltagirone kommen die kleinen, sorgfältig gearbeiteten Tonfigürchen (in allen Städten erhältlich), die Szenen aus dem einfachen, bäuerlichen Leben darstellen.

Einen sprichwörtlichen Ruhm besaßen im Mittelalter die sizilianischen Seidenstickereien. Später wurde die Tradition des Stickens vorwiegend in Klöstern gepflegt, und sizilianische Nonnen verfertigten Handarbeiten für das italienische Königshaus bis zum Ende der Monarchie. Die heutigen Muster und Stiche gehen auf britischen Einfluß im vorigen Jahrhundert zurück

(Kreuzstich, Durchbrucharbeiten, Plattstich und die in Sizilien erfundenen Hohlsäume). Herstellungsorte sind Isnello, Catania, Sortino, Vittoria, Ragusa, Palermo, Messina, Taormina und Castellammare del Golfo. Unter der ausgestellten Ware befinden sich häufig chinesische Produkte, billiger als die einheimischen, aber längst nicht so fein und akkurat gearbeitet.

Schmiedeeiserne Waren sind ebenfalls sehr beliebt, werden aber heute oft halbindustriell hergestellt. Einige wenige Kunstschmiede üben ihren Beruf noch auf althergebrachte Weise aus, z.B. in Catania, Acireale, Noto, Palermo und Castelmola bei Taormina. Bunte Teppiche, Läufer, Vorleger und Taschen aus gewebten Stoffstreifen oder Wolle in leuchtenden Farben gehören ebenfalls zum Kunstgewerbe der Insel. Bei den Taschen und Eselsdecken werden noch arabische Muster verwendet. Arbeiten dieser Art werden in Erice, Isnello, Petralia, Prizzi und Càccamo hergestellt. Trapani ist wegen seiner künstlerischen Korallenverarbeitung bekannt.

Kur- und Heilbäder
Sciacca besitzt die ältesten geschichtlich nachgewiesenen Heilbäder überhaupt. Bis heute sind sie die bekanntesten Siziliens geblieben, und ihre Quellen werden u. a. im Kampf gegen chronischen Rheumatismus, Arthritis, Stoffwechselerkrankungen, Affektionen der Atemwege und Hautkrankheiten eingesetzt. Hauptbadeanlagen sind die 1928–1938 im Jugendstil erbaute *Nuovo Stabilimento Termale,* die Abteilung *Nuovo Terme* und die *Stufe di S. Calògero* (natürliche Dampfgrotten).

Die Thermalquellen (22 °C) des heutigen Kurbads *S. Verena* in **Acireale** dienten schon zur Zeit der Griechen in den ›Xiphonischen Thermen‹ der Gesundheit. Bei den Kuren werden chlorisierte, schwefelhaltige, sodalithische, jodische und radioaktive Wasser angewendet. Gegen rhinogene Taubheit, gynäkologische Erkrankungen und für die kosmetische Hautbehandlung wird die Schlammtherapie praktiziert. Die zwei Thermalquellen (42° – 43 °C) von **Tèrmini Imerese** wurden schon von den Bewohnern des antiken Himera für therapeutische Zwecke verwendet. Heute dienen sie primär der Behandlung von rheumatischen, arthritischen und Ischiasentzündungen. Weitere Heilbäder sind Castroreale (Stoffwechsel-, Haut-, Lebererkrankungen), Alì Terme und auf der Insel Lìpari S. Calògero. Alle genannten Orte verfügen über Hotels und Kureinrichtungen.

Kurioses
Die Friedhöfe sind eine ›Besichtigung‹ wert. Die schönsten liegen in Palazzolo Acrèide und ganz Südostsizilien. Das makabre Schauspiel der Katakomben von Palermo oder Savoca sollte man sich ersparen.

Lesetips
Sizilianische Schriftsteller:
  Pirandello, Luigi: Werkausgabe Bd. 13 Sizilianische Novellen, Mindelheim, 1989
  Brancati, Vitaliano: Don Giovanni in Sizilien, Zürich, 1987; Paolo der Heißblütige, Zürich, 1986; Der schöne Antonio, Zürich, 1989
  Tomasi di Lampedusa, Giuseppe: Der Leopard, München 1986; Die Sirene, München, 1988
  Verga, Giovanni: Die Malavoglia, Frankfurt, 1981; Mastro-Don Gesualdo, München, 1986

Maße und Gewichte
Sie entsprechen den mitteleuropäischen. Die Preise sind in Kilogramm oder *Etto* (100 g) ausgezeichnet.

Naturschutzgebiete
Das Landesgesetz für den Umweltschutz von 1981 stellte Sizilien an die Spitze aller italienischen Regionen. Folgende 19 Gebiete wurden zu Naturschutzgebieten erklärt: Fiumefreddo (der kalte Fluß, bei der gleichnamigen Ortschaft gelegen), die Timpa von Acireale, das Tal der Farne auf der Insel Salina, ein Teil des Flußbetts des Cassìbile, die Macchia am Irminio-Fluß, der Kyane-Fluß, die Salinen von Syrakus, Vendicari, das Waldgebiet der Madonien bei Isnello, der Berg Quercella bei Polizzi Generosa, der ›Stagnone‹ (flache Meeresbucht, Mozia) von Marsala, die Mündung des Belice, der Wald von Alcamo, die Mündung des Platani und die Oase des Simeto. Gebiete an den Hängen des Ätna, in den Madonien und den Nebroden wurden darüber hinaus zu Naturparks gemacht. Das einzige Gebiet, das bis jetzt eine vollkommene gesetzliche Regelung erhielt, ist die ›Riserva dello Zingaro‹, östlich des Vorgebirges S. Vito lo Capo (s. Abb. 62) gelegen.

Notfälle
An den Autobahnen sind alle 2 km SOS-Säulen angebracht: Sie enthalten ein Telefon, mit dem man unter der Nummer **116** den Pannendienst des ACI *(Automobile Club d' Italia)* herbeirufen kann. Im Notfall genügt es, nur den Knopf zu drücken. Für alle gesundheitlichen Notfälle sind in den Krankenhäusern Erste-Hilfe-Stationen eingerichtet. Polizei und Unfallrettungsdienst erreicht man unter **113**.

Öffnungszeiten
Soweit im Text nicht anders angegeben, gelten die je nach Denkmaltyp unterschiedlichen Öffnungszeiten.
Kirchen: 7.30–12/13, 16/16.30–19, So nachmittags geschlossen.
Denkmäler unter freiem Himmel, z. B. Ausgrabungsstätten: 9 – eine Stunde vor Sonnenuntergang, im Winter etwa 16, im Sommer etwa 19.
Museen: Oktober–Mai Mo–Sa 9–14, So 9–13; Juni–September Mo–Sa 9–18, So 9–14.
Galerien: ganzjährig 9–14.

Post
Die Postämter sind von 9–14 geöffnet. Briefmarken erhält man außer auf der Post nur in Tabakgeschäften, die unter dem großen ›T‹ noch die Aufschrift *Valori bollati* aufweisen.

Preisniveau
Sizilien ist kein Billigland. Die Preise entsprechen in etwa den mitteleuropäischen.

Sprache
Italienisch ist Landessprache. Untereinander sprechen die Einheimischen oft Sizilianisch, was vom Italienischen ungefähr so abweicht wie das Bayrische vom Deutschen. Im Westen wird als Fremdsprache mehr Französisch, im Osten Englisch verwendet. Viele ehemalige Gastarbeiter sprechen auch Deutsch.

Taxi
In allen größeren Ortschaften fahren Taxen. Die Grundtarife sind nicht in jeder Stadt gleich, immer jedoch am Taxometer angegeben. Nur Taormina, wo die Taxen nach

Pauschaltarifen fahren und bei weitem teurer sind als in den anderen Städten, macht hier eine Ausnahme.

Telefonieren
Deutschland: 00 49
Österreich: 00 43
Schweiz: 00 41 (jeweils die Städtewahl ohne Null)
Direkte Durchwahl ist von jeder Telefonkabine aus möglich, allerdings braucht man eine gewisse Anzahl von Telefonmünzen *(Gettoni)*, die nicht immer leicht – im Telefonamt sowie in den Geschäften, Bars etc. mit Münzapparaten – zu bekommen sind. Oft werden solche Münzen auch als Kleingeld zurückgegeben und anstandslos in jedem anderen Geschäft auch wieder angenommen. Am besten und billigsten ist das Telefonieren vom Telefonamt aus, wo Kabinen mit Einzelzählern zur Verfügung stehen. Außer den Kabinen deuten oft Geschäfte, Bars oder Friseursalons mit dem runden gelben Telefonschild darauf hin, daß hier ein öffentlicher Münzapparat zur Verfügung steht. In den Hotels wird natürlich ein Aufpreis verlangt, der je nach Hotel variiert (gesetzlich maximal 30 %).

Trinkgeld
Trinkgeld ist, ausgenommen bei Praxishilfen, nirgends Pflicht, doch gehört es zu den kleinen Freundlichkeiten des Lebens. Jeder Einheimische legt etwa in der Bar zusammen mit seinem Kassenbon 50–100 Lire auf die Theke, wenn er einen *Caffe* bestellt hat, also ungefähr 10–15 % des Preises. Den gleichen Prozentsatz rechnet man im Restaurant. Dem Gepäckträger, Zimmermädchen usw. gibt man mindestens den Preis eines Kaffees, also ca. 1000 Lire.

Unterkunft
Vom Privatquartier bis zu Ferienhäusern, Clubhotels, Pensionen und Hotels verschiedener Kategorien ist alles vorhanden. In den Fremdenverkehrsämtern stehen Listen der Unterkunftsmöglichkeiten mit angegebenen Preisen zur Verfügung. Den aktuellen Hotelführer erhält man kostenlos vorab von den ENIT-Zentralen, in Reisebüros und den Provinzfremdenverkehrsämtern (s. S. 474).

Verkehrsmittel
Die Eisenbahn in Italien ist überaus preiswert. Aufgrund der oft nur eingleisigen Spur kommt es meist zu Verspätungen. Davon abgesehen gestaltet sich das Reisen mit der Bahn oft sehr amüsant, da die Bahn außer auf den Hauptstrecken Messina-Palermo und Messina-Catania-Syrakus kaum von Touristen benutzt wird und die sizilianischen Mitreisenden sehr kontaktfreudig sind. Ansonsten ist die Eisenbahn eher langsam bis auf die Expreßzüge, die z. T. jedoch nur 1. Klasse fahren.

Das Netz der Linienbusse ist ausgedehnt, die Verbindungen sind vorzüglich. Mit den Bussen kann man nicht nur die kleinsten Dörfer erreichen, sondern sie bieten im Non Stop-Service auch die Gelegenheit, auf schnellstem Wege von einer Stadt zur anderen zu gelangen (z. B. Catania-Palermo in 2 1/4 Stunden). Die Kurzstreckenverbindungen sind ebenfalls in nicht allzu langen zeitlichen Abständen gut organisiert. Tickets können in den Büros an den Haupthaltestellen oder im Bus gelöst werden. Bei den Stadtbussen muß man die Fahrkarten vor der Benutzung lösen. Sie sind in den Tabakgeschäften oder an Zeitungsständen mit der Aufschrift ›Biglietti AMAT‹ erhältlich.

Ausgewählte Literatur

Von der Vorgeschichte bis zum Ende der Antike

A. Adriani u. a. (Hrsg.), Himera Bd. I-III (Rom 1970–1988, Ausgrabungsbericht)
V. Barone – S. Elia, Selinunte (Palermo 1979)
M. Bell, Morgantina Studies Bd. I (Princeton 1981)
J. Bérard, La Colonisation Grecque de l'Italie Méridionale et de la Sicile dans l'Antiquité (Paris 1957)
L. Bernabò Brea, Sicily before the Greeks (London 1957)
ders., Akrai (Catania 1951)
J. Boardman, Die Keramik der Antike (Freiburg im Breisgau 1985)
ders., Kolonie und Handel der Griechen (München 1981)
A. Boethius – J. B. Ward-Perkins, Etruscan and Roman Architecture (Hammondsworth 1970)
A. Burford, Temple Building at Segesta, in: Classical Quarterly 11, 1961, S. 87ff.
A. Carrandini – A. Ricci – M. de Vos, Filosofiana. The Villa of Piazza Armerina (2 Bde., Palermo 1982)
A. Ciusca u. a. (Hrsg.), Mozia Bd. 1–11 (Rom 1964–1978, Ausgrabungsbericht)
F. Coarelli – M. Torelli, Sicilia. Guide archeologiche Laterza 13 (Rom/Bari 1984)
J. J. Coulton, Greek Architects at Work (London 1977)
W. Darsow, Sizilische Dachterrakotten (Köln 1938)
W. B. Dinsmoor, The Architecture of Ancient Greece (4. Aufl. London 1975)
H. P. Drögemüller, Syrakus. Zur Topographie und Geschichte einer griechischen Stadt. 6. Beiheft Gymnasium (Heidelberg 1969)
T. J. Dunbabin, The Western Greeks. The History of Sicily and South Italy from the Foundation of the Greek Colonies to 480 B. C. (Oxford 1948)
K. Fabricius, Das antike Syrakus, 28. Beiheft Klio (Leipzig 1932)
M. Finley, Das antike Sizilien. Von der Vorgeschichte bis zur arabischen Eroberung (München 1979)
M. Finley – D. Smith – C. Duggan, Geschichte Siziliens und der Sizilianer (München 1989)
P. R. Franke – M. Hirmer, Die griechische Münze (2. Aufl. München 1972)
E. A. Freeman, Geschichte Siciliens Bd. I/II (Straßburg 1895/97)
K. Friis Johansen, Les vases sicyoniens (Paris/Kopenhagen 1923)
E. Gabba – G. Vallet (Hrsg.), Sicilia Antica Bd. I/II (Neapel 1979/80)
L. Giuliani, Die archaischen Metopen von Selinunt (Mainz 1979)
E. Greco – M. Torelli, Storia dell' Urbanistica (Rom 1983)
P. Griffo, Agrigento (Agrigent 1961)

LITERATUR

G. Gruben, Die Tempel der Griechen (3. Aufl. München 1980)
L. M. Hans, Karthago und Sizilien (Hildesheim/Zürich/New York 1983)
D. Harden, The Phoenicians (3. Aufl. Hammondsworth 1980)
R. A. Higgins, Greek Terracottas (London 1967)
J. I. Hittorf – L. Zanth, Recueil des Monuments de Ségeste et de Sélinonte (Paris 1870)
C. Höcker, Die klassischen Ringhallentempel von Agrigent, in: Hephaistos 7/8, 1985/86, S. 233ff.
A. Holm, Geschichte Siciliens im Alterthum, Bd. I-III (Berlin 1870–1878)
A. Holm – G. Libertini, Catania antica (Catania 1925)
J. Hulot – G. Fougères, Sélinonte (Paris 1916)
H. Kähler, Die Villa des Maxentius bei Piazza Armerina (Berlin 1973)
H. Knell, Grundzüge der griechischen Architektur (Darmstadt 1980)
F. Kolb, Agora und Theater in Morgantina, in: Kokalos 22/23, 1976/77, S. 479ff.
R. Koldewey – O. Puchstein, Die griechischen Tempel in Unteritalien und Sicilien Bd. I/II (Berlin 1899)
E. Langlotz – M. Hirmer, Die Kunst der Westgriechen in Sizilien und Unteritalien (München 1963)
M P. Loicq-Berger, Syrakuse. Histoire culturelle d'une cité grecque (Brüssel 1967)
P. Marconi, Himera (Rom 1931)
D. Mertens, Die Herstellung der Kurvatur am Tempel von Segesta, in: Römische Mitteilungen 81, 1974, S. 107ff.
ders., Der Tempel von Segesta und die dorische Tempelbaukunst des griechischen Westens in klassischer Zeit (Mainz 1984)
S. Moscati, Il Mondo dei Fenici (2. Aufl. Mailand 1979)
ders., L'Arte della Sicilia Punica (Mailand 1987)
ders. (Hrsg.), Die Phönizier. Ausst.Kat. Venedig 1988
H. G. Niemeyer, Das frühe Karthago und die phönizische Expansion im Mittelmeerraum (Göttingen 1989)
ders. (Hrsg.), Die Phönizier im Zeitalter Homers, Ausst.Kat. Hannover 1990
B. Pace, Arte e Civiltà della Sicilia Antica, Bd. I-IV (Mailand 1935–1949)
M. Pape, Griechische Kunstwerke aus Kriegsbeute und ihre öffentliche Aufstellung in Rom (Hamburg 1975)
F. Pesandro, La Casa dei Greci (Mailand 1989)
G. Pugliese Carratelli (Hrsg.), Sikanie. Storia e civiltà della Sicilia Greca (3. Aufl. Rom 1989)
G. M. A. Richter, Korai. Archaic Greek Maidens (London 1968)
ders., Kouroi. Archaic Greek Youths (3. Aufl. London 1970)
H. Riemann, Zum griechischen Peripteraltempel. Seine Planidee und ihre Entwicklung bis zum Ende des 5. Jh. v. Chr. (Düren 1935)
L. Schneider, Die Domäne als Weltbild. Wirkungsstrukturen der spätantiken Bildersprache (Wiesbaden 1983)

ders., Zur sozialen Bedeutung der archaischen Korenstatuen, 2. Beiheft Hamburger Beiträge zur Archäologie (Hamburg 1975)
S. Settis, Per l'interpretazione di Piazza Armerina, in: Mélanges de l'Ecole Française de Rome, 1975, S. 871ff.
R. A. Tomlinson, Greek Sanctuaries (London 1976)
S. Tusa, La Sicilia nella preistoria (Rom 1983)
ders., Lo scavo del 1970 Mozia-VII (Rom 1972)
A. Q. van Ufford, Les terres-cuites Siciliennes (Assen 1941)
G. Vallet – F. Villard – P. Auberson (Hrsg.), Mégara Hyblaea Bd. I ff. (1964 ff., Ausgrabungsbericht)
dies., Guide de Mégara Hyblaea (Rom 1983)
G. Vallet, Rhégion et Zankle (Paris 1958)
J. A. de Waele, Acragas Graeca. Die historische Topographie des griechischen Akragas auf Sizilien ('s-Gravenhagen 1971)
ders., Der Entwurf der dorischen Tempel von Akragas, in: Archäologischer Anzeiger 1980, S. 180ff.
J. B. Ward-Perkins, Architektur der Römer (Stuttgart 1975)
J. I. S. Whitaker, Motya. A Phoenician Colony in Sicily (London 1921)
R. J. A. Wilson, Sicily under the Roman Empire (Warminster 1990)

Von den Byzantinern bis heute

G. Agnello, Le caratteristiche dell'arte sacra in Sicilia, in: Illustrazione Vaticana, 1937
ders., L'architettura bizantina in Sicilia (Firenze 1952)
ders., Le arti figurative nella Sicilia bizantina (Palermo 1962)
M. Amari, Storia dei Musulmani di Sicilia (2. Aufl. Catania 1933)
L. Anastasi, L'arte nel Parco Reale normanno di Palermo (Palermo 1935)
N. Basile, Palermo felicissima (Palermo 1938)
ders., L'architettura della Sicilia normanna (Rom 1975)
Ibn Battuta, Reisen ans Ende der Welt 1325–1353, hrsg. v. H. Leicht (4. Aufl. Stuttgart 1985)
G. Bellofiore, La Cattedrale di Palermo (Palermo 1976)
ders., La Zisa di Palermo (Palermo 1978)
ders., La Maniera italiana in Sicilia (Palermo 1963)
ders., Cefalù – Duomo, in: Tesori d'arte cristiana, Bologna 1966
ders., Iconografia della cattedrale di Palermo anteriore al 1781, in: Bollettino d'arte del ministero della P. I., Rom, April-Juni 1972
E. Bertaux, L'art dans l'Italie méridionale (Paris 1903)
A. Blunt, Sizilischer Barock (Frankfurt/Main 1972)
S. Boscarino, Sicilia barocca (Rom 1986)
ders., Studi e relievi di architettura siciliana (Rom 1961)

LITERATUR

S. Bottari, Il duomo di Catania (Catania 1953)
ders., Il duomo di Messina (Messina 1929)
ders., Monumenti svevi di Sicilia, Palermo 1950
A. C. Creswell, L'architettura musulmana degli origini (Mailand 1966)
E. Caspar, Roger II. (1101–54) und die Gründung der normannisch-sicilischen Dynastie (Innsbruck 1904, Neudruck 1968)
F. Chalandon, Histoire de la domination normande en Italie et Sicile, I-II (Paris 1907, Neudruck 1960)
J. Chevalier – A. Gheerbrant, Dictionnaire des Symboles (Paris 1969)
P. B. Cott, Siculo-Arabic Ivories (Princeton 1939)
G. Crespi, Die Araber in Europa (Stuttgart/Zürich 1983)
A. C. Creswell, The Muslim Architecture of Egypt (Oxford 1952)
O. Demus, The Mosaics of Norman Sicily (London 1949)
L. Di Blasi, Noto barocca. Tra controriforma e illosionismo (Noto 1981)
G. Di Stefano, La cattedrale di Cefalù (Palermo 1960)
ders. – W. König, Monumenti della Sicilia normanna (Palermo 1979)
J. Deer, The Dynastic Porphyry Tombs of the Norman Period in Sicily (Cambridge/Massachusetts 1959)
C. Filangeri, Monasteri basiliani di Sicilia (Messina 1979)
M. Finley – D. Mack Smith – C. Duggan, Geschichte Siziliens und der Sizilianer (München 1989)
F. Gabrieli – U. Scerrato, Gli Arabi in Italia (Mailand 1929)
G. Gangi, Il Barocco della Sicilia Orientale (Rom 1964)
D. Garstang, Giacomo Serpotta and the Stuccatori of Palermo (London 1984)
M. Giuffrè, Castelli e luoghi forti di Sicilia, XII-XX (Palermo 1985)
L. Golwin, Le Magrib (Paris 1966)
J. I. Hittorff – L. Zanth, Architecture moderne de la Sicile (Paris 1820–1835)
W. Krönig, Cefalù, der sizilianische Normannendom (Kassel 1960)
ders., Kunstdenkmäler in Italien, Sizilien (Darmstadt 1985)
H. W. Kruft, Domenico Gagini und seine Werkstatt (München 1972)
ders., Antonello Gagini und seine Söhne (München 1980)
G. La Monica, Gibellina, Ideologia e utopia (Palermo 1981)
A. Lezine, Les salles nobles des palais mamelouk, in: Annales Islamologiques (Kairo 1972)
R. Lill, Geschichte Italiens in der Neuzeit (Darmstadt 1986)
A. Lipinsky, Le insegne regali dei sovrani di Sicilia e la scuolo orafa pelermitana, in: Atti del congresso internazionale di studi sulla Sicilia normanna (Palermo 1973)
G. Marçais, L'architecture musulmane (Paris 1965)
G. Marçais, Coupoles et plafonds de la Grande Mosquée de Kairouan, in: Notes et documents publiés par la Direction des Antiquités et Arts, Tunis 1925
A. Mazzamuto, Sull'architettura degli insediamenti siciliani nei secoli XVI, XVII, XVIII, in: Nuovi Quaderni del Meridione, April-Juni 1974

U. Monneret De Villard, Le pitture musulmane al soffitto della Cappella Palatina in Palermo (Rom 1950)
O. Mothes, Die Baukunst des Mittelalters in Italien (Jena 1884)
J. J. Norwich, Die Wikinger im Mittelmeer. Das Südreich der Normannen 1016–1130 (Wiesbaden 1968)
ders., Die Normannen in Sizilien 1130–1194 (Wiesbaden 1971)
P. Orsi, Sicilia bizantina (Firenze 1942)
K. Otto-Dorn, Kunst des Islam (Baden-Baden 1964)
G. Pensabene, La cattedrale normanna di Mazara (Palermo 1934)
F. Pottino, Le vesti regali normanne dette dell'incoronazione, in: Atti del congresso internazionale di studi ruggeriani, Palermo 1955
T. al-Samman, Arabische Inschriften auf den Krönungsgewändern des Heiligen Römischen Reiches, in: Jahrbuch der Kunsthistorischen Sammlung in Wien, 78. Bd., N. F. XLII, Wien 1982, S. 7–34

Abbildungsnachweis

Bange, Franz, Köln: Farbabb. 17, 27
Begsteiger, A. M., Gleisdorf: Abb. 80, 99
Bildarchiv Foto Marburg: Abb. 16, 29, 37, 42, 68, 73, 74; S. 60, 242, 336
Bildarchiv Huber, Garmisch-Partenkirchen: Farbabb. 18, 19, 29-31
Bollen, Markus, Bensberg: Abb. 72; S. 371
Burgerbibliothek, Bern: Abb. S. 93, 285
Damm, Fridmar, Köln: Farbabb. 1, 3, 12-14, 20, 26, 34; Abb. 103; S. 436
Gemeinnützige Stiftung Leonard von Matt, Buochs: Abb. 30, 53; S. 16, 33, 52, 191, 259, 270 unten, 275, 382 mit freundlicher Genehmigung Madeleine Kaiser-von Matt
Giordano, Jo, Transglobe Agency, Hamburg: Abb. S. 370
Hartmann, Herbert, Transglobe Agency, Hamburg: Farbabb. 5, 6, 21-23, Umschlagrückseite
Hirmer Verlag, München: Abb. S. 41 links, 50, 161, 168
Jeiter, Michael, Morschenich: Abb. 58-60; S. 106
Koldewey, R./Puchstein, O., Die griechischen Tempel in Unteritalien und Sicilien, Berlin 1899: Abb. S. 312
Leitch, W. L., The Shores and Islands of the Mediterranean. Drawn from Nature, London ca. 1839: Abb. S. 131, 143, 263, 331, 394
Mehlig, Manfred, Lauf/Ortenau: Farbabb. 2, 8-11, 28, 32
Mertens, Dieter, Der Tempel von Segesta und die dorische Tempelbaukunst des griechischen Westens in klassischer Zeit, Zabern 1984, S. 47: Abb. S. 327 mit freundlicher Genehmigung des Autors
Neumeister, Werner, München: Abb. 2-6, 8-11, 17, 18, 20, 21, 23, 24, 27, 28, 31-36, 38, 43, 44, 47, 48, 52, 55, 62, 63, 66, 67, 69-71, 75, 76-79, 84, 86, 90, 91, 96, 97, 101, 106, 108; S. 41 rechts, 42, 63 links, 82, 91, 99, 128/29, 139, 181, 204, 246, 255, 279, 283, 311 oben links und rechts, 344, 348, 380 unten, 407, 409, 440, 443, 444, 446, 447, 450, 454, 456
Oszvald, Peter, Transglobe Agency, Hamburg: Farbabb. 4, 15, 16
Pasdzior, Michael, Hamburg: Farbabb. 24, 25
Payne's Universum, London 1843-49: Abb. S. 434
Pirozzi, Giacomo, Salerno: Abb. 15, 51, 54; S. 63 rechts, 109, 171, 197, 380 oben, 428, 451, 455
Saint-Non, R. de, Voyage pittoresque ou déscription des Royaumes de Naples et de Sicilie, 1781-86: Abb. S. 46, 47
Samhaber, Ernst, Geschichte Europas, Köln DuMont 1967: Abb. S. 324
Schneider, Lambert/Höcker, Christoph, Die Akropolis von Athen, Köln DuMont 1990: Abb. S. 48, 49
Schneiders, Toni, Lindau: Farbabb. Umschlagvorderseite u. -innenklappe
Stadler, Otto, Transglobe Agency, Hamburg: Farbabb. 7, 33
Stuhler, Werner, Hergensweiler: Abb. 1, 7, 12-14, 19, 22, 25, 26, 39-41, 45, 46, 50, 56, 61, 85, 87, 89, 92, 94, 95, 98, 102, 104, 105, 107, 109-113; S. 137, 311 unten, 377, 392, 398 unten, 401
Thiele, Klaus, Warburg: Abb. 57, 100
Ullstein Bilderdienst, Berlin: Abb. S. 94, 95, 104, 318 oben, 386, 423
Zimmermanns, Camilla, Köln: Abb. 64, 65, 81-83, 93; S. 85, 100, 101 oben, 115, 117, 120, 274 rechts und links, 318 unten, 321, 338, 342, 375
Wissenschaftliche Buchgesellschaft, Darmstadt, aus: Krönig, Wolfgang, Sizilien, Darmstadt 1986, S. 409, 457, 459: Abb. 334, 352, 398 oben

ABBILDUNGSNACHWEIS

Jasmin Carnabuci, Taormina, fertigte die Zeichnungen der Titelvignette sowie S. 18/19, 21, 28, 30/31, 36, 58, 61, 86, 87, 89, 101 unten, 112, 114, 121–127, 166, 179, 185, 186/87, 199 oben, 265, 350, 388, 416, 420, 430, 457–469

Alle übrigen Abbildungen und Pläne stammen aus dem Archiv des DuMont Buchverlages und der Autoren.

Karten und Pläne: DuMont Buchverlag, Köln

Bitte schreiben Sie uns, wenn sich etwas geändert hat!

Alle in diesem Buch enthaltenen Angaben wurden von dem Autor nach bestem Wissen erstellt und von ihm und dem Verlag mit größtmöglicher Sorgfalt überprüft. Gleichwohl sind – wie wir im Sinne des Produkthaftungsrechts betonen müssen – inhaltliche Fehler nicht vollständig auszuschließen. Daher erfolgen die Angaben ohne jegliche Verpflichtung oder Garantie des Verlags oder des Autors. Beide übernehmen keinerlei Verantwortung und Haftung für etwaige inhaltliche Unstimmigkeiten. Wir bitten dafür um Verständnis und werden Korrekturhinweise gerne aufgreifen: DuMont Buchverlag, Postfach 101045, 50450 Köln.

Register

Personen und Stichworte

Abd-al-Halim 91
Absentismus 102
Adelaide 81, 241, 330, 408
Afer 409
Agathokles 25, 51, 164, 169, 241, 245, 257, 262
Aghlabiden 61
Agora 44f.
Aiolos 410, 412
Aischylos 181
Al-Idrisi 85, 284
Albaner 104
Alberti 372
Alexander der Große 25
Alfons V. von Aragon 100, 132
Ali Bassa 427
Alì, Luciano 174f.
Alkibiades 43, 162
Almeyda, Giuseppe Damiani 383
Alpheios 168
Amato, Antonio 139
Amato, Giacomo 108
Ambrosia 255
Amico, Giovanni Biagio 323
Ammiratus 63
Amphitheater 56f.
Anaklet II. 81
Anaxilas 400
Anchises 325
Andrea Chiaramonte 330
Andromachos 432
Äneas 325
Angelini, Orazio 201

Anjous 95ff., 455
Antimenesmaler 418
Antiochos, Sklavenkönig 257
Antiochos von Syrakus, Historiker 44
Antonello da Messina 40, 100, 176, 374, 429
Antonello de Saliba 435
Aphrodite 141, 325
Araber 59–92, 97, 124, 165, 177, 206, 208, 249, 265f., 284f., 317, 330, 343, 430, 432, 441ff., 453
arabisch-normannischer Stil 86–92
Aragonesen 95f., 132, 348, 452
Archeleos 248
Archias 28, 143f.
Archimedes 53, 166
Arethusa 168
Arezzo, Corrado 446
Arion 256
Aristonos 263
Aristophanes 421
Aristoteles 30
Artemis 168
Asad Ibn al-Furat 61, 165
Astarte 325
Astydamas 421
Athener 437
Aufstand des Duketios 43
Augustiner-Chorherren 88
Augustus 54f., 165, s. a. Oktavian
Auson 410
Ausonier 410, 417f.

Barisanus von Trani 385
barocke Kirchen 112ff.
barocke Paläste 111
barocke Städtegründungen 109f.
barocke Villen 111f.
Basile, Ernesto 115, 383

Basile, Giovanni Battista 115, 383
Basilianerklöster 83
Basilika 88
Battaglia, Francesco 139
Bau eines griechischen Tempels 48ff.
Becket, Thomas 387
Belisar 61, 165
Bellini, Vincenzo 135
Benediktiner 88, 441
Bentinck, James 105
Bentivegna, Filippo 455
Berber 60
Bernini, Gian Lorenzo 108
Besio, Giacomo 333
Boccaccio 370
Bonannus von Pisa 384
Borremans, Guglielmo 261, 333, 440
Borromini, Francesco 113, 138
Brancati, Vitaliano 484
Brüderschaften 108, 117
Brunelleschi, Filippo 345
Burckhardt, Jacob 97
Buscetta, Tommaso 107
Byzantiner 59–62, 249, 443
Cabrea, Bernardo 330
Camilliani, Francesco 101, 333
Capaci-Kultur 188
Capo Graziano-Kultur 15, 17, 20, 417
Capri-Kultur 17, 188
Caracciolo, Domenico 105
Caracciolo, Luciano 172, 175
Caravaggio, Michelangelo 183, 194, 375
Carro 397
Cassa del Mezzogiorno 107
Cassìbile-Kultur 241, 418
Cassone, Francesco 205
Castelluccio-Kultur 15, 20, 185, 188, 241, 417, 446

Chalkidier 131 f.
Charondas 132
Charybdis 422
Chiaramontes 96, 98, 343, 374, 450
Chiusazza-Kultur 188
Christentum 59
Christodulos 81
Cicero 54 f., 169, 268 f.
Clarenza 426
Clemens IV. 95
Cluniazenser 384
Colonna, Vittoria 456
Conca d'Oro-Kultur 15 f., 382
Consagra, Pietro 447
Contini, G. B. 139
Conzo-Kultur 188
Corpus Iuris Civilis 85
Corrado Confalonieri 201

D'Alesi 331
Daidalos 14, 282
Deinolochos 181
Deinomeniden 162, 437
della Valle, Filippo 173
Demarete 161
Demeter 14, 259 ff., 313
Demeterkult 117
Demokopos 181
Demokratie 44
Demosthenes 162
Deutscher Ritterorden 373, 428
Diana-Kultur 16 f., 438
Dina 426
Diodor 53, 161, 164 f., 417, 437, 439
Dion 163
Dionysios I. von Syrakus 25, 51, 132, 162 f., 165, 288, 313, 317, 319, 322, 408, 432, 437, 439
Dionysios II. von Syrakus 163

Dionysos 255
Dominikaner 103 f.
Dominikanerinnen 333
doppelte Eckkontraktion 38
dorischer Eckkonflikt 37 f.
dorischer Ringhallentempel 34
Dritter Punischer Krieg 54
Duketios 25, 241, 245
Dyck, Anton van 376

einfache Eckkontraktion 38
Eleonora 260
Eloisa Martorana 334
Elorina 446
Elymer 20, 287, 325 ff., 400, 412
Emanuel II. von Piemont 105
Empedokles 44
Enrico Piraino, Baron von Mandralisca 403
Epicharmos 181
Epikles 35
Erste Ausonische Zeit 417
Erster Punischer Krieg 53 f., 165, 245, 257
Eryx 325
Etrusker 412
Euaion 275
Euphemius 61
Euripides 421
Eurystheus 325
Euthymides 241

Fatimiden 61, 350
Fazello, Tommaso 288
Ferdinand der Katholische 449
Ferdinand II. von Aragon 96
Ferdinand II. von Bourbon 201
Ferdinand III. von Bourbon 105
Ferdinand IV. von Bourbon 345

Ferdinando Gravina, Prinz von Palagonia 397
Ferraro, Antonino 316
Fischer von Erlach, Johann Bernhard 115
Florio, Vincenzo 318
Fontana, Carlo 108
Fra Alberto Maria di San Giovanni Battista 205
Francesco I. Ventimiglia 444
Franziskaner 103 f.
Friedrich II. von Aragon 257, 285
Friedrich II. von Hohenstaufen 92 ff., 96 f., 132, 135 f., 177, 257 f., 262, 266, 341 f., 406, 441, 445, 449 f., 453, 455
Friedrich III. von Aragon 135, 342
Friedrich, Caspar David 267
Fuga, Ferdinando 339

Gaginis 100, 341
Gagini, Antonello 100, 174, 203, 286, 323, 374 ff., 408, 426, 440
Gagini, Domenico 174, 341
Gagini, Donatello 345
Gagini, Fazio 286
Gagini, Giacomo 286
Gagini, Giovanni 282
Gagliardi, Rosario 108, 112 f., 200, 204–209
Gaia 247
Garibaldi, Giuseppe 105, 318
Gaspare II. Naselli 445
Gelon von Gela und Syrakus 24, 38, 142, 144, 169, 245, 264
Gemeinschaft von Monte Vergine 351
Genuesen 98
Georg Maniakes 61, 165, 177, 195, 441 f.

Georg von Antiochia 81, 88, 334, 336
Georgias von Leontinoi 44
Gerhard der Franke 86, 431
Germanen 54
Germanus 178
Gianforma, Gioacchino 202
Giovanni d'Austria 104, 427
Giuffrè, Antonino 435
Giuseppe Branciforte, Prinz von Butera 397, 448 f.
Glöden, Baron von 431
Goethe, Johann Wolfgang von 14, 47, 257, 330, 395, 397–400, 433
Goro di Gregorio 429
Gossaert, Jan 374
Goten 249
Gregor I. 59
Gregorio 447
Griechen 20–52, 96, 104, 124, 161, 169, 243, 262 f., 271 f., 274, 322, 327, 400, 408, 412, 414, 418, 431, 436, 439, 443, 449
Grunenbergh, Carlos de 441, 454
Guglielmo da Pesaro 408
Guttuso, Renato 397, 447

Hades 14, 168, 259, 261
Hamilkar 161
Hannibal 54
Hasan Ibn Ali al-Kalbi 61
Hautevilles 61, 90
Heiligtum 39 ff.
Heinrich VI. von Hohenstaufen 83, 94, 285, 341 f., 373, 425
Helios 259
hellenistische Staatenwelt 52
Hephaistos 14, 141
Herakles 14, 255, 325
Herakliden 284, 325
Hermes Psychopompos 247

Hermokrates 288
Herodot 144, 161, 436
Hesiod 23
Hieron I. von Gela und Syrakus 24, 38 f., 132, 144, 161 f., 437
Hieron II. 53 f., 142, 164 f., 181
Hiketas 163
Himilkon 195, 322
Hippokrates von Gela 24, 144, 243, 262, 436
Hippolyte 278
Hippolytos 278 f.
Hittorf 305
hl. Agatha 59
hl. Alphio 116
hl. Cirino 116
hl. Delphio 116
hl. Euplus 59
hl. Georg 403
hl. Lucia 59, 173, 194
hl. Marcian 59, 173, 193
hl. Paulus 174, 193
hl. Pellegrinus 286
hl. Petrus 174
hl. Rosalia 394
Hohenstaufer 92–97, 452
Homer 26, 410, 422, 431
Honorius II. 81

Ibn ath-Thumna 81
Ibn Gubayr 288, 334
Ibn Hauqal 330, 339
Ibn Hawwas 81
Immobilismus 98
Ingham, Benjamin 318
Innozenz II. 82, 351
Innozenz III. 94
Innozenz VIII. 373
ionische Tempel 38
Isabella von Kastilien 96
Isis 134
Italìa, Angelo 440
Ittar, Stefano 135, 138

Jan van Eyck 100
Jesuiten 103, 105
Johann II. von Spanien 452
Juden 60, 63, 96
Justinian 61

Kalbiten 61
Kapuziner 103
Karl V. 104, 182, 317, 343, 427
Karl von Anjou 95, 98
Karl von Valois 285
Karthager 25, 37, 43, 51, 53 f., 161–165, 172, 262, 264 f., 270, 272, 287, 317, 319, 322, 327, 400 f., 409
Katalanen 98
katalanische Spätgotik 99
Keleus 260
Kleomenes 35
Knidier 412
Kokalos 282
Königreich beider Sizilien 105
Konradin 95
Konstans II. 165
Konstantinische Schenkung 81
Konstanze, Tochter Rogers II. 83, 94, 341 f.
Konstanze, Tochter Manfreds 95
Konstanze von Aragon, Frau Friedrichs II. von Hohenstaufen 342
Korax 44
Kore 14, 41, 259 ff.
Kouros 40
Kreuzkuppelkirche 88
Kronion 410
Kyane 168, 259, 410

La Torre 445
Labisi, Paolo 200, 203
Landolina, Giovanni Battista 200

Lanza, Cesare 450
Lanza, Guiseppe 454
Lasso, Giulio 333
Laurana, Francesco 100, 206, 341, 429, 454
Leo I. 245
Leo IX. 81
Leptines 322
Levi, Carlo 397
Lilybetana 318
Liparos 410
Livius 53
Lo Paggio, Claudio 203
Lombarden 96
Lothar III. 82
Lucchesi, Giuseppe 450f.
Ludwig IX. von Frankreich 391
Ludwig XIV. von Frankreich 104, 423
Lykurgos 255

Maio von Bari 83, 91, 337
Makedonen 25
Maler von Lìpari 419
Malpasso-Kultur 15ff., 273, 382
Malteserritter 175
Mamertiner 262
Mancino, Andrea 282
Manfred 94f.
Manfred III. Chiaramonte 441, 450
Manierismus 101
Marabitti, Ignazio 173, 323, 333, 384
Marcus Antonius 54
Marcellus 54f., 142, 165
Margarethe von Navarra 83, 384, 391
Maria 117ff.
Marino, Giovanni Battista 173
Martino, Stefano 282
Marvuglia, Giovanni Venanzio 115, 398

Masuccio, Natale 323
Matthäus von Ajello 83, 373
Maupassant, Guy de 345
Mazza, Antonio 203
Mazza, Corrado 174
Mazzullo, Giuseppe 436
Meister der Putten 348
Meister des Triptychons von Sterbini 429
Melotti, Fausto 447
Menander 421
Michelangelo 427
Michele la Ferla 448
Milazzese-Kultur 15, 417f.
Minos 14, 282
Mirabetto 94
Montorsoli, Giovanni 101, 427
Morges 243
Morgeten 20
Motye 319
Münzen 50
Murat 105
Mussolini 107, 262, 266
Myron 269
Myskellos 143

Napoli, Tommaso 108, 111, 375, 397
Naro-Kultur 188
Naxier 132
Nietzsche, Friedrich 92
Niger, Bernardino 207
Nikias 162, 437
Nikolaus II. 81
Niobidenmaler 277
Normannen 62–92, 206, 208, 249, 285, 316, 326, 422, 442, 447, 449, 452
Novelli, Pietro 452
Nymphodoros von Syrakus 143

Odeia 56
Odysseus 14, 439

Oikist 33
Oktavian 132, 432, 445, s. a. Augustus
Ommayyaden 136
Opus sectile 250
Opus tessellatum 248, 250
Oratorien 115
Orion 427
Ostgoten 61

Palazzotto, Girolamo 134
Palma, Andrea 108, 113, 172f.
Palmer, Richard 83, 90, 427
Pamillos 287
Pantàlica-Kultur 15, 198
Patriarchat 29ff.
Peloponnesischer Krieg 25, 43, 162, 262
Pergamener 25
Persephone 168, 259
Perser 161
Peter II. von Aragon 342
Peter III. von Aragon 95
Phädra 278f.
Phalaris von Akragas 24, 34, 264, 278, 400
Pharmides 181
Phialemaler 275
Philipp von Mahdia 90
Phönizier 20–23, 32, 124, 287, 319, 323, 330, 343, 394, 400
Piano Conte-Kultur 17, 417
Piano Quartara-Kultur 17, 417
Pindar 38
Pirandello, Fausto 447
Pirandello, Luigi 279, 484
Pirrone, Giuseppe 201
Pisanello 374
Pius II. 249
Platon 163
Plinius der Ältere 140, 413
Plutarch 51, 53, 164

REGISTER

Polissystem 25
Polyainos 34
Polybios 53, 163
Polygnotos 190 f.
Polyphem 439
Polyzalos von Gela 38, 161
Pompeius 132
Praxiteles 382
Ptolemäer 25
Ptolemaios 164
Pyrrhos von Epiros 164
Pystillos 263
Pythagoras, Philosoph 44, 400
Pythagoras von Rhegion, Bildhauer 191

Rainulf von Aversa 81
Renaissance 100
Reni, Guido 282
Rhodier 29
Ricca, Michele 282
Richard von Aversa 81
Robert Guiscard 81, 453
Roger I. 81, 83 f., 248, 285 f., 317, 330, 338, 341, 348, 430, 439, 442 f., 452, 454, 456
Roger II. 64, 81–90, 266, 334, 343, 345, 348, 351, 402 ff., 406, 408, 422, 447
Rogier van der Weyden 100
Römer 53–58, 132, 165, 172, 179, 181, 183, 208, 245 f., 249, 257, 262, 265, 284, 288, 317, 325, 394, 409, 412, 422, 432, 439, 443, 446, 449, 454
römische Villen 57 f.
Romuald von Salerno 87
Ruggeri, Domenico 173

S. Cono-Piano Notaro-Kultur 188
S. Ippolito-Kultur 188
Salvius 245, 283
Sanfilippo, Antonio 447

Sassaniden 350
Schifano, Mario 397, 447
Schiller, Friedrich von 51
Schule der Gagini 280, 286
Schule des Lysipp 382
Scilla, Agostino 173 f.
Sclàfanis 343
Seleukiden 25
Selinuntina 451
Serpotta, Giacomo 115, 280, 374 f., 440
Serpotta, Giuseppe 333
Serra d'Alto-Kultur 16 f., 415
Serraferlicchio-Kultur 15 ff., 188, 382
Sesklo-Kultur 415
Sextus Pompeius 54 f., 432
Sharp, William 442
Sibylla 83, 285
Sikaner 44, 287 f.
Sikeler 28
Sikuler 20, 25, 43, 144, 169, 417, 431 f., 449
Simon von Butera 248
Sinatra, Vincenzo 200, 202 ff., 452
Sinibald von Quisquina 394
Sizilianische Vesper 95, 369, 455
Sizilische Expedition 25, 43, 132, 162, 327, 437
Sklaverei 29
Skylla 14, 422
Sombrotidas 41, 189
Sophokles 275, 421
Sophron 181
Sortino, Francesco 205
Spagnuolo, Pietro 173
Spanier 96, 98–105, 117, 124, 317
Stefano di Montalbano 286
Stentinello-Kultur 15 ff., 185, 188, 415, 438
Stephan du Perche 83
Strabon 55, 143, 245, 436

Tabiatis 429
Tankred von Hauteville 81
Tankred von Lecce 83
Tedeschi, Gregorio 195, 395
Teisios 44
Terillos 400
Terrakottastatuetten 41 f.
Thapsos-Kultur 15, 17, 20, 185, 188, 417, 438
Theater 45, 56
Theatiner 103
Theophanes Kerameus 86
Theosteriktos 431
Theron von Akragas 24, 38, 161, 264, 268, 272, 400
Theseus 278
Thrasybulos 162
Thukles 28
Thukydides 21, 28, 43, 436 f.
Timaios 164, 432
Timoleon 25, 51, 142, 163 f., 196, 245, 262, 264 f., 283
Tomasi di Lampedusa, Giuseppe 484
Torres, Giovanni 175
Triptolemus 260
Triquetra 274, 409, 480
Trojaner 325, 327
Türken 98 f., 376
Typhoeus 141
Tyrannen 33 f.

Ugo 348
Ungerer, Gebrüder 426
unteritalienische Vasenmalerei 52
Urban II. 83

Vaccarini, Giovanni Battista 108, 134 f., 138 f.
Vandalen 61, 249
Vanvitelli, Luigi 173
Velazquez, Giuseppe 203, 344
Ventimiglias 440
Venus Eurycina 325

Verga, Giovanni 484
Vermexio, Andrea 175
Vermexio, Giovanni 173, 175, 194
Verna 409
Verres 54f., 245, 260, 283
Viktor Amadeus II. von Savoyen 105
Villafrati-Kultur 188
Villareale, Valerio 342, 377
Vitruv 250
Volksversammlung 45

Walter of the Mill 83, 90, 339, 341, 352f., 384, 386
Whitaker, Roger 318
Wiener Kongreß 105
Wilhelm I. ›der Böse‹ 83, 87, 90, 337, 344, 348, 370, 390, 442
Wilhelm II. ›der Gute‹ 83, 87, 90f., 348, 369, 384, 390ff., 394, 442
Wilhelm III. 83
Wilhelm von Athen 342
Woodhouse, John 318

Xenophon 30

Zanth 305
Zeus 141, 259
Zeus Eleutherios 180
Zisterzienser 278, 369, 373
Zosimus 172
Zweite Ausonische Zeit 417ff.
Zweiter Punischer Krieg 54, 165, 245
Zweiter Sklavenkrieg 245, 283f.
Zyklopen 141

Orte und Denkmäler

Halbfett: im Reiseteil behandelte Städte
Kursiv: im Alphabetischen Städteverzeichnis behandelte Städte

Aci Castello 439
Acireale 439, 484
– Biblioteca e Pinacoteca Zelantea 439
– Municipio 439
– S. Sebastiano 113, 439
Aci Trezza 439 (Farbabb. 33)
Actium, Seeschlacht von 54
Adrano 191, *439f.*
– Archäologisches Museum 439
– normannische Burg 86, 439
– Ponte dei Saraceni 439f.
Ägadische Inseln 440
Ägäische Inseln 323
Agira 261
Agrigent 60, 64, 191, **262–282**, 381 (Abb. 58), s. a. Akragas
– Archäologisches Museum 273–277 (Abb. 51–54)
– Concordiatempel (Tempel F) 39, 46, 59, **267f.**, 328 (Abb. 47)
– Dioskurentempel (Tempel I) 46, **271** (Abb. 45)
– Dom 281f.
– Ekklesiasterion 277f.
– Heiligtum der chthonischen Gottheiten 39, **271**
– Hephaistostempel (Tempel G) 272
– Heraklestempel (Tempel A) 37f., **268f.**
– Juno Lacinia-Tempel (Tempel D) 47, **266ff.** (Abb. 46)
– Oratorium des Phalaris 278

– Piazza del Purgatorio 280
– S. Biagio und Felsheiligtum der Demeter 272f. (Abb. 48)
– S. Maria dei Greci 280
– S. Nicolà 278
– S. Spirito 280
– Tempel C 272
– Tempel des Olympischen Zeus (Tempel B) 264, 269, **276,** 307 (Abb. 50)
– Tempel E 46, **280**
– Tempel L 47, **271f.**
– Vilaggio Mosè 263
– Vulcantempel 46
Ägypten 415
Aidone 241
– Archäologisches Museum 241
– S. Lorenzo 241
– S. Maria 241
Akragas 24f., 27, 29, 32, 34, 43, 145, 164, 264, 283, 288, 319, 400, s. a. Agrigent
Akrai 38, 45, 144, 190, 452
Alcamo 440
– S. Chiara 440
– S. Maria Assunta 440
Alcántara 440
Alì Terme 484
Alicudi und Filicudi 413f.
Ànapo 198
Ancipa-Stausee 456
Äolische Inseln s. Lìparische Inseln
Apulien 81
Aragona 441
Ariano, Assisen von 84
Assoro 261
Athen 25, 35, 43, 45, 132, 162f., 327
– Hephaistostempel 267
– Parthenon 49
Ätna 104, 121f., 130, **138–141,** 257, 259, 395, 408,

REGISTER

430f., 439, 442, 452 (Abb. 8, 9)
Augusta 97, 110, *441*
Augusta-Priolo 107
Australien 124
Àvola 110, *441*

Bagherìa 103, **397–400**
- Villa Butera 397
- Villa Cattolica 397
- Villa Palagonia 111f., **397f.**
- Villa Valguarnera 398
- Villa Villarosa 398
Baida 441
- Zisterzienserkloster 441
Bari 81
Benevent, Schlacht von 95
Boccadifalco 441
Bronte 441f.
- S. Maria di Maniace 441
Buccheri 442
- S. Antonio Abbate 442
Burgio 442, 483
- S. Maria di Refesi 442
Butera 442
- Burg 442
- Nekropole 442
Byblos 319

Càccamo 442f., 484 (Farbabb. 11)
- Burg 442f.
- Dom 443
Calascibetta 257, *443* (Farbabb. 4)
- Burg 443
Calcinara 198
Caltabellotta 284 ff.
- Chiesa del Carmine 286
- Kloster des hl. Pellegrinus 286
- normannische Festung 286
- S. Maria della Pietà 286
- SS. Salvatore 286

Caltagirone 176, *443f.*, 483
- Chiesa del Gesù 444
- Keramikmuseum 443f.
- Palazzo della Corte capitaniale 444
- Treppenrampe 443
Caltanissetta 277, *444*
- Badia di S. Spirito 444
- Dom 444
- Museum 444
- S. Agata 444
Camaro 427
Càntera 142
Capo Milazzo 449
Capua, Assisen von 93f.
Casalvecchio Siculo 430
- SS. Pietro e Paolo 86, **430 f.**, 447
Castel di Tusa 448
Castelbuono 444f.
- Burg 444f.
- Matrice Nuova 445
- Matrice Vecchia 445
- Museum der Madonien 445
- S. Francesco 445
Castellammare del Golfo 329, 484 (Farbabb. 15, 31)
Castello Utveggio 395
Castelmola 436, 484
Castelvetrano 316
- Karfreitagsprozession 118
- Kathedrale 316
- S. Domenico 316
- SS. Trinità di Delia 88, **316**, 449 (Abb. 63, 65)
Castiglione 436
Castroreale Terme 58, 484
Catania 45, 85, 104, 107f., 110, **130–139**, 484 (Farbabb. 21, 23), s.a. Katane
- Badia di S. Agata 135 (Abb. 3)
- Bellinimuseum 135
- Benediktinerkloster S. Nicolò l'Arena 138f.

- Castello Ursino 97, 131, **135 ff.**
- Domplatz und Dom 88, 111, 131, **133 ff.** (Abb. 2)
- Elefantenbrunnen 133 (Abb. 1)
- Erzbischöfliches Palais 134
- Jesuitenkolleg und S. Francesco Borgia 138 (Abb. 4)
- La Collegiata 136 (Abb. 6)
- Piazza Mazzini 135 (Abb. 7)
- Piazza Università 136
- Porta Ferdinandea 134
- Rathaus 131, 134
- römisches Amphitheater 138
- römisches Theater 136, 138
- S. Benedetto 138 (Abb. 4)
- S. Giuliano 138
- S. Placido 135 (Abb. 5)
- Universität 132, 139, 439
- Via Crociferi 138 (Abb. 4)
Cava d'Ispica 448
Cava grande del Cassìbile 441
Cefalà Diana 445
- arabisches Bad 445
Cefalù 98, **402–408** (Farbabb. 10, Abb. 102)
- arabische Wäschereien 403 (Abb. 106)
- Dom 86, 88f., 341, **403–408** (Farbabb. 14, Abb. 103–105)
- Museo Comunale Mandralisca 403
- Ruine eines antiken Heiligtums 402
Centùripe 97, 191, *445*
- Archäologisches Museum 445
- vorgeschichtliche Gräber 445
Cerami 261
- Schlacht von 81

500

REGISTER

Civitate, Schlacht von 81
Cocolonazza, Nekropole 438
Collesano 483
Còmiso 445
- Chiesa Madre 445
- Schloß der Naselli 446
- SS. Annunziata 445
Contessa Entellina 452
Conzo 17
Cosenza 208

Delphi 24, 26, 38, 40, 143, 161, 309, 412
Didyma 37, 169, 307
Donnafugata 446
- Palast 446

Eleusis 260
Eloro 38, 45, 190, *446*
- Demeter- und Koreheiligtum 202, *446*
- römische Villa 58, 250
Enna 118, **257–261**
- Archäologisches Museum 261
- Castello di Lombardia 97, **257** (Abb. 44)
- Dom 260 f. (Abb. 42)
- Museo Alessi 261
- Ura 118
- Wohnturm Friedrichs II. 258
Entella 325, 327, 329
Ephesos 37, 169, 307
Eräische Berge 121, 442
Erice 323, **325 f.**, 327, 329, 483 f. (Farbabb. 28, Abb. 59, 60)
- Chiesa Matrice 326 (Abb. 66, 67)
- Normannenfestung 326 (Abb. 64)
Eryx 325
Euböa 436, 438

Falconara, Kastell 449 (Farbabb. 32)
Favara 87
Favignana 440
Ferla 199
- S. Antonio Abbate 113, 199
- S. Sebastiano 199
Fiumare di Forza d'Agrò 431
Forza d'Agrò 447
Francavilla 191, 436, 441
Frazzanò 447
- S. Filippo Demenna 447

Galluccio, Schlacht von 82
Gangi 447
Gela 24, 32, 38, 107, 164, 191, **262 f.**, 273, 277, 319
- Archäologisches Museum 262
- Capo Soprano 262
- Konferenz von 25, 262
- Nekropolen des Molino a Vento 262
- Nekropolen des Piano Notaro 262
Geraci 447
Gibellina 447
Gozo 84
Grammichele 191, *448*

Halaesa 377, *448*
Halykos 288
Heraklea Minoa 45, 164, **282 f.**
Himera 24 f., 32, 38, 43, 319, **400 ff.**
- Amphitheater 57
- Antiquarium 402
- Niketempel 37, 161, 271, 378, **400 f.**
- Schlacht von 32, 37, 43, 145, 169, 263, 270 f., 305, 400
- Tempel A 401

- Tempel C 401
Hybläische Berge 121 f., 442, 445
Hypsas 264

Ietas 453
Ionisches Meer 422
Ipparo 448
Isnello 484
Isola Colombàia 323
Ispica 448
- Katakomben des hl. Markus 448
Isthmia 38, 40
Itàla 430
- S. Pietro 430

Kairo, Bab al-Futuh 370
Kalabrien 81
Kallipolis 436
Kamarina 144, 190, 208, 319, *448*
- Archäologisches Museum 448
- Athenatempel 448
Kap Peloro 422
Kap von Ali 422
Kap von S. Alessio 431
Kap Zafferana 330
Karthago 22, 283
Kasmenai 38, 144, 190
Katane 24, 32, 131, 188, 437, s. a. Catania
Konstantinopel 406
Korfu 35
Korinth 25, 28, 43, 51, 163, 189
Kyme 28, 162

Lèntini 448 f.
- Archäologischer Park 449
- Archäologisches Museum 449
- Höhlenkirchen 449
- S. Lucia 449

501

REGISTER

Leontinoi 24, 28, 32, 132, 188f., 436f., s. a. Lèntini
Lepanto, Seeschlacht von 104, 115, 427
Lévanzo 15, *440*
– Grotta del Genovese 440
Licata 262, *449*
– Karfreitagsprozession 118
– Museum 449
Lindos 29
Linguaglossa 141
Lìpari 164, 325, 403, **414–421**
– Addolorata 415
– Archäologisches Museum 415–421
– Dom 415 (Abb. 110)
– Immacolata 415
– S. Caterina 415
Liparische oder Äolische Inseln 16, 408, **410–421**, 449
– Basiluzzo 412
– Capo Graziano 414
– Capo Milazzese 413
– Ginostra 412
– Lena 414
– Malfa 414
– S. Bartolo 412
– S. Marina 414
– S. Vincenzo 412
– Strombolicchio 412
– Vulcanello 413
Locri 38
Lucera 97

Madonien 121, 442, 444, 447 (Farbabb. 5, 6)
Mahdia 83
Malpasso 443
Malta 84, 417
Maréttimo 440
Marinella 287
Marsala 317ff., 323, 377
– Archäologisches Museum 318

– Gobelinmuseum 318
– S. Giovanni Battista 59, 318
Mazara del Vallo 64, 287, 317
– Kathedrale 317
– Normannenkastell 317
– S. Nicolò 88, **317**
Mazzarino 449
Megara 142, 287
Megara Hyblaea 24, 32, 38, 45, **141f.**, 144f., 164, 188f., 287 (Abb. S. 33)
Melfi, Konstitutionen von 93f.
Melfi, Synode von 81
Mendolito 439
Messana 401, 437, s.a. Messina
Messina 81, 85, 104f., 107, 113, **422–429**, 484
– Dom 88, 101, **425ff.** (Abb. 111)
– Don Giovanni d'Austria-Denkmal 427
– Meerenge von 422 (Abb. 109)
– Neptunbrunnen 101, **427**
– Orionbrunnen 101, **427** (Abb. 111)
– Regionalmuseum 429
– S. Maria degli Alemanni 428f.
– SS. Annunziata dei Catalani 427f.
Metapont 38, 410
Mezzojuso 452
Mignano, Vertrag von 82
Milazzo 107, 412, *449f.* (Abb. 112)
– Festung 449
Mili S. Pietro 453
Misilmeri, Schlacht von 81
Mistra 428
Mittelmeer 123

Mòdica 110, 200, **206ff.**
– S. Giorgio 112, **206f.** (Abb. 33)
– S. Giovanni Evangelista 208 (Abb. 35)
– S. Maria di Betlemme 206
– S. Pietro 206 (Abb. 34)
– Städtische Bibliothek und Museum 206
Monreale 384–393
– Dom 88f. 91, 335, **384–391** (Farbabb. Umschlaginnenklappe, Abb. 94–98)
– Kreuzgang 341, **392f.** (Abb. 94, 99–101, S. 63, 91)
Monte Adranone 453
Monte Caputo 384
Monte Castello 283, 286
Monte Catalfano 395, 397
Monte Pellegrino 15, 330, **393ff.**
– Addàurahöhlen 382, **393** (Abb. S. 16)
– Grotte der hl. Rosalia 394f. (Farbabb. 24)
Monte Sallia 446
Monte Tabuto 446
Morgantina 45, 164, 241, **243–248**
– Agora 246f.
– Bouleuterion 246
– Gymnasium 245f.
– Haus des Ganymed 247f.
– Macellum 246
– Prytaneion 246f.
– Sakralbezirk 247
– Theater 248
– Wohnviertel des Westhügels 248
Motye s. Mozia
Mozia 15, 22f., 25, **319–323**, 376 (Abb. S. 21)
– Kothon 321
– Museum 319 (Abb. 49)

- Nekropole 321
- Nordtor 321
- Reste eines griechischen Hauses 320
- Tophet 321

Mussomeli 450
- Burg 450

Mykene 411, 438

Mylae, Seeschlacht von 54

Naro 450
- Burg 450
- Matrice Nuova 450
- S. Agostino 450
- S. Caterina 450
- S. Francesco 450
- SS. Salvatore 450

Naulochos, Seeschlacht von 54

Naxos 24, 28, 32, 188, 432, **436 ff.**

Neapel 95, 109

Neapel-Sizilien 105

Nebroden 121

Nemea 38, 40

Nicolosi 141

Nicosìa 451
- Dom 451
- SS. Salvatore 451

Nomas 245

Noto 81, 110 f., 113, **200–206,** 484
- Chiesa del Carmine 205
- Chiesa del Crocifisso 205 f.
- Chiesa di Montevergine 115, **204**
- Dom 113, **203** (Abb. 37)
- ehemaliges Kloster der Benediktinerinnen und S. Chiara 202 f.
- ehemaliges Kloster der Franziskaner und S. Francesco 201 f. (Farbabb. 18)
- Kirche und ehemaliges Kloster der Kapuziner 201

- Palazzo Ducezio 203
- Palazzo Nicolaci Villadorata 111, **203 f.**
- Porta Reale 201
- S. Carlo al Corso 204
- S. Chiara 113
- S. Domenico und ehemaliges Kloster der Dominikaner 204
- S. Michele 205
- SS. Salvatore 202 (Farbabb. 18)
- Stadtmuseum **202,** 446
- Theater 205

Olympia 35, 38, 40, 42, 168, 262
- Heratempel 35
- Zeustempel 45 f.

Paestum, Poseidontempel 267

Palazzo Adriano 452

Palazzolo Acrèide 110, *451 f.* (Abb. S. 109)
- Feralitempel 452
- S. Paolo 452

Palermo 61, 81, 85, 92, 95, 104 f., 111, 113, 330–383, 406, 484 (Farbabb. 27, Abb. 93)
- Archäologisches Museum s. Nationalmuseum
- Botanischer Garten 330 (Abb. Frontispiz)
- Cappella Palatina 86, 88 f., 335, 341, **345–351** (Abb. 78, 79)
- Cuba und Cubula 87, **369 f.**
- Dom 88, 99, **339–342,** 376, 386 (Farbabb. 2, Abb. 73–76, S. 89, 101)
- Fondazione Mormino 383
- Große Moschee 339
- La Magione 373 (Abb. 82, 83)

- La Martorana 88 f., **334–337,** 349, 387 (Farbabb. 34, Abb. 68, 70, 71, S. 85)
- Madonna della Provvidenza 333
- Nationalmuseum 41, 305, 307, 310, 313, **376–383,** 396, 401 (Abb. 85–92, S. 311)
- Normannenpalast 343 ff.
- Palazzo Abatellis 99, **373 f.**
- Palazzo Chiaramonte 98, **374**
- Palazzo Gangi-Valguarnera 111, **372**
- Palazzo Mirto 375
- Palazzo Sclàfani 98, **343**
- Palazzo Senatorio 333
- Piana dei Colli 111
- Piazza Bellini 333
- Piazza Pretoria 101, **333** (Farbabb. 3)
- Porta Nuova 343
- Quattro Canti 111, **332 f.**
- S. Agostino 383
- S. Cataldo 88, 91, **337** (Abb. 69, 72)
- S. Caterina 103, 113 f., **333**
- S. Domenico und Oratorio del Rosario 375 f.
- S. Francesco d'Assisi und Oratorio di S. Lorenzo 374 f. (Abb. 84)
- S. Giorgio dei Genovesi 376
- S. Giorgio in Kemonia 352
- S. Giovanni degli Eremiti 62, 88, **351 f.** (Farbabb. 1, Abb. 80)
- S. Giovanni dei Lebbrosi 338
- S. Giuseppe 113, **333**
- S. Ignazio all'Olivella 376
- S. Spirito 352 f. (Abb. 81)
- S. Zita und Oratorio del Rosario 115, **376**

REGISTER

- Sizilianische Regionalgalerie 373 f. (Abb. S. 61, 100, 101)
- Teatro Massimo 115, **383**
- Teatro Politeama 383
- Torre Pisana 343
- Zeusheiligtum 377
- Zimmer des Roger 344 (Abb. 77, Titelvignette, S. 86)
- Zisa 87, **370 ff.**

Panarea 412 f.
Panormos 15, 22, s. a. Palermo
Pantàlica 60, 169, 188, **198 f.** (Abb. 31, 32)
- Kirche des hl. Micidarius 198

Pantelleria 104
Paternò 452
- Burg 86, 452

Patti 408, 483
- Antiquarium 409
- Dom 408
- römische Basilika 410
- römische Villa 58, 250, **408**
- Stadtmauern 410
- Thermen 409 f.

Peloponnes 417
Peloritanerberge 121 f., 431, 449
Pergusa-See 261
Petralia 484
Philosophiana 449
Piana degli Albanesi 104, *452*
- S. Dimetrio 452
- S. Giorgio 452

Piana dei Greci 104
Piazza Armerina 122, **248–257** (Farbabb. 13)
- SS. Assunta 248
- Chiesa del Carmine 248
- S. Andrea 248 f.
- Villa del Casale 57 f., **249–257** (Abb. 39–41, 43)

Pietraperzia 261

Pisa 324
Pizzo dell'Aquila 283
Platani 283, 288 (Abb. 108)
Porto Empèdocle 271
Prioli-Mellilli 455
Prizzi 484
- Osterprozession 119

Ragusa und Ragusa Ibla
110, 200, **208 f.,** 242 f., 484
- Museo Archeologico Ibleo 208
- S. Giorgio 112, **208 f.,** 445, (Abb. 36)
- S. Giovanni 208
- S. Giorgio Vecchio 241
- S. Maria delle Scale 208

Randazzo 452 f. (Farbabb. Umschlagrückseite)
- S. Maria 453
- S. Martino 453
- S. Nicolà 453

Realmese 443
Rhegion 132
Rhodos 263
Rifriscolaro 448
Rometta 61

S. Àngelo Muxaro 273, **283 f.**
S. Biagio 453
- Osterprozession 119
- römische Villa 453
S. Calògero 484
S. Cono 17
S. Cristina di Gela 452
S. Fratello, Osterwoche 119
S. Giuseppe Jato 453
- Museum 453
S. Marco d'Alùnzio 453
- Burg 453
- S. Marco 453
S. Maria di Mili 453 f.
S. Mauro 191
S. Pantaleo 22, 319
S. Stefano di Camastra 454, 483

S. Teodoro 15
Sabucina 444
Salemi, Josephsfest 119
Salina 414
Samarra 87
Sambuca 453
Samos 37, 169, 307
Sant'Ippolito 17
Sardes 169
Sardinien 105
Sciacca 98, 282, 286, *454 f.,* 483 f. (Farbabb. 22)
- Castello Incantato 455
- Dom 454 f.
- Palazzo Steripinto 454
- S. Margherita 454
Scicli 455
- Chiesa del Carmine 455
- Chiesa Madre 455
- Festung 455
- Palazzo Beneventano 455
- S. Bartolomeo 455

Segesta 45, 162, 164, 288, 325, **326–329**
- Tempel 47–50, **327 f.**
- Theater 328 f. (Farbabb. 8, Abb. 57)

Selinunt 24 f., 32, 35, 43, 282 f., **287–315,** 317, 319, 327, 380
- Akropolis 39 f.
- Antiquarium 306
- Befestigungsanlagen 313
- Cave di Cusa 315
- Demeter Malophoros-Heiligtum 39, 42, **313 ff.,** 381
- Heiligtum des Zeus Meilichios 377
- Tempel A 310
- Tempel B **310,** 378
- Tempel C 36 f., **310 ff.,** 377 ff. (Abb. 55)
- Tempel D 37, **312**
- Tempel der kleinen Metopen 312

- Tempel E 45 f., **305 f.**, 379
  (Farbabb. 9, Umschlag-
  vorderseite, Abb. 56)
- Tempel F 37, **307**, 379
- Tempel G 37, 305, **307 ff.**,
  315, 377 f.
- Tempel O 309
Soloeis 377, 383, s. a. Solus
Solus 23, 45, **395 ff.**
- Antiquarium 395
- Wohnhäuser 396
Sortino 484
Sparta 25, 43, 283
Sperlinga 455
Stitis 428
Strómboli 412
Syrakus 24 f., 27, 32 f., 35,
  38, 43, 45, 51–54, 61, 64, 81,
  85, 98, 142, **143–198**, 263,
  283, 382, 400, 437, 451,
  (Farbabb. 17)
- Achradina 189, 195
- Altar Hierons II. 180 f.
- Apollon Temenites-Heilig-
  tum **183**, 190
- Apollon- oder Artemis-
  tempel 35, **177 f.**, 189
  (Abb. 22)
- Archäologischer Park
  178–184
- Archäologisches Museum
  41 f., **184–191**, 439, 448, 452
  (Abb. 23–30, S. 41, 42)
- Arethusaquelle 167 f.
  (Abb. 13)
- Artemisheiligtum von
  Belvedere 190
- Artemisheiligtum von Scala
  Greca 190
- Athenatempel 37, 59, 161,
  169, 172, 174, 189, 271
- Castello Maniace 97, **176 f.**
- Contrada Fusco 239
- Demeter- und Koreheiligtum
  161, **195**

- Domplatz und Dom 113,
  169–176 (Abb. 16–18)
- Erzbischofspalast 175
- Fort Euryalos 163, **165 ff.**,
  287
- geradlinige Cavea 181
- Grab des Archimedes 184
- Gräberstraße 183
- griechisches Theater 181 ff.
  (Abb. 19)
- ionischer Tempel unter dem
  Rathaus 38, **169**
- Katakomben der hl. Lucia
  59, **195**
- Katakomben des hl. Johan-
  nes des Evangelisten
  191–194 (Abb. S. 60)
- Katakomben von S. Diego
  195
- Katakomben von S. Maria
  del Gesù 195
- Katakomben von Vignia
  Cassia 195
- Kirche der weinenden
  Madonna 195
- Kloster des hl. Benedikt
  176
- Krypta des hl. Marcian 59,
  193 f. (Abb. 21)
- Kyaneheiligtum 190
- Kyanequelle 168 (Abb. 10)
- Latomia del Paradiso 179 f.
- Latomia di S. Venera 184
- Latomia Intagliatella 184
- Nekropole dei Grotticelli
  184
- Nymphäum 183
- Ohr des Dionysios 183
- Ortygia 110, 144, 163 ff.,
  167–178, 189 (Abb. 12)
- Palazzo Bellomo 176
- Palazzo Beneventano del
  Bosco 175 (Abb. 14,
  S. 171)
- Rathaus 175

- Regionalgalerie 176
- römisches Amphitheater
  56 f., **184**
- römisches Gymnasium
  195
- S. Filippo 175
- S. Giovanni 193 (Abb. 20)
- S. Lucia 194 f.
- S. Lucia alla Badia 108 f.,
  175 f. (Abb. 15)
- S. Nicolò dei Cordari 179
- S. Pietro 178
- Seilergrotte 184 (Abb. 11)
- Tempel des Olympischen
  Zeus 35 f., 190, 195, **197**
- Wassermühle 183

Taormina 38, 120, **431–436**,
  484 (Farbabb. 19)
- Badia Vecchia 436
- Naumachie 435
- Odeon 435
- Palazzo Corvaia 435
- Palazzo S. Stefano 436
- Palazzo Vecchio 435
- S. Nicolò 435
- Theater 56, **433 ff.** (Farb-
  abb. 7, 12)
Tèrmini Imerese 484
Thapsos 455
Tindari 408 ff.
- Wallfahrtskirche 408
Tiryns 287
Tivoli, Hadriansvilla 249
Tlemcen, Moschee 370
Trapani 323 ff. (Farbabb. 30,
  Abb. S. 128/29)
- Festung 323
- Jesuitenkirche 323
- Karfreitagsprozession 118
  (Abb. S. 117, 120)
- S. Lorenzo 323
- S. Maria di Gesù 323
- Santuario dell'Annunziata
  323

REGISTER

Troina 64, 83, *456*
– Hauptkirche 456
– S. Michele 456
Tyros 319
Tyrrhenisches Meer 422

Ustica 395
Utrecht, Frieden von 105

Val di Dèmone 62, 83
Val di Mazara 60, 62, 88
Val di Noto 62, 200
Venedig 261
Villa S. Giovanni 422
Villafranca Sicula 442

Vittoria 456, 484
Vulcanelli di Macalube 441
Vulcano 413 (Abb. 107)

Zafferana 141
Zankle 28, 400

DUMONT
KUNST-REISEFÜHRER

»Die Kunst-Reiseführer des Kölner Verlages werden von Jahr zu Jahr, von Band zu Band perfekter: immer detailliertere Pläne begleiten die Erklärungen, immer noch typischere Illustrationen erläutern den Text.«   *Basler Nachrichten*

»Die Kunst-Reiseführer aus dem Kölner DUMONT Verlag verbinden in vorbildlicher Weise allgemeine kunstgeschichtliche Orientierung und konkrete Verwertbarkeit des Geschriebenen am Urlaubsort. Sie zeigen, daß wissenschaftlich exakt nicht langweilig heißen muß.«
Süddeutscher Rundfunk

»Für Menschen, denen Land, Leute und Denkmäler mehr Anreiz sind als die geebneten Pfade des institutionalisierten Tourismus, die sich in das Abenteuer einlassen, sich die Begegnungen selbst zu gestalten, erfüllen die DUMONT Kunst-Reiseführer ein Maximum an Voraussetzungen.«
Salzburger Nachrichten

Weitere Informationen über die Titel der Reihe DUMONT Kunst-Reiseführer erhalten Sie bei Ihrem Buchhändler oder beim DUMONT Buchverlag • Postfach 10 10 45 • 50450 Köln.

DUMONT

RICHTIG REISEN

»Den äußerst attraktiven Mittelweg zwischen kunsthistorisch orientiertem Sightseeing und touristischem Freilauf geht die inzwischen sehr umfangreich gewordene, blendend bebilderte Reihe ›Richtig Reisen‹. Die Bücher haben fast schon Bildbandqualität, sind nicht nur zum Nachschlagen, sondern auch zum Durchlesen konzipiert. Meist vorbildlich der Versuch, auch jenseits der ›Drei-Sterne-Attraktionen‹ auf versteckte Sehenswürdigkeiten hinzuweisen, die zum eigenständigen Entdecken abseits der ausgetrampelten Touristenpfade anregen.« *Abendzeitung, München*

»Zum einen bieten die Bände der Reihe ›Richtig Reisen‹ dem Leser eine vorzügliche Einstimmung, zum anderen eignen sie sich in hohem Maß als Wegweiser, die den Touristen auf der Reise selbst begleiten.« *Neue Zürcher Zeitung*

Weitere Informationen über die Titel der Reihe DUMONT Richtig Reisen erhalten Sie bei Ihrem Buchhändler oder beim DUMONT Buchverlag • Postfach 10 10 45 • 50450 Köln.

DUMONT

VISUELL-REISEFÜHRER

»Wer einen der atemberaubenden Reiseführer aus der neuen Reihe ›DUMONT visuell‹ wie unsere Rezensentin in der Badewanne aufschlägt, der sollte sich vorsichtshalber am Rand festhalten, denn was einem in diesen Bänden geboten wird, verführt den Leser geradezu, in das Land seiner Träume einzutauchen.«

Kölner Illustrierte

»Sehfreude wird provoziert, Neugierde geweckt, Leselust angeheizt...« *Rheinischer Merkur*

»Faszinierend sind die detailgetreu gezeichneten Ansichten aus der Vogelperspektive, die Form, Konstruktion und Struktur von Stadtlandschaften und architektonischen Ensembles auf einzigartige Weise vor Augen führen.«

Hamburger Abendblatt

»DUMONT visuell bei Besichtigungen stets bei sich zu haben, bedeutet stets gut informiert zu sein.« *Der Tagesspiegel*

Weitere Informationen über die Titel der Reihe DUMONT visuell-Reiseführer erhalten Sie bei Ihrem Buchhändler oder beim DUMONT Buchverlag • Postfach 10 10 45 • 50450 Köln.

DUMONT

RICHTIG WANDERN

»›Richtig Wandern‹ mit DUMONT, den ungemein brauchbaren, vielseitig informierenden, praktisch orientierenden besonderen Wanderführern. Die Bände machen einfach Lust, das Ränzel zu schnüren und den vorgeschlagenen Routen zu folgen. Wobei die Wanderungen nicht mit Scheuklappen unternommen werden, sondern sehr viel an Kultur und Geschichte mitgenommen wird.«
Oberösterreichische Nachrichten

»Jede Wanderung wird anhand einer Übersichtskarte und eines Kurztextes beschrieben. Länge, Dauer, Höhenunterschiede, Markierungen, Einkehrmöglichkeiten und Anfahrt sind in Stichpunkten übersichtlich dargestellt. Außerdem bieten die Bände noch zusätzliche interessante Hintergrundinformationen über Geschichte und Kultur.«
Aschaffenburger Zeitung

Weitere Informationen über die Titel der Reihe DUMONT Richtig Wandern erhalten Sie bei Ihrem Buchhändler oder beim DUMONT Buchverlag • Postfach 10 10 45 • 50450 Köln.

DUMONT
REISE-TASCHENBÜCHER

»Was den DUMONT-Leuten gelungen ist: Trotz der Kürze steckt in diesen Büchern genügend Würze. Immer wieder sind unerwartete Informationen zu finden, nicht trocken eingestreut, sondern lebhaft geschrieben... Diese Mischung aus journalistisch aufgearbeiteten Hintergrundinformationen, Erzählung und die ungewöhnlichen Blickwinkel, die nicht nur bei den Farb- und Schwarzweißfotos gewählt wurden – diese Mischung macht's. Eine sympathische Reiseführer-Reihe.«

Südwestfunk

»Zur Konzeption der DUMONT Reise-Taschenbücher gehören zahlreiche, lebendig beschriebene Exkurse im allgemeinen landeskundlichen Teil wie im praktischen Reiseteil. Diese Exkurse vertiefen zentrale Themen der Geschichte, Kunst und des sozialen Lebens und sollen so zu einem abgerundeten Verständnis des Reiselandes führen.« *Main Echo*

Weitere Informationen über die Titel der Reihe DUMONT Reise-Taschenbücher erhalten Sie bei Ihrem Buchhändler oder beim DUMONT Buchverlag • Postfach 10 10 45 • 50450 Köln.

Palermo: 1 Quattro Canti   2 S. Giuseppe dei Teatini   3 Piazza und Fontana Pretoria/S. Caterina/Palazzo Senatorio   4 La Martorana/S. Cataldo   5 S. Giovanni dei Lebbrosi   6 Dom   7 Palazzo Sclàfani   8 Normannenpalast/Cappella Palatina   9 S. Giovanni degli Eremiti/S. Giorgio in Kemonia   10 S. Spirito   11 Cuba   12 Cubula   13 Zisa   14 Palazzo Gagni-Valguarnera   15 La Magione   16 Sizilianische Regionalgalerie (Palazzo Abatellis)   17 Palazzo Chiaramonte   18 S. Francesco d'Assisi/Oratorio di S. Lorenzo/Palazzo Mirto   19 S. Domenico   20 Oratorio del Rosario   21 S. Zita/Oratorio del Rosario   22 S. Giorgio dei Genovesi   23 Nationalmuseum/S. Ignazio all' Olivella   24 S. Agostino   25 Teatro Massimo   26 Teatro Politeama (Städtische Galerie für moderne Kunst)   27 Fondazione Mormino (Villa Zito)